Verjährung, Verjährungsbeginn und Regress
bei Bürgschaft und Gesamtschuld

Zivilrechtliche Schriften

Beiträge zum Wirtschafts-, Bank- und Arbeitsrecht

Herausgegeben von Arnd Arnold und Hartmut Oetker
Begründet von Peter Kreutz und Dieter Reuter

Band 62

PETER LANG
Frankfurt am Main · Berlin · Bern · Bruxelles · New York · Oxford · Wien

Nils J. Herrmann

Verjährung, Verjährungsbeginn und Regress bei Bürgschaft und Gesamtschuld

PETER LANG
Internationaler Verlag der Wissenschaften

Bibliografische Information der Deutschen Nationalbibliothek
Die Deutsche Nationalbibliothek verzeichnet diese Publikation in der Deutschen Nationalbibliografie; detaillierte bibliografische Daten sind im Internet über http://dnb.d-nb.de abrufbar.

Zugl.: Kiel, Univ., Diss., 2012

D 8
ISSN 0941-147X
ISBN 978-3-631-63825-5

www.peterlang.de

Vorwort

Die vorliegende wissenschaftliche Untersuchung ist während meiner Tätigkeit als wissenschaftlicher Mitarbeiter am Lehrstuhl von Herrn Prof. Dr. *Arnd Arnold* am Institut für Wirtschafts- und Steuerrecht in Kiel entstanden und wurde von der Rechtswissenschaftlichen Fakultät der Christian-Albrechts-Universität zu Kiel im Wintersemester 2011/2012 als Dissertation angenommen. Für die Veröffentlichung konnten Gesetzesänderungen sowie neue Rechtsprechung und Literatur bis Ende April 2012 berücksichtigt werden.

Für die vorbildliche Betreuung dieser Arbeit möchte ich zunächst meinem Doktorvater Herrn Prof. Dr. *Arnd Arnold* danken, der mich während des gesamten Vorhabens mit seinem fachkundigen Rat unterstützt hat. Die Arbeit an seinem Lehrstuhl hat mich persönlich und fachlich geprägt, sie wird mir stets positiv in Erinnerung bleiben.

Für die zügige Erstellung des Zweitgutachtens und wertvolle Anregungen danke ich Herrn Prof. Dr. *Joachim Jickeli.*

Den Herausgebern der Zivilrechtlichen Schriften, Herrn Prof. Dr. *Arnd Arnold* und Herrn Prof. Dr. *Hartmut Oetker*, danke ich für die Aufnahme in die Schriftenreihe.

Großer Dank gilt auch meinen Eltern und Großeltern, die mich über meine gesamte Ausbildung hinweg gefördert haben.

Den größten Dank schulde ich schließlich meiner Freundin *Monika Frenzel* für ihr Verständnis sowie ihre liebevolle und unermüdliche Unterstützung. Ihr ist diese Arbeit gewidmet.

Kiel, im Mai 2012 Nils J. Herrmann

Inhaltsübersicht

Inhaltsverzeichnis

1. Teil: Einleitung und Einführung in den Untersuchungsgegenstand

In seiner in jeder Hinsicht grundlegenden Studie zu den *Correalschulden* im römischen Recht erklärte *Friedrich Carl von Savigny* die von mehreren Schuldnern gemeinsam zu erbringende Schuld einst zu einem „Glücksspiel“[1]. Dies begründete er mit den nachteiligen Folgen, die den Schuldnern aus der zufälligen und alleinigen Inanspruchnahme durch den Gläubiger drohten[2]. Aus diesem Grund wollte *Savigny* für die *Correalschuld*, der ein Regress nach ihrem „abstracten Wesen [...] fremd“ gewesen sei[3], aus einer fingierten Zession einen Regressanspruch zu Gunsten des in Anspruch genommenen Schuldners ableiten[4].

Das heute geltende Recht sieht einen anderen Ausgleichsmodus für die Gesamtschuldner vor: Neben einem gesetzlichen Forderungsübergang nach § 426 Abs. 2 BGB – insoweit ist der Zessionsregress also Gesetz geworden – wird in § 426 Abs. 1 BGB eine allgemeine Ausgleichungspflicht der Gesamtschuldner statuiert[5]. Nach *Ehmann* habe der Gesetzgeber damit „die [einst] von *Savigny* gestellte Aufgabe gelöst“[6]. Dennoch wird über den Inhalt, die Funktion und den zeitlichen Anwendungsbereich des Ausgleichsanspruchs bereits seit Jahrzehnten gestritten[7]. Mit der Schuldrechtsreform im Jahre 2002 und den damit verbundenen einschneidenden Änderungen des Verjährungsrechts sind zudem verjährungsrechtliche Probleme in den Fokus gerückt. Das von der Rechtsprechung und überwiegend im Schrifttum postulierte Verständnis eines selbstständig und einheitlich verjährenden Ausgleichsanspruchs, der mit der Begründung der Gesamtschuld entstehe und der dreijährigen Regelverjährung gemäß §§ 195, 199 Abs. 1 BGB unterliege[8], ist seitdem vermehrt in Kritik geraten. Dies gilt ebenso

1 *v. Savigny*, Das Obligationenrecht als Theil des heutigen römischen Rechts, Band I, § 22, S. 216, § 23, S. 229.

2 *v. Savigny*, Das Obligationenrecht als Theil des heutigen römischen Rechts, Band I, § 22, S. 216 f.

3 Vgl. *v. Savigny*, Das Obligationenrecht als Theil des heutigen römischen Rechts, Band I, § 23, S. 227; *Ehmann*, Die Gesamtschuld, S. 88 f.

4 Vgl. *v. Savigny*, Das Obligationenrecht als Theil des heutigen römischen Rechts, Band I, § 23, S. 229 ff., 243 ff.; dazu auch: *S. Meier*, Gesamtschulden, S. 276 f.; *Ehmann*, Die Gesamtschuld, S. 89 f.

5 So jedenfalls die ganz h.M., insbesondere unter Berufung auf Motive II, S. 169 f., bei *Mugdan*, II. Band, S. 93. Ausführlich dazu unten, ab S. 195.

6 *Ehmann*, Die Gesamtschuld, S. 92.

7 Dazu unten, ab S. 194.

8 Hier nur: BGHZ 181, 310, 313; *Noack*, in: Staudinger (2005), § 426, Rn. 6; *Grüneberg*, in: Palandt, § 426, Rn. 4. Ausführlich zu dieser Ansicht und mit zahlreichen

für die Auffassung, dass der Ausgleichsanspruch unabhängig von der Verjährung der Forderung gegen die Gesamtschuldner durchgesetzt werden könne[9].

Wie zu zeigen sein wird, ist insbesondere der letztgenannten Ansicht zu entgegnen, dass sie die Gesamtschuldner in nicht wenigen Fällen zu Glücksspielern werden lässt. Die mittlerweile über 160 Jahre alte Glücksspielthese *Savignys* ist damit nach wie vor aktuell. Dies folgt allerdings nicht mehr aus § 421 BGB, nach dem die Inanspruchnahme der einzelnen Gesamtschuldner ausdrücklich in das Belieben des Gläubigers gestellt ist, sondern leitet sich nunmehr vornehmlich aus den ungeklärten Interdependenzen zwischen Regress und Verjährung ab.

Die Reform des Verjährungsrechts hat darüber hinaus die Frage nach den Auswirkungen der Verjährung auf die praktisch ebenso bedeutsame Bürgschaft aufkommen lassen. Die Notwendigkeit, rechtssichere Kriterien für den Verjährungsbeginn zu bestimmen und die Folgen der Verjährung für den Rückgriff zu klären, ergibt sich auch im Bürgschaftsrecht. In bürgschaftsrechtlichen Sachverhalten sind – wie bei der Gesamtschuld – regelmäßig mehrere Rechtsbeziehungen im Innen- und Außenverhältnis zu unterscheiden, für die jeweils eigene verjährungsrechtliche Vorgaben gelten[10]. Weitere praktische und rechtliche Gemeinsamkeiten zwischen Bürgschaft und Gesamtschuld bestehen hinsichtlich ihrer auf Zahlung gerichteten Regressansprüche. Nicht zuletzt der Blick auf den Schuldbeitritt, die Mitbürgschaft sowie den Mitgesellschafterregress bei der Personengesellschaft verdeutlicht, dass sich die Rechtsinstitute schließlich auch verjährungsrechtlich näher stehen, als bisher angenommen wird.

A. Untersuchungsgegenstand

In dieser Arbeit sollen die Auswirkungen der Verjährung bei der Bürgschaft (§§ 765 ff. BGB) und der Gesamtschuld (§§ 421 ff. BGB) untersucht werden. Im Vordergrund der Überlegungen stehen dabei zum einen der Verjährungsbeginn nach der Regelverjährung gemäß § 199 Abs. 1 BGB, zum anderen der Regress gegen den Hauptschuldner (§ 670 BGB) bzw. die anderen Gesamtschuldner (§ 426 BGB) nach erfolgter Leistung an den Gläubiger. Weil Bürgschaft und Gesamtschuld gleichermaßen durch das Vorliegen einer Mehrpersonenkonstellation gekennzeichnet sind, soll zudem besonderes Gewicht auf die Frage gelegt werden, inwieweit sich die Verjährung gegenüber einer der beteiligten Personen auf die Verjährung gegenüber den anderen Personen auswirkt.

Nachweisen unten, ab S. 220.

9 BGH NJW 2010, 62, 63; BGH NJW 2010, 435, 436; *Pfeiffer*, NJW 2010, 23, 25; *Cziupka*, ZGS 2010, 63, 66. Ausführlich dazu unten, ab S. 286.

10 Vgl. *Hadding*, in: FS Wiegand, 2005, S. 299 ff.; *Einsiedler*, MDR 2010, 603.

Bürgschaft und Gesamtschuld weisen praktisch und dogmatisch enge Bezüge zum gesetzlich nicht geregelten Schuldbeitritt auf[11]. Aus der Untersuchung der Verjährung bei Bürgschaft und Gesamtschuld lassen sich daher wertvolle Erkenntnisse für die verjährungsrechtliche Behandlung des Schuldbeitritts gewinnen. Durch die nachfolgenden Ausführungen soll belegt werden, dass die Verjährung des Schuldbeitritts eigenen, jedoch auf Bürgschaft und Gesamtschuld zurückzuführenden Grundsätzen folgt.

Das Thema ist zudem mit personengesellschaftsrechtlichen Fragestellungen verknüpft. Für die Gesamtschuld zeigt sich dies insbesondere im Zusammenhang mit dem Mitgesellschafterausgleich nach § 128 HGB. Noch deutlichere Querbezüge ergeben sich zwischen Gesellschafts- und Bürgschaftsrecht. Die Haftung des persönlich haftenden Gesellschafters gemäß § 128 S. 1 HGB auf der einen Seite und die Haftung des Bürgen auf der anderen Seite sind gleichermaßen durch das Merkmal der Akzessorietät charakterisiert[12]. Damit ist die Frage einer verjährungsrechtlichen Gleichbehandlung aufgeworfen. Hier wird insbesondere darauf einzugehen sein, dass sich die persönlich haftenden Gesellschafter einer OHG oder KG nach dem BGH nicht gemäß § 129 Abs. 1 HGB auf eine zwischenzeitlich gegenüber der Gesellschaft eingetretene Verjährung berufen können, wenn die Verjährung ihnen gegenüber rechtzeitig gehemmt worden ist[13]. Möglicherweise ist dieses Konzept für die Gesellschafterhaftung mit Blick auf § 768 Abs. 1 BGB auf das Verhältnis zwischen Bürge und Gläubiger zu

---

11 Vgl. zur Abgrenzung des Schuldbeitritts zur Bürgschaft und anderen Rechtsinstituten BGH NJW 1986, 580; OLG Hamm 1993, 2625 f.; *Westerkamp*, Bürgschaft und Schuldbeitritt, S. 36 ff.; *Kittlitz*, Der vertragliche Schuldbeitritt, S. 97 ff.; *Madaus*, Der Schuldbeitritt als Personalsicherheit, S. 83 ff.; *Schürnbrand*, Der Schuldbeitritt zwischen Gesamtschuld und Akzessorietät, S. 26 f.; *Reinicke/Tiedtke*, Kreditsicherung, Rn. 4 ff.; *Bülow*, Recht der Kreditsicherheiten, Rn. 1579 ff.; *Oetker/Maultzsch*, Vertragliche Schuldverhältnisse, § 13, Rn. 9 ff.; *Bydlinski*, ZIP 1989, 953, 955 f.

12 Eingehend: *K. Schmidt*, Gesellschaftsrecht, § 49 II 3, S. 1415 ff., der die Bürgschaft als „Paradigma [der] Akzessorietät" beschreibt (*K. Schmidt*, Gesellschaftsrecht, § 49 II 3, S. 1415); *Lettl*, JA 2004, 238 ff. Vgl. zur Akzessorietät bei der Bürgschaft nur: *Rohe*, in: BeckOK-BGB, § 767, Rn. 1 f.; *Habersack*, in: MüKo-BGB, § 767, Rn. 1; *Stadler*, in: Jauernig, § 767, Rn. 1 ff.; *Medicus*, JuS 1971, 497; *H. P. Westermann*, Jura 1991, 449, 451 f.; *Lettl*, WM 2000, 1316 ff. Zur Akzessorietät der Gesellschafterhaftung: *Kühne*, ZHR 133 (1970), 149, 161 ff.; *Hadding*, ZGR 1973, 137, 147 ff.; *Hopt*, in: Baumbach/Hopt, HGB, § 128, Rn. 1.

13 Vgl. BGHZ 104, 76 ff.

übertragen[14]. Von den für das Bürgschaftsrecht zuständigen Senaten des BGH ist dies bisher verneint worden[15].

B. Rechtfertigung der Arbeit

Ein umfassender Vergleich von Bürgschaft, Gesamtschuld und Schuldbeitritt unter dem Aspekt der Verjährung, das zeigt der Blick auf die veröffentlichten Schriften, ist bisher nicht vorgenommen worden. Es gibt aber zahlreiche Veröffentlichungen, die sich mit hier zu erörternden Einzelfragen befasst haben und auf die in dieser Arbeit einzugehen Anlass besteht.

Zur dogmatischen Einordnung der Gesamtschuld grundlegend sind nach wie vor die Arbeiten von *Ehmann*[16] und *Selb*[17]. Aus den jüngeren Monographien ist die Habilitationsschrift von *Sonja Meier* hervorzuheben, die vor allen Dingen neue Perspektiven für das Verständnis des gesamtschuldnerischen Innenverhältnisses aufzeigt und dabei auch verjährungsrechtliche Auswirkungen untersucht[18]. Die Verjährung bei der Bürgschaft ist bei *von Karger*[19] bereits einmal Gegenstand einer Monographie gewesen. Mittlerweile ist diese Schrift jedoch fast 100 Jahre alt und betrifft somit nur die Rechtslage lange vor der Schuldrechtsreform. Aus dem neueren Schrifttum haben insbesondere die Beiträge von *Bydlinski*[20], *Lieb*[21] und später *Hadding*[22] sowie weitere Aufsätze[23] die Diskussion um die Verjährung im Bürgschafts- und Gesamtschuldrecht zwar weiter befruchtet, aber nicht abschließend klären können.

---

14 Dafür zuletzt v.a. *Lieb*, in: GS Lüderitz, 2000, S. 455 ff.

15 BGHZ 76, 222, 225 ff. (damals VIII. Zivilsenat); BGHZ 139, 214, 216 ff. (damals IX. Zivilsenat). Wie aus dem Geschäftsverteilungsplan für das Jahr 2011 hervorgeht, ist derzeit der XI. Zivilsenat für das Bürgschaftsrecht zuständig (http://www.bundesgerichtshof.de/SharedDocs/Downloads/DE/DerBGH/GeschaeftsvertPDF/2011/geschaeftsverteilung2011.pdf?__blob=publicationFile, abgerufen am 13.12.2011).

16 *Ehmann*, Die Gesamtschuld, S. 23 ff.

17 *Selb*, Mehrheiten von Gläubigern und Schuldnern, S. 26 ff.; insbesondere zum Verhältnis von § 426 BGB und § 255 BGB ebenfalls *Selb*, Schadensbegriff und Regreßmethoden, S. 11 ff.

18 *S. Meier*, Gesamtschulden, S. 316 ff., 329 ff., 556 ff., 639 ff., 1160 ff., 1202 ff.

19 *v. Karger*, Die Verjährung bei der Bürgschaft, 1919.

20 *Bydlinski*, ZIP 1989, 953 ff.

21 *Lieb*, in: GS Lüderitz, 2000, S. 455 ff.

22 *Hadding*, in: FS Wiegand, 2005, S. 299 ff.

23 Vgl. nur *Tiedtke*, in: FS Kollhosser, 2004, S. 741 ff.; *Bub*, in: FS Fischer, 2008, S. 71 ff.; *Einsiedler*, MDR 2010, 603 ff.; *Peters*, ZGS 2010, 154 ff.

Auch die Auseinandersetzung mit dem Schuldbeitritt hat in der Literatur eine lange Tradition[24]. Den Grundstein für seine Behandlung nach geltendem Recht hat *Reichel*[25] bereits vor über 100 Jahren gelegt, ehe sich zunächst *Weigelin*[26] und in der jüngeren Vergangenheit vor allem *Schürnbrand*[27] mit neuen Konzepten zur rechtlichen Einordnung des Schuldbeitritts hervorgetan haben. Die Verjährungsfragen sind in diesen wichtigen Arbeiten aber nur touchiert worden und sollen hier in erster Linie im Vergleich mit Gesamtschuld und Bürgschaft weiter vertieft werden.

Schließlich ist das Erfordernis zur Anfertigung dieser Arbeit nicht unwesentlich durch das Schuldrechtsmodernisierungsgesetz[28] beeinflusst worden. Durch diese umfassende Reform[29], die vornehmlich auf dem durch die *Lando-Kommission* verabschiedeten verjährungsrechtlichen Regelungskanon der *Principles of European Contract Law* beruht[30], haben sich neue Vorgaben für die Beurteilung der Verjährung bei Bürgschaft und Gesamtschuld ergeben[31]. Neben der Verkürzung der regelmäßigen Verjährungsfrist, die ehemals 30 Jahre betrug und zu einer „faktischen Unverjährbarkeit" führen konnte[32], auf nunmehr gemäß § 195

---

24 Vgl. auch den rechtsgeschichtlichen Abriss bei *Schlicht*, Die kumulative Schuldübernahme in der Rechtsprechung des Reichsgerichts und in der zeitgenössischen Literatur, S. 19 ff.

25 *Reichel*, Die Schuldmitübernahme, 1909.

26 *Weigelin*, Der Schuldbeitritt, 1941.

27 *Schürnbrand*, Der Schuldbeitritt zwischen Gesamtschuld und Akzessorietät, 2003.

28 BGBl. 2001 I, S. 3138 ff.; dem nachfolgend die Neuverkündung des BGB im BGBl. 2002 I, S. 42 ff.

29 In der Literatur wird zum Teil auch von einer „großen Lösung" gesprochen, weil die Reformbestrebungen des Modernisierungsgesetzgebers über die von den entsprechenden EG-Richtlinien vorgegebenen Regelungsbereiche hinaus reichten, vgl. *Huber*, in: Huber/Faust, Schuldrechtsmodernisierung, S. 2; *Dauner-Lieb*, JZ 2001, 8, 9 f.; *Grothe*, in: MüKo-BGB, Vor § 194, Rn. 29. Von *Hermann*, in: HKK-BGB, §§ 194-225, Rn. 5, wird die Reform gar als „Totalrevision" bezeichnet.

30 BT-Drucks. 14/6040, S. 96. Deutsche Übersetzung und Kommentierung der *Principles of European Contract Law* bei *v. Bar/Zimmermann*, Grundregeln des Europäischen Vertragsrechts, Teil III, S. 739 ff.; im Überblick: *Zimmermann*, ZEuP 2001, 217 ff.

31 Danach sind durch das Gesetz zur Anpassung von Verjährungsvorschriften an das Gesetz zur Modernisierung des Schuldrechts vom 09.12.2004 (BGBl. 2004 I, S. 3214) kleinere Anpassungen vorgenommen worden. Zuletzt hat es durch das Gesetz zur Änderung des Erb- und Verjährungsrechts im Jahr 2010 (BGBl. 2009 I, S. 3142) weitere Änderungen gegeben.

32 *Zimmermann*, JuS 1984, 409, 410; *Peters/Zimmermann*, in: Gutachten und Vorschläge zur Überarbeitung des Schuldrechts, Band I, S. 77, 187 (dort auch umfangreiche Kritik an der gesetzlichen Fristenregelung vor der Schuldrechtsreform).

BGB drei Jahre, hat der Gesetzgeber vor allem im Bereich des Verjährungsbeginns durch die Einführung eines gemischt „subjektiv-objektiven Systems“[33] in § 199 Abs. 1 BGB einen „Paradigmenwechsel“[34] vollzogen. Ziel der neuen Verjährungsregelungen war insbesondere eine Vereinfachung gegenüber der alten Rechtslage, die mehr durch „Kasuistik“ als durch Einheitlichkeit geprägt war[35]. Vor diesem Hintergrund kann vor allem die Neugestaltung der §§ 196 f. BGB a.F.[36], die in der neuen Fassung im Vergleich zu den früheren Regelungen kaum noch Sonderverjährungsfristen statuieren[37], durchaus als gesetzgeberische Wohltat empfunden werden[38]. Die Verkürzung der Fristen hat jedoch auch zu neuen Problemen geführt bzw. vorher aufgrund der dreißigjährigen Verjährung praktisch unbedeutende Konflikte wiederbelebt. Hervorzuheben sind bereits an dieser Stelle die Bestimmung des Entstehungszeitpunkts der Bürgschaftsforderung[39] und des gesamtschuldnerischen Ausgleichsanspruchs gemäß § 426 Abs. 1 BGB im Sinne von § 199 Abs. 1 Nr. 1 BGB[40].

---

33 *Mansel/Budzikiewicz*, Jura 2003, 1, 3.

34 *Witt*, JuS 2002, 105, 106.

35 BT-Drucks. 14/6040, S. 96; vgl. auch *Zimmermann*, ZEuP 2001, 217, 218; *Zimmermann/Leenen/Mansel/Ernst*, JZ 2001, 684; *Bydlinski*, in: Die Schuldrechtsreform vor dem Hintergrund des Gemeinschaftsrechts, S. 381, 382.

36 So wurde § 196 BGB a.F. von *Zimmermann*, JuS 1984, 409, 411, wegen seiner „umständlichen Enumerationstechnik“ als „rechtsgeschichtliches Fossil“ bezeichnet. Auf einer Linie mit dieser Einschätzung: *Oetker*, Die Verjährung, S. 13, der allgemein den „barocken Reichtum unterschiedlicher Verjährungsfristen“ im Recht vor der Schuldrechtsreform als „sachlich wenig plausibel“ kritisierte.

37 Vgl. *Grothe*, in: MüKo-BGB, Vor § 194, Rn. 32 f.; *Krämer*, Die Neuregelung des Verjährungsrechts im Schuldrechtsmodernisierungsgesetz, S. 43 ff., 47.

38 In diese Richtung *Peters/Jacoby*, in: Staudinger (2009), § 195, Rn. 5. Für Einige gingen diese Änderungen nicht weit genug. So wurden die neuen Ausnahmevorschriften für weitgehend entbehrlich gehalten, hätte sich der Gesetzgeber für ein rein subjektives System des Verjährungsbeginns entschieden (vgl. *Zimmermann/Leenen/Mansel/Ernst*, JZ 2001, 684, 686 ff., 692 f.). Bereits zum vorherigen Diskussionsentwurf eines Schuldrechtsmodernisierungsgesetzes (abgedruckt bei *Ernst/Zimmermann*, Zivilrechtswissenschaft und Schuldrechtsreform, S. 613 ff.) wurde zugunsten eines im Hinblick auf den Verjährungsbeginn zunächst an objektiven Kriterien orientierten Verjährungsrechts mit unterschiedlich abgestuften Maximalfristen plädiert. Allerdings sollte die Verjährung bis zum Eintritt der Kenntnis gehemmt sein (*Mansel*, in: *Ernst/Zimmermann*, Zivilrechtswissenschaft und Schuldrechtsreform, S. 333, 406 f.). Generell gegen eine als „unzweifelhaft zu kurz“ empfundene dreijährige Regelverjährung insbesondere *Honsell*, JZ 2001, 18, 20 f.

39 Dazu unten, S. 20 ff.

40 Dazu unten, S. 220 ff.

Einige der Fälle sind mittlerweile höchstrichterlich entschieden worden[41]. Der BGH hat die Diskussion um den Verjährungsbeginn dieser Ansprüche, gerade in Bezug auf den Gesamtschuldnerausgleich gemäß § 426 Abs. 1 BGB, aber nicht beenden können[42]. Zwar sind von ihm weitere Entscheidungen hinsichtlich der Zulässigkeit des Gesamtschuldnerregresses bei Leistung auf eine verjährte Forderung getroffen worden[43], jedoch ist auch diesbezüglich vereinzelt Kritik laut geworden[44]. Diese und andere Konflikte in Bezug auf den Verjährungsbeginn sollen in dieser Arbeit aufgenommen werden. Es soll gezeigt werden, dass sich für viele der nicht zuletzt durch die jüngsten Reformen erst geschaffenen Probleme sowohl *de lege lata* als auch *de lege ferenda* andere als die bisher vertretenen Lösungen anbieten.

C. Gang der Darstellung

Das Konzept der Arbeit sieht – im Anschluss an einen kurzen Überblick über die Grundlagen der zu untersuchenden Vorschriften im ersten Abschnitt – eine im Wesentlichen dreiteilige Gliederung vor. Der Aufbau orientiert sich an den verschiedenen Phasen[45] bzw. Entwicklungsstadien der Haftungsinstitute. Unterschieden wird zwischen den Auswirkungen der Verjährung auf die Entstehung[46], das Verhältnis zwischen (gesicherter) Schuld und Sicherungsrecht bzw. den anderen Schuldnern[47] und schließlich den verjährungsrechtlichen Besonderheiten beim Rückgriff[48]. Innerhalb der jeweiligen Abschnitte wird stets mit der Darstellung der Rechtslage für die Bürgschaft begonnen, anschließend erfolgt die Erörterung der Gesamtschuld, woraufhin schließlich die Übertragung der aus dem Vergleich gewonnenen Ergebnisse auf den Schuldbeitritt folgt.

---

41 Zum Verjährungsbeginn der Bürgschaftsforderung: BGHZ 175, 161 ff. (selbstschuldnerische Bürgschaft); BGH ZIP 2008, 1762 ff. (Bürgschaft auf erstes Anfordern). Zum Verjährungsbeginn des Gesamtschuldausgleichsanspruchs: BGHZ 181, 310, 313 ff.

42 Vgl. *Peters*, ZGS 2010, 154, 155; *Hartmann/Lieschke*, WM 2011, 205 ff.

43 BGH NJW 2010, 62; BGH NJW 2010, 435.

44 *Budzikiewicz*, NJ 2010, 296, 297; *Bydlinski*, in: MüKo-BGB, § 426, Rn. 25c; verhaltener: *Böttcher*, in: Erman, § 426 BGB, Rn. 7.

45 Auch wenn an einigen Stellen in dieser Arbeit auf die verschiedenen Phasen von Sicherungsmitteln eingegangen wird, ist mit der Einteilung in drei Phasen hier nur eine inhaltliche Zuordnung gemeint, die nicht zwangsläufig der Terminologie von *Becker-Eberhard*, Die Forderungsgebundenheit der Sicherungsrechte, S. 252 f., gleichgesetzt werden kann.

46 2. Teil, 2. Abschnitt, S. 19 ff.

47 2. Teil, 3. Abschnitt, S. 101 ff.

48 2. Teil, 4. Abschnitt, S. 191 ff.

Im zweiten Abschnitt, der die Auswirkungen der Verjährung im Entstehungsstadium betrifft, geht es vornehmlich um die Verjährung der Bürgschaftsforderung, genauer gesagt um deren Verjährungsbeginn nach § 199 Abs. 1 BGB. Wie zu zeigen sein wird, ist für die verschiedenen Bürgschaftsformen im Hinblick auf den Verjährungsbeginn zu differenzieren. Dem soll aufseiten der Gesamtschuld die Frage gegenübergestellt werden, ob die Gesamtschuld bereits von Beginn an unterschiedliche Verjährungsfristen der gesamtschuldnerisch verbundenen Forderungen erlaubt und wenn ja, welchen Grenzen dies unterliegt. Die Frage ist sehr eng mit dem Schuldbeitritt verknüpft, dessen Darstellung daher unmittelbar auf die Gesamtschuld folgt.

Im dritten Abschnitt, der die Entwicklung von Schuld und Verjährung behandelt, wird es maßgeblich um die Gegenüberstellung der bürgschaftsrechtlichen Regelung des § 768 BGB und der gesamtschuldrechtlichen Vorschrift des § 425 BGB gehen. Zu untersuchen ist hier das Verhältnis der Verjährung der (gesicherten) Schuld zum Sicherungsrecht bzw. den anderen Schuldnern. Im Vordergrund der Untersuchung steht, ob die gegenüber dem Hauptschuldner bzw. Gesamtschuldner eingetretene Verjährung oder Verjährungshemmung auch gegenüber dem Bürgen bzw. den anderen Gesamtschuldnern wirkt. In diesem Kontext wird auf die zulässigen Grenzen individualvertraglicher Verjährungsvereinbarungen und der einseitigen Vorgabe von Verjährungsregelungen durch AGB eingegangen.

Der vierte Abschnitt wird dem Rückgriff des Bürgen und des Gesamtschuldners gewidmet sein. Ziel der dortigen Ausführungen ist es, durch Auslegung der gesetzlichen Rückgriffsdogmatik im Lichte des Verjährungsrechts zu beweisen, dass Bürgen- und Gesamtschuldnerregress vielen Gemeinsamkeiten unterliegen. Dies beginnt bei der Frage des Verjährungsbeginns der Rückgriffsansprüche, setzt sich bei der funktionalen Unterscheidung zwischen Befreiungs- und Zahlungsanspruch fort und wird schließlich bei der Beurteilung, ob der Rückgriff bei Leistung auf eine verjährte Schuld ausscheidet, deutlich. Anhand verschiedener Fallgruppen sollen hier die Auswirkungen der Verjährung auf den Rückgriff umfassend dargestellt werden.

Abschließend werden die in dieser Arbeit entwickelten Ergebnisse zusammengefasst und in einer Schlussbetrachtung kritisch gewürdigt[49].

49 3. Teil: Schlussbetrachtung, S. 331 ff.

2. Teil: Die Auswirkungen der Verjährung bei Bürgschaft und Gesamtschuld

1. Abschnitt: Grundlagen

Das Ziel einer umfassenden Beurteilung der Auswirkungen der Verjährung auf die Haftung des Bürgen, Gesamt- und Beitrittsschuldners kann nur erreicht werden, wenn Querbezüge zu den hier zu vergleichenden Haftungsinstituten hergestellt werden können. Daher sind zunächst die wesentlichen Grundlagen der zu behandelnden Vorschriften zu erörtern.

A. Die Anspruchsverjährung nach dem BGB

Das Recht, von einem anderen ein Tun oder Unterlassen verlangen zu können (Anspruch), unterliegt gemäß § 194 Abs. 1 BGB der Verjährung[50]. Gemeint sind damit die Ansprüche im materiell-rechtlichen Sinn[51]. Mit Ablauf der Verjährungsfrist braucht der Schuldner nicht mehr an den Gläubiger zu leisten. Ihm steht nach § 214 Abs. 1 BGB die Einrede der Verjährung zu, die den peremptorischen Einreden zuzuordnen ist[52]. Die Verjährung begründet ein dauerhaftes Leistungsverweigerungsrecht des Schuldners[53]. Der verjährte Anspruch erlischt daher nicht[54], sondern ist weiterhin erfüllbar[55]. Dieser Unterschied wird bedeutsam, wenn der Schuldner trotz Ablauf der Verjährungsfrist an den Gläubiger leistet.

50 Bereits vor Inkrafttreten des BGB war das Prinzip der Anspruchsverjährung anerkannt. Aus den Motiven I, S. 289 f., bei *Mugdan*, I. Band, S. 512, geht jedoch hervor, dass die vorherigen Vorschriften zum Teil noch einem „anderen Sprachgebrauch" unterlagen. Obwohl in den Reichsgesetzen sowohl von „Verjährung des Anspruchs" als auch „Verjährung der Klage" die Rede war, ging bereits das Reichsgericht (RGZ 2, 158) davon aus, dass beide Begriffe dasselbe meinten (vgl. auch *Rosenberg*, Verjährung und gesetzliche Befristung nach dem bürgerlichen Recht des deutschen Reichs, S. 35). Einen umfangreichen Einblick in die geschichtliche Entwicklung des Verjährungsrechts mit Blick auf das römische und altdeutsche Recht gewähren *Piekenbrock*, Befristung, Verjährung, Verschweigung und Verwirkung, S. 30 ff., 117 ff.; ferner *Hermann*, in: HKK-BGB, §§ 194-225, Rn. 7 ff.; *v. Savigny*, System des heutigen Römischen Rechts, Band V, § 237, S. 265 ff.

51 *Mansel/Budzikiewicz*, Das neue Verjährungsrecht, § 2, Rn. 16; *Peters/Jacoby*, in: Staudinger (2009), § 194, Rn. 2 ff.; *Grothe*, in: MüKo-BGB, § 194, Rn. 2; *Ellenberger*, in: Palandt, § 194, Rn. 2.

52 *Schmidt-Räntsch*, in: Erman, § 214, Rn. 1; *Peters/Jacoby*, in: Staudinger (2009), Vorbem zu §§ 194-225, Rn. 4; *Jahr*, JuS 1964, 125, 128.

53 BGHZ 184, 128, 135; *Grothe*, in: MüKo-BGB, § 214, Rn. 1; *Ellenberger*, in: Palandt, § 214, Rn. 1; *Mansel/Budzikiewicz*, Das neue Verjährungsrecht, § 2, Rn. 3.

Die freiwillig auf eine verjährte Forderung erbrachte Leistung kann wegen §§ 214 Abs. 2, 813 Abs. 1 S. 2 BGB nicht mehr vom Gläubiger kondiziert werden[56]. Es liegt auf der Hand, dass die genaue Bestimmung des Verjährungsbeginns und des Verjährungsablaufs, der durch die Tatbestände der Verjährungshemmung (§§ 203 ff. BGB) und des Neubeginns der Verjährung (§ 212 BGB) weiter beeinflusst werden kann, für die Praxis von hoher Bedeutung ist.

In dieser Arbeit geht es vornehmlich um Ansprüche, die der regelmäßigen Verjährung im Sinne der §§ 195, 199 BGB unterliegen[57]. Im Rahmen der Schuldrechtsmodernisierung hat der Gesetzgeber zum einen die Verjährungsfrist dieser Ansprüche von ehemals 30 Jahren auf nunmehr drei Jahre verkürzt[58], zum anderen hat er durch das differenzierte subjektiv-objektive Prinzip in § 199 Abs. 1 BGB die Voraussetzungen für den Verjährungsbeginn neu definiert[59]. Das objektive Kriterium gemäß § 199 Abs. 1 Nr. 1 BGB betrifft die *Entstehung* des Anspruchs. Das subjektive Merkmal verlangt *Kenntnis* bzw. *grob fahrlässige Unkenntnis* des Gläubigers gemäß § 199 Abs. 1 Nr. 2 BGB[60]. Beide Vorausset-

---

54 BGHZ 184, 128, 135; *Hermann*, in: HKK-BGB, §§ 194-225, Rn. 21; *Peters/Jacoby* in: Staudinger (2009), Vorbem zu §§ 194-225, Rn. 4; *Birr*, Verjährung und Verwirkung, Rn. 114; *Büdenbender*, JuS 1997, 481, 482; *Mansel/Budzikiewicz*, Jura 2003, 1; *Petersen*, Jura 2011, 657, 658.

55 *Jauernig*, in: Jauernig, § 194, Rn. 4; *Birr*, Verjährung und Verwirkung, Rn. 114; *Krämer*, Die Neuregelung des Verjährungsrechts im Schuldrechtsmodernisierungsgesetz, S. 34.

56 *Wendehorst*, in: BeckOK-BGB, § 813, Rn. 6; *M. Schwab*, in: MüKo-BGB, § 813, Rn. 6; *Sprau*, in: Palandt, § 813, Rn. 5; *Jahr*, JuS 1964, 218, 220; *Büdenbender*, JuS 1997, 481, 483; *Siegmann/Polt*, WM 2004, 766, 768; *Petersen*, Jura 2011, 657, 658. Erfolge die Leistung aufgrund einer vom Gläubiger angestrengten Zwangsvollstreckung, könne die Leistung hingegen kondiziert werden, vgl. BGH NJW 1993, 3318, 3320; *M. Schwab*, in: MüKo-BGB, § 813, Rn. 6; *Sprau*, in: Palandt, § 813, Rn. 5; *Birr*, Verjährung und Verwirkung, Rn. 114.

57 Zur Verjährung der Bürgschaftsschuld: BGH ZIP 2008, 2167, 2168; BGHZ 175, 161, 168. Zur Verjährung des Rückgriffsanspruchs gemäß § 670 BGB: *Seiler*, in: MüKo-BGB, § 670, Rn. 22; *Mansel/Budzikiewicz*, Das neue Verjährungsrecht, § 3, Rn. 9; *Hadding*, in: FS Wiegand, 2005, S. 299, 316. Zur Anwendbarkeit der Regelverjährung beim Gesamtschuldnerausgleich gemäß § 426 Abs. 1 BGB: vgl. nur BGHZ 58, 216, 218; BGH NJW 2010, 62; *Peters/Jacoby*, in: Staudinger (2009), § 195, Rn. 20.

58 BT-Drucks. 14/6040, S. 96, 103 ff.; *Mansel*, NJW 2002, 89, 90; *Mansel/Budzikiewicz*, Jura 2003, 1.

59 Vgl. *Mansel/Budzikiewicz*, Das neue Verjährungsrecht, § 3, Rn. 1; *Witt*, JuS 2002, 105, 106.

60 *Peters/Jacoby*, in: Staudinger (2009), § 199, Rn. 1; *Ellenberger*, in: Palandt, § 199, Rn. 2; *Grothe*, in: MüKo-BGB, § 199, Rn. 1.

zungen müssen kumulativ vorliegen[61]. Die Verjährung beginnt mit dem Schluss des Jahres, in dem beide Voraussetzungen das erste Mal verwirklicht sind[62].

B. Bürgschaft

Verpflichtet sich der Bürge gegenüber dem Gläubiger für die Erfüllung der Verbindlichkeit eines Dritten einzustehen, kommt gemäß § 765 Abs. 1 BGB ein Bürgschaftsvertrag zustande[63]. Die Schuld des Dritten wird als Hauptschuld, der Dritte selbst daher als Hauptschuldner bezeichnet[64]. Die Bürgschaft kann nach § 765 Abs. 2 BGB auch für eine künftige oder bedingte Hauptschuld übernommen werden. Da der Bürge nur für die Erfüllung der Hauptschuld einsteht, sie selbst jedoch nicht schuldet, ist die Bürgschaftsforderung rechtlich streng von jener Hauptforderung zu unterscheiden[65]. Daraus folgt insbesondere auch, dass der Bürgschaftsanspruch einer eigenen Verjährung unterliegt[66].

Die Eigenständigkeit der Bürgschaftsforderung ändert jedoch nichts daran, dass sie inhaltlich eng an die Hauptschuld angelehnt ist[67]. Diese Abhängigkeit zwischen den Forderungen wird durch den Grundsatz der Akzessorietät beschrieben, der für die Bürgschaft insbesondere in den §§ 765, 767 Abs. 1 S. 1, S. 3, 768, 770 BGB zum Ausdruck kommt[68]. In dieser Arbeit wird auf die Ak-

---

61 Vgl. BT-Drucks. 14/6040, S. 108.

62 Sog. Prinzip der „Ultimoverjährung", vgl. *Grothe*, in: MüKo-BGB, § 199, Rn. 43; *Peters/Jacoby*, in: Staudinger (2009), § 199, Rn. 85; *Ellenberger*, in: Palandt, § 199, Rn. 41; *Mansel/Budzikiewicz*, Jura 2003, 1, 5. Zum Teil auch als „Silvesterverjährung" bezeichnet: *Birr*, Verjährung und Verwirkung, Rn. 19; *Petersen*, Jura 2011, 657.

63 Die Bürgschaftserklärung des Bürgen unterliegt dabei grundsätzlich dem weiteren Schriftformerfordernis gemäß §§ 766, 126 BGB, sofern die Bürgschaft auf der Seite des Bürgen kein Handelsgeschäft und der Bürge nicht Kaufmann im Sinne von § 350 HGB ist.

64 Allgemeine Terminologie, die sich auch im Gesetz wiederfindet, vgl. § 766 S. 3 BGB („Hauptverbindlichkeit").

65 BGHZ 76, 222, 225; BGHZ 113, 287, 288 f.; BGHZ 139, 214, 217; *Mormann*, in: RGRK-BGB, § 765, Rn. 9; *E. Herrmann*, in: Erman, § 765, Rn. 5; *Brödermann*, in: Prütting/Wegen/Weinreich, § 765, Rn. 2; *Habersack*, in: MüKo-BGB, § 765, Rn. 61, 79; *Fischer*, in: Das Recht der Kreditsicherung, § 9, Rn. 74; *Oetker/Maultzsch*, Vertragliche Schuldverhältnisse, § 13, Rn. 9.

66 Motive II, S. 663, bei *Mugdan*, II. Band, S. 370; OLG Kiel JW 1933, 2343; BGHZ 76, 222, 225; *Hohmann*, WM 2004, 757, 760; *Nobbe*, WuB I F 1 a. Bürgschaft 2.11, 186, 187.

67 BGHZ 153, 337, 340; *Mormann*, in: RGRK-BGB, § 765, Rn. 9.

68 Vgl. *Habersack*, in: MüKo-BGB, § 765, Rn. 61; *Fischer*, in: Das Recht der Kreditsicherung, § 9, Rn. 4 f.; *Larenz/Canaris*, BT II/2, § 60, S. 11 f. Grundlegend zum Akzes-

zessorietät an mehreren Stellen zurückzukommen sein. Insbesondere in Bezug auf die Auswirkungen einer gegenüber dem Hauptschuldner eingetretenen Verjährung und deren Geltendmachung durch den Bürgen gemäß § 768 BGB stellen sich grundsätzliche Wertungsfragen, die vorwiegend am sog. Verbot der Fremddisposition zu messen sind. Dabei handelt es sich um einen aus §§ 767 Abs. 1 S. 3, 768 Abs. 2 BGB abgeleiteten Grundsatz, nach dem nachträgliche Haftungserweiterungen oder Veränderungen der Hauptschuld grundsätzlich nicht zu Lasten des Bürgen gehen dürfen[69].

Ein weiterer Schwerpunkt liegt im Bereich des Rückgriffs des Bürgen. Dieser vollzieht sich zum einen über die in § 774 Abs. 1 S. 1 BGB angeordnete Legalzession der Hauptforderung und zum anderen über einen weiteren, üblicherweise dem Auftragsrecht entlehnten, originären Rückgriffsanspruch gemäß § 670 BGB[70]. Probleme treten hier auf, wenn der Bürge noch Rückgriff nehmen will, obwohl bereits die Haupt- und/oder Bürgenschuld verjährt gewesen ist.

C. Gesamtschuld

Anders als Bürgschaften, sind gesamtschuldnerische Verpflichtungen nach § 421 S. 1 BGB dadurch gekennzeichnet, dass mehrere eine Leistung in der Weise schulden, dass der Gläubiger sie zwar von jedem Schuldner ganz oder teilweise, insgesamt jedoch nur einmal verlangen kann. Auch wenn heute feststeht, dass es nicht mehr auf die früher bedeutsame und schwierige Unterscheidung von Correal- und Solidarschulden ankommt[71], ist praktisch seit Inkrafttreten des BGH umstritten, unter welchen Voraussetzungen eine Gesamtschuld wirksam zur Entstehung gelangt[72]. Insbesondere in früheren Stellungnahmen wurde noch vertre-

---

sorietätsgrundsatz: *Medicus*, JuS 1971, 497 ff.; *Becker-Eberhard*, Die Forderungsgebundenheit der Sicherungsrechte, S. 48 ff., 104 ff., 251 ff.; *Chr. Schmidt*, Die sogenannte Akzessorietät der Bürgschaft, S. 23 ff., 96 ff.; *Iversen*, Die Akzessorietät als Zurechnungsmodell des Bürgschaftsrechts, S. 19 ff.

69 Vgl. dazu BGHZ 130, 19, 33; *Horn*, in: Staudinger (1997), § 767, Rn. 36 ff.; *Sprau*, in: Palandt, § 767, Rn. 3; *Brödermann*, in: Prütting/Wegen/Weinreich, § 767, Rn. 13; *Habersack*, in: MüKo-BGB, § 767, Rn. 10, *Nobbe*, in: Bankrechts-Handbuch, § 91, Rn. 241 ff.

70 *Hadding*, in: FS Wiegand, 2005, S. 299, 314; *E. Herrmann*, in: Erman, § 774, Rn. 12; *A. Staudinger*, in: Hk-BGB, § 774, Rn. 2. Einzelheiten sind hier streitig. Auch das Konkurrenzverhältnis der Rückgriffsansprüche wird zum Teil in Frage gestellt (vgl. *Larenz*, BT II, 12. Auflage 1981, S. 479). Diesem Problem wird im Abschnitt zum Rückgriff ausführlich nachgegangen (dazu unten, S. 191 ff.).

71 *Wandt*, in: FS Kollhosser, 2004, S. 769.

ten, dass § 421 BGB eine abschließende Definition der Gesamtschuld enthalte[73]. In der heutigen Diskussion geht es demgegenüber vornehmlich um die Frage, ob neben § 421 BGB weitere, ungeschriebene Kriterien für die Begründung einer Gesamtschuld vorauszusetzen sind. Mittlerweile dürfte es als gesichert anzusehen sein[74], dass § 421 BGB zwar den Grundtatbestand der Gesamtschuld enthält, eine Gesamtschuld aber nur bei „Gleichstufigkeit“[75] und zumindest „Identität“[76] der geschuldeten Leistungen vorliegen kann.

Die Begründung der Gesamtschuld, ob gemeinschaftlich durch Vertrag gemäß § 427 BGB oder wegen anderer gesetzlicher Anordnung (z.B. gemäß §§ 769, 840 Abs. 1 BGB), wirft in verjährungsrechtlicher Hinsicht nur die Frage auf, ob die Forderungen von Beginn an gleichlaufenden Verjährungsfristen unterliegen müssen, eine Gesamtschuld also auch mit unterschiedlichen Verjährungsfristen der jeweiligen Forderungen begründet werden kann[77]. Die weitere Entwicklung der Verjährung richtet sich gemäß § 425 Abs. 2 BGB grundsätzlich

---

72 Vgl. *Noack*, in: Staudinger (2005), § 421, Rn. 8, 11 ff., 26; *Weber*, in: RGRK-BGB, § 421, Rn. 1, 7 ff.; *S. Meier*, in: HKK-BGB, §§ 420-432/I, Rn. 209, 210 ff. Über die Bestimmung der Entstehungsmodalitäten gesamtschuldnerischer Verpflichtungen wurde bereits im römischen Recht, damals noch unter dem Begriff der *Correalobligation*, diskutiert (vgl. dazu *v. Savigny*, Das Obligationenrecht als Theil des heutigen römischen Rechts, Band I, § 17, S. 144 ff.).

73 So noch: *Heck*, Grundriß des Schuldrechts, S. 234; 238 ff.; *Heck*, AcP 122 (1922), 131, 132; zuletzt auch: *Boecken/von Sonntag*, Jura 1997, 1, 10.

74 Nicht durchgesetzt hat sich die Auffassung, § 421 BGB enthalte lediglich eine Rechtsfolgenanordnung, setze also ein bereits durch Rechtsgeschäft oder Gesetz entstandenes Gesamtschuldverhältnis voraus (*Frotz*, JZ 1964, 665, 667; *Hüffer*, AcP 171 (1971), 470, 477 f.). Die Theorie des „einheitlichen Schuldgrundes“ bzw. „Identität der causa“ hat sich ebenfalls nicht etablieren können (*Eisele*, AcP 77 (1891), 374 ff.; RGZ 67, 128, 131; dagegen bereits *Heck*, Grundriß des Schuldrechts, S. 239). Ebenfalls überholt ist die sog. „Lehre von der schuldnerischen Zweckgemeinschaft“ (BGHZ 13, 360, 365 f.; BGHZ 59, 97, 99; *Enneccerus/Lehmann*, § 90 II, S. 360 ff.). Ebenso wenig konnte sich der Ansatz durchsetzen, die Entstehung der Gesamtschuldverhältnisse durch die Bildung von Fallgruppen zu systematisieren (*Hillenkamp*, Zur Lehre von der unechten Gesamtschuld, S. 116 ff.).

75 BGHZ 106, 313, 319; BGHZ 137, 76, 82; BGHZ 159, 318, 320; *Grüneberg*, in: Palandt, § 421, Rn. 7 f.; *Gehrlein*, in: BeckOK-BGB, § 421, Rn. 8; *Larenz*, AT I, S. 635 f.; *Selb*, Mehrheiten von Gläubigern und Schuldnern, S. 40 ff.; dagegen kritisch: *Boecken/von Sonntag*, Jura 1997, 1, 3 ff.; *Goette*, Gesamtschuldbegriff und Regreßproblem, S. 54 ff.; *Ehmann*, Die Gesamtschuld, S. 62 ff.; *Noack*, in: Staudinger (2005), § 421, Rn. 18 ff.

76 Vgl. *Weber*, in: RGRK-BGB, § 421, Rn. 2 ff.; *Müller*, in: Prütting/Wegen/Weinreich, § 421, Rn. 5 f.; *Larenz*, AT I, S. 632 f.; *Bydlinski*, in: MüKo-BGB, § 421, Rn. 5.

77 Vgl. *Bydlinski,* in: MüKo-BGB, § 421, Rn. 5; *Böttcher*, in: Erman, § 421, Rn. 8.

nach der Person des jeweiligen Gesamtschuldners. Zwischenzeitliche Hemmungen der Verjährung oder gar ein Neubeginn der Verjährung entfalten damit prinzipiell nur „Einzelwirkung"[78]. Da § 425 Abs. 1 BGB Ausnahmen von diesem Grundsatz zulässt, können sich, wie im weiteren Verlauf zu zeigen sein wird, Parallelen zu § 768 BGB ergeben.

Der Rückgriff des in Anspruch genommenen Gesamtschuldners stellt Praxis und Wissenschaft vor besondere verjährungsrechtliche Herausforderungen. Wie dem Bürgen stehen dem Gesamtschuldner im Wesentlichen zwei Rückgriffsansprüche zur Verfügung. Zum einen besteht die Möglichkeit, aus der legalzedierten Forderung gemäß § 426 Abs. 2 BGB gegen den oder die anderen Gesamtschuldner vorzugehen. Zum anderen, und hier ist im Einzelnen vieles streitig, kann der originäre Ausgleichsanspruch gemäß § 426 Abs. 1 S. 1 BGB geltend gemacht werden. Neben der dogmatischen Einordnung dieses Anspruchs bereiten in verjährungsrechtlicher Sicht zwei Fragestellungen Probleme: erstens der Zeitpunkt des Verjährungsbeginns und zweitens der Rückgriffsausschluss wegen zwischenzeitlich eingetretener Verjährung der Forderung im Außenverhältnis.

D. Der Schuldbeitritt im Spannungsfeld zwischen Bürgschaft und Gesamtschuld

Der Schuldbeitritt konfrontiert den Rechtsanwender gleichermaßen mit rechtlichen wie terminologischen Schwierigkeiten[79]. Aus diesem Grund wird seit mehr als hundert Jahren[80] kontrovers über das Wesen des Schuldbeitritts und dessen rechtliche Behandlung diskutiert[81]. Der Schuldbeitritt bietet wegen seiner Gemeinsamkeiten mit der Bürgschaft – beide werden den sog. Interzessionsge-

---

78 BGH NJW-RR 2002, 478, 479; *Noack*, in: Staudinger (2005), § 425, Rn. 55; *Bydlinski*, in: MüKo-BGB, § 425, Rn. 22; *Gebauer*, in: Soergel, § 425, Rn. 15; *Böttcher*, in: Erman, § 425, Rn. 12.

79 Vgl. bereits *Reichel*, Die Schuldmitübernahme, S. 13, 17 ff.

80 Hervorzuheben: *Reichel*, Die Schuldmitübernahme, S. 17 ff.; später: *Weigelin*, Der Schuldbeitritt, S. 6 ff.; *Heck*, Grundriß des Schuldrechts, S. 214 ff.; eingehend zur Entwicklung im älteren Schrifttum: *Schlicht*, Die kumulative Schuldübernahme in der Rechtsprechung des Reichsgerichts und in der zeitgenössischen Literatur, S. 43 ff.

81 Aus dem neueren Schrifttum insbesondere: *Kohte*, JZ 1990, 997 ff.; *Kittlitz*, Der vertragliche Schuldbeitritt, S. 119 ff.; *Madaus*, Der Schuldbeitritt als Personalsicherheit, S. 16 ff.; *Schürnbrand*, Der Schuldbeitritt zwischen Gesamtschuld und Akzessorietät, S. 32 ff., 52 ff.; ferner *Bydlinski*, ZIP 1989, 953, 955 f.; *Habersack*, in: MüKo-BGB, Vorbemerkungen §§ 765 ff., Rn. 11 ff.; *Bülow*, Recht der Kreditsicherheiten, Rn. 1579 ff.

schäften zugeordnet[82] – und auch der Gesamtschuld Anlass dazu, zu klären, ob er gesamtschuldnerischen, bürgschaftsrechtlichen oder vielmehr eigenen Regelungen zu unterstellen ist[83]. Da sich Bürgschaft und Gesamtschuld in Entstehung, Entwicklung und Regress voneinander unterscheiden, und wie zu zeigen sein wird, grundsätzlich unter unterschiedlichen Voraussetzungen verjähren, löste die Einordnung des Schuldbeitritts in das Recht des einen oder anderen Haftungsinstitutes die sich für den Schuldbeitritt stellenden Verjährungsfragen. Die Einordnung des Schuldbeitritts wird im Rahmen dieser Arbeit an mehreren Stellen relevant. Die hierzu entwickelten Konzepte sollen daher schon vorab näher erörtert werden.

I. Das Dogma vom Schuldbeitritt als Gesamtschuld

Überwiegend wird für den Schuldbeitritt das Recht der Gesamtschuld angewandt. Dies folgt aus der Deutung, dass der rechtsgeschäftliche oder gesetzliche Schuldbeitritt, auch (kumulative) Schuldmitübernahme genannt[84], grundsätzlich zum Entstehen einer Gesamtschuld führe[85]. Für den gesetzlichen Schuldbeitritt komme dies in den Vorschriften (etwa § 419 Abs. 1 BGB a.F., §§ 546 Abs. 2, 2382 BGB; §§ 25, 26, 28 HGB[86]) in der Regel zwar nicht explizit zum Aus-

---

82 *Westerkamp*, Bürgschaft und Schuldbeitritt, S. 37; *Weigelin*, Der Schuldbeitritt, S. 11 ff. (dort auch zur begrifflichen Erläuterung des Interzessionsgeschäfts, das sich durch den „Eintritt für eine fremde Verbindlichkeit" beschreiben ließe); *Kittlitz*, Der vertragliche Schuldbeitritt, S. 10.

83 Vgl. *Reichel*, Die Schuldmitübernahme, S. 327 ff.; *Schürnbrand*, Der Schuldbeitritt zwischen Gesamtschuld und Akzessorietät, S. 52 ff.; *Bülow*, Recht der Kreditsicherheiten, Rn. 1579 ff.; zur Abgrenzung im gemeinen Recht: *Schlicht*, Die kumulative Schuldübernahme in der Rechtsprechung des Reichsgerichts und in der zeitgenössischen Literatur, S. 28 ff.

84 *Reichel*, Die Schuldmitübernahme, S. 13; *Reinicke/Tiedtke*, Kreditsicherung, Rn. 4, 50; *Rohe*, in: BeckOK-BGB, § 415, Rn. 30.

85 Vgl. BGHZ 58, 251, 255; BGH NJW-RR 2007, 1407, 1408; *Noack*, in: Staudinger (2005), § 421, Rn. 49 ff.; *Horn*, in: Staudinger (1997), Vorbem zu §§ 765 ff, Rn. 363; *Röthel*, in: Erman, Vor § 414, Rn. 12; *Völzmann-Stickelbrock*, in: NK-BGB, § 421, Rn. 8; *Reinicke/Tiedtke*, Kreditsicherung, Rn. 3; *Westerkamp*, Bürgschaft und Schuldbeitritt, S. 37; *Heck*, Grundriß des Schuldrechts, S. 234; *Weigelin*, Der Schuldbeitritt, S. 9 ff.; *Bülow*, ZIP 1999, 985, 988; a.A. früher *Siber*, in: Planck, Bd. II/1, § 419, S. 617.

86 Eine andere Auffassung zu den Vorschriften über die Firmenfortführung (§§ 25, 28 HGB) findet sich bei *K. Schmidt*, Handelsrecht, § 8 I, II, S. 235 ff., der nach dem Normzweck dieser Vorschriften davon ausgeht, dass die Hauptverbindlichkeit auf den Neuunternehmer übergehe, während der Altunternehmer daneben, ähnlich eines ausgeschiedenen Gesellschafters, weiterhafte. Dagegen: *Kohte*, JZ 1990, 997, 999.

druck, sei aber zumindest durch Auslegung der Normen, die als Rechtsfolge das Hinzutreten eines weiteren Schuldners anordnen, zu ermitteln[87]. Aus diesem Grund finden nach herrschender Ansicht grundsätzlich die §§ 421 ff. BGB Anwendung.

II. Die Kritik im Schrifttum

1. Die Unterscheidung von Übernahme- und Sicherungsbeitritt

Im Vordringen befinden sich jedoch Ansichten, die zwischen verschiedenen Formen des Schuldbeitritts differenzieren. Besonders verbreitet ist dabei die Unterscheidung zwischen einem *Übernahmebeitritt* einerseits und einem *Sicherungsbeitritt* andererseits[88]. Der Übernahmebeitritt sei, anders als dies die Bezeichnung zunächst vermuten lasse[89], durch die Kumulation von Sicherungs- *und* Übernahmeinteressen gekennzeichnet[90]. Er könne in mannigfaltigen Erscheinungsformen zutage treten und sowohl auf vertraglicher Vereinbarung als auch gesetzlicher Anordnung beruhen[91]. Die Auslegung des Parteiwillens und des gesetzlichen Beitrittstatbestandes ergebe für den Übernahmebeitritt die Anwendung von Gesamtschuldrecht, da der Beitrittsschuldner nicht als bloßer Sicherungsgeber fungieren soll, sondern vielmehr die Funktion eines neben den Ursprungsschuldner tretenden Schuldners bekleide[92].

---

87 Vgl. *Noack*, in: Staudinger (2005), § 421, Rn. 48 ff.

88 *Weigelin*, Der Schuldbeitritt, S. 36 ff.; *Kohte*, JZ 1990, 997, 998 f.; *Schürnbrand*, Der Schuldbeitritt zwischen Gesamtschuld und Akzessorietät, S. 32 ff.; dem folgend: *Habersack*, in: MüKo-BGB, Vor § 765, Rn. 12; *Bülow*, Recht der Kreditsicherheiten, Rn. 1582; mit zum Teil anderer Terminologie auch: *Madaus*, Der Schuldbeitritt als Personalsicherheit, S. 320 („Übernahmebeitritt und typischer Schuldbeitritt"). Weiter differenzierend: *Kittlitz*, Der vertragliche Schuldbeitritt, S. 77 ff.

89 *Schürnbrand*, Der Schuldbeitritt zwischen Gesamtschuld und Akzessorietät, S. 34; vgl. ferner *Kittlitz*, Der vertragliche Schuldbeitritt, S. 113 („Grenzziehung zweifelhaft").

90 *Kohte*, JZ 1990, 997, 998 f.; *Schürnbrand*, Der Schuldbeitritt zwischen Gesamtschuld und Akzessorietät, S. 34; auch nach *Madaus*, Der Schuldbeitritt als Personalsicherheit, S. 17, liege grundsätzlich jedem Schuldbeitritt die Sicherungsfunktion zugrunde.

91 *Schürnbrand*, Der Schuldbeitritt zwischen Gesamtschuld und Akzessorietät, S. 32 ff. Exemplarisch für gesetzliche Fälle des Übernahmebeitritts seien § 2382 BGB, § 1088 BGB und § 25 HGB zu nennen (vgl. *Schürnbrand*, Der Schuldbeitritt zwischen Gesamtschuld und Akzessorietät, S. 35 ff.). So für § 25 HGB auch: *Weigelin*, Der Schuldbeitritt, S. 48; *Bülow*, Recht der Kreditsicherheiten, Rn. 1582.

92 *Schürnbrand*, Der Schuldbeitritt zwischen Gesamtschuld und Akzessorietät, S. 34, 169; *Madaus*, Der Schuldbeitritt als Personalsicherheit, S. 316, 321; vgl. ferner *Bülow*, Recht der Kreditsicherheiten, Rn. 1582.

Der Sicherungsbeitritt sei hingegen funktional und ökonomisch mit einer (selbstschuldnerischen) Bürgschaft vergleichbar[93]. Er sei weitgehend nach Bürgschaftsrecht zu beurteilen, weil die Vorschriften über die Gesamtschuld dem Sicherungscharakter dieser Form des Schuldbeitritts nicht gerecht würden[94]. Der Unterschied zum Übernahmebeitritt bestehe darin, dass hier keine Kumulation von Sicherungs- und Übernahmezweck bestehe, sondern allein der Sicherungsgedanke überwiege[95]. Mit anderen Worten soll dem Gläubiger durch den Beitritt primär eine Sicherheit für das Forderungsausfallrisiko beim Ursprungsschuldner gegeben werden. Da sich der Sicherungszweck sowohl aus der Parteivereinbarung als auch aus dem Gesetz ergeben könne, käme es auf die Form der Begründung nicht an. Als gesetzliche Tatbestände, die den Sicherungsaspekt des Schuldbeitritts in den Vordergrund rückten, seien unter anderem § 130 HGB, § 322 AktG und § 133 UmwG zu nennen[96]. Insbesondere der erstgenannte § 130 HGB bringe eine gegenüber der Gesellschaft nachrangige Haftung des eintretenden Gesellschafters zum Ausdruck[97]. Im Innenverhältnis treffe die Gesellschaft jedenfalls die alleinige Einstandspflicht[98]. Eine ähnliche Konstellation bestehe zwischen der haftenden Hauptgesellschaft und der im Sinne von § 322 AktG eingegliederten Gesellschaft[99].

---

93 Vgl. *Schürnbrand*, Der Schuldbeitritt zwischen Gesamtschuld und Akzessorietät, S. 40; *Bülow*, Recht der Kreditsicherheiten, Rn. 1580, 1596; *Habersack*, in: MüKo-BGB, Vor § 765, Rn. 10 ff.; *Madaus*, Der Schuldbeitritt als Personalsicherheit, S. 321.

94 *Schürnbrand*, Der Schuldbeitritt zwischen Gesamtschuld und Akzessorietät, S. 97 ff.; *Kittlitz*, Der vertragliche Schuldbeitritt, S. 119 ff., 137; in diesem Sinne, jedoch zum Teil mit weiteren Einschränkungen, bereits *Weigelin*, Der Schuldbeitritt, S. 51; ferner auch: *Madaus*, Der Schuldbeitritt als Personalsicherheit, S. 321 ff.; *Bydlinski*, in: MüKo-BGB, § 421, Rn. 35; a.A. *Bülow*, Recht der Kreditsicherheiten, Rn. 1580, 1582, 1598, der die Gesamtschuldregelungen in modifizierter Form zur Anwendung bringen will.

95 *Schürnbrand*, Der Schuldbeitritt zwischen Gesamtschuld und Akzessorietät, S. 40.

96 *Schürnbrand*, Der Schuldbeitritt zwischen Gesamtschuld und Akzessorietät, S. 41 ff.

97 Vgl. *Schürnbrand*, Der Schuldbeitritt zwischen Gesamtschuld und Akzessorietät, S. 42.

98 *Schürnbrand*, Der Schuldbeitritt zwischen Gesamtschuld und Akzessorietät, S. 42.

99 *Schürnbrand*, Der Schuldbeitritt zwischen Gesamtschuld und Akzessorietät, S. 42 f. Im Ergebnis wird damit eine Auslegung vorgenommen, die sich auch an anderer Stelle für die Interzessionssicherheiten im Allgemeinen finden lässt. *Becker-Eberhard*, Die Forderungsgebundenheit der Sicherungsrechte, S. 44 ff., spricht etwa davon, dass bei den Interzessionssicherheiten die Haftung im Außenverhältnis grundsätzlich keinen Schranken unterliege, dem Innenverhältnis allerdings eine grundsätzlich subsidiäre Haftungsvorstellung zugrunde liege.

2. *Schuldbeitritt aufgrund gemeinschaftlicher Interessen*

Kittlitz unterscheidet darüber hinaus im Anschluss an *Weigelin*[100] terminologisch eine dritte Form des Schuldbeitritts, und zwar den Schuldbeitritt aufgrund gemeinschaftlicher Interessen der Schuldner[101]. Nach *Kittlitz* folge jede Form des Schuldbeitritts einem eigenen Zweck[102]. Dieser Zweck sei wiederum ausschlaggebend für die jeweilige rechtliche Behandlung[103]. Verfolgten die Schuldner gemeinschaftliche Interessen, passten die §§ 421 ff. BGB daher „wie ein Maßanzug“[104]. Im Übrigen könne zwischen einer „*stabilisierenden*, *dynamisierenden* oder *überleitenden*“ Wirkung des mit dem Schuldbeitritt verfolgten Zwecks unterschieden werden[105].

III. Fazit

Dem Versuch einer Typisierung des Schuldbeitritts ist das Problem immanent, eine nicht für jeden Fall interessengerechte Lösung bieten zu können. Das muss aber nicht heißen, dass die letztgenannten Ansätze aus dem Schrifttum zu verwerfen wären. Im Gegenteil: Zum einen ist auch von den Anhängern der Kategorisierungsversuche erkannt worden, dass sich allzu schematische Lösungen verbieten[106]. Zum anderen ist der Ansatz, die Anwendbarkeit von Bürgschafts- oder Gesamtschuldrecht am jeweiligen Zweck der Norm oder der Beitrittsvereinbarung festzumachen, der undifferenzierten herrschenden Ansicht überlegen.

In der Tat erscheint es für die Formen des Schuldbeitritts, bei denen die Sicherungsfunktion im Vordergrund steht, ratsam, zumindest diejenigen Vorschriften aus dem Bürgschaftsrecht anzuwenden, die dem im Innenverhältnis nachrangigen Sicherungsauftrag des beitretenden Schuldners besser gerecht werden. Demgegenüber stellen die §§ 421 ff. BGB für die Fälle, in denen der Schuldbeitritt dem Gläubiger direkten und unbeschränkten Zugriff auf das Vermögen des Beitretenden verschaffen soll, die Übernahme einer fremden Schuld mithin

---

100 Vgl. *Weigelin*, Der Schuldbeitritt, S. 36 ff.

101 *Kittlitz*, Der vertragliche Schuldbeitritt, S. 77 ff., 178.

102 *Kittlitz*, Der vertragliche Schuldbeitritt, S. 77 ff., 178.

103 *Kittlitz*, Der vertragliche Schuldbeitritt, S. 78 f. Freilich dürfe der Blick auf die Einzelfallumstände nicht verlorengehen (*Kittlitz*, Der vertragliche Schuldbeitritt, S. 79).

104 *Kittlitz*, Der vertragliche Schuldbeitritt, S. 178.

105 *Kittlitz*, Der vertragliche Schuldbeitritt, S. 78. Kritisch in Bezug auf darauf, bereits aus dieser Typologie konkrete Rechtsfolgen ableiten zu wollen: *Madaus*, Der Schuldbeitritt als Personalsicherheit, S. 14 ff.

106 Dies muss auch *Kittlitz*, Der vertragliche Schuldbeitritt, S. 79 („Berücksichtigung von Einzelfallumständen“) einräumen.

Grundlage für den Schuldbeitritt gewesen ist, die sachnäheren Vorschriften zur Verfügung.

Es ist für den weiteren Verlauf der Arbeit an dieser Stelle zunächst nur ein kurzes Fazit zu ziehen. Festzuhalten ist bis hierhin, dass allen neueren Versuchen einer Kategorisierung in der Literatur die Erkenntnis zugrunde liegt, dass es *den* Schuldbeitritt nicht gibt[107]. Diese Kritik der Literatur gegenüber der herrschenden Meinung ist berechtigt und verdient uneingeschränkte Zustimmung. Infolgedessen muss die zugrundeliegende Abrede bzw. die gesetzliche Anordnung immer auf ihren Zweck hin untersucht und im Anschluss daran den von der Auslegung gebotenen Rechtsvorschriften unterstellt werden. Das auf *Weigelin*[108] und *Kohte*[109] zurückgehende und später insbesondere von *Schürnbrand*[110] maßgeblich mit Inhalt gefüllte Konzept der Unterscheidung zwischen Übernahme- und Sicherungsbeitritt vermag sicher nicht den Ausweg aus allen begrifflichen und dogmatischen Schwierigkeiten zu ebnen. Es hat jedoch auf sachlicher Ebene, wie im Kontext der jeweiligen Problemkreise zu zeigen sein wird, von allen Ansätzen die insgesamt stärkste Überzeugungskraft.

2. Abschnitt: Die Verjährung in der Entstehung von Bürgschaft und Gesamtschuld

Im nachfolgenden Abschnitt soll untersucht werden, welche verjährungsrechtlichen Voraussetzungen, aber auch Hindernisse im Zeitpunkt der Entstehung des Sicherungsmittels zu beachten sind. Für die Bürgschaft stellt sich maßgeblich das Problem ihres Verjährungsbeginns. Bei gesamtschuldnerischen Verpflichtungen ist demgegenüber fraglich, ob hier von Beginn an gleichlaufende Verjährungsfristen erforderlich sind.

A. Entstehung der Bürgschaft und Verjährung

Der Bürgschaftsanspruch ist ein Anspruch, der der regelmäßigen Verjährung gemäß §§ 195, 199 BGB unterliegt[111]. Dies entspricht dem Grundsatz, nach dem

107 *Kittlitz*, Der vertragliche Schuldbeitritt, S. 78; *Schürnbrand*, Der Schuldbeitritt zwischen Gesamtschuld und Akzessorietät, S. 48 ff.

108 *Weigelin*, Der Schuldbeitritt, S. 36 ff.

109 *Kohte*, JZ 1990, 997, 998 f.

110 *Schürnbrand*, Der Schuldbeitritt zwischen Gesamtschuld und Akzessorietät, S. 168 ff.

111 BGH ZIP 2008, 2167, 2168; BGHZ 175, 161, 168; *Ellenberger*, in: Palandt, § 195, Rn. 3; *E. Herrmann*, in: Erman, § 765, Rn. 16; *Nobbe*, in: Bankrechts-Handbuch, § 91, Rn. 318; *Bub*, in: FS Fischer, 2008, S. 71, 79.

die Vorschriften der Regelverjährung für vertragliche Erfüllungsansprüche Anwendung finden sollen[112]. Die Entstehung des Bürgschaftsanspruchs hängt allerdings nicht unmittelbar mit dem Abschluss des Bürgschaftsvertrags mit dem Gläubiger zusammen[113]. Vielmehr müssen weitere Kriterien erfüllt sein, damit der Gläubiger auf die Sicherheit zugreifen kann. Die Erfüllung dieser Kriterien ist nicht selten problematisch und hat grundlegende Bedeutung für die Bestimmung des Verjährungsbeginns im Sinne von § 199 Abs. 1 BGB.

I. Verjährungsbeginn gemäß § 199 Abs. 1 BGB

1. Entstehung des Anspruchs i.S.v § 199 Abs. 1 Nr. 1 BGB

Objektiv setzt § 199 Abs. 1 Nr. 1 BGB für den Beginn der Verjährung voraus, dass der Anspruch *entstanden* ist. In Rechtsprechung und Literatur ist man sich mittlerweile wohl weitgehend einig, dass der Anspruch mit Fälligkeit im Sinne von § 271 Abs. 1 BGB gemäß § 199 Abs. 1 Nr. 1 BGB entsteht[114]. Zwar bestand während des Gesetzgebungsverfahrens zunächst noch Uneinigkeit darüber, ob in Anlehnung an § 198 BGB a.F. die Terminologie „Entstehung des Anspruchs" beibehalten[115] oder der Begriff der „Fälligkeit" in das Gesetz mit aufgenommen werden sollte[116]. Gleichwohl ist zu berücksichtigen, dass schon zur alten Rechtslage (§ 198 S. 1 BGB a.F.) weitgehend anerkannt war, dass die Entstehung des Anspruchs und dessen Fälligkeit eng miteinander verknüpft seien[117]. Außerdem erfolgte die Rückkehr zum Begriff der „Entstehung" in der aktuellen Gesetzesfassung nur, um die Rechtsprechung zur Schadenseinheit nicht zu gefährden[118]. Damit ist festzuhalten, dass als Anknüpfungspunkt für die Entstehung des An-

112 Vgl. BT-Drucks. 14/6040, S. 103 f.; so auch *Jauernig*, in: Jauernig, § 195, Rn. 2; *Henrich*, in: BeckOK-BGB, § 195, Rn. 5; *Peters/Jacoby*, in: Staudinger (2009), § 195, Rn. 12; *Petersen*, Jura 2011, 657, 658.

113 *Hadding*, in: FS Wiegand, 2005, S. 299, 303.

114 BGH ZIP 2008, 1762, 1763; *Ellenberger*, in: Palandt, § 199, Rn. 3; *Grothe*, in: MüKo-BGB, § 199, Rn. 4; *Lakkis*, in: jurisPK-BGB, § 199, Rn. 5; *Jauernig*, in: Jauernig, § 199, Rn. 2; *Peters/Jacoby*, in: Staudinger (2009), § 199, Rn. 3 ff.; *Mansel/Budzikiewicz*, Das neue Verjährungsrecht, § 3, Rn. 77 f.; *Krämer*, Die Neuregelung des Verjährungsrechts im Schuldrechtsmodernisierungsgesetz, S. 57 ff.

115 Vgl. Beschlussempfehlung und Bericht des Rechtsausschusses, BT-Drucks. 14/7052, S. 180.

116 So der Regierungsentwurf, BT-Drucks. 14/6040, S. 108.

117 Vgl. *Zimmermann*, JuS 1984, 409, 418; *Peters/Zimmermann*, in: Gutachten und Vorschläge zur Überarbeitung des Schuldrechts, Band I, S. 77, 173; *Hefermehl*, in: Erman, 10. Auflage 2000, § 198, Rn. 1; BT-Drucks. 14/7052, S. 180 („gleichbedeutend").

118 Vgl. BT-Drucks. 14/6040, S. 108; *Krämer*, Die Neuregelung des Verjährungsrechts im Schuldrechtsmodernisierungsgesetz, S. 58; *Mansel*, NJW 2002, 89, 91.

spruchs im Sinne des § 199 Abs. 1 Nr. 1 BGB nach wie vor dessen Fälligkeit dienen soll[119].

a) Problemstellung

Die Bestimmung des Zeitpunkts der Fälligkeit der Bürgschaftsforderung ist nicht selten problematisch. Nach § 271 Abs. 1 BGB kann der Gläubiger die Leistung im Zweifel sofort verlangen. Für die Bürgschaft kann dies bereits aus Gründen der Subsidiarität nicht allgemein gelten. Der Bürge steht nach § 765 Abs. 1 BGB für die Erfüllung einer fremden Schuld ein. Es kommt für die Fälligkeit daher auf den Zeitpunkt an, ab dem der Bürge für die Erfüllung der Hauptschuld einzustehen hat. Dann nämlich kann der Gläubiger die Leistung vom Bürgen im Sinne von § 271 BGB verlangen. Grundsätzlich ist dies mit dem Eintritt des sog. Bürgschafts- bzw. Sicherungsfalls zu bejahen[120]. Die entscheidende Frage besteht darin, ob der Sicherungsfall bereits mit Fälligkeit der Hauptschuld oder erst zu einem späteren Zeitpunkt eintritt. Denkbar erscheint es, dass der Sicherungsfall erst später, etwa mit dem Verlust der Einrede der Vorausklage gemäß §§ 771, 773 BGB[121], dem Verzugseintritt des Hauptschuldners im Sinne von § 286 BGB[122] oder erst mit der Aufforderung zur Leistung durch den Gläubiger[123] eintritt.

119 Davon abzugrenzen und hier nicht weiter zu erörtern ist die Fälligkeit wie sie etwa das BAG, insbesondere wenn es um die Beurteilung des Fristbeginns bei Ausschlussklauseln geht, versteht. Vgl. dazu BAG NZA 2006, 783, 784 (m.w.N): „Der Begriff der Fälligkeit wird […] unter Einbeziehung des Kenntnisstandes des Gläubigers und subjektiver Zurechnungsgesichtspunkte interessengerecht ausgelegt. Ein Anspruch ist regelmäßig erst dann im Sinne der Ausschlussfrist fällig, wenn der Gläubiger ihn annähernd beziffern kann. Fälligkeit in diesem Sinne liegt nicht vor, wenn es dem Gläubiger praktisch unmöglich ist, den Anspruch mit seinem Entstehen geltend zu machen. Das ist insbesondere der Fall, wenn die rechtsbegründenden Tatsachen in der Sphäre des Schuldners liegen und der Gläubiger es nicht durch schuldhaftes Zögern versäumt hat, sich Kenntnis von den Voraussetzungen zu verschaffen, die er für die Geltendmachung benötigt."

120 Vgl. BGH NJW-RR 2001, 307, 308; BGH ZIP 2008, 1762, 1764; *Becker-Eberhard*, Die Forderungsgebundenheit der Sicherungsrechte, S. 638 ff.; *Bülow*, Recht der Kreditsicherheiten, Rn. 61, 832; *Sprau*, in: Palandt, § 765, Rn. 25; *Stadler*, in: Jauernig, § 765, Rn. 1; *Nobbe*, in: Bankrechts-Handbuch, § 91, Rn. 319.

121 *Habersack*, in: MüKo-BGB, § 765, Rn. 80, 82, § 771, Rn. 7 f.

122 Vgl. *Förster*, JZ 2009, 109, 110; *Bülow*, ZIP 1999, 985, 987; *Bülow*, Recht der Kreditsicherheiten, Rn. 964.

123 BGHZ 92, 295, 300; *Mansel/Budzikiewicz*, Das neue Verjährungsrecht, § 3, Rn. 100; *E. Herrmann*, in: Erman, § 765, Rn. 5; *Horn*, in: Staudinger (1997), § 765, Rn. 112; *Lindacher*, in: FS Gerhardt, 2004, S. 587, 591 f.; *Bülow*, Recht der Kreditsicherheiten,

Je nachdem auf welchen Zeitpunkt man abstellt, ergibt sich ein anderer Entstehungszeitpunkt der Bürgschaftsforderung im Sinne von § 199 Abs. 1 Nr. 1 BGB. Die praktischen Konsequenzen sind für die Beteiligten daher nicht unerheblich. Dies gilt vor allem dann, wenn die Bürgschaftsforderung frühestmöglich, also bereits mit der Fälligkeit der Hauptschuld zu verjähren begänne. Ein früher Verjährungsbeginn der Bürgschaftsforderung erhöht die Wahrscheinlichkeit, dass die Bürgschaftsschuld vor der Hauptschuld verjährt. Ob es sich dabei um ein vom Modernisierungsgesetzgeber bedachtes oder gar gewolltes Ergebnis handelt, das durch einen späteren Verjährungsbeginn der Bürgschaftsforderung korrigiert werden muss, ist nicht unzweifelhaft.

Ausgangspunkt für die Möglichkeit einer vorzeitigen Verjährung der Bürgschaft ist zunächst die rechtliche Trennung von Haupt- und Bürgenschuld, die vor allem im Hinblick auf die Verjährung Bestand hat[124]. Für den Gläubiger folgt daraus auf der einen Seite, dass er „zwei Verjährungsfristen im Auge behalten muss“[125]: zum einen die Verjährung der Hauptforderung, zum anderen die Verjährung der Bürgschaftsforderung. Auf der anderen Seite kann der Bürge seiner Inanspruchnahme durch den Gläubiger sowohl die Einrede der Verjährung der Hauptschuld gemäß § 768 Abs. 1 BGB als auch die Einrede der Verjährung der Bürgschaftsforderung gemäß § 214 Abs. 1 BGB entgegenhalten. Ergreift der Gläubiger daher in Unkenntnis des Verjährungsbeginns der Bürgschaftsforderung nicht rechtzeitig verjährungshemmende Maßnahmen, droht er, trotz Eintritt des Sicherungsfalls, seine Forderung(en) nicht mehr realisieren zu können.

Freilich ist der Verjährungsbeginn insoweit nur ein Faktor dafür, dass das beschriebene Szenario eintritt. Vornehmlich handelt es sich um ein Fristenproblem, das auftritt, wenn die Hauptschuld selbst nicht nach der dreijährigen Regelverjährung gemäß §§ 195, 199 Abs. 1 BGB verjährt, sondern einer gesetzlichen Sonderverjährungsfrist unterliegt, wie es für die im Rahmen von Gewährleistungsbürgschaften gesicherten Ansprüche wegen eines Mangels am Bauwerk der Fall sein kann. Diese Ansprüche verjähren gemäß § 634a Abs. 1 Nr. 2 BGB innerhalb von fünf Jahren. Die Malaise einer vorzeitigen Verjährung hängt aber sowohl mit dem Verjährungsbeginn der Bürgschaft als auch mit der Möglichkeit unterschiedlicher Verjährungsfristen von Haupt- und Bürgenschuld zusammen.

Rn. 855; *Birr*, Verjährung und Verwirkung, Rn. 195; *Gay*, NJW 2005, 2585, 2586 ff.; *Schlößer*, NJW 2006, 645, 647 f.; *Joussen*, IBR 2007, 116.

124 Vgl. BGH ZIP 2008, 2167, 2168; *Mormann*, in: RGRK-BGB, § 765, Rn. 9; *Brödermann*, in: Prütting/Wegen/Weinreich, Vor §§ 765 ff., Rn. 5; *Habersack*, in: Mü-Ko-BGB, § 765, Rn. 2; *Stadler*, in: Jauernig, § 765, Rn. 20; *Nobbe*, in: Bankrechts-Handbuch, § 91, Rn. 317; *Bub*, in: FS Fischer, 2008, S. 71, 79.

125 *Einsiedler*, MDR 2010, 603, 606.

Wie sich zeigen wird, nimmt das Argument möglicher Interdependenzen zwischen Verjährungsbeginn und vorzeitiger Verjährung der Bürgschaft in der Kontroverse um den Verjährungsbeginn eine nicht unbedeutende Stellung ein. Daher ist das Fristenproblem auch hier im Zusammenhang mit dem Verjährungsbeginn zu diskutieren[126].

b) Meinungsstand

aa) Entstehung mit Fälligkeit der Hauptforderung

Die wohl überwiegende Auffassung in der Lehre, der sich nunmehr auch der BGH angeschlossen hat[127], geht jedenfalls für alle Formen selbstschuldnerischer Bürgschaften von paralleler Fälligkeit von Haupt- und Bürgenforderung aus[128].

Zur Begründung führt sie an, dass § 199 Abs. 1 Nr. 1 BGB in objektiver Hinsicht „allein die Fälligkeit der Hauptschuld" erfordere[129]. In historisch-teleologischer Auslegung könne die gleichzeitige Fälligkeit insbesondere der Beschlussempfehlung des Rechtsausschusses zu § 771 Abs. 1 S. 2 BGB entnommen werden[130]. Auch spreche die Akzessorietät der Bürgschaft zur gesicherten Hauptschuld dafür, dass Haupt- und Bürgenschuld zusammen fällig würden[131]. Dass die Bürgschaftsforderung so gegebenenfalls vor der Hauptschuld verjähren könnte, sei hinzunehmen, weil Bürgen- und Hauptforderung rechtlich getrennt

---

126 Auf das Problem vorzeitiger Verjährung wird im Zusammenhang mit der Gewährleistungsbürgschaft eingegangen. Dazu unten ab S. 71.

127 In BGH NJW 2007, 2560, 2561, hatte der für das Bürgschaftsrecht zuständige XI. Senat die Frage noch ausdrücklich offen gelassen.

128 Vgl. BGH NJW 2011, 2120, 2121; BGH ZIP 2008, 2167, 2168; BGHZ 175, 161, 169 f. (MaBV-Vorauszahlungsbürgschaft); OLG Stuttgart NJW-RR 2010, 895, 896 (Vertragserfüllungsbürgschaft); *Nobbe*, WuB I F 1 a. Bürgschaft 2.11, 186, 187; *Balzer*, EWiR 2009, 529; *Podewils*, EWiR 2008, 487, 488; *Hohmann*, WM 2004, 757, 760; *Tiedtke*, JZ 2006, 940, 945 f.; *Klein/Moufang/Koos*, BauR 2009, 333, 336 f.; *Bub*, in: FS Fischer, 2008, S. 71, 80; *Vogel*, IBR 2008, 150; *Jungmann*, WuB I F 1 a. Bürgschaft 5.06, 841, 842 ff.; *Hadding*, in: FS Wiegand, 2005, S. 299, 303; *Habersack*, in: MüKo-BGB, § 765, Rn. 80; *Fischer*, in: Das Recht der Kreditsicherung, § 9, Rn. 73, 81; *Stadler*, in: Jauernig, § 768, Rn. 4; *Sprau*, in: Palandt, § 765, Rn. 26; *A. Staudinger*, in: Hk-BGB, § 768, Rn. 4; *Brödermann*, in: Prütting/Wegen/Weinreich, vor §§ 765 ff., Rn. 38; *Peters/Jacoby*, in: Staudinger (2009), § 199, Rn. 22; *Grothe*, in: MüKo-BGB, § 199, Rn. 7.

129 *Hohmann*, WM 2004, 757, 760.

130 BGHZ 175, 161, 169; BGH ZIP 2008, 1762, 1763; OLG Karlsruhe WM 2008, 631, *Nobbe*, WuB I F 1 a. Bürgschaft 2.11, 186, 187; *Vogel*, IBR 2008, 150; jeweils mit Verweis auf BT-Drucks. 14/7052, S. 206.

131 BGHZ 175, 161, 169 f.; *Hadding*, in: FS Wiegand, 2005, S. 299, 305; *Vogel*, IBR 2008, 150; *Fischer*, in: Das Recht der Kreditsicherung, § 9, Rn. 73.

voneinander zu beurteilen seien[132]. Zudem böte sich für die Parteien die kautelarjuristische Möglichkeit, entsprechende Klauseln, die eine vorzeitige Verjährung der Bürgschaftsforderung verhinderten, zu vereinbaren[133].

Der Gegenauffassung hält sie entgegen, dass die Bürgschaft kein verhaltener Anspruch sei[134]. Deshalb hinge die Fälligkeit der Bürgschaftsforderung nicht von einer Leistungsaufforderung durch den Gläubiger ab[135]. Gegen das Kriterium der Leistungsaufforderung spreche außerdem, dass der eigentlich dem Schutz des Schuldners zu dienen bestimmte Verjährungsbeginn ansonsten der Beeinflussbarkeit durch den Gläubiger preisgegeben würde[136].

Auf die Bürgschaft auf erstes Anfordern werden diese Erwägungen größtenteils übertragen. Dort sei bei fehlender Parteiabrede ebenso die Fälligkeit der Hauptforderung für die Entstehung der Bürgschaftsforderung im Sinne von § 199 Abs. 1 Nr. 1 BGB ausschlaggebend[137].

Teilweise wird auch für die nichtselbstschuldnerische Bürgschaft ausdrücklich auf die Fälligkeit der Hauptforderung abgestellt[138]. So nahm der BGH in einer Entscheidung vom 18.12.2003, allerdings ohne dies näher zu begründen[139], schon einmal an, dass die Bürgschaftsforderung mit der Fälligstellung des gesicherten Darlehens im Sinne von § 199 Abs. 1 Nr. 1 BGB entstanden wäre[140]. Zuletzt hat sich auch das OLG Karlsruhe für diese Sichtweise ausgesprochen[141]. Im Vordergrund der Argumentation von Rechtsprechung und Literatur steht auch

132 BGH ZIP 2008, 2167, 2168.

133 BGHZ 175, 161, 170; *Sprau*, in: Palandt, § 765, Rn. 26; *Podewils*, EWiR 2008, 487, 488; *Keilmann*, MDR 2008, 843, 845 ff.

134 BGHZ 175, 161, 169; *Hohmann*, WM 2004, 757, 760.

135 BGHZ 175, 161, 169; BGH ZIP 2008, 1762, 1764; *Grothe*, in: MüKo-BGB, § 199, Rn. 7; *Tiedtke*, JZ 2006, 940, 945.

136 BGH ZIP 2008, 1762, 1764; so auch: *Balzer*, EWiR 2009, 529; *Peters/Jacoby*, in: Staudinger (2009), § 199, Rn. 22.

137 Vgl. BGH ZIP 2008, 1762, 1764; *Ellenberger*, in: Palandt, § 199, Rn. 3; *Klein/Moufang/Koos*, BauR 2009, 333, 337.

138 BGH NJW-RR 2004, 1190, 1191; OLG Karlsruhe WM 2008, 631; *Ellenberger*, in: Palandt, § 199, Rn. 3; *Häuser*, in: Soergel, § 765, Rn. 114; *Bub*, in: FS Fischer, 2008, S. 71, 80 f.; im Ergebnis auch *Reinicke/Tiedtke*, Kreditsicherung, Rn. 316.

139 Im Schrifttum wird die Aussagekraft dieser Entscheidung daher zum Teil in Zweifel gezogen (*Keilmann*, MDR 2008, 843). So müsse berücksichtigt werden, dass der BGH die Frage der Fälligkeit der Bürgschaftsforderung „nur beiläufig" und dazu „kurz nach der Schuldrechtsreform im Rahmen einer insolvenzanfechtungsrechtlichen Fragestellung behandelt habe (Vgl. *Keilmann*, MDR 2008, 843 f.; *Bräuer*, NZBau 2007, 477, 478; dagegen: *May*, BauR 2007, 187, 196: „nicht nur beiläufig").

140 BGH NJW-RR 2004, 1190, 1191.

141 Vgl. OLG Karlsruhe WM 2008, 631.

hier, dass es sich bei der Bürgschaft nicht um einen verhaltenen Anspruch handele und die Fälligkeit daher mit der Fälligkeit der gesicherten Schuld eintreten müsse[142].

bb) Entstehung erst mit Leistungsaufforderung durch den Gläubiger

Dagegen wird von einer anderen Auffassung die Inanspruchnahme des Bürgen bzw. eine Aufforderung zur Leistung durch den Gläubiger vorausgesetzt, um die Fälligkeit der Bürgschaftsforderung zu begründen[143]. Insoweit liege es nahe, die Bürgschaftsforderungen den Regelungen über verhaltene Ansprüche zu unterwerfen[144]. Aus den §§ 604 Abs. 5, 695 S. 2, 696 S. 3 BGB, also Vorschriften zur Leihe und Verwahrung, lasse sich der allgemeine Rechtsgedanke entwickeln, dass verhaltene Ansprüche die Geltendmachung durch den Gläubiger voraussetzen, um den Verjährungsbeginn in Gang zu setzen[145].

Für das Erfordernis der Inanspruchnahme spreche der Aspekt der Rechtssicherheit[146]. Zudem überzeuge die von der herrschenden Auffassung bemühte Argumentation mit § 771 Abs. 1 S. 2 BGB nicht, da mit dieser Vorschrift nicht der Verjährungsbeginn, sondern nur die Hemmung der Verjährung geregelt werden sollte[147]. Weiter gingen die Erwägungen zur Entstehungsgeschichte dieser Vor-

---

142 Vgl. OLG Karlsruhe WM 2008, 631; *Bub*, in: FS Fischer, 2008, S. 71, 81. Im Übrigen deckt sich die Argumentation mit der herrschenden Lehre zur selbstschuldnerischen Bürgschaft (s.o.).

143 BGHZ 92, 295, 300; *Mansel/Budzikiewicz*, Das neue Verjährungsrecht, § 3, Rn. 100; *E. Herrmann*, in: Erman, § 765, Rn. 5; *Horn*, in: Staudinger (1997), § 765, Rn. 112; *Lindacher*, in: FS Gerhardt, 2004, S. 587, 591 ff.; *Bülow*, Recht der Kreditsicherheiten, Rn. 855; *Birr*, Verjährung und Verwirkung, Rn. 195; *Gay*, NJW 2005, 2585, 2586 ff.; *Schlößer*, NJW 2006, 645, 647 f.; *Joussen*, IBR 2007, 116; differenzierend: *Bolten*, ZGS 2006, 140, 145; *Schulze-Hagen*, BauR 2007, 170, 185 ff. (Vertragserfüllungsbürgschaft).

144 Von *Lindacher*, in: FS Gerhardt, 2004, S. 587, 591 f., wird vertreten, die Bürgschaft sei ein verhaltener Anspruch. So auch: *Bülow*, Recht der Kreditsicherheiten, Rn. 855. Teilweise sollen nur die Regelungen über verhaltene Ansprüche angewandt werden (*Schulze-Hagen*, BauR 2007, 170, 186 f.). Andere differenzieren im Hinblick auf unterschiedliche Bürgschaftsformen. Grundsätzlich ablehnend für den Regelfall, aber bejahend für den Fall, dass der Bürge nur einen Naturalerfüllungsanspruch des Gläubigers gegen den Hauptschuldner absichere, der sich noch nicht in einen Geldzahlungsanspruch umgewandelt habe: *Bolten*, ZGS 2006, 140, 145.

145 *Schulze-Hagen*, BauR 2007, 170, 186 f.; *Schlößer*, NJW 2006, 645, 648; vgl. auch *Schulze*, LMK 2008, 260809.

146 *Schlößer*, NJW 2006, 645, 648.

147 *Schlößer*, NJW 2006, 645, 648.

schrift zumindest für die selbstschuldnerische Bürgschaft sowie die Bürgschaft auf erstes Anfordern fehl[148].

cc) Differenzierende Ansichten

Darüber hinaus finden sich in der Literatur weitere Differenzierungen, die entweder speziellen Bürgschaftsformen oder besonderen Verjährungsproblemen, wie dem bereits angesprochenen Fristenproblem, Rechnung tragen wollen.

Habersack vertritt, dass die Fälligkeit der Bürgschaftsforderung davon abhänge, ob dem Bürgen die Einrede der Vorausklage im Sinne von § 771 BGB zustehe[149]. Die nichtselbstschuldnerische Bürgschaft beginne daher erst mit dem Wegfall dieser Einrede zu verjähren[150]. Für die selbstschuldnerische Bürgschaft sowie die Bürgschaft auf erstes Anfordern genüge jedoch, soweit keine besonderen Vereinbarungen getroffen werden, die Fälligkeit der Hauptforderung[151].

Eine weitere Ansicht betont, dass ein rein an der Fälligkeit der Hauptschuld orientiertes Verständnis dem Problem des Verjährungsbeginns nicht in jeder Hinsicht gerecht werden könne. Die Bürgschaft sei als grundsätzlich subsidiäres Sicherungsmittel dadurch gekennzeichnet, dass die Inanspruchnahme des Bürgen erst dann erfolgen könne, wenn tatsächlich von einer „Nichterfüllung" durch den Hauptschuldner gesprochen werden könne, was spätestens mit dessen Verzug mit der Leistung der Fall sei[152]. Im Übrigen sei der Sicherungsfall für jede Bürgschaft getrennt zu bestimmen[153]. Für die Bürgschaft auf erstes Anfordern sei daher etwa auf den formellen, vertraglich vereinbarten, nicht aber den materiellen Sicherheitsfall abzustellen[154].

Weitere Differenzierungen betreffen den Verjährungsbeginn bei den bereits angesprochenen Gewährleistungsbürgschaften. Dort sei insbesondere zu berücksichtigen, dass sich der zunächst abgesicherte Nacherfüllungsanspruch des Gläubigers gegen den Werkunternehmer (§ 635 BGB) vor der Inanspruchnahme des Bürgen in einen Zahlungsanspruch umwandeln müsse[155]. Nach einer Ansicht set-

---

148 *Lindner*, in: jurisPR-BGHZivilR 21/2008 Anm. 2; *Schulze*, LMK 2008, 260809.

149 *Habersack*, in: MüKo-BGB, § 765, Rn. 82.

150 *Habersack*, in: MüKo-BGB, § 765, Rn. 80, 82, § 771, Rn. 7 f.

151 *Habersack*, in: MüKo-BGB, § 765, Rn. 80, 82.

152 *Förster*, JZ 2009, 109, 110.

153 Vgl. *Förster*, JZ 2009, 109, 110 ff.; *Becker-Eberhard*, Die Forderungsgebundenheit der Sicherungsrechte, S. 638 ff.

154 *Förster*, JZ 2009, 109, 112; ferner in diese Richtung: *Lindner*, in: jurisPR-BGHZivilR 21/2008 Anm. 2; *Bub*, in: FS Fischer, 2008, S. 71, 80 f.

155 Vgl. BGH NJW 2011, 443, 445; OLG Brandenburg, Entscheidung vom 14.06.2007, Az. 12 U 216/06, Rn. 20 (juris); *Peters/Jacoby*, in: Staudinger (2009), § 199, Rn. 22; *Sprau*, in: Palandt, § 765, Rn. 25; *Habersack*, in: MüKo-BGB, § 765, Rn. 110a; *Lubo-*

ze dies bei der Gewährleistungsbürgschaft voraus, dass der Gläubiger dem Hauptschuldner zunächst eine fruchtlose Nachfrist zur Nacherfüllung gesetzt habe[156]. Nach anderer Meinung soll der Sicherungsfall hingegen erst mit der Geltendmachung dieses Zahlungsanspruchs eintreten können[157].

dd) Zwischenfazit

Einigkeit besteht dahingehend, dass für die Entstehung der Bürgschaftsforderung im Sinne von § 199 Abs. 1 Nr. 1 BGB die Fälligkeit des (Bürgschafts-)Anspruchs maßgeblich ist. Fällig ist ein Anspruch gemäß § 271 Abs. 1 BGB, wenn der Gläubiger die Leistung verlangen, das heißt im Wege der Leistungsklage durchsetzen kann[158].

Für die Fälligkeit der Bürgschaft kommt es unter anderem darauf an, ob diese eine Leistungsaufforderung durch den Gläubiger voraussetzt. Wenn dies zu bejahen wäre, könnte sie als verhaltener Anspruch eingeordnet werden. Die Erfüllung eines verhaltenen Anspruchs kann vom Gläubiger zwar jederzeit verlangt werden[159]. Der Schuldner ist aber nicht von sich aus leistungsberechtigt[160]. Insofern werfen die verhaltenen Ansprüche die Frage auf, zu welchem Zeitpunkt sie fällig werden. Außerdem ist zu klären, ob für die Entstehung im Sinne von § 199 Abs. 1 Nr. 1 BGB für verhaltene Ansprüche weitere Sonderregeln gelten.

Ergibt die Untersuchung, dass es sich bei der Bürgschaft nicht um einen verhaltenen Anspruch handelt und diese auch sonst die Leistungsaufforderung nicht allgemein voraussetzt, dann müssen andere Kriterien für die Fälligkeit und den Verjährungsbeginn entwickelt werden. Die unterschiedlichen Bürgschaftsformen legen mit ihren unterschiedlichen Anspruchsvoraussetzungen nahe, dass der Eintritt des Sicherungsfalls hierbei jeweils eigenen Kriterien unterliegt. Damit scheint eine eigene Fälligkeit für jede Bürgschaftsform vorgezeichnet.

---

janski, IBR 2004, 420; *Weise*, NJW-Spezial 2004, 357; *Bolten*, ZGS 2006, 140, 145; *Joussen*, IBR 2007, 116; *May*, BauR 2007, 187, 194 ff.; *Jungmann*, WuB I F 1 a. Bürgschaft 5.06, 841, 844; *Klein/Moufang/Koos*, BauR 2009, 333, 338.

156 *Vogel/Schmitz*, NJW 2011, 2096; *Klein/Moufang/Koos*, BauR 2009, 333, 339; *Lubojanski*, IBR 2004, 420; *Merl*, in: Handbuch des privaten Baurechts, § 15, Rn. 1290; *Thierau*, in: Kapellmann/Messerschmidt, VOB/B § 17, Rn. 193.

157 So OLG Frankfurt, Entscheidung vom 04.01.2011, Az. 8 U 47/10, Rn. 16 (juris); *Joussen*, IBR 2007, 116; *Bolten*, ZGS 2006, 140, 145.

158 *Krämer*, Die Neuregelung des Verjährungsrechts im Schuldrechtsmodernisierungsgesetz, S. 57; *Grüneberg*, in: Palandt, § 271, Rn. 1; *Unberath*, in: BeckOK-BGB, § 271, Rn. 2; *Krüger*, in: MüKo-BGB, § 271, Rn. 2; *Schulze*, in: Hk-BGB,§ 271, Rn. 2.

159 Vgl. *Gernhuber*, Die Erfüllung und ihre Surrogate, S. 56; *Schulze*, in: Hk-BGB,§ 271, Rn. 2; *Mansel/Stürner*, in: NK-BGB, § 199, Rn. 32.

160 Vgl. *Gernhuber*, Die Erfüllung und ihre Surrogate, S. 57; *Krüger*, in: MüKo-BGB, § 271, Rn. 4; *Ebert*, in: Erman, § 271, Rn. 1.

2. *Kenntnis des Gläubigers i.S.v. § 199 Abs. 1 Nr. 2 BGB*

Neben der objektiven Voraussetzung der Anspruchsentstehung ist für den Verjährungsbeginn *Kenntnis* im Sinne von § 199 Abs. 1 Nr. 2 BGB erforderlich. Der Gläubiger muss Kenntnis der anspruchsbegründenden Tatsachen und von der Person des Schuldners haben. Die grob fahrlässige Unkenntnis ist der positiven Kenntnis gemäß § 199 Abs. 1 Nr. 2 BGB gleichgestellt.

a) Problemstellung und Meinungsstand

Die Kenntnis der anspruchsbegründenden Umstände bereitet für den Bürgschaftsanspruch, wie bei vertraglichen Erfüllungsansprüchen üblich[161], grundsätzlich keine besonderen Schwierigkeiten. Voraussetzung ist, dass der Gläubiger Kenntnis von den Tatsachen hat, aus denen sich der Anspruch ergibt[162]. So heißt es auch in Teilen der Literatur, die Bedeutung des Merkmals der *Kenntnis* gemäß § 199 Abs. 1 Nr. 2 BGB dürfe nicht überbewertet werden, da diese in der Regel vorliegen werde[163]. Der Gläubiger habe ein Interesse an der Erfüllung der Hauptschuld, so dass ihm die entsprechenden Informationen bekannt sein dürften[164].

Schwieriger ist es zu bestimmen, wann der Gläubiger die erforderliche Kenntnis von der Person des Schuldners hat. Der BGH hat mit Urteil vom 23.09.2008 entschieden, dass die zu § 852 BGB a.F. ergangene Rechtsprechung, wonach der Gläubiger Kenntnis habe, wenn die Erhebung einer Klage erfolgversprechend, wenn auch nicht risikolos möglich wäre[165], auf die Auslegung von § 199 Abs. 1 Nr. 2 BGB übertragen werden könne und daher auch für die Bürgschaft maßgeblich sei[166]. Voraussetzung für eine erfolgreiche Klage in diesem Sinne sei die Kenntnis von Namen und Anschrift des Schuldners, also des Bürgen[167]. Den Gläubiger treffe daher ab Eintritt des Sicherungsfalls die Obliegenheit, die Werthaltigkeit der Bürgschaft festzustellen[168]. Dazu habe er unter ande-

---

161 *Peters/Jacoby*, in: Staudinger (2009), § 199, Rn. 75; *Birr*, Verjährung und Verwirkung, Rn. 27; *Otto*, Die Bestimmung des § 199 Abs. 1 Nr. 2 BGB, S. 96.

162 Vgl. *Peters/Jacoby*, in: Staudinger (2009), § 199, Rn. 62; *Schmidt-Räntsch*, in: Erman, § 199, Rn. 21; *Mansel/Budzikiewicz*, Das neue Verjährungsrecht, § 3, Rn. 104.

163 Vgl. *May*, BauR 2007, 187, 193; *Förster*, JZ 2009, 109, 111.

164 *Förster*, JZ 2009, 109, 111.

165 So die stetige Rechtsprechung zu § 852 BGB a.F., vgl. BGH NJW 2004, 510; BGH NJW 2008, 506, 507; BGH NJW 2008, 2576, 2578.

166 BGH ZIP 2008, 2167, 2168.

167 So: BGH ZIP 2008, 2167, 2168 mit Verweis auf BGH NJW 1998, 988, 989; BGH NJW 2001, 1721, 1722; BGH NJW 2003, 288, 289.

168 BGH ZIP 2008, 2167, 2169.

rem Nachforschungen über die aktuelle Anschrift des Bürgen anzustellen[169]. Besonderes Gewicht erhält die an den Bürgschaftsgläubiger gestellte Anforderung dadurch, dass den Bürgen selbst keine Benachrichtigungspflicht in Bezug auf einen vorgenommenen Wohnortwechsel treffen soll[170].

Diese Vorgaben, die einerseits den Verjährungsbeginn durch das Erfordernis der Kenntnis der Anschrift des Bürgen zugunsten des Gläubigers hinausschieben und andererseits zu dessen Lasten Nachforschungspflichten konstruieren, werden vereinzelt kritisiert[171]. Moniert wird, dass das Kriterium der Obliegenheitsverletzung durch den BGH nicht sorgfältig herausgearbeitet werde und im Ergebnis auch zu pauschal sei[172]. Es als „grob fahrlässig" zu bewerten, wenn der Gläubiger von einer Adresse des Schuldners ausgehe, die ihm noch aus dem Abschluss des Bürgschaftsvertrags vorliege, gehe zu weit[173]. Zudem könne über eine „vertragliche Nebenpflicht" des Bürgen, einen Wohnsitzwechsel anzuzeigen, nachgedacht werden[174]. Sofern eine solche nicht schon durch Auslegung des Bürgschaftsvertrages ermittelt werden könne, biete sich zumindest für zukünftige Fälle die Möglichkeit, eine Obliegenheit des Bürgen zur Anzeige in den Bürgschaftsvertrag festzuschreiben[175].

b) Zwischenfazit

Für den Fall, dass keine positive Kenntnis des Gläubigers gegeben ist, sind gemäß § 199 Abs. 1 Nr. 2 BGB an die grob fahrlässige Unkenntnis die gleichen Rechtsfolgen geknüpft[176]. Das Urteil des BGH besagt, den Gläubiger treffe die Obliegenheit „im engen zeitlichen Zusammenhang mit der Entstehung der Bürgschaftsforderung"[177] Nachforschungen über die Anschrift des Bürgen anzustellen, sofern er sich nicht wegen grob fahrlässiger Unkenntnis dem Verjährungsbeginn ausgesetzt sehen will. Diese Begründung soll im Folgenden näher untersucht werden, weil sie bereits keine klaren Schlüsse über den Zeitpunkt der Nachforschungsobliegenheit zulässt. Weiter ist zu diskutieren, ob sich aus § 199 Abs. 1 Nr. 2 BGB tatsächlich eine Obliegenheit des Gläubigers entwickeln lässt,

169 BGH ZIP 2008, 2167, 2169; BGH WM 2012, 688, 690; dem folgend: *Fischer*, in: Das Recht der Kreditsicherheiten, § 9, Rn. 81.

170 BGH ZIP 2008, 2167, 2169.

171 Vgl. *Bydlinski*, WuB I F 1 a. Bürgschaft 2.09, 169 f.

172 *Bydlinski*, WuB I F 1 a. Bürgschaft 2.09, 169.

173 *Bydlinski*, WuB I F 1 a. Bürgschaft 2.09, 169 f.

174 *Bydlinski*, WuB I F 1 a. Bürgschaft 2.09, 169, 170.

175 *Bydlinski*, WuB I F 1 a. Bürgschaft 2.09, 169, 170; *Balzer*, EWiR 2009, 529, 530.

176 *Ellenberger*, in: Palandt, § 199, Rn. 39; *Grothe*, in: MüKo-BGB, § 199, Rn. 28; *Mansel*, NJW 2002, 89, 91.

177 BGH ZIP 2008, 2167, 2169.

Nachforschungen anzustellen, und wenn ja, welche Grenzen dafür gelten. Welche Pflichten den Hauptschuldner treffen, soll hier hingegen nicht weiter thematisiert werden. Zu erinnern ist lediglich, dass dort, wo die AGB-Banken in den Vertrag zwischen Kunde und Bank einbezogen worden sind, der Kunde gemäß § 11 Abs. 1 S. 1 AGB-Banken dazu verpflichtet ist, der Bank Änderungen seines Namens und Wohnsitzes unverzüglich mitzuteilen.

3. *Stellungnahme zum Verjährungsbeginn*

Insbesondere das Fälligkeitskriterium, welches nach § 199 Abs. 1 Nr. 1 BGB die Entstehung des Anspruchs bewirkt, wird in Rechtsprechung und Schrifttum kontrovers diskutiert. Die Aufgabe besteht nunmehr darin, die Meinungen im Hinblick auf die jeweiligen Bürgschaftsformen genauer zu sortieren und auf ihre Vereinbarkeit mit dem Gesetz zu überprüfen. Der nachfolgenden Untersuchung soll zunächst eine These vorangestellt werden. Sie bezweckt der Stellungnahme als Leitfaden zu dienen.

a) These

Der Verjährungsbeginn bestimmt sich bei allen Formen der Bürgschaft nach dem Eintritt des Sicherungsfalls. Der Sicherungsfall ist für die jeweiligen Bürgschaftsformen unterschiedlich zu bestimmen und kann, muss aber nicht notwendigerweise, mit der Fälligkeit der Hauptschuld zusammen eintreten. Auf die Geltendmachung der Bürgschaftsforderung kommt es hingegen nicht an. Die Vorschriften über die sog. verhaltenen Ansprüche finden weder direkt noch analog Anwendung.

b) Widerlegung des Kriteriums der Leistungsaufforderung

Bevor der Sicherungsfall für die verschiedenen Bürgschaftsformen bestimmt werden kann, sind die Befürworter des Kriteriums der Leistungsaufforderung in ihrer Annahme zu widerlegen, die Bürgschaft würde mit Geltendmachung durch den Gläubiger fällig[178].

aa) Die Verjährung verhaltener Ansprüche

In der Diskussion um den Verjährungsbeginn nimmt das Argument der Literaturmeinung, es handele sich bei dem Bürgschaftsanspruch um einen verhaltenen bzw. den verhaltenen Ansprüchen gleichzustellenden Anspruch, eine hervorgehobene Stellung ein. Dabei wird innerhalb dieser Auffassung davon ausgegan-

178 So: *Mansel/Budzikiewicz*, Das neue Verjährungsrecht, § 3, Rn. 100; *E. Herrmann*, in: Erman, § 765, Rn. 5; *Horn*, in: Staudinger (1997), § 765, Rn. 112; *Lindacher*, in: FS Gerhardt, 2004, S. 587, 591 ff.; *Bülow*, Recht der Kreditsicherheiten, Rn. 855; *Gay*, NJW 2005, 2585, 2586 ff.; *Schlößer*, NJW 2006, 645, 647 f.

gen, dass damit gleichzeitig die Fälligkeit der Bürgschaftsforderung geregelt wäre. Ob verhaltene Ansprüche mit ihrer Geltendmachung fällig werden und zu verjähren beginnen, ist jedoch zumindest in dieser Allgemeinheit nicht unzweifelhaft. Bestimmt sich der Beginn der Verjährung verhaltener Ansprüche nicht nach der Geltendmachung durch den Gläubiger, kann die Frage, ob die Bürgschaftsforderung ein verhaltener Anspruch ist, offen bleiben.

(1) Die Fälligkeit und Erfüllbarkeit eines verhaltenen Anspruchs

Bei verhaltenen Ansprüchen gelten zunächst besondere Regeln für die Fälligkeit und Erfüllbarkeit. Abweichend von der in § 271 Abs. 2 BGB statuierten Grundregel, dass Ansprüche im Zweifel erfüllbar, das heißt durch den Schuldner zu bewirken sind, ist für verhaltene Ansprüche die Inanspruchnahme durch den Gläubiger Anknüpfungspunkt für deren Erfüllbarkeit[179]. Vor dem Zeitpunkt der Geltendmachung durch den Gläubiger darf der Schuldner die Leistung also nicht erbringen[180]. Deshalb könne der Schuldner eines verhaltenen Anspruchs den Gläubiger auch nicht in Annahmeverzug gemäß § 293 BGB versetzen[181].

Wenn sich die Erfüllbarkeit des Anspruchs nach der Geltendmachung durch den Gläubiger richtet, bleibt unklar, ob die Fälligkeit der Forderung dann mit der Erfüllbarkeit zusammenfallen muss. Von Einigen wird dazu vertreten, dass die Fälligkeit der Forderung bei verhaltenen Ansprüchen unabhängig von deren Erfüllbarkeit eintreten könne[182]. Vereinzelt wird aber auch für die Fälligkeit eines verhaltenen Anspruchs die Geltendmachung vorausgesetzt[183]. Diese Kontroverse ist für das Problem des Verjährungsbeginns aber im Ergebnis nicht ausschlaggebend, weil der Verjährungsbeginn verhaltener Ansprüche spätestens seit der Schuldrechtsreform speziellen Vorgaben unterliegt (dazu sogleich unter (2)).

(2) Verjährungsbeginn verhaltener Ansprüche

(a) Auswirkungen der Schuldrechtsreform auf den Verjährungsbeginn

Voraussetzung für den Verjährungsbeginn nach § 199 Abs. 1 BGB ist zunächst die *Entstehung* des Anspruchs im Sinne von § 199 Abs. 1 Nr. 1 BGB. Wie gezeigt, kommt es dazu grundsätzlich auf dessen Fälligkeit an[184]. Nach der wohl überwiegenden Lesart zu den §§ 198, 199 BGB a.F. entstanden die verhaltenen

179 Vgl. *Grüneberg*, in: Palandt, § 271, Rn. 1; *Krüger*, in: MüKo-BGB, § 271, Rn. 4.

180 *Unberath*, in: BeckOK-BGB, § 271, Rn. 2; *Schulze*, in: Hk-BGB, § 271, Rn. 2; *Ebert*, in: Erman, § 271, Rn. 1.

181 Vgl. *Langheineken*, Anspruch und Einrede, S. 109.

182 *Krüger*, in: MüKo-BGB, § 271, Rn. 4; *Ebert*, in: Erman, § 271, Rn. 1; *Gernhuber*, Die Erfüllung und ihre Surrogate, S. 56 f.

183 So etwa *Langheineken*, Anspruch und Einrede, S. 108.

184 Dazu oben, S. 20.

Ansprüche sofort, mit den entsprechenden Folgen für den Verjährungsbeginn[185]. Allerdings ist zweifelhaft, ob an dieser Deutung auch für das geltende Recht festgehalten werden kann. Dazu ist der Blick auf die im Zuge der Schuldrechtsreform vorgenommenen Änderungen des Verjährungsrechts zu richten. Mit §§ 199, 200 BGB a.F. sind jeweils Vorschriften, die die Verjährung von Ansprüchen regelten, die mit einem Gestaltungsrecht verknüpft waren, abgeschafft worden[186]. Nach diesen Vorschriften begann die Verjährung nicht erst mit der Ausübung des Gestaltungsrechts, sondern bereits bei erstmaligem Bestehen der Gestaltungslage[187]. Für den Gläubiger konnte dies praktisch zu einer Obliegenheit führen, das Gestaltungsrecht auszuüben.

Infolge des Wegfalls der §§ 199, 200 BGB a.F. ist nach der Schuldrechtsreform die Diskussion um den Verjährungsbeginn verhaltener Ansprüchen jedoch neu entbrannt[188]. Der Reformgesetzgeber selbst ging im Gesetzesentwurf zwar davon aus, dass verhaltene Ansprüche sofort fällig würden und damit zu verjähren begännen[189]. Im Schrifttum wird dagegen überwiegend angenommen, dass sich der Verjährungsbeginn verhaltener Ansprüche grundsätzlich am Verlangen des Gläubigers orientiere[190]. Von dieser Auffassung wird ein allgemeiner und analogiefähiger Rechtsgedanke herangezogen, der aus den §§ 604 Abs. 5, 695

---

185 Vgl. BGH NJW-RR 1998, 1374, 1376; BGH NJW-RR 2000, 647; *v. Feldmann*, in: MüKo-BGB, 3. Auflage 1993, § 198, Rn. 2. Zum Inkrafttreten des BGB war dies noch weitgehend unklar. In den Motiven I, S. 307 f., bei *Mugdan*, I. Band, S. 521, hieß es noch, die Verjährung beginne erst mit dem Zeitpunkt der „rechtlichen Möglichkeit der Anforderung" zu laufen. Anders aber wohl: *Langheineken*, Anspruch und Einrede, S. 108, der die Fälligkeit erst im Zeitpunkt der Geltendmachung bejaht.

186 In der Begründung zum Gesetzesentwurf heißt es, die Vorschriften seien entbehrlich (BT-Drucks. 14/6040, S. 99). Sie sind ersatzlos gestrichen worden: *Pfeiffer*, Gesetzessynopse mit Kurzerläuterung, S. 4.

187 Vgl. *Hefermehl*, in: Erman, 10. Auflage 2000, § 199, Rn. 1; *Grothe*, in: MüKo-BGB, 4. Auflage 2001, § 199, Rn. 1; § 200, Rn. 1; *Büdenbender*, JuS 1997, 481, 488. Die Vorschriften enthielten aber nach h.M. keinen verallgemeinerungsfähigen Rechtsgedanken (vgl. *Heinrichs*, in: Palandt, 61. Auflage 2002, § 200, Rn. 2).

188 Vgl. *Schmidt-Räntsch*, in: Erman, § 199, Rn. 4a; *Krämer*, Die Neuregelung des Verjährungsrechts im Schuldrechtsmodernisierungsgesetz, S. 59 f.

189 BT-Drucks. 14/6040, S. 99.

190 Vgl. *Peters/Jacoby*, in: Staudinger (2009), § 199, Rn. 12; *Grothe*, in: MüKo-BGB, § 199, Rn. 7; *Ellenberger*, in: Palandt, § 199, Rn. 8; *Birr*, Verjährung und Verwirkung, Rn. 21; *Mansel*, NJW 2002, 89, 91. Bereits zur alten Rechtslage: *Gernhuber*, Die Erfüllung und ihre Surrogate, S. 57: Wesensmerkmal verhaltener, „(latent) existierender", Ansprüche sei, dass diese „mit der (latenten) Entstehung zu verjähren beginnen".

S. 2, 696 S. 3 BGB entwickelt werden könne[191]. Relativierend wird gleichwohl angemerkt, dass dieses Prinzip nicht für alle Formen verhaltener Ansprüche aufrechterhalten werden könne[192]. Verhaltene Ansprüche, die zunächst die Konkretisierung des Leistungsgegenstandes voraussetzten (z.B. Vertragsstrafen gemäß §§ 340 f. BGB) oder von der Ausübung einer Wahl des Gläubigers abhingen (z.B. Anspruch auf das stellvertretende commodum, § 285 BGB), entständen nach neuem Recht sofort im Sinne von § 199 Abs. 1 Nr. 1 BGB[193] bzw. verjährten analog § 217 BGB spätestens mit der Verjährung des jeweiligen Hauptanspruchs[194].

(b) Stellungnahme

Den Gesetzesmaterialien zu § 604 Abs. 5 BGB und §§ 695 S.2, 696 S. 3 BGB kann entnommen werden, dass diese als Ausnahmevorschriften im Vergleich zum Verjährungsbeginn übriger vertraglicher Erfüllungsansprüche zu verstehen sind[195]. Der Reformgesetzgeber hat in den §§ 194 ff. BGB jedoch keine besondere Regelung zu den verhaltenen Ansprüchen geschaffen[196]. Damit ist eine mittels Analogie auszufüllende Regelungslücke für den Verjährungsbeginn weiterer verhaltener Ansprüche entstanden, die sachlich mit den Ansprüchen nach §§ 604, 695, 696 BGB vergleichbar sind[197].

Für Ansprüche, die von der Ausübung eines Wahlrechts des Gläubigers abhängen, kann dies jedoch nicht gelten. So kann der Gläubiger eines Anspruchs aus § 285 BGB entweder das Surrogat oder Schadensersatz nach §§ 280 Abs. 1, Abs. 3, 283 S. 1 BGB oder gegebenenfalls beides verlangen[198]. Durch die zuvor eingetretene Unmöglichkeit gemäß § 275 BGB tritt der Anspruch auf Schaden-

---

191 *Grothe*, in: MüKo-BGB, § 199, Rn. 7; *Schmidt-Räntsch*, in: Erman, § 199, Rn. 4a; *Mansel/Budzikiewicz*, Das neue Verjährungsrecht, § 3, Rn. 88, *Peters/Jacoby*, in: Staudinger (2009), § 199, Rn. 12; *Mansel/Stürner*, in: NK-BGB, § 199, Rn. 33. Dagegen: *Rieble*, NJW 2004, 2270, 2273 („kein allgemeiner Rechtsgedanke“).

192 Vgl. *Schulze*, LMK 2008, 260809; *Mansel/Stürner*, in: NK-BGB, § 199, Rn. 34.

193 Vgl. zu §§ 285, 340 f. BGB: *Grothe*, in: MüKo-BGB, § 199, Rn. 7; *Peters/Jacoby*, in: Staudinger (2009), § 199, Rn. 15; noch weiter differenzierend in Bezug auf Strafansprüche: *Rieble*, NJW 2004, 2270 ff.; bejahend im Hinblick auf § 285 BGB: *Mansel/Budzikiewicz*, Das neue Verjährungsrecht, § 3, Rn. 89; *Grüneberg*, in: Palandt, § 285, Rn. 12; ähnlich *Unberath*, in: BeckOK-BGB, § 285, Rn. 20 („mit Entstehung des Ersatzanspruchs“).

194 Vgl. *Ellenberger*, in. Palandt, § 199, Rn. 8.

195 BT-Drucks. 14/6040, S. 258, 269.

196 Vgl. BT-Drucks. 14/6040, S. 99.

197 *Mansel/Budzikiewicz*, Das neue Verjährungsrecht, § 3, Rn. 88 f.; *Grothe*, in: MüKo-BGB, § 199, Rn. 7; *Ellenberger*, in: Palandt, § 199, Rn. 8; *Birr*, Verjährung und Verwirkung, Rn. 21.

satz statt der Leistung an Stelle der ursprünglichen Leistungspflicht und verjährt ebenfalls innerhalb der regelmäßigen Verjährung gemäß §§ 195, 199 BGB[199]. Geht man jedoch von einer elektiven Konkurrenz zwischen dem Anspruch auf das Surrogat und dem Schadensersatzanspruch aus[200], kann nicht auf der einen Seite die Verjährung des Schadensatzanspruchs unabhängig vom Gläubigerwillen eintreten, auf der anderen Seite der Verjährungsbeginn des Anspruchs auf das stellvertretende *commodum* gemäß § 285 BGB von der Geltendmachung durch den Gläubiger abhängig sein.

Unabhängig davon bleibt jedoch festzuhalten, dass der Verjährungsbeginn bei verhaltenen Ansprüchen in der Regel von der Geltendmachung durch den Gläubiger abhängt und dies aus dem Rechtsgedanken der §§ 604 Abs. 5, 695 S. 2, 696 S. 3 BGB folgt. Nach dieser Vorstellung kommt es dann auch nicht auf das Problem an, ob der Anspruch schon vor oder erst mit der Geltendmachung „fällig" wird[201]. Schließlich führt die Anknüpfung an die Geltendmachung dazu, dass es auch auf die „Kenntnis" im Sinne von § 199 Abs. 1 Nr. 2 BGB für die Bestimmung des Verjährungsbeginns nicht ankommt[202].

bb) Die Bürgschaft als verhaltener Anspruch

Damit ist zwar geklärt, dass der Verjährungsbeginn verhaltener Ansprüche nach der Schuldrechtsreform grundsätzlich von der Geltendmachung durch den Gläubiger abhängt. Unbeantwortet ist damit aber immer noch, ob die Bürgschaftsforderung ein verhaltener Anspruch ist, und, falls dies zu bejahen ist, weiteren Beschränkungen hinsichtlich des Verjährungsbeginns unterliegt, wie sie etwa für die Ansprüche nach § 285 BGB bzw. §§ 340 f. BGB gelten.

(1) Leistungsaufforderung als Kennzeichen verhaltener Ansprüche

Genau genommen wird die Beantwortung der Frage, ob die Bürgschaftsforderung nun ein verhaltener Anspruch ist[203], selbst von der Gegenauffassung, die für

198 In letztem Fall findet gemäß § 285 Abs. 2 BGB eine „wertmindernde Anrechnung" statt. Vgl. *Huber*, in: Huber/Faust, Schuldrechtsmodernisierung, S. 204 f.; *Emmerich*, in: MüKo-BGB, § 285, Rn. 35; *Stadler*, in: Jauernig, § 285, Rn. 13.

199 Vgl. *Ernst*, in: MüKo-BGB, § 283, Rn. 28; *Otto/Schwarze*, in: Staudinger (2009), § 283, Rn. 82; *Stöber*, ZGS 2005, 290, 291, 293.

200 So die wohl ganz herrschende Meinung: *Grüneberg*, in: Palandt, § 285, Rn. 10; *Emmerich*, in: MüKo-BGB, § 285, Rn. 35; *H. P. Westermann*, in: Erman, § 285, Rn. 11; *Unberath*, in: BeckOK-BGB, § 285, Rn. 16; *Schulze*, in: Hk-BGB, § 285, Rn. 10.

201 Dazu oben, S. 31.

202 Vgl. *Henrich/Spindler*, in: BeckOK-BGB, § 199, Rn. 1.

203 Ausdrücklich befürwortend: *Lindacher*, in: FS Gerhardt, 2004, S. 589, 592; *Bülow*, Recht der Kreditsicherheiten, Rn. 855; dagegen: *Jungmann*, WuB I F 1 a. Bürgschaft 5.06, 841, 843.

das Kriterium der Leistungsaufforderungen plädiert, zum Teil offen gelassen[204]. Stattdessen wird insbesondere versucht, nur den für verhaltene Ansprüche in §§ 604 Abs. 5, 695 S. 2, 696 S. 3 BGB enthaltenen Rechtsgedanken für die Bürgschaft fruchtbar zu machen[205]. Die Diskussion wird mithin davon bestimmt, dass überwiegend vom Ergebnis her argumentiert bzw. das Vorliegen eines verhaltenen Anspruchs vorausgesetzt wird. Ausgangspunkt dieser Betrachtungsweise ist aber stets, dass für die Fälligkeit der Bürgschaftsforderung die Leistungsaufforderung durch den Gläubiger erforderlich wäre[206].

Unbestritten setzen verhaltene Ansprüche die Geltendmachung durch den Gläubiger voraus, das heißt der Schuldner darf die Leistung nicht vor diesem Zeitpunkt erbringen[207]. Wenn die Bürgschaftsforderung jedoch schon das Merkmal der Leistungsaufforderung nicht voraussetzt, dann ist sie auch kein verhaltener Anspruch. Der Fokus der Untersuchung muss mithin darauf gerichtet werden, ob sich durch Auslegung das Erfordernis der Leistungsaufforderung belegen lässt.

(2) Wortlaut und systematisch-teleologischer Vergleich mit typischen verhaltenen Ansprüchen

Der Wortlaut von § 765 BGB liefert für das Erfordernis einer Geltendmachung gegenüber dem Bürgen im Gegensatz zu anderen verhaltenen Ansprüchen keine Anhaltspunkte. Im Vergleich zu den §§ 604 Abs. 3, 695 S. 1, 696 S. 1 BGB fehlt es am Merkmal, dass der Gläubiger *jederzeit* die Leistung verlangen kann. Auch der systematisch-teleologische Vergleich mit den §§ 604 Abs. 5, 695 S. 2 BGB spricht dafür, dass es sich beim Bürgschaftsanspruch nicht um einen verhaltenen Anspruch handelt. Die Rückgabeansprüche dienen einer von den Vertragsparteien von Beginn an gewollten Wiederherstellung der ursprünglichen Besitzlage[208].

---

204 *Schulze-Hagen*, BauR 2007, 170, 186.

205 *Schulze-Hagen*, BauR 2007, 170, 186. Keine klare Aussage darüber, ob die Bürgschaft nun ein verhaltener Anspruch sei, wird ebenfalls von *Schlößer*, NJW 2006, 645, 648, getroffen. Die dortige Argumentation geht von einem Erfordernis zur Leistungsaufforderung durch den Gläubiger aus und sieht daher die Übertragbarkeit der Regelungen über verhaltene Ansprüche als möglich an, ohne selbst zur Frage, ob die Bürgschaft ein solcher Anspruch ist, Stellung zu nehmen.

206 *Gay*, NJW 2005, 2585, 2586 ff.

207 Vgl. *Mansel/Budzikiewicz*, Das neue Verjährungsrecht, § 3, Rn. 83; *Unberath*, in: BeckOK-BGB, § 271, Rn. 2; *Schulze*, in: Hk-BGB, § 271, Rn. 2; *Ebert*, in: Erman, § 271, Rn. 1.

208 Vgl. *Jungmann*, WuB I F 1 a. Bürgschaft 5.06, 841, 843.

Dadurch unterscheiden sie sich wesentlich von dem Anspruch aus einer Bürgschaft[209].

Bei anderen verhaltenen Ansprüchen, etwa dem Anspruch auf das stellvertretende *commodum* gemäß § 285 BGB, liegt das Gewicht auf der Wahlmöglichkeit des Gläubigers[210]. Dem Gläubiger steht der Anspruch auf das Surrogat zwar nach § 285 BGB zu, er muss diesen aber nicht geltend machen[211], sondern kann, wenn die Voraussetzungen vorliegen, z.B. nach §§ 280 Abs. 1, Abs. 3, 283 S. 1 BGB vorgehen und Schadensersatz statt der Leistung verlangen. Bei der Bürgschaft besteht solch eine Wahlmöglichkeit des Gläubigers nicht. Selbst wenn man mit *Lindacher* zumindest für die selbstschuldnerische Bürgschaft für ein weitgehendes Wahlrecht des Gläubigers bei der Inanspruchnahme von Hauptschuldner und Bürge plädierte[212], ist für den Vergleich mit dem Anspruch aus § 285 BGB in Rechnung zu stellen, dass dort, obwohl es sich um einen verhaltenen Anspruch handelt, der Verjährungsbeginn ohnehin nicht von der Geltendmachung abhängt[213]. Der Vergleich mit anderen verhaltenen Ansprüchen streitet also dafür, dass es sich bei der Bürgschaftsforderung nicht um einen verhaltenen Anspruch handelt, der die Geltendmachung des Gläubigers voraussetzt.

---

209 *Jungmann*, WuB I F 1 a. Bürgschaft 5.06, 841, 843. Die in §§ 604 Abs. 5, 695 S. 2 BGB geregelten Sondervorschriften für den Verjährungsbeginn tragen dem Umstand Rechnung, dass der Zeitpunkt der Rückabwicklung ungewiss ist. In der Literatur wird argumentiert, die Vorschriften dienten insoweit der Verhinderung eines „Auseinanderfallens von Besitz und Eigentum" (*Jungmann*, WuB I F 1 a. Bürgschaft 5.06, 841, 843). Von der Zielsetzung mag das zutreffend sein. Freilich ist zu berücksichtigen, dass der Eigentümer seinen nach §§ 197 Abs. 1 Nr. 1, 200 BGB verjährenden Anspruch aus § 985 BGB unabhängig von einer Verjährung des vertraglichen Rückgabeanspruchs durchsetzen kann, soweit dieser nicht bereits verjährt ist (BT-Drucks. 14/6040, S. 101; *Baldus*, in: MüKo-BGB, § 985, Rn. 40; *Fritzsche*, in: BeckOK-BGB, § 985, Rn. 38). Dies wird angesichts der dreißigjährigen Verjährung aber nur selten der Fall sein. Vereinzelt ist im Schrifttum erwogen worden, den Anspruch aus § 985 BGB selbst als verhaltenen Anspruch auszugestalten (*Plambeck*, Die Verjährung der Vindikation, S. 44 ff.). Diese Auffassung ist mit dem geltenden Recht nicht vereinbar. Im Gesetzgebungsverfahren ist ausdrücklich darauf hingewiesen worden, dass für den Vindikationsanspruch die dreißigjährige Verjährungsfrist gemäß § 197 Abs. 1 Nr. 1 BGB gelten soll (BT-Drucks. 14/6040, S. 105). Für diese Ansprüche richtet sich der Verjährungsbeginn nach § 200 BGB *(Peters/Jacoby*, in: Staudinger (2009), § 200, Rn. 2; *Grothe*, in: MüKo-BGB, § 197, Rn. 37).

210 Nach h.M. (vgl. die Nachweise in Fußnote 200) stehen die Ansprüche in elektiver Konkurrenz, d.h. der Gläubiger muss sich zwischen den Ansprüchen entscheiden.

211 So auch *Emmerich*, in: MüKo-BGB, § 285, Rn. 36.

212 *Lindacher*, in: FS Gerhardt, 2004, S. 589 ff.

213 Dazu bereits oben, S. 33.

(3) Leistungsaufforderung im Lichte von § 771 BGB

In der Diskussion um das Erfordernis der Leistungsaufforderung wird von beiden Seiten mit § 771 S. 2 BGB argumentiert. Die Vorschrift besagt, dass der Anspruch des Gläubigers gegen den Bürgen in der Verjährung gehemmt wird, wenn der Bürge die Einrede der Vorausklage gemäß § 771 S. 1 BGB erhebt.

Der Wortlaut des § 771 S. 2 BGB spricht nur davon, dass die Verjährung gehemmt wird, wenn der Bürge die Einrede erhebt. Die Geltendmachung selbst, die nach den Anhängern des Kriteriums der Leistungsaufforderung die Verjährung der Bürgschaftsforderung in Gang setzen soll, kann schon vorher erfolgt, die Einrede durch den Bürgen auch später erhoben worden sein. Ob die Geltendmachung erforderlich ist oder nicht, kann dem Wortlaut des § 771 S. 2 BGB daher nicht zweifelsfrei entnommen werden.

Die historische und teleologische Auslegung der Vorschrift sprechen indes eindeutig dagegen, dass die Bürgschaft mit der Geltendmachung durch den Gläubiger fällig wird. In der Beschlussempfehlung des Rechtsausschusses zu § 771 BGB heißt es, in der Regel entstehe die Bürgenforderung gleichzeitig mit der Hauptforderung[214]. Da die Verjährung der Bürgschaftsforderung auch von einem möglichen Prozess gegen den Hauptschuldner nicht berührt werde, müsse zum Schutze des Gläubigers die Verjährung der Bürgenforderung gehemmt werden, wenn der Bürge sich auf die Einrede der Vorausklage beriefe[215]. Die herrschende Meinung zieht daraus den Rückschluss, dass die Verjährung des Bürgschaftsanspruchs daher nicht von der Geltendmachung des Gläubigers abhängen könne[216]. Auch wenn sich der Bürge selbst wohl erst bei Inanspruchnahme durch den Gläubiger mit der Einrede der Vorausklage verteidigen wird, sprechen die Gesetzesintention sowie die Schaffung des § 771 S. 2 BGB im Ergebnis für die Lesart der herrschenden Auffassung. § 771 S. 2 BGB liefe weitgehend leer, wenn der von dieser Vorschrift ausgehende Schutz erst durch die spätere Leistungsaufforderung überhaupt erforderlich würde, weil erst dann die Verjährung in Gang gesetzt würde. Zumindest verstärken die teleologische und die historische Auslegung damit den bereits im Wortlaut der §§ 765 und 767 BGB gewonnenen Eindruck, dass für den Verjährungsbeginn des Bürgschaftsanspruchs keine Leistungsaufforderung durch den Gläubiger erforderlich ist.

---

214 BT-Drucks. 14/7052, S. 206.

215 BT-Drucks. 14/7052, S. 206.

216 Vgl. BGHZ 175, 161, 169; *May*, BauR 2007, 187, 195; *Klein/Moufang/Koos*, BauR 2009, 333, 336; *Jungmann*, WuB I F 1 a. Bürgschaft 5.06, 841, 842; *A. Staudinger*, in: Hk-BGB, § 768, Rn. 4.

(4) Leistungsaufforderung und Subsidiarität

Das Erfordernis der Leistungsaufforderung kann auch nicht auf die Subsidiarität der Bürgschaft gegenüber der Hauptschuld gestützt werden. Nach dem gesetzlichen Leitbild der Bürgschaft soll der Bürge erst im Anschluss an den Hauptschuldner haften[217]. Müsste der Bürge zunächst noch durch den Gläubiger zur Leistung aufgefordert werden, würde dies zwar auf den ersten Blick zu einer Verzögerung der Inanspruchnahme führen und den Bürgen schützen. Das Kriterium der Leistungsaufforderung unterstützt diesen nachrangigen Sicherungsauftrag des Bürgen jedoch gerade nicht. Reichte die Geltendmachung aus, um die Bürgschaft fällig zu stellen, könnte der Gläubiger den Bürgen sogar noch vor Fälligkeit der Hauptschuld in Anspruch nehmen. Aus dem Subsidiaritätsgrundsatz folgt aber, dass der Gläubiger zunächst beim Hauptschuldner Befriedigung suchen muss[218]. Vor ihrer Fälligkeit ist selbst die Hauptschuld noch nicht durchsetzbar und ein Vorgehen des Gläubigers gegen den Hauptschuldner daher ohne Aussicht auf Erfolg. Es ist nicht einzusehen, warum der Bürge schon vor dem Hauptschuldner selbst zur Leistung verpflichtet sein sollte.

Dagegen lässt sich nur scheinbar einwenden, dass der Bürge dem Gläubiger die fehlende Fälligkeit der Hauptforderung gemäß § 768 Abs. 1 S. 1 BGB entgegenhalten könnte[219]. Richtig ist, dass der Bürge die durch vorzeitige Geltendmachung herbeigeführte Fälligkeit der Bürgschaftsforderung abwehren und insoweit nicht vor dem Hauptschuldner selbst in Anspruch genommen werden könnte. Die Möglichkeit, sich auf die abgeleitete Einrede der fehlenden Fälligkeit der Hauptschuld zu berufen, änderte jedoch nichts daran, dass der Gläubiger nach dem Kriterium der Leistungsaufforderung einseitig über die Fälligkeit und den Verjährungsbeginn der Bürgschaft bestimmen könnte, obwohl das Gesetz ihn

---

217 Vgl. Motive II, S. 668, bei *Mugdan*, II. Band, S. 373; *Horn*, in: Staudinger (1997), Vorbem zu §§ 765 ff, Rn. 17; *Brödermann*, in: Prütting/Wegen/Weinreich, Vor §§ 765 ff., Rn. 12. Freilich ist die Subsidiarität schon bei der selbstschuldnerischen Bürgschaft weitgehend aufgehoben (*Horn*, in: Staudinger (1997), Vorbem zu §§ 765 ff, Rn. 17). Teilweise wird auch vertreten, die Subsidiarität entfiele vollständig. So: *Habersack*, in: MüKo-BGB, § 773, Rn. 1; *Stadler*, in: Jauernig, § 773, Rn. 3; *Reinicke/Tiedtke*, Bürgschaftsrecht, Rn. 145.

218 Ein erfolgloser (Zwangs-)Vollstreckungsversuch reicht nach der h.M. aus, sogar unabhängig davon, ob der Hauptschuldner danach wieder Vermögen erlangt. Vgl. *Habersack*, in: MüKo-BGB, § 771, Rn. 3; *Sprau*, in: Palandt, § 771, Rn. 1; *E. Herrmann*, in: Erman, § 771, Rn. 1; *Mormann*, in: RGRK-BGB, § 771, Rn. 1; eingehend zum Erfordernis der Vorausklage zuletzt *Duckstein/Pfeiffer*, JR 2010, 231 ff.

219 Dies ist für die Bürgschaft, mit Ausnahme der Bürgschaft auf erstes Anfordern, unstreitig: vgl. *Habersack*, in: MüKo-BGB, § 765, Rn. 80; *Horn*, in: Staudinger (1997), § 768, Rn. 16; *Beckmann*, in: NK-BGB, § 768, Rn. 5 f.; *Tiedtke*, JZ 2006, 940, 945.

dazu verpflichtet, zunächst gegen den Hauptschuldner vorzugehen. Der Bürge soll gemäß § 765 Abs. 1 BGB erst für die Nichterfüllung der gesicherten Forderung durch den Hauptschuldner einstehen. Die Anhänger des Kriteriums der Leistungsaufforderung setzen sich über diesen Grundsatz hinweg, weil nach ihnen nicht die Nichterfüllung der Hauptschuld, sondern ein Verhalten des Gläubigers die Einstandspflicht des Bürgen begründen soll.

(5) Leistungsaufforderung und Akzessorietät

Gegen das Erfordernis der Leistungsaufforderung wird von der herrschenden Lehre ferner mit der „Abhängigkeit der Bürgschaftsforderung von der Hauptforderung hinsichtlich Entstehung, Durchsetzbarkeit und Erlöschen" argumentiert[220]. Nach dem BGH spricht die Akzessorietät außerdem dafür, dass die Bürgschaftsforderung gleichzeitig mit der Hauptschuld fällig werde[221]. Träfe diese Argumentation zu, wäre sie für alle Bürgschaftsformen gültig, weil die Akzessorietät im Gegensatz zur Subsidiarität alle Bürgschaftsformen kennzeichnet[222]. Denn selbst bei der Bürgschaft auf erstes Anfordern wird die Akzessorietät nicht aufgehoben, da dem Bürgen der Rückforderungsprozess erhalten bleibt[223].

Wird die inhaltliche Anbindung der Bürgschaftsforderung von der zu sichernden Schuld in den Vordergrund gehoben, so spricht dies auf den ersten Blick nicht dagegen, beide Forderungen auch in der Fälligkeitsfrage gleich zu behandeln. Schließlich kann der Bürge seiner Inanspruchnahme die fehlende Fälligkeit der Hauptschuld gemäß § 768 Abs. 1 S. 1 BGB entgegenhalten[224]. Dieses Argument belegte jedoch nur, dass die Bürgschaft nicht *vor* der Hauptschuld fällig werden kann. Genauso gut kann die Bürgschaft aber auch *nach* der Hauptschuld fällig werden. Für die Bürgschaft auf erstes Anfordern ist zudem in

---

220 Für die selbstschuldnerische Bürgschaft BGHZ 175, 161, 169 f.; BGH ZIP 2008, 2167, 2168; dem folgend: *Podewils*, EWiR 2008, 487, 488; *Klein/Moufang/Koos*, BauR 2009, 333, 337; bereits vor der BGH-Entscheidung bejahend: *Hadding*, in: FS Wiegand, 2005, S. 299, 305. Für die Bürgschaft auf erstes Anfordern BGH ZIP 2008, 1762, 1763 f.

221 BGHZ 175, 161, 169.

222 Grundlegend zur Akzessorietät bei der Bürgschaft: *Chr. Schmidt*, Die sogenannte Akzessorietät der Bürgschaft, S. 23 ff.; *Horn*, in: Staudinger (1997), Vorbem zu §§ 765 ff, Rn 18 ff.; *Habersack*, in: MüKo-BGB, § 765, Rn. 61 ff.

223 Die Einwendungen des Bürgen werden hier auf den Rückforderungsprozess gegen den Gläubiger verlagert, die Akzessorietät bleibt aber grundsätzlich bestehen. Vgl. BGHZ 147, 99, 102; *Nobbe*, in: Bankrechts-Handbuch, § 91, Rn. 479; *Habersack*, in: MüKo-BGB, § 765, Rn. 104 f.; *Brödermann*, in: Prütting/Wegen/Weinreich, § 765, Rn. 81; *Reinicke/Tiedtke*, Bürgschaftsrecht, Rn. 327; kritisch: *Weth*, AcP 189 (1989), 303, 324 ff.; *Kopp*, WM 2010, 640, 641.

224 *Habersack*, in: MüKo-BGB, § 765, Rn. 80; weitere Nachweise oben in Fußnote 219.

Rechnung zu stellen, dass dort selbst bei fehlender Fälligkeit der Hauptschuld eine Inanspruchnahme des Bürgen nicht ausgeschlossen werden kann, weil dort die Geltendmachung von Einreden des Hauptschuldners erst im Rückforderungsprozess erfolgen kann[225]. Vor diesem Hintergrund steht sogar auf dem Prüfstand, ob diese Bürgschaft nicht auch vor der Hauptschuld selbst „fällig“ sein kann. Die Akzessorietät legt daher nur auf den ersten Blick die Gleichbehandlung in Bezug auf die Fälligkeit nahe und bringt demnach auch für das Erfordernis der Geltendmachung keine klaren Ergebnisse[226].

(6) Leistungsaufforderung im Widerspruch zum Bürgschaftszweck

Schließlich kann das Erfordernis der Leistungsaufforderung mit dem jeweiligen Bürgschaftszweck konfligieren. Je nachdem, welche Form der Bürgschaft zur Sicherung der Hauptschuld vereinbart wurde, sind damit unterschiedliche Gläubigerinteressen verbunden. Bei der selbstschuldnerischen Bürgschaft sowie der Bürgschaft auf erstes Anfordern steht fraglos die Möglichkeit einer zügigen Inanspruchnahme des Bürgen im Vordergrund. Ob das Erfordernis der Geltendmachung bereits dem Zweck schneller Inanspruchnahme widerspricht, wie es der BGH vertritt[227], ist dabei durchaus zweifelhaft und muss differenziert betrachtet werden.

Den Einstieg bildet die für die Praxis besonders bedeutsame Bürgschaft auf erstes Anfordern[228]. Dieser Bürgschaftsform ist das Merkmal der Leistungsaufforderung immanent[229]. Der Gläubiger muss die Bürgschaft nicht nur entsprechend der vereinbarten Modalitäten abrufen[230]. Vielmehr soll die Anknüpfung an die formalen Kriterien für die Anforderung der Bürgschaft die einfache Durchsetzung befördern[231]. Wenn der Gläubiger aber ohnehin dazu verpflichtet ist, die Bürgschaft „anzufordern“, dann läuft das Argument des BGH, die Geltendma-

225 Vgl. BGHZ 74, 244, 247 f.; BGHZ 143, 381, 383; BGHZ 147, 99, 102; *Reinicke/Tiedtke*, Bürgschaftsrecht, Rn. 327; *Nobbe*, in: Bankrechts-Handbuch, § 91, Rn. 509; *Oepen*, NJW 2009, 1110 f.; *Kopp*, WM 2010, 640, 641.

226 Noch kritischer: *Förster*, JZ 2009, 109, 111, der meint, dass die Akzessorietät „nichts“ zur Bestimmung der Fälligkeit der Bürgenschuld beitragen könne, sondern ausschließlich einen an der Hauptschuld orientierten „maximalen Haftungsrahmen“ definiere.

227 BGH ZIP 2008, 1762, 1764.

228 Erstmalig anerkannt durch BGHZ 74, 244, 247.

229 Vgl. *Tiedtke*, JZ 2006, 940, 946; *Gay*, NJW 2005, 2585, 2586 f.; *Birr*, Verjährung und Verwirkung, Rn. 195.

230 *Horn*, in: Staudinger (1997), Vorbem zu §§ 765 ff, Rn. 27; *Brödermann*, in: Prütting/Wegen/Weinreich, § 765, Rn. 79; *Nobbe*, in: Bankrechts-Handbuch, § 91, Rn. 477 f.; *Fischer*, WM 2005, 529, 531; *Oepen*, NJW 2009, 1110 f.

231 Vgl. BGHZ 147, 99, 103; BGH NJW 2003, 2231, 2333; *Reinicke/Tiedtke*, Bürgschaftsrecht, Rn. 324; *Fischer*, WM 2005, 529.

chung erschwere die Durchsetzung[232], zumindest für die Bürgschaft auf erstes Anfordern praktisch leer.

Für den selbstschuldnerischen Bürgen stellt sich die Situation ein wenig anders dar, wenn die Geltendmachung für die Fälligkeit vorausgesetzt würde. Der Gläubiger muss die selbstschuldnerische Bürgschaft grundsätzlich nicht in vertraglich bestimmter Weise abrufen. Klagte der Gläubiger die selbstschuldnerische Bürgschaft ein, ohne dass es zuvor eine gesonderte Aufforderung gegeben hätte, könnte der Bürge dem Gläubiger die Einrede mangelnder Fälligkeit der Bürgschaftsforderung entgegenhalten. Dieses Ergebnis widerspricht jedoch dem von der Erteilung einer selbstschuldnerischen Bürgschaft verfolgten Ziel, die Subsidiarität der Bürgschaft zugunsten des sofortigen Zugriffs des Gläubigers auf das Bürgenvermögen aufzuheben[233].

Bei der Regelbürgschaft ist das Kriterium der Leistungsaufforderung dagegen bereits praktisch ohne Einfluss, da dem Bürgen die Einrede der Vorausklage gemäß § 771 S. 1 BGB bleibt. Daraus folgt, dass der Gläubiger den Bürgen ohnehin möglichst früh zur Leistung auffordern wird, um sich über das weitere Vorgehen klar zu werden.

Im Ergebnis bleibt damit festzuhalten, dass ein Abstellen auf das Kriterium der Geltendmachung nicht zwingend im Widerspruch zum jeweiligen Bürgschaftszweck stehen muss.

(7) Leistungsaufforderung als Kennzeichen besonderer Bürgschaftsformen

Sowohl die Bürgschaft auf erstes Anfordern als auch die Zeitbürgschaft (§ 777 BGB) setzen die Leistungsaufforderung des Gläubigers voraus[234]. Vereinzelt wird in der Literatur daraus der systematische Rückschluss gezogen, dadurch könne das Merkmal der Leistungsaufforderung als Anknüpfungspunkt für den Verjährungsbeginn der Bürgschaft im Allgemeinen gerechtfertigt werden[235].

Dem Hinweis auf die Bürgschaft auf erstes Anfordern ist freilich zuzugeben, dass diese die Anforderung und damit eine Art Geltendmachung in der Tat schon begrifflich voraussetzt[236]. Richtig ist zudem, dass es auch bei der Zeitbürgschaft gemäß § 777 BGB auf die Inanspruchnahme durch den Gläubiger ankommt, weil sich der Bürge dort dazu verpflichtet, innerhalb einer bestimmten Frist auf

232 BGH ZIP 2008, 1762, 1764.

233 Vgl. BGH NJW 2010, 1284, 1285; *Habersack*, in: MüKo-BGB, § 773, Rn. 5; *Stadler*, in: Jauernig, § 773, Rn. 3.

234 Vgl. *Reinicke/Tiedtke*, Bürgschaftsrecht, Rn. 294.

235 *Gay*, NJW 2005, 2585, 2586 f.

236 So auch *Gay*, NJW 2005, 2585, 2586 f.

eine fällige Hauptforderung hin zu leisten[237]. Wird die Bürgschaft innerhalb dieser Frist nicht vom Gläubiger abgerufen, erlischt sie, falls der Gläubiger nicht die in § 777 Abs. 1 BGB geregelten Vorkehrungen trifft[238]. Ist die Hauptforderung selbst aber nicht fällig, gelangt auch die Verpflichtung des Zeitbürgen nicht zur Entstehung. Maßgebliches, wenn auch nicht alleiniges, Kriterium bleibt daher bei der Zeitbürgschaft die Fälligkeit der Hauptforderung[239] und deren Nichterfüllung durch den Hauptschuldner.

Die insgesamt auf systematische Erwägungen gestützte Argumentation ist ohnehin keinesfalls zwingend, weil sie Merkmale spezieller Bürgschaften, die einen abgegrenzten Anwendungsbereich haben, auf alle Bürgschaftsformen übertragen möchte[240]. Für die Zeitbürgschaft schlägt dieser Ansatz fehl, weil diese Bürgschaftsform gemäß § 777 BGB zwar *lex specialis* gegenüber §§ 765 ff. BGB ist, der Rückschluss von einer speziellen Norm (§ 777 BGB) auf eine allgemeine Vorschrift (§ 765 BGB) aber schon grundsätzlich wenig Aussagekraft besitzt und hier daran scheitert, dass das spezielle Merkmal bei der Regelbürgschaft gerade nicht enthalten ist. Diese Erwägung spricht gleichermaßen gegen die Argumentation mit der Bürgschaft auf erstes Anfordern. Zwar wird die ordnungsgemäße Anforderung bei dieser Bürgschaftsform vorausgesetzt[241]. Die Anerkennung der Bürgschaft auf erstes Anfordern und damit auch das Kriterium der vertragsgemäßen Inanspruchnahme des Bürgen selbst sind allerdings nur als Ergebnis einer langjährigen Entwicklung in Theorie und Praxis anzusehen, die dieses Rechtsinstitut hinter sich hat. Keinesfalls stützt sich das Kriterium der Leistungsaufforderung dort auf das Gesetz[242]. Dass die besonderen Bürgschaftsformen daher die Geltendmachung durch den Gläubiger erfordern, unterstützt die These der Leistungsaufforderung nicht auch für die anderen Arten der Bürgschaft[243]. Vielmehr lässt sich umgekehrt argumentieren, dass die Geltendma-

237 Vgl. *Horn*, in: Staudinger (1997), § 777, Rn. 3; *Habersack*, in: MüKo-BGB, § 777, Rn. 5; *Brödermann*, in: Prütting/Wegen/Weinreich, § 777, Rn. 15.

238 Vgl. *Habersack*, in: MüKo-BGB, § 777, Rn. 4; *E. Herrmann*, in: Erman, § 777, Rn. 3.

239 So auch: *Gerth*, WM 1988, 317, 319 ff.

240 *Bräuer*, NZBau 2007, 477, 479.

241 *Reinicke/Tiedtke*, Bürgschaftsrecht, Rn. 294; *Klein/Moufang/Koos*, BauR 2009, 333, 337; *Birr*, Verjährung und Verwirkung, Rn. 195.

242 Vgl. *Fischer*, WM 2005, 529: „Das Gesetz kennt die Bürgschaft auf erstes Anfordern nicht. Sie ist als Kind der Kautelar-Jurisprudenz […] entstanden". Vgl. auch *Kopp*, WM 2010, 640, der die Anerkennung der Bürgschaft auf erstes Anfordern allerdings ablehnt und diese als Vertrag *sui generis* einordnet (*Kopp*, WM 2010, 640, 642; ebenfalls ablehnend: *Weth*, AcP 189 (1989), 303, 324 ff., 329).

243 Wie hier auch: *Bräuer*, NZBau 2007, 477, 479.

chung, wenn überhaupt nur dort, wo es dem Wesen der konkreten Bürgschaftsverpflichtung entspricht, in Betracht kommt.

(8) Leistungsaufforderung als Problem des Mitbürgenregresses – Interdependenzen mit dem Gesamtschuldnerausgleich gemäß § 426 BGB

Das Kriterium der Geltendmachung als fälligkeitsbegründendes Moment der Bürgschaftsforderung ist bisher vorwiegend im Rahmen des denkbar einfachsten Sachverhalts erörtert worden: Ein Bürge verpflichtet sich gegenüber dem Gläubiger zur Sicherung von dessen Forderung gegen den Hauptschuldner. Der Rückgriff des in Anspruch genommenen Bürgen richtet sich dann grundsätzlich nach § 774 Abs. 1 BGB, der eine *cessio legis* der Hauptforderung auf den Bürgen anordnet.

Von den Vertretern des Aufforderungskriteriums wird der praktisch ebenso bedeutsame Fall, in dem sich mehrere Bürgen nebeneinander verpflichten, nicht erörtert. Wie die nachfolgenden Ausführungen unter Beweis stellen sollen, beschränken sich die Auswirkungen des Kriteriums der Leistungsaufforderung nicht allein auf das Bürgschaftsrecht, sondern tragen Unsicherheit in den Mitbürgenregress, welcher nach § 774 Abs. 2 BGB in Form des Gesamtschuldnerausgleichs nach § 426 BGB durchgeführt wird, hinein. Hier sind zwei Rückgriffsmöglichkeiten zu unterscheiden.

(a) Mitbürgenregress aus der „übergegangen Bürgschaft“, §§ 774 Abs. 1 S. 1, 412, 401 BGB

Haben sich mehrere Bürgen für die Forderung des Gläubigers gegen den Hauptschuldner verbürgt, haften sie wegen § 769 BGB grundsätzlich gesamtschuldnerisch. Befriedigt einer der Mitbürgen den Gläubiger, geht die Hauptforderung nach § 774 Abs. 1. S. 1, 412, 401 BGB, gesichert durch die Bürgschaft des anderen Mitbürgen[244], auf den in Anspruch genommenen Bürgen über[245]. Die Befür-

244 *Zeising*, WM 2010, 2204, 2210; *Habersack*, AcP 198 (1998), 152, 158. Obwohl die Formulierung des § 774 Abs. 2 BGB eine andere Beurteilung denkbar erscheinen lässt, erfolgt der Übergang der Sicherheiten nach §§ 774 Abs. 1 S. 1, 412, 401 BGB und nicht nach § 426 Abs. 2 BGB. A.A. dagegen wohl *Bülow*, Recht der Kreditsicherheiten, Rn. 1025; *Bülow*, in: GS Schultz, 1987, S. 49, 50; *H. P. Westermann*, Jura 1991, 567; differenzierend: *Finger*, BB 1974, 1416; *S. Meier*, Gesamtschulden, S. 1143 (Übergang könne sowohl auf „eingeschränkte Anwendung des § 774 Abs. 1 BGB als auch auf § 426 Abs. 2 BGB gestützt werden“).

245 Da sich der Mitbürgenregress gemäß § 774 Abs. 2 BGB allein nach § 426 BGB richtet, geht die Bürgschaft nur in dem Umfang des Regressanspruchs nach dem Innenverhältnis, also im Zweifel in Höhe der gesetzlichen Haftungsquote gemäß § 426 Abs. 1 S. 1 BGB, auf den Rückgriff beanspruchenden Mitbürgen über. Daher ist § 774 Abs. 2 BGB auch nicht überflüssig, sondern erfüllt neben § 769 BGB eine eigene Funktion.

worter des Aufforderungskriteriums lassen offen, ob in diesem Fall die Inanspruchnahme des einen Bürgen bereits die Fälligkeit der Bürgschaftsforderung gegenüber allen Bürgen herbeiführt oder erst die Aufforderung gegenüber dem späteren Rückgriffsschuldner – durch den bereits in Anspruch genommenen Mitbürgen – fälligkeitsauslösend sein soll.

Da § 774 Abs. 2 BGB den Mitbürgenregress nach § 426 BGB behandelt wissen will und die Mitbürgen nach § 769 BGB auch im Übrigen gesamtschuldnerisch haften, liegt es nahe, die Frage der Aufforderung im Sinne von § 425 Abs. 1 BGB zu beantworten. Dem Grundsatz der Einzelwirkung entsprechend, müsste die Aufforderung demzufolge gegenüber jedem Gesamtschuldner bzw. Mitbürgen erfolgen[246]. Die gegenüber dem erfolgreich in Anspruch genommenen Mitbürgen in Gang gesetzte Verjährung wirkte also auf der einen Seite nur diesem gegenüber. Damit hätte es aber auf der anderen Seite nicht mehr der Gläubiger, sondern vielmehr der rückgriffswillige Mitbürge in der Hand, den Verjährungsbeginn gegenüber dem Mitbürgen maßgeblich zu beeinflussen. Ob es sich dabei um ein von den Vertretern des Aufforderungskriteriums vorhergesehenes oder gar gewolltes Ergebnis handelt, wird offen gelassen. Fest steht, dass der Rückgriff schuldende Mitbürge in eine gegenüber der Ausgangssituation noch ungünstigere Situation manövriert würde, da nunmehr ein anderer als der ursprüngliche Gläubiger dazu imstande wäre, die Fälligkeit einseitig herbeizuführen.

Freilich könnte eine Ausnahme vom Grundsatz der Einzelwirkung geprüft werden. Dann hätte die Aufforderung gegenüber allen gesamtschuldnerisch haftenden Mitbürgen fälligkeitsbegründende Wirkung. Dafür müsste sich „ein anderes“ aus dem Schuldverhältnis oder den sonstigen Umständen ergeben, § 425 Abs. 1 BGB. Dieser Weg ist jedoch versperrt. Es wäre inkonsequent, einerseits die Geltendmachung als bindendes Fälligkeitskriterium der Bürgschaft zu verstehen, weil die Bürgschaft dies als verhaltener Anspruch voraussetzte[247], andererseits auf dieses Kriterium bei der Mitbürgschaft durch eine Ausnahme von § 425 Abs. 1 BGB zu verzichten und das, obwohl die Mitbürgen nicht einmal

---

Vgl. *Reinicke/Tiedtke*, Bürgschaftsrecht, Rn. 406; *Kremer*, Die Mitbürgschaft, S. 172 ff.; *Kanka* , JherJb 87 (1937/38), 123, 172; *Goette*, Gesamtschuldbegriff und Regreßproblem, S. 81; *Horn*, in: Staudinger (1997), § 774, Rn. 43 ff.; *Habersack*, in: MüKo-BGB, § 774, Rn. 22; *Coester-Waltjen*, Jura 2001, 742, 747; *Zeising*, WM 2010, 2204, 2210.

246 Vgl. *Kremer*, Die Mitbürgschaft, S. 82, zum Fall einer fälligkeitsauslösenden Kündigung durch den Gläubiger.

247 So aber: *Lindacher*, in: FS Gerhardt, 2004, S. 587, 591 f., *Bülow*, Recht der Kreditsicherheiten, Rn. 855.

zwangsläufig voneinander wissen müssen[248]. Es besteht daher kein Anlass, ausgerechnet den Rückgriff fordernden Mitbürgen von der Leistungsaufforderung wieder zu dispensieren. Deshalb stellt sich das Kriterium der Leistungsaufforderung auch unter dem Aspekt des Mitbürgenregresses gemäß §§ 774 Abs. 1 S. 1, 412, 401 BGB als ungeeignet dar.

(b) Mitbürgenregress gemäß §§ 774 Abs. 2, 426 Abs. 1 BGB

Auf einem anderen Blatt steht, ob der Rückgriff des Mitbürgen nach §§ 774 Abs. 2, 426 Abs. 1 BGB ebenfalls davon beeinflusst würde, sähe man die Leistungsaufforderung des Gläubigers der Bürgschaft mit Teilen der Literatur als fälligkeitsbegründend an. Da § 774 Abs. 2 BGB auf § 426 BGB verweist, tritt zumindest *prima facie* das an anderer Stelle zu erörternde Problem des Entstehungszeitpunkts des gesamtschuldnerischen Ausgleichsanspruchs auf[249]. Während die herrschende Lehre auf den Zeitpunkt der Begründung der Gesamtschuld abstellt[250], ist nach der auch hier vertretenen Auffassung zwischen Zahlung und Befreiung hinsichtlich deren Fälligkeit zu differenzieren[251]. Weitgehend Einigkeit besteht zwischen beiden Ansichten indes darüber, dass die Forderung gegenüber den Gesamtschuldnern zumindest fällig sein muss, damit der Anspruch aus § 426 Abs. 1 BGB im Sinne von § 199 Abs. 1 Nr. 1 BGB entsteht[252].

---

248 Dass trotz Unkenntnis des Mitbürgen von etwaigen anderen Mitbürgen die Gesamtschuld entsteht, folgt bereits aus § 769 BGB. Der Gläubiger ist dem Mitbürgen aber auf dessen Verlangen zur Auskunft verpflichtet, weitere Mitbürgen zu benennen, vgl. *Horn*, in: Staudinger (1997), § 774, Rn. 45; *Brödermann*, in: Prütting/Wegen/Weinreich, § 774, Rn. 31. *S. Meier*, Gesamtschulden, S. 1025, nennt diese Mitbürgen auch „Nebenbürgen", wenn kein besonderes Innenverhältnis zwischen den Mitbürgen besteht. Ob auch diesen Nebenbürgen Rückgriffsansprüche gemäß § 426 Abs. 1 BGB zustehen, ist nicht ganz unumstritten. Dagegen etwa *Pecher*, in: Soergel, § 769, Rn. 8.

249 Dazu unten, S. 219 ff.

250 Ausdrücklich für die Mitbürgschaft, jedoch nicht auf das Problem der Differenzierung zwischen Befreiungs- und Zahlungsanspruch eingehend: *Habersack*, in: MüKo-BGB, § 774, Rn. 22. Zur herrschenden Meinung an dieser Stelle nur: BGHZ 181, 310, 313 ff.; *Grüneberg*, in: Palandt, § 426, Rn. 4.

251 Dazu unten, S. 235 ff., 260.

252 RGZ 79, 288, 290; BGH NJW 1981, 1666, 1667 f.; BGH NJW 1986, 978, 979; BGH NJW-RR 2008, 256, 257; OLG München NJW 2008, 3505, 3506; *Gehrlein*, in: BeckOK-BGB, § 426, Rn. 3; *Noack*, in: Staudinger (2005), § 426, Rn. 78; *Grüneberg*, in: Palandt, § 426, Rn. 5. Erforderlich sei die Fälligkeit der Schuld, von der Befreiung verlangt wird. Anders zum Teil *Gebauer*, in: Soergel, § 426, Rn. 15, nach dem grundsätzlich die Erfüllbarkeit ausreiche, sich aus den Umständen aber ergeben könne, dass es auf die Fälligkeit der Forderung ankommen soll.

Die Gesamtschuld der Mitbürgen wird durch § 769 BGB gesetzlich angeordnet und wird in dem Zeitpunkt begründet, in dem sich erstmals zwei Bürgen mit dem Gläubiger zur Sicherung derselben Hauptforderung[253] verständigt haben. Das heißt aber nicht, dass damit zwangsläufig auch bereits der Ausgleichsanspruch gemäß § 426 Abs. 1 BGB entstehen muss, da dieser eben nicht vor der Fälligkeit der gemeinsamen Forderung des Gläubigers selbst fällig werden kann[254]. Durch das Festhalten am Kriterium der Leistungsaufforderung stellt sich das Problem, ob die Geltendmachung gegenüber einem Mitbürgen ausreicht, um gleichzeitig den Verjährungsbeginn des Gesamtschuldnerausgleichs gemäß § 426 Abs. 1 BGB in Gang zu setzen.

Folgendes Beispiel soll die Auswirkungen auf den Verjährungsbeginn des gesamtschuldnerischen Ausgleichsanspruchs des Mitbürgen gemäß § 426 Abs. 1 BGB verdeutlichen:

> Die Mitbürgen M1 und M2 verbürgen sich selbstschuldnerisch für eine fällige Darlehensrückzahlungsforderung, die der Gläubiger G gegen den Hauptschuldner H hat. G fordert lediglich M1 zur Leistung auf, woraufhin dieser an G zahlt.

Diejenigen, die die Geltendmachung als fälligkeitsbegründend verstehen, müssen die Fälligkeit der Bürgschaft des M1 mit dessen Aufforderung zur Leistung durch G annehmen. Die Fälligkeit gegenüber M2 ist allerdings noch nicht eingetreten (s.o. arg: § 425 Abs. 1 BGB). Die Fälligkeit der Hauptforderung liegt vor. Da M1 geleistet hat, ist bereits ein auf Zahlung gerichteter Anspruch gemäß § 426 Abs. 1 BGB entstanden. Die eigentliche Besonderheit betrifft daher den Mitwirkungs- und Befreiungsanspruch und somit den Zeitraum vor der Zahlung von M1 an den Gläubiger. Es ist weitgehend anerkannt, dass auch dem gesamtschuldnerisch haftenden Mitbürgen wegen §§ 774 Abs. 2, 426 Abs. 1 BGB grundsätzlich ein solcher Anspruch zusteht[255]. Zweifelhaft ist jedoch, ob M1

---

253 BGH NJW 1984, 482; *Wolf*, NJW 1987, 2472, 2473; *Mormann*, in: RGRK-BGB, § 769, Rn. 1; *Horn*, in: Staudinger (1997), § 769, Rn. 1, 4 f.; *Habersack*, in: MüKo-BGB, § 769, Rn. 4; *E. Herrmann*, in: Erman, § 769, Rn. 1.

254 Etwas anderes soll nach *S. Meier*, Gesamtschulden, S. 1196, für den Fall gelten, dass zwischen den Mitbürgen ein besonderes Innenverhältnis bestehe, weil es für einen dann in Betracht kommenden Regressanspruch gemäß § 670 BGB allein auf die „Erforderlichkeit“ der Leistung ankäme.

255 BGH NJW 1986, 3131, 3132; *Horn*, in: Staudinger (1997), § 774, Rn. 48; *Fischer*, in: Das Recht der Kreditsicherheiten, § 9, Rn. 124; *Kanka*, JherJb 87 (1937/38), 123, 158 f.; a.A.: *S. Meier*, Gesamtschulden, S. 1190 ff. Eine weitere Besonderheit für die Mitbürgschaft stellt die Möglichkeit eines anteiligen Rückgriffs dar, bevor der Gläubiger voll befriedigt worden ist. Dem Mitbürgen, der geleistet habe, könne es nicht zugemutet werden, die vollständige Befriedigung des Hauptschuldners abzuwarten. Deshalb könne er bereits anteilig nach § 426 Abs. 1 BGB Regress bei den anderen Mitbür-

vom anderen Mitbürgen M2 Befreiung verlangen kann, wenn die Bürgschaftsforderung noch nicht fällig ist[256]. Dies ist zu verneinen, da der Mitbürge M2 einwenden kann, er selbst sei schließlich noch nicht zur Leistung an den Gläubiger verpflichtet. Auf Grundlage der herrschenden Lehre zum Verjährungsbeginn der Bürgschaft stellt sich das Problem dagegen nicht. Wird die Bürgschaft gegenüber beiden Mitbürgen gleichzeitig mit der Hauptschuld fällig, hätte M1 bereits vor der Zahlung an G Mitwirkung und Befreiung von M2 verlangen können.

Mit dem Kriterium der Leistungsaufforderung zur Fälligstellung der Bürgschaft wird somit Einfluss auf die Möglichkeit des Mitbürgenregresses und dessen Verjährungsbeginn getroffen. Insbesondere muss ein Befreiungs- und Mitwirkungsanspruch scheitern, wenn der andere Mitbürge einwendet, ihm gegenüber sei die Bürgschaft mangels Aufforderung durch den Gläubiger noch nicht fällig gestellt, ein Anlass zur Mitwirkung und Befreiung bestehe daher nicht[257].

Festzuhalten ist daher, dass die Fälligkeit der Bürgschaftsforderung für die Möglichkeit des gesamtschuldnerischen Ausgleichs zum einen von Bedeutung ist und zum anderen sich das Kriterium hier als unsinnig erweist. Die Vertreter des Kriteriums der Leistungsaufforderung haben dies offensichtlich nicht bedacht und erklären deshalb auch nicht, warum die Fälligkeit der Bürgschaft ausgerechnet Auswirkungen auf den gesamtschuldnerischen Ausgleichsanspruch haben soll, obwohl §§ 769, 774 Abs. 2 BGB gerade auf die Vorschriften zur Gesamtschuld verweisen.

cc) Zwischenergebnis

Die Bürgschaft setzt nach alldem die Aufforderung zur Leistung durch den Gläubiger nicht voraus. Das Kriterium findet weder im Gesetz einen Anhaltspunkt, noch ergibt sich aus dem Sinn und Zweck der Bürgschaft das Erfordernis, die Fälligkeit von der Geltendmachung abhängig zu machen. Mit der Subsidiarität lässt sich das Kriterium ebenfalls nicht begründen. Insgesamt wenig Aussagekraft für den Verjährungsbeginn hat ferner die Argumentation mit der Akzes-

---

gen nehmen (so die wohl ganz h.M., vgl. BGHZ 23, 361, 364; BGH NJW 1986, 3131, 3132; *Brödermann*, in: Prütting/Wegen/Weinreich, § 774, Rn. 29; *Horn*, in: Staudinger (1997), § 774, Rn. 47; *Fischer*, in: Das Recht der Kreditsicherheiten, § 9, Rn. 125; *Sprau*, in: Palandt, § 774, Rn. 14; *Reinicke/Tiedtke*, Bürgschaftsrecht, Rn. 407 f.

256 Aus anderen Gründen ablehnend auch *S. Meier*, Gesamtschulden, S. 1192. Zu ihrem Konzept des Gesamtschuldnerausgleichs unten, insbesondere ab S. 194 ff.

257 Da sich der Mitbürgenregress nach § 426 Abs. 1 BGB regelt, kann der Rückgriffsschuldner alle aus dem Innenverhältnis folgenden Einwendungen und damit auch eine fehlende Fälligkeit, entgegenhalten, vgl. *Horn*, in: Staudinger (1997), § 774, Rn. 44. Ausnahmen können sich in seltenen Fällen aus Treu und Glauben ergeben, vgl. *Kanka*, JherJb 87 (1937/38), 123, 159 (dort Fn. 35).

sorietät der Bürgschaft zur gesicherten Hauptschuld. Die im Schrifttum gezogenen Rückschlüsse aus den besonderen Bürgschaftsformen auf den Regelfall der Bürgschaft sind systematisch unzulässig. Die Auswirkungen auf den Mitbürgenregress haben die Vertreter des Aufforderungskriteriums offenbar völlig außer Acht gelassen. Insbesondere dort spricht vieles dagegen, die Fälligkeit der Bürgschaft mit der Geltendmachung durch den Gläubiger zu verknüpfen. Das von Teilen der Literatur verlangte Aufforderungskriterium wirft damit mehr Probleme auf, als es löst.

Nach Auswertung der Argumente steht damit fest, dass die Bürgschaft weder ein verhaltener Anspruch ist, noch die Regelungen über verhaltene Ansprüche Anwendung finden können, weil die Bürgschaft die Aufforderung zur Leistung durch den Gläubiger nicht voraussetzt.

c) Bedeutung des Sicherungsfalls für die Entstehung der Bürgschaft

Soweit es für die Fälligkeit der Bürgschaftsforderung nicht auf die Geltendmachung ankommt, ist weiter zu diskutieren, ob der Verjährungsbeginn dann stets mit der Fälligkeit der Hauptforderung eintritt. Wie sich zeigen wird, ist der Eintritt des Sicherungsfalls zwar regelmäßig eng mit der Fälligkeit der Hauptschuld verknüpft, die Zeitpunkte können aber grundsätzlich auch auseinanderfallen. Der Sicherungsfall ist daher für jede Bürgschaftsform getrennt zu bestimmen. Nachfolgend soll dies für die wichtigsten Formen der Bürgschaft vorgenommen werden.

aa) Kriterien für die Bestimmung des Sicherungsfalls bei der Bürgschaft

Soll der Bürgschafts- bzw. Sicherungsfall genau bestimmt werden, und das ist notwendig, wenn dieser Zeitpunkt als Kriterium für die Fälligkeit und damit den Verjährungsbeginn im Sinne von § 199 Abs. 1 Nr. 1 BGB dienen soll, ist zu untersuchen, was mit diesem Begriff gemeint ist. Dazu kommt es zunächst auf das jeweilige Sicherungsverhältnis an.

In der Literatur werden Sicherungsverhältnisse zum Teil als Dauerrechtsverhältnisse klassifiziert, deren Verlauf sich in mehrere Phasen einteilen lasse[258]. *Becker-Eberhard* unterscheidet für die Sicherungsrechte zwischen „Errichtungs-, Sicherungs-, Rückabwicklungs-, Ausübungs- und Befriedigungsphase“[259]. Der „Sicherungsfall“ leite nach dieser Terminologie die sog. „Ausübungsphase“ ein, in der es zur Verwertung der Sicherheit komme[260]. Allerdings bereite die Bestim-

---

258 *Becker-Eberhard*, Die Forderungsgebundenheit der Sicherungsrechte, S. 252.

259 *Becker-Eberhard*, Die Forderungsgebundenheit der Sicherungsrechte, S. 252 f.

260 *Becker-Eberhard*, Die Forderungsgebundenheit der Sicherungsrechte, S. 637; dem mit leicht unterschiedlicher Terminologie folgend: *Bülow*, Recht der Kreditsicherheiten, Rn. 61.

mung des konkreten Sicherungsfalls nicht selten Probleme, insbesondere könne nicht stets davon ausgegangen werden, dass mit der „Durchsetzungsreife der Forderung" ein Vorgehen aus der Sicherheit statthaft wäre[261]. In der Literatur finden sich denn auch weitere begriffliche und dogmatische Einordnungsversuche. Zum Teil wird davon gesprochen, der Sicherungsfall werde mit der „Krise" des Hauptschuldners virulent[262]. Ebenso taucht die Formulierung auf, die Forderung müsse „notleidend" geworden sein[263]. Dieser Begriff steht in engem Zusammenhang mit der für die akzessorischen Sicherungsrechte wohl gängigsten Auffassung, nach welcher der Sicherungsfall im Grundsatz eintreten soll, wenn der Hauptschuldner die fällige Hauptforderung nicht erfüllt habe[264], spätestens aber dann, wenn sich der Hauptschuldner in Verzug befinde[265].

Es ist allerdings nicht nur unklar, wann genau die Forderung „notleidend" wird oder sich der Hauptschuldner in einer „Krise" befindet. Auch der Verzugs- und Nichterfüllungszeitpunkt können auseinanderfallen. Die genannten Kriterien führen somit nicht zwangsläufig zu denselben Ergebnissen. Daher sind sie zunächst abstrakt voneinander abzugrenzen und auf ihre Tauglichkeit als Kriterium des Verjährungsbeginns der Bürgschaft hin zu überprüfen. Die für die Bestimmung des Sicherungsfalls gänzlich ungeeigneten Kriterien können damit, bevor auf die einzelnen Bürgschaftsformen eingegangen wird, von vornherein aus der Diskussion ausgeschlossen werden.

(1) Fälligkeit der Hauptschuld und deren Nichterfüllung durch den Schuldner

Schon der erste Teil der wohl gängigsten Definition des „Sicherungsfalls" verdeutlicht, dass die Inanspruchnahme des Bürgen zumindest den Eintritt der Fälligkeit der Hauptschuld erfordert[266]. Daneben tritt aber weiter das Merkmal der

---

261 Vgl. *Becker-Eberhard*, Die Forderungsgebundenheit der Sicherungsrechte, S. 638.

262 *Bülow*, Recht der Kreditsicherheiten, Rn. 832.

263 BGH ZIP 2008, 2167, 2169; *Stadler*, in: Jauernig, § 765, Rn. 1; *A. Staudinger*, in: Hk-BGB, § 765, Rn. 6.

264 *Horn*, in: Staudinger (1997), Vorbem zu §§ 765 ff, Rn. 27; *Becker-Eberhard*, Die Forderungsgebundenheit der Sicherungsrechte, S. 638 f.; *Bülow*, Recht der Kreditsicherheiten, Rn. 61, 964; *Förster*, JZ 2009, 109, 110; so schließlich auch *Stadler*, in: Jauernig, § 765, Rn. 1, die die Forderung gerade als „notleidend" ansieht, wenn sie vom Hauptschuldner nicht erfüllt werde; ebenso: *A. Staudinger*, in: Hk-BGB, § 765, Rn. 6.

265 *Bülow*, Recht der Kreditsicherheiten, Rn. 964; *Bülow* , ZIP 1999, 985, 987; *Förster*, JZ 2009, 109, 110.

266 Nach der Terminologie der fünf „Sicherungsphasen" befände sich das Sicherungsverhältnis in diesem Stadium in der „Sicherungsphase" (*Becker-Eberhard*, Die Forderungsgebundenheit der Sicherungsrechte, S. 427) bzw. „Latenzphase" (*Bülow*, Recht der Kreditsicherheiten, Rn. 61). Erst mit der Nichterfüllung realisierte sich die „Ausübungsphase" (*Bülow*, Recht der Kreditsicherheiten, Rn. 61).

Nichterfüllung durch den Hauptschuldner. Für das letztgenannte Merkmal ist zweifelhaft, wann es verwirklicht ist. Denkbar sind zum einen ein „enges" und zum anderen ein „weites" Verständnis[267]. Legte man das Kriterium der Nichterfüllung sehr eng aus, markierte die Fälligkeit gleichzeitig die sofortige Nichterfüllung durch den Hauptschuldner, denn ab Fälligkeit ist der Schuldner zur Leistung verpflichtet. Die Hauptforderung würde daher – innerhalb einer *juristischen Sekunde* – ab dem Zeitpunkt der Fälligkeit gleichzeitig auch „notleidend" im Sinne der hergebrachten Definition des Bürgschaftsfalls.

Scheinbar verträgt sich dieses enge Verständnis nur schwer mit dem grundsätzlich subsidiären Sicherungscharakter der Bürgschaft. Die widerspruchslose Anknüpfung des Bürgschaftsfalls an die Fälligkeit der Hauptforderung könnte nämlich den nicht zweifelsfreien Eindruck erwecken, der Bürge könne sofort – möglicherweise vor dem Hauptschuldner selbst – in Anspruch genommen werden[268]. Diese Bedenken sind aber nicht stichhaltig. Das enge Verständnis der Nichterfüllung ist gegenüber den anderen genannten Kriterien, die entweder keinen Anhaltspunkt im Gesetz finden oder für die rechtssichere Bestimmung des Verjährungsbeginns schlicht ungeeignet sind, praktisch alternativlos.

Einen Beleg für diese These bietet zunächst die Untersuchung des Merkmals der „Krise". Der Begriff der Krise erlangt vornehmlich im Gesellschaftsrecht Bedeutung. Für die Gesellschaft enthielt § 32a Abs. 1 S. 1 GmbHG a.F.[269] dazu eine Legaldefinition: Danach sollte die Krise der Gesellschaft in dem Zeitpunkt vorliegen, in dem die Gesellschafter der Gesellschaft als ordentliche Kaufleute Eigenkapital zugeführt hätten. Nach damals allgemeiner Meinung sollte dies der Fall sein, wenn die Gesellschaft ihre Kreditwürdigkeit verloren habe, also keine Kredite mehr von Dritten – jedenfalls ohne zusätzliche Fremdsicherheiten – erhielte[270]. Der Begriff der Krise ist damit deutlich weiter als die bloße Nichterfüllung der Forderung durch den Schuldner. Von der Nichterfüllung einer fälligen Forderung sofort auf eine Krise des Hauptschuldners zu schließen, schlägt in dieser Allgemeinheit jedenfalls fehl[271]. Im Übrigen ist der Begriff zu unkontu-

---

267 Beide Begriffe werden in der Literatur nicht vertreten. Die hier vorgenommene begriffliche Differenzierung dient nur dazu, die unterschiedlichen Deutungsmöglichkeiten des Zeitpunktes der Nichterfüllung herauszustellen.

268 *Förster*, JZ 2009, 109, 110; *Bülow*, ZIP 1999, 985, 987.

269 Die Vorschrift ist durch das Gesetz zur Modernisierung des GmbH-Rechts und zur Bekämpfung von Missbräuchen (MoMiG) vom 23.10.2008, BGBl. 2008 I S. 2026, aufgehoben worden.

270 *Heidinger*, in: Michalski, GmbHG, § 32b, Rn. 43 ff.; *Altmeppen*, in: Roth/Altmeppen, GmbHG, § 32a, Rn. 22 ff., jeweils m.w.N.

271 Das folgt nicht zuletzt daraus, dass im Einzelfall weitere Indizien und Nachforschungen erforderlich sein können, um das Vorliegen einer Krise zu bejahen (vgl. *Altmep-*

riert. Außerdem kann die Argumentation bei der Gesellschaft nicht auf das Bürgschaftsrecht übertragen werden. Für die Bestimmung des Sicherungsfalls und des Verjährungsbeginns der Bürgschaft lässt sich daher nicht auf die „Krise“ des Hauptschuldners rekurrieren.

Ebenso wenig geeignet sind denkbare Ansätze, die auf ein weites Verständnis der Nichterfüllung hinausliefen. Für sie stellte sich schon das Problem der Bestimmung des Zeitpunktes, ab dem die Nichterfüllung durch den Hauptschuldner bejaht werden kann. Freilich wäre vorstellbar, etwa *auf den Zeitpunkt, ab dem der Hauptschuldner signalisiert, nicht leisten zu wollen oder zu können*, oder *den Zeitpunkt, ab dem der Gläubiger die mögliche Nichterfüllung durch den Schuldner erkennen oder vorhersehen konnte oder musste*, abzustellen. Auch könnte auf das Ende des Tages, an dem die gesicherte Forderung fällig wird, Bezug genommen werden[272]. Diesen Gedanken wäre aber zum einen entgegenzuhalten, dass sich für sie keine Anhaltspunkte im Gesetz finden lassen, zum anderen kann der Zeitpunkt des Verjährungsbeginns anhand solch einer ergebnisoffenen Formel nicht genau bestimmt werden. Dies vertrüge sich wiederum nicht mit dem hier verfolgten Ziel, rechtssichere Kriterien für den Verjährungsbeginn der Bürgschaftsforderung im Sinne von § 199 Abs. 1 Nr. 1 BGB zu entwickeln.

Festzuhalten ist daher, dass, soweit für den Eintritt des Sicherungsfalls auf die Nichterfüllung der Forderung durch den Hauptschuldner abgestellt wird, dem engeren Verständnis trotz der genannten Bedenken der Vorzug erteilt werden muss. Dann kann das Kriterium als Auslösungszeitpunkt des Bürgschaftsfalls herangezogen werden.

(2) Das Merkmal der Leistungsverzögerung gemäß § 286 BGB

Das sehr enge Verständnis der Nichterfüllung durch den Hauptschuldner ist von dem in der Literatur benannten Kriterium des Verzugseintritts[273] abzugrenzen. Der Hauptschuldner kommt mit der Leistung im Sinne von § 286 BGB in Verzug, wenn er die (noch mögliche[274]) Leistung aus einem Grund, den er zu vertreten hat, pflichtwidrig verzögert. Daneben ist grundsätzlich eine Mahnung erforderlich, soweit diese nicht gemäß § 286 Abs. 2 BGB entbehrlich ist. Ob das Ver-

---

pen, in: Roth/Altmeppen, GmbHG, § 32a, Rn. 23 ff.).

272 So etwa *Bülow*, ZIP 1999, 985, 987: „Der Subsidiaritätsgrundsatz würde verengt auf einen einzigen Tag“.

273 Dazu *Förster*, JZ 2009, 109, 110; *Bülow*, Recht der Kreditsicherheiten, Rn. 964; *Bülow*, ZIP 1999, 985, 987.

274 Nach *Ernst*, in: MüKo-BGB, § 286, Rn. 33, sei es selbstverständlich, dass nur die „noch i.S.v. § 275 BGB mögliche Leistung“ den Verzug begründen könne. Ansonsten träten schließlich die Folgen der Unmöglichkeit gemäß § 275 BGB ein.

zugskriterium als das den Sicherungsfall auslösende Kriterium im Gesetz einen Anhaltspunkt findet, ist zweifelhaft[275].

Insbesondere im Zusammenhang mit nichtakzessorischen Sicherungsrechten, wie z.B. der Sicherungszession, wird allerdings zum Teil vertreten, die Sicherung könne erst mit Eintritt des Verzugs des Schuldners beansprucht werden[276]. Auf die akzessorischen Sicherungsrechte soll dies hingegen zumindest „in dieser Allgemeinheit nicht" übertragen werden können[277]. Selbst für die Regelbürgschaft bleibe es insoweit bei einem „Nebeneinander von Forderung und Sicherungsrecht" und damit einem Wahlrecht des Gläubigers[278].

Die Auslegung der Vorschriften über die Bürgschaft stützt die Annahme, dass es für das Verzugskriterium keinerlei Anhaltspunkte im Gesetz gibt. Schon der historische Gesetzgeber hat bewusst davon abgesehen, einen im österreichischen Allgemeinen bürgerlichen Gesetzbuch enthaltenen Passus zu übernehmen, wonach „die Belangung des Bürgen [dann] gestattet [sei], wenn […] der Hauptschuldner auf des Gläubigers […] Mahnung seine Verbindlichkeit nicht erfüllt hat"[279]. Für eine solche Regelung bestand auch kein Anlass, da die Subsidiarität der Bürgschaft über die Möglichkeit der Einrede der Vorausklage gemäß § 771 S. 1 BGB gewahrt wird.

In den Gesetzesvorschriften zur Bürgschaft findet sich das Merkmal des Verzugs des Hauptschuldners zunächst in § 767 Abs. 1 S. 2 BGB wieder. Die Vorschrift spricht jedoch nicht für das Verzugskriterium[280], sondern eher dagegen[281]. § 767 Abs. 1 S. 2 BGB bringt die Akzessorietät der Bürgschaft zum Ausdruck und stellt klar, dass die Bürgenhaftung Ansprüche des Gläubigers mit ein-

275 *Klein/Moufang/Koos*, BauR 2009, 333, 337.

276 RGZ 142, 139, 141 f.; *Roth*, in: MüKo-BGB, § 398, Rn. 108; *Grüneberg*, in: Palandt, § 398, Rn. 25; a.A. *Rohe*, in: BeckOK-BGB, § 398, Rn. 77; *H. P. Westermann*, in: Erman, § 398, Rn. 34; *Braun*, DStR 1995, 1592, 1595 („Fälligkeit genügt"). Es geht hier freilich nur darum, wann der Sicherungsfall eintritt, der den Sicherungszessionar im Innenverhältnis gegenüber dem Zedenten in die Berechtigung versetzt, aus der Sicherheit vorzugehen. Verfügungen und Einziehung der Forderung im Außenverhältnis sind unabhängig davon wirksam. Einreden aus dem Innenverhältnis zwischen Zedent und Zessionar können vom Schuldner nicht geltend gemacht werden (vgl. BGH NJW 1974, 185, 186).

277 *Becker-Eberhard*, Die Forderungsgebundenheit der Sicherungsrechte, S. 639; *Schürnbrand*, Der Schuldbeitritt zwischen Gesamtschuld und Akzessorietät, S. 112 f.

278 *Becker-Eberhard*, Die Forderungsgebundenheit der Sicherungsrechte, S. 642.

279 Motive II, S. 668, bei *Mugdan*, II. Band, S. 373 (dort auch der genaue Wortlaut der Regelung).

280 So wohl *Bülow*, ZIP 1999, 985, 987.

281 Vgl. *Becker-Eberhard*, Die Forderungsgebundenheit der Sicherungsrechte, S. 642.

schließt, die mit einer Verzögerung der Leistung des Hauptschuldners zusammenhängen[282]. Damit wird die Haftung des Bürgen im Vergleich zur Ausgangssituation erweitert. Diese Haftungserweiterung wird damit gerechtfertigt, dass der Bürge von Beginn an mit ihr rechnen musste und sie daher einkalkulieren konnte[283]. Wenn der Gesetzgeber die Bürgenschuld indes auf den Verzug des Hauptschuldners *erweitert*, muss daraus der Rückschluss gezogen werden, dass der Anspruch aus der Bürgschaft auch *vor* dessen Verzug bereits geltend gemacht werden kann.

Darüber hinaus kann mit dem Befreiungsanspruch des Bürgen gemäß § 775 BGB gegen das Verzugskriterium argumentiert werden. Nach § 775 Abs. 1 Nr. 3 BGB kann der Bürge Befreiung von der Bürgschaft vom Hauptschuldner verlangen, wenn der Hauptschuldner mit Erfüllung der Hauptschuld in Verzug ist. Fielen der Verzug des Hauptschuldners und der Bürgschaftsfall zusammen, könnte der Bürge einerseits sofort, andererseits aber auch erst mit der Fälligkeit der Bürgschaftsforderung Befreiung vom Hauptschuldner verlangen. Zumindest § 775 Abs. 1 Nr. 3 BGB würde aber leerlaufen, wenn mit der durch den Verzug des Hauptschuldners erst begründeten Fälligkeit der Bürgschaft gleichzeitig auch der Befreiungsanspruch fällig würde. Das hieße nämlich, dass der Bürge stets mit Fälligkeit der Bürgschaft auch Befreiung vom Hauptschuldner verlangen könnte. Offenbar geht der Gesetzgeber aber selbst davon aus, dass sowohl die Inanspruchnahme des Bürgen durch den Gläubiger als auch ein Anspruch des Bürgen auf Befreiung schon vor dem Verzug des Hauptschuldners in Betracht kommen können. Die anderen Alternativen des § 775 Abs. 1 BGB (Nr. 1, 2 und 4) setzen den Verzug des Hauptschuldners jedenfalls nicht voraus. Insofern stellt sich die Frage, von welcher Schuld der Bürge nach § 775 Abs. 1 Nr. 1, 2, 4 BGB befreit werden soll, wenn seine Bürgschaft mangels Verzugs des Hauptschuldners selbst noch gar nicht fällig wäre.

Dass der Gesetzgeber zwischen dem Zeitraum vor und nach Fälligkeit sowie dem Eintritt des Verzugs des Hauptschuldners differenzieren wollte, zeigt schließlich auch § 775 Abs. 2 BGB, nach dem der Bürge vor Fälligkeit der Hauptschuld nur eine Sicherheitsleistung vom Hauptschuldner verlangen kann. Insgesamt belegt die Auslegung des § 775 BGB damit, dass die Befreiung von der Bürgschaft schon vor Eintritt des Verzugs des Hauptschuldners möglich ist. Dann kann der Verzugseintritt des Hauptschuldners selbst aber nicht die Fälligkeit der Bürgschaftsforderung herbeiführen.

---

282 Vgl. *Habersack*, in: MüKo-BGB, § 767, Rn. 1, 7; *Mormann*, in: RGRK-BGB, § 767, Rn. 1, 6; *Stadler*, in: Jauernig, § 767, Rn. 4; *Sprau*, in: Palandt, § 767, Rn. 1 ff.

283 Vgl. Motive II, S. 664, bei *Mugdan*, II. Band, S. 371; *Habersack*, in: MüKo-BGB, § 767, Rn. 7.

Will man die eben genannten Argumente gegen das Verzugskriterium nicht gelten lassen, muss man zumindest dessen sachliche Eignung zur Bestimmung des Sicherungsfalls hinterfragen. Für die Eignung spricht zum einen, dass sich der Zeitpunkt des Verzugseintritts regelmäßig genauso rechts- und verjährungssicher bestimmen lässt wie die Fälligkeit der Hauptforderung. Zum anderen schützt das Kriterium vor einer vorzeitigen Inanspruchnahme des Bürgen, bewahrt diesem also die subsidiäre Haftung[284]. Nachteil der Anbindung an den Verzugszeitpunkt ist jedoch, dass der Verzug gegebenenfalls noch eine Handlung des Gläubigers voraussetzt: die Mahnung[285]. Damit begegnet das Kriterium im Ergebnis ähnlichen Bedenken wie die Leistungsaufforderung, weil es der Gläubiger dann einseitig in der Hand hätte, den Verjährungsbeginn der Bürgschaft zu bestimmen.[286]. Außerdem ist zu berücksichtigen, dass die Auswirkungen der Unterscheidung zwischen der Fälligkeit der Hauptschuld und des Verzugseintritts des Hauptschuldners praktisch gering sind. Die Ursache dafür liegt in den Verzugsvoraussetzungen und der typisch gesicherten Bürgschaftsforderung selbst. Ist für die Erfüllung der Hauptschuld ein nach dem Kalender bestimmter oder bestimmbarer Termin vorgesehen, ist die Mahnung schon gemäß § 286 Abs. 2 Nr. 1 BGB entbehrlich, um den Schuldner in Verzug zu setzen. Ferner ist die Mahnung nach § 286 Abs. 2 Nr. 2 BGB entbehrlich, wenn der Leistung ein Ereignis vorauszugehen hat und eine angemessene Zeit für die Leistung in der Weise bestimmt ist, dass sie sich von dem Ereignis an nach dem Kalender berechnen lässt. Mögliches Ereignis im Sinne dieser Vorschrift und zugleich ein wichtiges bürgschaftsrechtliches Beispiel ist die Kündigung[287] gemäß §§ 488 Abs. 3, 489 f. BGB, da es sich bei der gesicherten Forderung häufig um einen oder mehrere Ansprüche aus einem Darlehensvertrag handelt. Verzugseintritt und Fälligkeit der Hauptschuld fallen also ohnehin häufig zusammen[288].

---

284 Vgl. *Bülow*, ZIP 1999, 985, 987; *Förster*, JZ 2009, 109, 110.

285 Vgl. *Klein/Moufang/Koos*, BauR 2009, 333, 336 f. Bei der Mahnung im Sinne von § 286 BGB handelt es sich um eine geschäftsähnliche Handlung. Die Vorschriften über Willenserklärungen finden entsprechende Anwendung (BGHZ 47, 352, 357; BGH NJW 1987, 1546, 1547; *Brox/Walker*, Allgemeines Schuldrecht, § 23, Rn. 10; *Medicus/Lorenz*, Schuldrecht AT, Rn. 460). Das bedeutet aber, dass die Zahlungsaufforderung gegenüber dem Schuldner wie eine Willenserklärung analog § 130 BGB abgegeben werden und zugehen muss (*Ellenberger*, in: Palandt, § 130, Rn. 2 f.; *Arnold*, in: Erman, § 130, Rn. 3, 6) und somit ein Tätigwerden des Gläubigers voraussetzt.

286 Vgl. BGH ZIP 2008, 1762, 1764; *Balzer*, EWiR 2009, 529; *Peters/Jacoby*, in: Staudinger (2009), § 199, Rn. 22; *Bub*, in: FS Fischer, 2008, S. 71, 81; allerdings jeweils in Bezug auf das Erfordernis der Leistungsaufforderung.

287 Vgl. *Grüneberg*, in: Palandt, § 286, Rn. 23; *Ernst*, in: MüKo-BGB, § 286, Rn. 58.

(3) Zwischenergebnis

Der Bürge verpflichtet sich gegenüber dem Gläubiger dazu, für die Nichterfüllung einer fremden Schuld einzustehen. Geht man davon aus, dass der Zeitpunkt der Einstandspflicht des Bürgen mit der Nichterfüllung der Schuld durch den Hauptschuldner zusammenfällt, ist auf das hier als „enge Verständnis" der Nichterfüllung bezeichnete Kriterium zurückzugreifen. Das bedeutet, dass immer dann, wenn es für die Inanspruchnahme des Bürgen allein auf die Nichterfüllung der Hauptschuld durch den Hauptschuldner ankommt, die Fälligkeit der Hauptschuld gleichzeitig den Eintritt des Sicherungsfalls nach sich zieht. Soll die logische Nachrangigkeit der Bürgschaft gegenüber der Hauptschuld betont werden, kann auch formuliert werden, dass die Bürgschaft eine „juristische Sekunde" nach der Hauptschuld fällig wird.

Demgegenüber sind der Gedanke eines „weiten Verständnisses" der Nichterfüllung und die Übertragung des dem Gesellschaftsrecht entlehnten Begriffs der „Krise" zu unkonturiert. Sie vertragen sich nicht mit dem Ziel einer rechtssicheren Bestimmung des Verjährungsbeginns der Bürgschaft. Das Kriterium des Verzugseintritts des Hauptschuldners wäre zur Bestimmung des Verjährungsbeginns dagegen zumindest sachlich nicht vollkommen ungeeignet, findet aber im Gesetz keinen Anhaltspunkt. Außerdem führt es zu keinen nennenswerten praktischen Unterschieden im Vergleich zum engen Verständnis der Nichterfüllung.

Daher ist festzuhalten, dass überall dort, wo der Sicherungsfall allein die Nichterfüllung der Hauptschuld voraussetzt, die Fälligkeit der Bürgschaft mit der Fälligkeit der gesicherten Forderung zusammenfällt. Wie sich nachfolgend zeigen wird, ist diese Feststellung für alle Formen der Bürgschaft, bei denen die Inanspruchnahme des Bürgen keinen weiteren gesetzlichen Voraussetzungen unterliegt, verbindlich.

bb) Sicherungsfall bei der Regelbürgschaft

Für den Regelfall der Bürgschaft, wenn dem Bürgen die Einrede der Vorausklage gemäß § 771 S. 1 BGB zusteht, ist der Subsidiaritätsgrundsatz stark ausgeprägt. Der Gläubiger muss sich zunächst an den Hauptschuldner halten, bevor er auf den Bürgen übergehen kann[289].

---

288 Daran änderte auch der Ansatz von *Bülow*, ZIP 1999, 985, 987, nichts, der die Subsidiarität dadurch gewahrt wissen will, dass der Gläubiger mit dem Zugriff auf das Bürgenvermögen bis zum Abend des Tages warten müsse, an dem die Hauptschuld fällig geworden sei.

289 Vgl. Motive II, S. 668, bei *Mugdan*, II. Band, S. 373; *Horn*, in: Staudinger (1997), Vorbem zu §§ 765 ff, Rn. 17; *Brödermann*, in: Prütting/Wegen/Weinreich, Vor §§ 765 ff., Rn. 12.

Von *Habersack* wird daher ausgeführt, dass der Sicherungsfall und der Verjährungsbeginn der Bürgschaftsforderung erst mit dem Zeitpunkt eintreten sollen, zu welchem dem Bürgen die Einrede der Vorausklage nach § 771 S. 1 BGB nicht mehr zustehe[290]. Er begründet dies unter anderem damit, dass ein Anspruch, dem von Beginn an ein gesetzliches Leistungsverweigerungsrecht des Schuldners entgegengehalten werden könne, nicht zu verjähren begänne[291]. Nach diesen allgemeinen Grundsätzen sei auch der Bürgschaftsanspruch erst entstanden, wenn er vom Gläubiger nach § 271 Abs. 1 BGB geltend gemacht werden könne, was indes nicht der Fall sei, wenn ein anfängliches Leistungsverweigerungsrecht des Schuldners bestehe[292]. Die Lesart von *Habersack* baut allerdings noch auf einer weiteren These von ihm auf, nach welcher der Bürge die Einrede der Vorausklage nicht erheben müsse, damit es zur von § 771 S. 2 BGB angeordneten Verjährungshemmung komme[293]. Dies folge wiederum daraus, dass der Gesetzgeber bei § 771 S. 2 BGB eine unpassende Formulierung gewählt und deren Auswirkungen nicht bedacht habe[294].

In Rechtsprechung und Literatur finden sich zahlreiche Gegenstimmen zu dieser Position. Zum einen gehen sowohl der BGH in einem *obiter dictum* als auch das OLG Karlsruhe sowie Teile der Literatur von einer gleichzeitigen Fälligkeit der Bürgschafts- und Hauptschuld aus[295]. Zum anderen wird auch der letztgenannten These *Habersacks*, wonach es auch ohne Erklärung des Bürgen zu einer Verjährungshemmung gemäß § 771 S. 2 BGB komme, widersprochen. Nach der wohl herrschenden Auffassung kommt es für den Eintritt der Verjährungshemmung gemäß § 771 S. 2 BGB auf die tatsächliche Erhebung der Einrede durch den Bürgen sowie deren Zugang beim Gläubiger im Sinne von § 130 Abs. 1 BGB an[296].

---

290 *Habersack*, in: MüKo-BGB, § 765, Rn. 80, 82, § 771, Rn. 7 f.

291 *Habersack*, in: MüKo-BGB, § 771, Rn. 7 f.

292 *Habersack*, in: MüKo-BGB, § 771, Rn. 7 f., mit dem Verweis auf *Grothe*, in: MüKo-BGB, 5. Auflage 2006, § 199, Rn. 4 f.

293 *Habersack*, in: MüKo-BGB, § 771, Rn. 8.

294 *Habersack*, in: MüKo-BGB, § 771, Rn. 8.

295 BGH NJW-RR 2004, 1190, 1191; OLG Karlsruhe WM 2008; 631; *Ellenberger*, in: Palandt, § 199, Rn. 3; *Brödermann*, in: Prütting/Wegen/Weinreich, Vor §§ 765 ff., Rn. 38.

296 *Nobbe*, in: Bankrechts-Handbuch, § 91, Rn. 299; *Sprau*, in: Palandt, § 771, Rn. 3; *E. Herrmann*, in: Erman, § 771, Rn. 1; *Beckmann*, in: NK-BGB, § 771, Rn. 6; *Brödermann*, in: Prütting/Wegen/Weinreich, § 771, Rn. 12 (nimmt allerdings Nebenpflicht des Bürgen an, „sich über die Erhebung der Einrede zu erklären"); *Bülow*, Recht der Kreditsicherheiten, Rn. 1002; *Schlößer*, NJW 2006, 645, 646.

(1) Auswirkungen der Einrede der Vorausklage gemäß § 771 BGB auf den Sicherungsfall

Zwar erscheint es vor dem Hintergrund der Wertung des § 771 BGB, den Bürgen erst im Anschluss an einen Vollstreckungsversuch[297] beim Hauptschuldner haften zu lassen, zunächst keineswegs abwegig, hiermit auch Konsequenzen für den Bürgschaftsfall zu verbinden. Allein durch die Existenz des § 771 BGB lässt sich indes noch nicht beweisen, dass der Bürgschaftsfall und damit die Fälligkeit der Bürgschaftsforderung erst mit dem Zeitpunkt des Wegfalls der Einrede der Vorausklage eintreten kann. Vielmehr kommt es darauf an, ob der Vorschrift des § 771 BGB tatsächlich die ihr von *Habersack* zugedachte Funktion zukommt[298]. Wie sich nachfolgend zeigen wird, ist dem aus mehreren Gründen zu widersprechen.

Bereits mit dem Wortlaut von § 771 S. 2 BGB ist die These *Habersacks* nicht vereinbar[299]. Dort heißt es ausdrücklich: „*Erhebt* der Bürge die Einrede [...], ist die Verjährung gehemmt". Zwar ist nach rechtstheoretischem Standpunkt eine Auslegung entgegen des Gesetzeswortlautes möglich[300]. Außerdem kann sich auch ein vermeintlich klarer Wortlaut als uneindeutig herausstellen[301]. Zumindest betritt *Habersack* mit seiner Deutung über den Wortsinn hinaus aber den Bereich der offenen Rechtsfortbildung[302]. Dies lässt sich vor allem an den praktischen Konsequenzen für die Verjährung der Bürgschaftsforderung belegen, die mit der Zugrundelegung von *Habersacks* Thesen verbunden sind.

Habersack geht davon aus, dass nach allgemeinen Grundsätzen bereits das Bestehen der Einrede der Vorausklage den Verjährungsbeginn hindere[303]. Allerdings ist bei seinen Ausführungen unklar, ob er damit meint, dass der Anspruch aus diesem Grund nicht im Sinne von § 199 Abs. 1 Nr. 1 BGB entsteht oder der Anspruch zwar mit der Hauptschuld fällig wird, aber die Verjährung von Beginn

297 Eingehend zur Frage, ob eine vorherige „Ausklagung" des Hauptschuldners erforderlich sei: *Duckstein/Pfeiffer*, JR 2010, 231 ff.

298 Vgl. *Habersack*, in: MüKo-BGB, § 771, Rn. 8; in diesem Sinne auch *Pecher*, in: Soergel, § 771, Rn. 9.

299 *Schlößer*, NJW 2006, 645, 646.

300 *Rüthers/Fischer*, Rechtstheorie, Rn. 735, 743 („Wortlautfetischismus wäre ein Irrweg"); *Röhl/Röhl*, Allgemeine Rechtslehre, S. 615.

301 *Rüthers/Fischer*, Rechtstheorie, Rn. 732.

302 Vgl. *Larenz*, Methodenlehre, S. 322; *Zippelius*, Juristische Methodenlehre, S. 47. Das Gleiche gilt freilich für den von *Pecher*, in: Soergel, § 771, Rn. 10, geäußerten Gedanken, es könne mit Blick auf § 773 Abs. 1 Nr. 4 BGB über eine Pflicht des Bürgen nachgedacht werden, sich gegenüber dem Gläubiger „über seine Absicht, die Einrede der Verjährung zu erheben", zu erklären.

303 *Habersack*, in: MüKo-BGB, § 771, Rn. 7 f.

an gehemmt wird: Einerseits spricht er davon, „dass die Verjährung […] gehemmt ist, bis der Gläubiger die Hauptforderung nach Maßgabe des § 771 S. 1 [BGB] geltend gemacht hat“[304], andererseits heißt es bei ihm: „Die Verjährung beginnt […] mit Wegfall der Einrede des § 771 [BGB]“[305].

Auf diese begrifflichen Unklarheiten kommt es aber zumindest im Ergebnis nicht an, da beide möglichen Interpretationen seiner Argumentation zu einer Verlängerung des dreijährigen Regelverjährungszeitraums der Bürgschaftsforderung *contra legem* führten. Der Gesetzgeber hat bei der Schaffung von § 771 S. 2 BGB weder eine hinausgeschobene Fälligkeit der Bürgschaftsforderung noch eine sofortige Hemmung der Verjährung im Blick gehabt. In der Beschlussempfehlung heißt es lediglich, Haupt- und Bürgenforderung entständen regelmäßig zur selben Zeit[306]. Der Sinn und Zweck des § 771 S. 2 BGB kann es dann aber nur gewesen sein, die aus einem gleichzeitigen Verjährungsbeginn von Bürgschafts- und Hauptforderung resultierenden Folgen für den Gläubiger durch die verjährungshemmende Wirkung der Vorausklage abzumildern[307]. Dafür spricht weiterhin, dass die Beschlussempfehlung ausdrücklich den Fall anführt, dass die Verjährung gehemmt werden sollte, um dem Gläubiger Vollstreckungsmaßnahmen gegenüber dem Hauptschuldner zu ermöglichen, ohne dem zeitlichen Druck zwischenzeitlicher Verjährung der Bürgschaftsforderung ausgesetzt zu sein[308]. Hätte der Gesetzgeber den Verjährungsbeginn der Bürgschaftsforderung von der Vorausklage des Gläubigers abhängig machen wollen, hätte er gerade nicht § 771 S. 2 BGB, sondern eine anders lautende Vorschrift geschaffen bzw. schaffen müssen[309]. Darüber hinaus käme nach *Habersacks* These dem

---

304 *Habersack*, in: MüKo-BGB, § 771, Rn. 8.

305 *Habersack*, in: MüKo-BGB, § 765, Rn. 82; ganz ähnlich auch: *Habersack* , in: MüKo-BGB, § 765, Rn. 80: „[...] tritt *Fälligkeit* der Bürgschaftsforderung keineswegs vor Fälligkeit der gesicherten Forderung ein, […], so dass Haupt- und Bürgschaftsforderung im Allgemeinen gleichzeitig fällig werden, sofern nicht der Bürge eigene Einreden – etwa die Einrede der Vorausklage – hat [...]“.

306 BT-Drucks. 14/7052, S. 206. Da sich die Beschlussempfehlung auch ausdrücklich auf § 771 S. 2 BGB, also den Fall der bestehenden Einrede der Vorausklage bezieht, muss die Fälligkeit von Haupt- und Bürgschaftsforderung bei der nichtselbstschuldnerischen Bürgschaft gemeint sein.

307 Vgl. BT-Drucks. 14/7052, S. 206; *Schlößer*, NJW 2006, 645 ff.; *Tiedtke*, JZ 2006, 940, 946; *Brödermann*, in: Prütting/Wegen/Weinreich, § 771, Rn. 12. Ferner den Aspekt des Gläubigerschutzes hervorhebend: *E. Herrmann*, in: Erman, § 771, Rn. 1; *Reinicke/Tiedtke*, Bürgschaftsrecht, Rn. 296.

308 BT-Drucks. 14/7052, S. 206.

309 Eine entsprechende Regelung hätte lauten können: „Die Verjährung der Bürgschaftsforderung beginnt nicht vor Erhebung der Einrede der Vorausklage durch den Bürgen“.

Gläubiger, weniger aber dem Bürgen, die subsidiäre und schwächer ausgestaltete Bürgenhaftung im Vergleich zur selbstschuldnerischen Bürgschaft zugute. Der Gläubiger bräuchte sich auf der einen Seite um die Verjährung gegenüber dem Bürgen zunächst nicht zu kümmern, auf der anderen Seite würde die von der Hauptschuld unabhängig laufende Verjährung der Bürgschaftsforderung aus Sicht des Bürgen praktisch stark entwertet, wenn ihr Verjährungsbeginn mit dem Wegfall der Einrede der Vorausklage begänne. Schließlich kann auch der Einwand *Habersacks* entkräftet werden, dass sich für den Gläubiger das Risiko eines aussichtslosen Prozesses gegen den Bürgen erhöhen könnte, machte man die Verjährungshemmung der gegen den Bürgen gerichteten Forderung von seinem Verhalten abhängig[310]. Die Erhebung begründeter Einreden durch den Schuldner stellt ein allgemeines Prozessrisiko dar, das stets allein der Gläubiger zu tragen hat. Nichts anderes gilt für die Einrede der Vorausklage gemäß § 771 S. 1 BGB. Da zudem die Abdingbarkeit der Einrede wegen § 773 Abs. 1 Nr. 1 BGB außer Frage steht, kann der Gläubiger durch die Vereinbarung einer selbstschuldnerischen Bürgschaft ohnehin der Gefahr begegnen, dass sich der Bürge auf die Einrede erst während des Prozesses beruft[311].

Nach alldem ist festzuhalten, dass die besseren Gründe gegen das Verständnis von *Habersack* streiten. Der Tatbestand der Einrede der Vorausklage hat keine Auswirkungen auf den Verjährungsbeginn der Bürgschaft. § 771 S. 2 BGB sorgt weder für einen bis zum Wegfall der Einrede hinausgeschobenen Entstehungszeitpunkt der Bürgschaft im Sinne von § 199 Abs. 1 Nr. 1 BGB noch führt die Einrede der Vorausklage zu einer sofortigen Verjährungshemmung der Bürgschaftsforderung. Die von § 771 S. 2 BGB angeordnete Verjährungshemmung tritt vielmehr erst mit dem Zugang der Erklärung beim Gläubiger gemäß § 130 Abs. 1 BGB ein, mit der sich der Bürge auf die Einrede der Vorausklage gemäß § 771 S. 1 BGB beruft[312].

(2) Ergebnis

In Übereinstimmung mit den zuvor entwickelten Kriterien tritt der Bürgschaftsfall bei der nichtselbstschuldnerischen Bürgschaft bereits mit der Fälligkeit der Hauptschuld ein[313]. Der Gläubiger kann die Bürgschaft ab diesem Zeitpunkt im

310 *Habersack*, in: MüKo-BGB, § 771, Rn. 8, geht davon aus, dass sich der Bürge bei seiner Inanspruchnahme damit erwehren könnte, er hätte die Einrede der Vorausklage nicht erhoben und daher die Verjährungshemmung nicht hätte eintreten können.

311 Ähnlich: *Schlößer*, NJW 2006, 645, 647.

312 So auch: *Nobbe*, in: Bankrechts-Handbuch, § 91, Rn. 299; *Sprau*, in: Palandt, § 771, Rn. 3; *E. Herrmann*, in: Erman, § 771, Rn. 1; *Brödermann*, in: Prütting/Wegen/Weinreich, § 771, Rn. 12; *Schlößer*, NJW 2006, 645, 646.

Sinne von § 271 Abs. 1 BGB verlangen. Mit diesem Zeitpunkt ist der Bürgschaftsanspruch im Sinne von § 199 Abs. 1 Nr. 1 BGB entstanden.

Der Verjährungsbeginn ist nur bei Anknüpfung an die Fälligkeit der Hauptforderung rechtssicheren Kriterien unterworfen. Die Einrede der Vorausklage hat für den Bürgschaftsfall und die Fälligkeit der Bürgschaftsforderung dagegen nicht die Funktion, die ihr zum Teil im Schrifttum zugesprochen wird[314]. § 771 S. 2 BGB regelt ausdrücklich die Verjährungshemmung der Bürgschaftsforderung und setzt dem Wortlaut nach die Erhebung der Einrede durch den Bürgen voraus. Die Einrede der Vorausklage vermag daher zwar den weiteren Verlauf der Verjährung in Form der Verjährungshemmung zu beeinflussen, hat auf den Bürgschaftsfall selbst jedoch keine Auswirkungen und ist für die Entstehung des Bürgschaftsanspruchs im Sinne von § 199 Abs. 1 Nr. 1 BGB im Ergebnis ohne Belang.

cc) Sicherungsfall bei der selbstschuldnerischen Bürgschaft

Für die selbstschuldnerische Bürgschaft wird von der herrschenden Meinung angenommen, dass diese gemeinsam mit der Hauptschuld fällig werde[315]. Die hier zugrunde gelegte Prämisse besteht jedoch darin, dass nicht die Fälligkeit der Hauptschuld, sondern allein der Eintritt des Sicherungsfalls zur *Entstehung* der Bürgschaftsforderung im Sinne von § 199 Abs. 1 Nr. 1 BGB führt, mag der Sicherungsfall selbst wiederum mit der Fälligkeit der Hauptschuld verknüpft sein.

Grundsätzlich bestehen für die selbstschuldnerische Bürgschaft jedoch keine anderen Maßstäbe für die Bestimmung des Bürgschaftsfalls als bei der nichtselbstschuldnerischen Bürgschaft. Allenfalls dann, wenn man den Aspekt des Bürgenschutzes hervorhöbe oder die Eigenschaft der Bürgschaft als Sicherungsmittel in den Vordergrund stellte[316], müssten die am Beginn dargelegten Kriterien für den Bürgschaftsfall im Hinblick auf die selbstschuldnerische Bürgschaft einer erneuten Prüfung unterzogen werden. Dies ist jedoch nicht erforderlich.

---

313 Wie hier: BGH NJW-RR 2004, 1190, 1191 (*obiter dictum*); OLG Karlsruhe WM 2008, 631; *Ellenberger*, in: Palandt, § 199, Rn. 3; im Ergebnis auch: *Reinicke/Tiedtke*, Kreditsicherung, Rn. 316.

314 Vgl. neben *Habersack*, in: MüKo-BGB, § 765, Rn. 82, auch *Becker-Eberhard*, Die Forderungsgebundenheit der Sicherungsrechte, S. 639 ff. Dort jedoch ohne konkrete Aussage darüber, ob das „Entfallen des Bürgschaftsfalls" die Fälligkeit der Bürgschaft wieder beseitige.

315 BGH NJW 2011, 2120, 2121; BGHZ 175, 161, 169 f.; *Hadding*, in: FS Wiegand, 2005, S. 299, 303, 305; *Stadler*, in: Jauernig, § 768, Rn. 4, § 773, Rn. 3; *Habersack*, in: MüKo-BGB, § 765, Rn. 80; *Sprau*, in: Palandt, § 765, Rn. 26; *A. Staudinger*, in: Hk-BGB, § 768, Rn. 4; weitere Nachweise oben in Fußnote 128.

316 Vgl. *Förster*, JZ 2009, 109, 110.

Nach dem hier eingeführten „engen“ Verständnis des Nichterfüllungsbegriffs wird die Bürgschaftsforderung sofort bzw. eine „juristische Sekunde“ im Anschluss an die Hauptschuld fällig. Dies gilt auch für die selbstschuldnerische Bürgschaft, da sich für diese keine weiteren Kriterien für den Eintritt des Sicherungsfalls aus dem Gesetz ableiten lassen[317]. Es ist hinzunehmen, dass die sog. Sicherungs- und Ausübungsphase für die selbstschuldnerische Bürgschaft damit praktisch zusammen fallen, obwohl die Sicherungsphase dadurch gekennzeichnet sein soll, dass die Ausübung der Sicherheit zunächst abgewartet werde, bis die ordnungsgemäße Erfüllung der Forderung durch den Schuldner ausbleibe[318].

Nichts anderes ergibt sich aus weiteren möglichen Bedenken gegen ein enges Verständnis der Nichterfüllung. Zwar haftet der Bürge gemäß § 765 Abs. 1 BGB nur für die Erfüllung einer fremden Schuld einzustehen, ohne diese selbst erfüllen zu müssen. Auch ist zu berücksichtigen, dass es dem selbstschuldnerischen Bürgen an der Einrede der Vorausklage fehlt und er aus diesem Grund einer frühen Fälligkeit, anders als der Regelbürge, nichts entgegenhalten kann. Allerdings soll der selbstschuldnerische Bürge im Gegensatz zum Regelbürgen von Beginn an in Anspruch genommen werden können[319]. Mit dem Wegfall der Einrede der Vorausklage gemäß § 773 BGB wird der sonst von § 771 BGB ausgehende Bürgenschutz zugunsten des Gläubigers weitgehend aufgehoben. Die Möglichkeit zur sofortigen Inanspruchnahme des Bürgen ist bei der selbstschuldnerischen Bürgschaft entweder vom Parteiwillen umfasst (Verzicht gemäß § 773 Abs. 1 Nr. 1 BGB) oder der gesetzlichen Intention geschuldet (kaufmännische Bürgschaft gemäß § 349 HGB). Da zudem nur die Voraussetzungen für die Inanspruchnahme des Bürgen gegenüber dem Regelfall der Bürgschaft erleichtert werden, bleibt die Akzessorietät auch bei der selbstschuldnerischen Bürgschaft bestehen[320]. Einreden und Einwendungen in Bezug auf die Hauptschuld bleiben auch dem selbstschuldnerischen Bürgen erhalten[321]. Die Möglichkeit direkter Inanspruchnahme bedeutet also nicht, dass der selbstschuldnerische Bürge

---

317 Das weite Verständnis (vgl. S. 49 ff.) wird an dieser Stelle nicht mehr aufgegriffen, weil es sich auf keinerlei Anhaltspunkte im Gesetz zu stützen vermag.

318 Vgl. *Becker-Eberhard*, Die Forderungsgebundenheit der Sicherungsrechte, S. 427; ähnlich: *Förster*, JZ 2009, 109, 110.

319 Vgl. *Habersack*, in: MüKo-BGB, § 773, Rn. 5; *Brödermann*, in: Prütting/Wegen/Weinreich, § 773, Rn. 2.

320 Motive II, S. 670, bei *Mugdan*, II. Band, S. 372; *Reinicke/Tiedtke*, Bürgschaftsrecht, Rn. 145; *Horn*, in: Staudinger (1997), § 773, Rn. 5; *Habersack*, in: MüKo-BGB, § 773, Rn. 2.

321 Motive II, S. 670 f., bei *Mugdan*, II. Band, S. 372 f.; *Habersack*, in: MüKo-BGB, § 773, Rn. 2; *Horn*, in: Staudinger (1997), § 773, Rn. 5.

wie ein Gesamtschuldner[322], Garant[323] oder Bürge auf erstes Anfordern haftete. Für die selbstschuldnerische Bürgschaft ist folglich wie für die Regelbürgschaft das enge Verständnis der Nichterfüllung der Hauptforderung für den Bürgschaftsfall maßgeblich. Der Bürgschaftsanspruch entsteht gemäß § 199 Abs. 1 Nr. 1 BGB mit der Fälligkeit der Hauptforderung („juristische Sekunde"). Das hier begründete Ergebnis entspricht damit der herrschenden Meinung[324].

dd) Sicherungsfall bei der Bürgschaft auf erstes Anfordern

Um den Sicherungsfall für die Bürgschaft auf erstes Anfordern zu bestimmen, ist zunächst näher auf deren Abrufmodalitäten einzugehen. Die Voraussetzungen zur Inanspruchnahme des Bürgen sind vertraglich geregelt und stehen denjenigen der Zahlungsgarantie auf erstes Anfordern nahe[325]. Zum Abruf muss der Gläubiger darlegen, die urkundlich vorgeschriebenen Voraussetzungen für die Inanspruchnahme lägen vor[326]. Daraus lässt sich ableiten, dass es sich bei der

---

322 Diese Gefahr hervorhebend hingegen: *Förster*, JZ 2009, 109, 110. Allerdings ist unabhängig von der Fälligkeit weitgehend anerkannt, dass zwischen Bürge und Hauptschuldner keine Gesamtschuld besteht (vgl. Motive II, S. 667, bei *Mugdan*, II. Band, S. 372; *Goette*, Gesamtschuldbegriff und Regreßproblem, S. 91 f.; *Brödermann*, in: Prütting/Wegen/Weinreich, § 773, Rn. 2; *Horn*, in: Staudinger (1997), § 773, Rn. 5; *E. Herrmann*, in Erman, § 773, Rn. 1; *Habersack*, in: MüKo-BGB, § 773, Rn. 2.; a.A. *Ehmann*, Die Gesamtschuld, S. 214, 333 ff.).

323 In den Motiven II, S. 658, bei *Mugdan*, II. Band, S. 367, heißt es zwar, dass die Bürgschaft ein Unterfall der Garantieverträge sei. Der Garant verspricht aber, anders als der Bürge, der akzessorisch haftet, unabhängig von Einreden oder Einwendungen für den Eintritt eines bestimmten Erfolgs einzustehen (vgl. *Nobbe*, in: Bankrechts-Handbuch, § 92, Rn. 1, 3, 8 ff.; *Habersack*, in: MüKo-BGB, Vor § 765, Rn. 20; *Horn*, in: Staudinger (1997), Vorbem zu §§ 765 ff, Rn. 194 ff.; *Weth*, AcP 189 (1989), 303, 308).

324 Wie hier mit zum Teil anderer Begründung schon: BGH NJW 2011, 2120, 2121; BGH ZIP 2008, 2167, 2168; BGHZ 175, 161, 169 f.; *Balzer*, EWiR 2009, 529; *Podewils*, EWiR 2008, 487, 488; *Hohmann*, WM 2004, 757, 760; *Tiedtke*, JZ 2006, 940, 945 f.; *Jungmann*, WuB I F 1 a. Bürgschaft, 841, 842 ff.; *Klein/Moufang/Koos*, BauR 2009, 333, 336 f.; *Hadding*, in: FS Wiegand (2005), 299, 303; *Habersack*, in: MüKo-BGB, § 765, Rn. 80; *Stadler*, in: Jauernig, § 768, Rn. 4; *Sprau*, in: Palandt, § 765, Rn. 26; *A. Staudinger*, in: Hk-BGB, § 768, Rn. 4; *Brödermann*, in: Prütting/Wegen/Weinreich, vor §§ 765 ff., Rn. 38; *Peters/Jacoby*, in: Staudinger (2009), § 199, Rn. 22; *Grothe*, in: MüKo-BGB, § 199, Rn. 7.

325 Vgl. *Habersack*, in: MüKo-BGB, § 765, Rn. 102; *Bub*, in: FS Fischer, 2008, S. 71, 80; *Oepen*, NJW 2009, 1110, 1113; *Weth*, AcP 189 (1989), 303, 317.

326 *Habersack*, in: MüKo-BGB, § 765, Rn. 102; *Nobbe*, in: Bankrechts-Handbuch, § 91, Rn. 491; *Birr*, Verjährung und Verwirkung, Rn. 195.

Bürgschaft auf erstes Anfordern also um ein streng formalisiertes Sicherungsmittel handelt[327].

(1) Abgrenzung des formellen und materiellen Sicherungsfalls

Zum Teil wird die strenge Formalität der Bürgschaft auf erstes Anfordern zum Anlass genommen, deren Verjährungsbeginn mit dem Eintritt des sog. „formellen Sicherungsfalls" zu verbinden[328]. Dieser knüpfe eng an die vertraglich geregelten Voraussetzungen zur Inanspruchnahme des Bürgen an[329]. Davon abzugrenzen sei der materielle Sicherungsfall, der vorliege, wenn sich das zunächst nur vom Gläubiger behauptete abgesicherte Bürgschaftsrisiko auch tatsächlich realisiere[330].

Fraglich ist, welche Konsequenzen aus dieser Differenzierung für den Verjährungsbeginn der Bürgschaft auf erstes Anfordern gemäß § 199 Abs. 1 Nr. 1 BGB folgen. Bliebe es beim materiellen Sicherungsfall als Auslöser für die Fälligkeit der Bürgschaftsforderung, so die These, begänne die Verjährung möglicherweise nie, weil der Eintritt dieser Situation nicht sicher feststehen müsse[331]. Allerdings liegt dieser Meinung wohl auch die Prämisse zugrunde, dass von der bloßen Fälligkeit der Hauptschuld noch nicht auf deren „Nichterfüllung" im Sinne des Sicherungsfalls geschlossen werden könne, weil sich die Sicherheit bis spätestens zum Verzug des Hauptschuldners zunächst noch in der sog. „Latenzphase" befände[332]. Damit der Verjährungsbeginn aber rechtssicheren Kriterien unterliegt, ist nach der hier vertretenen Ansicht für die Nichterfüllung der Schuld auf den denkbar engsten Zeitpunkt, den der sofortigen Nichterfüllung mit Fälligkeit der Hauptschuld, zu rekurrieren[333]. Der Eintritt des materiellen Sicherungsfalls, die Realisierung des von der Bürgschaft abgesicherten Risikos, hängt daher bei nicht näher ausgestalteter Vereinbarung auch bei der Bürgschaft auf erstes Anfordern allein von der Fälligkeit der Hauptschuld ab.

Daraus folgt indes noch nicht, dass der Verjährungsbeginn bei der Bürgschaft auf erstes Anfordern stets mit dem soeben beschriebenen materiellen Sicherungsfall eintreten muss. Vielmehr kommt dem materiellen Sicherungsfall einerseits eine eigene, andererseits jedoch im Ergebnis nachgeordnete Bedeutung

327 *Häuser*, in: Soergel, § 765, Rn. 158; *Nobbe*, in: Bankrechts-Handbuch, § 91, Rn. 491; *Fischer*, WM 2005, 529.

328 *Förster*, JZ 2009, 109, 112.

329 *Förster*, JZ 2009, 109, 112.

330 *Förster*, JZ 2009, 109, 112; ferner *Horn*, NJW 1980, 2153, 2156; *Weth*, AcP 189 (1989), 303, 312; vgl. zum materiellen Bürgschaftsfall auch *Oepen*, NJW 2009, 1110.

331 So: *Förster*, JZ 2009, 109, 112.

332 *Förster*, JZ 2009, 109, 110.

333 Oben S. 55.

hinter dem formellen Sicherungsfall zu[334]. Nach § 271 Abs. 1 BGB kommt es für die Fälligkeit einer Forderung darauf an, ob der Gläubiger die Leistung verlangen kann. Dieser Zeitpunkt ist nach der Rechtsprechung auch für die „Entstehung" der Bürgschaftsforderung gemäß § 199 Abs. 1 Nr. 1 BGB maßgeblich[335]. Der formelle Sicherungsfall bringt damit nichts anderes als eine Selbstverständlichkeit zum Ausdruck: den Vorrang der Parteiabrede auch im Hinblick auf die Fälligkeit im Sinne von § 271 Abs. 1 BGB. Der Gläubiger kann die Bürgschaft auf erstes Anfordern im Sinne von § 271 Abs. 1 BGB verlangen, wenn die vertraglich festgelegten Voraussetzungen vorliegen und der Gläubiger die Bürgschaft entsprechend dieser vertraglichen Vorgaben abruft[336]. Der Zeitpunkt der Entstehung der Bürgschaft auf erstes Anfordern im Sinne von § 199 Abs. 1 Nr. 1 BGB hängt somit primär von den vertraglichen, formellen Anforderungskriterien ab. Liegen solche Kriterien indes nicht ausdrücklich vor bzw. lassen sich diese auch nicht durch Auslegung des Bürgschaftsvertrags gemäß §§ 133, 157 BGB ermitteln, muss es auf den materiellen Sicherungsfall und damit die Fälligkeit der Hauptschuld ankommen[337].

(2) Fehlende Fälligkeit der Hauptschuld als Einwendung des Bürgen gemäß § 242 BGB

Doch selbst auf Grundlage des formellen Sicherungsfalls erlangt die Fälligkeit der Hauptforderung Relevanz für die Frage, ob der Bürge tatsächlich in Anspruch genommen werden kann. Zunächst wird die Fälligkeit der Hauptschuld freilich relevant, wenn sie als Voraussetzung für die Inanspruchnahme des Bürgen in der Vertragsurkunde geregelt ist[338]. Mit Blick darauf wird zum Teil vertreten, dass für eine ordnungsgemäße Anforderung der Bürgschaft bereits die Behauptung der Fälligkeit der Hauptforderung ausreiche, wenn die Hauptschuld

---

334 *Birr*, Verjährung und Verwirkung, Rn. 195; vgl. auch *Kopp*, WM 2010, 640, 641.

335 BGHZ 53, 222, 225; BGHZ 55, 340, 341 f; BGHZ 113, 188, 193; BGH ZIP 2008, 1762, 1763.

336 Vgl. BGH NJW 1994, 380, 381; BGH NJW 1997, 255; *Förster*, JZ 2009, 109, 112; *Bub*, in: FS Fischer, 2008, S. 71, 80; *Birr*, Verjährung und Verwirkung, Rn. 195; *Tiedtke*, NJW 2005, 2498, 2502; *Horn*, in: Staudinger (1997), Vorbem zu §§ 765 ff, Rn. 27; *E. Herrmann*, in: Erman, Vor § 765, Rn. 12; *Brödermann*, in: Prütting/Wegen/Weinreich, § 765, Rn. 74, 79.

337 So im Ergebnis auch die herrschende Auffassung: BGH ZIP 2008, 1762, 1764; *Ellenberger*, in: Palandt, § 199, Rn. 3; *Klein/Moufang/Koos*, BauR 2009, 333, 337.

338 In der Praxis sei es durchaus üblich, die Abrufmodalitäten dahingehend zu vereinbaren, dass die Bürgschaft nur bei Fälligkeit der Hauptschuld oder bei Verzug des Schuldners mit der Leistung beansprucht werden könne. Vgl. *Bülow*, Recht der Kreditsicherheiten, Rn. 975.

selbst fällig sei[339]. Die Anforderung bleibe dagegen „unschlüssig“, wenn sich aus ihr die fehlende Fälligkeit der Hauptschuld unstreitig ableiten ließe und damit feststehe, dass der „materielle Bürgschaftsfall nicht eingetreten sei“[340].

Danach müsste die Anforderung der Bürgschaft fruchtlos bleiben, wenn sich entweder aus den Urkunden oder dem unstreitigen Sachverhalt die fehlende Fälligkeit der Hauptforderung ergäbe, sich der materielle Sicherungsfall also unstreitig noch nicht realisiert haben könnte[341]. Diese Einschränkung stellt sich als Ausprägung des Grundsatzes von Treu und Glauben dar[342] und soll den Bürgen auf erstes Anfordern vor einem rechtsmissbräuchlichen Vorgehen durch den Gläubiger schützen. Sie erklärt sich dadurch, dass zwar die Subsidiarität bei der Bürgschaft auf erstes Anfordern weitgehend aufgehoben wird, die Akzessorietät und damit die Anknüpfung an die Hauptforderung aber bestehen bleiben[343]. Nach § 242 BGB verhielte sich der Gläubiger daher widersprüchlich, forderte er eine Bürgschaft an, obwohl die Fälligkeit der Hauptforderung unstreitig nicht gegeben ist[344]. Dies leuchtet ein, weil der Gläubiger auch bei einer Bürgschaft auf erstes Anfordern nicht mehr verlangen kann, als vom Hauptschuldner selbst. Er wird lediglich vorübergehend, nämlich bis zur materiellen Prüfung im Rückforderungsprozess, vor Einreden und Einwendungen geschützt[345].

(3) Ergebnis

Für den Verjährungsbeginn der Bürgschaft auf erstes Anfordern ist nach alldem zu differenzieren: Grundsätzlich kommt es auf den formellen Sicherungsfall an. Liegt dieser vor, kann der Gläubiger die Bürgschaft abrufen und somit im Sinne

---

339 BGH NJW 1997, 255; *Horn*, in: Staudinger (1997), Vorbem zu §§ 765 ff, Rn. 27; *Bub*, in: FS Fischer, 2008, S. 71, 80.

340 BGH NJW-RR 2003, 14; *Horn*, in: Staudinger (1997), Vorbem zu §§ 765 ff, Rn. 27; *Fischer*, WM 2005, 529, 532; *Fischer*, in: Das Recht der Kreditsicherheiten, § 9, Rn. 147.

341 Vgl. BGH NJW-RR 2007, 1392, 1393; *Fischer*, WM 2005, 529, 532; *Horn*, in: Staudinger (1997), Vorbem zu §§ 765 ff, Rn. 27. Soweit in diesem Zusammenhang von „materiellem Sicherungsfall“ die Rede ist, ist freilich davon auszugehen, dass das „enge Verständnis“ zugrunde gelegt wird.

342 „Rechtsdogmatisch handele es sich um Fälle des Rechtsmissbrauchs und Arglisteinwands“, *E. Herrmann*, in: Erman, Vor § 765, Rn. 12. Vgl. ferner *Häuser*, in: Soergel, § 765, Rn. 171; *Horn*, NJW 1980, 2153, 2156; *Oepen*, NJW 2009, 1110, 1111; zuletzt insbesondere auch *Kopp*, WM 2010, 640, 643 („Rechtsmissbrauch […] muss rechtlich wie tatsächlich offensichtlich sein“).

343 Vgl. die Nachweise in Fußnote 223.

344 *Fischer*, WM 2005, 529, 532.

345 BGHZ 74, 244, 247 f.; *Fischer*, WM 2005, 529; *Oepen*, NJW 2009, 1110 f.; vgl. auch die weiteren Nachweise in Fußnote 223.

von § 271 Abs. 1 BGB verlangen[346]. Der Gläubiger muss nur den Eintritt des formellen Sicherungsfalls – allerdings in formell einwandfreier Weise – behaupten, um die Bürgschaft anzufordern[347]. Die Bürgschaftsforderung ist dann fällig und im Sinne von § 199 Abs. 1 Nr. 1 BGB entstanden[348].

Der materielle Sicherungsfall, also die Nichterfüllung der fälligen Hauptforderung durch den Hauptschuldner, wird hingegen nur dann relevant, wenn er unstreitig nicht eingetreten ist oder keine Vereinbarung getroffen wurde. Im ersten Fall schlägt die „unabdingbare Akzessorietät“[349] auf die formellen Anforderungsvoraussetzungen durch. Konsequenz ist, dass der Gläubiger die Bürgschaft dann nicht abrufen kann, weil er sich ansonsten nach § 242 BGB rechtsmissbräuchlich verhielte. Im zweiten Fall, wenn keine Vereinbarungen über den Sicherungsfall getroffen wurden, kommt es für den Verjährungsbeginn wie für die (selbstschuldnerische) Bürgschaft auf die Fälligkeit der gesicherten Hauptschuld an. Dies erklärt sich indes nicht durch den Verweis der Rechtsprechung auf die Gesetzesmaterialien zu § 771 BGB[350], die nur den Regelfall der Bürgschaft betreffen[351], und auch nicht zwingend aus dem Zweck der Bürgschaft auf erstes Anfordern, eine schnelle Inanspruchnahme des Bürgen zu ermöglichen[352]. Vielmehr ist der Verjährungsbeginn nur bei Anknüpfung an die sofortige Nichterfüllung der Hauptschuld rechtssicheren Kriterien unterworfen, soweit keine ausdrückliche Vereinbarungen über den Sicherungsfall vorliegen.

ee) Sicherungsfall bei der Ausfall- und Zeitbürgschaft

Zur weiteren Veranschaulichung der Bedeutung des Sicherungsfalls für den Verjährungsbeginn soll darüber hinaus der Blick auf die Ausfall- und Zeitbürgschaft (§ 777 BGB) gerichtet werden. Rechtliches Charakteristikum einer Ausfallbürgschaft ist die gegenüber der Regelbürgschaft noch erweiterte Subsidiarität[353]. Hier setzt die Inanspruchnahme des Bürgen voraus, dass der Gläubiger sämtli-

346 So auch *Förster*, JZ 2009, 109, 112.

347 Vgl. *Bub*, in: FS Fischer, 2008, S. 71, 80; *Horn*, in: Staudinger (1997), Vorbem zu §§ 765 ff, Rn. 27; *Lindner*, in: jurisPR-BGHZivilR 21/2008 Anm. 2.

348 So auch *Förster*, JZ 2009, 109, 112; *Bub*, in: FS Fischer, 2008, S. 71, 80; *Lindner*, in: jurisPR-BGHZivilR 21/2008 Anm. 2.

349 *Bülow*, Recht der Kreditsicherheiten, Rn. 838; *Habersack*, in: MüKo-BGB, § 767, Rn. 2; *Horn*, in: Staudinger (1997), Vorbem zu §§ 765 ff, Rn. 18.

350 Vgl. BGH ZIP 2008, 1762, 1763, mit Verweis auf BT-Drucks. 14/7052, S. 206.

351 Vgl. *Lindner*, in: jurisPR-BGHZivilR 21/2008 Anm. 2.

352 So: BGH ZIP 2008, 1762, 1764 f.; *Klein/Moufang/Koos*, BauR 2009, 333, 337; zu den Bedenken gegen dieses Argument bereits oben S. 40 f.

353 Vgl. *Reinicke/Tiedtke*, Bürgschaftsrecht, Rn. 147; *Horn*, in: Staudinger (1997), Vorbem zu §§ 765 ff, Rn. 36; *Fischer*, in: Das Recht der Kreditsicherheiten, § 9, Rn. 174.

che Möglichkeiten zur Haftungsrealisierung gegenüber dem Hauptschuldner ausgeschöpft hat[354]. Der Ausfall des Gläubigers gehört zum „anspruchsbegründenden Tatbestand“ der Ausfallbürgschaft[355]. Daraus lässt sich ableiten, dass der Sicherungsfall bei der Ausfallbürgschaft nicht vor der Fälligkeit der Hauptforderung und auch nicht vor dem Verzugseintritt des Hauptschuldners eintreten kann. Vor Fälligkeit der Hauptschuld kann der Gläubiger den Hauptschuldner nicht in Anspruch nehmen, § 271 Abs. 1 BGB. Bevor der Gläubiger den Hauptschuldner nicht zur Leistung aufgefordert und damit gemäß § 286 Abs. 1 BGB in Verzug gesetzt hat, hat er nicht alle Möglichkeiten zur Haftungsrealisierung ausgeschöpft. Daher lässt sich für die Ausfallbürgschaft festhalten, dass der Sicherungsfall hier einen genaueren Anhaltspunkt für die Fälligkeit der Bürgschaftsforderung bietet als die Fälligkeit der Hauptforderung. Letztere wird bei der Ausfallbürgschaft nämlich immer vor der Bürgschaftsforderung fällig.

Weitere Besonderheiten gelten für die Zeitbürgschaft gemäß § 777 BGB[356]. Hier verspricht der Bürge für einen von vornherein begrenzten Zeitraum im Sinne von §§ 163, 158 Abs. 2 BGB zu haften[357]. Ruft der Gläubiger die Bürgschaft nicht entsprechend der in § 777 Abs. 1 BGB enthaltenen Modalitäten ab, erlischt die Bürgschaft[358]. Davon abzugrenzen ist die „gegenständlich zeitlich beschränkte Bürgschaft“, bei der sich der Bürge dazu verpflichtet, für die während eines bestimmten Zeitraums entstehenden Hauptverbindlichkeiten unbefristet einzustehen[359].

Die echte Zeitbürgschaft im Sinne von § 777 BGB setzt unter anderem voraus, dass die gesicherten Ansprüche innerhalb des Bürgschaftszeitraums fällig

354 *Nobbe*, in: Bankrechts-Handbuch, § 91, Rn. 466; *Fischer*, in: Das Recht der Kreditsicherheiten, § 9, Rn. 174; *Horn*, in: Staudinger (1997), Vorbem zu §§ 765 ff, Rn. 36.

355 BGH NJW 2002, 2869, 2870; *Habersack*, in: MüKo-BGB, § 765, Rn. 107; *Nobbe*, in: Bankrechts-Handbuch, § 91, Rn. 466.

356 Vgl. zum Sonderfall der zeitlich begrenzten Ausfallbürgschaft: BGH NJW 2002, 2869 ff.; *Reinicke/Tiedtke*, Bürgschaftsrecht, Rn. 148; *Fischer*, in: Das Recht der Kreditsicherheiten, § 9, Rn. 186.

357 *H. P. Westermann*, Jura 1991, 567; *Habersack*, in: MüKo-BGB, § 777, Rn. 4; *Horn*, in: Staudinger (1997), § 777, Rn. 3.

358 *Reinicke/Tiedtke*, Bürgschaftsrecht, Rn. 153; *Habersack*, in: MüKo-BGB, § 777, Rn. 14.

359 Vgl. BGH NJW 1988, 908; BGH NJW 2004, 2232, 2233; *Reinicke/Tiedtke*, Bürgschaftsrecht, Rn. 153; *Stadler*, in: Jauernig, § 777, Rn. 2; *Habersack*, in: MüKo-BGB, § 777, Rn. 4; *Horn*, in: Staudinger (1997, § 777, Rn. 7 ff.; *Rohe*, in: BeckOK-BGB, § 777, Rn. 4 f.; *Brödermann*, in: Prütting/Wegen/Weinreich, § 777, Rn. 7; *Tiedtke*, NJW 2005, 2498, 2501.

werden[360]. Dies gilt selbst für den Fall, dass die Hauptschuld erst mit dem Ende der Bürgschaftszeit fällig wird, solange der Gläubiger dem Bürgen die Inanspruchnahme rechtzeitig und ordnungsgemäß angezeigt hat[361]. Tritt die Fälligkeit während des vereinbarten Haftungszeitraums dagegen nicht ein, konnte sich der Sicherungszweck der Bürgschaft nicht realisieren, mit der Folge, dass die Bürgschaft dann wieder erlischt[362].

Damit zeigt auch der Blick auf die Zeitbürgschaft, dass die Fälligkeit der Hauptschuld zwar ein wichtiger Faktor dafür ist, ob der Gläubiger den Bürgen in Anspruch nehmen kann. Neben der Fälligkeit ist jedoch auch die ordnungsgemäße Inanspruchnahme nach den in § 777 Abs. 1 BGB enthaltenen Abrufmodalitäten erforderlich. Im Übrigen konnte die Untersuchung der Zeit- und Ausfallbürgschaft unterstreichen, dass der Bürgschaftsfall und der Verjährungsbeginn gemäß § 199 Abs. 1 Nr. 1 BGB für alle Bürgschaften getrennt voneinander zu bestimmen sind.

ff) Sicherungsfall bei der Gewährleistungsbürgschaft

Auch für die vor allem im Baugewerbe üblichen, gleichwohl nicht gesetzlich vorgeschriebenen Gewährleistungsbürgschaften[363], welche der Sicherung von Gewährleistungsansprüchen dienen, die dem Besteller ab dem Zeitpunkt der Abnahme des (Bau-)Werkes gegen den Werkunternehmer zustehen können[364], stellt

---

360 BGHZ 91, 349, 355 f.; BGH NJW 2000, 3137, 3138; *Stadler*, in: Jauernig, § 777, Rn. 6; *Brödermann*, in: Prütting/Wegen/Weinreich, § 777, Rn. 15; *Horn*, in: Staudinger (1997), § 777, Rn. 3; *Fischer*, in: Das Recht der Kreditsicherheiten, § 9, Rn. 184; *Gerth*, WM 1988, 317, 319.

361 BGH NJW 1989, 1856, 1857 f.; *Brödermann*, in: Prütting/Wegen/Weinreich, § 777, Rn. 15; *Tiedtke*, NJW 2005, 2498, 2501.

362 KG NJW-RR 1995, 1199; *Rohe*, in: BeckOK-BGB, § 777, Rn. 7; *Brödermann*, in: Prütting/Wegen/Weinreich, § 777, Rn. 16.

363 Weder im Gesetz (§§ 232 ff. BGB) noch in den VOB/B finden sich bindende Vorgaben zur Stellung einer entsprechenden Bürgschaft durch den Auftragnehmer (*Merl*, in: Handbuch des privaten Baurechts, § 15, Rn. 1252, 1254; *Thierau*, in: Kapellmann/Messerschmidt, VOB/B § 17, Rn. 4 ff.). Sind die VOB/B allerdings in den Vertrag einbezogen worden, können sie Art und Umfang der Sicherheitsleistung bestimmen, was sich insbesondere aus § 17 VOB/B ergibt. Nach § 17 Abs. 2 VOB/B muss die Bürgschaft von einem Kreditinstitut oder Kreditversicherer geleistet werden, gemäß § 17 Abs. 4 S. 2 VOB/B ist die Bürgschaft als selbstschuldnerische Bürgschaft zu erbringen.

364 Vgl. *Merl*, in: Handbuch des privaten Baurechts, § 15, Rn. 1257 ff., 1260 f.; *Reinicke/Tiedtke*, Bürgschaftsrecht, Rn. 488 f.; *Nobbe*, in: Bankrechts-Handbuch, § 91, Rn. 520; *Habersack*, in: MüKo-BGB, § 765, Rn. 110; *E. Herrmann*, in: Erman, Vor § 765, Rn. 12a. Nicht zu den Gewährleistungsbürgschaften zählt die MaBV-Vorauszah-

sich die Frage des Sicherungsfalls. Der Gewährleistungsanspruch wegen eines Mangels am Bauwerk – die Hauptschuld, die durch eine Gewährleistungsbürgschaft gesichert wird – verjährt gemäß § 634a Abs. 1 Nr. 2 BGB innerhalb von fünf Jahren. Der Verjährungsbeginn dieses Anspruchs richtet sich gemäß § 634a Abs. 2 BGB nach der Abnahme (§ 640 BGB) oder den der Abnahme entsprechenden Situationen[365]. Hielte man für die Gewährleistungsbürgschaften am Postulat eines allein durch Fälligkeit der Hauptschuld begründeten Bürgschaftsfalls und Verjährungsbeginns fest, könnte die Verjährungsfrist der Hauptschuld leicht jene des Bürgschaftsanspruchs (gemäß § 195 BGB drei Jahre) überdauern. Auf diese aus Gläubigersicht nicht unbedingt befriedigende Konsequenz ist im Schrifttum bereits zahlreich hingewiesen worden[366]. Damit ist aber nur ein Kernproblem der Gewährleistungsbürgschaften benannt: das Problem unterschiedlicher Verjährungsfristen von Bürgen- und Hauptschuld. Für den Verjährungsbeginn ist primär zu klären, welche Konsequenzen für den Eintritt des Bürgschaftsfalls damit verbunden sind, dass sich der durch die Bürgschaft gesicherte Gewährleistungsanspruch zunächst noch in einen Zahlungsanspruch umwandeln muss[367].

---

lungsbürgschaft (*Nobbe*, in: FS Horn, 2006, S. 801, 805). Nach der Rechtsprechung des BGH sichert diese zwar auch Gewährleistungsansprüche gemäß §§ 633 ff. BGB ab, was mit dem Schutzzweck begründet wird (vgl. BGHZ 175, 161, 166; BGHZ 160, 227, 281; BGHZ 151, 147, 151; so auch *Blank*, in: jurisPR-PrivBauR 10/2008 Anm. 2; *Fischer*, WM 2003, 1, 2; a.A.: *Reinicke/Tiedtke*, Bürgschaftsrecht, Rn. 518, nach denen die Vorauszahlungsbürgschaft gemäß § 7 Abs. 1 MaBV nur Rückzahlungsansprüche des Erwerbers gegen den Bauherrn, nicht aber Mängelgewährleistungsansprüche erfasse; kritisch auch: *Pecher*, WuB I E 4. Bankbürgschaft/Avalgeschäft 1.09, 6 ff.). Wenn überhaupt gilt dies aber nur für Mängelgewährleistungsansprüche, die vor Abnahme durch den Bauherrn bzw. „Abnahmereife" entstanden sind (*Nobbe*, in: FS Horn, 2006, S. 801, 814 f.; *Fischer*, in: Das Recht der Kreditsicherheiten, § 9, Rn. 173; *Habersack*, in: MüKo-BGB, § 765, Rn. 130; *Fischer*, WM 2003, 1, 3 f.). Da die MaBV-Vorauszahlungsbürgschaft im Übrigen gemäß § 2 Abs. 2 S. 3 MaBV unter Verzicht auf die Einrede der Vorausklage erteilt werden muss, bestimmt sich der Eintritt des Bürgschaftsfalls bei ihr nach den Grundsätzen der selbstschuldnerischen Bürgschaft (BGHZ 175, 161, 169 f.; *Podewils*, EWiR 2008, 487, 488; vgl. dazu oben ab S. 60).

365 Vgl. *Sprau*, in: Palandt, § 634a, Rn. 11; *Schwenker*, in: Erman, § 634a, Rn. 13; *Busche*, in: MüKo-BGB, § 634a, Rn. 44 („rechtliche Abnahme"); *Klein/Moufang/Koos*, BauR 2009, 333, 338.

366 *Lubojanski*, IBR 2004, 420; *Weise*, NJW-Spezial 2004, 357 f.; *Bolten*, ZGS 2006, 140, 141 ff.; *Joussen*, IBR 2007, 116; *May*, BauR 2007, 187, 193; *Vogel*, IBR 2008, 150; *Keilmann*, MDR 2008, 843, 845; *Funke*, BauR 2010, 969, 978.

367 Dies ist wohl allgemeine Meinung: vgl. BGH NJW 2011, 443, 445; OLG Brandenburg, Entscheidung vom 14.06.2007, Az. 12 U 216/06, Rn. 20 (juris); *Merl*, in: Hand-

(1) Umwandlung des Gewährleistungsanspruchs in einen Zahlungsanspruch

Nach einer Ansicht setzt der Eintritt des Bürgschaftsfalls voraus, dass der Besteller dem Unternehmer nach Abnahme des Werkes eine angemessene, aber fruchtlose Frist zur Nacherfüllung gesetzt habe[368]. Die Gegenauffassung vertritt zwar ebenso, dass der Gläubiger dem Schuldner zunächst fruchtlos eine Frist zur Nacherfüllung setzen müsse, verlangt jedoch für den Eintritt des Bürgschaftsfalls darüber hinaus die Geltendmachung des auf Zahlung gerichteten Anspruchs[369].

Der letztgenannte Standpunkt ist vor dem Hintergrund der bisherigen Ausführungen abzulehnen. Das Kriterium der Leistungsaufforderung bzw. Geltendmachung des – in diesem Fall auf Zahlung gerichteten – Anspruchs überzeugt aus mehreren Gründen nicht[370]. Auch bei einer Gewährleistungsbürgschaft muss es verhindert werden, dass der Bürgschaftsgläubiger den Verjährungsbeginn selbst beeinflussen kann[371]. Zwar könnte argumentiert werden, dass der Beginn der Verjährung auch nach der Gegenansicht ein Tätigwerden des Gläubigers voraussetzt, nämlich die Setzung einer fruchtlosen Frist zur Nacherfüllung. Dieser Einwand verfängt indes nicht, weil die Fristsetzung gegenüber dem Hauptschuldner erfolgt und auf den Verjährungsbeginn des Gewährleistungsanspruchs selbst keine Auswirkungen hat[372]. Außerdem stellt sich die Haftung des Bürgen nur als Konsequenz des zuvor erfolglosen Vorgehens gegen den hauptschuldnerischen Werkunternehmer dar, von dem jedoch erst mit dem fruchtlosen Ablauf

---

buch des privaten Baurechts, § 15, Rn. 1290; *Peters/Jacoby*, in: Staudinger (2009), § 199, Rn. 22; *Sprau*, in: Palandt, § 765, Rn. 25; *Habersack*, in: MüKo-BGB, § 765, Rn. 110a; *Nobbe*, in: Bankrechts-Handbuch, § 91, Rn. 533; *Lubojanski*, IBR 2004, 420; *Weise*, NJW-Spezial 2004, 357; *Bolten*, ZGS 2006, 140, 145; *Joussen*, IBR 2007, 116; *May*, BauR 2007, 187, 194 ff.; *Jungmann*, WuB I F 1 a. Bürgschaft 5.06, 841, 844; *Klein/Moufang/Koos*, BauR 2009, 333, 338.

368 *Vogel/Schmitz*, NJW 2011, 2096; *Merl*, in: Handbuch des privaten Baurechts, § 15, Rn. 1290; *Thierau*, in: Kapellmann/Messerschmidt, VOB/B § 17, Rn. 193; so auch: *Klein/Moufang/Koos*, BauR 2009, 333, 339; *Lubojanski*, IBR 2004, 420.

369 OLG Frankfurt, Entscheidung vom 04.01.2011, Az. 8 U 47/10, Rn. 16 (juris); *Joussen*, IBR 2007, 116; *Bolten*, ZGS 2006, 140, 145.

370 Dazu bereits ausführlich oben, ab S. 34 ff.

371 Überzeugend: *Vogel/Schmitz*, NJW 2011, 2096; *Klein/Moufang/Koos*, BauR 2009, 333, 339; *Lubojanski*, IBR 2004, 420.

372 Dieser richtet sich weiter gemäß § 634a Abs. 2 BGB nach dem Zeitpunkt der Abnahme (vgl. BT-Drucks. 14/6040, S. 264; *Schmidt-Räntsch*, in: Erman, § 199, Rn. 8; *Ellenberger*, in: Palandt, § 199, Rn. 15; *Mansel/Stürner*, in: NK-BGB, § 199, Rn. 39; *Peters/Jacoby*, in: Staudinger (2009), § 199, Rn. 23). Zur Abnahme und den der Abnahme entsprechenden Situation vgl. die Nachweise in Fußnote 365.

einer Nacherfüllungsfrist gesprochen werden kann. Dem Sicherungszweck der Gewährleistungsbürgschaft entspricht es, dass der Bürge für die Behebung der Mängel durch den Werkunternehmer einsteht[373]. Solange der Gewährleistungsgläubiger den Hauptschuldner aber nicht ernsthaft zur Nacherfüllung aufgefordert und diesem eine nach §§ 634 Nr. 4, 280, 281 BGB angemessene Frist zur Mängelbehebung gesetzt hat, kann der Gläubiger auch nicht auf den Bürgen übergehen, weil dem Hauptschuldner die Behebung der Mängel noch möglich sein kann. Die direkte Inanspruchnahme des Bürgen würde zudem das Primat der Nacherfüllung unterlaufen, welches auch für die Nacherfüllung gemäß § 635 BGB gilt[374]. Schließlich könnte der Gläubiger dem Hauptschuldner das in § 635 Abs. 1 BGB enthaltene Wahlrecht nehmen, nach dem es grundsätzlich der Werkunternehmer in der Hand hat, die Entscheidung über die Art und Weise der Nacherfüllung zu treffen[375]. Nach alldem muss der Gläubiger dem Hauptschuldner also zunächst eine fruchtlose Frist zur Nacherfüllung gesetzt haben. Mit dem fruchtlosen Ablauf der Nacherfüllungsfrist entsteht gemäß §§ 634 Nr. 4, 280, 281 BGB ein Zahlungsanspruch, gleichzeitig tritt der Sicherungsfall ein, womit auch der Anspruch aus der Gewährleistungsbürgschaft im Sinne von § 199 Abs. 1 Nr. 1 BGB entsteht[376].

(2) Problem vorzeitiger Verjährung der Bürgschaftsschuld

Die oben abgelehnte Ansicht hat gegenüber der hier vertretenen Auffassung den vermeintlichen Vorteil, dass die schon beschriebene Konstellation einer vorzeitigen Verjährung der Bürgschaftsforderung seltener auftreten wird. Schließlich würde die Bürgschaft erst mit der Geltendmachung des auf Zahlung gerichteten Anspruchs zu verjähren beginnen. Allerdings gibt es für das Kriterium der Leistungsaufforderung des Bürgen, mit Ausnahme der Zeitbürgschaft (§ 777 Abs. 1 BGB)[377], keine Anhaltspunkte im Gesetz. Insoweit kann die These aufgestellt werden, dass sich das Problem einer vorzeitigen Verjährung der Bürgschaftsforderung nicht durch Kriterien des Verjährungsbeginns beseitigen lässt. Sieht man die Möglichkeit einer vorzeitigen Verjährung überhaupt als korrekturbedürftiges

---

373 Vgl. *Merl*, in: Handbuch des privaten Baurechts, § 15, Rn. 1260 f.; *Reinicke/Tiedtke*, Bürgschaftsrecht, Rn. 489.

374 Vgl. OLG Naumburg NJW-RR 2010, 1389; *Ebert*, in: Hk-BGB, § 635, Rn. 1; *Voit*, in: BeckOK-BGB, § 635, Rn. 1; *Schwenker*, in: Erman, § 634, Rn. 3.

375 Vgl. *Busche*, in: MüKo-BGB, § 635, Rn. 10; *Voit*, in: BeckOK-BGB, § 635, Rn. 7; *Mansel*, in: Jauernig, § 635, Rn. 1; *Schwenker*, in: Erman, § 634, Rn. 4.

376 *Vogel/Schmitz*, NJW 2011, 2096; *Merl*, in: Handbuch des privaten Baurechts, § 15, Rn. 1290; *Thierau*, in: Kapellmann/Messerschmidt, VOB/B § 17, Rn. 193; *Klein/Moufang/Koos*, BauR 2009, 333, 339; *Lubojanski*, IBR 2004, 420.

377 Dazu bereits oben, S. 66 f.

Problem an, muss daher auf Lösungsmodelle zurückgegriffen werden, die unabhängig vom Verjährungsbeginn Wirkung entfalten können.

Zunächst käme ein Verjährungsgleichlauf von Bürgen- und Hauptschuld in Betracht. Ganz überwiegend ging man bereits vor der Schuldrechtsreform davon aus, dass die Bürgschaftsschuld einer eigenständigen Verjährung unterliege[378]. *Bydlinski* plädierte dennoch zum alten Recht für einen Gleichlauf der Verjährung von Haupt- und Bürgschaftsforderung[379]. Im Vordergrund seiner Erwägungen stand damals die Parallele zum Schuldbeitritt[380]. Im Gegensatz zur (selbstschuldnerischen) Bürgschaft sei für den Schuldbeitritt anerkannt, dass der Beitretende der Forderung in dem Umfang beitrete, in dem sie sich bei Erklärung des Schuldbeitritts befunden habe[381]. Praktisch unterscheide sich der Schuldbeitritt von der selbstschuldnerischen Bürgschaft aber kaum[382]. Außerdem würde der Haftende aus mangelnden Rechtskenntnissen die zwischen diesen Haftungsinstituten bestehenden Unterscheide kaum kennen[383], so dass die verjährungsrechtliche Andersbehandlung zweckwidrig wäre.

Auch für das neue Recht ist die eigenständige Verjährung der Bürgenschuld praktisch unbestritten[384]. Dieser Prämisse folgend soll sich das Problem nach vereinzelt vertretenem Ansatz durch die entsprechende Anwendung der Vorschriften über die Ablaufhemmung gemäß §§ 210 f. BGB lösen lassen[385]. Der Gesetzgeber habe bei der Verkürzung der Regelverjährungsfrist nach § 195 BGB auf drei Jahre die Möglichkeit einer vorzeitigen Verjährung der Bürgschaftsforderung nicht bedacht[386]. Eine Ablaufhemmung der Bürgschaftsforderung um die in § 210 BGB vorgesehene sechsmonatige „Karenzzeit" vermöge daher die im Zuge der Schuldrechtsreform entstandene Regelungslücke zu schließen[387].

---

378 OLG Kiel JW 1933, 2343; OLG Düsseldorf MDR 1975, 1019; *Peters*, in: Staudinger (1995), § 195, Rn. 38; *Heinrichs*, in: Palandt, 61. Auflage 2002, § 195, Rn. 5; *Hefermehl*, in: Erman, 10. Auflage 2000, § 195, Rn. 2; *Grothe*, in: MüKo-BGB, 4. Auflage 2001, § 195, Rn. 13.

379 *Bydlinski*, ZIP 1989, 953 ff.

380 *Bydlinski*, ZIP 1989, 953, 955 f.

381 *Bydlinski*, ZIP 1989, 953, 956.

382 *Bydlinski*, ZIP 1989, 953, 956.

383 *Bydlinski*, ZIP 1989, 953, 956.

384 Statt aller: BGH ZIP 2008, 2167, 2168; *Brödermann*, in: Prütting/Wegen/Weinreich, Vor §§ 765 ff., Rn. 5; *Habersack*, in: MüKo-BGB, § 765, Rn. 2; *Stadler*, in: Jauernig, § 765, Rn. 20.

385 So: *Bolten*, ZGS 2006, 140, 144.

386 *Bolten*, ZGS 2006, 140, 143 f.

387 *Bolten*, ZGS 2006, 140, 143 f.

Sowohl der Ansatz *Bydlinskis* zum alten Recht als auch der Vorschlag zur Anwendung der Vorschriften über die Ablaufhemmung sind abzulehnen. Zu folgen ist allein der ganz herrschenden Auffassung, die seit jeher von einer eigenständigen Verjährung der Bürgschaft ausgeht. Zwar ist *Bydlinski* zuzugeben, dass gewiss einige Parallelen zwischen Schuldbeitritt und Bürgschaft bestehen[388]. Warum jedoch der gesetzlich nicht geregelte Schuldbeitritt die verjährungsrechtliche Behandlung der Bürgschaft vorgeben soll, ist unklar. Ausgehend von der These, dass auf den Schuldbeitritt die Vorschriften der Bürgschaft oder Gesamtschuld analog Anwendung finden, wäre wenn überhaupt das Gegenteil denkbar[389].

Die Bürgschaftsforderung unterliegt also einer eigenen, von der Hauptschuld grundsätzlich unabhängigen Verjährung. Daher ist die frühzeitige Verjährung der Bürgenforderung, ungeachtet davon, worauf sie beruht – sei es nun wegen der Sonderverjährung gemäß § 634a Abs. 1 Nr. 2 BGB oder einer zwischenzeitlichen Titulierung der Hauptschuld mit den Wirkungen gemäß § 197 Abs. 1 Nr. 3, 4 BGB – grundsätzlich hinzunehmen[390]. Dafür spricht nicht zuletzt die Wertung des § 768 BGB. Dem Bürgen kommt eine frühzeitige Verjährung der Hauptforderung jedenfalls zugute, da er die Einrede der Verjährung wegen § 768 Abs. 1 S. 1 BGB auch dem Gläubiger entgegenhalten kann[391]. Auch der Gläubiger steht keinesfalls schutzlos da. Er kann sich – im Rahmen der von §§ 202, 307 ff. BGB gezogenen Grenzen – durch vertragliche Verjährungsklauseln, die entweder den Verjährungsbeginn hinauszögern oder eine Verlängerung der Verjährung statuieren, vor einer ihm ungewollten vorzeitigen Verjährung der Bürgschaftsforderung absichern[392]. Im Einzelfall mag auch eine Auslegung des Siche-

---

388 Vgl. zu den Abgrenzungsschwierigkeiten und Gemeinsamkeiten insbesondere *Westerkamp*, Bürgschaft und Schuldbeitritt, S. 36 ff.; *Schürnbrand*, Der Schuldbeitritt zwischen Gesamtschuld und Akzessorietät, S. 26 f., 168 ff.; *Madaus*, Der Schuldbeitritt als Personalsicherheit, S. 84 ff.; ferner *Habersack*, in: MüKo-BGB, Vor § 765, Rn. 11 ff.; *Schimansky*, WM 2002, 2437 („wirtschaftlich identisch").

389 Die Gegenüberstellung der verjährungsrechtlichen Entwicklung beim Schuldbeitritt und bei der Bürgschaft ist jedoch nicht an dieser Stelle vorzunehmen. Vgl. dazu ausführlich: S. 92 ff.; S. 187 ff.

390 So auch *Sprau*, in: Palandt, § 765, Rn. 26.

391 Vgl. BGHZ 95, 375, 383 f.; BGHZ 139, 214, 216 ff.; *E. Herrmann*, in: Erman, § 768, Rn. 4; *Sprau*, in: Palandt, § 768, Rn. 6; *Brödermann*, in: Prütting/Wegen/Weinreich, § 768, Rn. 6; *Habersack*, in: MüKo-BGB, § 768, Rn. 5; *Lettl*, WM 2000, 1316, 1321.

392 Den Parteien ist nach herrschender und hier befürworteter Auffassung unbenommen, den Verjährungsbeginn von der Geltendmachung durch den Gläubiger abhängig zu machen: BGHZ 175, 161, 170; OLG Dresden WM 2011, 65, 67 ff.; OLG München WM 2006, 1813 f.; *Reinicke/Tiedtke*, Bürgschaftsrecht, Rn. 295, *Schulze-Hagen*, BauR

rungszwecks oder der Sicherungsabrede ergeben, dass die Bürgschaft nicht vor der Hauptschuld verjähren soll[393]. Zu pauschal ist demgegenüber der Ansatz, den vorzeitigen Verjährungseintritt der Bürgschaftsforderung durch eine analoge Anwendung der §§ 210 f. BGB zu verhindern[394]. Zudem liegen die Voraussetzungen einer Analogie – eine „planwidrige“ und ausfüllungsbedürftige Regelungslücke im Gesetz[395] bei ansonsten vergleichbaren Sachverhalten[396] – nicht vor. Bereits die Annahme einer Regelungslücke[397] scheitert daran, dass mit § 195 BGB eine Regelung geschaffen werden sollte, die für alle Ansprüche gilt, die der regelmäßigen Verjährung unterliegen[398]. Der Gesetzgeber hat sich damit für die Bürgschaft einerseits für die dreijährige Regelverjährung entschieden, andererseits die Verjährung des Mängelgewährleistungsanspruchs bei Bauwerken gemäß § 634a Abs. 1 Nr. 2 BGB auf fünf Jahre festgesetzt[399]. Auch wenn das Problem einer vorzeitigen Verjährung des Bürgschaftsanspruchs im Gesetzgebungsverfahren des Schuldrechtsmodernisierungsgesetzes unerwähnt bleibt, ändert dies nichts daran, dass die Verkürzung der Verjährung der Bürgschaftsforderung als Konsequenz gesetzgeberischen Willens hinzunehmen ist. Eine pauschale analoge Anwendung der §§ 210 f. BGB führte zu einer Verjährungsverlängerung *contra legem*. Es spricht auch nicht gegen ein unterschiedliches Verjährungsschicksal der Forderungen, dass die Gesetzesmaterialien von gleichzeitiger Fälligkeit von Bürgschafts- und Hauptforderung sprechen[400], denn damit wird nur eine Aussage für den Verjährungsbeginn, nicht aber das Verjährungsende getrof-

---

2007, 170, 186 f.; *Podewils*, EWiR 2008, 487, 488; *Keilmann*, MDR 2008, 843, 846 f.; *Funke*, BauR 2010, 969, 978; *Nobbe*, WuB I F 1 a. Bürgschaft 2.11, 186, 187 f.; a.A. *Toussaint*, EWiR 2010, 815, 816; differenzierend: *Vogel*, EWiR 2007, 683, 684; *Peters/Jacoby*, in: Staudinger (2009), § 199, Rn. 22, die zumindest für entsprechende Regelungen in AGB einen Verstoß gegen „das gesetzliche Leitbild des § 199 Abs. 1 Nr. 1 BGB“ gemäß § 307 Abs. 2 Nr. 1 BGB sehen. Umstritten ist ferner, ob eine Klausel, wonach die „Bürgschaftsansprüche nicht vor der gesicherten Schuld verjähr[t]en“, zulässig wäre. Befürwortend: *Scheel*, IBR 2011, 84. Ablehnend: *Birr*, Verjährung und Verwirkung, Rn. 196; *Vogel*, EWiR 2009, 139, 140; *Vogel/Schmitz*, NJW 2011, 2096.

393 OLG Karlsruhe WM 2008, 631; *Brödermann*, in: Prütting/Wegen/Weinreich, Vor §§ 765 ff., Rn. 38; *Ellenberger*, in: Palandt, § 199, Rn. 3; kritisch *Vogel*, IBR 2008, 150.

394 So aber: *Bolten*, ZGS 2006, 140, 143 f.

395 *Larenz*, Methodenlehre, S. 373 f.

396 *Rüthers/Fischer*, Rechtstheorie, Rn. 889.

397 Die Regelungslücke bejahend aber: *Bolten*, ZGS 2006, 140, 143 („Regelungslücke […], ist evident“).

398 BT-Drucks. 14/7052, S. 178.

399 Vgl. BT-Drucks. 14/7052, S. 178.

400 BT-Drucks. 14/7052, S. 206.

fen. Endlich beweist auch die Existenz von § 771 S. 2 BGB, wonach die Verjährung der Bürgschaftsforderung während der Vorausklage gehemmt ist, dass der Gesetzgeber den Gläubiger nur bei der Regelbürgschaft davor bewahren wollte, dass der Bürgschaftsanspruch zwischenzeitlich verjährt.

(3) Ergebnis und Schlussfolgerungen

Die Kontroverse um die Konsequenzen der unterschiedlichen Verjährung von Bürgschafts- und Hauptforderung ist von *Bydlinski* insbesondere zum alten Recht angestoßen worden[401], lebt durch die Verkürzung der Verjährung der Bürgschaftsforderung durch das Schuldrechtsmodernisierungsgesetz aber wieder auf. Es handelt sich zwar nicht um ein spezifisches Problem des Verjährungsbeginns, dennoch wirken sich die unterschiedlichen Auffassungen zum Verjährungsbeginn auf diese heute vor allem durch die Argumentation mit der Interessenlage gekennzeichnete Diskussion naturgemäß aus. Je früher der Verjährungsbeginn datiert, desto wahrscheinlicher wird der Eintritt des beschriebenen Problems. Nicht zuletzt aus diesem Grund ist das Kriterium der Leistungsaufforderung erdacht worden, nämlich um zu verhindern, dass die Bürgschaftsforderung vor der Hauptschuld wieder verjährt[402]. Da aber selbst das Kriterium der Leistungsaufforderung die Wahrscheinlichkeit des Auftretens dieser Konstellation nur minderte, indem es den Verjährungsbeginn der Bürgschaftsforderung hinausschöbe, das Problem jedoch nicht löst, spricht nichts dagegen, auch vor dem Hintergrund dieses Problems an der hier vertretenen Auffassung zum Verjährungsbeginn festzuhalten. Im Übrigen ist es als kautelarjuristische Aufgabe der Vertragsparteien zu deuten, sich vor den Folgen einer vorzeitigen Verjährung der Bürgschaftsforderung zu schützen.

d) Kenntnis gemäß § 199 Abs. 1 Nr. 2 BGB

Wenn es für die Entstehung der Bürgschaftsforderung im Sinne von § 199 Abs. 1 Nr. 1 BGB auf den Sicherungsfall ankommt, ist zu klären, welche Auswirkungen daneben das Merkmal der *Kenntnis* gemäß § 199 Abs. 1 Nr. 2 BGB auf den Verjährungsbeginn hat. Die Kenntnis im Sinne von § 199 Abs. 1 Nr. 2 BGB hat sich auf die Tatbestandsvoraussetzungen des Anspruchs sowie die Umstände, aus denen sich die Fälligkeit des Anspruchs ergeben, zu beziehen[403]. Liegt die erforderliche Kenntnis in Bezug auf die anspruchsbegründenden Tatsachen und die Person des Bürgen vor, beginnt die Verjährung gemäß § 199 Abs. 1 BGB mit Schluss des Jahres an zu laufen, in dem der Anspruch entstanden ist.

---

401 Vgl. *Bydlinski*, ZIP 1989, 953 ff.

402 Vgl. *Schlößer*, NJW 2006, 645, 647.

403 *Mansel/Budzikiewicz*, Jura 2003, 1, 4.

Regelmäßig wird der Gläubiger positive Kenntnis von den den Anspruch begründenden Umständen haben[404]. Dass zu den Umständen nicht nur die Fälligkeit der Hauptforderung, sondern auch der jeweilige Sicherungsfall gehört, folgt daraus, dass sich der Verjährungsbeginn und damit die Fälligkeit der Bürgschaftsforderung nach dem Sicherungsfall bestimmen. Freilich hat die Untersuchung ergeben, dass in vielen Fällen die Fälligkeit der Hauptschuld gleichzeitig den Eintritt des Sicherungsfalls nach sich zieht. Dann kommt es für die Kenntnis im Sinne von § 199 Abs. 1 Nr. 2 BGB maßgeblich auf die Fälligkeit der Hauptschuld an[405].

aa) Grob fahrlässige Unkenntnis i.S.v. § 199 Abs. 1 Nr. 2 BGB

Praktisch und dogmatisch interessanter ist für die Bürgschaft das Merkmal der *grob fahrlässigen Unkenntnis*, das nach § 199 Abs. 1 Nr. 2 BGB dieselbe Rechtsfolge herbeiführt wie die positive Kenntnis[406]. Allgemein ist grobe Fahrlässigkeit dadurch gekennzeichnet, dass

> „die im Verkehr erforderliche Sorgfalt in ungewöhnlich hohem Maße verletzt worden ist, ganz naheliegende Überlegungen nicht angestellt oder beiseitegeschoben wurden und dasjenige unbeachtet geblieben ist, was im gegebenen Fall jedem hätte einleuchten müssen"[407].

In der Literatur wird darüber diskutiert, ob neben der allgemein befürworteten objektiven Fahrlässigkeitskomponente noch subjektive Elemente aus der Auslegung des § 199 Abs. 1 Nr. 2 BGB entwickelt werden müssen[408]. Während die Vorschrift generell kein subjektives Fahrlässigkeitsmerkmal enthalten soll[409], seien zumindest in bestimmten Fällen auch individuelle Maßstäbe zu berücksichtigen[410].

---

404 Allgemein zur Kenntnis auch *May*, BauR 2007, 187, 193; *Förster*, JZ 2009, 109, 111.

405 Für die selbstschuldnerische Bürgschaft auch *Otto*, Die Bestimmung des § 199 Abs. 1 Nr. 2 BGB, S. 98.

406 Vgl. BT-Drucks. 14/6040, S. 108; *Schmidt-Räntsch*, in: Erman, § 199, Rn. 19; *Ellenberger*, in: Palandt, § 199, Rn. 39.

407 BGHZ 10, 14, 16; BGHZ 89, 153, 161; BT-Drucks. 14/6040, S. 108.

408 Vgl. *Otto*, Die Bestimmung des § 199 Abs. 1 Nr. 2 BGB, S. 192 ff.; *Riedhammer*, Kenntnis, grobe Fahrlässigkeit und Verjährung, S. 90 ff.

409 *Riedhammer*, Kenntnis, grobe Fahrlässigkeit und Verjährung, S. 71, 95 f., 149; *Otto*, Die Bestimmung des § 199 Abs. 1 Nr. 2 BGB, S. 205 ff.; *Grothe*, in: MüKo-BGB, § 199, Rn. 28.

410 Vgl. BGH NJW-RR 2010, 681, 683; *Heinrichs*, BB 2001, 1417, 1418; *Mansel*, NJW 2002, 89, 91; *Mansel/Budzikiewicz*, Das neue Verjährungsrecht, § 3, Rn. 132; *Henrich/Spindler*, in: BeckOK-BGB, § 199, Rn. 20.

Auf das Problem, ob § 199 Abs. 1 Nr. 2 BGB generell eine subjektive Fahrlässigkeitskomponente enthält, kommt es hier nicht an. Vielmehr ist zu klären, ob aus der Vorschrift des § 199 Abs. 1 Nr. 2 BGB eine Obliegenheit des Gläubigers entwickelt werden kann, im eigenen Interesse, zum Schutz vor dem Verjährungsbeginn wegen grob fahrlässiger Unkenntnis, Nachforschungen über die anspruchsbegründenden Umstände bzw. die Person des Schuldners anzustellen. Subjektive Kriterien erlangen dann bei der Frage Bedeutung, ob der Gläubiger einen „schweren Sorgfaltsverstoß gegen sich selbst" begeht[411], wenn er sich nicht der Obliegenheit entsprechend verhält.

Der BGH ist der Ansicht, den Bürgschaftsgläubiger treffe nach § 199 Abs. 1 Nr. 2 BGB die „Obliegenheit, sich im engen zeitlichen Zusammenhang mit der Entstehung der Bürgschaftsforderung zu vergewissern, ob die [...] Anschrift des Bürgen noch aktuell" sei[412]. Die Annahme einer Obliegenheit des Bürgen, Nachforschungen anzustellen, ist jedoch nicht zwingend. Der Blick auf Rechtsprechung und Schrifttum zeigt zumindest ein differenziertes Bild: Auf der einen Seite ist man sich weitgehend in dem Punkt einig, dass aus § 199 Abs. 1 Nr. 2 BGB grundsätzlich keine Pflicht des Gläubigers folge, im Interesse des Schuldners Nachforschungen über die Umstände, die den Anspruch begründen, anzustellen[413], auf der anderen Seite wird zumindest eine Nachforschungsobliegenheit des Gläubigers befürwortet, sich über die ladungsfähige Anschrift des Bürgen in Kenntnis zu setzen[414].

(1) Entwicklung der Nachforschungsobliegenheit aus dem Sinn und Zweck

Grundlegende Bedeutung erlangt zunächst die Frage, ob sich aus dem Merkmal der „grob fahrlässigen Unkenntnis" gemäß § 199 Abs. 1 Nr. 2 BGB eine Nachforschungsobliegenheit des Gläubigers entwickeln lässt. Ausweislich der Gesetzesmaterialien ist für die Auslegung von § 199 Abs. 1 Nr. 2 BGB die Rechtsprechung zu § 852 BGB a.F. heranzuziehen[415]. Bereits in der Rechtsprechung zu

---

411 Vgl. *Grothe*, in: MüKo-BGB, § 199, Rn. 28; *Henrich/Spindler*, in: BeckOK-BGB, § 199, Rn. 19a f.; *Mansel*, NJW 2002, 89, 91.

412 BGH ZIP 2008, 2167, 2169; vgl. auch BGH WM 2012, 688, 690.

413 Vgl. BGHZ 186, 152, 161 f.; BGH NJW-RR 2010, 681, 683; *Schmidt-Räntsch*, in: Erman, § 199, Rn. 20; *Henrich/Spindler*, in: BeckOK-BGB, § 199, Rn. 19a; *Grothe*, in: MüKo-BGB, § 199, Rn. 28; *Rohlfing*, MDR 2006, 721, 723.

414 BGH ZIP 2008, 2167, 2169; BGH WM 2012, 688, 690; *Jauernig*, in: Jauernig, § 199, Rn. 7; *Henrich/Spindler*, in: BeckOK-BGB, § 199, Rn. 19a; *Schmidt-Räntsch*, in: Erman, § 199, Rn. 20; *Mansel/Stürner*, in: NK-BGB, § 199, Rn. 50.

415 BT-Drucks. 14/6040, S. 108; *Otto*, Die Bestimmung des § 199 Abs. 1 Nr. 2 BGB, S. 204; *Henrich/Spindler*, in: BeckOK-BGB, § 199, Rn. 19.

§ 852 Abs. 1 BGB a.F. war es anerkannt, der positiven Kenntnis die Fälle gleichzustellen,

> „in denen es der Gläubiger versäumt, [...] auf der Hand liegende Erkenntnismöglichkeiten wahrzunehmen [...], und jeder andere in der Lage des Gläubigers unter denselben konkreten Umständen die Kenntnis gehabt hätte“[416].

Diese und ähnliche Formulierungen finden sich – zum Teil auch wörtlich – in der neueren Rechtsprechung zu § 199 Abs. 1 Nr. 2 BGB wieder[417]. Freilich ist nicht ganz unzweifelhaft, ob nach diesen recht allgemein gehaltenen Formeln gilt, dass die Verjährung gemäß § 199 Abs. 1 Nr. 2 BGB zu laufen beginnt, wenn der Bürgschaftsgläubiger die Anschrift und/oder Namen des Bürgen nicht kennt, durch eigene Nachforschungen aber hätte ermitteln können. Zumindest ist es kaum begründbar, generell von einer „auf der Hand liegenden Erkenntnismöglichkeit“ des Gläubigers zu sprechen.

Allerdings lässt sich aus den Materialien zu § 199 Abs. 1 Nr. 2 BGB ebenfalls ableiten, dass den Gläubiger die Sorge trifft, sich im eigenen Interesse um die Durchsetzung seines Anspruch zu bemühen[418]. Dies entspreche, so der Regierungsentwurf, dem in § 277 BGB enthaltenen Rechtsgedanken, der das Verschulden in eigenen Angelegenheiten zum Ausdruck bringe[419]. Dem Grunde nach bestand das Anliegen des Reformgesetzgebers darin, den Gläubiger bei der Durchsetzung seiner eigenen Forderung stärker selbst in die Verantwortung zu nehmen und eine Missachtung dieser Verantwortung mit dem Verjährungsbeginn zu „sanktionieren“[420]. Im Ergebnis hat der Gesetzgeber dem Gläubiger damit eine Obliegenheit auferlegt, Nachforschungen anzustellen, um sich entsprechend Kenntnis zu verschaffen[421]. Obliegenheiten sind dadurch gekennzeichnet, dass

416 BGHZ 133, 192, 198 f.; BGH NJW 1999, 423, 424 f.; BGH NJW 2000, 953.

417 Zuletzt etwa: BGH NJW 2010, 1195, 1197. Nach dem OLG Saarbrücken NZG 2008, 638, 640, sei es grob fahrlässig, wenn sich der Gläubiger aus leicht zugänglichen Informationsquellen nicht die entsprechenden Informationen beschafft, obwohl sich ihm die anspruchsbegründenden Tatsachen aufdrängen mussten. Kaum abweichend das OLG Köln BauR 2008, 526, 528: Der Gläubiger müsse „auf der Hand liegende Erkenntnisquellen ausnutzen“.

418 Vgl. BT-Drucks. 14/6040, S. 108.

419 BT-Drucks. 14/6040, S. 108; dem folgend: *Schmidt-Räntsch*, in: Erman, § 199, Rn. 19; kritisch zu dem Vergleich mit der *dilligentia quam in suis*: *Riedhammer*, Kenntnis, grobe Fahrlässigkeit und Verjährung, S. 189 ff.

420 *Peters/Jacoby*, in: Staudinger (2009), § 199, Rn. 73.

421 Vgl. BGHZ 186, 152, 161; *Grothe*, in: MüKo-BGB, § 199, Rn. 28; *Peters/Jacoby*, in: Staudinger (2009), § 199, Rn. 73; *Otto*, Die Bestimmung des § 199 Abs. 1 Nr. 2 BGB, S. 186.

den Schuldner zwar keine Pflicht zur Erfüllung trifft[422]. Sie begründen jedoch ein Erfüllungsgebot im eigenen Interesse[423]. Das Erfüllungsgebot besteht für den Bürgschaftsgläubiger darin, bei nicht vorliegender positiver Kenntnis nachforschen zu müssen, um den für ihn nachteiligen Verjährungsbeginn nach § 199 Abs. 1 Nr. 2 BGB abzuwenden.

(2) Umfang und Maßstab der Nachforschungspflicht

Für diese Nachforschungsobliegenheit des Gläubigers sind Reichweite und Erfüllungsmaßstab zu bestimmen[424]. Dafür bietet sich eine Differenzierung nach Verkehrskreisen an[425], da sich die Obliegenheit des Gläubigers vornehmlich aus dem Merkmal der grob fahrlässigen Unkenntnis ableitet und auch für die Bestimmung des Maßstabs einfacher Fahrlässigkeit die Unterscheidung nach Verkehrskreisen allgemein anerkannt ist[426]. Eine einheitliche Charakterisierung des Verkehrskreises möglicher Bürgschaftsgläubiger fällt indes schwer, weil Bürgschaften sowohl gegenüber Privat- als auch Geschäftsleuten eingeräumt werden (müssen). Daher wäre die grundsätzliche Annahme, für den Bürgschaftsgläubiger bestünde eine Nachforschungspflicht, zwar sicherlich „pauschal“[427]. Ganz unrichtig lag der BGH dennoch nicht, soweit er diese für eine Bank als Gläubigerin ausdrücklich bejaht hat[428].

Es kann nämlich gesagt werden, dass der Sorgfaltsmaßstab im Sinne von § 199 Abs. 1 Nr. 2 BGB mit der Expertise und den Möglichkeiten des Gläubigers ansteigt[429] und daher nicht selten von der Intensität der Verpflichtung des Bürgen abhängt. Beides wird in der Regel praktisch eng miteinander verknüpft sein. Dies soll anhand zweier Beispiele verdeutlicht werden: Die Bürgschaft auf erstes Anfordern sichert insbesondere Konzernfinanzierungen und große Trans-

422 Vgl. *Wieling*, AcP 176 (1976), 334, 347 f.

423 *Sutschet*, in: BeckOK-BGB, § 241, Rn. 25; *Grüneberg*, in: Palandt, Einl v § 241, Rn. 13; *Ernst*, in: MüKo-BGB, § 241, Rn. 14; *Wieling*, AcP 176 (1976), 334, 346 („Verhaltensanforderungen, denen nachzukommen im eigenen Interesse des Belasteten liegt“); *R. Schmidt*, Die Obliegenheiten, S. 104.

424 Grundlegend zu Inhalt und Reichweite von Obliegenheiten: *R. Schmidt*, Die Obliegenheiten, S. 102 ff.; *Henß*, Obliegenheit und Pflicht im Bürgerlichen Recht, S. 69 ff.

425 Vgl. *Peters/Jacoby*, in: Staudinger (2009), § 199, Rn. 80; *Otto*, Die Bestimmung des § 199 Abs. 1 Nr. 2 BGB, S. 208.

426 Vgl. BGHZ 39, 281, 283; *Grundmann*, in: MüKo-BGB, § 276, Rn. 54, 57 f.; *H. P. Westermann*, in: Erman, § 276, Rn. 11; *Grüneberg*, in: Palandt, § 276, Rn. 17.

427 So: *Bydlinski*, WuB I F 1 a. Bürgschaft 2.09, 169.

428 BGH ZIP 2008, 2167, 2168 f.; so auch: *Fischer*, in: Das Recht der Kreditsicherheiten, § 9, Rn. 81.

429 Vgl. *Heinrichs*, BB 2001, 1417, 1418; *Grothe*, in: MüKo-BGB, § 199, Rn. 28; *Peters/Jacoby*, in: Staudinger (2009), § 199, Rn. 80 ff.

aktionen[430] – auch im internationalen Wirtschaftsverkehr[431] – ab. Die selbstschuldnerische MaBV-Vorauszahlungsbürgschaft gemäß § 7 Abs. 1 MaBV wird im Baugewerbe gestellt[432] und dient der Sicherung des Auftraggebers, der die Leistungen des Bauträgers im Voraus bezahlt[433]. Bei beiden exemplarisch ausgewählten Bürgschaftsformen ist der strengen Haftung des Bürgen auf der einen Seite die große wirtschaftliche und rechtliche Expertise des Gläubigers auf der anderen Seite gegenübergestellt[434]. Jene Fälle lassen sich leicht als solche des *wirtschaftlichen Verkehrs* zusammenfassen. Die Nachforschungspflicht muss hier engeren Kriterien unterliegen als bei einem unerfahrenen Verbraucher, der sich für ein „Darlehen unter Freunden" eine Regelbürgschaft geben lässt[435].

Im letztgenannten Fall eines arglosen Verbrauchers, der nur ausnahmsweise als Bürgschaftsgläubiger auftritt, kann sogar bezweifelt werden, ob für diesen überhaupt von einer Nachforschungsobliegenheit gesprochen werden sollte. Einem solchen Gläubiger wird es häufig nur unter praktisch und wirtschaftlich unverhältnismäßigem Aufwand möglich sein, sinnvoll Nachforschungen entweder selbst anzustellen oder zu veranlassen. Zwar käme es ohne die Nachforschungsobliegenheit mangels Kenntnis des Gläubigers nicht zu einem Verjährungsbeginn nach § 199 Abs. 1 Nr. 2 BGB, allerdings wäre dies sowohl aus Gläubigersicht als auch aus Perspektive des Bürgen interessengerecht. In diesem Fall erweist sich die Verjährungshöchstfrist für vertragliche Erfüllungsansprüche, die gemäß § 199 Abs. 4 BGB zehn Jahre ab deren Entstehung beträgt[436], als durch-

430 Vgl. *Reinicke/Tiedtke*, Bürgschaftsrecht, Rn. 323; *Nobbe*, in: Bankrechts-Handbuch, § 91, Rn. 476.

431 *Horn*, NJW 1980, 2153; *H. P. Westermann*, Jura 1991, 567; *Oepen*, NJW 2009, 1110, 1113 f.

432 Gemäß § 2 Abs. 2 MaBV muss die Bürgschaft durch eine Körperschaft des öffentlichen Rechts, ein Kreditinstitut oder ein Versicherungsunternehmen erbracht werden.

433 Vgl. *Nobbe*, in: FS Horn, 2006, S. 801, 803 f.; *Fischer*, in: Das Recht der Kreditsicherheiten, § 9, Rn. 168; *Weber/Kesselring*, NJW 2004, 3469, 3471 („im Baugewerbe üblich").

434 Nach *Nobbe*, in: FS Horn, 2006, S. 801, 804, handele es sich bei den Gläubigern einer MaBV-Vorauszahlungsbürgschaft nicht selten um Investoren und „Besserverdienende", die die gesamte Summe für das Bauprojekt vorschießen würden. Häufig gehe es dabei auch um Steuerersparnisse für die Beteiligten.

435 Nach wohl h.M. gelten für Unternehmer (§ 14 BGB) auch insgesamt höhere Anforderungen als für Verbraucher (§ 13 BGB), vgl. *Henrich/Spindler*, in: BeckOK-BGB, § 199, Rn. 19; *Schmidt-Räntsch*, in: Erman, § 199, Rn. 20; *Mansel*, NJW 2002, 89, 91; *Krämer*, ZGS 2003, 379, 381; *Rohlfing*, MDR 2006, 721, 723; *Birr*, Verjährung und Verwirkung, Rn. 33; a.A. *Otto*, Die Bestimmung des § 199 Abs. 1 Nr. 2 BGB, S. 210 f.

436 Vgl. *Grothe*, in: MüKo-BGB, § 199, Rn. 51; *Peters/Jacoby*, in: Staudinger (2009), § 199, Rn. 106; *Henrich/Spindler*, in: BeckOK-BGB, § 199, Rn. 49.

aus sachgerechte Lösung. Für diese Einordnung sprechen zudem der Sinn und Zweck der Verjährung im Allgemeinen und die Differenzierung des § 199 Abs. 1 Nr. 2 BGB im Besonderen. Dort, wo dem Gläubiger Gefahr droht, seinen Anspruch nicht mehr geltend machen zu können, weil er schon die für eine erfolgreiche Klage wesentliche Voraussetzung von Anschrift und Namen des Bürgen nicht kennt[437], soll die Verjährung zu laufen beginnen, wenn er sich mit einfachen und zumutbaren Mitteln die nötige Kenntnis hätte beschaffen können[438]. Was dem Gläubiger jedoch „zumutbar" ist, hängt davon ab, welche Möglichkeiten zur Kenntniserlangung bestehen und in welchem Verhältnis die erfolgreiche Realisierung dieser Möglichkeiten zum damit verbundenen Aufwand steht[439]. Der zumutbare Umfang steigt mit dem Grad der wirtschaftlichen Expertise, so dass für die in der Regel durch Banken repräsentierten Bürgschaftsgläubiger grundsätzlich eine umfangreiche Nachforschungspflicht besteht als für unerfahrene Gläubiger.

(3) Zeitpunkt für die Nachforschungspflicht

Ungeklärt ist, wann ein Gläubiger seiner Obliegenheit nach § 199 Abs. 1 Nr. 2 BGB nachkommen muss[440], wenn er den Verjährungsbeginn trotz Unkenntnis abwenden will. Die Rechtsprechung des XI. Zivilsenats bleibt in ihren Formulierungen insgesamt etwas vage[441]. In der Urteilsbegründung führt der BGH zunächst aus, „dass die Bank [...] im engen zeitlichen Zusammenhang mit der Entstehung des Bürgschaftsanspruchs" die Obliegenheit treffe, Nachforschungen anzustellen[442]. Später wird formuliert, dass für den Gläubiger „mit Eintritt des Sicherungsfalls" Anlass bestehe, „[...] die für die notleidend gewordene Hauptforderung gewährten Sicherheiten [...] zu überprüfen"[443].

Zuzustimmen ist dem BGH zumindest in dem Punkt, dass die Obliegenheit, Nachforschungen anzustellen, frühestens ab dem Zeitpunkt des Sicherungsfalls

437 Zum Erfordernis der Kenntnis von Namen und Anschrift als Voraussetzung für eine erfolgreiche Klage: BGH ZIP 2008, 2167, 2168; BGH NJW 2003, 288, 289; BGH NJW 2001, 1721, 1722; BGH NJW 1998, 988, 989; *Peters/Jacoby*, in: Staudinger (2009), § 199, Rn. 70; *Henrich/Spindler*, in: BeckOK-BGB, § 199, Rn. 30; *Mansel*, NJW 2002, 89, 92.

438 So: *Grothe*, in: MüKo-BGB, § 199, Rn. 28; *Peters/Jacoby*, in: Staudinger (2009), § 199, Rn. 73 f., Rn. 82.

439 Vgl. *Otto*, Die Bestimmung des § 199 Abs. 1 Nr. 2 BGB, S. 237 ff.; *Mansel*, NJW 2002, 89, 91 f.

440 *Rohlfing*, MDR 2006, 721, 723.

441 Vgl. BGH ZIP 2008, 2167, 2168 f.

442 BGH ZIP 2008, 2167, 2169.

443 BGH ZIP 2008, 2167, 2169.

bestehen kann, denn das hat der XI. Zivilsenat wohl gemeint, soweit dort von „notleidender Hauptforderung“ die Rede ist[444]. Das Kriterium des „engen zeitlichen Zusammenhangs“ ist dagegen eher als Begründungsansatz, denn als subsumtionsfähige Formel zu deuten. Dass letzteres Merkmal überhaupt in die Urteilsbegründung Einzug erhalten hat, lässt darauf schließen, dass der BGH hier keine genaue Festlegung vornehmen wollte.

Dabei wäre es durchaus möglich gewesen, den Zeitpunkt genauer zu bestimmen, wenn der BGH den Sicherungsfall als Auslöser der Obliegenheit herangezogen hätte. Angesichts der Wertungsoffenheit des Tatbestandsmerkmals der *groben Fahrlässigkeit* bestehen aber schon begründete Zweifel, ob eine genauere Bestimmung des Zeitpunktes überhaupt sinnvoll wäre[445]. Die Verknüpfung der Obliegenheit mit dem Sicherungsfall verspricht zwar fraglos ein höheres Maß an Rechtssicherheit gegenüber dem Kriterium des „engen zeitlichen Zusammenhangs“. Mit der Anknüpfung der Nachforschungsobliegenheit an den Bürgschaftsfall würde jedoch die „logische Nachrangigkeit“ der groben Fahrlässigkeit gegenüber der „positiven Kenntnis“[446] im Sinne von § 199 Abs. 1 Nr. 2 BGB aufgegeben. Das Merkmal der positiven Kenntnis würde gegenüber dem Merkmal der grob fahrlässigen Unkenntnis abgewertet und der inhaltliche Unterschied der Tatbestandsalternativen aufgehoben. Löste der Sicherungsfall immer auch die Nachforschungsobliegenheit aus, dann fielen der Entstehungszeitpunkt gemäß § 199 Abs. 1 Nr. 1 BGB und die Kenntnis im Sinne von § 199 Abs. 1 Nr. 2 BGB praktisch zusammen. Dieses Ziel kann der Gesetzgeber bei der Schaffung des differenzierenden subjektiv-objektiven Systems des Verjährungsbeginns nach § 199 Abs. 1 BGB aber gerade nicht vor Augen gehabt haben.

Festzuhalten ist daher, dass der Zeitpunkt, ab dem Bürgschaftsgläubiger grob fahrlässig in Unkenntnis über die anspruchsbegründenden Umstände ist, nicht allgemein beantwortet werden kann[447]. Das Kriterium des „engen zeitlichen Zusammenhangs“, von dem die Rechtsprechung spricht, ist dazu ebenso wenig geeignet, wie eine konsequente Verknüpfung der Nachforschungspflicht mit dem Sicherungsfall.

---

444 BGH ZIP 2008, 2167, 2169.

445 Vgl. *Bydlinski*, WuB I F 1 a. Bürgschaft 2.09, 169 f.

446 Dazu *Otto*, Die Bestimmung des § 199 Abs. 1 Nr. 2 BGB, S. 185; ähnlich: *Peters/Jacoby*, in: Staudinger (2009), § 199, Rn. 75 („struktureller Vorrang der Kenntnis“).

447 Im Ergebnis ähnlich: *Bydlinski*, WuB I F 1 a. Bürgschaft 2.09, 169, 170, der versucht, sich über folgendes Beispiel dem Problem anzunähern: „Erhält der Gläubiger [...] eine [...] an den Bürgen gerichtete Zahlungsaufforderung mit dem Vermerk 'Empfänger unbekannt verzogen' zurück, müssen die Alarmglocken läuten“. Jedes weitere Zuwarten wäre dann „grob sorglos“.

(4) Schranke möglicher Restzweifel

Zur Konturierung des auslösenden Zeitpunktes für die Nachforschungspflicht kann vor dem Hintergrund des bisher Erörterten ein weiteres, materielles Moment eingebracht werden.

Grundsätzlich wird für die Intensität der Kenntnis im Sinne von § 199 Abs. 1 Nr. 2 BGB weniger als absolute „Gewissheit" verlangt[448]. Mögliche Restzweifel über die Umstände und die Person können also durchaus bestehen bleiben[449]. Dass dies zu Abgrenzungsschwierigkeiten führen kann, wird im BGH-Urteil, in dem die Nachforschungsobliegenheit des Bürgschaftsgläubigers bejaht worden ist, nicht thematisiert[450]. Die Entwicklung einer Formel, die alle Abgrenzungsprobleme beseitigt, ist aber auch nicht möglich. Eine solch schematische Vorgehensweise würde sowohl den Besonderheiten spezifischer Bürgschaftsformen als auch den unterschiedlichen Gläubigergruppen nicht gerecht. Es bietet sich daher an, je nach Verkehrskreis unterschiedliche Anforderungen an die Bürgschaftsgläubiger zu stellen. Dazu ließe sich formulieren: *Je höher die Expertise des Bürgen und je strenger die bürgschaftsrechtliche Verpflichtung sind, desto geringer ist das Maß erforderlicher Gewissheit, um die Nachforschungspflicht auszulösen.*

Freilich vermag die hier vorgeschlagene Formel nicht sämtliche Schwächen, die bei der Bestimmung der grob fahrlässigen Unkenntnis im Sinne von § 199 Abs. 1 Nr. 2 BGB aufseiten des Bürgschaftsgläubigers auftreten können, zu beheben. Die These kann aber als Anhaltspunkt für die Differenzierung herangezogen werden. Außerdem wird durch sie dem Sinn und Zweck der Verjährungsregelungen Rechnung getragen. Vereinbaren die Parteien eine selbstschuldnerische Bürgschaft oder eine Bürgschaft auf erstes Anfordern, steht die Möglichkeit schneller Inanspruchnahme des Bürgen für den Gläubiger im Vordergrund[451]. Im Gegenzug kann vom Bürgschaftsgläubiger verlangt werden, sich stärker um seinen Anspruch zu bemühen[452], als dies bei der Regelbürgschaft und einem recht-

448 *Henrich/Spindler*, in: BeckOK-BGB, § 199, Rn. 22 ff.; *Peters/Jacoby*, in: Staudinger (2009), § 199, Rn. 71; vgl. auch *Birr*, Verjährung und Verwirkung, Rn. 25 f.; *Mansel/Budzikiewicz*, Jura 2003, 1, 4.

449 *Peters/Jacoby*, in: Staudinger (2009), § 199, Rn. 71.

450 Vgl. BGH ZIP 2008, 2167 ff.

451 Bürgschaft auf erstes Anfordern „eine besonders privilegierende Form der Bürgschaft", BGH NJW 1999, 2361, 2363; BGH NJW 2003, 2231, 2233; *Nobbe*, in: Bankrechts-Handbuch, § 91, Rn. 477; vgl. auch *Horn*, NJW 1980, 2153.

452 Damit schließt sich wiederum der Kreis zur Gesetzesbegründung. Schließlich ist § 199 Abs. 1 Nr. 2 BGB unter anderem deshalb in dieser Form gefasst worden, weil die Möglichkeit zur Kenntniserlangung eine „Angelegenheit des Gläubigers" sei (BT-Drucks. 14/6040, S. 108).

lich und wirtschaftlich unerfahrenen Bürgschaftsgläubiger der Fall wäre. Der in wirtschaftlichen Dingen unerfahrene Gläubiger kann folglich eher davon ausgehen, dass sich Anschrift und Name des Bürgen zwischen Abschluss des Bürgschaftsvertrags und dem Eintritt des Sicherungsfalls nicht geändert haben. Einer Bank, die in der Regel besser über die wirtschaftlichen Verhältnisse des Hauptschuldners unterrichtet sein wird und daher den Eintritt des Sicherungsfalls näher voraussehen kann, sind geringere Zweifel als auslösendes Moment einer Nachforschungspflicht zuzumuten.

(5) Ergebnis zur Nachforschungsobliegenheit

Den Bürgschaftsgläubiger trifft zu Recht gemäß § 199 Abs. 1 Nr. 2 BGB die Obliegenheit, sich derart um seinen Anspruch aus der Bürgschaft zu bemühen, dass er sich die für eine erfolgreiche Klage wesentlichen Informationen in zumutbarer Weise beschafft[453]. Der maßgebliche Zeitpunkt, ab dem die Nachforschungspflicht in Gang gesetzt wird, lässt sich nicht genau bestimmen. Das zeigt sich exemplarisch an dem von der Rechtsprechung formulierten Kriterium eines „engen zeitlichen Zusammenhangs“ zwischen Bürgschaftsfall und Nachforschungsobliegenheit[454]. Der Umfang und Erfüllungsmaßstab der Obliegenheit richten sich nach der Intensität der Bürgschaftsverpflichtung und damit mittelbar nach dem jeweiligen Verkehrskreis der dort typischerweise anzutreffenden Gläubigergruppen. Diese Erwägungen können auf das erforderliche Maß an Gewissheit der beim Gläubiger im Zeitpunkt des Sicherungsfalls vorhandenen Informationen übertragen werden.

bb) Ergebnis zur Kenntnis i.S.v. § 199 Abs. 1 Nr. 2 BGB

Das Merkmal der positiven Kenntnis wird regelmäßig verwirklicht sein. Der Bürge muss Kenntnis der anspruchsbegründenden Umstände haben, § 199 Abs. 1 Nr. 2 BGB. Dazu gehört insbesondere der Sicherungsfall. Dies gilt für alle Formen der Bürgschaft. Hat der Bürge dagegen keine positive Kenntnis, kommt grob fahrlässige Unkenntnis in Betracht. Es konnte gezeigt werden, dass den Bürgen eine Nachforschungsobliegenheit trifft, die zwar im Zusammenhang mit dem Bürgschaftsfall virulent wird, deren Beginn sich im Übrigen aber nicht exakt terminieren lässt. Die Wertungsoffenheit des Begriffs der grob fahrlässigen Unkenntnis setzt hier eine Einzelfallbetrachtung voraus. Je nach Umfang und Intensität der Haftungsverpflichtung treffen den Bürgschaftsgläubiger höhere (Bürgschaft auf erstes Anfordern), aber gegebenenfalls auch niedrigere Anfor-

453 Damit im Ergebnis wie BGH ZIP 2008, 2167, 2168 f. (dort allerdings nur für die Bürgschaft auf erstes Anfordern).

454 Vgl. BGH ZIP 2008, 2167, 2168 f.

derungen (Bürgschaft eines unerfahrenen Verbrauchers), Nachforschungen anzustellen. Dies entspricht dem auch bereits vor der Schuldrechtsreform zu § 852 Abs. 1 BGB a.F. anerkannten Rechtsgedanken, dass der Gläubiger sich dann grob fahrlässig in Unkenntnis befindet, wenn er ihm wirtschaftlich und praktisch ohne weiteres zumutbare Nachforschungen nicht angestrengt hat[455].

4. Ergebnis zum Verjährungsbeginn bei der Bürgschaft

Die wichtigsten Ergebnisse zum Verjährungsbeginn der Bürgschaftsforderung sollen abschließend zusammengefasst werden.

Der Gläubiger muss den Bürgen nicht zur Leistung auffordern, um die Fälligkeit der Bürgschaftsforderung zu begründen. Die Bürgschaftsforderung ist weder verhaltener Anspruch, noch den Regelungen verhaltener Ansprüche zu unterstellen.

Für die Fälligkeit der Bürgschaft, also deren Entstehung im Sinne von § 199 Abs. 1 Nr. 1 BGB, muss immer der Bürgschaftsfall eingetreten sein. Der Bürgschaftsfall ist für jede Bürgschaftsform getrennt zu bestimmen. Bei der Regelbürgschaft und der selbstschuldnerischen Bürgschaft tritt der Bürgschaftsfall mit Fälligkeit der Hauptschuld ein. Das Kriterium des Hauptschuldnerverzugs findet keinerlei Anhaltspunkt im Gesetz und ist daher aufzugeben.

Für die Bürgschaft auf erstes Anfordern kommt es dagegen grundsätzlich auf den formellen Sicherungsfall an. Die Ausfallbürgschaft wird fällig, wenn der Gläubiger alle Möglichkeiten zur Haftungsrealisierung gegenüber dem Hauptschuldner ausgeschöpft hat. Bei der Zeitbürgschaft tritt der Sicherungsfall ein, wenn die Hauptschuld während des vereinbarten Haftungszeitraums fällig wird und der Gläubiger die Bürgschaft nach den in § 771 Abs. 1 BGB geregelten Modalitäten abruft.

Die Gewährleistungsbürgschaft wird mit der Umwandlung des Nacherfüllungsanspruchs in einen Zahlungsanspruch fällig. Dies setzt voraus, dass der Gläubiger dem Hauptschuldner zuvor eine fruchtlose Frist zur Nacherfüllung gesetzt hat. Auf die Geltendmachung des nunmehr auf Zahlung gerichteten Anspruchs kommt es dagegen nicht an.

Das von § 199 Abs. 1 Nr. 2 BGB daneben vorgesehene Kriterium des Verjährungsbeginns, die Kenntnis von den anspruchsbegründenden Tatsachen, spielt eine untergeordnete Rolle. Probleme bereitet die Einordnung und Auslegung des Merkmals der grob fahrlässigen Unkenntnis. Grundsätzlich besteht eine Obliegenheit des Bürgschaftsgläubigers, Nachforschungen anzustellen, um sich positive Kenntnis über die entsprechenden Tatsachen zu verschaffen, die eine erfolg-

---

455 Vgl. *Otto*, Die Bestimmung des § 199 Abs. 1 Nr. 2 BGB, S. 237 ff.; *Mansel*, NJW 2002, 89, 91 f.; *Peters/Jacoby*, in: Staudinger (2009), Rn. 80, 82.

reiche Klage gegen den Schuldner möglich erscheinen lassen. Diese Obliegenheit wird frühestens mit dem jeweiligen Bürgschaftsfall relevant. Umfang und Maßstab der Obliegenheit richten sich nach dem Grad wirtschaftlicher Expertise des Gläubigers und damit zusammenhängend der Intensität der Bürgschaftsverpflichtung.

II. Zulässigkeit und Grenzen individualvertraglicher und formularmäßiger Regelungen der Verjährung

Den Bürgen und Gläubigern stellen sich zahlreiche Möglichkeiten, die Verjährung der Bürgschaftsforderung durch individualvertragliche Vereinbarungen und Allgemeine Geschäftsbedingungen zu beeinflussen. Neben dem kautelarjuristischen Weg, den Beginn der Verjährung[456] oder die Dauer der Verjährungsfrist der Bürgschaftsforderung zu regeln[457], sind für die Praxis die Verzichtstatbestände hinsichtlich der Geltendmachung von eigenen und abgeleiteten Einreden hervorzuheben. In den Vordergrund tritt dabei naturgemäß die einseitige und formularmäßige Vorgabe entsprechender Vertragsklauseln durch die Gläubiger. Im Rechtsverkehr betrifft dies vor allem als Bürgschaftsgläubiger auftretende Banken, welche nicht selten die Kreditvergabe von der Unterzeichnung vorformulierter „Bürgschaftsformulare" durch den Bürgen abhängig machen[458]. In dem Fall wird der Anwendungsbereich der §§ 305 ff. BGB eröffnet[459]. Für die Zulässigkeit der Klauseln ist zwischen dem Verzicht auf eigene Einreden des Bürgen und dem Ausschluss der Geltendmachung von verjährungsbezogenen Einreden des Hauptschuldners zu differenzieren. An dieser Stelle sind zunächst nur die eigenen Einreden des Bürgen zu untersuchen[460].

---

456 Dazu oben, S. 73 f.

457 *Weise*, NJW-Spezial 2004, 357, 358; *Schlößer*, NJW 2006, 645, 647; *E. Herrmann*, in: Erman, § 765, Rn. 16; *Habersack*, in: MüKo-BGB, § 765, Rn. 82. Zur Zulässigkeit entsprechender AGB auch *Nobbe*, in: Bankrechts-Handbuch, § 91, Rn. 318: Zumindest eine Verlängerung der Verjährungsfrist auf fünf Jahre sei in Bürgschaftsformularen der Banken üblich und nicht zu beanstanden; für eine solche Regelung auch *Wittig*, in: Das Recht der Kreditsicherheiten, Anhang zu § 9, Rn. 20, der gleichzeitig dazu rät, auch die Verjährungsfrist der Hauptschuld auf fünf Jahre zu verlängern. Für eine Fünfjahresfrist bei Gewährleistungsbürgschaften: *Funke*, BauR 2010, 969, 980.

458 *Reinicke/Tiedtke*, Bürgschaftsrecht, Rn. 598.

459 Für Privat- und Genossenschaftsbanken sind zudem regelmäßig die Regelungen der AGB-Banken in den Vertrag mit dem Bankkunden einbezogen.

460 Zur Zulässigkeit des Verzichts auf abgeleitete Einreden unten, S. 161 ff.

1. Individualvertraglicher und einseitig erklärter Verzicht

Anders als vor der Schuldrechtsreform, als rechtsgeschäftliche Verjährungsvereinbarungen, die die Verjährung ausschließen oder erschweren sollten, nach § 225 S. 1 BGB a.F. verboten waren und daher wegen § 134 BGB keine Wirkung entfalteten[461], sind nach neuem Recht grundsätzlich weitreichende Vereinbarungen über die Verjährung gemäß § 202 BGB zulässig[462]. Ob ein individualvertraglich vereinbarter oder einseitig erklärter Verzicht des Bürgen auf die Einrede der Verjährung wirksam ist, richtet sich heute also nach dieser Vorschrift[463]. Dabei ist zu berücksichtigen, dass die Verjährung gemäß § 202 Abs. 2 BGB durch Rechtsgeschäft nicht über 30 Jahre ab dem gesetzlichen Verjährungsbeginn hinaus erschwert werden kann. Vor dem Hintergrund ist zu klären, ob der Bürge nur im Rahmen dieser gesetzlichen Höchstgrenze auf die Einrede der Verjährung verzichten kann und welche Auswirkungen es auf die Wirksamkeit des Verzichts hat, wenn dieser nicht ausdrücklich nur für einen die Grenzen des § 202 Abs. 2 BGB einhaltenden Zeitraum erklärt wird.

Im Ergebnis steht § 202 Abs. 2 BGB dem Verzicht auf die Einrede der Verjährung nicht entgegen. Nach ganz herrschender und zutreffender Lesart können Verzichtserklärungen regelmäßig so ausgelegt werden, dass sie die Grenzen von § 202 Abs. 2 BGB nicht überschreiten[464]. Der Schuldner kann also nur im Rah-

---

461 Vgl. BGH NJW 1979, 866; BGH NJW 1998, 902, 903; BT-Drucks. 14/6040, S. 110; *Mansel/Budzikiewicz*, Das neue Verjährungsrecht, § 6, Rn. 3, 13 f.; *Schimmel/Buhlmann*, ZGS 2002, 109, 111.

462 BT-Drucks. 14/6040, S. 110; *Schmidt-Räntsch*, in: Erman, § 202, Rn. 1 ff.; *Peters/Jacoby*, in: Staudinger (2009), § 202, Rn. 1, 6; *Krämer*, Die Neuregelungen des Verjährungsrechts im Schuldrechtsmodernisierungsgesetz, S. 126; *Piekenbrock*, Befristung, Verjährung, Verschweigung und Verwirkung, S. 425; *Birr*, Verjährung und Verwirkung, Rn. 107; *Lakkis*, AcP 203 (2003), 763.

463 Nach ganz herrschender Auffassung ist auch der einseitige Verzicht an § 202 BGB zu messen: Vgl. BGH ZIP 2007, 2206, 2207; BGH NJW 2009, 1598, 1600; *Grothe*, in: MüKo-BGB, § 202, Rn. 13; *Ellenberger*, in: Palandt, § 202, Rn. 7; *Jauernig*, in: Jauernig, § 202, Rn. 3; *Lakkis*, in: jurisPK-BGB, § 202, Rn. 26; *Mansel/Budzikiewicz*, Das neue Verjährungsrecht, § 6, Rn. 12. Auf die von *Peters/Jacoby*, in: Staudinger (2009), § 202, Rn. 5, vertretene Gegenansicht, nach der ein einseitiger Verzicht nicht möglich sei, sondern vielmehr eine Vereinbarung zwischen Gläubiger und Schuldner voraussetze, wird nachfolgend nicht näher eingegangen. Zu anderen Ergebnissen gelangt diese Auffassung regelmäßig nicht, weil sie davon ausgeht, dass in der Verzichtserklärung gleichzeitig der Antrag auf Abschluss eines Vertrages liege, der wiederum nach § 151 BGB angenommen werden könne.

464 BGH ZIP 2007, 2206, 2207; *Lakkis*, in: jurisPK-BGB, § 202, Rn. 26; *Jauernig*, in: Jauernig, § 202, Rn. 3; *Henrich*, in: BeckOK-BGB, § 202, Rn. 7; *Grothe*, in: MüKo-BGB, § 202, Rn. 13; *Ellenberger*, in: Palandt, § 202, Rn. 7; *Mansel/Budzikiewicz*, Das neue

men der von § 202 Abs. 2 BGB angeordneten Höchstgrenze auf die Einrede der Verjährung verzichten. Zwar wird damit letztlich eine Art „geltungserhaltende Reduktion“ vorgenommen[465]. Dagegen ist bei individualvertraglichen Vereinbarungen oder einseitigen Erklärungen aber nichts zu erinnern, da diese Lösung sowohl dem Zweck von § 202 BGB als auch den Interessen von Gläubiger und Schuldner angemessen Rechnung trägt. Der Gesetzgeber ging bei der Schaffung des § 202 BGB von der Prämisse aus, dass die Möglichkeit von Verjährungsvereinbarungen letztlich auf der Privatautonomie beruhe[466]. Aus diesem Grund hat er der Ausgestaltung der Verjährungsmodalitäten durch die Parteien nicht nur grundsätzlich Vorrang eingeräumt, sondern den Parteien nach § 202 Abs. 2 BGB auch großzügige Freiräume bei der Ausgestaltung abweichender Verjährungsfristen gewährt[467]. Dieser gesetzgeberischen Intention widerspräche es aber, wenn die uneingeschränkte Verzichtserklärung des Schuldners wegen Nichteinhaltung der Grenzen nach § 202 Abs. 2 BGB schon *per se* unwirksam wäre. Gerade für die hier untersuchten Bürgschaftsansprüche ist bereits darauf eingegangen worden, dass die Bürgschaft vor der Hauptschuld verjähren kann[468]. Vereinbaren Bürge und Gläubiger, um den vorzeitigen Verjährungseintritt der Bürgenschuld zu vermeiden, einen Verzicht des Bürgen auf die Einrede der Verjährung der Bürgschaftsforderung, würde ein auf § 202 Abs. 2 BGB gestütztes Unwirksamkeitsverdikt den Parteiinteressen zuwiderlaufen. Daher sind auch einseitige Verzichtserklärungen des Bürgen und gleichlautende Vereinbarungen zwischen Bürge und Gläubiger möglich, im Zweifel jedoch so auszulegen, dass sie die dreißigjährige Frist ab dem Zeitpunkt des gesetzlichen Verjährungsbeginns einhalten.

2. *Formularmäßiger Ausschluss in AGB*

Demgegenüber ist ein formularmäßiger Ausschluss der Einrede der Verjährung des Bürgen nicht unproblematisch. Für die Rechtmäßigkeit vorformulierter Verjährungsklauseln sind zumindest einige Vorgaben zu beachten. Weitgehend aner-

---

Verjährungsrecht, § 6, Rn. 14.

465 *Lakkis*, AcP 203 (2003), 763, 775; *Lakkis*, ZGS 2003, 423, 425; dagegen: *Grothe*, WuB IV A. § 202 BGB 1.08, 284, 285: „Auslegungsregel [...], dass der Schuldner im Zweifel die Obergrenze des § 202 Abs. 2 BGB einhalten will“.

466 BT-Drucks. 14/6040, S. 110; BT-Drucks. 14/6857, S. 43.

467 Vgl. *Ellenberger*, in: Palandt, § 202, Rn. 1 f.; *Schmidt-Räntsch*, in: Erman, § 202, Rn. 1 ff. Für die Zulässigkeit zeitlich unbegrenzter Vereinbarungen zumindest *de lege ferenda Krämer*, Die Neuregelungen des Verjährungsrechts im Schuldrechtsmodernisierungsgesetz, S. 129 f.; kritisch bereits zur Reichweite *de lege lata* dagegen *Peters/Jacoby*, in: Staudinger (2009), § 202, Rn. 3.

468 Oben, S. 71 ff.

kannt ist, dass den neuen Verjährungsregelungen, hier also § 202 BGB, eine „Leitbildfunktion“ zukommt[469]. Daraus folgt allerdings nicht, dass davon abweichende Regelungen stets unzulässig wären[470]. Jedenfalls geht auch der Gesetzgeber grundsätzlich davon aus, dass eine freie Ausgestaltung durch die Parteien in AGB möglich sei[471]. Dass der Regelung in AGB aber Grenzen gezogen sind, belegt für die Verjährung gesetzlicher Mängelgewährleistungsansprüche wie §§ 438 Abs. 2, 634a Abs. 2 BGB schon die Lektüre von § 309 Nr. 8 b ee und ff. Sind diese speziellen Klauselverbote, wie hier, aber nicht einschlägig, ist die Verjährungsklausel an § 307 BGB zu messen[472].

Eine formularmäßige Verzichtsklausel benachteiligt den Bürgen unangemessen im Sinne von § 307 Abs. 1 S. 1 BGB, da sie gemäß § 307 Abs. 2 Nr. 1 BGB vom gesetzlichen Leitbild des § 202 Abs. 2 BGB abweichen würde. Die Auffassung der Rechtsprechung und herrschenden Lehre, die den individualvertraglichen bzw. einseitig erklärten Verzicht in den Grenzen von § 202 Abs. 2 BGB als wirksam ansehen[473], kann auf die AGB-Konstellation nicht übertragen werden[474]. Eine Verzichtsklausel kann nicht insoweit berichtigend ausgelegt werden, dass an Stelle des Verzichts die dreißigjährige Höchstverjährungsfrist träte[475]. Andernfalls würde eine im AGB-Recht grundsätzlich unzulässige geltungserhaltende Reduktion vorgenommen[476].

Die Unwirksamkeit der Klausel führt dazu, dass an deren Stelle gemäß § 306 Abs. 2 BGB das dispositive Gesetzesrecht[477], mithin die Regelverjährung gemäß §§ 195, 199 Abs. 1 BGB samt Einredemöglichkeit nach § 214 Abs. 1

---

469 Vgl. OLG München NJW-RR 2008, 1233, 1234; OLG München NJW 2007, 227, 229; *Grothe*, in: MüKo-BGB, § 202, Rn. 10; *Schmidt-Räntsch*, in: Erman, § 202, Rn. 13; *Ellenberger*, in: Palandt, § 202, Rn. 13; *H. Schmidt*, in: BeckOK-BGB, § 307, Rn. 57; *Hohmann*, WM 2004, 757, 758; *Weise*, NJW-Spezial 2004, 357, 358; *Lakkis*, AcP 203 (2003), 763, 773.

470 *H. Schmidt*, in: BeckOK-BGB, § 307, Rn. 57 ff.; *Weise*, NJW-Spezial 2004, 357, 358.

471 Vgl. BT-Drucks. 14/6040, S. 110 f., mit Verweis auf die mangelnde Praktikabilität der alten Verjährungsregelungen.

472 So auch: *H. Schmidt*, in: BeckOK-BGB, § 307, Rn. 57; *Grothe*, in: MüKo-BGB, § 202, Rn. 12; *Lakkis*, AcP 203 (2003), 763, 772 f.; *Lakkis*, ZGS 2003, 423, 425; *Schimmel/Buhlmann*, ZGS 2002, 109, 112.

473 BGH ZIP 2007, 2206, 2207 f.; vgl. im Übrigen: oben ab S. 87.

474 So auch: *Schmidt*, in: Wolf/Lindacher/Pfeiffer, Klauseln B, Rn. 369; *Lakkis*, AcP 203 (2003), 763, 775.

475 Vgl. *Henrich*, in: BeckOK-BGB, § 202, Rn. 11; *Mansel/Stürner*, in: NK-BGB, § 202, Rn. 23, 39, 59; *Lakkis*, AcP 203 (2003), 763, 772 ff.

476 Vgl. BGHZ 86, 284, 297; BGHZ 120, 108, 122; *Schmidt*, in: Ulmer/Brandner/Hensen, § 306, Rn. 14 ff.; *Grüneberg*, in: Palandt, § 306, Rn. 6, jeweils m.w.N.

477 *Grothe*, in: MüKo-BGB, § 202, Rn. 12.

BGB, tritt. Die Möglichkeit eines formularmäßigen Ausschlusses der Einrede der Verjährung der Bürgschaftsforderung ist dem AGB-Verwender nach alldem nicht eröffnet.

B. Entstehung der Gesamtschuld und Verjährung

Während der Verjährungsbeginn der Bürgschaftsforderung nicht zuletzt wegen der vielen unterschiedlichen Bürgschaftsformen besonders problematisch ist, ergeben sich für gesamtschuldnerische Verpflichtungen in der Entstehungsphase demgegenüber weniger verjährungsrechtliche Fragestellungen. Das soll aber nicht heißen, dass sich im Begründungsstadium einer Gesamtschuld nicht auch die Frage nach der Verjährung stellen kann. So ist vor dem Hintergrund der in Rechtsprechung und Schrifttum entwickelten Theorien zur Gesamtschuldentstehung zu erläutern, ob die Gesamtschuld nur bei von Beginn an identischen Verjährungsfristen der Schuldner zur Entstehung gelangen kann.

Bereits im Einführungsteil wurde darauf hingewiesen, dass § 421 BGB nur als Grundtatbestand der Gesamtschuld zu verstehen ist[478]. Obwohl die weiteren Entstehungsvoraussetzungen nach wie vor streitig sind[479], verbleiben nach heutigem Stand wohl nur noch zwei Standpunkte in der Diskussion, die zusätzliche, neben § 421 BGB tretende, Kriterien für die Entstehung der Gesamtschuld verlangen.

Zum Teil wird vorausgesetzt, dass es für die Entstehung der Gesamtschuld zwar nicht auf in jeder Hinsicht identische Leistungen, zumindest aber auf die „Identität des Leistungsinteresses" ankomme[480]. Insofern werde die Entstehung der Gesamtschuld weder durch unterschiedliche Rechtsgründe der einzelnen Forderungen und deren Höhe[481] noch etwa durch unterschiedliche Verjährungsfristen verhindert[482]. Mit dem Kriterium der Leistungsidentität stehen von Beginn an unterschiedlich ausgestaltete Verjährungsfristen also nicht im Wider-

---

478 Vgl. oben, S. 13; so auch überwiegend das Schrifttum: *Bydlinski*, in: MüKo-BGB, § 421, Rn. 3; *Grüneberg*, in: Palandt, § 421, Rn. 3 ff.; *Larenz*, AT I, S. 632; *Schwedhelm*, Das Gesamtschuldverhältnis, Rn. 11; *Wernecke*, Die Gesamtschuld, S. 17 ff.; 28; sehr restriktiv dagegen *Noack*, in: Staudinger (2005), § 421, Rn. 8.

479 *Wernecke*, Die Gesamtschuld, S. 28 ff.; *Larenz*, AT I, S. 633 ff.; *Bydlinski*, in: MüKo-BGB, § 421, Rn. 5 ff.; *Noack*, in: Staudinger (2005), § 421, Rn. 8, 11 ff.

480 Vgl. *Weber*, in: RGRK-BGB, § 421, Rn. 2 ff.; *Müller*, in: Prütting/Wegen/Weinreich, § 421, Rn. 5 f.; *Larenz*, AT I, S. 632 f.; *Stürner*, in: Jauernig, § 421, Rn. 1; *Bydlinski*, in: MüKo-BGB, § 421, Rn. 5; *Gehrlein*, in: BeckOK-BGB, § 421, Rn. 5; *Schulze*, in: Hk-BGB, § 421, Rn. 3.

481 *Weber*, in: RGRK-BGB, § 421, Rn. 3 ff.; *Gehrlein*, in: BeckOK-BGB, § 421, Rn. 5; *Schulze*, in: Hk-BGB, § 421, Rn. 3.

spruch[483]. Daneben wird vertreten, eine Gesamtschuld könne, soweit nicht bereits eine gesetzliche oder ausdrückliche Vereinbarung vorliege[484], nur bei *Gleichstufigkeit* der Verbindlichkeiten zur Entstehung gelangen[485]. Zwar wird von dieser Ansicht darauf hingewiesen, dass eine genaue Definition oder Formel der Gleichstufigkeit nicht möglich wäre[486]. Gleichstufigkeit sei aber zu bejahen, wenn im Innenverhältnis zwischen den Schuldnern grundsätzlich ein „wechselseitiger Regress" vorgesehen sei, was selbst dann gelten soll, wenn die Ausgleichspflicht eines Schuldners im Innenverhältnis auf den vollen Betrag laute-te[487]. Keine Gleichstufigkeit sei dagegen anzunehmen, wenn in den Fällen der Schuldnermehrheit für einen der Schuldner eine *cessio legis* für vorgesehen sei[488] oder sich einer der Schuldner im Verhältnis zum Gläubiger nur subsidiär verpflichte[489]. Soweit das Merkmal der Gleichstufigkeit trotz Leistungsidentität nicht vorliegt, wird zum Teil von „unechter" oder „scheinbarer" Gesamtschuld gesprochen[490]. Andere nehmen für diesen Fall schlicht „keine Gesamtschuld im Sinne [...] der §§ 421 bis 426 [BGB]" an[491].

Nach diesen Vorgaben steht das Merkmal der Gleichstufigkeit von Beginn an unterschiedlich ausgestalteten Verjährungsfristen ebenso wie das Kriterium der Leistungsidentität nicht entgegen. Wenn schon nach beiden Ansätzen die Anspruchsgrundlagen für die jeweiligen Forderungen unterschiedlich ausfallen

482 Vgl. *Bydlinski*, in: MüKo-BGB, § 421, Rn. 5; zumindest differenzierend: *Glöckner*, Gesamtschuldvorschriften und Schuldnermehrheiten bei unterschiedlichem Leistungsinhalt, S. 224 (§ 421 ff. BGB nur analog).

483 *Böttcher*, in: Erman, § 421, Rn. 8.

484 BGH NJW 2007, 1208, 1209 f.; *Selb*, Mehrheiten von Gläubigern und Schuldnern, S. 42.

485 BGHZ 106, 313, 319; BGHZ 137, 76, 82; BGHZ 159, 318, 319; BGH NJW 2007, 1208, 1209 f.; *Grüneberg*, in: Palandt, § 421, Rn. 7 f.; *Larenz*, AT I, S. 635 f.; *Selb*, Mehrheiten von Gläubigern und Schuldnern, S. 40 ff.; *Gehrlein*, in: BeckOK-BGB, § 421, Rn. 8; *Bydlinski*, in: MüKo-BGB, § 421, Rn. 12, 14; kritisch: *Boecken/von Sonntag*, Jura 1997, 1, 3 ff.; *Goette*, Gesamtschuldbegriff und Regreßproblem, S. 54 ff.; *Ehmann*, Die Gesamtschuld, S. 62 ff.

486 *Larenz*, AT I, S. 635.

487 Vgl. BGH NJW-RR 2007, 1407, 1408; *Stürner*, in: Jauernig, § 421, Rn. 2; *Grüneberg*, in: Palandt, § 421, Rn. 7; *Böttcher*, in: Erman, § 421, Rn. 12; *Völzmann-Stickelbrock*, in: NK-BGB, § 421, Rn. 9.

488 *Selb*, Mehrheiten von Gläubigern und Schuldnern, S. 42; *Böttcher*, in: Erman, § 421, Rn. 12; *Bydlinski*, in: MüKo-BGB, § 421, Rn. 12.

489 BGH NJW 2007, 1208, 1210; *Grüneberg*, in: Palandt, § 421, Rn. 7; *Böttcher*, in: Erman, § 421, Rn. 12.

490 *Gehrlein*, in: BeckOK-BGB, § 421, Rn. 14; *Weber*, in: RGRK-BGB, § 421, Rn. 22 f.

491 *Larenz*, AT I, S. 635.

können, dann muss dies für die Verjährung erst recht gelten. Maßgeblich für die Annahme gleichstufiger Verbindlichkeiten ist, wie gezeigt, dass zwischen den Gesamtschuldnern ein „wechselseitiger Regress“ möglich sein soll[492]; die Verjährungsfristen im Außenverhältnis haben auf die Möglichkeit eines Regresses der Gesamtschuldner grundsätzlich keine Auswirkungen[493]. Letztlich kommt es also nach keiner Auffassung darauf an, dass die einzelnen Forderung von Beginn an identischen Verjährungsfristen unterliegen. Die Begründung der Gesamtschuld erfolgt demnach unabhängig von der Verjährung der einzelnen Forderungen.

C. Entstehung des Schuldbeitritts und Verjährung

Wie gezeigt, ist die Entstehung der Gesamtschuld unabhängig von der Verjährung der gegen die Gesamtschuldner gerichteten Einzelforderungen zu beurteilen. Die Gesamtschuld verjährt auch nicht einheitlich; es verjähren nur die jeweiligen Einzelforderungen des Gläubigers gegen die Gesamtschuldner (§ 425 BGB). Unklar ist, ob mit dieser Feststellung gleichzeitig die Weichen für den Verjährungsbeginn beim Schuldbeitritt gestellt sind.

I. Aufspaltung des Problems in Entstehung und Entwicklung

Der Mitübernehmer tritt einer fremden, bereits bestehenden Schuld bei[494], die unter Umständen schon zu verjähren begonnen haben kann. Denkbar wäre es vor diesem Hintergrund für den Schuldbeitritt von Beginn an einheitliche Verjährungsfristen vorauszusetzen, die Verjährungsfrist der Beitrittsschuld also derjenigen der Ursprungsschuld im Beitrittszeitpunkt anzupassen[495]. Ebenso gut könnte die Beitrittsforderung auch einer eigenen Verjährung unterliegen, deren Frist sich in Beginn und Ablauf von der Ursprungsschuld unterscheidet[496].

Die Vertreter des erstgenannten Ansatzes, die zumindest von einer anfänglichen Synchronisation der Verjährungsfristen beim Schuldbeitritt ausgehen, ha-

492 Vgl. die Nachweise in Fußnote 487.

493 BGHZ 58, 216, 218; BGH NJW 2010, 62, 63; BGH NJW 2010, 435, 436; zu den Ausnahmen unten ab S. 286 ff., S. 305 ff., S. 311 ff.

494 *Reichel*, Die Schuldmitübernahme, S. 1; *Selb*, Mehrheiten von Gläubigern und Schuldnern, S. 213; *Nobbe*, in: Bankrechts-Handbuch, § 92, Rn. 76; *H. P. Westermann*, Jura 1991, 567, 569.

495 BGHZ 58, 251, 254; OLG Bremen NJW 1972, 910; *Reichel*, Das Recht 1912, 376; *Benckendorff*, WuB IV A. § 196 BGB 1.93, 952; *Kittlitz*, Der vertragliche Schuldbeitritt, S. 60; *Röthel*, in: Erman, Vor § 414, Rn. 25.

496 *Madaus*, Der Schuldbeitritt als Personalsicherheit, S. 272 ff.; einschränkend: *Schürnbrand*, Der Schuldbeitritt zwischen Gesamtschuld und Akzessorietät, S. 93.

ben das Problem stets im Zusammenhang mit § 425 BGB, dem gesamtschuldnerischen Grundsatz der Einzelwirkung eingeordnet[497]. Diese herrschende Lehre beurteilt den Einfluss der Verjährung für den Schuldbeitritt mithin unter dem Gesichtspunkt der verjährungsrechtlichen Entwicklung des Schuldbeitritts. Das hängt aber wohl damit zusammen, dass die herrschende Lehre seit langer Zeit dem Dogma verhaftet ist, dass der Schuldbeitritt als Gesamtschuld allein den §§ 421 ff. BGB unterfällt[498]. Zu Beginn dieser Arbeit wurde bereits festgestellt, dass dieses Verständnis, zumindest in dieser Allgemeinheit, als überholt anzusehen ist. Nach dem jeweiligen Zweck des Schuldbeitritts kann sich die Anwendbarkeit von Bürgschaftsrecht ergeben[499]. Die Bürgschaftsforderung unterliegt, wie gezeigt, einer eigenständigen regelmäßigen Verjährung gemäß §§ 195, 199 Abs. 1 BGB[500]. Wenn dies auch für einige Erscheinungsformen des Schuldbeitritts gälte, müsste schon hier im Zusammenhang mit der Entstehung und nicht erst im Fokus der Entwicklung des Schuldbeitritts auf das Problem eingegangen werden[501]. Für diese Herangehensweise streitet, dass sich die Frage nach der verjährungsrechtlichen Weiterentwicklung der Beitrittsschuld unabhängig von deren Verjährungsbeginn stellt.

II. Verjährungsbeginn und Verjährungsfristen beim Schuldbeitritt

Für die Bestimmung des Verjährungsbeginns der Beitrittsforderung ist unter anderem maßgeblich, ob diese wie die Ursprungsschuld verjährt oder aber die Vorschriften über die Regelverjährung gemäß §§ 195, 199 Abs. 1 BGB Anwendung finden. Die überwiegende Meinung geht von einheitlichen Verjährungsfristen von Beitritts- und Ursprungsschuld aus und begründet dies zumeist mit der inhaltlichen Identität der Verpflichtungen[502]. Für die herrschende Lehre ergeben

497 Vgl. BGHZ 58, 251, 255; *Reichel*, Die Schuldmitübernahme, S. 396 ff.; *Weigelin*, Der Schuldbeitritt, S. 85; *Selb*, Mehrheiten von Gläubigern und Schuldnern, S. 85 f.; *Schwedhelm*, Das Gesamtschuldverhältnis, Rn. 124.

498 Vgl. BGHZ 58, 251, 255; *Noack*, in: Staudinger (2005), § 421, Rn. 49 ff.; *Horn*, in: Staudinger (1997), Vorbem zu §§ 765 ff, Rn. 363; *Reinicke/Tiedtke*, Kreditsicherung, Rn. 3; *Weigelin*, Der Schuldbeitritt, S. 9 ff.

499 Oben ab S. 18.

500 Vgl. auch die Nachweise oben in Fußnote 66 und 124.

501 *Selb*, Mehrheiten von Gläubigern und Schuldnern, S. 84 f.; *Selb*, EWiR 1993, 657, und *Bydlinski*, in: MüKo-BGB, § 425, Rn. 22 („Problemkreis"), haben schon auf die dogmatischen Herausforderungen hingewiesen, die mit der Einordnung dieser Fragestellung verbunden sind.

502 Vgl. BGHZ 58, 251, 255; BGH NJW 1993, 1914, 1915; *Bydlinski*, in: MüKo-BGB, Vor § 414, Rn. 17; *Grüneberg*, in: Palandt, Überbl v § 414, Rn. 7 f.; *Nobbe*, in: Bankrechts-Handbuch, § 92, Rn. 79; *Selb*, Mehrheiten von Gläubigern und Schuldnern,

sich damit zwei mögliche Zeitpunkte für den Verjährungsbeginn: Entweder beginnt die Verjährung mit dem Schuldbeitritt oder, wenn die Ursprungsforderung noch nicht fällig gewesen ist, mit deren Fälligkeit.

Madaus hält dem entgegen, dass zumindest aus der Selbstständigkeit des vertraglichen Schuldbeitritts zugleich dessen eigenständige Verjährung folge[503]. Da für den Beitretenden die Verjährung der Erstschuld nicht maßgeblich sei, gelangten die Vorschriften der Regelverjährung gemäß §§ 195, 199 BGB zur Anwendung[504]. *Schürnbrand* will dem zumindest für den Sicherungsbeitritt zustimmen, soweit dem Beitrittsschuldner über eine Analogie zu § 768 BGB gleichzeitig die Einrede der Verjährung der Ursprungsschuld verbleibe[505]. Für den Übernahmebeitritt könne dies hingegen nicht angenommen werden, weil es dort insoweit an einem akzessorisch ausgestalteten Haftungsmodell fehle und die gesamtschuldrechtlichen Vorschriften den Weg über § 768 BGB versperrten[506]. Für diejenigen, die die Beitrittsforderung gemäß den Vorschriften über die Regelverjährung behandeln wollen, richtete sich der Verjährungsbeginn mithin nach § 199 Abs. 1 BGB.

1. Stellungnahme

a) Zur Anwendbarkeit der §§ 195, 199 Abs. 1 BGB

Wenn sich der Verjährungsbeginn nach § 199 Abs. 1 BGB bestimmen soll, müssten die Vorschriften über die Regelverjährung zunächst überhaupt anwendbar sein. Dass sich für viele Anhänger der herrschenden Lehre die Frage gar nicht erst stellt, verwundert nicht, denn für sie ist es unerheblich, ob für den Schuldbeitritt die Vorschriften über die Regelverjährung Anwendung finden oder andere Normen einschlägig sind[507]. Schließlich ist man sich darüber einig, dass sich die Verjährung der Beitrittsschuld an derjenigen der Ursprungsschuld

S. 85 f., 213. So im Ergebnis auch *Reichel*, Die Schuldmitübernahme, S. 396, der davon spricht, dass die Beitrittsschuld „qualitativ die gleiche wie die Urschuld" sei; dem folgend: *Benckendorff*, WuB IV A. § 196 BGB 1.93, 952.

503 *Madaus*, Der Schuldbeitritt als Personalsicherheit, S. 272 ff.

504 *Madaus*, Der Schuldbeitritt als Personalsicherheit, S. 274 ff. Dort allerdings noch zur Rechtslage vor der Schuldrechtsreform und mit dem Verweis darauf, dass die §§ 196, 197 BGB a.F. keine Anwendung fänden.

505 Vgl. *Schürnbrand*, Der Schuldbeitritt zwischen Gesamtschuld und Akzessorietät, S. 93, 107 f., 120.

506 *Schürnbrand*, Der Schuldbeitritt zwischen Gesamtschuld und Akzessorietät, S. 93.

507 Das Problem der Anwendbarkeit der Vorschriften über die regelmäßige Verjährung ist innerhalb der herrschenden Meinung – soweit ersichtlich – nur von *Kittlitz*, Der vertragliche Schuldbeitritt, S. 60, ausdrücklich diskutiert worden.

orientiere[508]. Die Gegenauffassung will dagegen zumindest für den vertraglichen Schuldbeitritt[509] oder den Schuldbeitritt zu Sicherungszwecken[510] die Vorschriften über die Regelverjährung zur Anwendung bringen. Es ist zu untersuchen, ob diese Differenzierungen angemessen sind oder nicht doch bessere Gründe dafür streiten, die Vorschriften über die Regelverjährung für alle Formen des Schuldbeitritts anzuwenden.

Dafür, den vertraglichen Schuldbeitritt nach den Vorschriften der Regelverjährung zu behandeln, spricht, dass es sich der Sache nach um einen (gewöhnlichen) vertraglichen Erfüllungsanspruch handelt. Spätestens mit der Schuldrechtsreform hat der Gesetzgeber alle vertraglichen Erfüllungsansprüche dem System der §§ 195, 199 BGB zuordnen wollen[511]. Da der Gesetzgeber auch für Ansprüche aus gesetzlichen Schuldverhältnissen – entgegen anderslautender Vorschläge der Schuldrechtskommission[512] – grundsätzlich die Regelverjährung vorgesehen hat[513], lassen sich *Madaus* Erwägungen zudem auch auf den gesetzlichen Schuldbeitritt übertragen.

Allerdings ist die Anwendung der §§ 195, 199 BGB nicht in jeder Hinsicht unzweifelhaft. Es wäre zu schematisch und undifferenziert stets von Regelverjährung für die Beitrittsschuld auszugehen. Der Sinn und Zweck des jeweiligen Schuldbeitritts erfordert eine einzelfallbezogene Betrachtung. So ergibt die dreijährige Regelverjährung gemäß § 195 BGB keinen Sinn, wenn der Beitritt für eine bereits titulierte Forderung erfolgt, für die die dreißigjährige Verjährung des § 197 Abs. 1 Nr. 3 (Nr. 4) BGB gilt[514]. Hier würde sich wie bei der Bürgschaft das Problem einer vorzeitigen Verjährung gegenüber der Urschuld stellen[515]. So-

508 BGH NJW 1993, 1914, 1915; *Bydlinski*, in: MüKo-BGB, Vor § 414, Rn. 17; *Gebauer*, in: Soergel, § 425, Rn. 15; *Röthel*, in: Erman, Vor § 414, Rn. 25; *Nobbe*, in: Bankrechts-Handbuch, § 92, Rn. 79; *Schwedhelm*, Das Gesamtschuldverhältnis, Rn. 124; *Selb*, Mehrheiten von Gläubigern und Schuldnern, S. 85 f.; *Reichel*, Die Schuldmitübernahme, S. 396; *Kittlitz*, Der vertragliche Schuldbeitritt, S. 60.

509 *Madaus*, Der Schuldbeitritt als Personalsicherheit, S. 278.

510 *Schürnbrand*, Der Schuldbeitritt zwischen Gesamtschuld und Akzessorietät, S. 93.

511 BT-Drucks. 14/6040, S. 103; vgl. auch *Henrich*, in: BeckOK-BGB, § 195, Rn. 5; *Peters/Jacoby*, in: Staudinger (2009), § 195, Rn. 12; *Petersen*, Jura 2011, 657, 658.

512 Vgl. Abschlussbericht der Kommission zur Überarbeitung des Schuldrechts, S. 68 f.

513 BT-Drucks. 14/6040, S. 103 ff.

514 Vgl. BGH NJW 1987, 2863, 2864 (zur Vermögensübernahme gemäß § 419 BGB a.F.); *Bydlinski*, in: MüKo-BGB, Vor § 414, Rn. 17; *Grüneberg*, in: Palandt, Überbl v § 414, Rn. 8; *Rohe*, in: BeckOK-BGB, § 415, Rn. 34; *Nobbe*, in: Bankrechts-Handbuch, § 92, Rn. 79.

515 Auf die Gewährleistungsbürgschaft in diesem Zusammenhang hinweisend auch *Schürnbrand*, Der Schuldbeitritt zwischen Gesamtschuld und Akzessorietät, S. 107.

weit für die Bürgschaftsforderung vertreten wird, durch Auslegung könne sich ergeben, dass diese nicht vor der Hauptschuld verjähren soll[516], muss dies zumindest für den Schuldbeitritt zu Sicherungszwecken ebenfalls gelten.

Obwohl die prinzipielle Annahme der Regelverjährung also nicht überzeugt, ist zu konstatieren, dass die herrschende Lehre das Problem der Verjährung der Beitrittsforderung ebenso wenig zufriedenstellend zu lösen vermag. Zwar schafft sie durch die Anknüpfung an die Urschuld Rechtssicherheit für den Verjährungsbeginn. Dies kann aber weder dadurch gerechtfertigt werden, dass für das weitere verjährungsrechtliche Schicksal von Beitritts- und Urschuld der gesamtschuldrechtliche Grundsatz der Einzelwirkung gälte[517], noch durch den Verweis darauf, dass Beitritts- und Ursprungsforderung dieselbe „*causa*" hätten[518]. Vor allem der letztgenannte Aspekt überzeugt nicht[519]. Soweit mit *causa* der Rechtsgrund für die Entstehung der Beitrittsforderung gemeint ist, ist dieser nicht mit dem Rechtsgrund der Ursprungsschuld identisch[520], weil die Beitrittsforderung entweder aufgrund eines Vertrags mit dem Schuldner oder Gläubiger[521] oder wegen gesetzlicher Anordnung[522] (z.B. § 1088 BGB, § 2382 BGB) entsteht. Zudem läuft die Annahme, dass die Beitrittsschuld eine eigenständige verjährungsrechtliche Entwicklung nehmen soll, leer, wenn der Beitritt gerade das Risiko einer vorzeitigen Verjährung der Ursprungsschuld absichern sollte. In dem Fall nützte es dem Gläubiger wenig, wenn dem Beitrittsschuldner die bereits in Gang gesetzte Verjährungsfrist der Urschuld stets „von Beginn an" zugute käme[523]. Dies spricht gleichermaßen gegen *Schürnbrand*, soweit er dem Beitrittsschuldner auf der einen Seite zwar der Beitrittsforderung die Regelverjährung auferlegt, diesem auf der anderen Seite aber analog § 768 Abs. 1 BGB gestattet, sich auf die

516 Vgl. *Brödermann*, in: Prütting/Wegen/Weinreich, Vor §§ 765 ff, Rn. 38; *Ellenberger*, in: Palandt, § 199, Rn. 3. Vgl. schon oben, S. 73; 75.

517 So: BGHZ 58, 251, 255; *Selb*, Mehrheiten von Gläubigern und Schuldnern, S. 85; *Schwedhelm*, Das Gesamtschuldverhältnis, Rn. 124.

518 *Reichel*, Die Schuldmitübernahme, S. 396; *Reichel*, Das Recht 1912, 376.

519 Vgl. *Madaus*, Der Schuldbeitritt als Personalsicherheit, S. 272 f.

520 Überzeugend: *Madaus*, Der Schuldbeitritt als Personalsicherheit, S. 273.

521 *Nobbe*, in: Bankrechts-Handbuch, § 92, Rn. 65; *Fischer*, in: Das Recht der Kreditsicherheiten, § 9, Rn. 193. Wenn der Vertrag zwischen Eintretendem und Schuldner geschlossen wird, liegt ein Vertrag zugunsten Dritter, des Gläubigers, nach § 328 BGB vor (BGHZ 72, 246, 250; *Weber*, in: RGRK-BGB, Vor § 414, Rn. 28).

522 Vgl. *Kohte*, JZ 1990, 997; *Röthel*, in: Erman, Vor § 414, Rn. 12; *Beckmann*, in: NK-BGB, Vor §§ 765 ff., Rn. 10 (dort Fn. 8).

523 Dies ist jedoch Konsequenz der herrschenden Lehre. Ausführlich dazu im Rahmen der Entwicklung der Verjährung beim Schuldbeitritt. Dazu unten ab S. 187.

Verjährung der Urschuld zu berufen[524]. Man kann nämlich durchaus daran zweifeln, ob dieser Gedanke dem Zweck der von ihm mitgestalteten Fallgruppe des „Sicherungsbeitritts“ angemessen Rechnung trägt. Die Regelverjährung brächte zwar einerseits die eigenständige Verjährung der Beitrittsschuld zum Ausdruck, andererseits fragt man sich, warum überhaupt eine eigene (regelmäßige) Verjährung angenommen werden sollte, wenn es wegen der entsprechenden Anwendung von § 768 BGB im Endeffekt doch maßgeblich auf die Verjährung der Urschuld ankäme. Im Ergebnis schlagen diese Bedenken gegen die Auffassung von *Schürnbrand* aber nicht durch. Sieht man den Sicherungsbeitritt als eine Verpflichtung an, die im Wesentlichen der Ursprungsschuld angelehnt ist und damit sachlich und wirtschaftlich einer Bürgschaft entspricht, wäre es inkonsequent, nicht wie bei der Bürgschaft von einer rechtlichen Trennung der Forderungen, speziell im Hinblick auf die eigene Verjährung auszugehen. Im Übrigen ist weiter zu differenzieren: Liegt der Sicherungszweck allein darin, dem Gläubiger einen weiteren Schuldner zu verschaffen, der denselben zeitlichen Grenzen für die Geltendmachung unterliegen soll wie der Urschuldner, dann ist auch für den Sicherungsbeitritt die entsprechende Anwendung von § 768 BGB geboten. Ergibt die Auslegung jedoch einen darüber hinausgehenden Zweck, der einen zeitlichen Rahmen für die Inanspruchnahme des Beitrittsschuldners vorgibt, welcher über denjenigen der Urschuld hinausgehen soll, kann § 768 BGB auch für den Sicherungsbeitritt keine Anwendung finden, sondern vielmehr allein § 425 Abs. 2 BGB.

Im Ergebnis haben alle Standpunkte ihre Berechtigung, jeweils für sich allein vermögen sie aber keine allgemeingültige Aussage darüber zu treffen, unter welchen Voraussetzungen die Beitrittsschuld verjährt. *Madaus* stellt vorwiegend auf den Begründungstatbestand des vertraglichen Schuldbeitritts ab[525]. Ausweislich der Materialien zu den §§ 195 ff. BGB[526] ist diese Deutung einerseits zwar grundsätzlich mit dem Gesetz vereinbar, andererseits jedoch zu einseitig, weil die maßgeblichen Unterschiede der Erscheinungsformen des Schuldbeitritts aus der jeweiligen Zweckrichtung erfolgen und dies auch für die Bestimmung der Verjährung maßgeblich ist[527]. Für die Anwendung der Vorschriften der Regelverjährung kommt es daher nicht darauf an, ob der Schuldbeitritt vertraglich oder gesetzlich begründet worden ist, sondern auf die zugrundeliegende Zwecksetzung, die sich sowohl aus dem Gesetz als auch aus der zugrundeliegenden Ver-

524 Vgl. *Schürnbrand*, Der Schuldbeitritt zwischen Gesamtschuld und Akzessorietät, S. 93, 107 f.

525 Vgl. *Madaus*, Der Schuldbeitritt als Personalsicherheit, S. 278.

526 Vgl. BT-Drucks. 14/6040, S. 103 ff.

527 Vgl. *Kittlitz*, Der vertragliche Schuldbeitritt, S. 60.

einbarung ergeben kann. Besser erscheint deshalb der Vorschlag *Schürnbrands*, zumindest für den Schuldbeitritt zu Sicherungszwecken grundsätzlich von der Regelverjährung gemäß den §§ 195, 199 BGB auszugehen[528]. Die Frage der analogen Anwendung von § 768 BGB betrifft im Übrigen die Entwicklung der Verjährung der Beitrittsschuld im Verhältnis zur Ursprungsschuld und ist daher an anderer Stelle weiter zu vertiefen[529]. Für die übrigen Fälle präsentiert die herrschende Lehre eine sachgerechte Lösung. Die Kopplung der Verjährungsfrist der Beitrittsschuld an die Frist der Urschuld ist für die Fälle sinnvoll, in denen der Beitrittsschuldner im Wesentlichen wie der Ursprungsschuldner selbst haften und mithin eine gleichstufige Verpflichtung des Beitrittsschuldners geschaffen werden soll[530], die sich inhaltlich mit der Ursprungsforderung deckt[531]. Soweit dies im Einzelfall zu einer gegenüber der Regelverjährung anderen Verjährungsfrist der Beitrittsschuld führt, kann dies mit dem konkreten Zweck des Schuldbeitritts gerechtfertigt werden.

b) Verjährungsbeginn gemäß § 199 Abs. 1 BGB

Ist der Anwendungsbereich der regelmäßigen Verjährung gemäß § 195 BGB eröffnet, bestimmt sich der Verjährungsbeginn nach § 199 Abs. 1 BGB. An anderer Stelle konnte bereits umfassend dargelegt werden, dass es vorrangig auf die Anspruchsentstehung im Sinne von § 199 Abs. 1 Nr. 1 BGB, also die Fälligkeit der Forderung, ankommt[532].

Dem von *Madaus* zur alten Rechtslage vertretenen Ansatz, beim Schuldbeitritt käme es dafür auf den Zeitpunkt des Vertragsschlusses an[533], ist in dieser Allgemeinheit nicht zu folgen. Vom Beitrittszweck kann es nämlich durchaus geboten sein, dass die Fälligkeit erst mit der Nichterfüllung der Urschuld eintritt[534]. Zumindest für die Fälle des Sicherungsbeitritts ist im Innenverhältnis zwischen Schuldner und Beitretendem eine gewisse Nachrangigkeit der Verpflichtung des Beitrittsschuldners vorgesehen[535]. Dies ist etwa dann anzuneh-

528 Vgl. *Schürnbrand*, Der Schuldbeitritt zwischen Gesamtschuld und Akzessorietät, S. 93.

529 Unten, S. 187 ff.

530 *Schürnbrand*, Der Schuldbeitritt zwischen Gesamtschuld und Akzessorietät, S. 93.

531 Vgl. BGHZ 58, 251, 254; *Selb*, Mehrheiten von Gläubigern und Schuldnern, S. 213; *Weber*, in: RGRK-BGB, Vor § 414, Rn. 21; *Röthel*, in: Erman, Vor § 414, Rn. 25.

532 Oben, S. 20.

533 *Madaus*, Der Schuldbeitritt als Personalsicherheit, S. 278.

534 Vgl. *Bülow*, Recht der Kreditsicherheiten, Rn. 1598; *Bülow*, ZIP 1999, 985, 988.

535 Bei gesetzlich angeordnetem Sicherungsbeitritt kann sich aus dem Zweck der Beitrittsvorschrift (etwa für § 130 HGB und § 322 AktG) ergeben, dass den Beitretenden nur eine Art Ausfallhaftung treffen soll. Allerdings müsse weiter differenziert werden: vgl.

men, wenn der Beitrittsschuldner im Außenverhältnis wie der Ursprungsschuldner in Anspruch genommen werden kann, im Innenverhältnis aber zum Regress über die volle Summe berechtigt ist[536]. Zwar kann aus dieser Nachrangigkeit, die schließlich nur im Innenverhältnis bestehen soll, nicht der Schluss gezogen werden, dass der Beitrittsschuldner erst nach dem Ursprungsschuldner in Anspruch genommen werden kann[537]. Wenn indes für den Sicherungsbeitritt die Parallelen zur (selbstschuldnerischen) Bürgschaft hervorgehoben werden[538], spricht vieles dafür, diesen auch hinsichtlich des Verjährungsbeginns wie eine Bürgschaft zu behandeln. Es käme dann wiederum auf den Eintritt des Sicherungsfalls an[539]. Dafür ist auf die Nichterfüllung der Forderung durch den (Ursprungs-)Schuldner abzustellen. Im Ergebnis fielen die Fälligkeit der Ursprungs- und Beitrittsschuld damit wie bei der (selbstschuldnerischen) Bürgschaft zusammen[540]. Weil die Nichterfüllung der Ursprungsschuld gleichzeitig deren Fälligkeit voraussetzt, ist damit zum einen sichergestellt, dass die Beitrittsschuld nicht vor Fälligkeit der Ursprungsschuld im Sinne von § 199 Abs. 1 Nr. 1 BGB entsteht, zum anderen, dass der Beitrittsschuldner nicht in Anspruch genommen werden kann, wenn auch der Ursprungsschuldner nicht zur Leistung verpflichtet ist.

2. *Ergebnis zum Verjährungsbeginn beim Schuldbeitritt*

Da es *den* Schuldbeitritt nicht gibt, fällt auch die Bestimmung des Verjährungsbeginns für die Beitrittsforderung nicht leicht. Wie gezeigt, sind zumindest für den Schuldbeitritt zu Sicherungszwecken, unabhängig davon, ob dieser auf gesetzlicher Anordnung oder einer vertraglichen Vereinbarung beruht, die Vorschriften der Regelverjährung anwendbar. Aus der Anwendbarkeit dieser Regelungen folgt indes, dass auch Erwägungen zur Entstehung des Anspruchs im Sinne von § 199 Abs. 1 Nr. 1 BGB angestellt werden müssen. Versteht man den Schuldbeitritt zu Sicherungszwecken als ein funktional der selbstschuldneri-

---

Schürnbrand, Der Schuldbeitritt zwischen Gesamtschuld und Akzessorietät, S. 41 ff.

536 *Schürnbrand*, Der Schuldbeitritt zwischen Gesamtschuld und Akzessorietät, S. 45 f.

537 *Schürnbrand*, Der Schuldbeitritt zwischen Gesamtschuld und Akzessorietät, S. 112 f.; *Habersack*, in: MüKo-BGB, Vor § 765, Rn. 15; a.A. *Bülow*, ZIP 1999, 985, 988.

538 *Schürnbrand*, Der Schuldbeitritt zwischen Gesamtschuld und Akzessorietät, S. 119, mit Verweis auf BGH NJW 1997, 2677, 2678; *Schimansky*, WM 2002, 2347. Allgemein zu den Parallelen zwischen Schuldbeitritt und selbstschuldnerischer Bürgschaft auch *Bydlinski*, ZIP 1989, 953, 955 f.

539 *Schürnbrand*, Der Schuldbeitritt zwischen Gesamtschuld und Akzessorietät, S. 112 f.

540 Da hier ein „enges Verständnis“ der Nichterfüllung zugrunde gelegt wird, fallen Fälligkeit der gesicherten Forderung und Fälligkeit der Beitrittsschuld zusammen. Vgl. bereits oben zur Bürgschaft S. 49 ff.; 60 f.

schen Bürgschaft entsprechendes Sicherungsmittel[541], ist die Gleichbehandlung in Bezug auf den Verjährungsbeginn im Sinne von § 199 Abs. 1 Nr. 1 BGB obligatorisch: Die Beitrittsforderung entsteht mit Eintritt des Sicherungsfalls. Soweit diesbezüglich keine vorrangigen Abreden getroffen worden sind, insbesondere also in den Fällen eines gesetzlich begründeten Schuldbeitritts, kommt es auf den Zeitpunkt der Nichterfüllung der Ursprungsschuld an[542]. Hierfür ist ein enges Verständnis zugrunde zu legen. Die Beitrittsschuld wird daher gleichzeitig mit der Urschuld fällig.

Sind die Vorschriften über die Regelverjährung dagegen nicht anwendbar, ist in Übereinstimmung mit der herrschenden Lehre der Zeitpunkt des Schuldbeitritts, ansonsten die Fälligkeit der Ursprungsschuld Auslöser des Verjährungsbeginns.

D. Zusammenfassung der Ergebnisse des Abschnitts

Die wesentlichen Ergebnisse zur Untersuchung der Auswirkungen der Verjährung auf die Entstehung von Bürgschaft, Gesamtschuld und Schuldbeitritt lassen sich wie folgt zusammenfassen:

Die Fälligkeit des Bürgschaftsanspruchs und der Beitrittsforderung beim Schuldbeitritt zu Sicherungszwecken unterliegt denselben Grundsätzen. Es kommt auf den Eintritt des vertraglich vereinbarten Sicherungsfalls an. Liegt keine Vereinbarung über den Sicherungsfall vor, kommt es auf die Fälligkeit der gesicherten Forderung und deren Nichterfüllung an. Weil das Kriterium der Nichterfüllung eng zu verstehen ist, fallen die Fälligkeit der gesicherten Forderung und die der Bürgschaft bzw. Beitrittsschuld zusammen.

Auf den Verzugseintritt des Schuldners der Hauptforderung bzw. der Ursprungsschuld kommt es dagegen nicht an. Obwohl dieses Kriterium eine rechtssichere Bestimmung des Verjährungsbeginns zuließe, ist es abzulehnen, weil es im Gesetz keinen Anhaltspunkt findet. Im Bürgschaftsrecht folgt dies bereits aus dem Umkehrschluss aus § 775 Abs. 2 BGB in Verbindung mit § 775 Abs. 1 Nr. 3 BGB.

Gesamtschulden können unabhängig von von Beginn an unterschiedlich verjährenden Einzelforderungen begründet werden. Die weitere Entwicklung der Verjährung richtet sich nach § 425 Abs. 2 BGB. Dies gilt auch für den Schuldbeitritt zu Übernahmezwecken, soweit dieser dem Gesamtschuldregime unterstellt wird.

---

541 Vgl. *Schürnbrand*, Der Schuldbeitritt zwischen Gesamtschuld und Akzessorietät, S. 93, 112 f.

542 Vgl. bereits oben zur Bürgschaft S. 49 ff., 60 f.

3. Abschnitt: Verjährung der (gesicherten) Schuld als Einredetatbestand gegenüber dem Sicherungsrecht und den anderen Schuldnern

Bürgschaft und Schuldbeitritt haben als Personalsicherheiten[543] vor allem die Funktion zu eigen, den Risiken des Gläubigers entgegenzuwirken, die mit einem Vermögensverfall bei dem oder den anderen Schuldnern verbunden sind. Die Möglichkeit des Gläubigers auf die Sicherheit zuzugreifen, wird dabei wesentlich durch das Verhältnis der Sicherheit zu der gesicherten Schuld geprägt[544]. Für die akzessorisch ausgestaltete Bürgschaft geht diese Anbindung an die Hauptschuld so weit, dass der Bürge seiner Inanspruchnahme aus der Bürgschaftsforderung die dem Hauptschuldner zustehende Einrede der Verjährung gemäß § 768 Abs. 1 S. 1 BGB entgegenhalten kann[545]. Bei der Gesamtschuld gilt dagegen der Grundsatz der Einzelwirkung, der in § 425 BGB geregelt ist. Die Verjährung, Verjährungshemmung oder ein Neubeginn der Verjährung wirken gemäß § 425 Abs. 2 BGB nur für den Gesamtschuldner in dessen Person sie eintreten. Daran zeigt sich, dass die Verjährung der gesicherten Schuld Auswirkungen auf ein Vorgehen aus der Sicherheit haben kann. Wenn sich Gesamtschuld und Bürgschaft in diesem Punkt bereits signifikant unterscheiden, ist erörterungswürdig, was für den Schuldbeitritt gelten muss.

A. Auswirkungen der Verjährung der Hauptforderung für die Inanspruchnahme des Bürgen

I. Verjährung der Hauptforderung als Einrede i.S.v. § 768 Abs. 1 S. 1 BGB

Wie gezeigt, unterliegen Haupt- und Bürgschaftsforderung einer rechtlichen Trennung, die unter anderem eine eigenständige Verjährung der Forderungen nach sich zieht[546]. Daher ist zu untersuchen, ob und in gegebenenfalls welchen

543 *Ganter*, in: Bankrechts-Handbuch, § 90, Rn. 20; *Beckmann*, in: NK-BGB, Vor §§ 765 ff., Rn. 1, 10; *Horn*, in: Staudinger (1997), Vorbem zu §§ 765 ff, Rn. 2, 21, 147.

544 *Lwowski*, in: Das Recht der Kreditsicherheiten, § 1, Rn. 15 f.; *Ganter*, in: Bankrechts-Handbuch, § 90, Rn. 25 f.

545 Vgl. BGHZ 95, 375, 383 f.; BGHZ 139, 214 ff.; *v. Karger*, Die Verjährung bei der Bürgschaft, S. 3; *Mormann*, in: RGRK-BGB, § 768, Rn. 1; *E. Herrmann*, in: Erman, § 768, Rn. 4; weitere Nachweise in Fußnote 549.

546 BGHZ 76, 222, 225; BGHZ 139, 214, 219; *Hohmann*, WM 2004, 757, 760; *Schreiber*, Jura 2007, 730, 734; weitere Nachweise oben in Fußnote 124.

Fällen die Verjährung der Hauptschuld der Inanspruchnahme des Bürgen entgegensteht.

Für bestimmte dingliche Sicherheiten wie Hypotheken oder Pfandrechte gilt nach § 216 Abs. 1 BGB, dass der Sicherungsnehmer an einem Vorgehen aus der Sicherheit nicht durch die Verjährung der gesicherten Schuld gehindert wird. Nach allgemeiner Meinung findet § 216 BGB auf die Bürgschaft aber weder direkt noch analog Anwendung[547]. Es kommt für die Untersuchung, welche Auswirkungen die Verjährung der Hauptschuld auf die Durchsetzbarkeit der Bürgschaft hat, daher maßgeblich auf § 768 BGB an. Nach § 768 Abs. 1 S. 1 BGB kann sich der Bürge auf die dem Hauptschuldner zustehenden Einreden berufen[548]. Darunter fällt unstreitig auch die gegenüber dem Hauptschuldner eingetretene Verjährung der Hauptforderung[549]. Wie weitreichend diese Prämisse ist, zeigt der Blick auf die Rechtsprechung zu § 768 Abs. 1 BGB und die sich daran anschließende Diskussion im Schrifttum.

1. Verjährung der Hauptforderung während und nach dem Bürgenprozess

a) Problem und Meinungsstand

Der Bürge soll sich nach Auffassung des BGH selbst dann noch auf die Verjährung der Hauptschuld berufen können, wenn er selbst verklagt wird und während des Bürgenprozesses die Hauptschuld verjährt, da die Verjährung der Hauptschuld nicht durch Klage gegen den Bürgen gehemmt werde[550]. In der Literatur wird diese Sichtweise weitgehend geteilt[551]. Der von der Rechtsprechung

---

547 Allgemeine Meinung: BGHZ 138, 49, 54 f. (noch zu § 223 BGB a.F.); *Grothe*, in: MüKo-BGB, § 216, Rn. 3; *Peters/Jacoby*, in: Staudinger (2009), § 216, Rn. 5; *Brödermann*, in: Prütting/Wegen/Weinreich, § 768, Rn. 6; *Ellenberger*, in: Palandt, § 216, Rn. 6; *Henrich*, in: BeckOK-BGB, § 216, Rn. 4; *Mansel/Stürner*, in: NK-BGB, § 216, Rn. 8; *Hohmann*, WM 2004, 757, 761; *Bub*, in: FS Fischer, 2008, S. 71, 78.

548 In der Literatur wird dieser Mechanismus von *Tiedtke*, JZ 2006, 940, 941, prägnant beschrieben: „Die schuldnerbezogenen Einreden stehen dem Bürgen mittelbar als bürgenbezogene zu".

549 BGHZ 95, 375, 383 f.; BGHZ 139, 214 ff.; *v. Karger*, Die Verjährung bei der Bürgschaft, S. 3; *Mormann*, in: RGRK-BGB, § 768, Rn. 1; *E. Herrmann*, in: Erman, § 768, Rn. 4; *Sprau*, in: Palandt, § 768, Rn. 6; *Stadler*, in: Jauernig, § 768, Rn. 6; *Rohe*, in: BeckOK-BGB, § 768, Rn. 3; *Habersack*, in: MüKo-BGB, § 768, Rn. 5; *A. Staudinger*, in: Hk-BGB, § 768, Rn. 2; *Brödermann*, in: Prütting/Wegen/Weinreich, § 768, Rn. 6; *Beckmann*, in: NK-BGB, § 768, Rn. 5; *Lettl*, WM 2000, 1316, 1321; *Geldmacher*, NZM 2003, 502; *Siegmann/Polt*, WM 2004, 766, 767; *Tiedtke*, JZ 2006, 940, 941; *Einsiedler*, MDR 2010, 603, 604.

550 BGHZ 76, 222, 225; BGHZ 139, 214, 216.

551 Vgl. *v. Karger*, Die Verjährung bei der Bürgschaft, S. 11 f.; *Horn*, in: Staudinger (1997), § 768, Rn. 15; *Habersack*, in: MüKo-BGB, § 768, Rn. 5; *Rohe*, in: BeckO-

gezogene Schutz des Bürgen geht allerdings noch darüber hinaus. In zwei weiteren Entscheidungen hat der BGH ausgeführt, dass sich der Bürge auch nach dem Schluss der letzten mündlichen Verhandlung des Berufungsprozesses noch auf die zwischenzeitlich eingetretene Verjährung der Hauptschuld berufen könne[552]. Die Verjährung der Hauptforderung sei als Einwand im Sinne von § 767 Abs. 2 ZPO im Rahmen der Vollstreckungsabwehrklage zu berücksichtigen[553].

Insbesondere gegen die letztgenannten Entscheidungen sind ernste Bedenken in der Literatur erhoben worden[554]. Zuletzt hat *Piekenbrock* angemahnt: „Diese Rechtsprechung erweist sich als Lehrstück begriffsjurisprudentiellen Denkens im 21. Jahrhundert“[555]. Sie trage der Interessenlage nicht angemessen Rechnung[556]. Der eigentliche Angriffspunkt der Kritik im Schrifttum ist indes die für das Gesellschaftsrecht gegensätzliche höchstrichterliche Rechtsprechung[557]. Dort vertreten der BGH[558] und im Anschluss daran die wohl überwiegende Meinung in der Literatur[559], dass sich der persönlich haftende Gesellschafter einer OHG oder KG nicht auf die Anspruchsverjährung gegenüber der Gesellschaft berufen könne, wenn dem Gesellschafter gegenüber die Verjährung

K-BGB, § 768, Rn. 3; *Stadler*, in: Jauernig, § 768, Rn. 4; *Beckmann*, in: NK-BGB, § 768, Rn. 6; *Fischer*, in: Das Recht der Kreditsicherheiten, § 9, Rn. 86; *Schneider*, MDR 1980, 799, 800 f.; *Rehbein*, JR 1980, 506; *Habersack*, WuB I F 1 a. Bürgschaft 18.98, 1012, 1013; *Lettl*, WM 2000, 1316, 1321; *Geldmacher*, NZM 2003, 502, 505; *Hadding*, in: FS Wiegand, 2005, S. 299, 308 f.; *Tiedtke*, JZ 2006, 940, 941; *Einsiedler*, MDR 2010, 603, 604.

552 BGHZ 139, 214, 217; dem folgend: *Lettl*, WM 2000, 1316, 1321; *Hadding*, in: FS Wiegand, 2005, S. 299, 309; *Tiedtke*, JZ 2006, 940, 941.

553 BGHZ 139, 214, 217; BGH NJW 1999, 278.

554 Aus unterschiedlichen Gründen kritisch: *Lieb*, in: GS Lüderitz, 2000, S. 455 ff.; *Schaub*, JA 1999, 95, 97 f.; *Aden*, EWiR 1999, 155 f.; *Brehm*, WuB I F 1 a. Bürgschaft 5.99, 224 ff.; zuletzt auch: *Piekenbrock*, Befristung, Verjährung, Verschweigung und Verwirkung, S. 452; zweifelnd ferner: *K. Schmidt*, JuS 1998, 1063, 1064 („keine Selbstverständlichkeit“); nur die zivilprozessualen Aspekte hinterfragend dagegen: *Wernecke*, JZ 1999, 307, 308 f.

555 *Piekenbrock*, Befristung, Verjährung, Verschweigung und Verwirkung, S. 452.

556 Vgl. *Piekenbrock*, Befristung, Verjährung, Verschweigung und Verwirkung, S. 452.

557 *Lieb*, in: GS Lüderitz, 2000, S. 455 ff.; ferner wohl auch *K. Schmidt*, JuS 1998, 1063, 1064.

558 BGHZ 104, 76, 79 f.

559 Vgl. *K. Schmidt*, in: MüKo-HGB, § 129, Rn. 8; *Hopt*, in: Baumbach/Hopt, § 129, Rn. 8; *Hillmann*, in: Ebenroth/Boujong/Joost/Strohn, § 129, Rn. 4; *Koller*, in: Koller/Roth/Morck, § 129, Rn. 3; *Stützle*, WuB II E. § 129 HGB 1.88, 1172, 1173, *Wertenbruch*, NJW 2002, 324, 325; jeweils m.w.N.; a.A.: *Habersack*, in: Staub, § 129, Rn. 7; Bedenken im Hinblick auf den Regress des Gesellschafters nach § 110 HGB bei: *Fleck*, EWiR 1988, 689, 690.

rechtzeitig gehemmt worden sei[560]. Dieses gesellschaftsrechtliche Verständnis sei auch für die Bürgschaft zugrunde zu legen[561], schließlich stünden Bürge und Hauptschuldner in einem ähnlichen Verhältnis zueinander wie die Gesellschaft und der persönlich haftende Personengesellschafter[562].

b) Stellungnahme

Aus der Gegenüberstellung von Bürgenhaftung und der Haftung des persönlich haftenden Gesellschafters bei der Personengesellschaft ergibt sich, dass die Differenzierung zwischen Bürgschafts- und Gesellschaftsrecht im Hinblick auf die Geltendmachung der abgeleiteten Verjährungseinrede gerechtfertigt ist. Dies folgt zum einen aus der nachfolgenden Untersuchung der Akzessorietät von Bürgen- und Gesellschafterschuld, zum anderen aus dem Sinn und Zweck der zugrundeliegenden Vorschriften. Auch den unterschiedlichen Auswirkungen der Ansichten auf den Rückgriff des Bürgen und persönlich haftenden Gesellschafters wird dadurch angemessen Rechnung getragen.

aa) Prämisse zur Verjährung der Gesellschafterhaftung

Für die weiteren Ausführungen ist zunächst die Prämisse zur Verjährung der Gesellschafterhaftung zugrunde zu legen, wonach die Haftung des persönlich haftenden Gesellschafters einer Personengesellschaft keiner eigenständigen Verjährung unterliegt. Nach neuester und in der Literatur ausdrücklich befürworteter Rechtsprechung gilt selbst für den persönlich haftenden Gesellschafter einer GbR die für die Gesellschaftsschuld maßgebliche Verjährung, nicht aber die Regelverjährung gemäß § 195 BGB[563]. Diese Anschauung wird hier geteilt. Würde

560 Offen gelassen hat der BGH die Frage, ob mit der Klage gegen den Gesellschafter gleichzeitig die Verjährung gegen die Gesellschaft gehemmt werde (BGHZ 104, 76, 81 f.). Die überwiegende Auffassung in der Literatur lehnt dies grundsätzlich ab, da es mit der akzessorischen Haftung unvereinbar sei, wenn die Klage gegen den persönlich haftenden Gesellschafter gleichzeitig zu Lasten der Gesellschaft die Verjährung unterbräche, vgl. *Hillmann*, in: Ebenroth/Boujong/Joost/Strohn, § 129, Rn. 4; *K. Schmidt*, in: MüKo-HGB, § 129, Rn. 9; *v. Gerkan/Haas*, in: Röhricht/Graf von Westphalen, HGB, § 129, Rn. 4; *Hopt*, in: Baumbach/Hopt, HGB, § 129, Rn. 2.

561 *Lieb*, in: GS Lüderitz, 2000, S. 455, 470; *Brehm*, WuB I F 1 a. Bürgschaft 5.99, 224, 225 f.

562 Vgl. *Lieb*, in: GS Lüderitz, 2000, S. 455, 456, 460 f., 468 ff.

563 BGH DStR 2010, 501, 505; *Schodder*, EWiR 2010, 393 f.; *Reiff*, LMK 2010, 302319; *Kluge*, WuB II J. § 129 HGB 1.10, 278 f.; *Schindler*, BB 2010, 599, 600; *Petersen*, Jura 2011, 657, 658; so für die Personenhandelsgesellschaften: *K. Schmidt*, in: MüKo-HGB, § 128, Rn. 3; § 129, Rn. 7; *Hopt*, in: Baumbach/Hopt, HGB, § 128, Rn. 4; *Boesche*, in: Oetker, HGB, § 129, Rn. 4; *Hillmann*, in: Ebenroth/Boujong/Joost/Strohn, HGB, § 129, Rn. 4; *Habersack*, in: Staub, HGB, § 129, Rn. 6 (a.A. noch in der 4. Auflage

nämlich eine eigenständige Verjährung der Gesellschafterschuld angenommen, wäre zu klären, welche Verjährungsfrist überhaupt Anwendung fände[564]. Da spezialgesetzliche Regelungen fehlen, käme wohl nur die Regelverjährung gemäß § 195 BGB in Betracht[565]. Dies wäre jedoch zweckwidrig, gerade wenn die Gesellschaftsschuld einer längeren Verjährungsfrist unterfällt[566]. Die Schuld des persönlich haftenden Gesellschafters könnte dann bereits vor der Gesellschaftsschuld verjährt sein, es sei denn, die Fälligkeit der Gesellschafterhaftung träte erst mit dem Ausfall des Gesellschaftsgläubigers bei der Gesellschaft ein. Diese Annahme vertrüge sich allerdings nicht mit der primären und akzessorischen Gesellschafterhaftung im Sinne von § 128 HGB[567]. Zudem regeln die §§ 159, 160 HGB, dass (nur) bei Auflösung der Gesellschaft bzw. für den ausgeschiedenen Gesellschafter eine eigene Verjährungsfrist laufen soll[568]. Im Umkehrschluss aus dieser Vorschrift lässt sich daher feststellen, dass nur dort eine eigene Verjährung der Gesellschafterhaftung vom Gesetzgeber intendiert ist[569]. Dass in allen anderen Fällen die Verjährung der Gesellschaftsschuld auch für den Gesellschafter gilt, bringt § 159 Abs. 1 HGB ebenfalls zum Ausdruck. Dort heißt es, dass die fünfjährige Verjährung nicht gilt, „sofern [...] der Anspruch gegen die Gesellschaft einer kürzeren Verjährung unterliegt". All dies spricht dafür, dass die Gesellschafterschuld mit der Gesellschaftsschuld verjährt.

bb) Akzessorietät bei Bürgschaft und Gesellschafterhaftung

Ausgangspunkt der Kontroverse ist, dass sich aus dem Merkmal der Akzessorietät, welches sowohl die Bürgschaft als auch die Gesellschafterhaftung gleichermaßen charakterisiert, das Erfordernis ergäbe, beide Haftungsinstitute in der Verjährungsfrage einheitlich zu behandeln. Der Blick auf die Bürgen- und Gesellschafterhaftung verdeutlicht zunächst, dass beide Verbindlichkeiten gleichermaßen durch eine gewisse Akzessorietät zur Haupt- bzw. Gesellschaftsforderung geprägt sind[570]. Für die Bürgschaft kommt dies vor allem in den §§ 765 Abs. 1,

---

2004, § 129, Rn. 6); *Hofmeister*, NZG 2002, 851, 854.

564 Vgl. *Hofmeister*, NZG 2002, 851, 854.

565 Zumindest für § 195 BGB a.F. die Regelverjährung bejahend noch: *Mahr*, GesRZ 1991, 149, 152; *Habersack*, in: Staub, HGB, 4. Auflage 2004, § 129, Rn. 6 (in der 5. Auflage 2009, § 129, Rn. 7, für § 195 BGB n.F. ausdrücklich wieder aufgegeben).

566 Vgl. BGH DStR 2010, 501, 505; *Schindler*, BB 2010, 599, 600; *Reiff*, LMK 2010, 302319.

567 Vgl. BGH DStR 2010, 501, 504 f.; *Reiff*, LMK 2010, 302319.

568 Vgl. BGH DStR 2010, 501, 505.

569 Vgl. *K. Schmidt*, in: MüKo-HGB, § 128, Rn. 3, § 129, Rn. 7; *Schulte*, JA 1979, 546, 547.

767, 768 BGB [und § 770 BGB] zum Ausdruck kommt[571]. Die Akzessorietät der Gesellschafterhaftung ergibt sich demgegenüber aus den §§ 128, 129 HGB[572].

(1) Akzessorietät in Bezug auf Bestand und Umfang der gesicherten Forderung

Der Bürge und der persönlich haftende Gesellschafter haben gemeinsam, dass sie die Erfüllung einer fremden Verbindlichkeit (Haupt- bzw. Gesellschaftsschuld) durch den Schuldner (Hauptschuldner bzw. Gesellschaft) sichern sollen. Sowohl die Bürgschaft[573] als auch die Gesellschafterhaftung begründen trotz ihrer Anbindung an die gesicherte Forderung eigene Verbindlichkeiten, die von der zu sichernden Forderung rechtlich zu trennen sind[574]. Für das Verhältnis zwischen Gesellschaft und Gesellschafter zeigt sich dies exemplarisch an § 129 Abs. 4 HGB[575]. Die Zwangsvollstreckung gegen den Gesellschafter mit einem gegen die Gesellschaft gerichteten Titel ist demnach nicht möglich[576].

Unterschiede bestehen allerdings in der Intensität der Beziehung zwischen der eigenen Haftung – sei es jene des Bürgen oder jene des persönlich haftenden Gesellschafters – und der gesicherten Forderung. Die Bürgschaft knüpft gemäß § 767 Abs. 1 S. 1 BGB an den Bestand der Hauptschuld an. Damit wird nicht

570 *K. Schmidt*, Gesellschaftsrecht, § 49 II 3, S. 1415 ff.; *Kühne*, ZHR 133 (1970), 149, 161 ff.; *Hadding*, ZGR 1973, 137, 147 ff.; *Lettl*, JA 2004, 238, 239.

571 Jedenfalls nach der bei *Chr. Schmidt*, Die sogenannte Akzessorietät der Bürgschaft, S. 43 ff., als „neuere und herrschende Lehre" gekennzeichneten Meinung. *Chr. Schmidt* selbst vertritt ein differenziertes Akzessorietätsverständnis, wonach die Akzessorietät bei der Bürgschaft durch innere und äußere Kausalität („Zweckvereinbarung und Wahrscheinlichkeit der Zweckerreichung") gekennzeichnet sei. Vgl. *Chr. Schmidt*, Die sogenannte Akzessorietät der Bürgschaft, S. 245, 246 ff.; *Rohe*, in: BeckOK-BGB, § 767, Rn. 1; *Habersack*, in: MüKo-BGB, § 767, Rn. 1; *Fischer*, in: Das Recht der Kreditsicherheiten, § 9, Rn. 4; *Stadler*, in: Jauernig, § 767, Rn. 1 ff.; *Medicus*, JuS 1971, 497; *H. P. Westermann*, Jura 1991, 449, 451 f.; *Lettl*, JA 2004, 238 ff.

572 Vgl. nur *K. Schmidt*, Gesellschaftsrecht, § 49 II 3, S. 1415 ff.; *Kühne*, ZHR 133 (1970), 149, 161 ff.; *Hopt*, in: Baumbach/Hopt, HGB, § 128, Rn. 1.

573 Vgl. BGHZ 113, 287, 288; BGHZ 139, 214, 217; OLG Kiel JW 1993, 2343; *Stadler*, in: Jauernig, § 765, Rn. 2; *Rohe*, in: BeckOK-BGB, § 765, Rn. 3 ff.; *Häuser*, in: Soergel, Vor § 765, Rn. 11, 13; *Habersack*, WuB I F 1 a. Bürgschaft 18.98, 1012, 1013.

574 Vgl. *Hadding*, ZGR 1973, 137, 144; *Lindacher*, JuS 1981, 578, 581; *Michalski*, WuB I F 1 a. Bürgschaft 16.93, 1253; *Hofmeister*, NZG 2002, 851, 854; *Lettl*, JA 2004, 238, 239; *Habersack*, in: Staub, HGB, § 128, Rn. 2; *Boesche*, in: Oetker, HGB, § 128, Rn. 3; *K. Schmidt*, in: MüKo-HGB, § 128, Rn. 1; zur Verjährung der Gesellschafterhaftung oben, S. 104.

575 *Schulte*, JA 1979, 546, 547; *Mahr*, GesRZ 1991, 83, 92.

576 *Wertenbruch*, NJW 2002, 324, 325 (zur GbR); *K. Schmidt*, in: MüKo-HGB, § 129, Rn. 27; *Hillmann*, in: Ebenroth/Boujong/Joost/Strohn, HGB, § 129, Rn. 15; *Hopt*, in: Baumbach/Hopt, HGB, § 128, Rn. 45.

nur festgelegt, dass die Bürgschaft eine Hauptschuld überhaupt voraussetzt[577]. Vielmehr ist § 767 Abs. 1 S. 1 BGB in Verbindung mit § 767 Abs. 1 S. 3 BGB zu lesen: Die Bürgschaft kann nicht durch Vereinbarungen zwischen Gläubiger und Hauptschuldner nachträglich erweitert werden. § 768 Abs. 2 BGB schreibt den intendierten Bürgenschutz weiter fort[578]. Demgegenüber haften die Gesellschafter nach § 128 S. 1 HGB für alle Verbindlichkeiten der Gesellschaft persönlich und wegen § 105 Abs. 1 HGB auch unbeschränkt[579]. Die Haftung des persönlich haftenden Gesellschafters orientiert sich daher stets an dem Bestand der Forderung gegen die Gesellschaft[580]. Hat sich deren Umfang nachträglich erweitert, kann der Gesellschafter dies seiner Inanspruchnahme nicht entgegenhalten, da dem Gesellschaftsrecht eine § 767 Abs. 1 S. 3 BGB entsprechende Vorschrift fehlt[581]. Somit ist festzuhalten, dass bereits der Umfang der Bürgenhaftung ein geringeres Maß an Akzessorietät aufweist als die Gesellschafterhaftung.

(2) Akzessorietät in Bezug auf Einreden gegen die gesicherte Forderung

Eine weitere Ausprägung erfährt der Akzessorietätsgrundsatz regelmäßig dadurch, dass Einwendungen, welche die gesicherte Forderung betreffen, auch vom Sicherungsschuldner geltend gemacht werden können[582]. Für die Verjährungsfrage enthält § 129 Abs. 1 HGB dabei ein dem Bürgschaftsrecht weitgehend vergleichbares, wenn auch etwas anders formuliertes, Pendant[583]. Obwohl in § 129 Abs. 1 HGB im Vergleich zu § 768 BGB Abs. 1 BGB nur von *Einwendungen* die Rede ist, erfasst die Vorschrift unstreitig auch die der Gesellschaft

---

577 Vgl. *Becker-Eberhard*, Die Forderungsgebundenheit der Sicherungsrechte, S. 263; *Chr. Schmidt*, Die sogenannte Akzessorietät der Bürgschaft, S. 24; *Habersack*, in: MüKo-BGB, § 767, Rn. 1.

578 Vgl. BGHZ 139, 214, 217; *Lettl*, WM 2000, 1316, 1317.

579 Vgl. *Lindacher*, JuS 1981, 578, 580; *K. Schmidt*, Gesellschaftsrecht, § 49 II 1, S. 1413 f.; *Boesche*, in: Oetker, HGB, § 128, Rn. 1, 4; *Hillmann*, in: Ebenroth/Boujong/Joost/Strohn, HGB, § 128, Rn. 1.

580 So im Übrigen auch die allgemeine Meinung für die Personengesellschaft. Vgl. BGHZ 73, 217, 224; BGHZ 139, 214, 217 f.; BGH DStR 2010, 501, 504 f.; *Boesche*, in: Oetker, HGB, § 129, Rn. 4; *Hillmann*, in: Ebenroth/Boujong/Joost/Strohn, HGB, § 128, Rn. 22, § 129, Rn. 4; *K. Schmidt*, in: MüKo-HGB, § 128, Rn. 3, § 129, Rn. 7, *Hadding*, ZGR 1981, 577, 586 ff., jeweils m.w.N.

581 Vgl. BGHZ 139, 214, 217; *Lieb*, in: GS Lüderitz, 2000, S. 455, 467; *v. Koppenfels-Spieß*, Die cessio legis, S. 394.

582 Vgl. *Medicus*, JuS 1971, 497, 500 f.; *Lindacher*, JuS 1981, 578, 581.

583 *K. Schmidt*, in: MüKo-HGB, § 129, Rn. 7 („§§ 767, 768 BGB rechtsdogmatisch ausgereifter"); *Hadding*, ZGR 1981, 577, 589 („zum Teil wörtlich"); *Kühne*, ZHR 133 (1970), 149, 159 („Normenidentität").

zustehenden Einreden[584]. Der nach § 128 HGB (analog) persönlich haftende Gesellschafter, kann seiner eigenen Inanspruchnahme daher gemäß § 129 Abs. 1 HGB entgegenhalten, die Forderung sei der Gesellschaft gegenüber verjährt[585]. Da dies wegen § 768 Abs. 1 S. 1 BGB auch für den Bürgen in Bezug auf die Hauptschuld gilt, spricht der Vergleich der Akzessorietätsvorschriften im Hinblick auf die Möglichkeit der Erhebung von abgeleiteten Einreden insoweit dafür, beide Haftungsinstitute gleich zu behandeln.

Diese recht formale Betrachtung ließe jedoch die unterschiedlich ausgestaltete Haftungssituation von Bürge und persönlich haftendem Gesellschafter außer Betracht. Zwar handelt es sich bei der Gesellschafterhaftung um eine eigene Verbindlichkeit[586]. Sie unterliegt jedoch keiner eigenen Verjährung, sondern verjährt gemeinsam mit der Gesellschaftsschuld[587]. Das Fehlen einer eigenen Verjährung für die Gesellschafterhaftung begründet einen signifikanten Unterschied zur Bürgschaft. An anderer Stelle konnte dargelegt werden, dass ein Verjährungsgleichlauf von Bürgschafts- und Hauptforderung nur im Einzelfall, soweit dies durch die Auslegung des konkreten Parteiwillens indiziert ist, anzunehmen ist[588]. Weil die Bürgschaft damit grundsätzlich unabhängig von der gesicherten Hauptforderung verjährt und vor allen Dingen eigenen Verjährungsfristen unterliegen kann[589], kommt der mittelbar bürgenbezogenen Einrede der Verjährung der Hauptschuld gemäß § 768 Abs. 1 S. 1 BGB ein gegenüber § 129 Abs. 1 HGB deutlich größeres dogmatisches und praktisches Gewicht zu. Daraus folgt, dass der Vergleich von § 129 Abs. 1 HGB und § 768 Abs. 1 BGB auch eine unterschiedliche praktische und rechtliche Ausgestaltung der Akzessorietät ergibt.

---

584 Vgl. *Hopt*, in: Baumbach/Hopt, HGB, § 129, Rn. 1; *K. Schmidt*, in: MüKo-HGB, § 129, Rn. 4; *Emmerich*, in: Heymann-HGB, § 129, Rn. 2; *Boesche*, in: Oetker, HGB, § 129, Rn. 3; *von Gerkan/Haas*, in: Röhricht/Graf von Westphalen, HGB, § 129, Rn. 1; *Koller*, in: Koller/Roth/Morck, §§ 128, 129, Rn. 3; *Stützle*, WuB II E. § 129 HGB 1.88, 1172.

585 Vgl. *K. Schmidt*, in: MüKo-HGB, § 129, Rn. 7; *Koller*, in: Koller/Roth/Morck, §§ 128, 129, Rn. 3; *v. Gerkan/Haas*, in: Röhricht/Graf von Westphalen, HGB, § 129, Rn. 4.

586 *Lindacher*, JuS 1981, 578, 581; *Hofmeister*, NZG 2002, 851, 854; *Habersack*, in: Staub, HGB, § 128, Rn. 2; *Boesche*, in: Oetker, HGB, § 129, Rn. 3; *K. Schmidt*, in: MüKo-HGB, § 128, Rn. 1.

587 Statt aller hier nur noch: BGH DStR 2010, 501, 504 f.; *K. Schmidt*, in: MüKo-HGB, § 128, Rn. 3; weitere Nachweise oben in Fußnote 563.

588 Zum Problem vorzeitiger Verjährung der Bürgschaftsforderung oben ab S. 71.

589 BGHZ 76, 222, 225; BGHZ 139, 214, 219; *Habersack*, WuB I F 1 a. Bürgschaft 18.98, 1012, 1013. Zum Verjährungsbeginn der Bürgschaftsforderung und den hierfür maßgeblichen Sicherungsfall insbesondere oben ab S. 48.

(3) Schlussfolgerungen aus der Akzessorietät

Der im Schrifttum geäußerten Kritik, es überzeuge nicht, dass der BGH die Übertragung seiner Rechtsprechung zur Personengesellschaft auf die Bürgschaft unter dem Gesichtspunkt der Akzessorietät ablehne[590], ist zuzugeben, dass die Argumentation des BGH[591] etwas ungenau sein mag und daraus falsche Schlüsse gezogen werden könnten[592]. Im Ergebnis verfängt der Einwand der Literatur jedoch nicht. Methodologisch spricht nichts dagegen, wenn der BGH zunächst die nicht nur formal engere Akzessorietät der Gesellschafterhaftung bei der Personengesellschaft herausstellt, diese sodann der Bürgschaft gegenüberstellt, um daraus schließlich die unterschiedliche Behandlung der Bürgschaft zu rechtfertigen. Der BGH sagt mit anderen Worten, dass das Minus der Bürgschaftsakzessorietät für die Differenzierung gegenüber der Gesellschaft spreche[593]. Wie gezeigt werden konnte, ist die Akzessorietät bei Bürgschafts- und Gesellschafterhaftung dogmatisch und praktisch unterschiedlich ausgeprägt. Die systematisch-teleologische Argumentation des BGH begegnet daher keinen rechtsdogmatischen Bedenken.

cc) Übertragung der Gründe einer teleologischen Reduktion von § 129 Abs. 1 HGB auf das Bürgschaftsrecht

Wie gezeigt, legt die Akzessorietät eine Differenzierung zwischen Bürgschaft und Gesellschafterhaftung, nicht aber deren Gleichbehandlung nahe. Die im Gesetz angelegte strengere Akzessorietät der Gesellschafterhaftung soll jedoch nicht allein als Begründung für die Differenzierung zwischen Bürgschafts- und Gesellschaftsrechtsprechung herhalten. Aus diesem Grund sind weitere Überlegungen zum Sinn und Zweck der in Rede stehenden Vorschriften notwendig. Hierfür steht im Vordergrund, ob die für die Gesellschafterhaftung erhobenen Einwände auch auf die Bürgschaft übertragen werden können.

Der für das Personengesellschaftsrecht herrschende Standpunkt nimmt eine teleologische Reduktion von § 129 Abs. 1 HGB vor[594]. Der Sinn und Zweck der

590 *Schaub*, JA 1999, 95, 97; *Lieb*, in: GS Lüderitz, 2000, S. 455, 459 f.

591 Gemeint ist BGHZ 139, 214, 217 f.

592 Dies zeigt sich, wenn *Brehm*, WuB I F 1 a. Bürgschaft 5.99, 224, 225, meint, dass die Akzessorietät aus Gläubigerschutzaspekten bei der Gesellschafterhaftung im Vergleich zur Bürgschaft „abgeschwächt" sei. Das Gegenteil ist der Fall; sie ist wegen des Aspekts des Gläubigerschutzes verstärkt (s.o.).

593 Vgl. BGHZ 139, 214, 217 f.; ähnlich auch: *Fischer*, in: Das Recht der Kreditsicherheiten, § 9, Rn. 86.

594 BGHZ 104, 76, 79; *K. Schmidt*, in: MüKo-HGB, § 129, Rn. 9; *v. Gerkan/Haas*, in: Röhricht/Graf von Westphalen, HGB, § 129, Rn. 4; *Stützle*, WuB II E. § 129 HGB 1.88, 1172, 1173.

§§ 128 f. HGB stützt dieses Ergebnis. Die Gesellschafterhaftung gemäß den §§ 128 f. HGB ist darauf ausgerichtet, dem Gläubiger, dem anders als bei der Kapitalgesellschaft kein Garantiekapital zur Verfügung steht, den direkten Zugriff auf das Gesellschaftervermögen zu eröffnen[595]. Es widerspräche der Möglichkeit des Gläubigers zu direkter Inanspruchnahme der persönlich haftenden Gesellschafter, wenn er neben dem Gesellschafter die – möglicherweise vermögenslose – Gesellschaft verklagen müsste, um einem gegebenenfalls erfolgenden Einwand des Gesellschafters, die Gesellschaftsschuld sei verjährt, begegnen zu können[596].

Es ist indes keinesfalls zwingend, die für die teleologische Reduktion von § 129 Abs. 1 HGB vorgebrachten Argumente auf die Bürgschaft zu übertragen und § 768 Abs. 1 S. 1 BGB ebenfalls teleologisch zu reduzieren[597]. Zu Recht wird in der Literatur zwar darauf hingewiesen, dass sich für den Bürgschaftsgläubiger, ebenso wie für den Gesellschaftsgläubiger, das Problem stellen kann, zum Schutz vor einer zwischenzeitlichen Verjährung der Hauptschuld einen möglicherweise illiquiden Hauptschuldner verklagen zu müssen[598]. Daraus kann jedoch nicht der Schluss gezogen werden, dass die Gemeinsamkeiten von Bürgen- und Gesellschafterhaftung bereits insgesamt überwögen und daher die Bürgschaftsrechtsprechung zugunsten der Gesellschaftsrechtsprechung aufzugeben sei[599]. Eine Gleichbehandlung wäre nur dann geboten, wenn die Bürgschaftskonstellation derjenigen bei der Gesellschaft entspricht. Dies ist jedoch nicht der Fall. Für den nichtselbstschuldnerischen Bürgen scheidet eine Gleichbehandlung schon deshalb aus, weil er, anders als der Gesellschafter, nicht neben, sondern, als Ausdruck der Subsidiarität, erst nach dem Hauptschuldner in Anspruch genommen werden kann[600]. In dem Fall entspricht es bereits der von § 771 BGB ausgehenden gesetzlichen Wertung, dass der Gläubiger immer zuerst einen erfolglosen Vollstreckungsversuch beim gegebenenfalls illiquiden Haupt-

---

595 Vgl. BGHZ 73, 217, 224; *Hillmann*, in: Ebenroth/Boujong/Joost/Strohn, HGB, § 128, Rn. 1; *Habersack*, in: Staub, HGB, § 128, Rn. 1; *Lindacher*, JuS 1981, 578, 580; *Hadding*, ZGR 1973, 137, 147; *Lettl*, JA 2004, 238, 247.

596 BGHZ 104, 76, 80 f.; *Lettl*, JA 2004, 238, 242; *K. Schmidt*, in: MüKo-HGB, § 129, Rn. 9, 11; *Hillmann*, in: Ebenroth/Boujong/Joost/Strohn, HGB, § 129, Rn. 4. Demgegenüber hält *Habersack*, in: Staub, HGB, § 129, Rn. 8, dies für eine grundsätzlich vom Gläubiger hinzunehmende Konsequenz.

597 Dafür aber wohl *Lieb*, in: GS Lüderitz, 2000, S. 455, 469 f., der davon spricht, „dem Bürgen […]" § 768 BGB zu verweigern.

598 *Lieb*, in: GS Lüderitz, 2000, S. 455, 466 f.; *Brehm*, WuB I F 1 a. Bürgschaft 5.99, 224, 225 f.

599 Vgl. *Lieb*, in: GS Lüderitz, 2000, S. 455, 466 ff., 470.

600 *Iversen*, Die Akzessorietät als Zurechnungsmodell des Bürgschaftsrechts, S. 84.

schuldner vornehmen muss. Es lässt sich sogar sagen, dass die Illiquidität des Hauptschuldners erst die Voraussetzungen für die Inanspruchnahme des Bürgen schafft. Dann kann aber gleichzeitig nicht eine teleologische Reduktion des § 768 Abs. 1 BGB damit begründet werden, dass der Gläubiger diese von § 771 BGB ausgehenden Vorgaben bei der Inanspruchnahme des Bürgen einhalten muss.

Für den selbstschuldnerischen Bürgen greift der Verweis auf die Subsidiarität mangels Einrede der Vorausklage einerseits zwar nicht, andererseits reicht die bloße Gefahr, dass der Gläubiger auch den Hauptschuldner verklagen müsste, um davor sicher zu sein, dass sich der Bürge nicht später auf die Einrede der Verjährung der Hauptschuld beruft, nicht aus, um eine teleologische Reduktion von § 768 Abs. 1 S. 1 BGB zu begründen. Eine teleologische Reduktion kommt nur in Betracht, wenn der Anwendungsbereich einer Norm vom Wortlaut her eröffnet ist, der Eintritt der Rechtsfolge aber vom Sinn und Zweck der Vorschrift nicht mehr erfasst wird[601]. Dem Zweck des § 768 Abs. 1 S. 1 BGB entspricht es aber, wenn sich auch der selbstschuldnerische Bürge auf die während des Bürgenprozesses eingetretene Verjährung der Hauptschuld berufen kann[602]. Die Vorschrift soll unter anderem gewährleisten, dass der Bürge nicht weiter haftet als der Hauptschuldner selbst[603]. Nach dieser Wertung hat allein der Gläubiger das Risiko zu tragen, das sich aus einer nicht rechtzeitigen Inanspruchnahme des Hauptschuldners ergibt. Ob er den Bürgen selbst noch rechtzeitig in Anspruch genommen hat, darauf kommt es für die Anwendung von § 768 Abs. 1 S. 1 BGB nicht an. Wie auch von der Rechtsprechung zu Recht betont wird, entspricht es dem ausdrücklichen „Willen des historischen Gesetzgebers“[604], in der Verjährungsfrage zwischen Haupt- und Bürgenschuld zu differenzieren[605]. Überdies steht der Gläubiger auch nicht vollkommen schutzlos dar: Zumindest individualvertraglich sind innerhalb der von § 202 BGB gezogenen Grenzen auch Vereinbarungen über einen Verzicht des Bürgen auf die Einreden nach § 768 Abs. 1

---

601 *Larenz*, Methodenlehre, S. 391; *Rüthers/Fischer*, Rechtstheorie, Rn. 902 f.; *Röhl/Röhl*, Allgemeine Rechtslehre, S. 632.

602 BGHZ 76, 222, 226.

603 Vgl. Motive II, S. 660 f., bei *Mugdan*, II. Band, S. 369; *Rohe*, in: BeckOK-BGB, § 768, Rn. 1; *Habersack*, in: MüKo-BGB, § 768, Rn. 1; *Fischer*, in: Das Recht der Kreditsicherheiten, § 9, Rn. 85.

604 Vgl. BGHZ 139, 214, 216, mit dem Verweis auf die Motive II, S. 663 (bei *Mugdan*, II. Band, S. 370).

605 BGHZ 76, 222, 225; BGHZ 139, 214, 219; *Habersack*, WuB I F 1 a. Bürgschaft 18.98, 1012, 1013; *Hohmann*, WM 2004, 757, 760. Zu den Auswirkungen der Hauptschuld auf den Verjährungsbeginn oben ab S. 48.

BGB möglich[606]. Außerdem kann eine Bürgschaft auf erstes Anfordern vereinbart werden[607]. Einreden in Bezug auf die Hauptforderung wären dem Bürgen dann zumindest bis zu einem späteren Rückforderungsprozess abgeschnitten[608].

dd) Auswirkungen auf den Rückgriff

Die Möglichkeit des Bürgen, sich nach Klageerhebung gegen ihn gemäß § 768 Abs. 1 S. 1 BGB auf eine Verjährung der Hauptschuld berufen zu können, hat schließlich nicht unerhebliche Auswirkungen auf den Rückgriff beim Hauptschuldner[609]. Verklagt der Gläubiger den Bürgen erfolgreich, kann der Bürge entweder die übergegangene Hauptforderung gemäß § 774 Abs. 1 S. 1, 412 BGB beim Hauptschuldner oder einen Anspruch aus dem Innenverhältnis gemäß § 670 BGB geltend machen[610]. Für den persönlich haftenden Gesellschafter ist dagegen im Gesetz zwar keine Legalzession vorgesehen, allerdings wird – entgegen neuester Rechtsprechung des BGH[611] – weit verbreitet eine Analogie von § 774 Abs. 1 BGB befürwortet[612]. Der Rückgriff aus der legalzedierten Forderung steht für die Interessenbewertung und das Problem der abgeleiteten Verjährungseinrede des Hauptschuldners hier jedoch nicht im Vordergrund. Wegen §§ 412, 404 BGB würde nur dann ein zusätzliches Spielfeld betreten, wenn man gleichzeitig annähme, verjährungshemmende Maßnahmen gegen den Bürgen bzw. Gesellschafter schlügen auf die Verjährung der Hauptschuld bzw. Gesellschaftsschuld durch. In dem Fall käme es auch gar nicht auf eine teleologische Reduktion von § 768 Abs. 1 BGB oder § 129 Abs. 1 HGB an, weil die Verjährung der Haupt- bzw. Gesellschaftsschuld dann bereits durch Maßnahmen gegen den Bürgen bzw. persönlich haftenden Gesellschafter gehemmt wäre. Dies wird

606 Vgl. BGHZ 76, 222, 227. Ausführlich dazu unten ab S. 161.

607 BGHZ 76, 222, 227.

608 Vgl. BGHZ 74, 244, 247 f.; BGHZ 147, 99, 102; *Horn*, in: Staudinger (1997), Vorbem zu §§ 765 ff, Rn. 24; *Habersack*, in: MüKo-BGB, § 765, Rn. 98; *Oepen*, NJW 2009, 1110 f.

609 BGHZ 139, 214, 219; *Schaub*, JA 1999, 95, 97; *Lieb*, in: GS Lüderitz, 2000, S. 455, 456 f.

610 Ausführlich zum Rückgriff und zum Konkurrenzverhältnis der Regressansprüche unten ab S. 191.

611 BGH NZG 2011, 1023, 1028 („keine Regelungslücke", da § 110 HGB den „Erstattungsanspruch des Gesellschafters abschließend" regele); kritisch dazu: *Reiff*, LMK 2011, 324593; *K. Schmidt*, JuS 2011, 1124, 1125.

612 So: *K. Schmidt*, in: MüKo-HGB, § 128, Rn. 31; *Habersack*, AcP 198 (1998), 152, 161; *Faust*, in: FS K. Schmidt, 2009, S. 357, 359 f.; *Reiff*, LMK 2011, 324593; *K. Schmidt*, JuS 2011, 1124, 1125; jeweils m.w.N.; kritisch: *v. Gerkan/Haas*, in: Röhricht/Graf von Westphalen, HGB, § 129, Rn. 4; für eine „Gesamtanalogie" der Vorschriften, die eine Legalzession vorgeben: *v. Koppenfels-Spieß*, Die cessio legis, S. 396 ff., 399.

jedoch weder im Gesellschafts-[613] noch im Bürgschaftsrecht[614] ernsthaft vertreten und soll daher nicht weiter vertieft werden.

Der Fokus richtet sich deshalb auf den Aufwendungsersatzanspruch des Bürgen gemäß § 670 BGB, der in ähnlicher Form nach § 110 Abs. 1 HGB auch dem persönlich haftenden Gesellschafter zusteht, soweit dieser wegen § 128 HGB eine Verbindlichkeit der Gesellschaft erfüllt hat[615]. *Lieb* wendet mit Blick auf diese Rückgriffsansprüche gegen die Rechtsprechung zur Bürgschaft ein[616], dass sie im Ergebnis den Hauptschuldner von jeder Inanspruchnahme, auch im Innenverhältnis, freihielte, wenn sie dem Bürgen die Einrede der Verjährung der Hauptschuld gemäß § 768 Abs. 1 S. 1 BGB auch nach Klageerhebung noch ermöglichte[617]. Richtig ist daran, dass es ohne Leistung des Bürgen auch nicht mehr zum Innenregress beim Hauptschuldner kommen kann. Es ist jedoch unzutreffend, darin eine ungerechtfertigte Privilegierung des Hauptschuldners im Vergleich zur Gesellschaft zu sehen.

Die Rechtsprechung intendiert nicht den Hauptschuldner von jeglicher Inanspruchnahme freizuhalten, sondern dem Bürgen unter der Prämisse einer eigenständigen Verjährung von Haupt- und Bürgenschuld seine aus § 768 Abs. 1 S. 1 BGB folgenden Rechte zu erhalten[618]. Dass die Stärkung des in § 768 Abs. 1 S. 1 BGB enthaltenen Abwehrrechts für den Bürgen eminent wichtig und im Ergebnis interessengerecht ist, zeigt sich im Regress nach § 670 BGB. Dem Bürgen steht ein Aufwendungsersatzanspruch zu, wenn er die Leistung nach einem objektiv-subjektiven Maßstab für erforderlich halten durfte[619]. Ist die gesicherte

613 Offen gelassen von BGHZ 104, 76, 81 f. Vgl. zur h.M. *Hillmann*, in: Ebenroth/Boujong/Joost/Strohn, § 129, Rn. 4; *K. Schmidt*, in: MüKo-HGB, § 129, Rn. 9; *v. Gerkan/Haas*, in: Röhricht/Graf von Westphalen, HGB, § 129, Rn. 4; *Hopt*, in: Baumbach/Hopt, HGB, § 129, Rn. 2.

614 Vgl. BGHZ 95, 375, 384; *Tiedtke*, JZ 2006, 940, 941; *Hadding*, in: FS Wiegand, 2005, S. 299, 309; *Lettl*, WM 2000, 1316, 1321. Eine Ausnahme wird zum Teil für den sog. Wegfall des Hauptschuldners vertreten, vgl. BGHZ 153, 337, 342 f.; BGHZ 182, 76, 84. Zum Wegfall des Hauptschuldners: unten ab S. 117.

615 Vgl. *Koller*, in: Koller/Roth/Morck, § 110, Rn. 2 f.; *Schäfer*, in: Staub, HGB, § 110, Rn. 16; *Goette*, in: Ebenroth/Boujong/Joost/Strohn, § 110, Rn. 10, 12; *Hopt*, in: Baumbach/Hopt, HGB, § 110, Rn. 8, 10; *Lehleitner*, in: Schwerdtfeger, § 110 HGB, Rn. 9; *Wertenbruch*, DStR 2007, 1680, 1683.

616 Gemeint ist BGHZ 139, 214, 216 ff.

617 *Lieb*, in: GS Lüderitz, 2000, S. 455, 461 f.

618 Vgl. BGHZ 76, 222, 225 ff.; BGHZ 139, 214, 216 ff.

619 Vgl. RGZ 59, 207, 210; BGHZ 95, 375, 388 f.; *Seiler*, in: MüKo-BGB, § 670, Rn. 9; *Mansel*, in: Jauernig, § 670, Rn. 3; *Sprau*, in: Palandt, § 670, Rn. 4; *Berger*, in: Erman, § 670, Rn. 12; *Fehrenbacher*, in: Prütting/Wegen/Weinreich, § 670, Rn. 5; *Schulze*, in: Hk-BGB, § 670, Rn.5; *Habersack*, AcP 198 (1998), 152, 157 f.

Forderung jedoch verjährt und leistet der Bürge in Kenntnis dieses Umstands an den Gläubiger, dann scheidet ein Aufwendungsersatzanspruch gemäß § 670 BGB grundsätzlich aus[620]. Könnte sich der Bürge nicht auf die Einrede der Verjährung der Hauptschuld berufen und müsste daher an den Gläubiger leisten, würde dies zu einer alleinigen Haftung des Bürgen im Dreiecksgeflecht von Hauptschuldner, Bürge und Gläubiger führen. Der Gläubiger hätte auf der einen Seite nur den Bürgen rechtzeitig zu belangen, um diesem die Einrede nach § 768 Abs. 1 S. 1 BGB zu nehmen, auf der anderen Seite bräuchte der Hauptschuldner einen späteren Regress durch den Bürgen nicht zu befürchten.

Grundsätzlich lassen sich diese Einwände auch auf den Regress nach § 110 HGB übertragen. Nach § 110 Abs. 1 S. 1 HGB kommt es ebenso darauf an, ob der Gesellschafter die Leistung nach einem objektiv-subjektiven Maßstab für erforderlich halten durfte[621]. Vor dem Hintergrund müsste daher auch die Leistung auf eine verjährte Gesellschaftsschuld als nicht erforderlich eingestuft werden[622]. Indes will *Lieb* es soweit offenbar gar nicht kommen lassen. Nach ihm soll die Leistung auf die verjährte Gesellschaftsschuld einem Regress nach § 110 HGB nicht entgegenstehen, wenn der persönlich haftende Gesellschafter sich wegen der teleologischen Reduktion von § 129 Abs. 1 HGB nicht auf die zwischenzeitliche Verjährung berufen könne[623].

Über diese Argumentation ließe sich bereits für den Innenregress bei der Personengesellschaft nach § 110 HGB trefflich streiten[624]. Sie ist keinesfalls zwingend und wohl nur unter dem Gesichtspunkt eines umfassenden Schutzes der Gesellschaftsgläubiger zu rechtfertigen. Auf das Verhältnis zwischen Bürge und Hauptschuldner lässt sie sich aber ohnehin nicht übertragen. Die Annahme, dass die Leistung des Bürgen bei einer teleologischen Reduktion von § 768

---

620 Vgl. BGHZ 95, 375, 388 f.; *v. Olshausen*, Gläubigerrecht und Schuldnerschutz bei Forderungsübergang und Regreß, S. 171. Ausführlich zum Rückgriffserfolg bei Leistung trotz verjährter Hauptschuld unten ab S. 273.

621 *Langhein*, in: MüKo-HGB, § 110, Rn. 16; *Hopt*, in: Baumbach/Hopt, HGB, § 110, Rn. 9; *Goette*, in: Ebenroth/Boujong/Joost/Strohn, § 110, Rn. 15; *Weitemeyer*, in: Oetker, HGB, § 110, Rn. 11; *Schäfer*, in: Staub, HGB, § 110, Rn. 14. Im Grunde gelten diese Grundsätze auch für den Aufwendungsersatzanspruch der geschäftsführenden Gesellschafter einer GbR, wobei sich dies dort bereits aus dem Verweis in § 713 BGB auf § 670 BGB ergibt (vgl. BGH NJW 1980, 339, 340).

622 *Weitemeyer*, in: Oetker, HGB, § 110, Rn. 11.

623 *Lieb*, in: GS Lüderitz, 2000, S. 455, 465; so auch: *K. Schmidt*, in: MüKo-BGB, § 129, Rn. 9.

624 Vgl. auch *Fleck*, EWiR 1988, 689, 690; *Habersack*, in: Staub, HGB, § 129, Rn. 8 (allerdings mit einer weiteren Differenzierung bei rechtskräftiger Verurteilung des persönlich haftenden Gesellschafters, vgl. *Habersack*, in: Staub, HGB, § 129, Rn. 9).

Abs. 1 BGB trotz Verjährung der Hauptschuld noch „erforderlich" im Sinne von § 670 BGB wäre[625], führte im Bürgschaftsrecht zu Ergebnissen, die nach der Interessenlage nicht mehr zu rechtfertigen wären: Der Hauptschuldner bliebe im Innenverhältnis dazu verpflichtet, die Erfüllung eines ihm gegenüber im Außenverhältnis verjährten Anspruchs durch den Bürgen auszugleichen. Der Hauptschuldner zahlte dann im Innenverhältnis den Preis dafür, dass er selbst im Außenverhältnis nicht rechtzeitig vom Gläubiger in Anspruch genommen worden ist. Auch für den Bürgen erweist sich die Erfüllung des verjährten Anspruchs aus mehreren Gründen als nachteilig. Grundsätzlich soll der Bürge nicht weiter haften als der Hauptschuldner selbst[626]. Versagte man ihm aber die Berufung auf die Einrede der Verjährung, dann tritt genau dieser Fall ein, denn der Bürge müsste für eine verjährte Forderung einstehen, deren Erfüllung durch den Hauptschuldner auch der Gläubiger nicht mehr erwarten konnte. Wie gezeigt, ist dies mit der Wertung des § 768 Abs. 1 BGB nicht vereinbar[627]. Zudem vermag die Möglichkeit des Rückgriffs die Inanspruchnahme im Außenverhältnis nur bei vollständiger wirtschaftlicher Regeneration des Hauptschuldners zu kompensieren. In nicht wenigen Fällen wird der Hauptschuldner wirtschaftlich aber nicht dazu in der Lage sein, den Bürgen zu befriedigen. Im schlimmsten Fall bliebe dem Bürgen für seinen Regressanspruch gemäß § 670 BGB nur die Insolvenzquote. Dabei ist zu berücksichtigen, dass der Eintritt der angesprochenen Konsequenzen allein vom Gläubiger abhinge. Dies erscheint nicht interessengerecht, da der Gläubiger alleiniger Profiteur seines Vorgehens wäre: Er müsste nur den Bürgen rechtzeitig verklagen und könnte die Verjährungsfrist der Hauptschuld bis auf Weiteres außer Acht lassen.

Die teleologische Reduktion von § 768 Abs. 1 BGB ist also auch für die Annahme, dass dem Bürgen noch ein Anspruch gemäß § 670 BGB verbliebe, abzulehnen. Sie führte zu einer unbilligen Bevorzugung des Gläubigers. Im Gesellschaftsrecht mag die Gläubigerprivilegierung dadurch gerechtfertigt sein, dass Gesellschaft und Gesellschafter als einheitlicher Haftungsverband verstanden werden können und dem Gläubiger daher auch einheitlich haften sollen[628]. Im Bürgschaftsrecht ist hingegen eine klare Trennung von Haupt- und Bürgschaftsforderung vorgesehen[629].

Schließlich sprechen auch die unterschiedlichen Zielsetzungen der Rückgriffsansprüche für die Differenzierung zwischen Bürgschafts- und Gesell-

625 So aber: *Lindacher*, in: FS Gerhardt, 2004, S. 587, 594.

626 Vgl. Nachweise in Fußnote 603.

627 Oben, S. 109 ff.

628 Vgl. BGHZ 104, 76, 80 f.; *Lieb*, in: GS Lüderitz, 2000, S. 455, 465 f.

629 BGHZ 76, 222, 225; BGHZ 139, 214, 217.

schaftsrecht. Der Regressanspruch des Bürgen dient dazu, sicherzustellen, dass dieser nicht als Letztverantwortlicher haftet. Der Bürge hat gemäß § 765 Abs. 1 BGB nur für die Nichterfüllung der gesicherten Forderung durch den Hauptschuldner einzustehen. Daher soll er Regress beim Hauptschuldner nehmen können, wenn er vom Gläubiger aus der Bürgschaft in Anspruch genommen wurde[630]. Demgegenüber verteilt sich die Haftung bei der Personengesellschaft im Endeffekt anteilig auf den in Anspruch genommenen Gesellschafter und die Mitgesellschafter[631]. Zwar sind die Mitgesellschafter nicht Schuldner des Anspruchs aus § 110 HGB, weil dies gegen das Verbot der Nachschusspflicht gemäß § 707 BGB verstieße[632]. Allerdings sind die persönlich haftenden Gesellschafter nach §§ 128 S. 1 HGB, 426 Abs. 1 BGB einander grundsätzlich zum haftungsanteiligen Ausgleich verpflichtet[633]. Die Gesellschafter haften für Schulden der Personengesellschaft daher immer als Letztverantwortliche, während der Bürge, von der auf Schenkung (§ 516 Abs. 1 BGB) im Innenverhältnis beruhenden Bürgschaft einmal abgesehen[634], grundsätzlich die Last nicht endgültig tragen soll. Dies hat einen nicht unerheblichen Einfluss auf die Bewertung der Interessenlage für den Rückgriff im Innenverhältnis und spricht schließlich entscheidend für die Differenzierung zwischen Bürgschafts- und Gesellschaftsrecht in Bezug auf die teleologische Reduktion von § 768 Abs. 1 S. 1 BGB (unzulässig) bzw. § 129 Abs. 1 HGB (zulässig)[635].

630 Vgl. *Habersack*, in: MüKo-BGB, § 774, Rn. 3; *Rohe*, in: BeckOK-BGB, § 774, Rn. 1; *Sprau*, in: Palandt, § 774, Rn. 5.

631 *Lieb*, in: GS Lüderitz, 2000, S. 455, 465 f.

632 BGHZ 37, 299, 301 f.; *Goette*, in: Ebenroth/Boujong/Joost/Strohn, § 110, Rn. 29; *Langhein*, in: MüKo-HGB, § 110, Rn. 10; *Weitemeyer*, in: Oetker, HGB, § 110, Rn. 17; *Schäfer*, in: Staub, HGB, § 110, Rn. 31; *Finckh*, in: Henssler/Strohn, GesR, HGB § 110, Rn. 8; *Emmerich*, in: Heymann-HGB, § 110, Rn. 14; *v. Gerkan/Haas*, in: Röhricht/Graf von Westphalen, HGB, § 110, Rn. 4; *Lettl*, JA 2004, 238, 239; a.A. für die Erfüllung von Gesellschaftsschulden *Lehleitner*, in: Schwerdtfeger, § 128 HGB, Rn. 12; *Wiedemann*, Gesellschaftsrecht, Band II, S. 237 f.; *Martens*, in: Schlegelberger, § 110, Rn. 8 f.

633 So die ganz h.M.: *Goette*, in: Ebenroth/Boujong/Joost/Strohn, § 110, Rn. 29; *Langhein*, in: MüKo-HGB, § 110, Rn. 10; *Weitemeyer*, in: Oetker, HGB, § 110, Rn. 17; *Schäfer*, in: Staub, HGB, § 110, Rn. 32; *Kühne*, ZHR 133 (1970), 149, 181 f.; *Wertenbruch*, DStR 2007, 1680, 1683 f.

634 In dem Fall findet ein Rückgriff nicht statt. Der Hauptschuldner kann selbst der nach § 774 Abs. 1 BGB legalzedierten Forderung die Einrede des schenkweisen Verzichts des Bürgen auf einen späteren Rückgriff entgegenhalten. Vgl. *Habersack*, in: MüKo-BGB, § 765, Rn. 7; *Horn*, in: Staudinger (1997), § 765, Rn. 142; *Sprau*, in: Palandt, § 774, Rn. 11.

ee) Ergebnis

Die Untersuchung hat gezeigt, dass einige Parallelen zwischen Bürgenhaftung und der Haftung des persönlich haftenden Gesellschafters bestehen. Diese rechtfertigen aber weder eine Übertragung der Gesellschaftsrechtsprechung auf die Bürgschaft[636], noch eine Anwendung der Bürgschaftsrechtsprechung auf die Gesellschafterhaftung[637]. Zunächst unterliegt die Gesellschafterhaftung im Gegensatz zur Bürgschaft keiner eigenen Verjährung[638]. Überdies ist die Akzessorietät der Bürgschaft insgesamt schwächer ausgestaltet als bei der Gesellschafterhaftung. Daher lassen sich auch die Gründe für die teleologische Reduktion von § 129 Abs. 1 HGB nicht ohne Weiteres auf das Bürgschaftsrecht übertragen. Schließlich führte die teleologische Reduktion von § 768 Abs. 1 BGB zu einer ungerechtfertigten Privilegierung des Gläubigers, was sich nicht zuletzt an den Auswirkungen auf den Rückgriff nach § 670 BGB im Vergleich zu § 110 HGB zeigt. Im Ergebnis ist also der vom BGH befürworteten Differenzierung zwischen Bürgschaft und Gesellschafterhaftung zu folgen[639]. Eine teleologische Reduktion von § 768 Abs. 1 S. 1 BGB ist daher abzulehnen.

Wird der Bürge verklagt, kann er sich selbst gegen die drohende Zwangsvollstreckung aus einem vom Gläubiger erfolgreich erlangten Titel noch auf die Einrede der Verjährung der Hauptschuld gemäß § 767 Abs. 2 ZPO berufen. Dies gilt auch für die selbstschuldnerische Bürgschaft, bei der der Bürge auf die Einrede der Vorausklage gemäß §§ 771 S.1, 773 Abs. 1 Nr. 1 BGB verzichtet[640].

2. *Verjährung der Hauptforderung bei Wegfall des Hauptschuldners*

Nach dem oben Gesagten kann der Bürge die Verjährung der Hauptschuld gemäß § 768 Abs. 1 BGB nahezu immer geltend machen, notfalls kann er sich mittels Vollstreckungsabwehrklage gemäß § 767 ZPO gegen die Inanspruchnahme des Gläubigers zur Wehr setzen. Vor dem Hintergrund ist zu untersuchen, ob sich der Bürge auch beim sog. Wegfall des Hauptschuldners noch auf die Verjährung der Hauptschuld berufen kann.

---

635 Dies muss letztlich auch *Lieb*, in: GS Lüderitz, 2000, S. 455, 466, einräumen, wenngleich er betont, es handele sich dabei nur um „ein[en] Aspekt“, welcher „für geringere Bedenken“ im Hinblick auf eine Verurteilung des Gesellschafters trotz Verjährung der Gesellschaftsschuld spreche.

636 *Lieb*, in: GS Lüderitz, 2000, S. 455, 470; *Brehm*, WuB I F 1 a. Bürgschaft 5.99, 224, 225 f.

637 So aber *Habersack*, in: Staub, HGB, § 129, Rn. 7 f.; *Habersack*, WuB I F 1 a. Bürgschaft 18.98, 1012, 1013 f.

638 Dazu oben S. 104 m.w.N.

639 BGHZ 139, 214, 217 ff.

640 BGHZ 76, 222, 226; BGHZ 139, 214, 219.

a) Problem

Eine Gesellschaft, die kein Vermögen mehr besitzt, kann nach § 394 Abs. 1 S. 1 FamFG (früher § 141a FGG) gelöscht werden bzw. ist nach Durchführung des Insolvenzverfahrens nach § 394 Abs. 1 S. 2 FamFG von Amts wegen zu löschen[641]. Am Beispiel der GmbH bedeutet dies im einfachsten Fall, in dem die GmbH nicht noch unerkannt über Vermögen verfügt, dass mit der Löschung gleichzeitig die liquidationslose Vollbeendigung eintritt und die Gesellschaft erlischt[642]. Damit verliert sie ihre Partei- und Prozessfähigkeit[643]. Erlischt die Gesellschaft als Rechtsträgerin und waren zuvor für Gesellschaftsschulden Bürgschaften erteilt worden, spricht man im Bürgschaftsrecht vom sog. Wegfall des Hauptschuldners[644].

Die Auswirkungen eines solchen Wegfalls sind in Rechtsprechung und Literatur bisher jedoch nur teilweise geklärt[645]. Nach wohl allgemeiner Meinung bleibt die Bürgschaftsforderung bei einem Wegfall der Hauptschuldnerin als eigene Forderung bestehen, wandelt sich aber vom bloßen Nebenrecht zu einem eigenständigen Anspruch, während die Hauptforderung selbst erlischt[646]. Gläubiger können zumindest die Hauptschuld also nicht mehr einklagen. Das eigentli-

---

641 § 394 Abs. 1 FamFG ist unmittelbar auf die Kapitalgesellschaften (AG, GmbH) anwendbar, gilt Kraft gesetzlicher Verweisung gemäß § 394 Abs. 4 FamFG indes auch für die OHG und KG, bei denen keiner der persönlich haftenden Gesellschafter eine natürliche Person ist.

642 OLG Celle NZG 2008, 271; *Berner*, in: MüKo-GmbHG, § 60, Rn. 187; *Arnold*, in: Henssler/Strohn, GesR, GmbHG § 60, Rn. 42; *Haas*, in: Baumbach/Hueck, GmbHG, § 60, Rn. 70; *K. Schmidt/Bitter*, in: Scholz, GmbHG, § 60, Rn. 57.

643 *K. Schmidt/Bitter*, in: Scholz, GmbHG, § 60, Rn. 62; *Arnold*, in: Henssler/Strohn, GesR, GmbHG § 60, Rn. 42.

644 Vgl. BGHZ 153, 337, 338; *Chr. Schmidt*, Die sogenannte Akzessorietät der Bürgschaft, S. 65; *Tiedtke*, JZ 2006, 940, 942; *Häuser*, in: Soergel, § 765, Rn. 127. Teilweise wird auch vom „Fortfall" oder „sukzessionslosen Untergang" gesprochen (*Iversen*, Die Akzessorietät als Zurechnungsmodell der Bürgschaft, S. 91). Gemeint ist damit die hier erörterte Konstellation.

645 Vgl. *Tiedtke*, JZ 2006, 940, 942; *Kellermann*, JA 2003, 444; *Iversen*, Die Akzessorietät als Zurechnungsmodell der Bürgschaft, S. 91 f.

646 BGHZ 82, 323, 326 f.; KG NJW-RR 1999, 1206, 1207; BGHZ 153, 337, 340; BGH WM 2012, 688, 689; *Horn*, in: Staudinger (1997), § 767, Rn. 49 ff.; *Häuser*, in: Soergel, § 765, Rn. 127; *Fischer*, in: Das Recht der Kreditsicherheiten, § 9, Rn. 129; *Reinicke/Tiedtke*, Bürgschaftsrecht, Rn. 131; *Weber*, EWiR 2003, 363, 364; *Tiedtke*, in: FS Kollhosser, 2004, S. 741, 743; *Einsiedler*, MDR 2010, 603, 604. Dem mit anderer Begründung folgend: *Chr. Schmidt*, Die sogenannte Akzessorietät der Bürgschaft, S. 65, 245 ff. Differenzierend: *Klose*, WM 2009, 300, 301, der für einen fiktiven Fortbestand der Hauptschuld plädiert.

che Problem wird daher virulent, wenn die Forderung ohne den Wegfall des Hauptschuldners bei der Inanspruchnahme des Bürgen bereits verjährt gewesen wäre. Dem Bürgen stünde dann gemäß § 768 Abs. 1 BGB grundsätzlich die Verjährung der Hauptforderung als mittelbar bürgenbezogene Einrede gegenüber dem Gläubiger zu. Ob dies auch für den Fall eines Erlöschens der Rechtsträgerin angenommen werden kann, ist nicht unzweifelhaft. Letztlich kommt es freilich darauf an, ob dem Bürgen die Berufung auf § 768 Abs. 1 BGB zu gewähren ist oder nicht[647]. Stünde dem Bürgen die Einrede der Verjährung der Hauptschuld nach § 768 Abs. 1 BGB auch beim Wegfall der Hauptschuldnerin zu, stellt sich aus Sicht des Gläubigers weiterhin die Frage, wie dieser einer vorzeitigen Verjährung der Hauptforderung entgegenwirken kann, etwa indem er verjährungshemmende Maßnahmen gegenüber dem Bürgen ergreift[648].

b) Meinungsstand

aa) Einrede der Verjährung der Hauptschuld bleibt bei Wegfall erhalten

Teile der Rechtsprechung und Literatur lassen die Berufung des Bürgen auf die Einrede der Verjährung der Hauptschuld auch dann zu, wenn der Hauptschuld-

---

647 *Tiedtke*, JZ 2003, 1070.

648 In dieser Arbeit soll nicht behandelt werden, welche Auswirkungen die Eröffnung des Insolvenzverfahrens über das Vermögen der Gesellschaft auf die Verjährung der Hauptschuld und die Geltendmachung der nach § 768 Abs. 1 BGB abgeleiteten Einrede haben können. Dort kann sich ein vergleichbares Problem ergeben: Zwar fällt der Hauptschuldner mit der Eröffnung des Insolvenzverfahrens nicht ersatzlos weg. Die Insolvenzeröffnung selbst bewirkt jedoch keine automatische Hemmung der Verjährung der Hauptforderung (vgl. *Hohmann*, WM 2004, 757, 761; *Jauernig*, in: Jauernig, § 204, Rn. 12). Ebenso wenig wird ein bereits verjährter Anspruch mit der Anmeldung erneut fällig (vgl. OLG Stuttgart NJW-RR 2010, 895, 897; *Knickenberg*, IBR 2010, 27). Durch die Anmeldung zur Tabelle im Insolvenzverfahren (§§ 28, 174 ff. InsO) über das Vermögen des Hauptschuldners würde die Verjährung der Hauptschuld aber gemäß § 204 Abs. 1 Nr. 10 BGB gehemmt (*Vallender*, ZInsO 2002, 110, 111; *Wittig*, ZInsO 2003, 629, 634). Diese Verjährungshemmung endete indes gemäß § 204 Abs. 2 S. 1 BGB sechs Monate nach Abweisungsbeschluss wieder (*Bydlinski*, WuB I F 1 a. Bürgschaft 6.09, 819, 820; *Nowak*, in: MüKo-InsO, § 174, Rn. 24). Wird das Verfahren also mangels Masse abgewiesen, wäre denkbar, dass die Hauptforderung noch vor Vollbeendigung der Gesellschaft verjährt. Dann stellt sich die Frage, ob sich der Bürge auch hier noch auf die Einrede der Verjährung der Hauptschuld gemäß § 768 Abs. 1 S. 1 BGB berufen können soll oder es ihm zuzumuten wäre, gegen eine sichtbar vermögenslose Schuldnerin zu klagen, um sich die Möglichkeit der Verjährungshemmung zu erhalten. (vgl. dazu OLG Düsseldorf NJW-RR 2005, 1495; *Bydlinski*, WuB I F 1 a. Bürgschaft 6.09, 819, 820).

ner selbst „weggefallen" ist[649]. Die Bürgschaftsforderung sei zwar neben der Hauptforderung rechtlich verselbstständigt[650]. Mit dem Wegfall des Hauptschuldners werde aber lediglich die Abhängigkeit vom Bestand der Hauptschuld aufgehoben[651]. Ihre inhaltliche Bindung an die Hauptforderung verliere die Bürgschaft dadurch jedoch nicht[652]. Inhalt und Durchsetzbarkeit der Bürgschaftsforderung orientierten sich daher weiterhin an den §§ 767, 768 BGB[653], also an den Akzessorietätsgrundsätzen.

Eine neuere Ansicht, die im Ergebnis der Rechtsprechung zustimmen will, aber einen dogmatisch anderen Ansatz verfolgt, plädiert für ein fiktives Fortbestehen der Hauptforderung[654]. Dieser Standpunkt soll zum einen Vorteile beim (anteiligen) Rückgriff gegenüber den anderen Sicherungsgebern nach §§ 774 Abs. 1 S. S 1, 412, 401 BGB eröffnen[655], zum anderen sei dieser Ansatz im Gegensatz zur vom BGH gefundenen Lösung auch auf andere Einreden wie Zurückbehaltungsrechte oder Mängeleinreden anwendbar[656].

bb) Einrede der Verjährung der Hauptschuld entfällt mit Wegfall des Hauptschuldners

Einige Instanzgerichte und Stimmen im Schrifttum vertreten davon abweichend, dass dem Bürgen nach Wegfall des Hauptschuldners die Einrede der Verjährung der Hauptschuld nicht mehr zustehe[657]. Zwar leite sich die Einrede der Verjährung der Hauptschuld gemäß § 768 Abs. 1 BGB für den Bürgen aus dem Akzes-

---

649 BGHZ 153, 337, 340; OLG Düsseldorf NJW-RR 2005, 1495; *Sonnenhol*, WuB I F 1 a Bürgschaft 9.03, 616; *Weber*, EWiR 2003, 363, 364; *Probst*, JR 2003, 504, 505; *Geldmacher*, NZM 2003, 502, 503; *Lindacher*, in: FS Gerhardt, 2004, S. 587, 596 f.; *Hadding*, in: FS Wiegand, 2005, S. 299, 310 ff.; *Einsiedler*, MDR 2010, 603, 604 f.; *Stadler*, in: Jauernig, § 768, Rn. 7; *Rohe*, in: BeckOK-BGB, § 768, Rn. 3; *Habersack*, in: MüKo-BGB, § 768, Rn. 5; *Häuser*, in: Soergel, § 765, Rn. 127; *Sprau*, in: Palandt, § 768, Rn. 6; im Ergebnis auch: *Klose*, WM 2009, 300, 301; ähnlich, jedoch einem grundlegend anderen Akzessorietätsverständnis im Hinblick auf die Verjährung des Bürgschaftsanspruchs folgend auch: *Iversen*, Die Akzessorietät als Zurechnungsmodell der Bürgschaft, S. 92 ff.

650 BGHZ 82, 323, 327; BGHZ 153, 337, 340; BGH WM 2012, 688, 689; *Häuser*, in: Soergel, § 765, Rn. 127; *Einsiedler*, MDR 2010, 603, 604 f.

651 BGHZ 153, 337, 340.

652 BGHZ 153, 337, 340.

653 Vgl. BGHZ 153, 337, 340; BGH WM 2012, 688, 689; *Hadding*, in: FS Wiegand, 2005, S. 299, 313; *Probst*, JR 2003, 504, 505.

654 *Klose*, WM 2009, 300, 301 ff.; ähnlich auch *K. Schmidt*, ZIP 1982, 297, der die Fiktion zumindest als „gedankliche Hilfe" betrachtet hat.

655 *Klose*, WM 2009, 300, 301 f.

656 *Klose*, WM 2009, 300, 301.

sorietätsgrundsatz ab[658]. Das mit dem Wegfall der Rechtsträgerin verbundene Erlöschen der Hauptforderung und die daran anknüpfende Aufwertung der Bürgschaft vom Nebenrecht zum selbstständigen Anspruch führe indes zu einer weitgehenden Durchbrechung der Akzessorietät von Haupt- und Bürgenschuld[659]. Insofern könne nicht von einer Beschneidung der Rechte des Bürgen gesprochen werden, nähme man ihm mit dem Wegfall der Hauptschuld auch die vom Hauptschuldner abgeleitete Verjährungseinrede[660]. Darüber hinaus entspreche es dem Sicherungszweck der Bürgschaft, dass der Bürge die Einrede der Verjährung gerade beim Wegfall des Hauptschuldners nicht erheben können solle[661]. So folge aus dem Rechtsgedanken von § 768 Abs. 1 S. 2 BGB, dass der Bürge keine Einreden erheben könne, die auf einer Verschlechterung der Vermögenssituation des Hauptschuldners beruhten, wozu beim Wegfall des Hauptschuldners auch die Einrede der Verjährung gemäß § 768 Abs. 1 BGB gehöre[662].

cc) Möglichkeiten zur Verjährungshemmung bei Wegfall des Hauptschuldners

Parallel zu der Frage, ob die Einrede des Bürgen gemäß § 768 Abs. 1 S. 1 BGB zusammen mit dem Wegfall des Hauptschuldners entfällt, verläuft die Diskussion um die Möglichkeit des Gläubigers, ab Wegfall des Hauptschuldners, verjährungshemmende Maßnahmen gegenüber dem Bürgen mit Wirkung in Bezug auf die Hauptforderung zu ergreifen.

Die Rechtsprechung geht davon aus, dass der Gläubiger durch Klage gegen den Bürgen auch die Verjährung der Hauptschuld hemmen könne, wenn der Hauptschuldner weggefallen sei[663]. Begründet wird dies damit, dass die Verjährungshemmung sonst schlicht unmöglich und ein Ausgleich für den Gläubiger jedenfalls nach der Interessenlage erforderlich sei[664]. Nach neuerer Rechtspre-

657 KG NJW-RR 1999, 1206, 1207 f.; *Tiedtke*, NJW 2005, 2498, 2500; *Tiedtke*, JZ 2006, 940, 942; *Tiedtke*, JZ 2003, 1070; *Reinicke/Tiedtke*, Bürgschaftsrecht, Rn. 259; *Lettl*, WM 2000, 1316, 1321; *Siegmann/Polt*, WM 2004, 766, 771; *Peters*, NJW 2004, 1430, 1431.

658 *Tiedtke*, in: FS Kollhosser, 2004, S. 741, 746 f.

659 Vgl. *Tiedtke*, NJW 2005, 2498, 2500; *Tiedtke*, in: FS Kollhosser, 2004, S. 741, 745 ff.

660 *Tiedtke*, NJW 2005, 2498, 2500; *Tiedtke*, JZ 2006, 940, 942; *Tiedtke*, JZ 2003, 1070; *Tiedtke*, in: FS Kollhosser, 2004, S. 741, 751 ff.

661 Vgl. KG NJW-RR 1999, 1206, 1207 f.; *Tiedtke*, NJW 2005, 2498, 2500; *Reinicke/Tiedtke*, Bürgschaftsrecht, Rn. 259; *Lettl*, WM 2000, 1316, 1321.

662 *Tiedtke*, in: FS Kollhosser, 2004, S. 741, 751 ff.; *Tiedtke*, JZ 2003, 1070, 1072.

663 BGHZ 153, 337, 342 f.; BGH WM 2012, 688, 689; dem folgend: *Probst*, JR 2003, 504, 505; *Geldmacher*, NZM 2003, 502, 503.

664 Vgl. *Probst*, JR 2003, 504, 505; *Siegmann/Polt*, WM 2004, 766, 771; *Sonnenhol*, WuB I F 1 a. Bürgschaft 9.03, 616; *Weber*, EWiR 2003, 363, 364; *Habersack*, in: MüKo-BGB, § 768, Rn. 5.

chung gelten diese Grundsätze auch für eine bereits vor Wegfall des Hauptschuldners gegen den Bürgen erhobene Klage[665]. Nach vereinzelt vertretenen Standpunkt sollen sich diese Erwägungen auch auf andere Maßnahmen zur Verjährungshemmung (§§ 203 ff. BGB) und zum Verjährungsneubeginn (§ 212 BGB) übertragen lassen[666].

Zum Teil wird weiter differenziert. Die Verjährungshemmung gegenüber dem Bürgen komme nur in Betracht, wenn ein Vorgehen gegen den Hauptschuldner „unzumutbar" sei[667]. Zumutbarkeit liege vor, wenn zuvor eine anerkannte Stelle die Vermögenslosigkeit des Rechtsträgers festgestellt habe[668]. Das Kriterium der Zumutbarkeit sei notwendig, um unnötige Prozesse zwischen den Beteiligten und damit verbundene Kosten zu vermeiden[669]. Andere Ansätze lehnen die Möglichkeit verjährungshemmender Maßnahmen gegenüber dem Bürgen dagegen grundsätzlich ab[670] und befürworten zum Teil alternative Lösungswege. So handele es sich nach Ansicht von *Peters* um einen Fall höherer Gewalt im Sinne von § 206 BGB, da der Gläubiger mit Wegfall des Hauptschuldners an der Rechtsverfolgung der Hauptschuld und somit an deren Verjährungshemmung gehindert sei[671].

c) Stellungnahme

Weitgehend unbestritten ist, dass mit dem Wegfall des Hauptschuldners die Hauptschuld erlischt, die Bürgschaftsforderung aber bestehen bleibt[672]. Dieses Verständnis soll hier daher unangetastet bleiben und für die weitere Betrachtung zugrunde gelegt werden. Die weiteren Folgen in Bezug auf die Geltendmachung der Verjährung der Hauptschuld durch den Bürgen sind jedoch nach wie vor umstritten und daher klärungsbedürftig.

---

665 BGHZ 182, 76, 84; dem folgend: *Grothe*, LMK 2009, 292466; *Becker/Kohlmann*, EWiR 2009, 665, 666.

666 *Budzikiewicz*, NJ 2010, 32, 33. Ferner bejahend für Maßnahmen im Sinne von § 204 Abs. 1 BGB wohl *Grothe*, LMK 2009, 292466.

667 *Siegmann/Polt*, WM 2004, 766, 771 ff.

668 *Siegmann/Polt*, WM 2004, 766, 771 f.

669 *Siegmann/Polt*, WM 2004, 766, 772.

670 *Tiedtke*, JZ 2003, 1070, 1071 f.; i.E. auch *Lettl*, WM 2000, 1316, 1321; *Peters*, NJW 2004, 1430 f.

671 *Peters*, NJW 2004, 1430 f.

672 Vgl. nur noch BGHZ 82, 323, 326 f.; KG NJW-RR 1999, 1206, 1207; *Horn*, in: Staudinger (1997), § 767, Rn. 49 ff.; *Reinicke/Tiedtke*, Bürgschaftsrecht, Rn. 131; *Weber*, EWiR 2003, 363, 364; *Tiedtke*, in: FS Kollhosser, 2004, S. 741, 743; *Einsiedler*, MDR 2010, 603, 604.

aa) Zum Einredeerhalt des Bürgen

Die Berufung auf die Einrede der Verjährung der Hauptschuld kann dem Bürgen nicht mit dem Argument versagt werden, dass sich mit dem Wegfall des Hauptschuldners gerade das von der Bürgschaft gemäß § 768 Abs. 1 S. 2 BGB abzusichernde Ausfallrisiko des Gläubigers beim Hauptschuldner realisiere[673]. Zwar mag sich durch den sukzessionslosen Wegfall der hauptschuldnerischen Gesellschaft ein Risiko verwirklichen, welches die alleinige Einstandspflicht des Bürgen endgültig festlegt, weil der Gläubiger spätestens ab dann keine Möglichkeit mehr hat, den Forderungswert beim Hauptschuldner zu liquidieren[674]. Der Sicherungszweck umfasst jedoch grundsätzlich nur die Einstandspflicht des Bürgen als solche, nämlich für den Ausfall des Gläubigers beim Hauptschuldner einzustehen. Der Sicherungszweck besteht nicht darin, dass der Bürge ab dem Wegfall des Hauptschuldners einer weitgehenderen Haftung unterliegt als der Schuldner selbst[675]. Hätte sich der Bürge daher bei einem Fortbestehen der Hauptschuldnerin auf die Verjährung der Hauptschuld gemäß § 768 Abs. 1 BGB berufen können, muss dies auch im Falle eines Erlöschens der Hauptschuldnerin als Rechtsträgerin gelten[676].

Die Situation beim Wegfall des Hauptschuldners ist auch nicht vergleichbar mit einer Bürgschaft, die im Bewusstsein eingetretener oder nahender Verjährung, mithin zur Sicherung von (fast) verjährten Ansprüchen abgegeben worden ist[677]. Für diesen Fall wird zwar zu Recht angenommen, dass es dem Sicherungszweck widerspräche, wenn der Bürge dem Gläubiger die Einrede der verjährten Hauptschuld entgegenhalten könnte[678]. Es kann jedoch nicht allgemein für Bürg-

---

673 BGHZ 153, 337, 341; *Hadding*, in: FS Wiegand, 2005, S. 299, 313 f. Dafür aber: KG NJW-RR 1999, 1206, 1207 f.; *Tiedtke*, NJW 2005, 2498, 2500; *Reinicke/Tiedtke*, Bürgschaftsrecht, Rn. 259; *Lettl*, WM 2000, 1316, 1321.

674 Freilich ist die Bürgschaftsforderung bereits vorher, mit Eintritt des Sicherungsfalls, fällig geworden (vgl. dazu die Ausführungen oben ab S. 48).

675 Vgl. BGHZ 76, 222, 226; BGHZ 139, 214, 217; BGHZ 153, 337, 341; *Weber*, EWiR 2003, 363, 364; *Hadding*, in: FS Wiegand, 2005, S. 299, 313; *Einsiedler*, MDR 2010, 603, 605.

676 BGHZ 153, 337, 342; *Sonnenhol*, WuB I F 1 a. Bürgschaft 9.03, 616; *Weber*, EWiR 2003, 363, 364.

677 A.A. wohl *Tiedtke*, in: FS Kollhosser, 2004, S. 741, 744 f.

678 Vgl. BGHZ 121, 173, 177 f.; *Becker-Eberhard*, Die Forderungsgebundenheit der Sicherungsrechte, S. 321; *Horn*, in: Staudinger (1997), § 768, Rn. 14; *Habersack*, in: MüKo-BGB, § 768, Rn. 7; *Beckmann*, in: NK-BGB, § 768, Rn. 6; *Lettl*, WM 2000, 1316, 1321; *Einsiedler*, MDR 2010, 603, 606. Insbesondere bei der Gewährleistungsbürgschaft ergebe sich dann aus dem Sicherungszweck, dass dem Bürgen die Einrede der Verjährung nicht zustehe, vgl. *Rohe*, in: BeckOK-BGB, § 768, Rn. 4; *Beckmann*,

schaften, die Gesellschaftsschulden sichern, von einem Sicherungszweck ausgegangen werden, der es dem Bürgen versagte, sich auf die Einrede der Verjährung der Hauptschuld gemäß § 768 Abs. 1 BGB auch bei einem Erlöschen der Hauptschuldnerin als Rechtsträgerin zu berufen.

Etwas anderes ergibt sich außerdem nicht aus der Bewertung der Interessenlage. Der Bürge ist weder für den Wegfall des Hauptschuldners noch für die Nachlässigkeit des Gläubigers im Hinblick auf die Ergreifung verjährungshemmender Maßnahmen gegen den Hauptschuldner verantwortlich[679]. Die im Schrifttum geäußerten Bedenken, der Gläubiger stehe in Bezug auf die Einredeerhebung durch den Bürgen schutzlos dar, können zudem durch die Anerkennung der Möglichkeit verjährungshemmender Maßnahmen gegen den Bürgen, ab Wegfall des Hauptschuldners, zerstreut werden[680]. Grundsätzlich spricht also vieles dafür, dass die Einrede der Verjährung nicht mit dem Wegfall des Hauptschuldners zusammenhängt und sich der Bürge nach Wegfall des Hauptschuldners auf die Verjährung der Hauptschuld gemäß § 768 Abs. 1 BGB berufen kann[681].

Freilich ist die rechtliche Konstruktion für dieses Ergebnis nicht ganz unproblematisch. Unter der Prämisse, dass die Hauptschuld mit dem Wegfall der Hauptschuldnerin erlischt, könnte sich der Bürge auf die Verjährung einer Forderung berufen, die gar nicht mehr existiert[682]. Diesem Einwand lässt sich jedoch entgegnen, dass die Berufung auf die Einrede der Verjährung grundsätzlich nicht vom Bestand der Forderung abhängig ist[683]. Der BGH führt insoweit überzeugend aus, dass die „Verjährungseinrede [...] auch bloß behaupteten, in Wirklichkeit aber nicht oder nicht mehr bestehenden Forderungen" entgegengehalten werden kann[684]. Damit wird zu Recht ein Kerngedanke des Verjährungsrechts aufgegriffen, der bereits in den *Motiven* zum Ausdruck gebracht worden ist:

> „Der Schwerpunkt der Verjährung liegt [...] darin, daß dem Verpflichteten ein Schutzmittel gegeben wird, gegen voraussichtlich unberechtigte Ansprüche ohne ein Eingehen auf die Sache sich zu vertheidigen"[685].

---

in: NK-BGB, § 768, Rn. 7.

679 *Probst*, JR 2003, 504, 505.

680 Dazu unten ab S. 127; ablehnend: *Tiedtke*, in: FS Kollhosser, 2004, S. 741, 753.

681 Vgl. BGHZ 153, 337, 340; OLG Düsseldorf NJW-RR 2005, 1495.

682 Dazu *Klose*, WM 2009, 300 ff.; darauf hinweisend auch: *Probst*, JR 2003, 504, 505; *Tiedtke*, JZ 2003, 1070.

683 BGHZ 153, 337, 341 f.; *Klose*, WM 2009, 300, 301; so auch *Meller-Hannich*, JZ 2005, 656, 661; *Peters/Jacoby*, in: Staudinger (2009), Vorbem zu §§ 194-225, Rn. 5; einerseits zustimmend, andererseits kritisch: *Tiedtke*, in: FS Kollhosser, 2004, S. 741, 748 f.

684 BGHZ 153, 337, 341.

Und auch wenn sich diese spezifischen Ausführungen zur Einrede der Verjährung gewiss nicht auf andere Einreden wie die Zurückbehaltungsrechte übertragen lassen, so begründet dies keinen hinreichenden Anlass, um im Rahmen des Wegfalls der Hauptschuldnerin grundsätzlich für einen fiktiven Fortbestand der gesicherten Forderung zu plädieren[686]. Zum einen fehlt es dafür an einem Anhaltspunkt im Gesetz, zum anderen wäre ein fiktiver Fortbestand der Hauptschuld vornehmlich eine „gedankliche Hilfe“ zur Stützung des von der Interessenlage her gebotenen Ergebnisses, dass der Bürgschaftsanspruch zwar als selbstständiger Anspruch fortbesteht, sich inhaltlich aber weiter an die Hauptschuld anlehnt[687]. Auf einen fiktiven Fortbestand der Hauptschuld kommt es für die Einrede der Verjährung der Hauptschuld und deren Geltendmachung durch den Bürgen gemäß § 768 Abs. 1 BGB beim Wegfall des Hauptschuldners nach alldem nicht an.

bb) Zur Verjährungshemmung (durch Maßnahmen gegen den Bürgen)

Wenn auf der einen Seite mit dem Wegfall des Hauptschuldners nicht gleichzeitig die Möglichkeit des Bürgen erlischt, sich auf die abgeleitete Einrede der Verjährung der Hauptschuld gemäß § 768 Abs. 1 S. 1 BGB zu berufen, ist auf der anderen Seite der Gläubiger davor zu bewahren, dass der Bürge mit Hinweis auf den Verjährungseintritt der Hauptschuld die Zahlung der Bürgschaftsverpflichtung verweigert, und dies allein darauf beruht, dass der Gläubiger die Verjährung der Hauptschuld nicht mehr verhindern kann.

Der BGH und die herrschende Lehre gehen davon aus, dass mit dem Wegfall des Hauptschuldners verjährungshemmende Maßnahmen gegenüber dem Bürgen auch in Bezug auf die Verjährung der Hauptschuld wirken[688]. Dies gilt neuerdings sogar für eine bereits vor Wegfall des Hauptschuldners gegen den Bürgen erhobene Klage[689]. An der sachlichen Richtigkeit des Ergebnisses kann kaum gezweifelt werden[690], denn es trägt der Interessenlage angemessen Rech-

685 Motive I, S. 291, bei *Mugdan*, II. Band, S. 512; ähnlich bereits: *v. Savigny*, System des heutigen Römischen Rechts, Band V, § 237, S. 272; vgl. auch *Mansel/Stürner*, in: NK-BGB, Vor §§ 194-218, Rn. 33.

686 Dagegen bereits BGHZ 82, 323, 327; a.A. *Klose*, WM 2009, 300, 301 ff.

687 *K. Schmidt*, ZIP 1982, 297.

688 BGHZ 153, 337, 341 f.; BGH WM 2012, 688, 689; *Probst*, JR 2003, 504, 505; *Siegmann/Polt*, WM 2004, 766, 771; *Sonnenhol*, WuB I F 1 a. Bürgschaft 9.03, 616; *Weber*, EWiR 2003, 363, 364; *Einsiedler*, MDR 2010, 603, 605 f.; *Habersack*, in: Mü-Ko-BGB, § 768, Rn. 5.

689 BGHZ 182, 76, 84; *Grothe*, LMK 2009, 292466; *Becker/Kohlmann*, EWiR 2009, 665, 666; *Einsiedler*, MDR 2010, 603, 606.

690 *Bydlinski*, WuB I F 1 a. Bürgschaft 6.09, 819, 820.

nung. Allerdings ist die Konstruktion einer Verjährungshemmung der Hauptschuld gegenüber dem Bürgen nicht „unbedenklich“[691].

(1) Verjährungshemmung gemäß § 206 BGB

Nicht zuletzt aufgrund dieser Bedenken wird vertreten, es sei als Fall höherer Gewalt im Sinne von § 206 BGB einzuordnen, soweit der Gläubiger den Hauptschuldner nach dessen Wegfall nicht mehr mit den Wirkungen des § 204 Abs. 1 Nr. 1 BGB verklagen könne[692]. Dem Ansatz der Verjährungshemmung über § 206 BGB ist schon deshalb nachzugehen, weil sich für ihn die Frage nach der Möglichkeit verjährungshemmender Maßnahmen gegenüber dem Bürgen nicht mehr stellt.

Höhere Gewalt liegt im Zusammenhang mit § 206 BGB vor, wenn die Verhinderung der Rechtsverfolgung auf Ereignissen beruht, die selbst bei der Beachtung äußerster und billigerweise zu erwartender Sorgfalt nicht hätte vorausgesehen oder abgewandt werden können[693]. Bereits die Subsumtion des Wegfalls des Hauptschuldners unter die Definition höherer Gewalt ist nicht unproblematisch. Dies folgt aus der subjektiven Komponente: Die Verjährungshemmung gemäß § 206 BGB tritt nur ein, wenn der Gläubiger trotz äußerster Sorgfalt an der Rechtsverfolgung gegen den Hauptschuldner gehindert wird. Dies wird man aber wohl nur für den hier nicht weiter zu untersuchenden Fall bejahen können, in dem die Gesellschaft zwar gelöscht wurde, obwohl sie unerkannt über Vermögen verfügt und daher noch existiert[694]. Unabhängig davon, bestehen zudem sachliche Zweifel an der Anwendbarkeit von § 206 BGB.

Für die Lösung über § 206 BGB spricht zwar grundsätzlich die rechtliche Trennung von Haupt- und Bürgschaftsforderung. Es ist *prima facie* inkonsequent, einerseits von einer eigenen Verjährung der Hauptforderung auszugehen, die selbst durch den Wegfall des Hauptschuldners nicht berührt werden soll, andererseits aber die Verjährungshemmung der Hauptschuld durch Maßnahmen gegen den Bürgen zuzulassen[695]. Schließlich bleibt es auch beim Wegfall der hauptschuldnerischen Gesellschaft dabei, dass der Bürge nur Schuldner der Bürgschaftsverbindlichkeit, nicht aber der Hauptschuld ist[696].

---

691 Vgl. *Tiedtke*, in: FS Kollhosser, 2004, S. 741, 753.

692 *Peters*, NJW 2004, 1430, 1431.

693 Vgl. BGHZ 81, 353, 355; BGH NJW 1997, 3164 (noch zu § 203 Abs. 2 BGB a.F.), *Ellenberger*, in: Palandt, § 206, Rn. 4; *Grothe*, in: MüKo-BGB, § 206, Rn. 3; *Mansel/Budzikiewicz*, in: NK-BGB, § 206, Rn. 7.

694 So etwa OLG Hamm NJW-RR 1990, 477, 478; *Grothe*, in: MüKo-BGB, § 206, Rn. 8.

695 So aber BGHZ 153, 337, 339 ff.; BGHZ 182, 76, 84.

696 Vgl. *Probst*, JR 2003, 504, 505.

Die Auffassung, die den Wegfall des Hauptschuldners als Fall höherer Gewalt im Sinne von § 206 BGB einordnet, hat aber auch gravierende Nachteile. Da der Gläubiger der Hauptschuld ab Wegfall dauerhaft die Möglichkeit der Rechtsverfolgung gegen die Gesellschaft verliert, würde die eigenständige Verjährung der Hauptschuld als für den Bürgen abgeleitete Einrede entwertet. Die Möglichkeit, sich gemäß § 768 Abs. 1 BGB auf den Verjährungseintritt der Hauptschuld zu berufen, entfiele für den Bürgen mit dem Wegfall des Hauptschuldners endgültig. Darüber hinaus spricht gegen die Verjährungshemmung gemäß § 206 BGB, dass sie *ipso iure* eintritt. Dies ist gerade dann von Bedeutung, wenn der Gläubiger keine Kenntnis vom Wegfall des Hauptschuldners hatte und aus diesem Grund über verjährungshemmende Maßnahmen weder nachgedacht noch solche getroffen hat. In dem Fall käme ihm der Wegfall des Hauptschuldners sogar zugute, wenn die Hauptschuld ansonsten verjährt wäre, die Bürgschaftsforderung aber noch nicht. § 206 BGB ist damit insgesamt ungeeignet, um die Konstellation des Wegfalls des Hauptschuldners in allen Fällen sachgerecht zu erfassen. Schlussendlich besteht vor dem Hintergrund der neuen Rechtsprechung auch praktisch kein Bedarf (mehr), auf § 206 BGB zurückzugreifen[697].

(2) Verjährungshemmung durch Maßnahmen gegenüber dem Bürgen

Erlischt die Gesellschaft und damit die Hauptschuld, reichen verjährungshemmende Maßnahmen gegen den Bürgen aus, um auch die Verjährungsfrist der Hauptschuld zu hemmen. Könnte der Gläubiger die Verjährung der gesicherten Forderung auf der einen Seite nicht mehr hemmen, müsste sich auf der anderen Seite aber deren Verjährung nach § 768 Abs. 1 BGB auch bei der Inanspruchnahme des Bürgen entgegenhalten lassen, würde die Bürgschaft zweckentwertet[698]. Der Sicherungszweck der Bürgschaft besteht vornehmlich darin, für den Ausfall des Gläubigers beim Hauptschuldner einzustehen. Es ist daher widersprüchlich, wenn einerseits mit dem Wegfall des Hauptschuldners zunächst die Verselbstständigung der Bürgschaftsforderung konstruiert wird, weil der Bürge für den Ausfall des Gläubigers beim Hauptschuldner nach § 768 Abs. 1 S. 2 BGB auch nach dem Erlöschen des Hauptschuldners einzustehen habe[699], andererseits diese Bürgschaftsforderung aber gar nicht durchgesetzt werden könnte, weil die Verjährungsfrist der Hauptschuld weiterliefe und auch nicht mehr durch den Gläubiger gehemmt werden könnte. Unter der Prämisse, dass der Bürge die Einrede der Verjährung gemäß § 768 Abs. 1 BGB auch nach Erlöschen der

697 So auch *Bub*, in: FS Fischer, 2008, S. 71, 84.

698 Vgl. *Lettl*, WM 2000, 1316, 1321; *Tiedtke*, JZ 2003, 1070, 1072.

699 Vgl. BGHZ 82, 323, 327; BGHZ 153, 337, 340.

Hauptforderung noch geltend machen kann und § 206 BGB keine Anwendung findet, sind daher allein verjährungshemmende Maßnahmen gegen den Bürgen zur Korrektur dieses sinnwidrigen Ergebnisses geeignet.

Der maßgebliche Zeitpunkt für die Möglichkeit zur Ergreifung verjährungshemmender Maßnahmen gegen den Bürgen, die auch hinsichtlich Hauptschuld Wirkung entfalten, ist der des Wegfalls des Hauptschuldners. Nach der heute allgemein vertretenen *Lehre vom Doppeltatbestand* kommt es dafür auf die Löschung und die Vermögenslosigkeit der Gesellschaft und damit deren Vollbeendigung an[700]. Das hier befürwortete Ergebnis entspricht insoweit der bereits überwiegend vertretenen Meinung, nach der verjährungshemmende Maßnahmen gegen den Bürgen nicht nur ab dem Zeitpunkt des Wegfalls ausreichen sollen[701], sondern nach der bereits eine vor Wegfall des Hauptschuldners gegenüber dem Bürgen erhobene Klage gemäß § 204 Abs. 1 Nr. 1 BGB die Verjährung der Hauptschuld hemmt[702]. Dies gilt allerdings nur, und dabei handelt es sich vornehmlich um eine begriffliche Klarstellung gegenüber dem 2. Leitsatz der BGH-Entscheidung[703], soweit die Hauptschuld nicht bereits vor Wegfall des Hauptschuldners verjährt gewesen ist[704]. Die Verjährungshemmung der Hauptschuld durch Maßnahmen gegen den Bürgen tritt also auch bei einer bereits rechtshängigen Klage gegen den Bürgen erst dann ein, wenn der Hauptschuldner wegfällt[705]. Der Gläubiger wird insoweit nur von der sinnwidrigen Maßnahme befreit, eine bereits rechtshängige Klage unter den mit Blick auf das Zustimmungserfordernis des beklagten Bürgen nach § 269 Abs. 1 ZPO nicht unproblemati-

700 Nach früher vereinzelt vertretener Auffassung war allein auf die Vermögenslosigkeit der GmbH abzustellen, die Eintragung des Erlöschens im Handelsregister hätte danach lediglich deklaratorische Wirkung (so insbesondere Teile der älteren Rechtsprechung: BGHZ 48, 303, 307; OLG Stuttgart NJW 1969, 1493). Nach der heute herrschenden Lehre vom „Doppeltatbestand" ist dagegen wegen der Unsicherheit bei der Bestimmung der Vermögenswerte der Gesellschaft neben der Vermögenslosigkeit auf die Löschung im Handelsregister abzustellen: vgl. OLG Düsseldorf GmbHR 2004, 572, 574; OLG Koblenz NZG 2007, 431; *Haas*, in: Baumbach/Hueck, GmbHG, § 60, Rn. 6; *K. Schmidt/Bitter*, in: Scholz/GmbHG, § 60, Rn. 56 f.; *Arnold*, in: Henssler/Strohn, GesR, GmbHG § 60, Rn. 5, 43; *Schmelz*, NZG 2007, 135, 136 f., jeweils m.w.N.

701 So noch BGHZ 153, 337, 342 f.; *Habersack*, in: MüKo-BGB, § 768, Rn. 5; *Probst*, JR 2003, 504, 505.

702 BGHZ 182, 76, 84; dem folgend: *Grothe*, LMK 2009, 292466; *Becker/Kohlmann*, EWiR 2009, 665, 666.

703 Der 2. Leitsatz der Entscheidung BGHZ 182, 76 lautet: „Eine gegen den Bürgen erhobene Klage hemmt auch bei einem späteren Untergang des Hauptschuldners als Rechtsperson gem. § 204 Abs. 1 Nr. 1 BGB die Verjährung der Hauptschuld [...]".

704 Überzeugend: *Bydlinski*, WuB I F 1 a. Bürgschaft 6.09, 819, 820.

705 Vgl. BGHZ 182, 76, 80.

schen Voraussetzungen zurücknehmen zu müssen, um allein zur Verjährungshemmung der Hauptschuld erneut gegen den Bürgen zu klagen[706].

Ob sich die Rechtsprechung des BGH auch auf andere verjährungshemmende Maßnahmen gegen den Bürgen im Sinne der §§ 203 ff. BGB übertragen lässt, worauf im Schrifttum vereinzelt hingewiesen wird[707], darf in dieser Allgemeinheit angezweifelt werden. Die auf Prozessökonomie gestützten Argumente des BGH[708] beanspruchen zumindest keine allgemeine Gültigkeit für sämtliche Tatbestände der Verjährungshemmung. Im Ergebnis dürfte die Übertragbarkeit für die meisten Hemmungsgründe sowie den Neubeginn der Verjährung gemäß § 212 BGB aber von der Interessenlage geboten sein. Jedenfalls wird man im Falle eines nach Wegfall des Hauptschuldners abgegebenen Anerkenntnisses durch den Bürgen gemäß § 212 Abs. 1 Nr. 1 BGB kaum vertreten können, dieses hätte keine Auswirkungen auf die Geltendmachung der Einrede der Verjährung der Hauptschuld durch den Bürgen gemäß § 768 Abs. 1 BGB. Auch andere Rechtsverfolgungsmaßnahmen gegen den Bürgen, wie etwa die Zustellung eines Mahnbescheids gemäß § 204 Abs. 1. Nr. 3 BGB[709], führen ab dem Wegfall des Hauptschuldners zu einer Verjährungshemmung auch hinsichtlich der Hauptschuld[710].

Schlussendlich bleibt damit auch für das zur alten Rechtsprechung des BGH[711] vereinzelt im Schrifttum entwickelte Merkmal der „Zumutbarkeit"[712] kein Anwendungsbereich mehr offen. Es ist ohnehin zweifelhaft, ob dieses Kriterium, welches eine an der Interessenlage vorgenommene Wertung indiziert, tatsächlich geeignet ist, den von dieser Auffassung verfolgten Aspekt der Rechtssicherheit zu verstärken[713]. Außerdem wird der Gläubiger auch ohne das Zumutbarkeitskriterium hinreichend geschützt: Er muss nach der neuen Rechtsprechung nicht mehr die Löschung der Gesellschaft im Handelsregister abwarten, da die Klage gegen den Bürgen gemäß § 204 Abs. 1 Nr. 1 BGB auch Hemmungswirkung in Bezug auf die Hauptschuld entfaltet, wenn der Hauptschuldner erst während des Bürgenprozesses wegfällt[714]. Insoweit ist das Risiko, das

---

706 BGHZ 182, 76, 84; *Grothe*, LMK 2009, 292466.

707 *Budzikiewicz*, NJ 2010, 32, 33.

708 BGHZ 182, 76, 84.

709 Dazu BGH WM 2012, 688, 689.

710 Allgemein für Rechtsverfolgungsmaßnahmen im Sinne von § 204 Abs. 1 BGB auch *Grothe*, LMK 2009, 292466.

711 Gemeint ist BGHZ 153, 337 ff.

712 So noch *Siegmann/Polt*, WM 2004, 766, 771 f.

713 Vgl. *Siegmann/Polt*, WM 2004, 766, 771 f.

714 BGHZ 182, 76, 84; zustimmend *Grothe*, LMK 2009, 292466; *Becker/Kohlmann*, EWiR 2009, 665, 666.

der Gläubiger nach der alten Rechtsprechung des BGH noch trug, nämlich den Hauptschuldner zu verklagen und dabei befürchten zu müssen, dass dieser Prozess durch den späteren Wegfall des Rechtsträgers verloren geht[715], entfallen. Doch selbst dieses Risiko wäre für ihn wegen § 767 Abs. 2 BGB nur gering, da auch die Kosten der Rechtsverfolgung gegen den Hauptschuldner vom Umfang der Bürgschaft mit umfasst werden[716]. Das Kriterium der Zumutbarkeit bietet demnach insbesondere gegenüber der neuen Rechtsprechung keinerlei Vorteile, findet keine Anhaltspunkte im Gesetz und ist daher abzulehnen.

(3) Fazit

Die aus Sicht des Gläubigers mitunter negativen Folgen der Unabhängigkeit der Verjährungseinrede vom Schicksal des Rechtsträgers der Hauptforderung können also durch verjährungshemmende Maßnahmen, insbesondere die rechtzeitige Klage, gegen den Bürgen ausgeglichen werden. Soweit in der Literatur teilweise der Schluss gezogen wird, die Forderung könne nicht durch Maßnahmen gegen den Bürgen gehemmt werden[717], ist dies abzulehnen. Fällt der Hauptschuldner weg, ist die Möglichkeit der Verjährungshemmung der Hauptschuld gegenüber dem Bürgen erforderlich und vor dem Hintergrund der oben aufgeworfenen Problematik auch alternativlos. Versagte man dem Gläubiger die Option, im Anschluss an den Wegfall des Hauptschuldners Maßnahmen gegenüber dem Bürgen auch mit verjährungshemmender Wirkung für die Hauptschuld zu ergreifen, hätte er nur dann Erfolg, wenn die Hauptschuld bis zum Abschluss des Verfahrens gegen den Bürgen nicht verjährt ist. Gerade Bürgschaften für Gesellschaften mit geringer Kapitalausstattung würden damit sinnlos und zweckentwertet. Der Gläubiger müsste sofort verjährungshemmende Maßnahmen gegen die hauptschuldnerische Gesellschaft ergreifen, nur um die Inanspruchnahme des solventeren Bürgen nicht zu gefährden. Die Verjährungsfrist der Hauptforderung muss daher einerseits unabhängig von der Inanspruchnahme des Bürgen weiterlaufen, andererseits wirkt eine gegenüber dem Bürgen vorgenommene – rechtsverfolgende[718] – verjährungshemmende Maßnahme auch in Bezug auf die

---

715 Fällt der Rechtsträger weg, verliert dieser seine Rechts- und damit seine Parteifähigkeit im Sinne von § 50 Abs. 1 ZPO. Je nach Zeitpunkt des Wegfalls wäre die Klage dann unzulässig oder unbegründet. Vgl. *Weth*, in: Musielak, ZPO, § 50, Rn. 13 f.; *Arnold*, in: Henssler/Strohn, GesR, GmbHG § 60, Rn. 42 (zur Löschung der GmbH wegen Vermögenslosigkeit gemäß § 60 Abs. 1 Nr. 7 GmbHG nach § 394 FamFG).

716 Vgl. *Habersack*, in: MüKo-BGB, § 768, Rn. 5; a.A. *Siegmann/Polt*, WM 2004, 766, 771; *Lettl*, WM 2000, 1316, 1321.

717 *Tiedtke*, JZ 2006, 940, 941; *Tiedtke*, JZ 2003, 1070, 1071 f.; i.E. auch *Lettl*, WM 2000, 1316, 1321; *Peters*, NJW 2004, 1430 f.

718 *Grothe*, LMK 2009, 292466; noch weiter: *Budzikiewicz*, NJ 2010, 32, 33.

Hauptforderung, sobald der Wegfall der Hauptschuldnerin zum Erlöschen der Forderung führt. Den Sicherungsinteressen des Gläubigers ist damit allemal Genüge getan. Für die erfolgreiche Realisierung der Bürgenhaftung ist er ohnehin gehalten, rechtzeitig gegen den Bürgen vorzugehen[719]. Letztlich gilt, dass die Verjährungshemmung ab dem Wegfall der Hauptschuldnerin auch durch Maßnahmen gegenüber dem Bürgen herbeigeführt werden kann[720] bzw. bereits ergriffene Maßnahmen nunmehr auch in Bezug auf die Hauptschuld wirken[721].

II. Auswirkungen rechtlich relevanten Verhaltens des Hauptschuldners auf die Einrede des Bürgen

Gläubiger und Hauptschuldner können über ihr eigenes Rechtsverhältnis im Rahmen der durch die Gesetze gezogenen Grenzen frei disponieren. Dies folgt schon aus dem Grundsatz der Privatautonomie[722]. Allerdings dürfen nachträgliche Vereinbarungen gemäß § 767 Abs. 1 S. 3 BGB grundsätzlich nicht zu Lasten des Bürgen gehen[723]. Eine weitere Ausprägung findet dieses Verbot der Fremddisposition in § 768 Abs. 2 BGB, nach dem der Bürge eine Einrede nicht dadurch verliert, dass der Hauptschuldner auf sie verzichtet[724].

An diesen Prinzipien sind die nachfolgend darzustellenden Fallgruppen zu messen, in denen es um nachträgliche Einwirkungen auf die Verjährung der Hauptschuld durch den Hauptschuldner geht. Erhebt der Hauptschuldner eine begründete Verjährungseinrede vor Gericht nicht, erkennt er die Hauptschuld an oder schließt er ein Stillhalteabkommen mit dem Gläubiger, führt dies entweder zu einer Verlängerung der Verjährungsfrist der Hauptschuld (§ 202 BGB), einer Verjährungshemmung (§§ 203 ff. BGB) oder die Verjährungsfrist beginnt von Neuem zu laufen (§ 212 BGB). Für diese und ähnlich Fälle ist zu klären, ob die Akzessorietät der Bürgschaft zur gesicherten Schuld vorgibt, dass die Einwirkung auf die Verjährung der Hauptschuld durch den Hauptschuldner auch dem

---

719 *Sonnenhol*, WuB I F 1 a. Bürgschaft 9.03, 616.

720 Wie hier: BGHZ 153, 337, 343; BGH WM 2012, 688, 689; *Probst*, JR 2003, 504, 505; *Sonnenhol*, WuB I F 1 a. Bürgschaft 9.03, 616; *Weber*, EWiR 2003, 363, 364; *Habersack*, in: MüKo-BGB, § 768, Rn. 5.

721 BGHZ 182, 76, 84; *Grothe*, LMK 2009, 292466; *Becker/Kohlmann*, EWiR 2009, 665, 666.

722 Eingehend zum Grundsatz der Privatautonomie im Zivilrecht und seinen verfassungsrechtlichen Grundlagen: *Medicus*, AcP 192 (1992), 35, 41, 61; weitere Nachweise dazu unten in Fußnote 1448.

723 Vgl. BGHZ 165, 28, 33; *Brödermann*, in: Prütting/Wegen/Weinreich, § 767, Rn. 13; *Habersack*, in: MüKo-BGB, § 767, Rn. 10 f.; *Tiedtke/Holthusen*, WM 2007, 93, 94.

724 BGH ZIP 2007, 2206, 2207; *Stadler*, in: Jauernig, § 768, Rn. 7; *Fischer*, in: Das Recht der Kreditsicherheiten, § 9, Rn. 88; *Lettl*, WM 2000, 1316, 1317.

Bürgen das Recht nimmt, sich auf eine ansonsten verjährte Hauptforderung gemäß § 768 Abs. 1 S. 1 BGB zu berufen. Dabei wird sich zeigen, dass Rechtsprechung und Lehre bisher keine klar erkennbare Linie verfolgen und dem Bürgenschutz eine mal mehr und mal weniger hohe Bedeutung beimessen.

1. Verzicht des Hauptschuldners

Dem Verzicht des Hauptschuldners auf die Einrede der Verjährung gegenüber dem Gläubiger wird schon durch das Gesetz nach § 768 Abs. 2 BGB eine deutliche Grenze gesetzt. Ziel dieser Vorschrift ist es, nachträgliche Haftungsverschärfungen für den Bürgen zu verhindern, die durch einen Einredeverzicht des Hauptschuldners oder ein Zusammenwirken mit dem Gläubiger hervorgerufen werden[725]. In der Rechtsprechung wird die Vorschrift des § 768 Abs. 2 BGB auch auf den Verzicht auf künftige Einreden angewandt[726]. Dagegen ist nichts einzuwenden, da der Sinn und Zweck der Vorschrift eine Differenzierung zwischen bestehenden und künftigen Einreden nicht nahelegt[727]. Der Bürge kann sich daher weiterhin gemäß § 768 Abs. 1 S. 1 BGB auf die Einrede der Verjährung der Hauptschuld berufen, weil der vom Hauptschuldner erklärte Verzicht zwar im Verhältnis zum Gläubiger wirksam ist, wegen § 768 Abs. 2 BGB aber nicht zu Lasten des Bürgen wirkt.

2. Versäumnisurteil gegen den Hauptschuldner

Ergeht gegen den Hauptschuldner ein Versäumnisurteil im Sinne von § 331 Abs. 1 S. 1 ZPO, ist aus Sicht des Bürgen zweifelhaft, ob dieses Urteil im Hinblick auf die Einrede der Verjährung der Hauptschuld zu seinen Lasten Wirkung entfaltet. Eine Lösung für das Problem zu finden, ist nicht ganz einfach, weil im Gegensatz zum Verzicht keine ausdrückliche Erklärung des Hauptschuldners erfolgt. Vielmehr gilt das tatsächliche Vorbringen des klagenden Gläubigers in der mündlichen Verhandlung wegen § 331 Abs. 1 S. 1 ZPO als vom säumigen Beklagten zugestanden[728]. Wird der beklagte Hauptschuldner antragsgemäß verurteilt, erhält der Gläubiger einen Titel, der wegen § 197 Abs. 1 Nr. 3 BGB der

---

725 Vgl. BGHZ 182, 76, 82; *Sprau*, in: Palandt, § 768, Rn. 9; *Rohe*, in: BeckOK-BGB, § 768, Rn. 1, 6; *Brödermann*, in: Prütting/Wegen/Weinreich, § 768, Rn. 14; *E. Herrmann*, in: Erman, § 768, Rn. 5; *Walther*, NJW 1994, 2337 f.

726 BGH ZIP 2007, 2206, 2207 f.; BGH NJW 2009, 1598, 1600; BGHZ 182, 76, 82; im Schrifttum auch *Tiedtke*, EWiR 2008, 13, 14; *Schmidt-Räntsch*, in: Erman, § 202, Rn. 15; *Grothe*, in: MüKo-BGB, § 202, Rn. 13; *Fischer*, in: Das Recht der Kreditsicherheiten, § 9, Rn. 88.

727 BGH ZIP 2007, 2206, 2207.

728 Sog. Geständnisfiktion gemäß § 331 Abs. 1 S. 1 BGB (vgl. *Stadler*, in: Musielak, ZPO, § 331, Rn. 8 f.; *Prütting*, in: MüKo-ZPO, § 331, Rn. 10).

dreißigjährigen Verjährung unterliegt. Würde diese Frist auch gegenüber dem Bürgen gelten, könnte der Gläubiger während dieses Zeitraumes den Bürgen in Anspruch nehmen, soweit die Bürgschaftsforderung selbst noch nicht verjährt wäre.

Der BGH hat hierzu den Standpunkt vertreten, dass sich der (selbstschuldnerische) Bürge auch dann auf die Verjährung der Hauptschuld berufen könne, wenn diese vor Erlass des Versäumnisurteils bereits verjährt gewesen sei und sich der Hauptschuldner nicht auf diese Einrede berufen habe[729]. Dabei hat der BGH insbesondere damit argumentiert, dass die Wirkungen des Verzichts durch den Hauptschuldner den Bürgen wegen § 768 Abs. 2 BGB ebenfalls nicht treffen könnten[730]. Dies müsse entsprechend für das Versäumnisurteil gelten[731]. Die wohl ganz herrschende Lehre befürwortet diese analoge Anwendung von § 768 Abs. 2 BGB[732].

Dem ist uneingeschränkt zuzustimmen. Zwar enthält § 768 Abs. 2 BGB ausdrücklich nur den Verzicht. Die Analogie wird aber insbesondere durch das Argument der Rechtsprechung getragen, dass schon der Verzicht, der auch im Rahmen eines Prozesses erklärt werden könne, gemäß § 768 Abs. 2 BGB nicht zu Lasten des Bürgen wirke und dies erst recht – *a maiore ad minus* – für die nachlässige Prozessführung des Hauptschuldners gelten müsse[733]. Eine Anwendung von § 767 Abs. 1 S. 3 BGB kommt demgegenüber nicht in Betracht. Zwar enthält § 767 Abs. 1 S. 3 BGB ebenfalls das Verbot der Fremddisposition[734] und hat demnach die gleiche Schutzrichtung wie § 768 Abs. 2 BGB. Die Vorschrift gilt aber grundsätzlich nur für nachträgliche rechtsgeschäftliche Haftungserweiterungen zwischen Hauptschuldner und Gläubiger[735]. Das „Schweigen" des Haupt-

---

729 BGHZ 76, 222, 229 ff.

730 BGHZ 76, 222, 230.

731 BGHZ 76, 222, 230.

732 Vgl. *Sprau*, in: Palandt, § 768, Rn. 9; *Stadler*, in: Jauernig, § 768, Rn. 7; *Habersack*, in: MüKo-BGB, § 768, Rn. 11; *Prütting*, in: jurisPK-BGB, § 768, Rn. 10; *Brödermann*, in: Prütting/Wegen/Weinreich, § 768, Rn. 14; *Schneider*, MDR 1980, 799, 800; *Rehbein*, JR 1980, 506; *Lettl*, WM 2000, 1316, 1321; *Tiedtke*, JZ 2006, 940, 945; *Bub*, in: FS Fischer, 2008, S. 71, 78 f.

733 BGHZ 76, 222, 230.

734 *Habersack*, in: MüKo-BGB, § 767, Rn. 10; *Stadler*, in: Jauernig, § 767, Rn. 8; *Tiedtke/Holthusen*, WM 2007, 93, 94.

735 Vgl. BGH NJW 2000, 2580, 2582; *Mormann*, in: RGRK-BGB, § 767, Rn. 7; *Habersack*, in: MüKo-BGB, § 767, Rn. 10; *Rohe*, in: BeckOK-BGB, § 767, Rn. 14. Allerdings werden in der Literatur zum Teil auch rechtsgeschäftsähnliche Handlungen mit rechtsgeschäftlichem Verhalten im Rahmen des § 767 Abs. 1 S. 3 BGB gleichgestellt, vgl. *Tiedtke/Holthusen*, WM 2007, 93, 94 (zum Anerkenntnis des Hauptschuldners).

schuldners in der Hauptverhandlung stellt jedoch gerade kein rechtsgeschäftliches, sondern nur ein tatsächliches Verhalten dar[736], das hier allerdings als rechtserheblich einzuordnen ist. Weiter ist in Rechnung zu stellen, dass der Gläubiger nicht vollends schutzlos gestellt wird und die analoge Anwendung von § 768 Abs. 2 BGB tatsächlich nur dann die Inanspruchnahme des Bürgen verhindert, wenn die Hauptforderung zum Zeitpunkt der Klageerhebung bereits verjährt war. Ansonsten käme dem Gläubiger die verjährungshemmende Wirkung der Klage gemäß § 204 Abs. 1 Nr. 1 BGB zugute[737].

3. *Anerkenntnis des Hauptschuldners*

Erkennt der Hauptschuldner die Hauptforderung gegenüber dem Gläubiger an, führt dies im einfachsten Fall[738] nach § 212 Abs. 1 Nr. 1 BGB zu einem Neubeginn der Verjährung mit der ursprünglich für die Hauptschuld geltenden Verjährungsfrist[739]. Denkbar ist aber auch, dass der Hauptschuldner ein notarielles Schuldanerkenntnis im Sinne von §§ 780 f. BGB abgibt. In dem Fall läge dem Gläubiger nicht nur eine vollstreckbare Urkunde gemäß § 794 Abs. 1 Nr. 5 ZPO vor. Dieser Titel würde gemäß § 197 Abs. 1 Nr. 4 BGB auch eine 30-jährige Verjährungsfrist eröffnen.

Vor dem Hintergrund der §§ 767 Abs. 1 S. 3, 768 Abs. 2 BGB liegt es auf der Hand, dass sich die Abgabe eines (Schuld-)Anerkenntnisses im Grenzbereich verbotener Fremddisposition bewegt. Schließlich ist der Bürge nach § 768 Abs. 1 S. 1 BGB wie der Hauptschuldner dazu berechtigt, dem Gläubiger die Einrede der Verjährung der Hauptschuld entgegenzuhalten. Ein Neubeginn der Verjährung schnitte dem Bürgen diese Möglichkeit ab. Es stellt sich daher die Frage, ob auch hier eine entsprechende Anwendung des § 768 Abs. 2 BGB geboten ist. Das Anerkenntnis würde dann lediglich *inter partes* wirken, jede Auswirkung auf das Verhältnis zwischen Bürge und Gläubiger wäre ausgeschlossen. Käme eine analoge Anwendung von § 768 Abs. 2 BGB nicht in Betracht, könnte § 767 Abs. 1 S. 3 BGB Aufschluss über die Zulässigkeit eines Anerkenntnisses

---

736 Vgl. *Schneider*, MDR 1980, 799, 800.

737 *Siegmann/Polt*, WM 2004, 766, 770. Maßgeblicher Zeitpunkt für die Verjährungshemmung ist die Zustellung der Klageschrift gemäß §§ 253, 261, 262 ZPO (*Grothe*, in: MüKo-BGB, § 204, Rn. 3). Gegebenenfalls ist auf den Zeitpunkt der Einreichung der Klage abzustellen, wenn die Zustellung „demnächst" im Sinne von § 167 ZPO erfolgt (*Schmidt-Räntsch*, in: Erman, § 204, Rn. 5).

738 Denkbar wäre z.B. ein durch Abschlagszahlungen des Hauptschuldners erfolgtes Anerkenntnis, das § 212 Abs. 1 Nr. 1 BGB ausdrücklich nennt.

739 Vgl. BGH NJW-RR 2005, 605, 606 (zu § 208 BGB a.F.); *Mansel/Budzikiewicz*, in: NK-BGB, § 212, Rn. 2, 27; *Schmidt-Räntsch*, in: Erman, § 212, Rn. 2; *Peters/Jacoby*, in: Staudinger (2009), § 212, Rn. 1, 3; *Ellenberger*, in: Palandt, § 212, Rn. 8.

zu Lasten des Bürgen geben, wenn es sich um eine rechtsgeschäftliche Haftungserweiterung handelte.

a) Meinungsstand

Der Meinungsstand zu diesem Problem ist insgesamt etwas unübersichtlich, da die einzelnen Standpunkte nicht immer klar erkennen lassen, auf welche Form des Anerkenntnisses sie sich konkret beziehen, und vornehmlich auf die Rechtsfolgen – gegenüber dem Bürgen wirksam oder unwirksam – abstellen.

Während die wohl überwiegende Auffassung zumindest für das (notarielle) Schuldanerkenntnis im Sinne von §§ 780 f. BGB eine Wirkungserstreckung auf den Bürgen ablehnt und dies mit § 767 Abs. 1 S. 3 BGB begründet[740], gelangt die Gegenauffassung zu dem Schluss, dass ein solches Anerkenntnis auch für den Bürgen zur Folge hätte, dass sich dieser nicht mehr auf die Verjährung der Hauptschuld gemäß § 768 Abs. 1 S. 1 BGB berufen könne[741].

Die weiteren Stellungnahmen in Rechtsprechung und Literatur beziehen sich regelmäßig nur auf die allgemeinen Wirkungen eines Anerkenntnisses im Sinne von § 212 Abs. 1 Nr. 1 BGB. Besonders weit geht hier eine Ansicht, der sich auch der BGH in einem *obiter dictum* in einer Entscheidung zum Verzicht des Hauptschuldners auf die Einrede der Verjährung angeschlossen hat[742]. Von ihr wird ausgeführt, dass ein Anerkenntnis im Sinne von § 212 Abs. 1 Nr. 1 BGB nicht zu Lasten des Bürgen gehe, wie sich aus dem Verbot der Fremddisposition und insbesondere aus § 768 Abs. 2 BGB ergebe[743]. Von anderer Seite wird dem entgegengehalten, dass es sich beim Neubeginn der Verjährung gemäß § 212 Abs. 1 Nr. 1 BGB um eine von Gesetzes wegen eintretende Rechtsfolge handele, für die der Bürge nach dem Rechtsgedanken des § 767 Abs. 1 S. 2 BGB einzustehen habe, weshalb auch die §§ 767 Abs. 1 S. 3, 768 Abs. 2 BGB insoweit keine Anwendung fänden[744].

---

740 OLG Düsseldorf MDR 1975, 1019; *Hohmann*, WM 2004, 757, 761; *Siegmann/Polt*, WM 2004, 766, 767; *Tiedtke*, JZ 2006, 940, 945; *Bub*, in: FS Fischer, 2008, S. 71, 87 f.; *Wittmann*, MDR 2010, 477, 479; *Horn*, in: Staudinger (1997), § 767, Rn. 36; *Nobbe*, in: Bankrechts-Handbuch, § 91, Rn. 249; für diese Konstellation auch *Grothe*, in: MüKo-BGB, § 212, Rn. 4; *Bolten*, ZGS 2006, 140, 148.

741 *Rehbein*, JR 1980, 506; *Geldmacher*, NZM 2003, 502, 505.

742 BGH ZIP 2007, 2206, 2208.

743 Vgl. BGH ZIP 2007, 2006, 2008; *Tiedtke*, EWiR 2008, 13, 14; *Tiedtke/Holthusen*, WM 2007, 93, 95, *Rohe*, in: BeckOK-BGB, § 768, Rn. 6; *Habersack*, in: MüKo-BGB, § 768, Rn. 5, 8; *Ellenberger*, in: Palandt, § 212, Rn. 8; *Sprau*, in: Palandt, § 768, Rn. 9; *Beckmann*, in: NK-BGB, § 768, Rn. 8.

744 Vgl. OLG München WM 2006, 684 ff.; OLG Kiel JW 1933, 2343; *Mormann*, in: RGRK-BGB, § 768, Rn. 5; *E. Herrmann*, in: Erman, § 768, Rn. 5; *Häuser*, in: Soergel,

b) Stellungnahme

Wie eingangs erwähnt, kommt es für die Lösung darauf an, ob durch ein Anerkenntnis des Hauptschuldners das Maß noch zulässiger Fremddisposition überschritten wird. Im Rahmen von § 767 Abs. 1 S. 3 BGB ist dies zu bejahen, wenn die Haftung des Bürgen in einer bei Abschluss des Bürgschaftsvertrags nicht erkennbaren Art und Weise nachträglich erweitert wird[745]. Damit ist jedoch nicht gemeint, dass jede Form von Verschlechterung der Bürgenstellung nach Bürgschaftsvertragsschluss unzulässig[746] bzw. für den Bürgen unzumutbar wäre[747]. Ein solch enges Verständnis berücksichtigte nämlich die umstehenden Vorschriften nicht. Zum einen lässt bereits § 767 Abs. 1 S. 2 BGB, nach dem sich die Bürgenhaftung auch auf Verschulden und Verzug des Hauptschuldners beruhenden Erweiterungen der Hauptschuld erstreckt, unschwer erkennen, dass der Bürge mit bestimmten Erweiterungen rechnen muss. Zum anderen schließt § 768 Abs. 1 S. 2 BGB solche Einreden aus, die sich aus dem Sicherungszweck der Bürgschaft ergeben[748].

Allerdings lassen beide Vorschriften den Schluss nicht zu, dass die verjährungsrechtlichen Auswirkungen des hauptschuldnerischen Anerkenntnisses gleichermaßen auch dem Bürgen aufzuerlegen sind.

Das OLG München hat zuletzt die Wirksamkeit eines Anerkenntnisses des Hauptschuldners im Verhältnis zum Bürgen mit anderen Entscheidungen des BGH zu begründen versucht[749]. Wie *Tiedtke/Holthusen* richtig darlegen, stützen diese Urteile die Ansicht des OLG München jedoch nicht[750]. Insbesondere das

---

§ 765, Rn. 114, § 768, Rn. 9; *Bolten*, ZGS 2006, 140, 148; *Mansel/Budzikiewicz*, NK-BGB, § 212, Rn. 39; *Peters/Jacoby*, in: Staudinger (2009), § 212, Rn. 16; *Funke*, BauR 2010, 969, 979; *Grothe*, in: MüKo-BGB, § 212, Rn. 4; differenzierend: *Stadler*, in: Jauernig, § 768, Rn. 7; unentschlossen: *Richrath*, WuB I F 1 a Bürgschaft 4.06, 456, der zumindest den Verweis des OLG Münchens auf die BGH-Rechtsprechung zu den Wirkungen eines Saldoanerkenntnisses des Hauptschuldners für den Bürgen (gemeint ist BGH WM 2002, 281) für statthaft hält.

745 BGHZ 142, 213, 219 f.; BGHZ 165, 28 34; *Habersack*, in: MüKo-BGB, § 767, Rn. 10; *Nobbe*, in: Bankrechts-Handbuch, § 91, Rn. 242.

746 *Habersack*, in: MüKo-BGB, § 767, Rn. 10.

747 Vgl. OLG München WM 2006, 684, 686; *Sprau*, in: Palandt, § 767, Rn. 3; *Nobbe*, in: Bankrechts-Handbuch, § 91, Rn. 242.

748 Vgl. BGHZ 153, 337, 341; *Rohe*, in: BeckOK-BGB, § 768, Rn. 4; *A. Staudinger*, in: Hk-BGB, § 768, Rn. 3; *Habersack*, in: MüKo-BGB, § 768, Rn. 7.

749 OLG München WM 2006, 684, 687, mit Verweis auf BGH WM 2003, 487 = BGHZ 153, 337 („Wegfall des Hauptschuldners"), BGH WM 1980, 545 und BGH WM 2002, 281 = NJW-RR 2002, 986 („Saldoanerkenntnis bei Kontokorrentbürgschaft").

750 Vgl. *Tiedtke/Holthusen*, WM 2007, 93, 96 ff.

Urteil, in dem es um die Folgen eines Saldoanerkenntnisses des Hauptschuldners für den Bürgen eines Kontokorrents ging[751], kann nicht zur Klärung des Problems beitragen[752]. Dass ein solches Saldoanerkenntnis nach höchstrichterlicher Rechtsprechung die Darlegungs- und Beweislast auch für den Bürgen umkehrt[753], ändert nichts an dem Umstand, dass daraus kein Rückschluss auf ein Anerkenntnis im Allgemeinen gezogen werden kann. Es mag sein, dass keine unzulässige Erweiterung der Bürgenhaftung im Sinne von § 767 Abs. 1 S. 3 BGB vorliegt, wenn der Hauptschuldner den Gesamtsaldo anerkennt[754]. Eine andere Sichtweise verschlösse sich nämlich den Besonderheiten einer Kontokorrentbürgschaft. Der Sicherungszweck der Bürgschaft für ein Kreditkontokorrent besteht darin, für den Abschlusssaldo zu bürgen. Dieser Saldo markiert den Bestand der Hauptverbindlichkeit im Sinne von § 767 Abs. 1 S. 1 BGB[755]. Es wäre zweckwidrig, die durch das Saldoanerkenntnis des Hauptschuldners erfolgte Beweislastumkehr für den Bürgenprozess erneut umzukehren. All das ändert jedoch nichts daran, dass der BGH in diesem Zusammenhang nichts zur Frage der Wirkungen in Bezug auf die Verjährung der Forderung gesagt hat. Die Entscheidung kann also nicht, anders als es das OLG München vorträgt, zur Lösung herangezogen werden[756].

Die Wirksamkeit eines hauptschuldnerischen Anerkenntnisses zum Nachteil des Bürgen kann auch nicht mit § 767 Abs. 1 S. 2 BGB begründet werden[757]. In der Literatur finden sich zwar zum Teil Formulierungen, wonach „nachträgliche nicht rechtsgeschäftliche Erweiterungen der Haftung" gemäß § 767 Abs. 1 S. 2 BGB grundsätzlich zu Lasten des Bürgen gingen[758]. Insofern könnte auch ein auf tatsächlichem Verhalten des Hauptschuldners beruhendes Anerkenntnis im Sinne von § 212 Abs. 1 Nr. 1 BGB eine für den Bürgen hinzunehmende Haftungserweiterung sein. In dieser Allgemeinheit ist dies jedoch nicht richtig. Den von § 767 Abs. 1 S. 2 BGB erfassten Verschlechterungen ist gemein, dass sie in der

751 BGH NJW-RR 2002, 986 f.

752 *Bub*, in: FS Fischer, 2008, S. 71, 88; a.A. *Richrath*, WuB I F 1 a. Bürgschaft 4.06, 456, für den der Verweis des OLG München auf die Entscheidung des BGH zumindest „einleuchtet".

753 BGH NJW-RR 2002, 986.

754 So auch *M. Zimmermann*, WuB I F 1 a. Bürgschaft 9.02, 402, 403.

755 Vgl. *Horn*, in: Staudinger (1997), § 765, Rn. 92; *Nobbe*, in: Bankrechts-Handbuch, § 91, Rn. 426.

756 Im Ergebnis auch *Tiedtke/Holthusen*, WM 2007, 93, 96 f.

757 OLG Düsseldorf MDR 1975, 1019; a.A. OLG München WM 2006, 684, 687; *Grothe*, in: MüKo-BGB; § 212, Rn. 4.

758 *Sprau*, in: Palandt, § 767, Rn. 2a; ähnlich: *Stadler*, in: Jauernig, § 767, Rn. 4; *Fischer*, in: Das Recht der Kreditsicherheiten, § 9, Rn. 76.

Hauptschuld „typischerweise angelegt“[759] und auf die Fortentwicklung der Hauptforderung zurückzuführen sind[760]. Zu Recht wird darauf hingewiesen, dass für die in § 767 Abs. 1 S. 2 BGB nicht genannten gesetzlichen Veränderungen stets geprüft werden muss, ob diese zu einer Erleichterung oder Erschwerung der Hauptschuld führen[761]. „Im Zweifel“ soll dabei gelten, dass Erweiterungen der Hauptschuld wegen des Akzessorietätsgrundsatzes nicht zu Lasten des Bürgen gingen[762]. Dem ist zu folgen, weil bereits aus dem Wortlaut von § 767 Abs. 1 S. 2 BGB („insbesondere“) folgt, dass die Vorschrift zwar nicht abschließend gefasst ist, aber wohl nur bei „Verschulden“ und „Verzug“ vergleichbaren Fällen anwendbar sein soll. Insofern mag die Haftungserweiterung auf Schadensersatzansprüche gemäß §§ 280 ff. BGB noch einleuchten[763], soweit diese auf eine Pflichtverletzung des Hauptschuldners zurückzuführen sind. Für ein Anerkenntnis des Hauptschuldners kann dies jedoch nicht gelten.

Letztlich bestehen so oder so begründete Zweifel daran, ob § 767 Abs. 1 S. 2 BGB auf das Anerkenntnis überhaupt angewandt werden kann. Das Anerkenntnis nach § 212 Abs. 1 Nr. 1 BGB wird meist als rechtsgeschäftsähnliche Handlung eingeordnet[764]. Außerdem wird wegen der einschneidenden Rechtswirkungen des Anerkenntnisses angenommen, dass seine Wirksamkeit die Geschäftsfähigkeit des Schuldners voraussetzt[765]. Damit steht das Anerkenntnis einer nachträglichen rechtsgeschäftlichen Haftungserweiterung in vielen Punkten gleich. Dann liegt es jedenfalls nahe, seine Wirksamkeit im Verhältnis zum Bürgen an § 767 Abs. 1 S. 3 BGB zu messen[766].

---

759 *Habersack*, in: MüKo-BGB, § 767, Rn. 7; *Wittmann*, MDR 2010, 477.

760 Vgl. *Horn*, in: Staudinger (1997), § 767, Rn. 25.

761 Vgl. *Horn*, in: Staudinger (1997), § 767, Rn. 31; ähnlich: OLG Düsseldorf MDR 1975, 1019.

762 *Horn*, in: Staudinger (1997), § 767, Rn. 31.

763 So die wohl ganz herrschende Meinung: BGH NJW 1988, 907; BGH NJW-RR 2007, 138, 141; *Sprau*, in: Palandt, § 767, Rn. 2a; *Brödermann*, in: Prütting/Wegen/Weinreich, § 767, Rn. 11; *E. Herrmann*, in: Erman, § 767, Rn. 8; *Stadler*, in: Jauernig, § 767, Rn. 4; *Horn*, in: Staudinger (1997), § 767, Rn. 25; *Habersack*, in: MüKo-BGB, § 767, Rn. 7; *Rohe*, in: BeckOK-BGB, § 767, Rn. 10; *Oetker/Maultzsch*, Vertragliche Schuldverhältnisse, § 13, Rn. 70.

764 *Ellenberger*, in: Palandt, § 212, Rn. 2; *Schmidt-Räntsch*, in: Erman, § 212, Rn. 6; *Mansel/Budzikiewicz*, in: NK-BGB, § 212, Rn. 17; *Grothe*, in: MüKo-BGB, § 212, Rn. 6.

765 *Ellenberger*, in: Palandt, § 212, Rn. 2; *Schmidt-Räntsch*, in: Erman, § 212, Rn. 6; *Peters/Jacoby*, in: Staudinger (2009), § 212, Rn. 9; *Mansel/Budzikiewicz*, in: NK-BGB, § 212, Rn. 17.

766 Dafür *Tiedtke/Holthusen*, WM 2007, 93, 94.

Dagegen lässt sich auch nicht einwenden, dass § 767 Abs. 1 S. 3 BGB zu Gunsten des Bürgen keine Anwendung finden könne, da dieser jederzeit mit einem Anerkenntnis des Hauptschuldners rechnen müsse und dieses Risiko im Rahmen des Bürgschaftsvertragsschlusses daher grundsätzlich mit einkalkuliere[767]. Diese Argumentation verfängt zumindest nicht für alle Formen des Anerkenntnisses, insbesondere aber nicht für das (notarielle) Schuldanerkenntnis im Sinne von §§ 780 f. BGB[768] sowie ein „auf andere Weise" im Sinne von § 212 Abs. 1 Nr. 1 BGB begründetes Anerkenntnis. Allenfalls mit Abschlags- und Zinszahlungen durch den Hauptschuldner kann der Bürge rechnen. In dem Fall kämen dem Bürgen Zahlungen durch den Hauptschuldner wegen § 767 Abs. 1 S. 1 BGB auch zugute, da der Bürge stets nur für den Bestand der Hauptverbindlichkeit einstehen muss und die Zahlungen den im Bürgschaftsfall zu erstattenden Betrag minderten. Gleichwohl ist zweifelhaft, ob die anteilige Tilgung der Hauptschuld durch den Hauptschuldner einen für den Bürgen möglichen Verlust der abgeleiteten Verjährungseinrede gemäß § 768 Abs. 1 BGB zu kompensieren vermag[769]. Zum einen können bereits niedrige Abschlags- und Zinszahlungen zu einem Anerkenntnis der Hauptschuld führen, womit die Verjährung nach § 212 Abs. 1 Nr. 1 BGB neu begänne, zum anderen wird der Bürge im Zweifel ein größeres Interesse am Erhalt der abgeleiteten Verjährungseinrede als an einer anteiligen Tilgung der Hauptschuld haben. Schließlich bliebe der Bürge allein im erstgenannten Fall von der Inanspruchnahme durch den Gläubiger, aufgrund seines dauerhaften Leistungsverweigerungsrechts gemäß §§ 768 Abs. 1, 214 Abs. 1 BGB, frei.

Im Übrigen ist das Argument der Vorhersehbarkeit als Rechtfertigung für das Auferlegen der aus Sicht des Bürgen nachteiligen Folgen eines hauptschuldnerischen Anerkenntnisses nur schwach[770]. Grundsätzlich hängt jedes Anerkenntnis primär von einem Verhalten des Hauptschuldners ab[771]. Der von § 767 Abs. 1 S. 3 und § 768 Abs. 2 BGB verfolgte Zweck besteht darin, gerade solche Haftungsverschärfungen des Bürgen zu vermeiden, die auf Verhaltensweisen des Hauptschuldners oder kollusives Zusammenwirken mit dem Gläubiger zurückzuführen sind. Der Bürge kann ein Anerkenntnis des Hauptschuldners nicht verhindern und regelmäßig auch nicht voraussehen. Dann können ihn die nachteili-

---

767 So aber OLG München WM 2006, 684, 687.

768 Im Ergebnis auch *Grothe*, in: MüKo-BGB; § 212, Rn. 4.

769 Dafür wohl *Bolten*, ZGS 2006, 140, 148.

770 Vgl. *Dingler*, BauR 2008, 1379, 1383 f.; *Tiedtke/Holthusen*, WM 2007, 93, 94 f.; *Bub*, in: FS Fischer, 2008, S. 71, 88 („Vorhersehbarkeit unerheblich").

771 Vgl. auch *Tiedtke/Holthusen*, WM 2007, 93, 95 („Hauptschuldner wirkt aktiv mit").

gen Folgen im Hinblick auf den Neubeginn der Verjährung der Hauptschuld aber nicht treffen.

Für dieses Ergebnis spricht weiter die Wertung des § 768 Abs. 2 BGB. Wie bereits am Beispiel der Wirkung des Versäumnisurteils gegen den Hauptschuldner gezeigt werden konnte, ist die Vorschrift nicht exklusiv auf den rechtsgeschäftlichen Einredeverzicht anwendbar. Dem im Schrifttum geäußerten Vorwurf, eine materiell-rechtliche Betrachtung möge für das Anerkenntnis zwar die Parallele zum Verzicht nahelegen, formell gesehen entspreche das Anerkenntnis aber nicht einem „Einredeverzicht" im Sinne von § 768 Abs. 2 BGB[772], ist zu entgegnen, dass beim Verbot der Fremddisposition maßgeblich auf die Interessenlage und nicht allein auf formale Kriterien abgestellt werden muss. Ausschlaggebend ist daher, ob es tatsächlich zu einer Schlechterstellung des Bürgen kommt, die auch auf Grundlage eines Vertrags zu Lasten Dritter unzulässig wäre oder gegen Treu und Glauben verstieße. Deshalb kommt es im Ergebnis auch nicht darauf an, ob das Anerkenntnis nun Haftungserweiterung im Sinne von § 767 Abs. 1 S. 3 BGB[773] oder eine dem Verzicht auf die Einrede der Verjährung gemäß § 768 Abs. 2 BGB[774] entsprechende Situation verkörpert. Das Anerkenntnis hat die gleichen rechtlichen Wirkungen wie ein Verzicht, so dass daran anknüpfend die entsprechende Anwendung von § 768 Abs. 2 BGB geboten ist[775]. Verzicht und Anerkenntnis ist gemein, dass sich die Verjährungsfrist der Hauptschuld nachträglich verlängert. Dies zeigt sich vornehmlich am Beispiel des notariellen Schuldanerkenntnisses. Ein solches Anerkenntnis verschaffte dem Gläubiger einen vollstreckbaren Titel gemäß § 794 Abs. 1 Nr. 5 ZPO, der zudem nach § 197 Abs. 1 Nr. 4 BGB der dreißigjährigen Verjährungsfrist unterläge. Das Anerkenntnis entspricht in diesem Fall insbesondere in seinen Rechtsfolgen (30-jährige Verjährung) dem Verzicht auf die Einrede Verjährung[776]. Das Gleiche gilt für ein auf andere Weise gemäß § 212 Abs. 1 Nr. 1 BGB abgegebenes Anerkenntnis, wenn die Hauptschuld bereits tituliert war oder aufgrund vertraglicher Vereinbarung (§ 202 Abs. 2 BGB) einer entsprechenden Verjährungsfrist unterlag. Gemäß § 212 Abs. 1 Nr. 1 BGB wird immer die volle, ursprünglich vereinbarte oder gesetzlich vorgeschriebene Verjährungsfrist neu in Gang gesetzt[777].

---

772 *Richrath*, WuB I F 1 a. Bürgschaft 4.06, 456; ähnlich: *Geldmacher*, NZM 2003, 502, 505; OLG München WM 2006, 684, 687; *Grothe*, in: MüKo-BGB; § 212, Rn. 4.

773 *Bub*, in: FS Fischer, 2008, S. 71, 87 f.

774 BGH ZIP 2007, 2206, 2208; *Habersack*, in: MüKo-BGB, § 767, Rn. 12, § 768, Rn. 8.

775 Überzeugend: *Tiedtke/Holthusen*, WM 2007, 93, 95.

776 Vgl. *Tiedtke/Holthusen*, WM 2007, 93, 95

777 BGH NJW-RR 2005, 605, 606 (zu § 208 BGB a.F.); *Mansel/Budzikiewicz*, in: NK-BGB, § 212, Rn. 2, 27; *Schmidt-Räntsch*, in: Erman, § 212, Rn. 2; *Peters/Jacoby*, in: Staudinger (2009), § 212, Rn. 1, 3; *Ellenberger*, in: Palandt, § 212, Rn. 8.

Auch der wohl denkbare Einwand, dass der Gläubiger sich durch Urteil gegen den Hauptschuldner ebenfalls eine längere Verjährungsfrist verschaffen könnte, die unstreitig auch gegenüber dem Bürgen gälte und vor dem Hintergrund auch ein Anerkenntnis des Hauptschuldners unerheblich wäre, ändert an dieser Einschätzung nichts. Die Situation eines erfolgreich gegen den Hauptschuldner durchgeführten Erkenntnisverfahrens kann nicht mit einem Anerkenntnis durch den Hauptschuldner gleichgesetzt werden, weil die Niederlage des Hauptschuldners im Erkenntnisverfahren teleologisch nicht der Konstellation eines Anerkenntnisses entspricht[778].

Schließlich ist auch die vereinzelt vorgenommene Differenzierung, nach der das Anerkenntnis nur dann nicht zu Lasten des Bürgen gehen soll, wenn dem Bürgen dadurch eine bereits begründete abgeleitete Verjährungseinrede genommen würde[779], abzulehnen. Zum einen macht es für den Bürgen keinen Unterschied, ob der Hauptschuldner (kurz) vor Ende der Verjährungsfrist mit den Wirkungen von § 212 Abs. 1 Nr. 1 BGB bzw. § 197 Abs. 1 Nr. 4 BGB anerkennt oder (kurz) danach[780]. Es bleibt bei einer Haftungserweiterung, die der Situation des Verzichts gleichgestellt werden und eine nach §§ 767 Abs. 1 S. 3, 768 Abs. 2 BGB unzulässige Haftungserweiterung für den Bürgen darstellt und daher auch wie diese behandelt werden muss. Zum anderen führt ein Anerkenntnis nach wohl allgemeiner Lesart des § 212 Abs. 1 Nr. 1 BGB ohnehin nicht zu einem Neubeginn der Verjährung, wenn der anerkannte Anspruch bereits verjährt gewesen ist[781]. Dass ein solches Anerkenntnis im Einzelfall als Verzicht des Schuldners ausgelegt werden kann[782], ändert daran ebenfalls nichts, weil der Verzicht gemäß § 768 Abs. 2 BGB so oder so gegenüber dem Bürgen unwirksam wäre.

Schlussendlich bleibt festzuhalten, dass ein vom Hauptschuldner erteiltes Anerkenntnis mit den Rechtsfolgen gemäß § 212 Abs. 1 Nr. 1 BGB bzw. §§ 794 Abs. 1 Nr. 5 ZPO, 197 Abs. 1 Nr. 4 BGB nicht zu Lasten des Bürgen wirken kann. Daraus folgt, dass sich der Bürge trotz eines Anerkenntnisses durch den

---

778 *Tiedtke/Holthusen*, WM 2007, 93, 95.

779 *Stadler*, in: Jauernig, § 768, Rn. 7.

780 BGH ZIP 2007, 2206, 2208; *Bub*, in: FS Fischer, 2008, S. 71, 87; *Tiedtke/Holthusen*, WM 2007, 93, 95; vgl. auch *Beckmann*, in: NK-BGB, § 768, Rn. 8.

781 RGZ 78, 130, 131; BGH NJW-RR 1987, 288, 289; BGH NJW 1997, 516, 517 (noch zu § 208 BGB a.F.); OLG Celle BauR 2010, 106, 107; *Mansel/Budzikiewicz*, in: NK-BGB, § 212, Rn. 30; *Schmidt-Räntsch*, in: Erman, § 212, Rn. 4; *Ellenberger*, in: Palandt, § 212, Rn. 2.

782 *Schmidt-Räntsch*, in: Erman, § 212, Rn. 4; *Ellenberger*, in: Palandt, § 212, Rn. 2; *Mansel/Budzikiewicz*, in: NK-BGB, § 212, Rn. 30; *Grothe*, in: MüKo-BGB, § 212, Rn. 1.

Hauptschuldner auf die Verjährung der Hauptschuld gemäß §§ 768 Abs. 1 S. 1, 214 Abs. 1 BGB berufen kann.

4. *Stundungsvereinbarung und pactum de non petendo zwischen Hauptschuldner und Gläubiger*

Des Weiteren ist auf die Stundung der Hauptforderung sowie das *pactum de non petendo* einzugehen. Dahingehende Vereinbarungen zwischen Gläubiger und Schuldner wirken gemäß § 205 BGB verjährungshemmend. Der Anwendungsbereich von § 205 BGB ist tatsächlich gering[783]. So wird die anfängliche Stundung nach ganz überwiegender Meinung nicht von § 205 BGB erfasst. Diese schiebe bereits die Fälligkeit der Forderung und damit deren Entstehung im Sinne von § 199 Abs. 1 Nr. 1 BGB nach hinten hinaus[784]. Stundung im Sinne von § 205 BGB sei nur die nachträgliche, das heißt nach Beginn der Verjährung[785] getroffene Vereinbarung zwischen Gläubiger und Schuldner, dem Schuldner solle ein vorübergehendes Leistungsverweigerungsrecht zustehen[786]. Ebenfalls zur Verjährungshemmung nach § 205 BGB führt ein sog. *pactum de non petendo*, nach dem sich die Parteien darüber verständigen, eine Forderung vorerst nicht gerichtlich geltend zu machen[787]. Eine solche Vereinbarung wird auch als Stillhalteabkommen bezeichnet[788].

Nicht zuletzt wegen ihrer praktisch identischen Rechtsfolgen weisen Stundung und *pactum de non petendo* eine hohe Ähnlichkeit auf und sind praktisch kaum voneinander abzugrenzen[789]. Aus diesem Grund können sie im Hinblick auf ihre Wirksamkeit gegenüber dem Bürgen gemeinsam beurteilt werden.

---

783 Vgl. BT-Drucks. 14/6040, S. 118; *Grothe*, in: MüKo-BGB, § 205, Rn. 1. Im Anschluss an *Peters/Zimmermann*, in: Gutachten und Vorschläge zur Überarbeitung des Schuldrechts, Band I, S. 77, 253, sind *Krämer*, Die Neuregelung des Verjährungsrechts im Schuldrechtsmodernisierungsgesetz, S. 150 f.; *Schmidt-Räntsch*, in: Erman, § 205, Rn. 1, der Auffassung, die Vorschrift sei entbehrlich.

784 BGH WM 1977, 895, 897; BGH NJW-RR 1992, 254, 255 (noch zu § 202 BGB a.F.); BT-Drucks. 14/6040, S. 118; *Henrich*, in: BeckOK-BGB, § 205, Rn. 2; *Grothe*, in: MüKo-BGB, § 205, Rn. 3; *Ellenberger*, in: Palandt, § 205, Rn. 2; *Schmidt-Räntsch*, in: Erman, § 205, Rn. 3; *Mansel/Budzikiewicz*, in: NK-BGB, § 205, Rn. 12; a.A.: *Peters/Jacoby*, in: Staudinger (2009), § 205, Rn. 6 (Stundung von Beginn an möglich).

785 *Schmidt-Räntsch*, in: Erman, § 205, Rn. 3; *Grothe*, in: MüKo-BGB, § 205, Rn. 1.

786 *Peters/Jacoby*, in: Staudinger (2009), § 205, Rn. 8.

787 *Mansel/Budzikiewicz*, in: NK-BGB, § 205, Rn. 12.

788 Vgl. BGH NJW 1973, 316, 317; BGH NJW 2002, 1488, 1489; *Schmidt-Räntsch*, in: Erman, § 205, Rn. 5; *Grothe*, in: MüKo-BGB, § 205, Rn. 5; *Ellenberger*, in: Palandt, § 205, Rn. 2; *Peters/Jacoby*, in: Staudinger (2009), § 205, Rn. 14.

789 *Peters/Jacoby*, in: Staudinger (2009), § 205, Rn. 15; zu den unterschiedlichen Zielsetzungen aber *Grothe*, in: MüKo-BGB, § 205, Rn. 5.

a) Problemstellung und Einführung in den Meinungsstand

Eine höchstrichterliche Klärung der Frage, ob Stundung und *pactum de non petendo* zu einer Verjährungshemmung der Hauptschuld auch mit Wirkung zu Lasten des Bürgen führen, steht noch aus[790]. Nach Auffassung des OLG Saarbrücken[791] sei die BGH-Rechtsprechung zum Verzicht auf den Fall des *pactum de non petendo* zu übertragen. Demnach gebiete der Sinn und Zweck des § 768 Abs. 2 BGB die Gleichbehandlung von Verzicht und Stillhalteabkommen mit der Konsequenz, dass der Bürge dem Gläubiger analog § 768 Abs. 2 BGB entgegenhalten könne, die Forderung sei zwischenzeitlich verjährt[792]. Von *Grothe* wird diesen Ausführungen zugestimmt und ergänzt, dass es sich um eine rechtsgeschäftliche Haftungserweiterung im Sinne von § 767 Abs. 1 S. 3 BGB handele[793].

Auch Stundungsvereinbarungen im Sinne von § 205 BGB sollen nach Teilen der Literatur nicht zu Lasten des Bürgen gehen[794]. Bei entsprechenden Vereinbarungen handele es sich um nachträgliche Haftungserweiterungen im Sinne von § 767 Abs. 1 S. 3 BGB[795], da durch sie der Rückgriffsanspruch des Bürgen gefährdet werde[796]. Zur Begründung wird dabei auf einige ältere Entscheidungen verwiesen, in denen nachträgliche Änderungen von Tilgungsbestimmungen eines Darlehens[797] und von Ausführungsfristen im Bauvertrag[798] zwischen Gläubiger und Hauptschuldner von der Rechtsprechung als mit § 767 Abs. 1 S. 3 BGB unvereinbar eingestuft worden sind[799].

In der Literatur finden sich zum Teil aber auch restriktivere Ansätze. So wird von *Horn* angeführt, dass eine Stundung gegen das Verbot der Fremddisposition verstoßen könne, wenn der Gläubiger bei deren Bewilligung arglistig, grob fahr-

---

790 Vgl. allgemein *Mansel/Budzikiewicz*, in: NK-BGB, § 209, Rn. 6; sowie *Budzikiewicz*, NJ 2010, 32, 33 f., mit dem Hinweis auf das *pactum de non petendo*.

791 OLG Saarbrücken, Entscheidung vom 21.02.2008, Az. 8 U 109/07-30; 8 U 109/07, Rn. 46 (juris), mit Verweis auf BGH ZIP 2007, 2206 ff.

792 OLG Saarbrücken, Entscheidung vom 21.02.2008, Az. 8 U 109/07-30; 8 U 109/07, Rn. 45 ff. (juris).

793 *Grothe*, in: MüKo-BGB, § 205, Rn. 5.

794 So bereits zur alten Rechtslage, allerdings nur mit dem Verweis auf den „allgemeinen Grundsatz", *Bydlinski*, ZIP 1989, 953, 956 (dort Fn. 31);

795 *Häuser*, in: Soergel, § 767, Rn. 5; ähnlich: *Wittmann*, MDR 2010, 477, 479.

796 *Habersack*, in: MüKo-BGB, § 767, Rn. 13.

797 BGH NJW 2000, 2580, 2852.

798 OLG Hamm NZBau 2000, 471.

799 Vgl. *Habersack*, in: MüKo-BGB, § 767, Rn. 13; *Häuser*, in: Soergel, § 767, Rn. 5; *Wittmann*, MDR 2010, 477, 479.

lässig oder gegen Treu und Glauben zu Lasten des Bürgen gehandelt habe[800]. Nach einem noch engeren Verständnis treten die Wirkungen der Stundung dagegen grundsätzlich auch gegenüber dem Bürgen ein[801]. Es handele sich bei der Stundung weder um einen Einredeverzicht im Sinne von § 768 Abs. 2 BGB noch um einen Fall verbotener Fremddisposition gemäß § 767 Abs. 1 S. 3 BGB[802]. Zudem könne die Stundungsvereinbarung in der Regel auf Zahlungsschwierigkeiten des Hauptschuldners zurückgeführt werden[803]. Mit dem in § 767 Abs. 1 S. 1, S. 2 BGB niedergelegten Prinzip, wonach der Bürge Verschlechterungen seiner Rechtsstellung[804], die auf Zahlungsschwierigkeiten des Hauptschuldners basieren, hinzunehmen habe, sei es unvereinbar, wenn sich die Verjährungshemmung nicht auch auf den Bürgen erstreckte[805].

b) Stellungnahme

aa) Anfängliche Stundung

Die oben referierten Stellungnahmen beziehen sich nur auf die von § 205 BGB erfasste nachträgliche Stundung bzw. das *pactum de non petendo*. Allerdings begegnet auch eine anfängliche Stundung der Hauptschuld bürgschaftsrechtlichen Bedenken. Zwar spricht § 767 Abs. 1 S. 3 BGB nur von nachträglichen Haftungserweiterungen. Es könnte daher angenommen werden, von der anfänglichen Stundung ginge für den Bürgen keine Gefahr aus, deren Eintritt die Vorschrift zu verhindern suchte. Dies ist aber nicht korrekt, da mit der hinausgeschobenen Fälligkeit der Hauptforderung ein späterer Verjährungsbeginn der Bürgschaftsverbindlichkeit einhergehen kann. Dies bestätigen die zur Fälligkeit des Bürgschaftsanspruchs gewonnenen Erkenntnisse, wonach es für den Eintritt des Sicherungsfalls maßgeblich auf die Fälligkeit der Hauptschuld ankommt[806]. Außerdem handelt es sich bei der anfänglich gewährten Stundung um eine *nachträgliche* Haftungserweiterung gemäß § 767 Abs. 1 S. 3 BGB, wenn der Bürge sich für eine Forderung verbürgt hat, die zum Zeitpunkt des Bürgschaftsvertragsschlusses noch nicht zur Entstehung gelangt war, aber zu einem bestimmten

800 *Horn*, in: Staudinger (1997), § 767, Rn. 46.

801 *v. Karger*, Die Verjährung bei der Bürgschaft, S. 16 ff.; *Bolten*, ZGS 2006, 140, 146 f.; *Schmidt-Räntsch*, in: Erman, § 209, Rn. 4 (allerdings ohne Begründung).

802 *v. Karger*, Die Verjährung bei der Bürgschaft, S. 16 ff.; *Bolten*, ZGS 2006, 140, 146 f.

803 *Bolten*, ZGS 2006, 140, 147.

804 Enger insoweit *v. Karger*, Die Verjährung bei der Bürgschaft, S. 17, nach dem „die Rechtsstellung [des Bürgen] nicht beeinträchtigt" werde.

805 *Bolten*, ZGS 2006, 140, 147.

806 Zum Verjährungsbeginn der Bürgschaftsforderung oben ab S. 48.

Zeitpunkt fällig werden sollte[807]. Ein solcher Fall wäre zumindest vorstellbar, da eine Bürgschaft gemäß § 765 Abs. 2 BGB auch für eine zukünftige Forderung übernommen werden kann.

Verbürgt sich der Bürge hingegen erst nach der anfänglichen Stundung der Hauptforderung, handelt es sich nicht um eine Haftungserweiterung im Sinne von § 767 Abs. 1 S. 3 BGB, weil die Vorschrift nur für nachträgliche Erweiterungen Anwendung finden kann[808]. Der Bürge steht dann für eine Forderung ein, deren Inhalt er kennt, von deren hinausgeschobener Fälligkeit er weiß. Dann spricht auch nichts gegen die Zulässigkeit einer solchen Stundung und die hinausgeschobene Fälligkeit der Bürgschaftsforderung. Festzuhalten ist daher, dass die anfängliche Stundung der Hauptforderung zumindest dann auch gegenüber dem Bürgen wirksam ist, wenn sie vor Abschluss des Bürgschaftsvertrags vorgenommen wird.

bb) Nachträgliche Stundung und *pactum de non petendo*

Da sowohl die nachträgliche Stundung als auch das *pactum de non petendo* sachlich kaum voneinander zu unterscheiden sind und zudem gemäß § 205 BGB zur Verjährungshemmung führen, müssen für sie dieselben Grundsätze gelten. In beiden Fällen wirkt sich die durch entsprechende Vereinbarungen herbeigeführte Verjährungshemmung der Hauptschuld gemäß §§ 767 Abs. 1 S. 3, 768 Abs. 2 BGB (analog) nicht zu Lasten des Bürgen aus. Der Bürge kann sich damit weiterhin auf die Einrede der Verjährung der Hauptschuld gemäß § 768 Abs. 1 BGB berufen.

Die Unwirksamkeit im Verhältnis zum Bürgen folgt für die nachträgliche Stundung schon daraus, dass diese neben der Verjährungshemmung nicht selten die Wirkungen eines Anerkenntnisses im Sinne von § 212 Abs. 1 Nr. 1 BGB hat[809]. Wie gezeigt, wirkt sich ein Anerkenntnis aber nicht zu Lasten des Bürgen

---

807 Vgl. BGH NJW 2000, 2580, 2582 f.: Dort ging es um das Hinausschieben der Fälligkeit von einzelnen Rückzahlungsraten aus einem Darlehen (und dazu auch um die Zulässigkeit entsprechender Klauseln in den Bürgschaftsformularen, wonach eine solche Stundung den Umfang der Bürgenhaftung unberührt lasse). Der BGH sah darin eine unzulässige nachträgliche Haftungserweiterung im Sinne von § 767 Abs. 1 S. 3 BGB.

808 Vgl. BGH BKR 2004, 192, 194; *Mormann*, in: RGRK-BGB, § 767, Rn. 7; *Habersack*, in: MüKo-BGB, § 767, Rn. 10, 17; *Nobbe*, in: Bankrechts-Handbuch, § 91, Rn. 252.

809 Vgl. auch *Ellenberger*, in: Palandt, § 205, Rn. 2; *Peters/Jacoby*, in: Staudinger (2009), § 205, Rn. 6; *Grothe*, in: MüKo-BGB, § 205, Rn. 3; *Hohmann*, WM 2004, 757, 760. Dies gilt unabhängig davon, ob in diesem Zusammenhang angenommen wird, der Neubeginn der Verjährung gemäß § 212 Abs. 1 Nr. 1 BGB setzte erst nach Ablauf der durch die Stundung gemäß § 205 BGB bewirkten Verjährungshemmung (so *Peters/Jacoby*, in: Staudinger (2009), § 205, Rn. 6) oder gleichzeitig mit der Stun-

aus[810]. Wenn nun aber die Stundung regelmäßig mit einem solchen Anerkenntnis verknüpft ist, wäre es inkonsequent, wenn die Stundung selbst zu Lasten des Bürgen wirkte, das damit verbundene Anerkenntnis jedoch nicht, zumal die Stundung im Gegensatz zum Anerkenntnis auf einer nachträglichen rechtsgeschäftlichen Vereinbarung zwischen Gläubiger und Schuldner beruht[811].

Ein anderes Ergebnis kann auch nicht durch den Einwand der Literatur gestützt werden, wegen der aus § 767 Abs. 1 S. 1 und S. 2 BGB resultierenden „dynamischen Akzessorietät" müsse auf die Belange des Gläubigers besonders Rücksicht genommen werden, zumal die Stundung auf Zahlungsschwierigkeiten des Hauptschuldners zurückzuführen sei[812]. Zum einen ist bereits der Begriff der „dynamischen Akzessorietät" unklar. Zum anderen ist nicht jede Stundungsabrede auf Zahlungsschwierigkeiten des Hauptschuldners zurückzuführen. Darüber hinaus ist zu berücksichtigen, dass selbst wenn ein Liquiditätsengpass des Hauptschuldners ursächlich für die gewährte Stundung wäre, nicht einzusehen ist, warum dies zu Lasten des Bürgen gehen soll. Erkennt der Gläubiger die Zahlungsschwierigkeiten und nimmt er daraufhin zunächst weder den Hauptschuldner noch später, das heißt unter Wahrung der Subsidiarität, den Bürgen in Anspruch, ist er nicht mehr schutzwürdig. Geht der Gläubiger ein durch die gewährte Stundung weiteres Risiko ein, nämlich seine Forderung für einen längeren Zeitraum nicht geltend machen zu können, muss er auch die Konsequenz tragen, mit seiner Forderung gegenüber dem Bürgen auszufallen. Andernfalls muss der Gläubiger eine neue, die Grenzen des § 202 BGB einhaltende Vereinbarung mit dem Bürgen treffen. Eine solche Vereinbarung kann entweder auf einen Verzicht auf die direkt oder nur mittelbar bürgenbezogenen Einreden gerichtet sein[813]. Ohne Weiteres treffen diese Erwägungen auch für das Stillhalteabkommen zwischen Gläubiger und Hauptschuldner zu.

Weiter kann auch die Möglichkeit des Regresses beim Hauptschuldner gemäß § 774 Abs. 1 S. 1 BGB die Nachteile einer Stundungsvereinbarung aus Sicht des Bürgen nicht kompensieren[814]. Freilich schützte die Verjährungshemmung gemäß § 205 BGB den Bürgen davor, dass die Hauptforderung verjährt überginge und der Hauptschuldner dem Rückgriffsgläubiger dies gemäß §§ 412,

---

dungsvereinbarung an (*Grothe*, in: MüKo-BGB, § 205, Rn. 3).

810 Zu den Wirkungen eines hauptschuldnerischen Anerkenntnisses oben, S. 134 ff.

811 Vgl. BT-Drucks. 14/6040, S. 118; *Schmidt-Räntsch*, in: Erman, § 205, Rn. 2; *Ellenberger*, in: Palandt, § 205, Rn. 1 f.; *Henrich*, in: BeckOK-BGB, § 205, Rn. 2.

812 So: *Bolten*, ZGS 2006, 140, 147.

813 Zur Zulässigkeit eines individualvertraglichen oder formularmäßigen Verzichts auf die eigene Einrede der Verjährung und der mittelbar über § 768 BGB abgeleiteten hauptschuldnerischen Einrede der Verjährung, siehe unten, S. 161 ff.

814 A.A. *Bolten*, ZGS 2006, 140, 147.

404 BGB entgegenhielte. Allerdings hat der Bürge ohnehin regelmäßig einen weiteren Rückgriffsanspruch aus dem Innenverhältnis gemäß § 670 BGB, der erst mit der Leistung an den Gläubiger zu verjähren beginnt[815]. Für ihn sind daher vor allem die weiteren Sicherheiten, die mit der Hauptschuld nach §§ 412, 401 BGB auf ihn übergehen, von Interesse. Ein Großteil dieser Sicherheiten, wie etwa Hypotheken und Pfandrechte, kann nach § 216 Abs. 1 BGB unabhängig von der Verjährung der Hauptschuld durchgesetzt werden. Das Argument, dass der Bürge mit der Stundung eine Chance auf einen Regress beim Hauptschuldner nach § 774 Abs. 1 BGB erhielte[816], überzeugt daher nicht, um die für den Bürgen nachteiligen verjährungsrechtlichen Auswirkungen zu rechtfertigen[817]. Dass die Stundungsabrede auch zugunsten des Bürgen ein Leistungsverweigerungsrecht statuiert[818], wiegt diese Benachteiligung ebenfalls nicht auf, weil die Einrede im Gegensatz zur Verjährung nur vorübergehend, nicht dauerhaft wirkt[819]. Günstiger wäre es für den Bürgen, wenn er sich trotz Stundungsvereinbarung zwischen Hauptschuldner und Gläubiger auf die Verjährung der Hauptforderung gemäß § 768 Abs. 1 S. 1 BGB berufen könnte und gar nicht in Anspruch genommen würde. In dem Fall stellte sich auch die Frage des Regresses nicht mehr.

Demnach überwiegen insgesamt die Bedenken gegenüber der Wirksamkeit einer nachträglichen Stundungsvereinbarung. Diese führt zu einer Erweiterung der Bürgenhaftung gemäß § 767 Abs. 1 S. 3 BGB[820]. Da eine solche Stundung auch mit dem Verzicht vergleichbar ist, kann sich der Bürge nach § 768 Abs. 2 BGB analog weiterhin auf die hypothetische Verjährung der Hauptforderung berufen. Das muss auch für das *pactum de non petendo* gelten[821].

5. Verjährungsverlängernde Vereinbarungen

Nach Abschluss des Bürgschaftsvertrags zwischen Hauptschuldner und Gläubiger getroffene verjährungsverlängernde Vereinbarungen in Bezug auf die Hauptforderung haben keine Auswirkungen auf die dem Bürgen zustehende Einrede

---

815 Ausführlich dazu unten, S. 217 ff.

816 *Bolten*, ZGS 2006, 140, 147.

817 Vgl. *Habersack*, in: MüKo-BGB, § 767, Rn. 13.

818 Vgl. *Hohmann*, WM 2004, 757, 761; *Horn*, in: Staudinger (1997), § 767, Rn. 46; *Habersack*, in: MüKo-BGB, § 768, Rn. 6.

819 Nur *dilatorische*, nicht *peremptorische* Wirkung (vgl. *Peters/Jacoby*, in: Staudinger (2009), § 205, Rn. 4).

820 *Habersack*, in: MüKo-BGB, § 767, Rn. 13.

821 Vgl. zur analogen Anwendung von § 768 Abs. 2 BGB auch *Grothe*, in: MüKo-BGB, § 205, Rn. 5; OLG Saarbrücken, Entscheidung vom 21.02.2008, Az. 8 U 109/07-30; 8 U 109/07, Rn. 45 ff. (juris).

der Verjährung der Hauptschuld gemäß § 768 Abs. 1 BGB. Bei der Verlängerung der Verjährungsfrist der Hauptschuld handelt es sich um eine nachträgliche Haftungserweiterungen im Sinne von § 767 Abs. 1 S. 3 BGB[822]. Sie ist dem Bürgen gegenüber nur wirksam, wenn er ihr zustimmt. Mit Ausnahme der Bürgschaft eines Kaufmanns (§ 343 HGB) gemäß § 350 HGB ist dabei das Schriftformerfordernis gemäß § 766 S. 1 BGB zu beachten, das grundsätzlich auch für nachträgliche Haftungserweiterungen gilt[823]. Im Übrigen ist, wie für alle Verlängerungen der Verjährungsfristen, die Grenze des § 202 Abs. 2 BGB zu beachten.

Für die Unwirksamkeit im Verhältnis zum Bürgen spricht zum einen, dass die Rechtsprechung nachträgliche Veränderungen von Kredittilgungsbestimmungen[824] sowie Änderungen von Bauausführungsfristen[825], die wie Verjährungsverlängerungen den Haftungszeitraum des Hauptschuldners und damit auch des Bürgen erweitern, ebenfalls als unzulässige Haftungserweiterungen im Sinne von § 767 Abs. 1 S. 3 BGB einstuft. Zum anderen haben die vorstehenden Ausführungen zu Stundung, *pactum de non petendo* und Anerkenntnis gezeigt, dass die verjährungsrechtlichen Auswirkungen hauptschuldnerischen Verhaltens, auf das der Bürge keinerlei Einfluss hat, nicht den Bürgen treffen können. Dies muss auch für eine nachträgliche Verlängerung der Verjährungsfrist der Hauptforderung gelten, weil dem Bürgen die Einrede nach § 768 Abs. 1 S. 1 BGB ohne die Vereinbarung zwischen Hauptschuldner und Gläubiger zu einem früheren Zeitpunkt, mit Ablauf der ursprünglich vereinbarten oder gesetzlich vorgeschriebenen Verjährungsfrist, zugute gekommen wäre. Daher kann sich der Bürge analog § 768 Abs. 2 BGB auf die hypothetisch eingetretene Verjährung der Hauptschuld berufen.

Eine anfängliche Verlängerung der Verjährungsfrist der Hauptschuld bindet demgegenüber auch den Bürgen[826]. Dies ergibt sich bereits daraus, dass § 767 Abs. 1 S. 3 BGB, wie bereits im Zusammenhang mit der anfänglichen Stundung

---

822 So auch *v. Karger*, Die Verjährung bei der Bürgschaft, S. 18 f.; *Hohmann*, WM 2004, 757, 761.

823 *Horn*, in: Staudinger (1997), § 766, Rn. 10 f.; *Habersack*, in: MüKo-BGB, § 766, Rn. 13; *E. Herrmann*, in: Erman, § 766, Rn. 6.

824 Vgl. BGH NJW 2000, 2580, 2582 f.; dem folgend *Nobbe*, in: Bankrechts-Handbuch, § 91, Rn. 245; *Habersack*, in: MüKo-BGB, § 767, Rn. 14; *Stadler*, in: Jauernig, § 767, Rn. 8.

825 OLG Hamm NZBau 2000, 471; dem folgend: *Nobbe*, in: Bankrechts-Handbuch, § 91, Rn. 246; *Stadler*, in: Jauernig, § 767, Rn. 8.

826 So müsse der Bürge z.B. eine anfängliche Verjährungsverlängerung der kurzen Sechsmonatsfrist für mietvertragliche Schadensersatzansprüche gemäß § 548a Abs. 1 BGB auf ein Jahr gegen sich gelten lassen (so: *Bub*, in: FS Fischer, 2008, S. 71, 85 f.).

erörtert worden ist, nur bei nachträglichen Veränderungen der Hauptschuld anwendbar ist[827].

6. *Verjährungshemmung durch Verhandlungen zwischen Hauptschuldner und Gläubiger*

Nach § 203 S. 1 BGB wird die Verjährung gehemmt, wenn zwischen dem Schuldner und dem Gläubiger Verhandlungen über den Anspruch oder die den Anspruch begründenden Umstände schweben. Die Vorschrift hat erhebliche praktische Bedeutung, da nach herrschender Lesart bereits ein Meinungsaustausch zwischen Gläubiger und Schuldner genügen soll, um von Verhandlungen sprechen zu können[828]. Durch den weiten Anwendungsbereich des Verhandlungstatbestands wird die Möglichkeit des Bürgen abgeschwächt, sich auf die Einrede der Verjährung der Hauptschuld gemäß § 768 Abs. 1 BGB zu berufen. Es kommt somit darauf an, ob die durch Verhandlungen im Sinne von § 203 S. 1 BGB herbeigeführte Verjährungshemmung der Hauptforderung eine unzulässige nachträgliche Haftungserweiterung im Sinne von § 767 Abs. 1 S. 3 BGB darstellt. Ebenso wäre allerdings denkbar, dass die Verhandlungen dem Verzicht des Hauptschuldners auf eine Einrede gemäß § 768 Abs. 2 BGB entsprechen.

a) Meinungsstand

Der BGH vertritt, dass die durch Verhandlungen zwischen Hauptschuldner und Gläubiger gemäß §§ 203, 209 BGB herbeigeführte Verjährungshemmung der Hauptforderung auch zu Lasten des Bürgen wirke[829]. Letzterer könne sich daher nicht auf die ohne Verjährungshemmung hypothetisch eingetretene Verjährung der Hauptforderung gemäß § 768 Abs. 1 S. 1 BGB berufen. Eine analoge Anwendung von § 768 Abs. 2 BGB käme nicht in Betracht, weil die Verhandlungen nicht dem Verzicht gleichgestellt werden könnten[830]. Zum einen träten die von § 203 BGB bewirkten Folgen *qua* Gesetz ein, zum anderen würde sich ein anderes Ergebnis dem Sinn und Zweck des § 203 BGB verschließen, der vornehmlich in der Vermeidung von Rechtsstreitigkeiten liege[831]. Müsste der Gläubiger den Hauptschuldner verklagen, um die Verjährung der Hauptschuld auch mit

---

827 Oben, S. 144.

828 BT-Drucks. 14/6040, S. 112; BGHZ 93, 64, 66 f.; BGH NJW 1990, 245, 247 (jeweils zu § 852 Abs. 2 BGB a.F.); *Grothe*, in: MüKo-BGB, § 203, Rn. 5; *Jauernig*, in: Jauernig, § 203, Rn. 2; *Peters/Jacoby*, in: Staudinger (2009), § 203, Rn. 7; *Mansel/Budzikiewicz*, in: NK-BGB, § 203, Rn. 22; *Mankowski/Höpker*, MDR 2004, 721, 722; *Fischinger*, VersR 2005, 1641, 1643.

829 BGHZ 182, 76, 81 ff.; BGH NJW-Spezial 2010, 173.

830 BGHZ 182, 76, 82 f.

831 Vgl. BGHZ 182, 76, 82 f.; BGH NJW-Spezial 2010, 173.

Wirkung gegenüber dem Bürgen zu hemmen, würde dieser Zweck verfehlt[832]. Im Schrifttum hat diese Rechtsprechung überwiegend Beifall gefunden[833]. Dort wird insbesondere der Unterschied zwischen Verzicht und Verhandlungen betont, der die unterschiedliche Behandlung rechtfertige[834]. Zudem liege die durch Verhandlungen im Sinne von § 203 BGB herbeigeführte Hemmung innerhalb des übernommenen Bürgenrisikos[835].

In der Instanzgerichtsbarkeit und in Teilen der Literatur wird dagegen ein anderes Ergebnis befürwortet[836]. Dort wird vorgetragen, dass der BGH die von § 203 BGB intendierte Streitvermeidung zu Unrecht in den Vordergrund seiner Argumentation rücke[837]. Vielmehr folge aus den Wertungen des § 203 BGB, dass der Gläubiger nur davor bewahrt werden solle, dass der (Haupt-)Schuldner im Nachhinein geltend machen könne, die Forderung sei während der schwebenden Verhandlungen verjährt[838]. Der von Rechtsprechung und Gegenauffassung gezogene Schluss, die Verjährungshemmung nach § 203 BGB schnitte über das Zweipersonenverhältnis hinaus auch dem Bürgen die Einrede der Verjährung ab, gehe daher zu weit[839]. Von der oberlandesgerichtlichen Rechtsprechung wird zum Teil mit dem Sinn und Zweck des § 768 Abs. 2 BGB argumentiert[840]. Soweit dieser darin bestehe, Nachteile durch verjährungsverlängernde und damit auch verjährungshemmende Maßnahmen zu Lasten des Bürgen zu unterbinden, müsse dem durch eine analoge Anwendung von § 768 Abs. 2 BGB für Verhandlungen zwischen Hauptschuldner und Gläubiger Rechnung getragen werden[841].

832 BGHZ 182, 76, 82 f.

833 *Budzikiewicz*, NJ 2010, 32, 33; *Einsiedler*, MDR 2010, 603, 604; *Schwenker*, IBR 2010, 207; *Funke*, BauR 2010, 969, 979; *Bydlinski*, WuB I F 1 a. Bürgschaft 6.09, 819, 820; *Fischer*, in: Das Recht der Kreditsicherheiten, § 9, Rn. 89.

834 *Grothe*, LMK 2009, 292466; *Dingler*, BauR 2008, 1379, 1382; *Schmitz*, IBR 2009, 582; *Lakkis*, in: jurisPK-BGB, § 203, Rn. 19;

835 *Sprau*, in: Palandt, § 768, Rn. 9; *Bydlinski*, WuB F I 1 a Bürgschaft 6.09, 819, 820.

836 OLG Frankfurt, Entscheidung vom 11.12.2008, Az. 15 U 122/08, Rn. 34 ff. (juris); OLG Saarbrücken, Entscheidung vom 21.02.2008, Az. 8 U 109/07 - 30; 8 U 109/07, Rn. 46 f. (juris); *Becker/Kohlmann*, EWiR 2009, 665 f.; *Handschumacher*, in: jurisPR-PrivBauR 5/2007 Anm. 4; differenzierend: OLG München, Entscheidung vom 20.12.2007, Az. 19 U 3675/07, Rn. 34, 42 (juris); *Schmölz*, in: jurisPR-BKR 1/2008 Anm. 4.

837 *Becker/Kohlmann*, EWiR 2009, 665, 666.

838 *Becker/Kohlmann*, EWiR 2009, 665, 666.

839 *Becker/Kohlmann*, EWiR 2009, 665, 666.

840 OLG München, Entscheidung vom 20.12.2007, Az. 19 U 3675/07, Rn. 34, 42 (juris).

841 OLG München, Entscheidung vom 20.12.2007, Az. 19 U 3675/07, Rn. 34, 42; OLG Frankfurt, Entscheidung vom 11.12.2008, Az. 15 U 122/08, Rn. 34 ff. (jeweils zitiert nach juris); i.E. auch *Schmölz*, in: jurisPR-BKR 1/2008 Anm. 4, der zudem eine analo-

Für Verhandlungen im Sinne von § 203 BGB müsse das Gleiche wie für ein „einvernehmliches Hinausschieben der Fälligkeit" gelten[842].

b) Stellungnahme

Obwohl die BGH-Rechtsprechung wohl als gefestigt angesehen werden kann[843], ergeben sich in Anbetracht der anderen Fallgruppen und der in der Literatur geübten Kritik Zweifel an der Richtigkeit der dort vertretenen Lösung. Gerade vor dem Hintergrund der Rechtsprechung zu den Wirkungen von Anerkenntnis, Verzicht und Versäumnisurteil, aber auch den erörterten Wirkungen von Stundungsabrede, *pactum de non petendo* und verjährungsverlängernden Vereinbarungen ist zu hinterfragen, ob die von der überwiegenden Auffassung vorgebrachten Argumente ein anderes Ergebnis für Verhandlungen gemäß § 203 BGB tatsächlich rechtfertigen können. Sollten sich die Begründungsansätze der herrschenden Lehre als unzweckmäßig erweisen, steht wiederum eine analoge Anwendung von § 768 Abs. 2 BGB im Raum.

aa) Vergleichbarkeit von Verhandlungen und Verzicht

Die wohl herrschende Meinung stellt maßgeblich auf die Unterschiede zwischen Verhandlungen nach § 203 BGB und Verzicht im Sinne von § 768 Abs. 2 BGB ab. Daher könnten und müssten die Fälle unterschiedlich behandelt werden[844].

(1) Das Argument unterschiedlich begründeter Rechtsfolgen

Beherrscht wird die Diskussion vom Argument unterschiedlich begründeter Rechtsfolgen. Ein wesentlicher Unterschied zwischen Verzicht und Verhandlungen bestehe nach der überwiegend vertretenen Ansicht darin, dass die Rechtsfolgen bei den Verhandlungen gemäß § 203 BGB kraft Gesetzes einträten, sich beim Verzicht aber als Folgen rechtsgeschäftlichen Verhaltens darstellten[845].

Der dargelegte Unterschied ist in formaler Hinsicht unbestreitbar. Insoweit könnte angeführt werden, der Sinn und Zweck des § 768 Abs. 2 BGB als Ausprägung des Verbotes der Fremddisposition verhinderte nur solche im Hinblick

ge Anwendung von § 767 Abs. 1 S. 3 BGB befürwortet.

842 Dieses ginge nach BGH-Rechtsprechung (BGH NJW 2000, 2580, 2582) ebenfalls nicht zu Lasten des Bürgen, vgl. OLG München, Entscheidung vom 20.12.2007, Az. 19 U 3675/07, Rn. 42 (juris).

843 BGHZ 182, 76 ff.; bestätigt von BGH NJW-Spezial 2010, 173.

844 BGHZ 182, 76, 82 f.; *Bydlinski*, WuB F I 1 a. Bürgschaft 6.09, 819, 820; *Grothe*, LMK 2009, 292466; *Lakkis*, in: jurisPK-BGB, § 203, Rn. 19; *Schmitz*, IBR 2009, 582; *Dingler*, BauR 2008, 1379, 1381 ff.

845 Vgl. BGHZ 182, 76, 82; *Fischer*, in: Das Recht der Kreditsicherheiten, § 9, Rn. 89; *Lakkis*, in: jurisPK-BGB, § 203, Rn. 19; *Schmitz*, IBR 2009, 582; *Grothe*, LMK 2009, 292466; *Schwenker*, IBR 2010, 207; *Funke*, BauR 2010, 969, 979.

auf mittelbare Einreden des Bürgen nachteilige Verhaltensweisen, die rechtsgeschäftlicher Natur wären[846]. Eine solch enge Betrachtungsweise wird der Interessenlage aber nicht gerecht, zumal es bei „Verhandlungen“ nicht um den „Verlust“ einer Einrede, sondern eher um eine Haftungserweiterung geht. Es sollte deshalb nicht danach differenziert werden, ob die Rechtsfolgen rechtsgeschäftlich oder kraft Gesetzes begründet werden. Die Unterscheidung sollte vielmehr am Verhalten des Hauptschuldners festgemacht werden[847]. Aus Sicht des am Verhalten unbeteiligten Dritten, namentlich des Bürgen, macht es nämlich keinen Unterschied, ob die Verjährungshemmung als Folge eines Rechtsgeschäfts oder kraft Gesetzes eintritt. Für ihn kommt es nur auf die Rechtsfolgen im Allgemeinen an. Diese sind regelmäßig nachteilig, da ihm die Verjährung der Hauptforderung wegen § 768 Abs. 1 S. 1 BGB ansonsten zugute gekommen wäre.

Legt man dieses Verständnis für die Unterscheidung von Verzicht und Verhandlungen zugrunde, so ist der jeweiligen Rechtsfolge in beiden Fällen ein Verhalten des Hauptschuldners vorangegangen, welches die aus Sicht des Bürgen nachteilige Erweiterung ausgelöst hat. Der Blick auf die anderen erörterten Fallgruppen verstärkt diesen Eindruck. Auch beim Anerkenntnis ist es der Hauptschuldner, der die nachteiligen Rechtsfolgen auslöst, indem er gemäß § 212 Abs. 1 Nr. 1 BGB oder nach §§ 780 f. BGB anerkennt[848]. Dort, wo das Anerkenntnis aus einem tatsächlichen Verhalten des Hauptschuldners wie z.B. Abschlagszahlungen herrührt, liegt eine den Verhandlungen im Sinne von § 203 S. 1 BGB entsprechende Situation vor. Der BGH und die Vertreter im Schrifttum, die ihm folgen, müssen sich vorhalten lassen, dass es widersprüchlich wäre, beide Fallgruppen unterschiedlich zu behandeln. Der Neubeginn der Verjährung tritt auch beim Anerkenntnis gemäß § 212 Abs. 1 Nr. 1 BGB kraft Gesetzes ein.

Den Widerspruch der herrschenden Meinung belegt zudem der Vergleich zu einem Versäumnisurteil, das gegen den Hauptschuldner erlassen wird. Dieses ergeht zwar nicht wegen aktiven Tuns des Hauptschuldners, jedenfalls aber wegen Unterlassens der Vornahme der gebotenen Handlung, etwa des Erscheinens vor Gericht und des Vortragens der Verjährungseinrede[849], so dass auch dort ein Ver-

846 So etwa *Horn*, in: Staudinger (1997), § 768, Rn. 4, der vertritt, dass der Verlust einer Einrede kraft Gesetzes nicht unter § 768 Abs. 2 BGB falle; so auch: *Schwenker*, IBR 2010, 207; *Handschumacher*, in: jurisPR-PrivBauR 5/2007 Anm. 4, hält die „Verhandlung“ hingegen für ein „Rechtsgeschäft“ im Sinne von § 767 BGB.

847 In diese Richtung auch: *Becker/Kohlmann*, EWiR 2009, 665, 666; *Schmölz*, in: jurisPR-BKR 1/2008 Anm. 4.

848 Vgl. auch *Tiedtke/Holthusen*, WM 2007, 93, 95.

849 *Schneider*, MDR 1980, 799, 800.

halten des Schuldners für die Nachteile ursächlich ist. Freilich ist der Schuldner an sich nicht verpflichtet, die Verjährungseinrede zu erheben[850]. Wegen der damit für den Bürgen im Hinblick auf § 768 Abs. 1 BGB verbundenen Konsequenzen, entspricht die Herbeiführung eines Versäumnisurteils jedoch teleologisch dem Verzicht im Sinne von § 768 Abs. 2 BGB[851]. Der BGH verhält sich widersprüchlich, wenn er beim Versäumnisurteil nicht zu dem Ergebnis kommt, die analoge Anwendung von § 768 Abs. 2 BGB müsse wegen gesetzlich begründeter Rechtsfolge (vgl. § 331 ZPO) ausbleiben[852]. Das Verhalten des Hauptschuldners hat auch in diesem Fall keine rechtsgeschäftliche Qualität.

Schließlich treffen auch Stundungsvereinbarungen und Verjährungsverlängerungen in der Regel mit Verhandlungen im Sinne von § 203 S. 1 BGB zusammen, setzen aber ebenso die Abgabe entsprechender Erklärungen und damit ein Verhalten des Hauptschuldners voraus.

Insgesamt lässt sich daher festhalten, dass es sich bei dem Argument unterschiedlich begründeter Rechtsfolgen um kein geeignetes Abgrenzungskriterium handelt, weil es auch für die Beurteilung der anderen Fallgruppen zu Recht keine Bedeutung erlangt hat. Eine analoge Anwendung von § 768 Abs. 2 BGB scheidet daher nicht schon deshalb aus, weil sich Verzicht und Verhandlungen in der „Begründung" der Rechtsfolgen unterscheiden[853]. Verhandlungen und Verzicht sind sich, bei Anknüpfung an das die Rechtsfolgen auslösende Verhalten des Hauptschuldners, vielmehr so ähnlich, dass die Fallgruppen entgegen der herrschenden Meinung grundsätzlich als miteinander vergleichbar eingestuft werden können.

(2) Sinn und Zweck des § 203 BGB

Der Sinn und Zweck von § 203 BGB ist ebenfalls für beide Standpunkte innerhalb der Kontroverse eminent wichtig[854].

In der Literatur wird argumentiert, dass § 203 BGB zwar die gesetzgeberische Wertung entnommen werden könne, wonach sich der Schuldner bei einer späteren Inanspruchnahme durch den Gläubiger nicht auf die zwischenzeitlich

850 BGHZ 184, 128, 136; *Hermann*, in: HKK-BGB, §§ 194-225, Rn. 23; *Ellenberger*, in: Palandt, § 214, Rn. 1 f.; *Henrich*, in: BeckOK-BGB, § 214, Rn. 1; *Grothe*, in: MüKo-BGB, § 214, Rn. 2 ff.; *Meller-Hannich*, JZ 2005, 656, 659.

851 Oben, S. 132.

852 *Becker/Kohlmann*, EWiR 2009, 665, 666.

853 A.A. BGHZ 182, 76, 82; *Grothe*, LMK 2009, 292466.

854 Für die h.M.: BGHZ 182, 76, 82 f.; *Budzikiewicz*, NJ 2010, 32, 33; *Lakkis*, in: jurisPK-BGB, § 203, Rn. 19; *Dingler*, BauR 2008, 1379, 1381; *Einsiedler*, MDR 2010, 603, 604; *Grothe*, LMK 2009, 292466. Für die Gegenauffassung: *Becker/Kohlmann*, EWiR 2009, 665, 666.

eingetretene Verjährung der Forderung berufen können solle, wenn er zuvor über den Anspruch verhandelt und damit den Gläubiger von einer Klageerhebung abgehalten habe[855]. Allerdings könne diese auf Billigkeitserwägungen gestützte Wertung nur für das Zweipersonenverhältnis fruchtbar gemacht werden. Eine Erstreckung auf das Verhältnis zwischen Gläubiger und Bürgen käme demnach nicht in Betracht[856].

Diese Argumentation greift einen Kerngedanken der von § 203 BGB ausgehenden Wertung auf, nämlich das Billigkeitsmoment[857]. Gesetzgeberisches Anliegen bei der Schaffung des Hemmungstatbestandes war es, Rechtsstreitigkeiten zwischen den Parteien über den Anspruch oder über anspruchsbegründende Umstände zu vermeiden[858]. Dazu heißt es weiter im Gesetzesentwurf, es entspräche der Billigkeit, Verhandlungen zwischen den Parteien nicht unter Zeitdruck zu stellen, der ansonsten durch die drohende Verjährung der Forderung auf den Verhandlungspartnern lastete[859]. In der Literatur ist dazu der Begriff einer „Kooperationsdividende […] für den Gläubiger" geprägt worden[860].

Im Ergebnis lässt sich dieser bereits zu § 852 Abs. 2 BGB a.F. entwickelte allgemeine Rechtsgedanke[861] in der Tat nur für das Verhältnis von Gläubiger und Hauptschuldner heranziehen[862]. Dafür spricht, dass die Verhandlungen nur zwischen Hauptschuldner und Gläubiger stattfinden. Regelmäßig wird der Bürge von diesen Verhandlungen keine Kenntnis haben[863], zumal, wie bereits dargelegt, schon der bloße Meinungsaustausch zwischen Hauptschuldner und Gläubiger ausreicht, um die Verjährung nach § 203 S. 1 BGB zu hemmen[864]. Es ließe sich auch formulieren, dass die Verhandlungen nicht zu Lasten des Bürgen gehen können, weil die *ratio legis* des § 203 S. 1 BGB Elemente der Billigkeit und damit eine Ausprägung des Grundsatzes von Treu und Glauben verkörpert. Der

---

855 *Becker/Kohlmann*, EWiR 2009, 665, 666.

856 *Becker/Kohlmann*, EWiR 2009, 665, 666.

857 Vgl. *Mankowski/Höpker*, MDR 2004, 721 f.

858 BT-Drucks. 14/6040, S. 111.

859 BT-Drucks. 14/6040, S. 111.

860 *Mankowski/Höpker*, MDR 2004, 721.

861 BT-Drucks. 14/6040, S. 112, mit Verweis auf BGHZ 93, 64, 69; so auch *Dingler*, BauR 2008, 1379, 1381.

862 Vgl. *Becker/Kohlmann*, EWiR 2009, 665, 666.

863 So auch OLG Frankfurt, Entscheidung vom 11.12.2008, Az. 15 U 122/08, Rn. 38 f. (juris).

864 BGHZ 93, 64, 66 f.; BGH NJW 1990, 245, 247 (jeweils zu § 852 BGB a.F.); BGHZ 182, 76, 80 f.; *Grothe*, in: MüKo-BGB, § 203, Rn. 5; *Jauernig*, in: Jauernig, § 203, Rn. 2; *Peters/Jacoby*, in: Staudinger (2009), § 203, Rn. 7; *Mankowski/Höpker*, MDR 2004, 721, 722; *Fischinger*, VersR 2005, 1641, 1643.

Bürge ist dem Verhalten des Hauptschuldners und Gläubigers machtlos ausgesetzt[865]. Wenn der Bürge aber selbst nicht verhandelt hat, so spricht dies dafür, dass die von § 203 S. 1 BGB ausgehende Wertung nicht zu seinem Nachteil eingreifen kann[866]. Die Vorschrift soll nur verhindern, dass der (Haupt-) Schuldner sich später gegenüber dem Gläubiger auf eine ohne die Verhandlungen eingetretene Verjährung beruft[867]. Der Bürge hingegen verhält sich keinesfalls treuwidrig, wenn er dem Gläubiger bei seiner späteren Inanspruchnahme die abgeleitete Verjährungseinrede entgegenhält, die ihm ohne die von den Verhandlungen herbeigeführte Verjährungshemmung der Hauptschuld gewiss zugestanden hätte.

Diese Bedenken gelten gleichermaßen für den Aspekt der Streitvermeidung, dem § 203 BGB ebenfalls zu dienen bestimmt ist[868]. Es ginge zu weit, dem Bürgen die Rechtsfolgen eines für ihn nicht beeinflussbaren, nicht vorhersehbaren[869] und letztlich unkalkulierbaren Verhaltens aufzuerlegen, nur weil dieses Verhalten möglicherweise auch der Streitvermeidung diente. Auch das Ziel der Streitvermeidung verwirklicht sich vornehmlich im Verhältnis zwischen Hauptschuldner und Gläubiger. Dies folgt daraus, dass nur Gläubiger und Schuldner direkt an den Verhandlungen beteiligt sind. Verhandlungen im Sinne von § 203 S. 1 BGB lassen sich auch nur im Verhältnis zwischen Hauptschuldner und Gläubiger, nicht aber gegenüber dem Bürgen, als „rechtlich neutrales Verhalten" einordnen[870]. Aus Sicht des Bürgen können sich die Rechtsfolgen der Verhandlungen zwischen Hauptschuldner und Gläubiger durchaus als nachteilig erweisen. So profitiert der Bürge von den Verhandlungen insbesondere nicht, wenn der Gläubiger später doch noch Klage gegen den Hauptschuldner erhebt. Der Bürge müsste dann gegebenenfalls für eine – ohne die von § 203 BGB angeordnete Verjährungshemmung – bereits verjährte und auch ihm gegenüber nicht mehr durchsetzbare Hauptschuld einstehen. Darüber hinaus haftete er gemäß § 767

865 Vgl. *Schmölz*, in: jurisPR-BKR 1/2008 Anm. 4.

866 Hier lag die Besonderheit im Fall BGHZ 182, 76 ff., weil dort der Bürge gleichzeitig Geschäftsführer der hauptschuldnerischen Gesellschaft war. Die Vorinstanz OLG München, Entscheidung vom 20.12.2007, Az. 19 U 3675/07, Rn. 34, (juris), hatte es dem Bürgen daher nach dem Grundsatz von Treu und Glauben gemäß § 242 BGB untersagt, sich auf die ihm als Bürgen gegenüber unwirksame Verjährungshemmung zu berufen.

867 Überzeugend: *Becker/Kohlmann*, EWiR 2009, 665, 666.

868 Vgl. zum Gesetzeszweck BT-Drucks. 14/6040, S. 111 f.; *Mankowski/Höpker*, MDR 2004, 721; *Mansel/Budzikiewicz*, in: NK-BGB, § 203, Rn. 4.

869 A.A. *Dingler*, BauR 2008, 1379, 1382, nach dem der Bürge „jederzeit" mit Verhandlungen rechnen müsse.

870 A.A. *Dingler*, BauR 2008, 1379, 1382.

Abs. 1 S. 1 BGB für zwischenzeitlich angefallene Zinsen gemäß § 767 Abs. 1 S. 1 BGB und hätte auch die Prozesskosten nach § 767 Abs. 2 BGB zu tragen.

Die teleologische Auslegung von § 203 BGB beweist damit im Wesentlichen zwei Feststellungen: Die Vorschrift dient der Streitvermeidung und enthält den bereits zu § 852 BGB a.F. entwickelten verallgemeinerungsfähigen Rechtsgedanken, dass sich der Schuldner später nicht auf die Verjährung berufen kann, wenn er vorher in Verhandlungen mit dem Gläubiger über den Anspruch getreten ist. Die Vorschrift ist nach ihrem Zweck jedoch allein auf das Zweipersonenverhältnis zugeschnitten[871]. Der Bürge verhält sich daher nicht wider Treu und Glauben, wenn er sich trotz Verhandlungen zwischen Hauptschuldner und Gläubiger auf die hypothetisch eingetretene Verjährung der Hauptschuld beruft. Der Bürge profitiert von den Verhandlungen zwischen Hauptschuldner und Gläubiger regelmäßig nicht. Vielmehr überwiegen insgesamt die Nachteile, insbesondere kann er die Verhandlungen zwischen Hauptschuldner und Gläubiger nicht beeinflussen, schlimmstenfalls nicht einmal nachvollziehen.

Aus diesen Gründen bewirkt eine durch Verhandlungen zwischen Hauptschuldner und Gläubiger herbeigeführte Verjährungshemmung gemäß § 203 BGB nicht, dass die Verjährung der Hauptschuld auch zu Lasten des Bürgen gehemmt wird. Dagegen spricht endlich auch nicht, dass die von § 203 BGB angeordnete Verjährungshemmung zunächst eine „Kooperationsdividende […] für den Gläubiger" darstellen soll[872]. Um die Ausschüttung dieser Dividende wird der Gläubiger nicht gebracht, da die Hemmung im Verhältnis zum Hauptschuldner bestehen bleibt. Es wäre nur zweckwidrig, sie dem Gläubiger in Form drittwirkender Verjährungshemmung gegenüber dem Bürgen auszuzahlen. Will der Gläubiger dieses Ergebnis verhindern, muss er daher entweder den Bürgen rechtzeitig vor Ablauf der Verjährungsfrist in Anspruch nehmen oder gleich rechtsverfolgende Maßnahmen gegen den Hauptschuldner ergreifen. Eine Klage und deren gemäß § 204 Abs. 1 Nr. 1 BGB verjährungshemmende Wirkung in Bezug auf die Hauptschuld muss sich der Bürge unstreitig entgegenhalten lassen[873], ihm wäre die Berufung auf die Einrede der Verjährung der Hauptschuld (§ 768 Abs. 1 S. 1 BGB) dann versagt.

---

871 Vgl. *Becker/Kohlmann*, EWiR 2009, 665, 666.

872 *Mankowski/Höpker*, MDR 2004, 721.

873 BGHZ 76, 222, 225 ff.; *Horn*, in: Staudinger (1997), § 768, Rn. 15; *Habersack*, in: MüKo-BGB, § 768, Rn. 5; *Brödermann*, in: Prütting/Wegen/Weinreich, § 768, Rn. 6; *Schulze-Hagen*, IBR 2008, 25; *Budzikiewicz*, NJ 2010, 32, 33.

bb) Mögliche Lösungsansätze

Für die rechtliche Umsetzung des von der Wertung vorgegebenen Ergebnisses bleiben nominell zwei Möglichkeiten. Da vorstehend die Vergleichbarkeit von Verhandlungen und Verzicht dargelegt wurde, bleibt zunächst die Möglichkeit einer entsprechenden Anwendung von § 768 Abs. 2 BGB[874]. Gegen eine analoge Anwendung lässt sich dabei nicht einwenden, die Vorschrift hätte einen klaren „Ausnahmecharakter" und wäre daher nur begrenzt analogiefähig[875]. Ein solch enges Verständnis von § 768 Abs. 2 BGB setzte sich in Widerspruch zur höchstrichterlichen Rechtsprechung, nach der für den Bürgen nachteilige Verhaltensweisen des Hauptschuldners nach § 768 Abs. 2 BGB grundsätzlich unwirksam sind, wenn diese Auswirkungen auf die Verjährung der Hauptschuld haben[876]. So hat der BGH in seiner grundlegenden Entscheidung zu den Auswirkungen eines Verzichts des Hauptschuldners auf die Einrede der Verjährung ausdrücklich betont:

> „Nach Sinn und Zweck dieser Regelung ist es dem Bürgen gegenüber [...] unwirksam, wenn der Hauptschuldner durch sein Handeln eine neue oder längere Verjährungsfrist eröffnet [...]"[877].

Dies muss auch für die durch Verhandlungen im Sinne von § 203 S. 1 BGB herbeigeführte Verjährungshemmung der Hauptschuld gelten[878]. Verhandeln Gläubiger und Hauptschuldner, führt dies gemäß § 203 S. 1 BGB zur Hemmung der Verjährung. Dieses Verhalten erreicht vielleicht nicht die Qualität eines ausdrücklichen Verzichts auf die Einrede[879], kann für den Bürgen jedoch ebenso nachteilige Auswirkungen haben. Das Motiv des Hauptschuldners, auf die Verjährungseinrede zu verzichten, liegt regelmäßig darin, den Gläubiger von der frühen Klageerhebung abzuhalten. Mithin dient der Verzicht auch der Streitverhinderung. Nichts anderes gilt für die Aufnahme von Verhandlungen über den Anspruch oder die den Anspruch begründenden Umstände im Sinne von § 203 S. 1 BGB. Dann kann es aber in der rechtlichen Behandlung keinen Unterschied

---

874 OLG Frankfurt, Entscheidung vom 11.12.2008, Az. 15 U 122/08, Rn. 34 ff.; OLG Saarbrücken, Entscheidung vom 21.02.2008, Az. 8 U 109/07 - 30; 8 U 109/07, Rn. 46 (beide zitiert nach juris).

875 So: *Dingler*, BauR 2008, 1379, 1381.

876 Vgl. BGH ZIP 2007, 2206, 2208.

877 BGH ZIP 2007, 2206, 2208.

878 So auch OLG Frankfurt, Entscheidung vom 11.12.2008, Az. 15 U 122/08, Rn. 34 ff.; OLG Saarbrücken, Entscheidung vom 21.02.2008, Az. 8 U 109/07 - 30; 8 U 109/07, Rn. 46 (jeweils nach juris); *Becker/Kohlmann*, EWiR 2009, 665, 666; *Schmölz*, in: jurisPR-BKR 1/2008 Anm. 4.

879 So BGHZ 182, 76, 83.

machen, ob die Rechtsfolgen kraft Gesetzes aufgrund rechtserheblichen Verhaltens (§ 203 BGB) oder infolge eines Rechtsgeschäfts (Verzicht) eintreten[880].

Im Übrigen wäre eine teleologische Reduktion von § 767 Abs. 1 S. 2 BGB vorzunehmen, wenn man gleichzeitig annähme, die Vorschrift erfasste alle kraft Gesetzes eintretenden Erweiterungen der Hauptschuld[881]. Diese Deutung überzeugt jedoch nicht. Zwar ist § 767 Abs. 1 S. 2 BGB nicht abschließend gefasst[882], der Bürge haftet aber nach dem Rechtsgedanken von § 767 Abs. 1 S. 2 BGB („insbesondere") nur für solche nicht rechtsgeschäftlichen Erweiterungen, die mit einem Verschulden oder einem Verzug des Hauptschuldners zusammenhängen. Darunter fallen die Verhandlungen zwischen Hauptschuldner und Gläubiger indes nicht. Nach hier vertretener Lesart findet § 767 Abs. 1 S. 2 BGB bei Verhandlungen zwischen Gläubiger und Hauptschuldner im Sinne von § 203 BGB daher schlicht keine Anwendung. Insoweit ist festzuhalten, dass einerseits § 768 Abs. 2 BGB analog angewandt werden kann, um den Bürgen davor zu schützen, dass die Verjährung der Hauptschuld auch mit Wirkung gegen ihn gehemmt werden kann, andererseits § 767 Abs. 1 S. 2 BGB nicht einschlägig ist.

Die zweite Lösungsmöglichkeit könnte in einer teleologischen Reduktion von § 203 BGB für diese Konstellation liegen. Wie bereits dargelegt, verwirklicht sich das von § 203 BGB intendierte Ziel der Streitvermeidung nur im Verhältnis zwischen Hauptschuldner und Gläubiger. Weiterhin verhielte sich der Bürge, wenn er sich auf die Einrede beriefe, anders als der Hauptschuldner nicht widersprüchlich[883], weil nur der Hauptschuldner selbst, nicht aber der Bürge Verhandlungen mit dem Gläubiger geführt hat. Die teleologische Reduktion kann jedoch die gewünschte Rechtsfolge, dass sich der Bürge weiterhin auf die ohne die Verhandlungen zwischen Hauptschuldner und Gläubiger eingetretene Verjährung berufen könnte, nicht herbeiführen, ohne dass die Vorschrift ihren übrigen Regelungsgehalt vollständig einbüßen würde. Eine Reduktion dahingehend, dass die Vorschrift im Dreipersonenverhältnis von Bürge, Gläubiger und Hauptschuldner keine Anwendung fände, kommt nicht in Betracht, weil sich der Regelungsgehalt ohnehin nur auf die an der Verhandlung beteiligten Parteien erschöpft. § 203 BGB in der Bürgschaftskonstellation hingegen gar nicht anzuwenden, liefe wiederum der intendierten Streitvermeidung im Verhältnis Gläubiger und (Haupt-)Schuldner zuwider. Obwohl § 203 BGB seinem Sinn und Zweck nach nicht zu Lasten des Bürgen gehen darf, ist daher der analogen An-

---

880 A.A. BGHZ 182, 76, 82; *Grothe*, in: MüKo-BGB, § 203, Rn. 7.

881 *Sprau*, in: Palandt, § 767, Rn. 2a; vgl. auch: *Stadler*, in: Jauernig, § 767, Rn. 4; *Fischer*, in: Das Recht der Kreditsicherheiten, § 9, Rn. 76.

882 Vgl. *Habersack*, in: MüKo-BGB, § 767, Rn. 7; *Wittmann*, MDR 2010, 477.

883 *Becker/Kohlmann*, EWiR 2009, 665, 666.

wendung von § 768 Abs. 2 BGB der Vorzug zu erteilen, zumal die Drittwirkung der Verjährungshemmung zu Lasten des Bürgen aus dem Bürgschaftsrecht folgt und nicht aus § 203 BGB.

c) Ergebnis: Verhandlungen zwischen Hauptschuldner und Gläubiger

Die entsprechende Anwendung von § 768 Abs. 2 BGB ist auch für Verhandlungen im Sinne von § 203 BGB geboten. Der Rechtsprechung des BGH[884] und der überwiegend in der Literatur vertretenen Auffassung[885] ist zu widersprechen. Die dort vorgenommene Differenzierung zwischen rechtsgeschäftlich und gesetzlich ausgelösten Rechtsfolgen ist durch das Merkmal des hauptschuldnerischen Verhaltens als Auslöser der Verjährungshemmung zu ersetzen. Eine teleologische Reduktion des § 203 BGB scheidet demgegenüber aus, weil dies dem Ziel der Streitvermeidung abträglich wäre.

In Übereinstimmung mit den anderen Fallgruppen lässt sich daher festhalten, dass auch Verhandlungen zwischen Hauptschuldner und Gläubiger, soweit sie die Verjährung der Hauptforderung hemmen, nicht zu Lasten des Bürgen gehen. In entsprechender Anwendung von § 768 Abs. 2 BGB kann sich der Bürge auf die hypothetisch eingetretene Verjährung der Hauptschuld gemäß § 768 Abs. 1 S. 1 BGB gegenüber dem Gläubiger berufen. § 767 Abs. 1 S. 2 BGB findet keine Anwendung.

7. *Ergebnis und Schlussfolgerungen*

Die Untersuchung der Fallgruppen hat gezeigt, dass die Anknüpfung an das Kriterium, ob die Erweiterung auf tatsächliches, rechtlich relevantes Verhalten des Hauptschuldners zurückzuführen ist, dem Bedürfnis von Rechtssicherheit am besten Rechnung trägt. Dieses Merkmal verbindet Anerkenntnis, Stundung, *pactum de non petendo*, Verjährungsvereinbarungen, Verzicht und den Tatbestand der Verhandlungen miteinander. Weiterhin hat die Untersuchung der Fallgruppen gezeigt, dass das Argument unterschiedlich begründeter Rechtsfolgen – *qua* Gesetz oder Rechtsgeschäft[886] – kein geeignetes Differenzierungskriterium dafür ist, ob die zwischen Hauptschuldner und Gläubiger eingetretene Rechtsfolge über § 768 BGB auch gegenüber dem Bürgen Wirkung erlangt.

Aus dem Vergleich der Fallgruppen lässt sich schlussendlich ein verallgemeinerungsfähiger Rechtsgedanke entwickeln, der für die Bewertung der konfligierenden Interessen der Parteien von Bedeutung ist: Je einflussreicher die Position des Gläubigers ist, das heißt je stärker der Gläubiger allein die Verjährung

884 Nachweise oben in Fußnote 829.

885 Nachweise oben in Fußnoten 833; 834 und 835.

886 Dazu oben ab S. 151 m.w.N.

der Hauptforderung beeinflusst bzw. beeinflussen kann, desto zweckmäßiger ist es, dieser Beeinflussung auch dem Bürgen gegenüber Wirkung zuzusprechen. Verklagt der Gläubiger den Hauptschuldner, steht daher die hemmende Wirkung nach § 204 Abs. 1 Nr.1 BGB der Hauptschuld in Bezug auf die Einrede des Bürgen gemäß § 768 Abs. 1 S. 1 BGB zu Recht außer Frage[887]. Das muss auch für weitere verjährungshemmende Maßnahmen gelten, die allein der Durchsetzung der Hauptschuld bzw. der Rechtsverfolgung dienen[888], so etwa für die Zustellung eines Mahnbescheids im Sinne von § 204 Abs. 1 Nr. 3 BGB oder aber die Anmeldung der Hauptforderung im Insolvenzverfahren gemäß § 204 Abs. 1 Nr. 10 BGB. Ebenso führen gerichtliche oder behördliche Vollstreckungshandlungen im Sinne von § 212 Abs. 2 BGB zu einem Neubeginn der Verjährung der Hauptschuld auch im Verhältnis zum Bürgen. Dafür spricht auch die Vorhersehbarkeit für den Bürgen. Der Bürge ist zwar subsidiär in Bezug auf die Hauptschuld, jedoch primär in Bezug auf die Erfüllung der Bürgschaft gegenüber dem Gläubiger verpflichtet. Damit steht der Bürge dem Gläubiger grundsätzlich wie jeder andere Schuldner auch gegenüber und muss mit bestimmten Schritten des Gläubigers rechnen. Dazu gehören insbesondere verjährungshemmende Maßnahmen, die vornehmlich der rechtzeitigen Durchsetzung der Forderung dienen, wie die Klage, der Mahnbescheid oder die Anmeldung zur Tabelle im Insolvenzverfahren. Maßnahmen dieser Art ist gemein, dass sie den Willen des Gläubigers zur Inanspruchnahme des Hauptschuldners nicht mehr, das heißt auch nicht nur vorübergehend, zur Disposition stellen. In diesen Fällen wirkt die Verjährungshemmung der Hauptschuld daher auch gegenüber dem Bürgen. Liegen hingegen Vereinbarungen zwischen Hauptschuldner und Gläubiger vor, an denen der Bürge nicht beteiligt ist, oder beruht die Verjährungshemmung oder der Neubeginn der Verjährung auf einem tatsächlichen Verhalten des Hauptschuldners (vgl. §§ 203, 205, 212 BGB), sind diese Maßnahmen nur im Verhältnis zwischen Hauptschuldner und Gläubiger, nicht aber gegenüber dem Bürgen wirksam[889].

---

887 BGHZ 76, 222, 225 ff.; *Horn*, in: Staudinger (1997), § 768, Rn. 15; *Habersack*, in: MüKo-BGB, § 768, Rn. 5; *Brödermann*, in: Prütting/Wegen/Weinreich, § 768, Rn. 6; weitere Nachweise oben in Fußnote 873.

888 Vgl. *Schmölz*, in: jurisPR-BKR 1/2008 Anm. 4.

889 Hier sei noch einmal auf *Iversen*, Die Akzessorietät als Zurechnungsmodell des Bürgschaftsrechts, S. 70 ff., 87 f., hingewiesen, der über die hier vertretene Lösung hinaus geht. Nach ihm gelte nur die bei Vertragsschluss „prognostizierte Verjährung der Hauptschuld“. Eine spätere Hemmung oder ein Neubeginn der Verjährung der Hauptschuld wirken nach seiner Auffassung daher grundsätzlich nie zu Lasten des Bürgen, und zwar unabhängig davon, ob sie auf einem Verhalten des Hauptschuldners und/oder Gläubigers oder Rechtsgeschäft beruhen.

III. Auswirkungen auf die Einrede der Verjährung des Hauptschuldners durch Zusammenwirken von Bürge und Gläubiger

Vor dem Hintergrund der bisherigen Ausführungen liegt es in der Hand von Gläubiger und Bürge, abweichende Vereinbarungen in Bezug auf die vom Hauptschuldner gemäß § 768 Abs. 1 BGB abgeleitete Verjährungseinrede zu treffen. Während für den Bürgen dabei Abreden und Klauseln von Bedeutung sind, die ihm die Einrede der Verjährung erhalten oder vor weiterer Fremddisposition schützen, sind für den Gläubiger die Grenzen zulässiger Disposition über die mittelbar bürgenbezogenen Einreden auszuloten. In den Vordergrund rücken dabei kautelarjuristische Fragestellungen bei der Formulierung entsprechender Gläubiger-AGB.

1. Genereller Ausschluss der Einreden gemäß § 768 BGB

Gegen den individualvertraglichen Verzicht des Bürgen auf die Geltendmachung von Einreden des Hauptschuldners gemäß § 768 BGB bestehen nach ganz überwiegender Meinung grundsätzlich keine Einwände[890]. Allerdings ist zu berücksichtigen, dass der Verzicht des Bürgen Auswirkungen auf die Akzessorietät der Bürgschaft hat und der Gesetzgeber die Anbindung der Bürgschaftsforderung an die Hauptschuld als Wesensmerkmal jeder Bürgschaftsverpflichtung ansieht[891]. Insoweit erhält die Bürgschaft durch den Verzicht auf die vom Hauptschuldner nach § 768 Abs. 1 BGB abgeleiteten Einreden einen anderen rechtlichen, garantieähnlichen Charakter[892]. Bei einem individualvertraglich vereinbarten Verzicht zwischen Bürge und Gläubiger auf die vom Hauptschuldner abgeleiteten Einreden wandelt sich die Bürgschaft in Bezug auf die von den hauptschuldnerischen Einreden losgelösten Durchsetzungsvoraussetzungen zu einem selbstständigen Schuldversprechen oder eine Garantie um[893].

---

890 BGH NJW 1980, 445, 446; OLG München WM 2006, 684, 686 f.; *Stadler*, in: Jauernig, § 768, Rn. 8; *Habersack*, in: MüKo-BGB, § 768, Rn. 3; *Horn*, in: Staudinger (1997), § 768, Rn. 29 ff.; *Reinicke/Tiedtke*, Bürgschaftsrecht, Rn. 311; *Oetker/Maultzsch*, Vertragliche Schuldverhältnisse, § 13, Rn. 75; *Hohmann*, WM 2004, 757, 762; *Horn*, NJW 1980, 2153, 2154; kritisch: *Schreiber*, Jura 2007, 730, 736.

891 Vgl. Motive II, S. 660, bei *Mugdan*, II. Band, S. 369; BGHZ 95, 350, 357 f.

892 *Habersack*, in: MüKo-BGB, § 768, Rn. 3; *A. Staudinger*, in: Hk-BGB, § 767, Rn. 1; *Mormann*, in: RGRK-BGB, § 767, Rn. 1; *Tiedtke*, JZ 2006, 940, 947; a.A. wohl *Häuser*, in: Soergel, § 768, Rn. 10, nach dem der Verzicht nicht „die Rechtsqualität der Bürgschaft" berühre.

893 Vgl. BGHZ 95, 350, 356 f.; *Habersack*, in: MüKo-BGB, § 767, Rn. 2; *Stadler*, in: Jauernig, § 767, Rn. 2, § 768, Rn. 8; *Horn*, in: Staudinger (1997), § 767, Rn. 6, 8, § 767, Rn. 29 f.

Während die grundsätzliche Dispositivität des § 768 Abs. 1 S. 1 BGB feststeht, wird für die Abdingbarkeit mittels Bürgschafts-AGB das Gegenteil vertreten. Dort soll zumindest der formularmäßige Verzicht des Bürgen auf die Rechte gemäß § 768 BGB unzulässig sein[894].

Diese Auffassung überzeugt: Der vollständige Verzicht auf die Einreden gemäß § 768 Abs. 1 BGB nähme der Bürgschaft ihren akzessorischen Charakter. Legt der Gläubiger einen weitreichenden Verzicht des Bürgen auf die die Hauptschuld betreffenden Einreden fest, verstößt das gegen § 307 Abs. 2 Nr. 1 BGB[895]. Es entspricht dem Grundgedanken der gesetzlichen Regelung im Sinne von § 307 Abs. 2 Nr. 1 BGB, dass der Bürge die dem Hauptschuldner zustehenden Einreden gemäß § 768 Abs. 1 S. 1 BGB geltend machen kann. Diese Ausprägung des Akzessorietätsgrundsatzes ist unabdingbarer Bestandteil bürgschaftsrechtlicher Verpflichtungen[896]. Die formularmäßige Abweichung kommt daher nicht in Betracht[897]. Dies gilt auch für die Bürgschaft auf erstes Anfordern[898], denn der Ausschluss der Einrede gemäß § 768 BGB würde auch im Rückforderungsprozess gelten und so die Anbindung an die Hauptforderung vollständig aufheben. Dann würde aus der Bürgschaft jedoch im Ergebnis eine Zahlungsgarantie auf erstes Anfordern[899].

---

894 BGHZ 147, 99, 104; BGH NJW 2003, 59, 61; BGHZ 181, 278, 282; OLG Köln NJW-RR 2008, 1340, 1341 (zum Teil noch zu § 9 Abs. 1 Nr. 1 und Nr. 2 AGBG); *Reinicke/Tiedtke*, Bürgschaftsrecht, Rn. 601; *Habersack*, in: MüKo-BGB, § 768, Rn. 3; *Brödermann*, in: Prütting/Wegen/Weinreich, § 768, Rn. 4; *Grüneberg*, in: Palandt, § 307, Rn. 80; *Häuser*, in: Soergel, § 765, Rn. 87; *Fischer*, in: Das Recht der Kreditsicherheiten, § 9, Rn. 105; *Walther*, NJW 1994, 2337, 2338; *Lettl*, WM 2000, 1316, 1325; *Tiedtke*, JZ 2006, 940, 948; *Schreiber*, Jura 2007, 730, 736; *Bub*, in: FS Fischer, 2008, S. 71, 89; *Voellmecke*, in: jurisPR-PrivBauR 9/2008 Anm. 6; *Funke*, BauR 2010, 969, 970; *Förster*, WM 2010, 1677, 1680.

895 So auch: BGHZ 181, 278, 282; *Schmidt*, in: Wolf/Lindacher/Pfeiffer, Klauseln B, Rn. 369; *Habersack*, in: MüKo-BGB, § 768, Rn. 3; *Fischer*, in: Das Recht der Kreditsicherheiten, § 9, Rn. 105; *Oetker/Maultzsch*, Vertragliche Schuldverhältnisse, § 13, Rn. 75.

896 BGHZ 147, 99, 104; *Fuchs*, in: Ulmer/Brandner/Hensen, Teil 2, (9) Bürgschaftsverträge, Rn. 8; *Tiedtke*, JZ 2006, 940, 948.

897 Vgl. BGHZ 147, 99, 104.

898 Vgl. BGHZ 147, 99, 104; *Schmidt*, in: Wolf/Lindacher/Pfeiffer, Klauseln B, Rn. 369; a.A.: *Habersack*, in: MüKo-BGB, § 768, Rn. 3.

899 Vgl. BGHZ 95, 350, 357; *Walther*, NJW 1994, 2337, 2338; *Förster*, WM 2010, 1677, 1680. Zur Abgrenzung von Bürgschaft und Zahlungsgarantie auf erstes Anfordern: *Horn*, NJW 1980, 2153 ff.; *Oepen*, NJW 2009, 1110 ff.; *Schnauder*, WM 2000, 2073 ff. Das von *Schnauder* vertretene Verständnis, für die Bürgschaft auf erstes Anfordern fände sich „im System des Schuldrechts kein Platz“ (*Schnauder*, WM 2000, 2073,

Eine andere Frage ist, ob die Unwirksamkeit der Verzichtsklausel stets zu einer Nichtigkeit der zugrundeliegenden Sicherungsabrede führt[900]. Dies ist von Bedeutung, weil der Bürge dem Gläubiger die Unwirksamkeit der Sicherungsabrede gemäß § 768 Abs. 1 S. 1 BGB entgegenhalten kann[901]. Der BGH ist in jüngeren Entscheidungen mal von Voll-[902] mal von Teilunwirksamkeit ausgegangen[903]. Bei der Überprüfung der Teilwirksamkeit der Klausel hat er insbesondere darauf Wert gelegt, ob der im Bürgschaftsformular erklärte Verzicht auf die Einrede gemäß § 768 BGB „sprachlich und inhaltlich" vom übrigen Klauselbestand getrennt werden konnte[904]. Könne die Klausel nach diesen Vorgaben von den übrigen Klauseln abgegrenzt werden und verbleibe danach eine nicht zu beanstandende selbstschuldnerische Bürgschaft, könne die Klausel zumindest teilwirksam aufrechterhalten werden[905].

Methodologisch ist das Vorgehen des BGH nicht zu beanstanden. Er hat nämlich keine verbotene geltungserhaltende Reduktion, sondern einen noch zulässigen *blue pencil-test* vorgenommen[906]. Gleichwohl kann diese Einzelfallentscheidung wegen der Besonderheit der Formulierung nicht auf andere Klauselgestaltungen übertragen werden. Zwar dürfte durch die Entscheidung des BGH[907] nunmehr Klarheit darüber bestehen, dass vorformulierte Klauseln, die den Verzicht des Bürgen auf die Einrede gemäß § 768 Abs. 1 BGB enthalten, nicht *per se* zur Gesamtunwirksamkeit der Sicherungsabrede führen. Von einer AGB-Gestaltung, die den vollständigen Verzicht des Bürgen auf die Einreden gemäß § 768 BGB vorsieht, ist dennoch abzuraten. Die Gefahr, dass die Unwirksamkeit dieser Klausel auf andere vorformulierte Passagen ausstrahlt, ist aus Gläubigersicht zu groß.

2078 ff.; so auch *Kopp*, WM 2010, 640 ff.; *Weth*, AcP 189 (1989), 303, 324 ff., 329), wird hier ausdrücklich nicht übernommen. Die Anerkennung der Bürgschaft auf erstes Anfordern steht seit BGHZ 74, 244, 247 f., außer Frage.

900 Vgl. BGHZ 181, 278 ff.; BGHZ 179, 374 ff.; *Vogel*, IBR 2009, 199; *Voellmecke*, in: jurisPR-PrivBauR 9/2008 Anm. 6.

901 BGHZ 181, 278, 282; BGHZ 179, 374, 377 f.; *Tiedtke*, JZ 2006, 940, 942; *Fischer*, WM 2005, 529, 532; *Funke*, BauR 2010, 969.

902 BGHZ 181, 278, 289.

903 BGHZ 179, 374, 380 ff.

904 BGHZ 179, 374, 379 f.

905 BGHZ 179, 374, 378 ff.

906 Vgl. zum Verbot einer geltungserhaltenden Reduktion im AGB-Recht statt aller nur: BGHZ 84, 109, 115 ff.; BGHZ 114, 338, 343; *Schmidt*, in: Ulmer/Brandner/Hensen, § 306, Rn. 14 ff. Zum „*blue pencil-test*": *Schmidt*, in: Ulmer/Brandner/Hensen, § 306, Rn. 13; *Grüneberg*, in: Palandt, § 306, Rn. 7.

907 Gemeint ist BGHZ 179, 374.

2. *Verzicht des Bürgen auf einzelne verjährungsbezogene Einreden*

a) Einrede der Verjährung der Hauptforderung

Unter Zugrundelegung der grundsätzlichen Dispositivität ist zumindest der individualvertragliche Verzicht auf die Einrede der Verjährung der Hauptschuld gemäß § 768 Abs. 1 S. 1 BGB möglich[908]. Zweifelhaft ist hingegen, ob das Recht des Bürgen sich auf die Verjährung der Hauptschuld zu berufen durch AGB ausgeschlossen werden kann. Vereinzelt wird vertreten, dass ein solcher Verzicht möglich sei, weil sich aus § 202 BGB die grundsätzliche Möglichkeit von Verjährungsvereinbarungen auch durch AGB ergebe[909]. Zwar stelle sich durch den formularmäßigen Ausschluss gegebenenfalls das Problem, dass die Hauptforderung nicht im rückgriffsfähigen, das heißt bereits verjährten Zustand auf den Bürgen gemäß § 774 Abs. 1 S. 1 BGB übergehen könne[910]. Da es aber keine allgemeine Pflicht des Gläubigers gebe, die Verjährung der Hauptforderung durch ein rechtskräftiges Urteil zugunsten des Bürgen zu unterbrechen, stünde dies entsprechend vorformulierten AGB-Klauseln von Gläubigerseite nicht entgegen[911].

Dieser Ansicht kann nicht zugestimmt werden. Für den Verzicht auf die Einrede der Verjährung der Hauptforderung gilt das Gleiche wie für den vollständigen Ausschluss der Einreden im Sinne von § 768 BGB, denn der Verzicht hebelte den Akzessorietätsgrundsatz in Bezug auf die Durchsetzbarkeit der Hauptforderung aus[912]. Der Bürge haftete gegebenenfalls weiter als der Hauptschuldner selbst[913]. Durch die Verzichtsklausel würde ein wesentliches Recht des Bürgen im Sinne von § 307 Abs. 2 Nr. 2 BGB eingeschränkt. Die Bürgenschuld verlöre ihre in § 768 Abs. 1 BGB zum Ausdruck gebrachte direkte Anknüpfung an die Durchsetzbarkeit der Hauptschuld. Dadurch wird der Bürge unangemessen benachteiligt, weshalb die Klausel nach § 307 Abs. 1 S. 1 BGB als unwirksam einzustufen ist[914]. Ein solcher Verzicht kann, wie schon im Zusammenhang mit dem Verzicht auf die Einrede der Verjährung der Bürgschaftsforderung erläutert wur-

---

908 So auch: *Mormann*, in: RGRK-BGB, § 768, Rn. 6; *Horn*, in: Staudinger (1997), § 768, Rn. 39; *Habersack*, in: MüKo-BGB, § 768, Rn. 3.

909 *Hohmann*, WM 2004, 757, 762.

910 *Hohmann*, WM 2004, 757, 762.

911 *Hohmann*, WM 2004, 757, 762.

912 *Schmidt*, in: Wolf/Lindacher/Pfeiffer, Klauseln B, Rn. 369; *Fuchs*, in: Ulmer/Brandner/Hensen, Teil 2, (9) Bürgschaftsverträge, Rn. 8; *Häuser*, in: Soergel, § 765, Rn. 87; *Walther*, NJW 1994, 2337, 2338 f.

913 *Förster*, WM 2010, 1677, 1680.

914 *Förster*, WM 2010, 1677, 1680.

de[915], auch nicht berichtigend auf die zulässige Höchstfrist gemäß § 202 Abs. 2 BGB von dreißig Jahren ausgelegt werden. An die Stelle der AGB-Klausel träte insoweit das dispositive Gesetzesrecht, § 306 Abs. 2 BGB.

b) Verzicht auf die Einrede der Stundung

Der Bürge kann zumindest individualvertraglich wirksam auf die Einrede der Stundung der Hauptforderung verzichten[916]. Zwar ließe sich gegen die Wirksamkeit eines solchen Verzichts anführen, dass damit die „strenge Akzessorietät" der Bürgschaft aufgehoben würde[917], weil der Gläubiger die Bürgschaft unabhängig von der mit dem Hauptschuldner vereinbarten Stundung durchsetzen könnte. Doch sind diese Bedenken im Ergebnis nicht stichhaltig, da der Verzicht auf die Einrede der Stundung nicht zu einer vollständigen Durchbrechung der Akzessorietät führt und auch der Verzicht auf die vom Hauptschuldner abgeleitete Verjährungseinrede individualvertraglich möglich ist. Wenn der Bürge bereits auf eine dauerhafte Einrede des Hauptschuldners, wie die Verjährungseinrede, verzichten kann, muss dies erst recht für ein vorübergehendes Leistungsverweigerungsrecht, wie die Stundung, gelten.

Etwas anderes gilt wiederum für den formularmäßigen Verzicht[918]. Nach dem hier vertretenen Verständnis wirkt die Stundung zwar wegen §§ 767 Abs. 1 S. 3, 768 Abs. 2 BGB nicht zu Lasten des Bürgen, soweit es um die durch sie herbeigeführte Verjährungshemmung der Hauptschuld gemäß § 205 BGB geht[919]. Allerdings ist weitgehend unstreitig, dass der Bürge dem Gläubiger nach § 768 Abs. 1 S. 1 BGB zumindest das dem Hauptschuldner zustehende vorübergehende Leistungsverweigerungsrecht entgegenhalten kann[920]. Insofern kommt es scheinbar zu einer Art „Rosinentheorie"[921]. Dagegen ist jedoch nichts zu erinnern, weil es den Grundsätzen der Bürgschaft entspricht, dass sich der Bürge einerseits auf für ihn positive Beschränkungen der Bürgenhaftung berufen kann, andererseits ihm gegenüber nachteilige Haftungserweiterungen gemäß §§ 767 Abs. 1 S. 3, 768 Abs. 2 BGB unwirksam sind[922]. Ein formularmäßiger Ausschluss der vom Hauptschuldner abgeleiteten Stundungseinrede greift also in die

---

915 Zum formularmäßigen Verzicht bei der Bürgschaftsforderung oben ab S.88 m.N.

916 Vgl. *Horn*, in: Staudinger (1997), § 768, Rn. 38; *Habersack*, in: MüKo-BGB, § 767, Rn. 2; *Häuser*, in: Soergel, § 768, Rn. 10.

917 *Tiedtke*, JZ 2006, 940, 947.

918 *Schmidt*, in: Wolf/Lindacher/Pfeiffer, Klauseln B, Rn. 369; *Häuser*, in: Soergel, § 765, Rn. 87.

919 Oben ab S. 142.

920 Motive II, S. 665, bei *Mugdan*, II. Band, S. 371; *Habersack*, in: MüKo-BGB, § 768, Rn. 6; *Horn*, in: Staudinger (1997), Rn. 46 f.; ausführlich dazu ab S. 144.

921 Grundlegend zum Begriff: *John*, ZHR 140 (1976), 236, 254.

von § 768 Abs. 1 S. 1 BGB vorausgesetzte Bürgschaftsakzessorietät ein. Dann weicht die Klausel vom Grundgedanken der gesetzlichen Regelung im Sinne von § 307 Abs. 2 Nr. 1 BGB ab. Daher ist eine formularmäßige Klausel gemäß § 307 Abs. 1 S. 1 BGB unwirksam, wenn durch sie das Recht des Bürgen ausgeschlossen wird, sich auf die Einrede der Stundung der Hauptforderung zu berufen.

c) „Drittwirkung" eines Anerkenntnisses der Hauptschuld

Eine individualvertragliche Vereinbarung zwischen Gläubiger und Bürge, nach der ein Anerkenntnis des Hauptschuldners zu einem Verjährungsneubeginn der Hauptschuld auch im Verhältnis zum Bürgen führt, ist grundsätzlich wirksam, weil auch der Verzicht auf die Einrede der Verjährung der Hauptschuld individualvertraglich möglich ist. Allerdings ist zu klären, welchen Grenzen die Vereinbarung dieser „Drittwirkung" des hauptschuldnerischen Anerkenntnisses unterliegt. Obwohl es sich genau genommen nicht um eine Vereinbarung über die eigene Verjährungseinrede handelt, ist die Wirksamkeit an § 202 BGB zu messen. Gemäß § 202 Abs. 2 BGB darf die Verjährung nicht über dreißig Jahre ab Verjährungsbeginn hinaus durch Rechtsgeschäft erweitert werden. Nun beginnt die Verjährung (der Hauptschuld) beim Anerkenntnis aber entweder nach § 212 Abs. 1 Nr. 1 BGB neu oder das Schuldanerkenntnis führt gemäß §§ 780 f. BGB, 197 Abs. 1 Nr. 4 BGB zu einer dreißigjährigen Verjährungsfrist. Fände § 202 Abs. 2 BGB im letztgenannten Fall keine Anwendung, haftete der Bürge jedenfalls für einen längeren Zeitraum als „dreißig Jahre", wenn die Verjährung der Hauptschuld bereits zu laufen begonnen hatte. Die Rechtsfolgen einer Vereinbarung zwischen Bürge und Hauptschuldner, nach der ein Anerkenntnis des Hauptschuldners zu Lasten des Bürgen gehen soll, dürfen aber nicht weiter gehen als der Verzicht auf die Einrede der Verjährung.

Freilich handelt es sich hier um ein eher theoretisches Problem, weil sich Gläubiger und Bürge *in praxi* gleichzeitig über einen Verzicht des Bürgen auf die bürgenbezogene Einrede der Verjährung verständigen werden. Dieser Verzicht unterläge ebenfalls den Grenzen von § 202 Abs. 2 BGB[923]. Der Bürge könnte seiner Inanspruchnahme also in jedem Fall nach spätestens 30 Jahren ab Verjährungsbeginn (der Bürgschaftsforderung) die Einrede der Verjährung entgegenhalten.

---

922 Vgl. Motive II, S. 665, bei *Mugdan*, II. Band, S. 371; *Habersack*, in: MüKo-BGB, § 767, Rn. 10; *Sprau*, in: Palandt, § 767, Rn. 3; *Häuser*, in: Soergel, § 767, Rn. 5; *Fischer*, in: Das Recht der Kreditsicherheiten, § 9, Rn. 78.

923 Zum Verzicht bereits oben ab S. 87 sowie S. 132.

Die formularmäßige Vorgabe der Drittwirkung eines Anerkenntnisses des Hauptschuldners ist dagegen stets unwirksam. Zwar hält das OLG München entsprechende Gläubiger-AGB für zulässig[924]. Allerdings ist dieses Ergebnis aus Sicht des OLG München obligatorisch, weil es vertritt, dass der Verjährungsneubeginn gemäß § 212 Abs. 1 Nr. 1 BGB ohnehin zu Lasten des Bürgen gehen soll[925]. Wie gezeigt, treffen die mit einem Anerkenntnis verbundenen Auswirkungen auf die Verjährung der Hauptschuld den Bürgen aber nicht[926]. Daher verstoßen solche AGB-Klauseln – wie der Verzicht auf die Einrede der Verjährung der Hauptschuld – gegen § 307 Abs. 2 Nr. 1 BGB[927]. Dafür spricht in diesem Fall weniger die Akzessorietät der Bürgschaft. Die Akzessorietät würde gerade gewahrt, könnte der Hauptschuldner mit Wirkung zu Lasten des Bürgen gemäß § 212 Abs. 1 Nr. 1 BGB anerkennen. Die Unwirksamkeit ergibt sich vielmehr dadurch, dass durch eine entsprechende Klausel das Verbot der Fremddisposition gemäß § 767 Abs. 1 S. 3 BGB aufgehoben würde[928].

B. Wirkung der Verjährungstatbestände als „Tatsachen" i.S.v. § 425 BGB bei der Gesamtschuld

Es konnte bereits gezeigt werden, dass es für die Entstehung der Gesamtschuld, mit Ausnahme des Schuldbeitritts, grundsätzlich unbeachtlich ist, wenn die einzelnen Forderungen von Beginn an unterschiedliche Verjährungsfristen haben[929]. Nachfolgend ist zu untersuchen, welche Auswirkungen die Verjährung der Forderungen hat, nachdem die Gesamtschuld zur Entstehung gelangt ist. Dazu ist der sog. *Grundsatz der Einzelwirkung* unter dem Aspekt der Verjährung, der Verjährungs- (§§ 203 ff. BGB) und Ablaufhemmung (§§ 208 ff. BGB) sowie dem Neubeginn der Verjährung (§ 212 BGB) näher zu betrachten.

I. Grundsatz der Einzelwirkung

Aus dem Prinzip der Einzelwirkung gemäß § 425 BGB folgt, dass die jeweiligen Forderungen gegen die Gesamtschuldner grundsätzlich eigenständig verjäh-

---

924 OLG München WM 2006, 684, 687 f.

925 OLG München WM 2006, 685, 687.

926 Oben, S. 136 ff.

927 So auch *Tiedtke/Holthusen*, WM 2007, 93, 99; *Grüneberg*, in: Palandt, § 307, Rn. 80.

928 *Tiedtke/Holthusen*, WM 2007, 93, 98 f.; vgl. allgemein zur Zulässigkeit von Klauseln, die die Haftungserweiterung ins Belieben Dritter stellen auch *Förster*, WM 2010, 1677, 1679.

929 Dazu oben ab S. 90 ff.

ren[930]. Für die Inanspruchnahme des einen Gesamtschuldners (*S1*) durch den Gläubiger bedeutet dies, dass er unabhängig von der Verjährung der Forderung des Gläubigers gegen den anderen Gesamtschuldner (*S2*) dem Gläubiger die Einrede der Verjährung entgegenhalten kann, vgl. § 425 Abs. 2 BGB. Umgekehrt wird in § 425 Abs. 2 BGB aber auch klargestellt, dass der Gläubiger seine Forderung gegen *S2* unabhängig von der Verjährung der Forderung gegen *S1* durchsetzen kann. Der Grundsatz der Einzelwirkung gilt gleichermaßen für verjährungshemmende Maßnahmen wie etwa die Klageerhebung (§§ 253, 261 ZPO) gegen einen der Gesamtschuldner nach § 204 Abs. 1 Nr. 1 BGB. Ebenso findet § 425 Abs. 2 BGB für den Neubeginn der Verjährung, etwa wegen eines Anerkenntnisses gemäß § 212 Abs. 1 Nr. 1 BGB, wie auch für die Ablaufhemmung gemäß §§ 210, 211 BGB Anwendung[931]. Daneben gilt auch für die Tatbestände der Stundung[932] (§ 205 BGB) und Verwirkung[933] grundsätzlich Einzelwirkung.

Bereits an dieser Stelle lassen sich daher sowohl Gemeinsamkeiten als auch Unterschiede zwischen Bürgschaft und Gesamtschuld im Hinblick auf die Entwicklung der Verjährung festhalten. Beiden Haftungsinstituten ist zunächst gemein, dass für die einzelnen Gläubigerforderungen – bei der Gesamtschuld die Forderungen gegen die einzelnen Gesamtschuldner, bei der Bürgschaft die Haupt- und die Bürgschaftsschuld – eine jeweils eigene Verjährung gilt. Während aber der Bürge durch §§ 767 Abs. 1 S. 3, 768 Abs. 2 BGB vor einer nachträglichen Disposition über die vom Hauptschuldner abgeleitete Verjährungseinrede geschützt wird[934], fehlt es im Recht der Gesamtschuld an einem entsprechenden gesetzlichen Pendant. Dennoch ist zu berücksichtigen, dass auch die

---

930 Vgl. RGZ 116, 281, 285; BGHZ 58, 251, 255; BGH NJW 2010, 435, 436; *Weber*, in: RGRK-BGB, § 425, Rn. 15; *Noack*, in: Staudinger (2005), § 425, Rn. 55; *Grüneberg*, in: Palandt, § 425, Rn. 6; *Völzmann-Stickelbrock*, in: NK-BGB, § 425, Rn. 12; *Böttcher*, in: Erman, § 425, Rn. 12; *Selb*, Mehrheiten von Gläubigern und Schuldnern, S. 84. Nach *Prediger*, Zur Auslegung und Anwendung der Regelungen im BGB über die Gesamtschuld, S. 38 f., sei gleichwohl der „Hinweis auf die Verjährung in § 425 BGB ohne jeden Regelungsgehalt".

931 *Bydlinski*, in: MüKo-BGB, § 425, Rn. 22.

932 OLG Celle ZIP 2007, 1053, 1054; *Grüneberg*, in: Palandt, § 425, Rn. 13. Zur Stundung im Zwangsvollstreckungsverfahren: KG MDR 1967, 920; *Gebauer*, in: Soergel, § 425, Rn. 33; *Bydlinski*, in: MüKo-BGB, § 425, Rn. 32; *Schwedhelm*, Das Gesamtschuldverhältnis, Rn. 127.

933 BGH NJW-RR 2002, 478, 479; *Gehrlein*, in: BeckOK-BGB, § 425, Rn. 7; *Grüneberg*, in: Palandt, § 425, Rn. 6; *Stürner*, in: Jauernig, § 425, Rn. 7; *Looschelders/Olzen*, in: Staudinger (2009), § 242, Rn. 721.

934 Dazu ausführlich oben ab S. 131.

Tatsachen im Sinne von § 425 Abs. 1 BGB nur dann allein für und gegen die Gesamtschuldner wirken, „soweit sich nicht aus dem Schuldverhältnis ein anderes ergibt".

II. Ausnahmen

Es folgt also bereits aus dem Wortlaut von § 425 Abs. 1 BGB, dass in bestimmten Konstellationen vom Grundsatz der Einzelwirkung Ausnahmen zu machen sind. In Rechtsprechung und Literatur ist in diesem Zusammenhang über verschiedene Fallgruppen diskutiert worden. Wie zu zeigen sein wird, sind viele der im Rahmen von § 425 BGB diskutierten Ausnahmen bereits aus dem eigentlichen Anwendungsbereich der Gesamtschuld herauszulösen. Weiterhin soll aufgezeigt werden, dass aus den nachfolgenden Analysen ein verallgemeinerungsfähiger Rechtsgedanke entwickelt werden kann, der auf neue Streitfragen im Rahmen von § 425 BGB Antwort geben kann.

1. Gesamtschuldnerische (Mit-)Verpflichtung von Ehegatten (gemäß § 1357 BGB)

Einen praktisch wichtigen Sonderfall bilden gemeinschaftliche Verpflichtungen von Ehegatten und dabei insbesondere die Mitverpflichtung von Ehegatten über die Vorschrift des § 1357 BGB. Nach § 1357 Abs. 1 S. 2 BGB werden im Zweifel beide Ehegatten gemeinschaftlich, das heißt gesamtschuldnerisch verpflichtet[935], wenn der andere Ehegatte ein Geschäft zur Deckung des täglichen Lebensbedarfs abschließt. Hier stellt sich die Frage, inwieweit sich aus der familienrechtlichen Sonderbeziehung der Ehe „ein anderes" im Sinne des § 425 Abs. 1 BGB ergibt.

a) Mitverpflichtung bei Geschäften des täglichen Lebens gemäß § 1357 BGB

aa) Meinungsstand

Das LG Essen und das OLG Köln haben entschieden, dass ein Ehegatte, der „den Kaufpreis anschreiben lasse", ein Anerkenntnis abgebe, das sich der andere Ehegatte wegen § 1357 Abs. 1 BGB zurechnen lassen müsse[936]. Die Zurechnung

935 Vgl. *Brudermüller*, in: Palandt, § 1357, Rn. 22; *Roth*, in: MüKo-BGB, § 1357, Rn. 38; *Voppel*, in: Staudinger (2007), § 1357, Rn. 77a; *Hahn*, in: BeckOK-BGB, § 1357, Rn. 27; *Kemper*, in: Hk-BGB, § 1357, Rn. 13; *Schwedhelm*, Das Gesamtschuldverhältnis, Rn. 63; *Gernhuber/Coester-Waltjen*, Familienrecht, § 19 IV, Rn. 52; *Löhnig*, FamRZ 2001, 135; *Lüke*, AcP 178 (1978), 1, 20; a.A.: *Berger/Mansel*, in: Jauernig, § 1357, Rn. 6.

936 LG Essen NJW 1968, 1527; OLG Köln OLGZ 1971, 155, 157.

folge aus der „Schlüsselgewalt“[937]. Zwar wird in diesem Zusammenhang § 425 BGB nicht genannt. Dennoch wird hier nichts anderes klargestellt, als dass sich aus § 1357 Abs.1 BGB „ein anderes“ im Sinne von § 425 Abs. 1 BGB ergebe. Denn grundsätzlich hätte auch das Anerkenntnis wegen § 425 BGB nur gegenüber dem gesamtschuldnerisch haftenden Ehegatten zu einem Neubeginn der Verjährung geführt (§ 212 Abs. 1 Nr. 1 BGB), der es abgegeben hatte. Teile des Schrifttums folgen dieser Rechtsprechung und sprechen sich ebenfalls bei Geschäften des täglichen Lebens im Sinne von § 1357 BGB für die Gesamtwirkung eines vom Ehegatten herbeigeführten Anerkenntnisses aus[938].

Der Großteil der Literatur bejaht die Gesamtwirkung darüber hinaus auch für andere Tatsachen im Sinne von § 425 BGB[939]. Im Einzelnen ist hier jedoch vieles streitig, insbesondere die Begründungsansätze gehen auseinander[940]. Von einigen Stimmen wird darauf hingewiesen, für die Auslegung des § 425 BGB sei es von hervorgehobener Bedeutung, dass die Ehegatten enger miteinander verbunden seien als Gesamtschuldner im Allgemeinen[941]. Die Ehegatten verkörperten eine besondere Haftungsgemeinschaft[942]. Es entspreche daher der Wertung von § 1357 BGB, unterschiedliche Entwicklungen des Schuldverhältnisses gegenüber den Ehegatten zu verhindern[943]. Insoweit bestehe nicht nur „Begründungs-, sondern auch Entwicklungsakzessorietät“ in Bezug auf die Forderung des mitverpflichteten Ehegatten[944]. Zum Teil wird die Annahme der Gesamtwirkung auch darauf gestützt, dass es dem mitverpflichteten Ehegatten an der Zuständigkeit zur Geltendmachung von Einreden und Gestaltungsrechten fehle[945]. Daher seien sämtliche Umstände im Sinne von § 425 BGB allein an der Person des rechtsgeschäftlich tätig gewordenen Ehegatten festzumachen[946].

---

937 LG Essen NJW 1968, 1527; dem folgend: *Lüke*, JuS 1970, 288, 290.

938 *Roth*, in: MüKo-BGB, § 1357, Rn. 39; *Noack*, in: Staudinger (2009), § 425, Rn. 59; *Gebauer*, in: Soergel, § 425, Rn. 16.

939 Vgl. *Hahn*, in: BeckOK-BGB, § 1357, Rn. 27 ff.; *D. Schwab*, Familienrecht, Rn. 182 ff.; *Voppel*, in: Staudinger (2007), § 1357, Rn. 79 ff.; *Löhnig*, FamRZ 2001, 135, 136; ferner *Gernhuber/Coester-Waltjen*, Familienrecht, § 19 IV, Rn. 53.

940 Vgl. *Hahn*, in: BeckOK-BGB, § 1357, Rn. 27 ff.; *D. Schwab*, Familienrecht, Rn. 185.

941 *Lüke*, AcP 178 (1978), 1, 20; *Löhnig*, FamRZ 2001, 135, 136.

942 *Löhnig*, FamRZ 2001, 135, 136.

943 Vgl. *D. Schwab*, Familienrecht, Rn. 182 ff.; *Löhnig*, FamRZ 2001, 135, 136.

944 *Löhnig*, FamRZ 2001, 135, 136. So zwar auch *Gernhuber/Coester-Waltjen*, Familienrecht, § 19 IV, Rn. 53; *Berger*, FamRZ 2005, 1129, 1132. Letztere nehmen jedoch an, es käme allein auf die Person des sich rechtsgeschäftlich betätigenden Ehegatten an.

945 *Gernhuber/Coester-Waltjen*, Familienrecht, § 19 IV, Rn. 53; allein zur Frage der Zuständigkeit des Ehegatten, Einreden zu erheben: *Berger*, FamRZ 2005, 1129, 1132.

946 *Gernhuber/Coester-Waltjen*, Familienrecht, § 19 IV, Rn. 53.

bb) Stellungnahme

Die weitgehend unstreitige Annahme, dass zumindest das Anerkenntnis eines Ehegatten in den Fällen gemeinschaftlicher Verpflichtung zu einer Gesamtwirkung und damit gemäß § 212 Abs. 1 Nr. 1 BGB zu einem Neubeginn der Verjährung führen müsse[947], überzeugt. Es sind allerdings vorrangig Aspekte des Gläubigerschutzes, die in dem Fall eine wechselseitige Zurechnung gegenüber beiden gesamtschuldnerisch verpflichteten Eheleuten nahelegen[948].

Das Argument des Gläubigerschutzes ist indes nicht stichhaltig, wenn es um die Beantwortung der Frage geht, ob im Rahmen von § 1357 BGB stets Gesamtwirkung für die Tatsachen im Sinne von § 425 BGB anzunehmen ist. Die *Ratio* des § 1357 BGB liegt zumindest nicht primär im Schutz der Gläubiger von Eheleuten[949]. Die gesetzgeberische Intention bei der Schaffung der Vorschrift ist vielmehr die rechtliche Ausstattung und Absicherung des haushaltsführenden Ehegatten gewesen, um die eheliche Wirtschaftsgemeinschaft zu gestalten und dem haushaltsführenden Ehegatten die Haushaltsführung zu erleichtern[950].

Im Ergebnis spricht spricht der Zweck der Vorschrift aus anderen Gründen aber entscheidend für die Annahme von Gesamtwirkung bei Geschäften im Sinne von § 1357 Abs. 1 S. 1 BGB. Das *Telos* des § 1357 Abs. 1 BGB erschöpft sich nämlich nicht in den bereits oben genannten Punkten. Die Norm soll auch das wechselseitige Zusammenspiel zwischen den Rechtshandlungen der Ehegatten fördern[951]. So wird der Ehegatte nach § 1357 Abs. 1 S. 2 BGB nicht nur verpflichtet, sondern auch berechtigt[952]. Für den mitverpflichteten Ehegatten folgt daraus die Möglichkeit der Vorteilsabschöpfung aus den vom anderen Ehegatten abgeschlossenen Geschäften. Dann ist es aber nur konsequent, wenn er gleichzeitig die damit verbundenen Nachteile, wie die gegenseitige Zurechnung von Verjährungshemmung und Neubeginn, tragen muss.

Bei einer Mitverpflichtung gemäß § 1357 Abs. 1 S. 2 BGB gilt daher regelmäßig „ein anderes" im Sinne von § 425 Abs. 1 BGB. Dabei ist nicht nur die Annahme von Gesamtwirkung eines Anerkenntnisses geboten. Vielmehr folgt

---

947 Vgl. LG Essen NJW 1968, 1527; OLG Köln OLGZ 1971, 155, 157; *Roth*, in: MüKo-BGB, § 1357, Rn. 39; *Noack*, in: Staudinger (2005), § 425, Rn. 59; *Voppel*, in: Staudinger (2007), § 1357, Rn. 79; *Lüke*, JuS 1970, 288, 290.

948 *Gernhuber/Coester-Waltjen*, Familienrecht, § 19 IV, Rn. 53.

949 BVerfGE 81, 1, 7; *Roth*, in: MüKo-BGB, § 1357, Rn. 3; *Gernhuber/Coester-Waltjen*, Familienrecht, § 19 IV, Rn. 36 f.

950 BVerfGE 81, 1, 7, mit dem Verweis auf BT-Drucks. 7/650, S. 98 f.; BT-Drucks. 7/4361, S. 26.

951 Vgl. *Roth*, in: MüKo-BGB, § 1357, Rn. 3.

952 BVerfGE 81, 1, 7.

aus dem Sinn und Zweck des § 1357 BGB eine weitgehende „Entwicklungsakzessorietät" in Bezug auf die jeweils durch und/oder gegenüber den anderen Ehegatten bewirkten Tatsachen im Sinne von § 425 BGB[953]. Es kommt somit insbesondere zu einem Verjährungsgleichlauf gegenüber beiden gemäß §§ 1357 Abs. 1 S. 2, 421 BGB gesamtschuldnerisch haftenden Ehegatten[954].

Nur in der Begründung nicht zu folgen ist ferner dem Ansatz, das Ergebnis der Gesamtwirkung mit der vermeintlichen Unzuständigkeit des anderen Ehegatten hinsichtlich der Geltendmachung von Einreden und Gestaltungsrechten legitimieren zu wollen[955]. Beide Ehegatten werden durch § 1357 Abs. 1 S. 2 BGB als Gesamtschuldner berechtigt und verpflichtet[956]. Also kann auch der mitverpflichtete Ehegatte Einreden erheben und Gestaltungsrechte ausüben. Ein anderes Ergebnis ist mit der Wertung des § 1357 Abs. 1 S. 2 BGB unvereinbar. Es wird völlig zu Recht darauf hingewiesen, dass die Ehegatten sonst zu Gesamtschuldnern eigener Art würden[957]. Zudem ist es widersprüchlich, die Gleichbehandlung der Ehegatten in Bezug auf Tatsachen im Sinne von § 425 BGB einerseits mit der *Entwicklungsakzessorietät* zu begründen, andererseits aber den anderen Ehegatten, der sich nicht rechtsgeschäftlich betätigt hat, von dieser Akzessorietät wieder auszunehmen, indem ihm die Ausübung der Gestaltungsrechte und Einreden versagt wird.

b) Gemeinschaftliche vertragliche Verpflichtung gemäß § 427 BGB

aa) Meinungsstand

Die Ehegatten können sich gemäß § 427 BGB auch unabhängig von § 1357 BGB gemeinschaftlich in einem Vertrag gegenüber dem Gläubiger verpflichten. In diesem Zusammenhang ist eine Entscheidung des OLG Köln relevant, in der um eine gemeinschaftliche vertragliche Verpflichtung von Ehegatten zu einem Abzahlungsgeschäft ging[958]. Das OLG Köln hat vertreten, dass die mit der Ab-

---

953 *Gernhuber/Coester-Waltjen*, Familienrecht, § 19 IV, Rn. 53; *Löhnig*, FamRZ 2001, 135, 136.

954 *Voppel*, in: Staudinger (2007), § 1357, Rn. 79 („völliger Gleichlauf"); *Löhnig*, FamRZ 2001, 135, 136.

955 So aber *Gernhuber/Coester-Waltjen*, Familienrecht, § 19 IV, Rn. 53. Vgl. auch *Berger*, FamRZ 2005, 1129, 1132 f., der dafür eine analoge Anwendung von § 768 Abs. 1 S. 1 BGB vorschlägt, jedoch einräumen muss, dass er sich damit in Widerspruch zur herrschenden Lehre im Gesamtschuldrecht setzt.

956 *Voppel*, in: Staudinger (2007), § 1357, Rn. 77a; *Hahn*, in: BeckOK-BGB, § 1357, Rn. 27; *Roth*, in: MüKo-BGB, § 1357, Rn. 38; *Brudermüller*, in: Palandt, § 1357, Rn. 19, 22.

957 *Hahn*, in: BeckOK-BGB, § 1357, Rn. 27.

958 OLG Köln NJW 1972, 1899.

schlagszahlung durch einen Ehegatten verbundene Wirkung eines Anerkenntnisses gleichzeitig auch für und gegen den anderen Ehegatten gelte[959]. Zur Begründung hat es ausgeführt, dass sich „aus dem Schuldverhältnis ein anderes“ im Sinne von § 425 Abs. 1 BGB ergebe[960]. Dies folge zum einen aus der Auslegung des gemeinschaftlichen Abzahlungsgeschäfts, welches die wechselseitige Zurechnung von verjährungsunterbrechenden Tatsachen erforderlich mache, §§ 157, 242 BGB[961]. Zum anderen sei Gesamtwirkung anzunehmen, wenn die Gesamtschuldner besonders „eng verbunden“ seien, „dem Gläubiger gegenüber eine wirtschaftliche Einheit“ darstellten und es diesem praktisch unmöglich sei, festzustellen, wer den Abschlag gezahlt und damit die Verjährung unterbrochen habe[962].

In seiner Habilitationsschrift ist *Ehmann* über die Entscheidung des OLG Köln noch deutlich hinausgegangen. Er hat dort die These aufgestellt, dass bei sog. gleichgründigen Gesamtschulden, zu denen er auch gemeinschaftliche vertragliche Verpflichtungen von Ehegatten zählte, für alle Tatsachen im Sinne von § 425 BGB Gesamtwirkung anzunehmen sei[963]. Die Einzelforderungen gegen die Ehegatten unterlägen also regelmäßig auch einer einheitlichen Verjährungsfrist[964].

bb) Stellungnahme

Die These *Ehmanns* hat sich zu Recht nicht in der Lehre etablieren können[965]. Für gemeinschaftliche vertragliche Verpflichtungen von Ehegatten kehrt sich das Regel-Ausnahme-Verhältnis des § 425 BGB daher nicht um[966]. Das bedeutet aber nicht, dass sich nicht auch für diese Fälle im Einzelfall Gesamtwirkung ergeben kann. Die oben referierten Erwägungen, die das OLG Köln[967] getroffen hat, sind allerdings nicht allgemein gültig. Dies folgt schon daraus, dass es in seiner Entscheidung die Annahme von Gesamtwirkung unter anderem mit der

959 OLG Köln NJW 1972, 1899.

960 OLG Köln NJW 1972, 1899, 1900.

961 OLG Köln NJW 1972, 1899, 1900.

962 OLG Köln NJW 1972, 1899, 1900. Anmerkung: Nach der alten Rechtslage führte § 208 BGB a.F. zu einer Verjährungsunterbrechung, wobei die Abschlagszahlungen als Fallgruppe bereits vom Wortlaut erfasst wurden (vgl. *Hefermehl*, in: Erman, 10. Auflage 2000, § 208, Rn. 2 f.; *Pfeiffer*, Gesetzessynopse mit Kurzerläuterung, S. 8).

963 *Ehmann*, Die Gesamtschuld, S. 213.

964 *Ehmann*, Die Gesamtschuld, S. 213.

965 Auch von *Ehmann*, in: Erman, 12. Auflage 2008, § 425, Rn. 26 f., später insoweit nicht mehr vertreten.

966 *D. Schwab*, Familienrecht, Rn. 182.

967 OLG Köln NJW 1972, 1899 f.

Auslegung der konkreten Vereinbarung nach den §§ 157, 242 BGB gerechtfertigt hat[968].

Im Ergebnis hat das OLG Köln jedoch richtig entschieden. Für das geltende Recht lässt sich dies auf die Wertung des § 212 Abs. 1 Nr. 1 BGB und eine sorgfältige Interessenabwägung stützen. Den Gläubiger trifft generell die Beweislast dafür, dass die Verjährung durch ein Anerkenntnis des Schuldners neu begonnen hat[969]. Kann der Gläubiger aber nicht nachvollziehen, wer die Abschlagszahlungen geleistet hat, die gemäß § 212 Abs. 1 Nr. 1 BGB zum Neubeginn der Verjährung geführt haben, ergibt sich zu seinem Schutz ein Verjährungsneubeginn auch gegenüber dem anderen Ehegatten. Dafür spricht auch die *Ratio* der Vorschrift. § 212 Abs. 1 Nr. 1 BGB soll den Gläubiger mit einem Neubeginn der Verjährung belohnen, wenn dieser sich mit einer Teilleistung zufrieden gegeben und wegen des Verhaltens des Schuldners von einer Rechtsverfolgung abgesehen hat[970]. Insofern greift hier der bereits zu § 203 BGB erörterte Gedanke einer „Kooperationsdividende“[971] zugunsten des Gläubigers. Um diese würde der Gläubiger gebracht, wenn sich trotz erfolgter Abschlagszahlungen beide Ehegatten jeweils auf den Grundsatz der Einzelwirkung hinsichtlich eines möglichen Anerkenntnisses berufen könnten. Dies wäre ein unbilliges Ergebnis. Deshalb ist entgegen § 425 Abs. 2 BGB Gesamtwirkung anzunehmen.

Die weiteren Argumente des OLG Köln lassen sich jedoch nicht allgemein auf gemeinschaftliche vertragliche Verpflichtungen von Ehegatten übertragen. Wenig hilfreich erscheint vor allem das Merkmal der „engen Verbundenheit“ der Gesamtschuldner[972] als Begründungsansatz für eine Ausnahme vom Grundsatz der Einzelwirkung. Zum einen fehlt es an der näheren Ausgestaltung dieses Begriffes[973]. Zum anderen würde selbst bei Annahme „enger Verbundenheit“ für den Zeitraum des Bestehens der ehelichen Lebensgemeinschaft im Sinne des § 1353 BGB die Gesamtwirkung den Regelfall des § 425 BGB, die Annahme von Einzelwirkung, für die gemeinschaftliche vertragliche Verpflichtung durch Ehegatten in den Ausnahmefall umkehren. Es ergäbe sich dann bei Ehegatten stets

---

968 Vgl. OLG Köln NJW 1972, 1899, 1900.

969 Vgl. BGH NJW 1997, 516, 517; *Peters/Jacoby*, in: Staudinger (2009), § 212, Rn. 33; *Grothe*, in: MüKo-BGB, § 212, Rn. 13; *Mansel/Budzikiewicz*, in: NK-BGB, § 212, Rn. 43.

970 Vgl. BT-Drucks. 14/6040, S. 120.

971 *Mankowski/Höpker*, MDR 2004, 721 (zu § 203 BGB).

972 Vgl. OLG Köln NJW 1972, 1899, 1900; *Lüke*, AcP 178 (1978), 1, 20; *Löhnig*, FamRZ 2001, 135, 136.

973 Zu Recht kritisch: *S. Meier*, in: HKK-BGB, §§ 420-432/I, Rn. 74; *Prediger*, Zur Auslegung und Anwendung der Regelungen im BGB über die Gesamtschuld, S. 38 f. (dort Fn. 1).

„ein anderes", was einerseits den gesamtschuldnerischen Grundsätzen der §§ 422 ff. BGB und andererseits dem Sinn und Zweck des § 427 BGB widerspricht. Daher muss es auch für gemeinschaftliche vertragliche Verpflichtungen von Ehegatten im Sinne von § 427 BGB beim Grundsatz der Einzelwirkung sein Bewenden haben.

Dieses Ergebnis kann auch nicht durch einen systematischen Schluss aus § 207 Abs. 1 S. 1 BGB widerlegt werden. Nach dieser Vorschrift ist die Verjährung von Ansprüchen zwischen Ehegatten gehemmt, solange die Ehe besteht. Der Zweck der Regelung besteht unter anderem darin, Rechtsstreitigkeiten über Ansprüche innerhalb naher Personenverhältnisse, die nur zum Schutz vor der Verjährung geführt werden, zu verhindern[974]. Soweit es ein weiteres gesetzgeberisches Anliegen war, Auseinandersetzungen zwischen den Ehegatten für die Dauer der Ehe zu verhindern, weil es zu einer „unzumutbaren [...] Störung der Pietätsverhältnisse" führte, wenn familiäre Angelegenheiten vor Gericht ausgetragen würden[975], könnte argumentiert werden, dass damit auch eine Auseinandersetzung von Ehegatten über gesamtschuldnerische Verpflichtungen ausscheiden müsste bzw. eine einheitliche Behandlung der Ehegatten auch im Außenverhältnis im Sinne von § 425 BGB zu erfolgen hätte. Jedoch beschränkt sich ungeachtet davon, ob man bereits den Sinn und Zweck der Vorschrift für rechtspolitisch verfehlt hält[976], der Anwendungsbereich der Norm auf Ansprüche *zwischen* den Ehegatten[977]. Dies zeigt schon der Wortlaut von § 207 Abs. 1 S. 1 BGB. Eine weitergehende Ausdehnung des aus § 207 Abs. 1 S. 1 BGB folgenden Rechtsgedankens begegnet daher den gleichen Bedenken wie die Annahme einer auf „enge Verbundenheit" gestützten *Entwicklungsakzessorietät* bei gemeinschaftlichen Verpflichtungen im Sinne von § 427 BGB.

---

974 Vgl. BT-Drucks. 14/6040, S. 119; *Schmidt-Räntsch*, in: Erman, § 207, Rn. 1; *Henrich*, in: BeckOK-BGB, § 207, Rn. 1; *Mansel/Budzikiewicz*, in: NK-BGB, § 207, Rn. 2. Nach *Grothe*, in: MüKo-BGB, § 207, Rn. 2, sei es jedoch unerheblich, ob die Nähebeziehung von einem „Zusammengehörigkeitsgefühl und persönlicher Bindung" gekennzeichnet sei.

975 Vgl. *Peters/Jacoby*, in: Staudinger (2009), § 207, Rn. 1.

976 So für die Ehe: *Peters*, AcP 208 (2008), 37, 53: „Dinge werden unter den Teppich gekehrt".

977 Dass die Ansprüche schon vor der Eheschließung entstanden sein können, steht der Anwendbarkeit von § 207 Abs. 1 S. 1 BGB jedoch nicht entgegen. Vgl. OLG Nürnberg, MDR 1980, 668; *Ellenberger*, in: Palandt, § 207, Rn. 2; *Henrich*, in: BeckOK-BGB, § 207, Rn. 2; *Schmidt-Räntsch*, in: Erman, § 207, Rn. 3; *Grothe*, in: MüKo-BGB, § 207, Rn. 3; *Mansel/Budzikiewicz*, in: NK-BGB, § 207, Rn. 6.

c) Ergebnis

Trotz der weitgehenden Einigkeit in der Diskussion um die Gesamtwirkung eines Anerkenntnisses bei gesamtschuldnerisch haftenden Ehegatten darf nicht angenommen werden, dass für jene stets Gesamt- und nicht Einzelwirkung gilt. Vielmehr bleibt es auch für gesamtschuldnerisch haftende Eheleute beim Regel-Ausnahme-Prinzip des § 425 Abs. 1 BGB[978]. Die familienrechtlichen Besonderheiten und das besondere Näheverhältnis der Ehegatten sind jedoch in den gesamtschuldnerischen Kontext einzubetten und spielen bei der Auslegung eine besondere Rolle[979]. Daraus folgt, dass zwischen den Fällen der gesamtschuldnerischen Mitverpflichtung bei Geschäften zur Deckung des täglichen Lebensbedarfs im Sinne des § 1357 BGB und vertraglicher gemeinschaftlicher Verpflichtung gemäß § 427 BGB differenziert werden muss.

Die bisher diskutierten und weitgehend anerkannten Ausnahmen vom Grundsatz der Einzelwirkung bei Eheleuten sind für den Anwendungsbereich des § 1357 BGB aufrechtzuerhalten. Es ergibt sich insoweit „ein anderes" im Sinne von § 425 Abs.1 BGB. Die Rechtsprechung zu den Abschlagszahlungen beim Ratenzahlungsgeschäft überzeugt zwar im Ergebnis, kann jedoch nicht auf die gemeinschaftliche vertragliche Verpflichtung gemäß § 427 BGB im Allgemeinen übertragen werden, da dies die Ausnahme zur Regel machen würde.

2. Hemmung (und Neubeginn) der Verjährung durch Nachbesserungsversuche des Werkunternehmers oder Verkäufers

Auch für die verjährungsrechtlichen Folgen eines Nachbesserungsversuches (§§ 634 Nr. 1, 635 Abs. 1 BGB) eines von mehreren sich gemeinsam verpflichtenden Werkunternehmern wäre Gesamtwirkung anzunehmen, wenn sich aus dem Inhalt des Schuldverhältnisses *ein anderes* im Sinne von § 425 Abs. 1 BGB ergäbe. In einem vom BGH[980] vor der Schuldrechtsreform entschiedenen Fall hatten sich mehrere Werkunternehmer dazu verpflichtet, ein Klimaanlagensystem für eine Schlachterei zu entwerfen und dort einzubauen. Dabei unterliefen den beklagten Unternehmern jedoch Planungs- und Ausführungsfehler, wodurch zahlreiche Nachbesserungsversuche durch sie erforderlich wurden. Da sich die Werkunternehmer zur Errichtung eines einheitlichen Werkes verpflichtet hätten, käme, so der BGH, den Nachbesserungsversuchen eines Unternehmers als Anerkenntnis im Sinne von § 208 BGB a.F. ausnahmsweise Gesamtwirkung zu[981]. In

978 *D. Schwab*, Familienrecht, Rn. 182.
979 Vgl. *Lüke*, AcP 178 (1978), 1, 20.
980 BGH WM 1994, 307 ff. mit zustimmender Anmerkung von: *Thamm/Detzer*, EWiR 1994, 441, 442.
981 BGH WM 1994, 307, 309.

der Literatur wird die Grundaussage des Urteils – Gesamtwirkung – nicht weiter kritisiert[982].

Dem ist grundsätzlich zuzustimmen[983]. Verpflichten sich mehrere Werkunternehmer gemeinschaftlich zur Errichtung eines einheitlichen Werkes, so stehen sie dem Besteller als Einheit gegenüber. Lassen sich die einzelnen Teile des Werkes nicht näher bestimmen bzw. ist nach den Umständen keine auf Teile des Werkes zu beschränkende Leistungspflicht zu erkennen (vgl. §§ 133, 157, 242 BGB), dann ergibt sich aus dieser Verpflichtung *ein anderes* im Sinne von § 425 Abs. 1 BGB[984]. Insoweit entspricht die Situation teleologisch derjenigen bei Abschlagszahlungen von gemeinschaftlich verpflichteten Ehegatten[985]. Die Ausnahme vom Grundsatz der Einzelwirkung ist daher gerechtfertigt.

3. *Stundung und pactum de non petendo*

Die nachträgliche Forderungsstundung unterfällt § 205 BGB und liegt vor, wenn die Parteien vereinbaren, dass für den Schuldner ein vorübergehendes Leistungsverweigerungsrecht bestehen soll[986]. Grundsätzlich soll es für den Fall der For-

---

982 *Noack*, in: Staudinger (2005), § 425, Rn. 60; *Bydlinski*, in: MüKo-BGB, § 425, Rn. 25; *Schwedhelm*, Das Gesamtschuldverhältnis, Rn. 124.

983 An das hier behandelte Problem knüpft sich die interessante Fragestellung an, ob Nacherfüllungshandlungen des Werkunternehmers/Verkäufers nur zu einer Verjährungshemmung gemäß § 203 BGB führen oder damit gleichzeitig ein Anerkenntnis gemäß § 212 Abs. 1 Nr. 1 BGB durch tatsächliches Verhalten verbunden ist, das zum Neubeginn der Verjährung führen würde. Die herrschende Ansicht bejaht das Anerkenntnis zumindest dann, wenn die Nacherfüllung im Bewusstsein der Mangelhaftigkeit vorgenommen werde, nicht also aus reiner Kulanz (LG Koblenz NJW-RR 2007, 272, 273; OLG Düsseldorf NJW-RR 2010, 1244, 1245; *Ellenberger*, in: Palandt, § 212, Rn. 4; *Henrich*, in: BeckOK-BGB, § 212, Rn. 4; *Auktor*, NJW 2003, 120, 121; *Arnold*, in: FS Eggert, 2008, S. 41, 45). Dafür spreche, dass der Verkäufer seine Rechtsstellung im Zweifel durch die Vornahme von Nacherfüllungshandlungen nicht zusätzlich durch die Wirkungen eines Anerkenntnisses verschlechtern wolle (*Arnold*, in: FS Eggert, 2008, S. 41, 46; *Auktor*, NJW 2003, 120, 121). Dem ist grundsätzlich zuzustimmen. Allerdings gilt für die hier zu begutachtende Dreipersonenkonstellation folgende Einschränkung: Da es um die Zurechnung fremder Nacherfüllungsversuche geht, kommt es nur darauf an, ob in der Person des nacherfüllenden Gesamtschuldners die Voraussetzung für die Bejahung eines Anerkenntnisses vorliegen. Ist sich der die Nacherfüllung vornehmende Gesamtschuldner über die Mangelhaftigkeit des Werkes oder der Kaufsache bewusst, erkennt er damit die Schuld im Sinne von § 212 Abs. 1 Nr. 1 BGB an. Dieses Anerkenntnis gilt dann auch gegenüber dem anderen Gesamtschuldner.

984 So auch BGH WM 1994, 307, 309.

985 Dazu oben ab S. 169.

986 *Peters/Jacoby*, in: Staudinger (2009), § 205, Rn. 8; *Grothe*, in: MüKo-BGB, § 205, Rn. 2 f.

derungsstundung zwar bei Einzelwirkung im Sinne von § 425 BGB bleiben[987]. Allerdings könne sich bei wechselseitiger Vertretung „ein anderes" im Sinne des § 425 Abs. 1 BGB ergeben[988]. Dem ist zuzustimmen.

Genau genommen handelt es sich dann jedoch nicht um eine Ausnahme vom Grundsatz der Einzelwirkung im engeren Sinne. Handelt der die Stundung Vereinbarende gleichzeitig als Vertreter des anderen Gesamtschuldners, ergibt sich nicht aus den Umständen *ein anderes* im Sinne von § 425 Abs. 1 BGB. Vielmehr ist zu prüfen, ob und in welchem Umfang der Vereinbarende den anderen Gesamtschuldner zu vertreten berechtigt gewesen und die Vertretung gewollt ist. Die Gesamtwirkung ergibt sich insoweit daraus, dass der Vertreter zwei voneinander getrennte Stundungsvereinbarungen trifft. Die erste Vereinbarung betrifft seine eigene (Einzel-)Forderung als Gesamtschuldner selbst. Die zweite Stundungsvereinbarung trifft er im Namen des anderen Gesamtschuldners als dessen Stellvertreter gemäß § 164 Abs. 1 S. 1 BGB. Schlussendlich folgt die Gesamtwirkung damit aus der Parteivereinbarung.

Es handelt sich auch nicht um eine Frage des Vertrags zu Lasten Dritter, wenn der Vertragsschluss mittels Stellvertretung erfolgt[989]. Ein Vertrag zu Lasten Dritter ist abzugrenzen von einer eigenen Vereinbarung des Dritten, die für diesen durch einen Stellvertreter, den anderen Gesamtschuldner, geschlossen wird. Liegt Vertretungsmacht vor, kann der Vertreter, soweit von der Vertretungsmacht gedeckt, Willenserklärungen im Namen des Vertretenen abgeben und diesen somit vertraglich berechtigen und verpflichten[990]. Die verjährungsrechtlichen Konsequenzen entsprechender Vereinbarungen hätte der mitverpflichtete Gesamtschuldner im Außenverhältnis ohne Weiteres zu tragen. Dies gilt grundsätzlich auch bei einer Überschreitung der Vertretungsmacht im Innenverhältnis[991]. Im Übrigen ist auf die Grundsätze zum Missbrauch der Vertretungsmacht zu verweisen[992].

---

987 Nachweise in Fußnote 932.

988 *Peters/Jacoby*, in: Staudinger (2009), § 205, Rn. 12; soweit die Verfasser dies auf „BGH NJW-RR 1994, 313" stützen, geht dies in jedem Fall fehl, es handelt sich wohl um einen Tippfehler. Offenbar meinen die Verfasser BGH NJW-RR 1996, 313.

989 Auf diese Gefahr hinweisend aber *Peters/Jacoby*, in: Staudinger (2009), § 205, Rn. 12.

990 Vgl. *Schilken*, in: Staudinger (2009), Vorbem zu §§ 164 ff, Rn. 16 ff., § 164, Rn. 1 ff.; *Maier-Reimer*, in: Erman, § 164, Rn. 1 ff.; *Schramm*, in: MüKo-BGB, § 164, Rn. 1 ff.

991 BGH NJW 1966, 1911; BGH NJW 1994, 2082, 2083; BGH NJW 1999, 2883; BGH NJW 2011, 66, 69; *Schilken*, in: Staudinger (2009), § 167 BGB, Rn. 91; *Maier-Reimer*, in: Erman, § 167, Rn. 70; *Schramm*, in: MüKo-BGB, § 164, Rn. 106.

992 Vgl. zu Rechtsfolgen und Voraussetzungen: BGH NJW 2011, 66, 69; *Schilken*, in: Staudinger (2009), § 167, Rn. 91 ff.; *Maier-Reimer*, in: Erman, § 167, Rn. 70 ff.; *Valenthin*, in: BeckOK-BGB, § 167, Rn. 46 ff.; *Schramm*, in: MüKo-BGB, § 164,

Nach dieser Prämisse kann nichts anderes für das sog. *pactum de non petendo* gelten, für das die Grenze zur Stundung fließend ist[993]. Dabei handelt es sich um ein Stillhalteabkommen zwischen Gläubiger und Schuldner mit dem Inhalt, dass die Forderung nicht gerichtlich geltend gemacht werden solle[994]. Das Stillhalteabkommen fällt wie die Stundung unter § 205 BGB und führt daher zur Hemmung der Verjährung[995]. Ob sich die Verjährungshemmung auch auf die anderen Einzelforderungen auswirkt, hängt davon ab, ob der vereinbarende Schuldner den oder die anderen Schuldner wirksam im Sinne von §§ 164 ff. BGB vertritt.

4. *Verjährung gegenüber GbR-Gesellschafter*

Vor Anerkennung der (Teil-)Rechtsfähigkeit der Gesellschaft bürgerlichen Rechts (GbR) durch den BGH[996] wurde diskutiert, ob für die Wirkung von Tatsachen im Sinne von § 425 BGB Gesamtwirkung in Bezug auf das Verhältnis zwischen Gesellschaft und Gesellschafter angenommen werden müsse[997]. Vornehmlich ging es dabei um die gegenseitige Zurechnung entsprechender Verjährungstatbestände für die GbR-Gesellschafter in Anwalts- und Steuerberatersozietäten[998]. Auch nach wie vor gehen Teile der Literatur im Rahmen von § 425 BGB auf die Wirkung von Tatsachen gegenüber Mitgesellschaftern ein[999]. Zu Recht wird jedoch darauf hingewiesen, dass sich das Problem durch die Anerkennung der „Lehre von der Teilrechtsfähigkeit" nicht mehr im Rahmen von § 425 BGB stellt[1000]. Die Notwendigkeit einer Ausnahme von § 425 BGB ergab sich nur auf Grundlage der „Theorie von der Doppelverpflichtung"[1001], deren Vertreter an-

---

Rn. 106 ff., jeweils m.w.N.

993 Zur Abgrenzung von der Stundung vgl. *Peters/Jacoby*, in: Staudinger (2009), § 205, Rn. 15.

994 Vgl. BGH NJW 1973, 316, 317; BGH NJW 2002, 1488, 1489; *Schmidt-Räntsch*, in: Erman, § 205, Rn. 5; *Grothe*, in: MüKo-BGB, § 205, Rn. 5; *Ellenberger*, in: Palandt, § 205, Rn. 2; *Peters/Jacoby*, in: Staudinger (2009), § 205, Rn. 14.

995 *Peters/Jacoby*, in: Staudinger (2009), § 205, Rn. 14 ff.; *Schmidt-Räntsch*, in: Erman, § 205, Rn. 5.

996 Grundlegend: BGHZ 146, 341 ff.

997 Vgl. BGHZ 56, 335, 359 f.; BGHZ 70, 247, 249; BGH NJW-RR 1996, 313, 315.

998 Vgl. BGH NJW-RR 1996, 313, 315; BGH NJW-RR 2006, 923, 927.

999 *Bydlinski*, in: MüKo-BGB, § 425, Rn. 25; *Noack*, in: Staudinger (2005), § 425, Rn. 38 ff., 61; *Müller*, in: Prütting/Wegen/Weinreich, § 425, Rn. 7; *Böttcher*, in: Erman, § 425, Rn. 12; vgl. auch *S. Meier*, in: HKK-BGB, §§ 420-432/I, Rn. 71 f.; stets mit dem Hinweis auf die Rechtsprechung zu den Anwalts- und Steuerberatersozietäten wie etwa BGH NJW-RR 2006, 923, 927.

1000 *Noack*, in: Staudinger (2005), § 425, Rn. 4, 38.

1001 Vgl. *Ulmer*, in: MüKo-BGB, 2. Auflage 1986, § 714, Rn. 26 ff.

nahmen, dass zwischen Gesellschaft und Gesellschafter ein Gesamtschuldverhältnis begründet würde[1002]. Diese Auffassung ist in Übereinstimmung mit der herrschenden Lehre abzulehnen[1003]. Zwar haften die Gesellschafter selbst gemäß § 128 HGB (analog) akzessorisch[1004] und gesamtschuldnerisch[1005]. Die akzessorische Haftung einerseits und die gesamtschuldnerische Haftung nach den §§ 421 bis 426 BGB andererseits, „schließen einander [jedoch] aus"[1006]. Die Möglichkeit des Gesellschafters, Einreden wie die der Verjährung zu erheben, richtet sich daher nach § 129 Abs. 1 HGB (analog)[1007].

5. *Verjährung gegenüber dem ausgeschiedenen persönlich haftenden Gesellschafter*

Ein weiterer Sonderfall betrifft die Verjährung gegenüber dem ausgeschiedenen persönlich haftenden Gesellschafter einer Personenhandelsgesellschaft. Zwar wird das Vorliegen eines Gesamtschuldverhältnisses auch zwischen dem ausgeschiedenen Gesellschafter und der Gesellschaft überwiegend abgelehnt[1008], in einigen Bereichen indes durchaus differenzierend betrachtet[1009]: So hat der BGH in einer älteren Entscheidung zugunsten des ausgeschiedenen Gesellschafters § 426 Abs. 2 BGB für anwendbar gehalten, um diesem die Vorteile der *cessio le-*

1002 Vgl. *Selb*, Mehrheiten von Gläubigern und Schuldnern, S. 199; grundlegend: *Ulmer*, in: MüKo-BGB, 2. Auflage 1986, § 714, Rn. 37, wobei es sich um eine sog. „unechte Gesamtschuld" handeln sollte, da sich aus dem Gesellschaftsvertrag regelmäßig die Verpflichtung der Gesamthand zur Erfüllung der gemeinschaftlichen Verbindlichkeiten ergebe.

1003 Die Anwendung des Systems der §§ 125 ff. HGB auf die GbR weiterhin als *„contra legem"* ablehnend: *Canaris*, ZGR 2004, 69 ff., 121 f.

1004 BGHZ 146, 341, 358; *K. Schmidt*, in: MüKo-HGB, § 128, Rn. 4, 16; *Koller*, in: Koller/Roth/Morck, §§ 128, 129, Rn. 3; *Hillmann*, in: Ebenroth/Boujong/Joost/Strohn, § 128, Rn. 19.

1005 Vgl. hierzu statt aller: *K. Schmidt*, in: MüKo-HGB, § 128, Rn. 18; *Hillmann*, in: Ebenroth/Boujong/Joost/Strohn, § 128, Rn. 20.

1006 So schon *Hadding*, in: FS Stimpel, 1985, S. 139, 152.

1007 BGHZ 146, 341, 358; *K. Schmidt*, in: MüKo-HGB, § 129, Rn. 3, 7; *Hopt*, in: Baumbach/Hopt, HGB, § 129, Rn. 1; *Hillmann*, in: Ebenroth/Boujong/Joost/Strohn, § 129, Rn. 2, 4.

1008 *Hadding*, in: FS Stimpel, 1985, S. 139, 152; *K. Schmidt*, in: MüKo-HGB, § 128, Rn. 19; *Boesche*, in: Oetker, HGB, § 128, Rn. 4; *Habersack*, in: Staub, HGB, § 128, Rn. 50, 54; *Koller*, in: Koller/Roth/Morck, §§128, 129, Rn.10.

1009 Vgl. BGHZ 36, 224, 225 ff.; BGHZ 39, 319, 323 ff.; BGHZ 44, 229, 233 f.; BGHZ 48, 203, 204; *Flume*, Die Personengesellschaft, § 16 II, S. 286 ff., 295 ff.; *Flechtheim*, in: Düringer/Hachenburg, § 128, Anm. 16; *Geßler*, in: Schlegelberger, 4. Auflage 1963, § 128 Anm. 32.

gis gemäß §§ 412, 401 BGB zu eröffnen[1010]. In einer anderen Entscheidung hat er die Anwendbarkeit „des aus § 425 BGB folgenden Rechtsgedankens" der Einzelwirkung für den Fall bejaht, dass der Gesellschafter bereits vor Klageerhebung gegen die Gesellschaft ausgeschiedenen war[1011]. In der älteren Literatur ist das Bestehen eines Gesamtschuldverhältnisses teilweise darauf gestützt worden, dass der ausgeschiedene Gesellschafter vom Zeitpunkt des Ausscheidens an neben der Gesellschaft haftete[1012]. Während Gesellschafts- und Gesellschafterschuld vor dem Ausscheiden eine einheitliche Verbindlichkeit verkörperten, ändere sich dieses Verhältnis mit dem Zeitpunkt des Ausscheidens, wodurch ein Gesamtschuldverhältnis begründet würde[1013]. Aus diesem Grund wäre daher etwa § 425 Abs. 1 BGB zugunsten des ausgeschiedenen Gesellschafters anwendbar[1014], wenn auch im Übrigen die §§ 421 ff. BGB wiederum durch § 129 HGB modifiziert würden[1015]. Auch im heutigen Schrifttum wird zum Teil darauf hingewiesen, dass mit dem Ausscheiden des Gesellschafters eine Situation vorliege, die „der Gesamtschuld ähnlicher"[1016] sei als vor dem Ausscheiden. Daher käme zumindest im Einzelfall eine analoge Anwendung der §§ 422 ff. BGB in Betracht[1017].

Die Konstruktion eines Gesamtschuldverhältnisses zwischen Gesellschaft und ausgeschiedenem Gesellschafter überzeugt indes nicht. Im Anschluss an die Akzessorietätslehre besteht kein Anlass mehr, das Gegenteil zu vertreten. Dem Gesamtschuldansatz ist zwar zuzugeben, dass die Haftung des ausgeschiedenen Gesellschafters gegenüber der Haftung des nicht ausgeschiedenen Gesellschafters anders ausgestaltet sein mag. Allerdings beweist die Existenz der §§ 159, 160 HGB, dass das Modell der akzessorischen Gesellschafterhaftung auch über den Zeitpunkt des Ausscheidens hinaus Bestand hat[1018].

1010 BGHZ 39, 319, 325; zustimmend: *Hillmann*, in: Ebenroth/Boujong/Joost/Strohn, § 128, Rn. 21.

1011 BGHZ 44, 229, 233 f.

1012 *Flechtheim*, in: Düringer/Hachenburg, § 128, Anm. 16; *Geßler*, in: Schlegelberger, 4. Auflage 1963, § 128 Anm. 32.

1013 *Geßler*, in: Schlegelberger, 4. Auflage 1963, § 128 Anm. 32.

1014 *Geßler*, in: Schlegelberger, 4. Auflage 1963, § 128 Anm. 32.

1015 *Flechtheim*, in: Düringer/Hachenburg, § 128, Anm. 16.

1016 *Hopt*, in: Baumbach/Hopt, HGB, § 128, Rn. 36.

1017 *Hopt*, in: Baumbach/Hopt, HGB, § 128, Rn. 36; dem folgend: *Boesche*, in: Oetker, HGB, § 128, Rn. 8.

1018 Vgl. *Hadding*, in: FS Stimpel, 1985, S. 139, 141 f.; *Büscher/Klusmann*, ZIP 1992, 11, 12, 15; *Hopt*, in: Baumbach/Hopt, HGB, § 128, Rn. 28; *Hillmann*, in: Ebenroth/Boujong/Joost/Strohn, § 159, Rn. 1.

Obwohl das Nichtbestehen eines Gesamtschuldverhältnisses damit grundsätzlich feststeht und damit die Anwendbarkeit von § 425 BGB abzulehnen ist, unterliegt die Haftung des ausgeschiedenen Gesellschafters gleichwohl speziellen verjährungsrechtlichen Vorgaben, die kurz erörtert werden sollen. Während § 160 Abs. 1 S. 1 HGB, der für die Nachhaftung des ausgeschiedenen Gesellschafters für sog. Altverbindlichkeiten der Gesellschaft gilt[1019], keine größeren Probleme aufwirft, ist die Sonderverjährungsfrist des § 159 Abs. 1 HGB interessant, die nur bei Auflösung der Gesellschaft anwendbar ist[1020]. Von besonderer Bedeutung ist die in § 159 Abs. 4 HGB enthaltene Regelung, nach der ein Neubeginn der Verjährung oder eine Verjährungshemmung gemäß § 204 BGB auch gegenüber den früheren Gesellschaftern wirken. Aus ihr lässt sich nämlich im Umkehrschluss die Schlussfolgerung ziehen, dass nur für die aufgelöste Gesellschaft – und auch nur dort – ausnahmsweise Gesamtwirkung anzunehmen ist, da sich für den in § 160 HGB geregelten Fall des Ausscheidens keine solche Regelung finden lässt[1021]. Eine generelle Gesamtwirkungsanordnung findet sich für den ausgeschiedenen Gesellschafter, wie zudem § 160 Abs. 1 S. 3 HGB beweist, demgegenüber nicht. Weil der Gesetzgeber dadurch zum Ausdruck gebracht hat, dass nur für die persönlich haftenden Gesellschafter einer aufgelösten Gesellschaft gemäß § 159 Abs. 4 HGB Gesamtwirkung anzunehmen ist, ist damit jeglichen Analogiegedanken in Bezug auf den ausgeschiedenen Gesellschafter (§ 160 HGB) der Boden entzogen. Der „Rechtsgedanke" des § 425 BGB kann für das Verhältnis zwischen Gesellschaft und ausgeschiedenem Gesellschafter daher keine Berücksichtigung finden[1022].

Im Übrigen gilt für die Verjährungstatbestände und die Möglichkeit des ausgeschiedenen persönlich haftenden Gesellschafters, sich auf diese zu berufen, weiterhin § 129 Abs. 1 HGB[1023]. Diese Vorschrift schützt den Gesellschafter vor

---

1019 *K. Schmidt*, in: MüKo-HGB, § 160, Rn. 25; *Boesche*, in: Oetker, HGB, § 160, Rn. 7.

1020 Vgl. *Hopt*, in: Baumbach/Hopt, HGB, § 159, Rn. 2; *Koller*, in: Koller/Roth/Morck, § 159, Rn. 1. Soweit in Teilen der Literatur, etwa bei *Flume*, Die Personengesellschaft, § 16 II, S. 286 ff.; *Hadding*, in: FS Stimpel, 1985, S. 139 ff., von § 159 HGB gesprochen wird, so ist dies auf den früheren Normtext gestützt: § 159 HGB a.F. galt bis zum 26.03.1994 sowohl für die Auflösung der Gesellschaft als auch das Ausscheiden des Gesellschafters, bis die Vorschrift zunächst durch das Nachhaftungsbegrenzungsgesetz (BGBl. 1994 I, S. 560) und später durch das Schuldrechtsmodernisierungsgesetz (BGBl. 2001 I, S. 3138, 3183) geändert worden ist.

1021 So ist wohl auch *Bydlinski*, in: MüKo-BGB, § 425, Rn. 24, zu verstehen.

1022 A.A. BGHZ 44, 229, 233 f.; *Hopt*, in: Baumbach/Hopt, HGB, § 128, Rn. 36, § 129, Rn. 2.

1023 *Hadding*, ZGR 1973, 137, 154 f.; *Kühne*, ZHR 133 (1970), 149, 158; *Hofmeister*, NZG 2002, 851, 853; *Habersack*, in: Staub, HGB, § 159, Rn. 15; *K. Schmidt*, in: Mü-

der Inanspruchnahme aus der akzessorischen Haftung gemäß § 128 HGB, soweit dieser Einwendungen und Einreden gegen die Gesellschaftsschuld erheben kann[1024]. Nachträglich eintretende Umstände wie eine durch Klage gegen die Gesellschaft herbeigeführte Verjährungshemmung (§ 204 Abs. 1 Nr. 1 BGB) wirken zwar grundsätzlich zu Lasten der verbleibenden Gesellschafter, nicht hingegen zu Lasten der ausgeschiedenen Gesellschafter[1025].

6. *Besonderheiten bei gesamtschuldnerisch haftenden Mitbürgen*

Für gemäß § 769 BGB gesamtschuldnerisch haftende Mitbürgen wurde bereits im Rahmen des Verjährungsbeginns der Bürgschaft das Problem angesprochen, dass die Vertreter des Kriteriums der Leistungsaufforderung nicht erklären, ob die Leistungsaufforderung gegenüber einem Bürgen Einzel- oder Gesamtwirkung hätte[1026]. Grundsätzlich gilt auch für die gesamtschuldnerisch haftenden Mitbürgen in Bezug auf die Fälligkeit[1027], Verjährung und Verjährungshemmung[1028] gemäß § 425 BGB Einzelwirkung. Die Vereinbarung von Gesamtwirkung einer gegenüber einem Mitbürgen eingetretenen Verjährung oder Verjährungshemmung bleibt freilich möglich[1029], ihre Zulässigkeit ist jedoch wiederum am Maßstab des § 202 BGB zu messen.

Einzelwirkung im Sinne von § 425 BGB hat ferner die Einrede der Vorausklage gemäß § 771 S. 1 BGB. Erhebt der Mitbürge die Einrede, gilt dies entsprechend für die von § 771 S. 2 BGB angeordnete Verjährungshemmung. Eine andere Frage ist dagegen, ob die Einrede der Vorausklage möglicherweise als ein „allgemeines Haftungsprivileg" anzusehen ist, welches den Mitbürgenregress beeinflusst[1030]. Dieses Problem betrifft aber allenfalls das Ausgleichsverhältnis der Mitbürgen und hat daher keine Auswirkungen auf die Beurteilung der Einzelwirkung der Einrede der Vorausklage im Sinne von § 425 BGB.

Ko-HGB, § 129, Rn. 15; *Klöhn*, in: Henssler/Strohn, GesR, HGB § 160, Rn. 2.

1024 Vgl. *Hopt*, in: Baumbach/Hopt, HGB, § 129, Rn. 1; *Habersack*, in: Staub, HGB, § 129, Rn. 1 ff.

1025 Vgl. *Steitz*, in: Henssler/Strohn, GesR, HGB § 129, Rn. 12; *Hopt*, in: Baumbach/Hopt, HGB, § 129, Rn. 2; *Hillmann*, in: Ebenroth/Boujong/Joost/Strohn, § 129, Rn. 8.

1026 Oben, S. 43 ff.

1027 *Kremer*, Die Mitbürgschaft, S. 82 f. (zum Fall einer fälligkeitsauslösenden Kündigung gegenüber einem Mitbürgen); dazu auch *Mormann*, in: RGRK-BGB, § 769, Rn. 2; *Horn*, in: Staudinger (1997), § 769, Rn. 6.

1028 *Kremer*, Die Mitbürgschaft, S. 85 ff.; *Kanka* , JherJb 87 (1937/38), 123, 140 f.

1029 *Kremer*, Die Mitbürgschaft, S. 92 f.

1030 *Glöckner*, Gesamtschuldvorschriften und Schuldnermehrheiten bei unterschiedlichen Leistungsinhalten, S. 88 f., 225 f. Zu dieser Frage auch *Kanka* , JherJb 87 (1937/38), 123, 167 f.; *Pecher*, in: Soergel, § 769, Rn. 8; *S. Meier*, Gesamtschulden, S. 1194 f.

7. *Sonderregelung gemäß § 115 Abs. 2 VVG*

Endlich kann sich auch aus einer gesetzlichen Spezialvorschrift die Anordnung von Gesamtwirkung ergeben. Eine solche spezialgesetzliche Vorschrift findet sich im Versicherungsvertragsgesetz. § 115 Abs. 2 VVG besagt, dass der Direktanspruch des Geschädigten gegenüber dem Versicherer aus § 115 Abs. 1 VVG der gleichen Verjährung unterliegt wie der Schadensersatzanspruch gegen den Versicherten[1031]. Neben der Anordnung des Verjährungsgleichlaufs ist insbesondere § 115 Abs. 2 S. 4 VVG von Relevanz, da sich dort auch eine Ausnahme vom Grundsatz der Einzelwirkung findet[1032]. Obwohl Versicherungsnehmer und Versicherer gemäß § 115 Abs. 1 S. 4 VVG als Gesamtschuldner haften, wirken Hemmung, Ablaufhemmung und Neubeginn der Verjährung gemäß § 115 Abs. 2 S. 4 VVG auch gegenüber dem jeweils anderen Gesamtschuldner. Ziel der Vorschrift ist es gewesen, die Situation des Geschädigten gegenüber der alten Rechtslage (§ 3 PflVG), auch unter Verbraucherschutzgesichtspunkten, zu verbessern[1033]. Die Vorschrift erfüllt diesen Zweck, indem sie einerseits den Verjährungsbeginn des Schadensersatzanspruchs durch die Anknüpfung an das Merkmal des Schadenseintritts koppelt[1034], andererseits die Verjährung auch in Bezug auf die Entwicklung durch die Anordnung von Gesamtwirkung zwischen Versicherer und Versicherungsnehmer aufeinander abstimmt.

8. *Ergebnis und Schlussfolgerungen*

a) Zusammenfassung

Tatsachen im Sinne von § 425 Abs. 2 BGB, wie die Verjährung, Verjährungs- und Ablaufhemmung, sowie deren Neubeginn, wirken grundsätzlich nur für den Gesamtschuldner, in dessen Person sie eintreten. Allen hier erörterten Ausnahmen ist gemein, dass sie sich aus den Umständen des Einzelfalls, gesetzlicher Anordnung oder dem konkreten Schuldverhältnis selbst ergeben, mithin durch Auslegung zu ermitteln sind. In der Literatur werden viele Ausnahmen vom Grundsatz der Einzelwirkung nach wie vor im Zusammenhang mit § 425 BGB

1031 Die Norm hat unter anderem § 3 Nr. 3 PflVG ersetzt und gilt seit dem 01.01.2008 für Versicherungsverträge zwischen Versicherer und Versicherungsnehmer.

1032 *Jacobsen*, in: Feyock/Jacobsen/Lemor, § 115, Rn. 25; *Gebauer*, in: Soergel, § 425, Rn. 16. Nichts anderes galt davor gemäß § 3 Nr. 3 PflVG, vgl. *Langheid*, in: Römer/Langheid, § 115, Rn. 21.

1033 Vgl. *Knappmann*, in: Prölss/Martin, § 115, Rn. 1; *Jacobsen*, in: Feyock/Jacobsen/Lemor, § 115, Rn. 4; Beschlussempfehlung und Bericht des Rechtsausschusses zum VVG, BT-Drucks. 16/5862, S. 99.

1034 *Jacobsen*, in: Feyock/Jacobsen/Lemor, § 115, Rn. 17; *Langheid*, in: Römer/Langheid, § 115, Rn. 23.

erörtert, die mangels Gesamtschuldverhältnis bereits dem Anwendungsbereich der Vorschrift entzogen sind. Deshalb sind z.B. die diskutieren Sonderregeln bezüglich der GbR tatsächlich keine Ausnahmen vom Grundsatz der Einzelwirkung gemäß § 425 Abs. 1 BGB. Die Frage nach Gesamtwirkung möglicher Verjährungstatbestände im Verhältnis zwischen Gesellschaft und (ausgeschiedenem) Gesellschafter beantwortet die herrschende Lehre im Gesellschaftsrecht daher zutreffend mit der Anwendung der §§ 128 f. HGB[1035].

Stundung und *pactum de non petendo* gemäß § 205 BGB führen zur Hemmung der Verjährung. Bei wechselseitiger Stellvertretung erfolgt die Zurechnung aber nicht aus „einem anderen“ gemäß § 425 Abs. 1 BGB, sondern aus den Regelungen über die Stellvertretung, insbesondere den konkreten Umständen gemäß § 164 Abs. 1 S. 2 BGB[1036].

Bei gesamtschuldnerischer Mitverpflichtung aus der Schlüsselgewalt gemäß § 1357 Abs. 1 S. 2 BGB gilt Gesamtwirkung, während bei der gemeinschaftlichen Verpflichtung von Ehegatten gemäß § 427 BGB auf das konkrete Schuldverhältnis abzustellen ist. Allein durch den Verweis auf das Kriterium einer besonders „engen Verbundenheit“[1037] der Ehegatten lässt sich das Regel-Ausnahme-Verhältnis des § 425 Abs. 1 BGB jedenfalls nicht umkehren, es ist zu unkonturiert. Es bleibt auch hier grundsätzlich bei der Einzelwirkung gemäß § 425 BGB[1038].

Die Nachbesserungsversuche bei der gemeinschaftlichen Verpflichtung zur Errichtung eines einheitlichen Werkes führen hingegen zu einem Neubeginn der Verjährung gemäß § 212 Abs. 1 Nr. 1 BGB, jedenfalls aber zu einer Verjährungshemmung gemäß § 203 BGB und zwar auch zu Lasten des anderen Schuldners. Insoweit ergibt sich durch Auslegung aus dem Schuldverhältnis „ein anderes“ im Sinne von § 425 BGB[1039].

Die sich aus § 115 Abs. 2 S. 4 VVG ergebende Abweichung ist sinnvoll, um der gesetzgeberischen Intention, den Gleichlauf der Verjährung von Direktanspruch und Anspruch gegen den Versicherer zu verwirklichen[1040], Rechnung zu tragen.

1035 Oben, S. 179 f.

1036 Oben, S. 177 f.

1037 Vgl. OLG Köln NJW 1972, 1899, 1900.

1038 Oben, S. 169 ff.

1039 Oben, S. 176 f. Zur Verjährungshemmung gemäß § 203 BGB vgl. die Ausführungen in Fußnote 983.

1040 Vgl. BT-Drucks. 16/5862, S. 99.

b) Schlussfolgerungen

Nachdem aus dem Anwendungsbereich des § 425 Abs. 1 BGB einige Fälle aussortiert werden konnten, bleiben nur noch wenige tatsächliche Ausnahmen vom Grundsatz der Einzelwirkung übrig. Die Möglichkeit Rückschlüsse aus den Fallgruppen in Form von verallgemeinerungsfähigen Rechtsgedanken zu ziehen, ist daher begrenzt. Dennoch können einige Grundsätze und Kriterien für die Annahme von Gesamtwirkung festgehalten werden.

Ausnahmen vom Grundsatz der Einzelwirkung sind immer dann vorzunehmen, wenn eine gegenseitige Zurechnung erforderlich ist. Die Erforderlichkeit der Zurechnung ergibt sich insbesondere dann, wenn für den Gläubiger nicht erkennbar ist, welchem der Gesamtschuldner gegenüber die Tatsachen im Sinne von § 425 Abs. 2 BGB eingetreten sind. Allerdings lässt sich die Annahme von Gesamtwirkung nicht allein mit dem Kriterium der Erkennbarkeit sowie daran anknüpfende Beweisschwierigkeiten aus Sicht des Gläubigers begründen. Vielmehr ist zu beachten, dass durch die Gesamtwirkung auch die Gesamtschuldner nicht unbillig benachteiligt werden dürfen. Also müssen stets weitere Gründe hinzutreten, um eine Ausnahme vom Grundsatz der Einzelwirkung zu rechtfertigen. Solche Gründe können sich aus dem jeweiligen Zweck des Verjährungstatbestands ergeben. So dient das durch tatsächliches Verhalten des Schuldners herbeigeführte Anerkenntnis im Sinne von § 212 Abs. 1 Nr. 1 BGB dazu, den Gläubiger mit einem Neubeginn der Verjährung zu honorieren, weil er im Glauben, dass der Schuldner leisten wird, von einer sofortigen Geltendmachung des Anspruchs absieht[1041]. Dieser Schutz läuft leer, wenn der Gläubiger nicht nachvollziehen kann, welcher der Gesamtschuldner den Anspruch anerkannt hat. Dies gilt insbesondere dann, wenn die Gesamtschuldner dem Gläubiger gegenüber als Einheit gegenüber stehen. In dem Fall könnte der Gläubiger von der Inanspruchnahme des „falschen" Gesamtschuldners, gegenüber dem die Verjährung nicht neu begonnen hatte, absehen, obwohl er billigerweise darauf vertraut hat, dass er den Anspruch noch geltend machen kann. Mit dem Zweck des § 212 Abs. 1 Nr. 1 BGB wäre dies unvereinbar.

Festzuhalten sind daher im Wesentlichen folgende Kriterien, die für die Lösung neuer Fallgruppen herangezogen werden können: Dem Gläubiger müssen unvorhersehbare Beweisschwierigkeiten dadurch entstehen, dass er nicht erkennen kann, welchem Gesamtschuldner gegenüber die Verjährungshemmung oder der Neubeginn der Verjährung eintritt. Zwischen der Erkennbarkeit der Verjährungshemmung oder des Verjährungsneubeginns für den Gläubiger und den Beweisschwierigkeiten muss demnach eine adäquat kausale Verknüpfung bestehen.

1041 BT-Drucks. 14/6040, S. 120.

Zudem muss sich aus der jeweiligen *Ratio* des Verjährungstatbestands die gegenüber den Gesamtschuldnern vorrangige Schutzwürdigkeit des Gläubigers ergeben. Idealiter sollten diese Auslegungskriterien kumulativ erfüllt sein. Dann spricht vieles dafür, dass ein gegenüber einem Gesamtschuldner eingetretener Verjährungstatbestand entgegen § 425 Abs. 2 BGB auch zu Lasten der anderen Gesamtschuldner wirkt.

C. Sonderfall: Schuldbeitritt

Der Verjährungsbeginn des Schuldbeitritts ist bereits im Zusammenhang mit der Entstehung behandelt worden. Es konnte festgestellt werden, dass die Beitrittsschuld zumindest beim Sicherungsbeitritt unter den Voraussetzungen der Regelverjährung gemäß §§ 195, 199 Abs. 1 BGB verjährt, ansonsten jedoch die Verjährung der Ursprungsschuld maßgeblich ist[1042]. Nicht abschließend untersucht worden ist indes, ob in Bezug auf die Verjährungsentwicklung eine Synchronisierung zwischen Beitritts- und Urschuld vorzunehmen ist und wie eine solche rechtlich verwirklicht werden könnte. Beides hängt davon ab, ob gesamtschuldnerische oder bürgschaftsrechtliche Vorschriften zur Anwendung gelangen.

I. Meinungsstand

Da bereits die dogmatische Einordnung des Schuldbeitritts Schwierigkeiten bereitet, gehen freilich auch die Ansätze zur Bewältigung der Verjährungsentwicklungsproblematik auseinander. Nach der wohl überwiegenden Auffassung kann sich der Beitretende zwar auf eine bereits gegenüber dem Schuldner eingetretene Verjährung berufen[1043], eine zum Entstehungszeitpunkt in Gang gesetzte oder bereits abgelaufene Frist käme dem Beitretenden somit zugute[1044]. Allerdings soll das weitere Verjährungsschicksal der Forderungen wegen § 425 Abs. 2 BGB für jeden Schuldner getrennt voneinander beurteilt werden, es bleibe beim Grundsatz der Einzelwirkung[1045]. Die selbstständige Weiterentwicklung der Forderun-

1042 Oben, S. 99.

1043 BGHZ 58, 251, 254 ff.; OLG Bremen NJW 1972, 1910; BGH NJW 1993, 1914, 1915; *Weber*, in: RGRK-BGB, § 425, Rn. 17. Zum Teil wird dies auf eine Analogie zu § 417 BGB gestützt, vgl. *Grüneberg*, in: Palandt, Überbl v § 414, Rn. 7 f.; *Stürner*, in: Jauernig, Vor §§ 414, 415, Rn. 3; *Nobbe*, in: Bankrechts-Handbuch, § 92, Rn. 82.

1044 RGZ 143, 154, 157 f.; BGHZ 58, 251, 254 ff.; BGH NJW 1993, 1914, 1915; *Bydlinski*, in: MüKo-BGB, Vor § 414, Rn. 17; *Reinicke/Tiedtke*, Kreditsicherung, Rn. 17.

1045 BGHZ 58, 251, 255; BGH NJW 1977, 1879; BGH NJW 1987, 2863, 2864; BGH NJW 1993, 1914, 1915; *Reichel*, Die Schuldmitübernahme, S. 396; *Weigelin*, Der Schuldbeitritt, S. 85 f.; *Weber*, in: RGRK-BGB, § 425, Rn. 17; *Bydlinski*, in: MüKo-BGB, § 425, Rn. 23; *Stürner*, in: Jauernig, Vor §§ 414, 415, Rn. 3; *Grüneberg*, in: Palandt, Überbl v

gen ab dem Entstehungszeitpunkt wird mit der prägnanten Unterscheidung, dass zwischen Beitritts- und Ursprungsschuld zwar *Begründungs-* nicht aber *Entwicklungsakzessorietät* bestehe, auf den Punkt gebracht[1046].

Einen anderen Standpunkt vertritt dagegen *Bülow*. Er geht davon aus, dass sich aus dem Sicherungszweck des Schuldbeitritts entgegen § 425 BGB Gesamt- und nicht Einzelwirkung ergebe[1047]. In Bezug auf die Einrede der Verjährung sei indes erforderlich, dass sich der Hauptschuldner auf sie berufen habe, das bloße Bestehen einer „Gestaltungslage“ reiche nicht aus[1048]. Zwar könnte dies durch eine analoge Anwendung der §§ 768, 770 BGB überwunden werden. Dagegen spräche jedoch in systematischer Hinsicht die Verortung des Schuldbeitritts im Rahmen der Gesamtschuld[1049].

Die Theorie, die zwischen Sicherungs- und Übernahmefunktion des Schuldbeitritts differenziert, lässt diesen Einwand nicht gelten und kommt zu dem Ergebnis, dass zumindest beim Sicherungsbeitritt eine analoge Anwendung von § 768 BGB vorzunehmen sei[1050]. Für den Übernahmebeitritt, für den allein Gesamtschuldrecht Anwendung fände, wird dies jedoch ausdrücklich nicht übernommen. Dort bleibe es bei der angesprochenen *Begründungsakzessorietät*[1051] und einer gleichrangigen Haftung von Ursprungs- und Beitrittschuldner[1052].

II. Stellungnahme

Zunächst ist der Frage nachzugehen, ob Ursprungs- und Beitrittsforderung überhaupt einheitlich verjähren sollen. Dies richtet sich nach dem Sicherungszweck[1053]. Zur Bestimmung des Sicherungszwecks ist das Parteibegehren oder die gesetzliche Beitrittsregelung auszulegen. Es kommt darauf an, ob der neue Schuldner in demselben Umfang einstehen soll wie der Urschuldner. Die Auslegung wird jedoch nur selten ergeben, dass die Schuldner dem Gläubiger auch für die Zukunft als Einheit gegenüber stehen sollen. Nur dann wird man aber annehmen können, dass eine – nach dem Schuldbeitritt – gegenüber dem Ursprungs-

§ 414, Rn. 7 f.; *Fischer*, in: Das Recht der Kreditsicherheiten, § 9, Rn. 212; *Nobbe*, in: Bankrechts-Handbuch, § 92, Rn. 84.

1046 *Gernhuber*, Das Schuldverhältnis, S. 339; *Kohte*, JZ 1990, 997, 998.

1047 *Bülow*, Recht der Kreditsicherheiten, Rn. 1580, 1602 f.

1048 *Bülow*, Recht der Kreditsicherheiten, Rn. 1602.

1049 *Bülow*, Recht der Kreditsicherheiten, Rn. 1602.

1050 *Schürnbrand*, Der Schuldbeitritt zwischen Gesamtschuld und Akzessorietät, S. 93, 107 f., 120; *Habersack*, in: MüKo-BGB, Vor § 765, Rn. 14 f.

1051 *Madaus*, Der Schuldbeitritt als Personalsicherheit, S. 315.

1052 *Schürnbrand*, Der Schuldbeitritt zwischen Gesamtschuld und Akzessorietät, S. 93, 96.

1053 *Bülow*, Recht der Kreditsicherheiten, Rn. 1580, 1602; vgl. auch: *Schürnbrand*, Der Schuldbeitritt zwischen Gesamtschuld und Akzessorietät, S. 107 f., 120.

schuldner eingetretene Verjährung auch dem Beitrittsschuldner zugute kommt. Ergibt die Auslegung, dass allein gesamtschuldnerische Vorschriften (§§ 421 ff. BGB) zur Anwendung gelangen sollen, folgt daraus gleichzeitig Einzelwirkung im Sinne von § 425 BGB[1054]. Im Fall der Schuldmitübernahme steht aber nicht nur die Sicherung der ursprünglichen Schuld im Vordergrund. Vielmehr geht es häufig darum, „dem Gläubiger einen weiteren gleichrangigen Schuldner zu verschaffen"[1055]. Der Beitrittsschuldner soll dem Gläubiger also eine primäre und ab Übernahme von der Ursprungsschuld losgelöste Inanspruchnahme gemäß § 421 S. 1 BGB ermöglichen. Dann muss auch das verjährungsrechtliche Schicksal der Beitrittsschuld unabhängig von der mitübernommenen Forderung nach § 425 Abs. 2 BGB beurteilt werden. Gegen die Annahme eines Verjährungsgleichlaufs spricht weiterhin, dass beim Schuldbeitritt eine eigene, von der ursprünglichen Verbindlichkeit losgelöste Forderung des Übernehmers begründet wird[1056]. Inhalt und Umfang der Verbindlichkeit des Beitretenden mögen sich zunächst an der Urschuld orientieren. Maßgeblich ist dafür jedoch allein der Zeitpunkt des Schuldbeitritts[1057]. Um es erneut mit den Worten *Gernhubers* zu sagen: Es besteht also nur „Begründungs- nicht aber Entwicklungsakzessorietät"[1058].

Schwieriger ist dagegen die Einordnung des Sicherungsbeitritts. Hier folgt aus der Sicherungsfunktion, dass durch die Beitrittsforderung eine akzessorisch ausgestaltete Haftung verwirklicht werden soll[1059]. Folgerichtig wird in der Literatur eine analoge Anwendung von § 768 BGB in Erwägung gezogen. Zum Teil wird dies damit begründet, dass die Beitrittsschuld zwar einerseits gemäß §§ 195, 199 Abs. 1 BGB der Regelverjährung unterliege, andererseits die eigene Verjährung der Beitrittsschuld über das eigentliche Sicherungsinteresse hinausgehe[1060]. Dieser Einwand ist überzeugend, bedarf aber einer weiteren Präzisie-

---

1054 Vgl. *Weigelin*, Der Schuldbeitritt, S. 85; a.A. *Bülow*, Recht der Kreditsicherheiten, Rn. 1580, 1602.

1055 *Schürnbrand*, Der Schuldbeitritt zwischen Gesamtschuld und Akzessorietät, S. 93.

1056 BGHZ 131, 66, 71 ff.; *Rieble*, in: Staudinger (2005), § 414, Rn. 23; *Horn*, in: Staudinger (1997), Vorbem zu §§ 765 ff, Rn. 363; *Bydlinski*, in: MüKo-BGB, Vor § 414, Rn. 17; *Nobbe*, in: Bankrechts-Handbuch, § 92, Rn. 84; *Weigelin*, Der Schuldbeitritt, S. 10; *Madaus*, Der Schuldbeitritt als Personalsicherheit, S. 278; *Kohte*, JZ 1990, 997, 998.

1057 Vgl. BGH NJW 1996, 249; *Weigelin*, Der Schuldbeitritt, S. 10; *Grüneberg*, in: Palandt, Überbl v § 414, Rn. 7; *Rieble*, in: Staudinger (2005), § 414, Rn. 23.

1058 *Gernhuber*, Das Schuldverhältnis, S. 339.

1059 *Schürnbrand*, Der Schuldbeitritt zwischen Gesamtschuld und Akzessorietät, S. 197 f.; dem folgend: *Habersack*, in: MüKo-BGB, Vor § 765, Rn. 12 ff.

1060 Vgl. *Schürnbrand*, Der Schuldbeitritt zwischen Gesamtschuld und Akzessorietät, S. 93, 107 f.

rung. Soweit die Parallele zur (selbstschuldnerischen) Bürgschaft gezogen wird, ist zu berücksichtigen, dass auch für diese weithin anerkannt ist, dass sich der Bürge auf die Einrede der Verjährung gemäß § 768 Abs. 1 S. 2 BGB nicht berufen kann, wenn die Bürgschaft im Bewusstsein nahender Verjährung der Hauptschuld übernommen wurde[1061]. Diese Einschränkung muss ebenfalls für den Sicherungsbeitritt gelten. Die eigene Verjährung der Beitrittsforderung liefe ansonsten weitgehend leer. Das Sicherungsinteresse bliebe unerfüllt, wenn ein kurz vor Ablauf der Verjährungsfrist der Ursprungsschuld erklärter Sicherungsbeitritt dem Beitrittsschuldner uneingeschränkt die Einrede der gesicherten Forderung eröffnete. Soweit § 768 BGB zur Anwendung gelangt, stellt sich im Zusammenhang mit dem Sicherungsbeitritt zudem die Frage nach der noch zulässigen Fremddisposition zu Lasten des Beitrittsschuldners. Die zur Bürgschaft entwickelten Fallgruppen werden insoweit auch für den Beitrittsschuldner relevant. Anerkenntnis, Stundung und Verjährungsvereinbarungen zwischen Urschuldner und Sicherungsnehmer entfalten im Sinne der oben befürworteten Lösung nur „Einzelwirkung". Diese ergibt sich beim Sicherungsbeitritt allerdings nicht aus § 425 BGB, sondern aus einer Analogie zu § 767 Abs. 1 S. 3 BGB bzw. § 768 Abs. 2 BGB.

III. Ergebnis

Festzuhalten ist damit, dass es bei einer gesamtschuldnerischen Haftung von Ursprungs- und Beitrittsschuldner beim Grundsatz der Einzelwirkung gemäß § 425 BGB bleibt und auch nur *Begründungsakzessorietät* besteht. Die weitere Entwicklung der Verjährung ist damit für Ursprungs- und Beitrittsschuldner gemäß § 425 Abs. 2 BGB getrennt voneinander zu beurteilen. Im Falle einer akzessorischen Ausgestaltung des Schuldbeitritts wird zwar für die Anwendung von § 768 Abs. 1 BGB plädiert. Darin kann allein aber noch nicht die Lösung für die verjährungsrechtliche Einordnung des Sicherungsbeitritts gesehen werden. Weil es sich praktisch um eine (selbstschuldnerische) Bürgschaft handelt, sind vielmehr die bereits im Zusammenhang mit der Bürgschaft beantworteten Fragen auf die Konstellation des Sicherungsbeitritts zu übertragen[1062].

1061 Vgl. BGHZ 121, 173, 177 f.; *Becker-Eberhard*, Die Forderungsgebundenheit der Sicherungsrechte, S. 321; *Horn*, in: Staudinger (1997), § 768, Rn. 14; *Rohe*, in: BeckOK-BGB, § 768, Rn. 4; *Habersack*, in: MüKo-BGB, § 768, Rn. 7; *Lettl*, WM 2000, 1316, 1321; *Einsiedler*, MDR 2010, 603, 606.

1062 Vgl. die Fallgruppen ab S. 101 ff.

4. Abschnitt: Rückgriff und Verjährung bei Bürgschaft und Gesamtschuld

In diesem Abschnitt geht es um die Auswirkungen der Verjährung auf den Rückgriff sowie die Verjährung und den Verjährungsbeginn der Regressansprüche selbst. Bereits das Verhältnis der Rückgriffsansprüche untereinander ist nicht unumstritten. Das gilt sowohl für den Regress des Bürgen gegen den Hauptschuldner als auch für den Ausgleich zwischen den Gesamtschuldnern. Bevor die Auswirkungen der Verjährung auf den Regress des Bürgen und des Gesamtschuldners untersucht werden können, sind vorab die möglichen Regresstatbestände voneinander abzugrenzen.

A. Die Systematik der Rückgriffsansprüche

I. Bürgschaft: § 670 BGB und § 774 Abs. 1 S. 1 BGB

Für den Rückgriff gegenüber dem Hauptschuldner stehen dem Bürgen grundsätzlich zwei Wege offen. Zum einen geht gemäß § 774 Abs. 1 S. 1 BGB die gesicherte Forderung zum Zwecke des Regresses auf den Bürgen über (*cessio legis*). Die Hauptschuld erlischt durch die Leistung des Bürgen auf dessen Bürgenschuld nicht, sondern bleibt zum Zwecke des Rückgriffs erhalten[1063]. Dies gilt jedoch nur, wenn der Bürge auf seine Bürgenschuld, nicht aber als Dritter im Sinne von § 267 BGB auf die Hauptschuld leistet[1064]. Zum anderen kann sich aus dem Innenverhältnis, welches zwar häufig als unentgeltliches Auftragsverhältnis (§ 662 BGB) ausgestaltet ist[1065], ebenso aber in Form einer entgeltlichen Geschäftsbesorgung (§ 675 Abs. 1 BGB)[1066] oder einer Geschäftsführung ohne Auftrag (§§ 677, 683 BGB) vorliegen kann, ein Anspruch aus § 670 BGB ergeben,

1063 Motive II, S. 673 f., bei *Mugdan*, II. Band, S. 376 f.; *Mormann*, in: RGRK-BGB, § 774, Rn. 1; *Horn*, in: Staudinger (1997), § 774, Rn. 3; *Reinicke/Tiedtke*, Bürgschaftsrecht, Rn. 359.

1064 *Brödermann*, in: Prütting/Wegen/Weinreich, § 774, Rn. 7; *Sprau*, in: Palandt, § 774, Rn. 7; *Reinicke/Tiedtke*, Bürgschaftsrecht, Rn. 359. Maßgeblich dafür ist wiederum die zugrundeliegende Tilgungsbestimmung (vgl. BGH NJW 1986, 251).

1065 Vgl. *Bülow*, Recht der Kreditsicherheiten, Rn. 836, 856; *Kremer*, Die Mitbürgschaft, S. 125 ff.; *Coester-Waltjen*, Jura 2001, 742; *Habersack*, in: MüKo-BGB, § 774, Rn. 15 („Bürgschaftsauftrag"); *Oetker/Maultzsch*, Vertragliche Schuldverhältnisse, § 13, Rn. 92.

1066 Insbesondere im Zusammenhang mit Banken wird dann vom „Avalverhältnis" oder „Avalgeschäft" gesprochen (vgl. BGHZ 95, 375, 380 f.; *Hadding*, in: FS Wiegand, 2005, S. 299, 314; *Horn*, NJW 1980, 2153, 2157; *H. P. Westermann*, Jura 1991, 567; *Habersack*, in: MüKo-BGB, § 765, Rn. 7).

soweit der Bürge die Leistung an den Gläubiger für „erforderlich" halten durfte[1067].

Von *Larenz* ist die Anspruchskonkurrenz zwischen diesen Regressmöglichkeiten indes angezweifelt worden[1068]. Nach ihm handele es sich bei §§ 670, 774 Abs. 1 BGB um einen einheitlichen Anspruch, der nur „aus gesetzestechnischen Gründen" als *cessio legis* ausgestaltet sei[1069]. Dafür spreche, dass die aus dem Innenverhältnis zwischen Bürge und Hauptschuldner bestehenden Einwendungen gemäß § 774 Abs. 1 S. 3 BGB auch der Inanspruchnahme aus der gemäß § 774 Abs. 1 S. 1 BGB übergegangenen Forderung entgegengehalten werden könnten[1070]. Da § 774 BGB den Bürgen im Übrigen gegenüber § 670 BGB „nicht schlechter, sondern besser stellen" wolle, sei zugunsten des Bürgen, etwa im Bereich der Verjährung, das für den Bürgen günstigere Recht anzuwenden[1071]. Ganz überwiegend wird jedoch vertreten, dass beide Ansprüche unabhängig voneinander geltend gemacht werden können[1072].

Die besseren Gründe streiten für dieses letztgenannte Verständnis. Bereits in den *Motiven* wird betont, dass § 774 Abs. 1 BGB zur Stärkung des Rückgriffsanspruchs aus dem Innenverhältnis diene[1073]: Die Vorschrift ordne nicht nur den Übergang der akzessorischen Sicherungsrechte über die §§ 412, 401 BGB an. Vielmehr werde der Bürge durch die Legalzession von der Darlegungs- und Be-

---

1067 BGHZ 95, 375, 388 f.; *Brödermann*, in: Prütting/Wegen/Weinreich, § 774, Rn. 3; *Habersack*, in: MüKo-BGB, § 774, Rn. 15 f.; *Horn*, in: Staudinger (1997), § 774, Rn. 1, 4 f.; *Pecher*, in: Soergel, § 774, Rn. 23; *Knütel*, JR 1985, 6.

1068 So noch: *Larenz*, BT II, 12. Auflage 1981, S. 479.

1069 *Larenz*, BT II, 12. Auflage 1981, S. 479.

1070 *Larenz*, BT II, 12. Auflage 1981, S. 479.

1071 *Larenz*, BT II, 12. Auflage 1981, S. 479.

1072 RGZ 59, 207, 209; BGHZ 95, 375, 380 ff.; BGH NJW-RR 2008, 1007, 1008; *Mormann*, in: RGRK-BGB, § 774, Rn. 5; *Sprau*, in: Palandt, § 774, Rn. 4; *Habersack*, in: MüKo-BGB, § 774, Rn. 16; *Brödermann*, in: Prütting/Wegen/Weinreich, § 774, Rn. 3, 16; *Horn*, in: Staudinger (1997), § 774, Rn. 5 f.; *E. Herrmann*, in: Erman, § 774, Rn. 12; *Pecher*, in: Soergel, § 774, Rn. 18; *Beckmann*, in: NK-BGB, § 774, Rn. 2; *Oegg*, in: Planck/BGB, Bd. II/2, § 774, S. 1449; *Enneccerus/Lehmann*, § 194 I, S. 798 ff.; *Fischer*, in: Das Recht der Kreditsicherheiten, § 9, Rn. 122; *Reinicke/Tiedtke*, Bürgschaftsrecht, Rn. 400; *Knütel*, JR 1985, 6; *H. P. Westermann*, Jura 1991, 449, 453; *Habersack*, AcP 198 (1998), 152, 155 ff.; *Coester-Waltjen*, Jura 2001, 742, 747; *Hadding*, in: FS Wiegand, 2005, S. 299, 314 ff.; im Ergebnis zustimmend auch *Kremer*, Die Mitbürgschaft, S. 128 f. (sieht jedoch „allergrößte theoretische Schwierigkeiten", S. 129). Bei *Larenz/Canaris*, BT II/2, § 60, S. 15 f., schon nicht mehr problematisiert.

1073 Motive II, S. 674, bei *Mugdan*, II. Band, S. 376; *Horn*, in: Staudinger (1997), § 774, Rn.3; *Habersack*, in: MüKo-BGB, § 774, Rn. 21; a.A. *Reinicke/Tiedtke*, Bürgschaftsrecht, Rn. 362 (nur § 426 Abs. 2 BGB habe Sicherungsfunktion).

weislast eines Anspruchs aus dem Innenverhältnis nach § 670 BGB befreit[1074]. Dies spricht für eine eigene Bedeutung des Rückgriffs neben dem Anspruch aus dem Innenverhältnis.

Die Ansicht von *Larenz* berücksichtigt demgegenüber nicht, dass der Anspruch aus dem Innenverhältnis auch durch irrtümliche Leistung des Bürgen begründet werden kann, da es nach § 670 BGB allein auf die Erforderlichkeit der Leistung ankommt[1075]. Dann erlangt aber § 670 BGB gegenüber § 774 Abs. 1 BGB sehr wohl eine eigene Bedeutung, da es in dem Fall an einer übergangsfähigen Forderung fehlt.

Die Eigenständigkeit des Regressanspruchs aus § 670 BGB wird durch § 774 Abs. 1 S. 3 BGB weiter verstärkt. Anders als *Larenz* vertritt, besagt die Vorschrift nur, dass Einwendungen aus dem Innenverhältnis auch dem Rückgriff aus der übergegangenen Forderung entgegengehalten werden können[1076]. Der Hauptschuldner kann sich jedoch nicht mit Einwendungen und Einreden in Bezug auf die Hauptforderung gegen den Anspruch aus § 670 BGB verteidigen[1077]. Wenn der Anspruch aus § 670 BGB aber unabhängig von Einwendungen gegen die Hauptforderung durchgesetzt werden kann, ist er auch als eigenständiger Regressanspruch einzustufen.

Letztendlich führte die These von *Larenz* auch zu einer unangemessenen Privilegierung des Bürgen. Das Argument, § 774 wolle nur den Bürgen schützen, weshalb das aus Sicht des Bürgen jeweils günstigere Verjährungsregime Anwendung fände[1078], überzeugt nicht. Wie bereits dargelegt wurde, kann der Hauptschuldner der legalzedierten Forderung gemäß § 774 Abs. 1 S. 3 BGB Einwendungen aus dem Innenverhältnis entgegenhalten. Nach zutreffender Ansicht gehört dazu auch die Verjährung des Anspruchs aus dem Innenverhältnis gemäß § 774 Abs. 1 S. 3 BGB[1079]. Bei Zugrundelegung der Auffassung von *Larenz* würde der Bürge übervorteilt, jedenfalls aber büßte die dem Schutz des

---

1074 Vgl. BGHZ 139, 214, 219; *Beckmann*, in: NK-BGB, § 774, Rn. 11; *Habersack*, in: MüKo-BGB, § 774, Rn. 1; *Brödermann*, in: Prütting/Wegen/Weinreich, § 774, Rn. 18.

1075 Vgl. BGHZ 95, 375, 388; *Habersack*, in: MüKo-BGB, § 774, Rn. 15, 19; *Brödermann*, in: Prütting/Wegen/Weinreich, § 774, Rn. 16; *E. Herrmann*, in: Erman, § 774, Rn. 12.

1076 Vgl. BGH WM 1970, 751, 752; BGH NJW-RR 1992, 811 f.; OLG Stuttgart NJW-RR 1994, 876; *Mormann*, in: RGRK-BGB, § 774, Rn. 5; *Sprau*, in: Palandt, § 774, Rn. 11; *Pecher*, in: Soergel, § 774, Rn. 21; *Reinicke/Tiedtke*, Bürgschaftsrecht, Rn. 366; *Bülow*, Recht der Kreditsicherheiten, Rn. 1015; *H. P. Westermann*, Jura 1991, 449, 453 f.

1077 RGZ 59, 207, 209; *Mormann*, in: RGRK-BGB, § 774, Rn. 5; *Habersack*, in: MüKo-BGB, § 774, Rn. 21; *Sprau*, in: Palandt, § 774, Rn. 4, 11; *E. Herrmann*, in: Erman, § 774, Rn. 12; *Beckmann*, in: NK-BGB, § 774, Rn. 8; *Habersack*, AcP 198 (1998), 152, 156.

1078 *Larenz*, BT II, 12. Auflage 1981, S. 479.

Hauptschuldners zu dienen bestimmte Vorschrift des § 774 Abs. 1 S. 3 BGB weite Teile ihres Regelungsgehaltes ein. Rechtssicherheit wird daher nur durch die konsequente Unterscheidung der Ansprüche geschaffen. Nach den Grundsätzen der Anspruchskonkurrenz gilt dies auch im Hinblick auf die Verjährung[1080]. Welche Rolle die Verjährung auf den Rückgriff im Einzelnen haben kann, wird nachfolgend geklärt werden.

II. Gesamtschuld: § 426 Abs. 1 S. 1 BGB und § 426 Abs. 2 BGB

Für den Gesamtschuldnerregress sind grundsätzlich mehrere, im Wesentlichen aber drei Regressmöglichkeiten zu unterscheiden[1081]. Neben den originären Ausgleichsanspruch gemäß § 426 Abs. 1 S. 1 BGB und den Rückgriff aus übergegangener Forderung gemäß § 426 Abs. 2 BGB können weitere Ansprüche außerhalb der Gesamtschuld, etwa aus Gesellschaft (§§ 705 ff. BGB), Auftrag (§§ 662 ff. BGB), Geschäftsführung ohne Auftrag (§§ 677 ff. BGB) oder ungerechtfertigter Bereicherung (§§ 812 ff. BGB), treten[1082].

1. Kontroverse um den Anwendungsbereich des § 426 BGB

Grundsätzlich sollen die genannten Ansprüche in Anspruchskonkurrenz zueinander stehen[1083]. Diese Annahme wurde allerdings zuletzt von verschiedener Seite in Zweifel gezogen. Die erhobenen Bedenken beziehen sich dabei nur sekundär auf die Frage der Anspruchskonkurrenz. Primär geht es in der aktuellen Diskussion um den inhaltlichen und zeitlichen Anwendungsbereich des in § 426 BGB geregelten Gesamtschuldnerausgleichs. Zum einen geht es um die Frage, ob § 426 Abs. 1 BGB auch bereits vor der Leistung des Gesamtschuldners an den Gläubiger eine Pflicht zum Ausgleich, etwa in Form von Mitwirkungs- und Be-

---

1079 *Pecher*, in: Soergel, § 774, Rn. 21; *Habersack*, in: MüKo-BGB, § 774, Rn. 21; *Hadding*, in: FS Wiegand, 2005, S. 299, 315.

1080 Grundsätzlich gilt bei Anspruchskonkurrenz, dass die Ansprüche nach ihren jeweils eigenen rechtlichen Vorgaben verjähren: vgl. BGHZ 116, 297, 300; *Grothe*, in: MüKo-BGB; § 195, Rn. 46; *Jauernig*, in: Jauernig, § 194, Rn. 7; *Dörner*, in: Hk-BGB, § 194, Rn. 5; *Schmidt-Räntsch*, in: Erman, § 195, Rn. 14.

1081 Vgl. *Ehmann*, AcP 211 (2011), 491, 514; *Grüneberg*, in: Palandt, § 426, Rn. 1; *Gehrlein*, in: BeckOK-BGB, § 426, Rn. 1.

1082 Vgl. *Noack*, in: Staudinger (2005), § 426, Rn. 5; *Bydlinski*, in: MüKo-BGB, § 426, Rn. 26; *Gehrlein*, in: BeckOK-BGB, § 426, Rn. 1; *Gebauer*, in: Soergel, § 426, Rn. 13; *Ehmann*, Die Gesamtschuld, S. 108; einschränkend im Hinblick auf den Rückgriff aus GoA: *Böttcher*, in: Erman, § 426, Rn. 9.

1083 *Larenz*, AT I, S. 644; *Noack*, in: Staudinger (2005), § 426, Rn. 5; *Selb*, Mehrheiten von Gläubigern und Schuldnern, S. 95 f.; *Ehmann*, AcP 211 (2011), 491, 516.

freiungsansprüchen begründet. Zum anderen wird diskutiert, in welchem Verhältnis § 426 Abs. 1 BGB zum Zessionsregress nach § 426 Abs. 2 BGB steht.

a) Die Auffassung der herrschenden Lehre

In der Rechtsprechung und Literatur ist seit langem weitgehend anerkannt, dass dem nach § 426 Abs. 1 S. 1 BGB ausgleichsberechtigten Gesamtschuldner zunächst ein Mitwirkungs- und Befreiungsanspruch gegen die anderen Gesamtschuldner zustehe und sich dieser nach Zahlung an den Gläubiger in einen Zahlungsanspruch umwandele[1084]. Der Mitwirkungs- und Befreiungsanspruch setze zumindest Fälligkeit der Gesamtschuld voraus[1085]. Zahlung könne der ausgleichsberechtigte Gesamtschuldner dagegen erst nach Befriedigung des gemeinsamen Gläubigers verlangen[1086]. Davon unabhängig bestehe ein weiterer Zahlungsanspruch, der sich aus der gemäß § 426 Abs. 2 BGB legalzedierten Forderung ergebe[1087]. Der Rückgriff des ausgleichsberechtigten Gesamtschuld-

---

1084 BGHZ 11, 170, 174; BGHZ 181, 310, 313; *Weber*, in: RGRK-BGB, § 426, Rn. 12, 13, 15; *Noack*, in: Staudinger (2005), § 426, Rn. 6; *Böttcher*, in: Erman, § 426, Rn. 12; *Grüneberg*, in: Palandt, § 426, Rn. 4 f.; *Stürner*, in: Jauernig, § 426, Rn. 15; *Gebauer*, in: Soergel, § 426, Rn. 14 ff.; *Güntner*, Der Anspruch auf Befreiung von einer Verbindlichkeit, S. 292 ff.; *v. Koppenfels-Spieß*, Die cessio legis, S. 28 f.; *Schwedhelm*, Das Gesamtschuldverhältnis, Rn. 134; *Larenz*, AT I, S. 643 f.; *Medicus/Lorenz*, Schuldrecht AT, Rn. 850; *Looschelders*, AT, Rn. 1205; *Esser/Schmidt*, AT I/2, S. 350 f.; *Brox/Walker*, Allgemeines Schuldrecht, § 37, Rn. 15 ff.; *Wendehorst*, Jura 2004, 505, 506; *Kniffka*, BauR 2005, 274, 276; *Peters*, NZBau 2007, 337, 340; *Görmer*, JuS 2009, 7, 8; *Schwenker*, EWiR 2009, 705, 706; *Gebauer*, LMK 2010, 299711; *Cziupka*, ZGS 2010, 63, 64; *Hartmann/Lieschke*, WM 2011, 205, 206; *Ehmann*, AcP 211 (2011), 491, 517 f.

1085 RGZ 79, 288, 290; BGH NJW 1981, 1666, 1667 f.; BGH NJW 1986, 978, 979; BGH NJW-RR 2008, 256, 257; *Weber*, in: RGRK-BGB, § 426, Rn. 12; *Gehrlein*, in: BeckOK-BGB, § 426, Rn. 3; *Noack*, in: Staudinger (2005), § 426, Rn. 78; *Grüneberg*, in: Palandt, § 426, Rn. 5; *Güntner*, Der Anspruch auf Befreiung von einer Verbindlichkeit, S. 295; *Medicus/Lorenz*, Schuldrecht AT, Rn. 850; *Görmer*, JuS 2009, 7, 10; a.A. *Gebauer*, in: Soergel, § 426, Rn. 15 („mit Begründung des Gesamtschuldverhältnisses fällig", soweit der „Anspruch [...] zumindest erfüllbar im Sinne von § 271 Abs. 2 [BGB] ist"); differenzierend im Hinblick auf die Fälligkeit von Befreiungsansprüchen bei vertraglich begründeten Gesamtschulden, bei denen die Eingehung einer Verbindlichkeit geschuldet war: *S. Meier*, Gesamtschulden, S. 338 ff.

1086 *Noack*, in: Staudinger (2005), § 426, Rn. 6; *Böttcher*, in: Erman, § 426, Rn. 8; *Gebauer*, in: Soergel, § 426, Rn. 16; *Looschelders*, AT, Rn. 1205. Zur Fälligkeit des Zahlungsanspruchs ausführlich unten ab S. 220.

1087 *Weber*, in: RGRK-BGB, § 426, Rn. 62, 64; *Gebauer*, in: Soergel, § 426, Rn. 39, 48 ff.; *Müller*, in: Prütting/Wegen/Weinreich, § 426, Rn. 21; *Bydlinski*, in: MüKo-BGB, § 426, Rn. 38 ff.; *v. Koppenfels-Spieß*, Die cessio legis, S. 28 f., 439 ff.; *Selb*, Mehrheiten von Gläubigern und Schuldnern, S. 95 f.; 115; *Medicus/Lorenz*, Schuldrecht AT,

ners über die nach § 426 Abs. 2 BGB übergegangene Forderung orientiere sich zwar insoweit am ursprünglichen Forderungsinhalt[1088], die Quote bestimme sich jedoch nach dem Anspruch aus § 426 Abs. 1 BGB[1089]. Nach der herrschenden Lehre kann der ausgleichsberechtigte Gesamtschuldner seinen auf Zahlung gerichteten Regress demnach sowohl auf § 426 Abs. 1 BGB als auch auf § 426 Abs. 2 BGB stützen. Während des Zeitraums vor der Befriedigung des Gläubigers können ihm nach § 426 Abs. 1 BGB darüber hinaus Mitwirkungs- und Befreiungsansprüche gegen die ausgleichsverpflichteten Gesamtschuldner zustehen.

b) Die alte und neue Kritik der Literatur

Dieses Verständnis der herrschenden Lehre ist zuletzt vermehrt in Kritik geraten. Im Schrifttum verläuft schon seit mittlerweile mehreren Jahrzehnten eine Diskussion darüber, ob sich aus § 426 Abs. 1 BGB überhaupt Mitwirkungs- und Befreiungspflichten herleiten lassen[1090]. Zuletzt hat sich *Sonja Meier* in ihrer Habilitationsschrift für ein dahingehend restriktives Verständnis von § 426 Abs. 1 BGB ausgesprochen[1091]. Nach ihr bestehe etwa dann kein Anlass für „eine Heranziehung von § 426 Abs. 1 BGB", wenn sich aus dem Innenverhältnis der Gesamtschuldner bereits ein vertraglicher Rückgriffsanspruch ergebe[1092]. Allein im Falle eines nichtigen Innenverhältnisses erlange § 426 Abs. 1 BGB überhaupt eine eigenständige Bedeutung für den Regress der vertraglich haftenden Ge-

---

Rn. 851; *Looschelders*, AT, Rn. 1204; *Wandt*, in: FS Kollhosser, 2004, S. 769, 774 f.; *Wendehorst*, Jura 2004, 505, 507; *Klutinius/Karwatzki*, VersR 2008, 617 f.

1088 *Gebauer*, in: Soergel, § 426, Rn. 52.

1089 *Gebauer*, in: Soergel, § 426, Rn. 49; *Grüneberg*, in: Palandt, § 426, Rn. 16; *Bydlinski*, in: MüKo-BGB, § 426, Rn. 38; *v. Koppenfels-Spieß*, Die cessio legis, S. 29.

1090 Vgl. zu dieser Tendenz im Schrifttum: *S. Meier*, in: HKK-BGB, §§ 420-432/I, Rn. 162; *Goette*, Gesamtschuldbegriff und Regreßproblem, S. 128 ff.; *Winter*, Teilschuld, Gesamtschuld und unechte Gesamtschuld, S. 105 ff.; *v. Caemmerer*, ZfRV 9 (1968), 81, 84 ff.; *Denck*, JZ 1976, 669, 673 f.; *Selb*, Mehrheiten von Gläubigern und Schuldnern, S. 94; *Prediger*, Zur Auslegung und Anwendung der Regelungen im BGB über die Gesamtschuld, S. 86 ff.; ferner: *Prediger*, NJW 1970, 125 ff.; *Keuk*, JZ 1972, 528, 530 f.

1091 Vgl. *S. Meier*, Gesamtschulden, S. 295 ff., 316 ff., 329 ff., 387 f.; zuvor schon *S. Meier*, in: HKK-BGB, §§ 420-432/I, Rn. 163 ff.

1092 *S. Meier*, Gesamtschulden, S. 387: „[...] Heranziehung des § 426 Abs. 1 BGB ist überflüssig und schädlich, weil die Anspruchsgrundlage ohne Not verdoppelt wird und Regressrechte auch dann angenommen werden, wenn sie nach dem Innenverhältnis, etwa wegen Verjährung, nicht bestehen sollen". Ähnlich auch *Keuk*, JZ 1972, 528, 530. Vgl. zur vertraglichen Mitbürgschaft auch *S. Meier*, Gesamtschulden, S. 1225; ähnlich insoweit auch *Pecher*, in: Soergel, § 769, Rn. 1, 8.

samtschuldner[1093]. Auch bestehen nach dieser Interpretation grundsätzlich keine unmittelbar aus § 426 Abs. 1 BGB folgenden Mitwirkungspflichten der Gesamtschuldner[1094]. Ferner könne nicht stets von zwischen den Gesamtschuldnern bestehenden Befreiungsansprüchen ausgegangen werden[1095]. Ob im Einzelfall Mitwirkungs- und Befreiungsansprüche bestünden, hänge unter anderem davon ab, ob es sich um vertraglich oder gesetzlich begründete Gesamtschulden handele und ein konkretes Innenverhältnis vorliege[1096].

Zur Begründung führt diese Ansicht zunächst an, die Prämisse der herrschenden Lehre beruhe auf einer keinesfalls zweifelsfreien Analyse der Entstehungsgeschichte der Vorschriften über den Gesamtschuldnerausgleich[1097]. Es sei nämlich unklar, ob der historische Gesetzgeber einen vom Begründungstatbestand (gesetzlich oder vertraglich) der Gesamtschuld unabhängigen Ausgleichsanspruch schaffen wollte und dieser tatsächlich weitreichende Mitwirkungs- und Befreiungspflichten für die Gesamtschuldner begründen sollte[1098]. Schließlich sei die Annahme von allein durch § 426 Abs. 1 BGB begründeten Mitwirkungs- und Befreiungspflichten auch „rechtspolitisch" angreifbar[1099]. Dafür spreche ferner der Vergleich mit den Rechtsordnungen deutscher Nachbarländer, in denen die Annahme von Mitwirkungspflichten ohne das Bestehen eines besonderen Innenverhältnisses weitgehend unbekannt wäre[1100].

1093 *S. Meier*, Gesamtschulden, S. 370 ff., 388.

1094 *S. Meier*, Gesamtschulden, S. 316 ff., 387 f.; so auch *Prediger*, Zur Auslegung und Anwendung der Regelungen im BGB über die Gesamtschuld, S. 109 ff.

1095 *S. Meier*, Gesamtschulden, S. 329 ff., 386, 387 f., 627 ff., 639; so auch *Winter*, Teilschuld, Gesamtschuld und unechte Gesamtschuld, S. 105 ff.; *Prediger*, Zur Auslegung und Anwendung der Regelungen im BGB über die Gesamtschuld, S. 119 ff.

1096 Vgl. *S. Meier*, Gesamtschulden, S. 387 f., 601 ff., 627 ff., 1224 ff. Für das Bestehen von Mitwirkungspflichten zumindest bei vertraglich begründeten Gesamtschulden grundsätzlich: *v. Caemmerer*, ZfRV 9 (1968), 81, 85; *Denck*, JZ 1976, 669, 673; *Prediger*, NJW 1970, 125, 127 (allerdings gegen die grundsätzliche Annahme von „Befreiungspflichten").

1097 *S. Meier*, Gesamtschulden, S. 279 ff., 385 f., 387 f.; *S. Meier*, in: HKK-BGB, §§ 420-432/I, Rn. 165; vgl. auch *Goette*, Gesamtschuldbegriff und Regreßproblem, S. 128 ff.; *Winter*, Teilschuld, Gesamtschuld und unechte Gesamtschuld, S. 72 ff.

1098 Vgl. *S. Meier*, Gesamtschulden, S. 279 ff.; *S. Meier*, in: HKK-BGB, §§ 420-432/I, Rn. 165; *Winter*, Teilschuld, Gesamtschuld und unechte Gesamtschuld, S. 72 ff.

1099 *S. Meier*, in: HKK-BGB, §§ 420-432/I, Rn. 164; so auch *v. Caemmerer*, ZfRV 9 (1968), 81, 91 (für „Delikts- und Haftpflichtschulden").

1100 *S. Meier*, Gesamtschulden, S. 612, 626; *S. Meier*, in: HKK-BGB, §§ 420-432/I, Rn. 165; *S. Meier*, AcP 211 (2011), 435, 448 f.; zum Rechtsvergleich auch *v. Caemmerer*, ZfRV 9 (1968), 81, 84 ff., 91 (insbesondere zum französischen Recht); *Wahle*, VersR 1966, 790.

Eine ebenfalls neuere Ansicht von *Stamm* stellt dagegen insbesondere die bisher vorherrschende Auslegung der Systematik des § 426 BGB in Frage. Nach ihm liege § 426 Abs. 1 BGB ausschließlich die Funktion zugrunde, dem Rückgriffsgläubiger vor der Zahlung an den Gläubiger einen auf Freihaltung gerichteten Anspruch gegen die anderen Gesamtschuldner zu verschaffen, dessen Umfang sich aus dem Innenverhältnis ergebe[1101]. Ein Zahlungsanspruch ließe sich aus § 426 Abs. 1 BGB dagegen nicht, auch nicht nach Erfüllung der Verbindlichkeit, ableiten[1102]. Der auf Zahlung gerichtete Regressanspruch folge allein aus der Legalzession gemäß § 426 Abs. 2 BGB[1103]. Die Abgrenzung der Ansprüche aus § 426 Abs. 1 und § 426 Abs. 2 BGB vollziehe sich demnach anhand des „zeitlichen Anwendungsbereichs" und orientiere sich mithin allein am Zeitpunkt der Gläubigerbefriedigung[1104]. Nach diesem Verständnis rückt also zum einen der Zeitpunkt der Inanspruchnahme des Gesamtschuldners in den Vordergrund, zum anderen wird damit gleichzeitig eine Aussage zur Anspruchskonkurrenz getroffen, weil § 426 Abs. 1 BGB und § 426 Abs. 2 BGB nicht nebeneinander verfolgt werden könnten.

2. *Stellungnahme*

Stamm stützt sich bei seinem Vorschlag, § 426 Abs. 1 BGB nur auf den Zeitraum bis zur Inanspruchnahme des späteren Rückgriffsgläubigers anzuwenden, insbesondere auf eine am Wortlaut und an der Systematik ausgerichtete Auslegung[1105]. Die Auffassung, die grundsätzlich keine Mitwirkungs- und Befreiungspflichten der Gesamtschuldner anerkennt[1106], bezieht sich dagegen vornehmlich auf die Entstehungsgeschichte des Gesamtschuldnerausgleichs. Beide Ansichten lassen sich durch Auslegung der zugrundeliegenden Vorschriften widerlegen.

1101 *Stamm*, NJW 2004, 811; *Stamm*, BauR 2004, 240, 244; *Stamm*, Regreßfiguren im Zivilrecht, S. 71.

1102 Vgl. *Stamm*, NJW 2004, 811 f.

1103 *Stamm*, BauR 2004, 240, 244; *Stamm*, Regreßfiguren im Zivilrecht, S. 71.

1104 *Stamm*, NJW 2004, 811, 812. An diesem Ort findet sich ein weiterer Vorschlag *Stamms,* der sich auf die analoge Anwendung der §§ 412, 404 BGB auf den von *Stamm* als Freistellungsanspruch verstandenen § 426 Abs. 1 BGB stützt. Dieser Ansatz betrifft indes spezifische Verjährungsprobleme, so dass auf diesen einzugehen an späterer Stelle Anlass gegeben wird (vgl. auch *Stamm*, BauR 2004, 240, 244 f.; *Stamm*, Regreßfiguren im Zivilrecht, S. 71.).

1105 *Stamm*, NJW 2004, 811 f.; *Stamm*, Regreßfiguren im Zivilrecht, S. 69 ff.

1106 Vgl. *S. Meier*, Gesamtschulden, S. 316 ff., 329 ff., 387 f.; *Prediger*, Zur Auslegung und Anwendung der Regelungen im BGB über die Gesamtschuld, S. 86 ff.; *Goette*, Gesamtschuldbegriff und Regreßproblem, S. 132 ff.; *Winter*, Teilschuld, Gesamtschuld und unechte Gesamtschuld, S. 105 ff.

a) Wortlaut

Nach *Stamm* spreche der Wortlaut des § 426 Abs. 1 BGB nur von einer „Verpflichtung zu gleichen Anteilen“, nicht hingegen von der „Befriedigung des Gläubigers“ wie etwa § 426 Abs. 2 BGB[1107]. Im Vergleich mit § 426 Abs. 2 BGB ließe sich daraus ableiten, dass § 426 Abs. 2 BGB den Rückgriff nach Befriedigung, § 426 Abs. 1 BGB hingegen den Ausgleich vor Befriedigung, regelte[1108].

Dieses Verständnis reduzierte den Wortlaut in unzulässiger Art und Weise auf den Zeitraum vor der Inanspruchnahme der Gesamtschuldner durch den Gläubiger. § 426 Abs. 1 S. 1 BGB besagt lediglich, dass die Gesamtschuldner „im Verhältnis zueinander zu gleichen Teilen verpflichtet“ sind. Verwertbare Aussagen über den zeitlichen und funktionellen Anwendungsbereich werden damit nicht getroffen[1109]. Zwar ergibt demgegenüber schon die Auslegung des Wortlauts von § 426 Abs. 2 BGB, dass die dort angeordnete Legalzession nur *nach* bzw. mit Befriedigung des Gläubigers erfolgen kann[1110]. Ein *argumentum a fortiori*, damit sei auch der zeitliche Anwendungsbereich von § 426 Abs. 1 BGB festgelegt[1111], kann darauf allerdings nicht gestützt werden.

b) Entstehungsgeschichte

Im Besonderen spricht die Entstehungsgeschichte für die herrschende Lehre. Während im römischen Recht die Annahme eines allgemeinen Ausgleichsrechts für die *Correalobligationen* noch unbekannt war[1112], hat sich der Gesetzgeber des BGB durch die Kodifizierung des § 426 Abs. 1 BGB für eine selbstständige Ausgleichspflicht der Gesamtschuldner entschieden, die vor und nach der Leis-

1107 *Stamm*, NJW 2004, 811.

1108 *Stamm*, NJW 2004, 811.

1109 Vgl. *Hartmann/Lieschke*, WM 2011, 205, 207; *Gebauer*, LMK 2010, 299711; ferner: *Bydlinski*, in: MüKo-BGB, § 426 BGB, Rn. 70 („nicht deutlich geregelt“); *Winter*, Teilschuld, Gesamtschuld und unechte Gesamtschuld, S. 81 f., 103; a.A. wohl *Lischka*, Der Begriff der Gesamtschuld unter besonderer Berücksichtigung der Ausgleichungspflicht, S. 68, der auch aus dem Wortlaut des § 426 Abs. 1 BGB herleiten will, dass die Gesamtschuldner vor der Leistung zum Ausgleich verpflichtet wären.

1110 Vgl. *Lischka*, Der Begriff der Gesamtschuld unter besonderer Berücksichtigung der Ausgleichungspflicht, S. 68; *Böttcher*, in: Erman, § 426, Rn. 46; *Grüneberg*, in: Palandt, § 426, Rn. 16; *Noack*, in: Staudinger (2005), § 426, Rn. 120.

1111 So ist *Stamm*, NJW 2004, 811, wohl zu verstehen, soweit er, vom Wortlaut ausgehend, die nach seiner Auffassung erforderliche Trennung der beiden Absätze des § 426 BGB begründet.

1112 *v. Savigny*, Das Obligationenrecht als Theil des heutigen römischen Rechts, Band I, § 23, S. 227: „Der allgemeine Grund [...] liegt darin, daß das abstracte Wesen der Correalschuld an sich, auf eine Ausgleichung nicht führt, daß dieselbe also jenem Wesen fremd ist.“

tung an den gemeinsamen Gläubiger Bestand haben soll. Insoweit handelt es sich beim Gesamtschuldnerausgleich gemäß § 426 Abs. 1 BGB in der Tat um „eines der echten *nova*“ des BGB[1113].

In den *Motiven* steht, dass § 426 Abs. 1 BGB eine „über das nach [...] bewirkter Leistung in Frage kommende Ausgleichungs- und Regreßrecht hinausgehende Bedeutung“ habe[1114]. Diese Bedeutung liege in der Mitwirkungs- und Befreiungspflicht der Gesamtschuldner untereinander[1115]. Bereits der historische Gesetzgeber ging somit davon aus, dass sich der Ausgleich zwischen den Gesamtschuldnern vor und nach bewirkter Leistung nach § 426 Abs. 1 BGB richtet[1116]. Das in § 426 Abs. 1 BGB zum Ausdruck kommende besondere Innenverhältnis zwischen den Gesamtschuldnern geht über den Zahlungsregress hinaus und begründet für diese auch die Pflicht, im Umfang ihrer Haftungsquote bei der Erfüllung der Gläubigerforderung mitzuwirken[1117]. Folgte man der Lesart von *Stamm*, bliebe § 426 Abs. 1 S. 1 BGB indes nur ein höchst beschränkter Anwendungsbereich, den der historische Gesetzgeber nicht vor Augen gehabt hat.

Insofern streitet die Entstehungsgeschichte auch gegen die Auffassung, die starke Vorbehalte gegen die allgemeine Annahme von Mitwirkungs- und Befreiungspflichten der Gesamtschuldner äußert[1118]. Es mag sein, dass weder in den Beratungsprotokollen von *Jakobs* und *Schubert*[1119] noch in den Begründungen

---

1113 *Glöckner*, Gesamtschuldvorschriften und Schuldnermehrheiten bei unterschiedlichen Leistungsinhalten, S. 118.

1114 Motive II, S. 169 f., bei *Mugdan*, II. Band, S. 93.

1115 Vgl. Motive II, S. 170, bei *Mugdan*, II. Band, S. 93; kritisch zu dieser Passage in den Motiven insbesondere *Goette*, Gesamtschuldbegriff und Regreßproblem, S. 132, der darauf hinweist, dass die die Mitwirkungs- und Befreiungspflicht betreffenden Passagen in den Motiven „nicht so ernst genommen werden“ dürfe.

1116 *Güntner*, Der Anspruch auf Befreiung von einer Verbindlichkeit, S. 296; *Lischka*, Der Begriff der Gesamtschuld unter besonderer Berücksichtigung der Ausgleichungspflicht, S. 68; *Noack*, in: Staudinger (2005), § 426, Rn. 2, 6.

1117 Grundlegend zum Innenverhältnis: *Ehmann*, Die Gesamtschuld, S. 108 f.; allgemein zu den daraus folgenden Pflichten: BGHZ 181, 310, 313 f.; *Noack*, in: Staudinger (2005), § 426, Rn. 2, 6; *Weber*, in: RGRK-BGB, § 426, Rn. 3, 11 ff.; *Böttcher*, in: Erman, § 426, Rn. 1, 3, 12; *Esser/Schmidt*, AT I/2, S. 348 ff.

1118 Vgl. *S. Meier*, Gesamtschulden, S. 316 ff., 329 ff., 387 f.; *Prediger*, Zur Auslegung und Anwendung der Regelungen im BGB über die Gesamtschuld, S. 86 ff.; *Goette*, Gesamtschuldbegriff und Regreßproblem, S. 132 ff.; *Selb*, Mehrheiten von Gläubigern und Schuldnern, S. 94.

1119 Gemeint sind die Protokolle zu den (Vor-)Beratungen der Ersten Kommission, abgedruckt bei *Jakobs/Schubert*, Die Beratung des Bürgerlichen Gesetzbuchs, SR I, S. 877 ff.

zum vorherigen Teilentwurf des Redaktors *von Kübel* von 1878[1120], der zumindest den maßgeblichen Beratungen der Ersten Kommission zum Gesamtschuldnerausgleich im Jahr 1882 zugrunde gelegen hat[1121], Beratungen über mögliche Mitwirkungspflichten der Gesamtschuldner ausdrücklich dokumentiert worden sind[1122]. Insoweit mögen Zweifel an den *Motiven* im Hinblick auf deren tatsächliche Legitimation durch die Erste Kommission bestehen[1123]. Da es jedoch an weiteren und genaueren Dokumentationen fehlt, bleibt allein die Möglichkeit, auf die bereits angesprochenen Passagen in den *Motiven* zu rekurrieren[1124]. Nur sie können Einblick über den letzten Stand der Entwicklung der Diskussion zum Gesamtschuldnerregress vor dem Inkrafttreten des BGB gewähren. Nicht einzusehen ist demgegenüber, weshalb zum Teil bloß hypothetische und heute kaum mehr beweisbare Erwägungen[1125] über den Grund, warum sich keine genaueren Dokumentierungen zu einem ausdrücklichen Beschluss der Kommission über Mitwirkungspflichten finden ließen[1126], den in den *Motiven* zuletzt getroffenen Aussagen vorzuziehen wären[1127].

1120 § 20 Abs. 1 des Teilentwurfs lautete: „Der Gesammtgläubiger, an welchen erfüllt wurde, ist zur Theilung des Empfangenen mit den übrigen Gesammtgläubigern nach Kopftheilen verpflichtet, und der Gesammtschuldner, welcher erfüllt hat, im Zweifel zur Forderung des Ersatzes von den übrigen Gesammtschuldnern nach Kopftheilen berechtigt, wenn nicht aus dem Gesetze oder aus den Umständen ein Anderes sich ergiebt. Insoweit als hiernach der Gesammtschuldner, welcher erfüllt hat, Ersatz von den übrigen Gesammtschuldnern zu verlangen berechtigt ist, kann er gegen diese auch die Rechte des Gläubigers geltend machen“ (zitiert nach *Jakobs/Schubert*, Die Beratung des Bürgerlichen Gesetzbuchs, SR I, S. 912, 947).

1121 Gemeint ist die 68. Sitzung vom 10.03.1882, in der über die Änderung von § 20 des Teilentwurfs abgestimmt wurde (vgl. dazu *Jakobs/Schubert*, Die Beratung des Bürgerlichen Gesetzbuchs, SR I, S. 947 f.).

1122 *S. Meier*, Gesamtschulden, S. 283 f.

1123 Vgl. *Winter*, Teilschuld, Gesamtschuld und unechte Gesamtschuld, S. 15, 81.

1124 Nachfolgend sind stets Motive II, S. 169 f., bei *Mugdan*, S. 93, gemeint.

1125 Vgl. auch die dahingehenden Überlegungen von *Winter*, Teilschuld, Gesamtschuld und unechte Gesamtschuld, S. 15 f., 73 ff.

1126 Vgl. *S. Meier*, Gesamtschulden, S. 284: „Es erscheint kaum wahrscheinlich, dass ein solch zentraler Gedanke, der geradezu das Gegenteil von dem verkörpert, was *von Kübel* vorschwebte, wäre er in den Gesamtschuldberatungen zur Sprache gekommen, überhaupt nicht dokumentiert worden wäre“. Das Gleiche trifft für eine weitere, heute wohl nicht mehr beweisbare Äußerung zu: „[Der] Verfasser der 1887 fertiggestellten Motive zum Gesamtschuldrecht gehörte offenbar zu den, wahrscheinlich von *Unger* beeinflussten [hier erfolgt ein Verweis auf *Winter*, Teilschuld, Gesamtschuld und unechte Gesamtschuld, S. 80], Befürwortern von Mitwirkungs- und Befreiungsansprüchen (so: *S. Meier*, Gesamtschulden, S. 285).

Als Zwischenfazit ist festzuhalten, dass sich der Inhalt des Ausgleichsanspruchs durch die Analyse der Gesetzeshistorie heute wohl nicht mehr ganz zweifelsfrei bestimmen lässt. Insoweit kann der jüngst von *Gebauer* getroffenen Aussage, nach der die Mitwirkungspflichten insgesamt nur „lose in der Entstehungsgeschichte verankert" seien[1128], zugestimmt werden. Zumindest die *Motive*, die den Ausgangspunkt der Kontroverse bilden, lassen jedoch klare Schlüsse zu. Selbst von der Gegenauffassung wird festgestellt, dass die *Motive* erkennbare Hinweise auf eine allgemeine Ausgleichspflicht der Gesamtschuldner enthielten[1129]. Zu Recht sind die dortigen Erwägung daher auch seit langem in Rechtsprechung und Literatur anerkannt. Dafür spricht ferner, dass sich dem Gesetzgeber in der Vergangenheit – die Kritik im Schrifttum in Bezug auf den Anspruchsinhalt ist ja nicht neu, sondern ist bereits in den sechziger[1130] und siebziger Jahren[1131] des vergangenen Jahrhunderts erhärtet worden – zahlreiche Möglichkeiten geboten hätten, der herrschenden Deutung des § 426 BGB durch eine Gesetzesänderung zu begegnen. Was den Inhalt des Ausgleichsanspruchs unter den Gesamtschuldnern betrifft, kann sich das Dogma der herrschenden Lehre daher mittlerweile wohl auch auf die Billigung durch den Gesetzgeber berufen.

c) Systematik

Wiederum gegen *Stamm* ist anzuführen, dass auch der Systematik des § 426 BGB nicht zu entnehmen ist, dass § 426 Abs. 1 BGB und § 426 Abs. 2 BGB durch den zeitlichen Anwendungsbereich voneinander abgegrenzt werden müssten[1132]. Es besteht vielmehr eine Wechselwirkung zwischen dem Ausgleichsanspruch aus § 426 Abs. 1 BGB und der bestärkenden Legalzession. Jene Wechselwirkung lässt sich damit begründen, dass der Umfang der nach § 426 Abs. 2 BGB übergeleiteten Forderung vom Ausgleichsanspruch gemäß § 426 Abs. 1 BGB abhängig ist[1133]. Dies hat bereits *Reichel* vor über 100 Jahren festgestellt

---

1127 Vgl. auch *Ehmann*, AcP 211 (2011), 491, 518, nach dem zumindest die Verfasser der *Motive* zu Recht erkannt hätten, dass sich das allgemeine Ausgleichsverhältnis zwischen den Gesamtschuldnern aus dem „Wesen der Gesamtschuld" oder zumindest der „Natur der Sache" ergebe. Davor bereits ähnlich: *Ehmann*, Die Gesamtschuld, S. 109 („notwendiges Korrelat").

1128 *Gebauer*, LMK 2010, 299711.

1129 *S. Meier*, Gesamtschulden, S. 283, mit dem Verweis auf die Motive II, S. 169 f., bei *Mugdan*, II. Band, S. 93.

1130 Vgl. *v. Caemmerer*, ZfRV 9 (1968), 81, 84 ff.

1131 Vgl. *Goette*, Gesamtschuldbegriff und Regreßproblem, S. 128 ff., 131 ff.; *Prediger*, NJW 1970, 125 ff.; *Keuk*, JZ 1972, 528, 530 f.

1132 So aber: *Stamm*, NJW 2004, 811, 812.

und das Verhältnis von § 426 Abs. 1 BGB zu § 426 Abs. 2 BGB wie folgt auf den Punkt gebracht:

> „[...] Der Umfang des Nachschubregresses findet in dem des Erstattungsregresses, nicht aber der Umfang des Erstattungsregresses in dem des Nachschubregresses seine obere Grenze"[1134].

d) Telos und rechtspolitische Erwägungen

Abschließend ist mit Blick auf die *Ratio* des § 426 Abs. 2 BGB zu konstatieren, dass der Forderungsübergang neben dem Rückgriff noch eine weitere Funktion ausfüllen soll: Er dient der Sicherung des Ausgleichsanspruchs gemäß § 426 Abs. 1 BGB[1135]. Durch die *cessio legis* soll dem Rückgriffsgläubiger über §§ 412, 401 BGB der Zugriff auf die akzessorischen Sicherheiten eröffnet werden[1136]. Dies spricht dafür, der Legalzession gemäß § 426 Abs. 2 BGB eine eigenständige Bedeutung neben dem Anspruch aus § 426 Abs. 1 BGB zuzusprechen. Dass die Sicherheiten erst nach Befriedigung des Gläubigers übergehen können und damit der Sicherung des neuen Forderungsinhabers dienen, hängt mit der Akzessorietät dieser Sicherheiten zusammen und lässt sich ebenfalls nicht zugunsten der von *Stamm* vertretenen These heranziehen. § 426 Abs. 2 BGB soll anerkanntermaßen eine den Regress nach § 426 Abs. 1 BGB „verstärkende" Funktion erfüllen[1137]. Von dieser Funktion könnte für den Zessionsregress aber keine Rede mehr sein, wenn der ausgleichsberechtigte Gesamtschuldner ab Befriedigung des Gläubigers ohnehin nur noch nach § 426 Abs. 2 BGB vorgehen könnte. § 426 Abs. 2 BGB diente dann nicht mehr der Sicherung des

---

1133 Vgl. *Noack*, in: Staudinger (2005), § 426, Rn. 124; *Gehrlein*, in: BeckOK-BGB, § 426, Rn. 16; *Grüneberg*, in: Palandt, § 426, Rn. 16; *Weber*, in: RGRK-BGB, § 426, Rn. 62; *v. Koppenfels-Spieß*, Die cessio legis, S. 29; *Schwedhelm*, Das Gesamtschuldverhältnis, Rn. 198; *S. Meier*, Gesamtschulden, S. 430; *Wendehorst*, Jura 2004, 505, 507.

1134 *Reichel*, Die Schuldmitübernahme, S. 568. Mit „Nachschubregress" ist bei Reichel der Rückgriff über die legalzedierte Forderung nach § 426 Abs. 2 BGB gemeint.

1135 *Heck*, Grundriß des Schuldrechts, S. 236; *Lischka*, Der Begriff der Gesamtschuld unter besonderer Berücksichtigung der Ausgleichungspflicht, S. 73; *S. Meier*, Gesamtschulden, S. 389, 430; *Reinicke*, VersR 1967, 1.

1136 Motive II, S. 170, bei *Mugdan*, II. Band, S. 94; *Böttcher*, in: Erman, § 426, Rn. 46, 49; *Gebauer*, in: Soergel, § 426, Rn. 3, 56; *Noack*, in: Staudinger (2005), § 426, Rn. 122; *Schwedhelm*, Das Gesamtschuldverhältnis, Rn. 199; *S. Meier*, Gesamtschulden, S. 389.

1137 Dieser Begriff hat sich in der Literatur und Rechtsprechung etabliert. Vgl. BGHZ 103, 72, 76; *Böttcher* in: Erman, § 426, Rn. 46; *Bydlinski*, in: MüKo-BGB, § 426, Rn. 38; *Gehrlein*, in: BeckOK-BGB, § 426, Rn. 16; *Müller*, in: Prütting/Wegen/Weinreich, § 426, Rn. 21; *Selb*, Mehrheiten von Gläubigern und Schuldnern, S. 113; *v. Olshausen*, Gläubigerrecht und Schuldnerschutz bei Forderungsübergang und Regreß, S. 148.

Anspruchs nach § 426 Abs. 1 S. 1 BGB, sondern hätte eine von diesem Anspruch vollkommen isolierte Funktion, die über die *ratio legis* hinausginge.

Der von *Stamm* vertretene Ansatz, nach dem ein auf Zahlung gerichteter Ausgleich zwischen den Gesamtschuldnern ausschließlich auf § 426 Abs. 2 BGB gestützt werden könne[1138], vermag daher nicht zu überzeugen. Vielmehr ist der herrschenden Meinung zu folgen, und zwar auch in dem Punkt, dass § 426 Abs. 1 BGB nicht nur Zahlungspflichten, sondern auch Mitwirkungs- und Befreiungspflichten begründet.

An diesem Ergebnis können endlich auch die rechtsvergleichenden Hinweise der Gegenauffassung[1139] nicht mehr rütteln, zumal sich daraus keine Rückschlüsse auf den Anspruchsinhalt des geltenden § 426 Abs. 1 S. 1 BGB ziehen lassen. Zwar sieht etwa das Recht der Schweiz gemäß Art. 148 Abs. 2 OR nur einen Ausgleichsanspruch unter den „Solidarschuldnern" vor, der mit der Zahlung des ausgleichsberechtigten Schuldners fällig wird und keine Mitwirkungs- und Befreiungspflichten begründet[1140]. Auch die *Principles of European Contract Law* erkennen in Art. 10:106 Abs. 1 PECL nur einen Ausgleichsanspruch der Gesamtschuldner nach erfolgter Zahlung an[1141]. Eine nahezu gleichlautende Regelung enthält weiter der *Draft Common Frame of Reference* in Art. III.-4:107 Abs. 1 DCFR[1142]. Vor dem Hintergrund mag eine Angleichung an die Rechtsordnungen der europäischen Nachbarländer „rechtspolitisch" wünschenswert sein[1143]. *De lege lata* bleibt es jedoch für den Anspruch aus § 426 Abs. 1 S. 1 BGB dabei, dass dieser eine allgemeine Ausgleichspflicht der Gesamtschuldner statuiert. Vor der Leistung bestehen Mitwirkungs- und Befreiungspflichten, nach der Zahlung an den Gläubiger wandelt sich der Anspruch in einen Zahlungsanspruch um. Auf die Unterscheidung zwischen vertraglich und gesetzlich begründeten Gesamtschulden kommt es zumindest für die Frage des Anspruchsinhalts von § 426 Abs. 1 BGB nicht an.

1138 *Stamm*, NJW 2004, 811; *Stamm*, BauR 2004, 240, 244; *Stamm*, Regreßfiguren im Zivilrecht, S. 71.

1139 *S. Meier*, Gesamtschulden, S. 612, 626; *S. Meier*, in: HKK-BGB, §§ 420-432/I, Rn. 165; *S. Meier*, AcP 211 (2011), 435, 447 ff.; *v. Caemmerer*, ZfRV 9 (1968), 81, 84 ff., 91.

1140 Vgl. dazu *Ernst*, in: Individuum und Verband, 2006, S. 175, 178 f.

1141 *v. Bar/Zimmermann*, Grundregeln des Europäischen Vertragsrechts, Teil III, S. 640; *S. Meier*, AcP 211 (2011), 435, 447 f.

1142 *S. Meier*, AcP 211 (2011), 435, 447.

1143 Dazu *S. Meier*, in: HKK-BGB, §§ 420-432/I, Rn. 164; *v. Caemmerer*, ZfRV 9 (1968), 81, 91.

3. *Ergebnis*

Nach dem gesetzgeberischen Willen, der zu Recht sowohl in der Rechtsprechung als auch im Schrifttum überwiegend anerkannt wird, begründet § 426 Abs. 1 BGB eine allgemeine Ausgleichspflicht der Gesamtschuldner. Der Inhalt dieses Ausgleichsanspruchs beschränkt sich jedoch nicht, wie *Stamm* meint, auf die Mitwirkung und Befreiung. Ebenso wenig überzeugt die Ansicht von *Sonja Meier*, die generell restriktiv im Hinblick auf Mitwirkungs- und Befreiungspflichten argumentiert. Der Anwendungsbereich der Norm ist daher weder auf den Zeitraum vor noch auf den Zeitraum nach der Leistung an den gemeinsamen Gläubiger limitiert. Nach der Befriedigung des Gläubigers besteht daneben eine weitere Rückgriffsmöglichkeit über die legalzedierte Forderung gegen die anderen Gesamtschuldner gemäß §§ 426 Abs. 2, 412 BGB. Der Regress über die *cessio legis* kann zwar unabhängig von dem Anspruch gemäß § 426 Abs. 1 S. 1 BGB geltend gemacht werden, der Anspruch geht jedoch nur in Höhe der Ausgleichspflicht im Innenverhältnis über, § 426 Abs. 2 S. 1 BGB („soweit"). Auf die verjährungsrechtlichen Auswirkungen dieser Prämisse wird im Folgenden einzugehen sein.

III. Rückgriffsansprüche des Mitbürgen

Nicht selten stehen mehrere Bürgen für die Sicherung der Hauptschuld ein. In dem Fall haften sie dem Gläubiger wegen § 769 BGB gesamtschuldnerisch. Doch nur *prima facie* handelt es sich bei dem in § 774 Abs. 2 BGB enthaltenen Verweis, dass sich der Mitbürgenregress in Form des Gesamtschuldnerausgleichs nach § 426 BGB vollziehe, um eine entbehrliche Feststellung[1144]. Dass § 774 Abs. 2 BGB eine nicht bloß deklaratorische Wirkung hat, folgt aus der Besonderheit der Mitbürgenregresskonstellation. Diese besteht darin, dass sich die Gesamtschuld der Mitbürgen aus den einzelnen Bürgschaftsforderungen konstituiert, die wiederum dieselbe Hauptschuld sichern[1145]. Die Leistung des Mitbürgen auf „seine" Bürgenschuld führt dazu, dass die gesicherte Hauptschuld zum Regress gegenüber dem Hauptschuldner auf ihn gemäß § 774 Abs. 1 S. 1 BGB übergeht. Weil es sich dabei um einen Fall der *cessio legis* handelt, gingen nach §§ 412, 401 BGB auch die akzessorischen Sicherheiten und damit auch die Mitbürgschaft des anderen über[1146]. § 774 Abs. 2 BGB stellt durch den Hinweis auf § 426 BGB indes klar, dass die Bürgschaft nach § 774 Abs. 1. S. 1, 412, 401

1144 *Habersack*, AcP 198 (1998), 152, 158 („keineswegs überflüssig").

1145 Vgl. *Brödermann*, in: Prütting/Wegen/Weinreich, § 769, Rn. 3 ff.; *Sprau*, in: Palandt, § 769, Rn. 1; *Horn*, in: Staudinger (1997), § 769, Rn. 1 ff.; *Rohe*, in: BeckOK-BGB, § 769, Rn. 2 ff.

BGB nur im Umfang des Ausgleichsanspruchs im Innenverhältnis (§ 426 Abs. 1 BGB) auf den leistenden Mitbürgen übergeht[1147].

IV. Rückgriffsansprüche beim Schuldbeitritt

Das Rückgriffsregime des Schuldbeitritts richtet sich nach dem hier grundsätzlich befürworteten Verständnis wiederum danach, ob dieser Sicherungs- oder Übernahmezwecken zu dienen bestimmt ist. Im letztgenannten Fall kommt es zwar zur Anwendung von Gesamtschuldrecht, so dass sich der Ausgleich dort grundsätzlich nach § 426 BGB zu richten hat[1148]. Beruht der Schuldbeitritt aber auf einem Auftragsverhältnis mit dem Ursprungsschuldner, kann daneben ein Aufwendungsersatzanspruch gemäß § 670 BGB in Frage kommen[1149]. Allerdings sind weitere Differenzierungen vorzunehmen. Es kommt insbesondere darauf an, wer von wem Rückgriff nehmen will. Erfolgt der Schuldbeitritt aus Übernahmezwecken, soll der Ursprungsschuldner im Innenverhältnis regelmäßig von jeder Inanspruchnahme freigestellt werden[1150]. Leistet der Beitrittschuldner an den Gläubiger, ist er im Verhältnis zum Ursprungsschuldner am Regress gehindert. Für den in Anspruch genommenen Urschuldner gilt dies jedoch umgekehrt nicht. Wegen seiner vollständigen Freistellung im Innenverhältnis, kann er regelmäßig voll Regress beim Beitrittsschuldner nehmen[1151].

Dient der Schuldbeitritt hingegen allein der Sicherung der Ursprungsschuld, richtet sich der Regress nach den Vorschriften über die Bürgschaft. Auch hier

---

1146 *Kanka*, JherJb 87 (1937/38), 123, 170 f.; *Zeising*, WM 2010, 2204, 2210; *Habersack*, AcP 198 (1998), 152, 158 f.; a.A. *H. P. Westermann*, Jura 1991, 567; *Bülow*, in: GS Schultz, 1987, S. 49, 50; *Bülow*, Recht der Kreditsicherheiten, Rn. 1025; differenzierend: *Finger*, BB 1974, 1416; *S. Meier*, Gesamtschulden, S. 1143 (Übergang nach §§ 774 Abs. 1, 426 Abs. 2 BGB).

1147 Motive II, S. 674, bei *Mugdan*, II. Band, S. 376; grundlegend bereits: *Kremer*, Die Mitbürgschaft, S. 172 ff., 202 ff., 207; *Kanka*, JherJb 87 (1937/38), 123, 172; vgl. auch *Reinicke/Tiedtke*, Bürgschaftsrecht, Rn. 406; *Bülow*, Recht der Kreditsicherheiten, Rn. 1024; *Horn*, in: Staudinger (1997), § 774, Rn. 43 ff.; *Habersack*, in: MüKo-BGB, § 774, Rn. 22; *Beckmann*, in: NK-BGB, § 774, Rn. 9; *Zeising*, WM 2010, 2204, 2210; *Habersack*, AcP 198 (1998), 152, 158 f.; *Coester-Waltjen*, Jura 2001, 742, 747.

1148 *Schürnbrand*, Der Schuldbeitritt zwischen Gesamtschuld und Akzessorietät, S. 45 f., 145 ff.

1149 *Medicus/Lorenz*, Schuldrecht AT, Rn. 861; *Bülow*, Recht der Kreditsicherheiten, Rn. 1606.

1150 *Schürnbrand*, Der Schuldbeitritt zwischen Gesamtschuld und Akzessorietät, S. 46.; vgl. auch: *Madaus*, Der Schuldbeitritt als Personalsicherheit, S. 36, 306.

1151 *Schürnbrand*, Der Schuldbeitritt zwischen Gesamtschuld und Akzessorietät, S. 46, 139.

findet allerdings nur ein einseitiger Rückgriff des Beitrittsschuldners gegen den Ursprungsschuldner statt[1152]. Leistet der als Sicherungsgeber fungierende Beitrittsschuldner an den Gläubiger, kann er seinen Rückgriff zum einen gemäß § 670 BGB auf das Auftragsverhältnis mit dem Ursprungsschuldner, zum anderen gemäß § 774 Abs. 1 S. 1 BGB analog auf die legalzedierte Forderung des Gläubigers gegen den Urschuldner stützen[1153].

Mit der Forderung gegen den Urschuldner erwirbt der Beitrittsschuldner gleichzeitig die für diese Forderung bestehenden akzessorischen Sicherheiten gemäß §§ 412, 401 BGB analog. Dagegen wird zum Teil eingewandt, dass grundsätzlich kein Analogiebedürfnis für die Anwendung von § 774 Abs. 1 S. 1 BGB bestehe, da § 426 Abs. 2 BGB bereits eine *cessio legis* zugunsten des in Anspruch genommenen Schuldners eröffne[1154]. In dieser Allgemeinheit geht das fehl. Da das Gesetz keine Regelungen für den Sicherungsbeitritt bereitstellt[1155], könnte auch § 426 Abs. 2 BGB, wenn überhaupt, nur „analog" Anwendung finden. Es ist auch nicht ersichtlich, warum die Regelungslücke für den Regress beim Schuldbeitritt exklusiv durch § 426 Abs. 2 BGB ausgefüllt werden sollte. Im einfachsten Fall, der nur den Regress zwischen Ursprungs- und Beitrittsschuldner betrifft, kann die Frage dahinstehen. Sowohl nach § 426 Abs. 2 BGB als auch § 774 Abs. 1 S. 1 BGB kommt es zu einer bestärkenden Legalzession[1156]. Die eigentlichen Abgrenzungsschwierigkeiten treten erst beim Aufeinandertreffen mehrerer (unterschiedlicher) Sicherheiten auf. Ist neben dem Schuldbeitritt noch eine Bürgschaft durch einen Dritten für dieselbe Forderung gestellt worden, können sich wegen der im Gesamtschuldrecht fehlenden Bestimmung des § 774 Abs. 2 BGB zweckwidrige Ergebnisse in Bezug auf den Regress der Sicherungsgeber untereinander ergeben[1157]. Von einer sich im Vordringen befin-

1152 Vgl. *Schwedhelm*, Das Gesamtschuldverhältnis, Rn. 177; *Noack*, in: Staudinger (2005), § 426, Rn. 69; *Bydlinski*, in: MüKo-BGB, § 426, Rn. 16; *Gebauer*, in: Soergel, § 426, Rn. 19; *Schürnbrand*, Der Schuldbeitritt zwischen Gesamtschuld und Akzessorietät, S. 45.

1153 Vgl. *Schürnbrand*, Der Schuldbeitritt zwischen Gesamtschuld und Akzessorietät, S. 45 f., 139.

1154 *Madaus*, Der Schuldbeitritt als Personalsicherheit, S. 325; *Horn*, in: Staudinger (1997), §774, Rn. 62.

1155 *Schürnbrand*, Der Schuldbeitritt zwischen Gesamtschuld und Akzessorietät, S. 143.

1156 Motive II, S. 674, bei *Mugdan*, II. Band, S. 376; *Horn*, in: Staudinger (1997), § 774, Rn. 3; *Habersack*, in: MüKo-BGB, § 774, Rn. 21; a.A. *Reinicke/Tiedtke*, Bürgschaftsrecht, Rn. 362 (Sicherungsfunktion nur bei § 426 Abs. 2 BGB).

1157 Vgl. *K.-B. Schmitz*, in: FS Merz, 1992, S. 553, 554 f.; *Schürnbrand*, Der Schuldbeitritt zwischen Gesamtschuld und Akzessorietät, S. 141 f.; *Kittlitz*, Der vertragliche Schuldbeitritt, S. 148 ff.; ferner *Horn*, in: Staudinger (1997), § 774, Rn. 64.

denden Auffassung wird daher zu Recht vertreten, beim Zusammentreffen von Sicherungsbeitritt und Bürgschaft sei der Regress nach §§ 426, 774 Abs. 2 BGB analog durchzuführen[1158]. Dies wird insbesondere mit der wirtschaftlichen Austauschbarkeit von Sicherungsbeitritt und Bürgschaft[1159], jedoch auch mit der Parallele zum Regress beim Zusammentreffen von dinglicher und persönlicher Sicherheit begründet[1160]. Für den Übernahmebeitritt bleibt es dagegen, auch wenn zusätzlich eine Bürgschaft bestellt wurde, allein bei der Anwendung von Gesamtschuldrecht[1161].

Nach alldem bestimmt sich der Regress beim Schuldbeitritt also entweder nach Bürgschafts-, Gesamtschuld- oder Auftragsrecht. Aus diesem Grund sind weitergehende Ausführungen zur Rückgriffsdogmatik beim Schuldbeitritt an dieser Stelle entbehrlich und auch von der Themenstellung nicht mehr geboten[1162]. Im Vergleich zu Bürgschaft und Gesamtschuld stellen sich nämlich keine neuen, allein den Schuldbeitritt betreffende Fragen in Bezug auf dessen verjährungsrechtliche Behandlung.

B. Einfluss der Verjährung beim Rückgriff über die legalzedierte Forderung

Für den Rückgriff über die legalzedierte Forderung ist gemäß § 412 BGB der Einredetatbestand des § 404 BGB anwendbar. Weil sowohl § 774 Abs. 1 S. 1 BGB als auch § 426 Abs. 2 S. 1 BGB einen gesetzlichen Forderungsübergang

1158 OLG Celle NJW 1986, 1761 f.; OLG Hamm OLGZ 1990, 336, 337 ff.; *Schürnbrand*, Der Schuldbeitritt zwischen Gesamtschuld und Akzessorietät, S. 141 ff.; *Madaus*, Der Schuldbeitritt als Personalsicherheit, S. 307 f.; *Bülow*, Recht der Kreditsicherheiten, Rn. 1607; *Medicus/Petersen*, Bürgerliches Recht, Rn. 941, 942 ff.; *Rohe*, in: BeckOK-BGB, § 774, Rn. 15; *A. Staudinger*, in: Hk-BGB, § 774, Rn. 9; *Habersack*, in: MüKo-BGB, § 774, Rn. 28.

1159 OLG Celle NJW 1986, 1761; *Kittlitz*, Der vertragliche Schuldbeitritt, S. 148.

1160 *Schürnbrand*, Der Schuldbeitritt zwischen Gesamtschuld und Akzessorietät, S. 143.

1161 Überzeugend: *Schürnbrand*, Der Schuldbeitritt zwischen Gesamtschuld und Akzessorietät, S. 145 ff., der allerdings den Übergang der Beitrittsforderung durch einen Anspruch des Bürgen auf Abtretung der Beitrittsforderung gegen den Gläubiger verwirklichen will. Dem folgend: *Habersack*, in: MüKo-BGB, § 765, Rn. 108.

1162 Zu den weiteren Fragen beim Zusammentreffen von Gesamtschuld und Bürgschaft, insbesondere wenn die Bürgschaft ausdrücklich nur für eine der gesamtschuldnerischen Forderungen abgegeben werden sollte: BGHZ 46, 14 ff.; eingehend dazu: *K.-B. Schmitz*, in: FS Merz, 1992, S. 553 ff.; *Schlechtriem*, in FS v. Caemmerer, 1978, S. 1013, 1039 ff.; überdies *Reinicke/Tiedtke*, Kreditsicherung, Rn. 430 ff.; *Bülow*, Recht der Kreditsicherheiten, Rn. 1607; *Medicus/Petersen*, Bürgerliches Recht, Rn. 942 ff.; *Horn*, in: Staudinger (1997), § 774, Rn. 64, jeweils m.w.N.

anordnen, kommt es für die Anwendbarkeit von § 404 BGB nicht darauf an, ob die Legalzession bei einer Bürgschaft, Gesamtschuld, Mitbürgschaft oder im Rahmen eines Schuldbeitritts erfolgt. In Bezug auf die Einrede der Verjährung beim Rückgriff über die legalzedierte Forderung unterscheiden sich die Haftungsinstitute also grundsätzlich nicht voneinander und können daher zusammen dargestellt werden. Auf Besonderheiten ist im Anschluss einzugehen.

I. Verjährung der legalzedierten Forderung, § 404 BGB

Gemäß § 404 BGB kann der Rückgriffsschuldner dem Rückgriffsgläubiger alle Einwendungen entgegen halten, die er auch dem ursprünglichen Gläubiger im Zeitpunkt der Abtretung als Verteidigungsmittel entgegen halten konnte[1163]. Der Begriff der Einwendungen im Sinne von § 404 BGB ist weit zu verstehen, die Einrede der Verjährung wird daher unstreitig erfasst[1164]. Es kommt nicht darauf an, ob die Forderung im Zeitpunkt des Übergangs bereits verjährt war. Eine bereits in Gang gesetzte Verjährungsfrist der zedierten Forderung läuft unabhängig vom Forderungsübergang weiter[1165]. Soweit es für den Verjährungsbeginn auf die Kenntnis des Gläubigers im Sinne von § 199 Abs. 1 Nr. 2 BGB ankommt, wird dem Zessionar die Kenntnis des Zedenten zugerechnet[1166]. Für den Rückgriffsgläubiger folgt daraus, dass er sich nach der Befriedigung des Gläubigers unter Umständen sehr schnell um den Rückgriff bemühen muss, soweit er diesen auf die legalzedierte Forderung stützt.

II. Bestärkende Funktion der Legalzession – Verjährung und Sicherheiten

1. Anwendungsbereich

Der eigentliche Vorteil der Legalzession liegt in deren „bestärkender Funktion“[1167], die daraus folgt, dass der Zessionar gemäß §§ 412, 401 Abs. 1

1163 *Roth*, in: MüKo-BGB, § 404, Rn. 5 ff.

1164 Vgl. *Roth*, in: MüKo-BGB, § 404, Rn. 5; *H. P. Westermann*, in: Erman, § 404, Rn. 3; *Schulze*, in: Hk-BGB, § 404, Rn. 2; *Rohe*, in: BeckOK-BGB, § 404, Rn. 5; *Brox/Walker*, Allgemeines Schuldrecht, § 34, Rn. 20.

1165 BGHZ 48, 181, 183; *Rohe*, in: BeckOK-BGB, § 404, Rn. 9; *H. P. Westermann*, in: Erman, § 404, Rn. 6; *Stürner*, in: Jauernig, § 404, Rn. 4; *Roth*, in: MüKo-BGB, § 404, Rn. 10; *Grüneberg*, in: Palandt, § 404, Rn. 5; *Medicus/Lorenz*, Schuldrecht AT, Rn. 775; *Reinicke*, VersR 1967, 1, 2; *v. Koppenfels-Spieß*, Die cessio legis, S. 201.

1166 Vgl. BGHZ 48, 181, 183; BGHZ 83, 162, 165 ff.; *Grüneberg*, in: Palandt, § 404, Rn. 5; *Roth*, in: MüKo-BGB, § 404, Rn. 10; *v. Koppenfels-Spieß*, Die cessio legis, S. 201.

BGB auch die Forderung betreffende Sicherheiten erwirbt[1168]. Vom Anwendungsbereich der Vorschrift sind zunächst die in § 401 Abs. 1 BGB ausdrücklich genannten akzessorischen Sicherungsrechte wie Hypotheken, Schiffshypotheken, Pfandrechte und Rechte aus einer Bürgschaft erfasst. Darüber hinaus wird für andere Nebenrechte diskutiert, inwieweit diese entsprechend nach § 401 BGB übergehen[1169]. Umstritten ist in diesem Zusammenhang, wie die sichernde Schuldmitübernahme zu behandeln ist. Es handelt sich allerdings um eine Problematik, die sich vornehmlich bei der rechtsgeschäftlichen Abtretung der gesamtschuldnerischen Forderung stellt. Zwar wird zutreffend darauf hingewiesen, dass das Problem auch im Falle der *cessio legis* gemäß §§ 412, 401 BGB auftreten kann[1170]. Für den Regress beim Schuldbeitritt gilt das jedoch nicht. Leistet der im Innenverhältnis zum Rückgriff berechtigte Beitritts- oder Ursprungsschuldner, dann erwirbt er die Forderung gegen den anderen Schuldner bereits entweder nach § 426 Abs. 2 BGB oder § 774 Abs. 1 S. 1 BGB (in Verbindung mit §§ 412, 398 S. 2 BGB)[1171].

2. *Verjährung der von § 401 BGB erfassten Sicherheiten*

Die Verjährung der von § 401 BGB erfassten Sicherungsrechte richtet sich nach den für sie maßgeblichen Vorschriften oder vorrangigen Abreden im Innenverhältnis. Soweit es gemäß § 401 BGB zum Übergang von Nebenrechten kommt, ist für den Zessionar nicht selten Eile im Hinblick auf die Realisierung dieser Si-

---

1167 Vgl. *v. Olshausen*, Gläubigerrecht und Schuldnerschutz bei Forderungsübergang und Regreß, S. 148; *Selb*, Mehrheiten von Gläubigern und Schuldnern, S. 113 ff.

1168 *Noack*, in: Staudinger (2005), § 426, Rn. 121; *Gebauer*, in: Soergel, § 426, Rn. 48; *Bydlinski*, in: MüKo-BGB, § 426, Rn. 38; *Selb*, Mehrheiten von Gläubigern und Schuldnern, S. 116.

1169 Überblick bei *Roth*, in: MüKo-BGB, § 401, Rn. 7 ff.; *Becker-Eberhard*, Die Forderungsgebundenheit der Sicherungsrechte, S. 522 ff.; *Schürnbrand*, Der Schuldbeitritt zwischen Gesamtschuld und Akzessorietät, S. 127 f.

1170 *Schürnbrand*, Der Schuldbeitritt zwischen Gesamtschuld und Akzessorietät, S. 127.

1171 Aus diesem Grund muss die Kontroverse, ob § 401 BGB analog auf den Schuldbeitritt Anwendung findet (dafür: BGH NJW 1972, 437, 438 f.; BGH NJW 2000, 575; *Roth*, in: MüKo-BGB, § 401, Rn. 9; *Bülow*, Recht der Kreditsicherheiten, Rn. 1596; *K.-B. Schmitz*, in: FS Merz, 1992, S. 553, 554; *Schulze*, in: Hk-BGB, § 401, Rn. 2; *Rohe*, in: BeckOK-BGB, § 401, Rn. 6; darüber hinaus auch für den Übernahmebeitritt bejahend: *Rimmelspacher*, WuB I F 1 c. Sonstige Mithaftung 1.00, 533, 534; *Madaus*, Der Schuldbeitritt als Personalsicherheit, S. 33; dagegen: *Bartels*, JZ 2000, 608, 611 ff.; *Reichel*, Die Schuldmitübernahme, S. 454 ff.) oder nur ein schuldrechtlicher Anspruch gegen den Sicherungsnehmer auf Abtretung der Forderung besteht (*Schürnbrand*, Der Schuldbeitritt zwischen Gesamtschuld und Akzessorietät, S. 137 f.) hier nicht entschieden werden.

cherungsrechte geboten. So kann die die legalzedierte Forderung sichernde Bürgschaftsforderung wegen ihres frühen Verjährungsbeginns bereits verjährt sein. Werthaltiger und für den Zessionar interessanter sind daher die dinglichen akzessorischen Sicherheiten wie Hypotheken oder Pfandrechte. Für jene findet § 216 Abs. 1 BGB Anwendung[1172]. Der Vorteil aus Sicht des Zessionars besteht darin, dass Sicherheiten im Sinne von § 216 Abs. 1 BGB unabhängig von der Verjährung der Forderung für die sie bestellt worden sind, geltend gemacht werden können[1173].

III. Sonderfragen beim Regress des Bürgen gemäß § 774 Abs. 1 S. 1 BGB

1. Inanspruchnahme kurz vor Verjährung der Hauptschuld

Erfolgt die Inanspruchnahme des Bürgen kurz vor Ablauf der Verjährungsfrist der gesicherten Forderung, wird der Bürge kaum eine Chance auf einen erfolgreichen Rückgriff gegen den Hauptschuldner über § 774 Abs. 1 BGB haben. Die bereits in Gang gesetzte Verjährung der Hauptschuld wird durch die *cessio legis* nämlich nicht unterbrochen, sondern läuft weiter[1174]. So kann es vorkommen, dass die Forderung in einem nicht mehr rückgriffsfähigen, das heißt (fast) verjährten Zustand auf den Bürgen übergeht. Vorwiegend ergibt sich diese Malaise bei selbstschuldnerischen Bürgschaften und Bürgschaften auf erstes Anfordern. Dort kann der Gläubiger grundsätzlich direkt gegen den Bürgen vorgehen, was nicht zuletzt auf die frühe Fälligkeit und das Fehlen der Einrede der Vorausklage (§ 771 S. 1 BGB) zurückzuführen ist[1175]. Im Gegensatz zur Regelbürgschaft kommt es dann allerdings nicht zu einer vorherigen Titulierung des Anspruchs

1172 *Grothe*, in: MüKo-BGB, § 216, Rn. 2; *Mansel/Stürner*, in: NK-BGB, § 216, Rn. 4. Nicht unter § 216 Abs. 1 BGB fällt die Grundschuld (§ 1191 Abs. 1 BGB), weil es sich nicht um ein akzessorisches Sicherungsrecht handelt. Wurde aber für die Grundschuld ein abstraktes Schuldanerkenntnis (§ 781 BGB) abgegeben, was in der Praxis üblich ist, findet § 216 Abs. 2 S. 1 BGB nach neuester und in der Literatur befürworteter Rechtsprechung analog Anwendung (Vgl. BGHZ 183, 169, 177 ff.; *K. Schmidt*, JuS 2010, 263, 264 f.; differenzierend: *Kreikenbohm/Niederstetter*, WM 2008, 718, 720 (direkte Anwendung von § 216 Abs. 2 S. 1 BGB); kritisch: *Kaiser*, NJW 2011, 1147 f.). Nicht anwendbar ist § 216 Abs. 1 BGB auf die Bürgschaft (*Grothe*, in: MüKo-BGB, § 216, Rn. 3; *Mansel/Stürner*, in: NK-BGB, § 216, Rn. 8; *Bub*, in: FS Fischer, 2008, S. 71, 78).

1173 Dies wird als „Durchbrechung“ (*Henrich*, in: BeckOK-BGB, § 216, Rn. 1) bzw. „Lockerung der Akzessorietät“ (*Lettl*, JA 2004, 238, 242) beschrieben.

1174 BGHZ 176, 128, 132 ff.; *Oegg*, in: Planck/BGB, Bd. II/2, § 774, S. 1453; *Mormann*, in: RGRK-BGB, § 774, Rn. 2; *E. Herrmann*, in: Erman, § 774, Rn. 5; *Horn*, in: Staudinger (1997), § 774, Rn. 14, 36; *Coester-Waltjen*, Jura 2001, 742, 747.

gegen den Hauptschuldner, was die dreißigjährige Verjährungsfrist der Hauptschuld gemäß § 197 Abs. 1 Nr. 3 BGB nach sich zöge. Deshalb wird vereinzelt vertreten, bei unverzüglicher Geltendmachung durch den Bürgen sei es dem Hauptschuldner gemäß § 242 BGB vorübergehend ausgeschlossen, sich auf die Einrede der Verjährung zu berufen[1176]. Enge Verwandtschaft zu diesem Ansatz weist der Versuch auf, aus dem Verhältnis zwischen Bürge und Gläubiger eine Pflicht gemäß § 242 BGB zu konstruieren, wonach der Gläubiger die Verjährung der Hauptschuld hemmen müsse, um dem Bürgen den Rückgriff gegen den Hauptschuldner zu ermöglichen[1177].

Beiden Ansätzen ist zuzugeben, dass die Situation des Bürgen, soweit er seinen Rückgriff auf eine fast verjährte Forderung stützen muss, wenig aussichtsreich ist. Im ungünstigsten Fall bliebe dem Bürgen nicht einmal ein Tag zur Geltendmachung der legalzedierten Forderung[1178]. Es entspricht jedoch der gesetzlichen Risikoverteilung, dass der Bürge die Hauptschuld für den Rückgriff in dem Umfang erwirbt, in dem sie sich zum Zeitpunkt seiner Leistung an den Gläubiger befunden hat. Wie gezeigt, wird der Lauf der Verjährung der zedierten Hauptschuld durch den Übergang der Forderung vom Gläubiger auf den Bürgen nicht beeinflusst. Dies ist jedoch hinzunehmen und nicht durch § 242 BGB abzuwenden, indem man die Berufung des Hauptschuldners auf die Einrede der Verjährung als rechtsmissbräuchlich einstufte. Dies würde § 774 Abs. 1 S. 1 BGB widersprechen. Die Vorschrift will durch die Anordnung der *cessio legis* den Anwendungsbereich der §§ 412, 404 BGB gerade eröffnen, auch um den Hauptschuldner davor zu schützen, dass es nicht infolge der Leistung des Bürgen zu einer Verschlechterung seiner vorherigen Rechtsposition kommt[1179]. Auch eine solche Pflicht des Gläubigers, die Verjährung der Hauptschuld zu hemmen, besteht nicht[1180]. Ansonsten würde das System der §§ 412, 404 BGB zu Lasten des Hauptschuldners entwertet.

Schließlich stellt sich das Problem auch praktisch wohl gar nicht. Der Bürge hat regelmäßig einen weiteren Rückgriffsanspruch aus dem Innenverhältnis gemäß § 670 BGB. Dieser Anspruch unterliegt einer eigenen regelmäßigen Verjäh-

---

1175 Zur Fälligkeit der selbstschuldnerischen Bürgschaft oben ab S. 60. Zur Fälligkeit der Bürgschaft auf erstes Anfordern oben ab S. 62.

1176 *Horn*, in: Staudinger (1997), § 774, Rn. 36.

1177 *Iversen*, Die Akzessorietät als Zurechnungsmodell der Bürgschaft, S. 83.

1178 Leistet der Bürge am 31.12. und tritt an diesem Tag gleichzeitig Verjährung der Hauptschuld ein, müsste er noch am selben Tag zumindest verjährungshemmende Maßnahmen in Bezug auf die Hauptschuld gegenüber dem Hauptschuldner ergreifen.

1179 *A. Staudinger*, in: Hk-BGB, § 774, Rn. 7.

1180 In diesem Sinne auch *Hohmann*, WM 2004, 757, 762.

rung (§§ 195, 199 BGB)[1181] und entsteht erst mit der Leistung an den Gläubiger im Sinne von § 199 Abs. 1 Nr. 1 BGB[1182]. Daher wird ein Regress gegen den Hauptschuldner in der Regel weiterhin möglich sein. Diesem Anspruch kann der Hauptschuldner die Einrede der Verjährung der Hauptschuld nicht entgegenhalten. Das ergibt sich aus dem Umkehrschluss aus § 774 Abs. 1 S. 3 BGB, der besagt, dass nur in Bezug auf die übergegangene Forderung auch Einwendungen aus dem Innenverhältnis geltend gemacht werden können, nicht aber umgekehrt[1183]. Darüber hinaus entsteht dem Bürgen auch kein weiterer Nachteil, selbst wenn er seinen Zahlungsanspruch nur auf § 670 BGB stützen kann, da die mit der legalzedierten Forderung nach § 401 BGB mit übergegangenen Sicherheiten gemäß § 216 Abs. 1 BGB größtenteils unabhängig von der Verjährung der Hauptschuld geltend gemacht werden können. Für eine Einschränkung über § 242 BGB findet sich im Gesetz also jedenfalls dann kein Anhaltspunkt, wenn der Rückgriff des Bürgen nach anderen Vorschriften möglich bleibt.

2. *Verjährung des Anspruchs aus dem Innenverhältnis als Einrede gemäß § 774 Abs. 1 S. 3 BGB*

Die Verjährung des Anspruchs aus dem Innenverhältnis ist wegen § 774 Abs. 1 S. 3 BGB auch für den Rückgriff gemäß § 774 Abs. 1 S. 1 BGB aus der übergegangenen Forderung maßgeblich[1184]. Damit ist für den Regress des Bürgen, unabhängig davon, auf welche Anspruchsgrundlage er gestützt wird, die Verjährung des Ausgleichsanspruchs gemäß § 670 BGB zur Bestimmung des zeitlichen Rückgriffskorridors eminent wichtig[1185].

Das soll anhand eines Beispiels verdeutlicht werden: Erlangt der Gläubiger gegen den Hauptschuldner einen Titel, der nach Leistung des Bürgen gemäß § 774 Abs. 1 S. 1 BGB auf den Bürgen als Rechtsnachfolger umgeschrieben

---

1181 *Habersack*, AcP 198 (1998), 152, 156; *Hadding*, in: FS Wiegand, 2005, S. 299, 316. Ausführlich dazu unten ab S. 216.

1182 Unten, ab S. 217.

1183 *Habersack*, in: MüKo-BGB, § 774, Rn. 21; *E. Herrmann*, in: Erman, § 774, Rn. 12; *Sprau*, in: Palandt, § 774, Rn. 4, 11; *Hadding*, in: FS Wiegand, 2005, S. 299, 316; weitere Nachweise in Fußnote 1077.

1184 *Pecher*, in: Soergel, § 774, Rn. 21; *Habersack*, in: MüKo-BGB, § 774, Rn. 21; *Hadding*, in: FS Wiegand, 2005, S. 299, 315; a.A. *Brödermann*, in: Prütting/Wegen/Weinreich, § 774, Rn. 3. Anders stellt sich dies auch auf Grundlage der Auffassung von *Larenz*, BT II, 12. Auflage 1981, S. 479, dar, welche die für den Bürgen jeweils günstigere Verjährung anwenden möchte. Diese Auffassung ist indes abzulehnen (siehe oben S. 192 f., m.w.N.).

1185 Vgl. *Hadding*, in: FS Wiegand, 2005, S. 299, 315.

worden ist (§§ 325 Abs. 1, 727 Abs. 1 ZPO)[1186], hilft dem Bürgen die dreißigjährige Verjährungsfrist des § 197 Abs. 1 Nr. 3 BGB nicht, da dem Hauptschuldner gemäß § 774 Abs. 1 S. 3 BGB die Einwendungen gegen den Anspruch aus § 670 BGB erhalten bleiben[1187]. Der Hauptschuldner kann gegen die Inanspruchnahme aus der übergegangenen Forderung einwenden, der Rückgriffsanspruch nach § 670 BGB sei verjährt, obwohl dies in Bezug auf die gesicherte Hauptforderung wegen § 197 Abs. 1 Nr. 3 BGB nicht der Fall ist. Dies begegnet allerdings keinen tiefgreifenden Bedenken. Da der Anspruch aus dem Innenverhältnis ohnehin erst mit der Zahlung des Bürgen an den Hauptschuldner in Höhe der hauptschuldnerischen Verbindlichkeit fällig wird und damit im Sinne von § 199 Abs. 1 Nr. 1 BGB entsteht[1188], bleiben dem Bürgen ab diesem Zeitpunkt mindestens drei Jahre (Regelverjährung) Zeit, um den Rückgriff gemäß § 670 BGB geltend zu machen oder zumindest verjährungshemmende Maßnahmen (§§ 203 ff. BGB) zu ergreifen. Das sich für den Aufwendungsersatzanspruch öffnende Zeitfenster für den Regress beim Hauptschuldner ist also zumindest ausreichend dimensioniert.

Der Bürge steht im Vergleich zum Rückgriff aus § 774 Abs. 1 BGB, selbst wenn die gesicherte Hauptforderung zuvor tituliert worden ist, auch nicht schlechter dar. Schließlich ist es ihm unbenommen, den Anspruch aus § 670 BGB ebenfalls titulieren zu lassen, um die dreißigjährige Verjährung gemäß § 197 Abs. 1 Nr. 3, Nr. 4 BGB herbeizuführen. Zwar träfe den Bürgen in einem auf den Anspruch aus § 670 BGB gestützten Prozess die Darlegungs- und Beweislast für das Bestehen des Auftrags- oder Geschäftsbesorgungsverhältnisses[1189], während beim Rückgriff über § 774 Abs. 1 BGB der Hauptschuldner darlegen und beweisen müsste, dass ihm Einreden aus dem Innenverhältnis zustehen (§ 774 Abs. 1 S. 3 BGB)[1190]. Dennoch kann die Titulierung des Rückgriffsanspruchs aus dem Innenverhältnis, trotz möglicher Prozessrisiken, schon aus wirtschaftlichen Gründen sinnvoll sein, etwa wenn eine finanzielle Erholung des Hauptschuldners erst in mehreren Jahren zu erwarten ist.

1186 Der Bürge wird kraft Gesetzes gemäß § 774 Abs. 1 S. 1 BGB Rechtsnachfolger im Sinne von § 727 ZPO, vgl. *Lackmann*, in: Musielak, ZPO, § 727, Rn. 6; *Wolfsteiner*, in: MüKo-ZPO, § 727, Rn. 22.

1187 Vgl. BGH NJW-RR 1992, 811 f.; *Mormann*, in: RGRK-BGB; § 774, Rn. 5; *E. Herrmann*, in: Erman, § 774, Rn. 12; *Habersack*, in: MüKo-BGB, § 774, Rn. 21; *Habersack*, AcP 198 (1998), 152, 156 f.; *Hadding*, in: FS Wiegand, 2005, S. 299, 315.

1188 Dazu unten ab S. 217.

1189 *Reinicke/Tiedtke*, Bürgschaftsrecht, Rn. 401; *Mormann*, in: RGRK-BGB, § 774, Rn. 6.

1190 Vgl. *Reinicke/Tiedtke*, Bürgschaftsrecht, Rn. 402; *Habersack*, in: MüKo-BGB, § 774, Rn. 16.

IV. Sonderfragen beim Regress des ausgleichsberechtigten Gesamtschuldners gemäß § 426 Abs. 2 S. 1 BGB

Der Rückgriff über die gemäß §§ 426 Abs. 2 S. 1, 412 BGB legalzedierte Forderung bei der Gesamtschuld wirft die Frage auf, ob die Verjährung der Forderung aus Sicht des in Anspruch genommenen oder der anderen Gesamtschuldner zu bestimmen ist. Die Antwort auf diese Frage ist recht trivial: Wie die Ausführungen zum Grundsatz der Einzelwirkung gezeigt haben, ist die Verjährung für jeden einzelnen Gesamtschuldner getrennt zu bestimmen, § 425 Abs. 2 BGB. Dieser Grundsatz wird durch die (Legal-)Zession der Forderung nicht durchbrochen. Vielmehr kann sich der Rückgriffsschuldner weiterhin auf eine ihm gegenüber eingetretene Verjährung der Forderung gemäß §§ 425 Abs. 2, 404 BGB berufen[1191]. Ein anderes Ergebnis ergäbe sich nur, wenn man konstruktiv von einem Übergang der konkreten Einzelforderung des Gläubigers gegen den Rückgriffsgläubiger ausginge, der Rückgriffsgläubiger also Gläubiger seiner ehemals selbst geschuldeten Forderung würde. Dem steht jedoch bereits der Wortlaut des § 426 Abs. 2 S. 1 BGB entgegen. Es geht nur „die Forderung des Gläubigers gegen die übrigen Schuldner [...] über". Der Erfolg des Regresses über die legalzedierte Forderung hängt daher maßgeblich von der Verjährung der Forderung des Gläubigers gegenüber dem Rückgriffsschuldner ab.

V. Ergebnis zur Verjährung beim Rückgriff über die legalzedierte Forderung

Es lässt sich resümieren, dass der Rückgriff über die legalzedierte Forderung insbesondere wegen des mit ihm verbundenen Übergangs der weiteren Sicherheiten gemäß §§ 412, 401 BGB Bedeutung erlangt. Die Verjährung der übergegangenen Forderung spielt demgegenüber nicht zuletzt deshalb eine untergeordnete Rolle, weil sie für die Durchsetzung der mitzedierten Sicherheiten wegen § 216 BGB häufig außer Betracht bleibt. Besonderheiten ergeben sich für den Bürgenrückgriff gemäß § 774 Abs. 1 S. 1 BGB. Auf der einen Seite kommt dem Bürgen für diesen Regressanspruch die leichtere prozessuale Darlegungs- und Beweisführungslast zugute[1192], auf der anderen Seite wird die Regelung des § 404 BGB gemäß § 774 Abs. 1 S. 3 BGB auf Einwendungen aus dem Innenverhältnis erweitert. Eine Verjährung des Ausgleichsanspruchs gemäß § 670 BGB schlägt also auf die Geltendmachung der legalzedierten Forderung durch.

1191 Vgl. *Noack*, in: Staudinger (2005), § 426, Rn. 128; *Gebauer*, in: Soergel, § 426, Rn. 53; *Medicus/Lorenz*, Schuldrecht AT, Rn. 851; *Looschelders*, AT, Rn. 1204.

1192 Vgl. BGHZ 139, 214, 219; *Beckmann*, in: NK-BGB, § 774, Rn. 11; *Habersack*, in: MüKo-BGB, § 774, Rn. 1; *Brödermann*, in: Prütting/Wegen/Weinreich, § 774, Rn. 18.

C. Einfluss der Verjährung beim Rückgriff über die originären Regressansprüche

Im nachfolgenden Abschnitt sollen die Verjährungsprobleme erörtert werden, die sich in Bezug auf den Rückgriff über die hier als *originäre Regressansprüche* bezeichneten Rückgriffsmöglichkeiten ergeben. Gemeint sind damit auf der einen Seite Ansprüche aus dem Innenverhältnis zwischen Sicherungsgeber und Sicherungsnehmer nach § 670 BGB, auf der anderen Seite der gesamtschuldnerische Ausgleichsanspruch gemäß § 426 Abs. 1 BGB. Voneinander zu unterscheiden sind im Wesentlichen zwei größere Themenkomplexe. Zunächst ist der Blick auf den Verjährungsbeginn der Rückgriffsansprüche zu richten. Anschließend geht es um die Erörterung der Frage, inwieweit der Regressschuldner die Verjährung der gesicherten Forderung (Bürgschaft und Sicherungsbeitritt) bzw. der Außenforderung (Gesamtschuld) dem Rückgriff entgegenhalten kann. Die Fragen sind zum Teil höchst umstritten und Gegenstand aktueller Diskussionen in der Rechtsprechung und im Schrifttum.

I. Verjährungsbeginn der Rückgriffsansprüche

1. Bürgschaft: § 670 (i.V.m. §§ 662, 675 Abs. 1, 683 S. 1) BGB

Zum Rückgriffsanspruch aus dem Avalverhältnis gemäß §§ 670, 675 Abs. 1 BGB ist bereits erörtert worden, dass es sich um einen von § 774 Abs. 1 S. 1 BGB unabhängigen Anspruch des Bürgen handelt. Die Eigenständigkeit des Anspruchs zieht insbesondere dessen eigene Verjährung nach sich[1193]. Freilich gilt dies auch für den Verjährungsbeginn.

Früher verjährte der Rückgriffsanspruch des sog. Auftragsbürgen, der die Bürgschaft im Rahmen einer Geschäftsbesorgung übernahm (§§ 670, 675 Abs. 1 BGB), wegen § 196 Abs. 1 Nr. 7 BGB a.F. innerhalb von zwei bzw. vier Jahren[1194]. Im Übrigen galt für den Anspruch gemäß § 195 BGB a.F. die dreißigjährige Regelverjährung[1195]. Durch die Schuldrechtsreform und die damit verbundene Neugestaltung des Verjährungsrechts hat sich dies geändert. Nunmehr gilt für den Aufwendungsersatzanspruch gemäß § 670 BGB stets die regelmäßige, das heißt dreijährige Verjährung nach § 195 BGB[1196]. Die nach früherem Recht relevante Unterscheidung, ob sich der Bürge im Rahmen eines Auftrags oder einer

1193 *Kremer*, Die Mitbürgschaft, S. 143 f.; *Oegg*, in: Planck/BGB, Bd. II/2, § 774, S. 1453; *Habersack*, in: MüKo-BGB, § 774, Rn. 15; *Hadding*, in: FS Wiegand, 2005, S. 299, 316.

1194 Vgl. BGH NJW-RR 2000, 1717; *Habersack*, AcP 198 (1998), 152, 156; *Heinrichs*, in: Palandt, 61. Auflage 2002, § 196, Rn. 22.

1195 *Oegg*, in: Planck/BGB, Bd. II/2, § 774, S. 1453; *Habersack*, AcP 198 (1998), 152, 156.

Geschäftsbesorgung verbürgte und ob darin eine Leistung für den Gewerbebetrieb des Schuldners lag (vgl. § 196 Abs. 1 Nr. 7 BGB a.F.), ist dadurch entbehrlich geworden.

a) Entstehung i.S.v. § 199 Abs. 1 Nr. 1 BGB

Bereits an mehreren Stellen ist angesprochen worden, dass mit der *Entstehung* nach § 199 Abs. 1 Nr. 1 BGB nichts anderes als *Fälligkeit* im Sinne von § 271 BGB gemeint ist. Für den Aufwendungsersatzanspruch gemäß § 670 BGB wird scheinbar unterschiedlich beurteilt, wann dieser fällig werden soll. Von Einigen wird vertreten, dass der Anspruch erst mit der Vollendung oder Beendigung des Auftrags fällig werde[1197]. Andere formulieren, dass der Anspruch zwar grundsätzlich bereits mit der Aufwendung selbst entstehe[1198], sich aber auch aus Treu und Glauben[1199] oder dem Geschäftsbesorgungsvertrag[1200] ergeben könne, dass es auf die Beendigung des Auftragsverhältnisses ankomme[1201]. Spätestens mit Widerruf des Auftrags durch den Auftraggeber gemäß § 671 BGB träte aber die Fälligkeit bereits entstandener Ansprüche aus § 670 BGB ein[1202].

Es handelt sich hierbei um Differenzierungen in Bezug auf den Aufwendungsersatzanspruch im Allgemeinen, die auf den Verjährungsbeginn des Rückgriffsanspruchs des Bürgen im Ergebnis keine Auswirkungen haben. Dies belegt zunächst die Auswertung des bürgschaftsrechtlichen Schrifttums. Dort heißt es, es sei auf den Zeitpunkt abzustellen, in dem die erforderlichen Aufwendungen vorgenommen würden, also der Bürge an den Gläubiger geleistet habe[1203]. Vereinzelt wird dies weiter präzisiert. So entstehe der Anspruch mit Abschluss des Bürgschaftsvertrags aufschiebend bedingt, wobei der Bedingungseintritt von der Zahlung des Bürgen an den Gläubiger abhinge[1204].

1196 *Seiler*, in: MüKo-BGB, § 670, Rn. 22; *Fischer*, in: BeckOK-BGB, § 670, Rn. 27; *Sprau*, in: Palandt, § 670, Rn. 6; *Berger*, in: Erman, § 670, Rn. 16; *Beckmann*, in: NK-BGB, § 774, Rn. 8; *Mansel/Budzikiewicz*, Das neue Verjährungsrecht, § 3, Rn. 9; *Hadding*, in: FS Wiegand, 2005, S. 299, 316.

1197 *Fischer*, in: BeckOK-BGB, § 670, Rn. 14; *Steffen*, in: RGRK-BGB, § 670, Rn. 27; *Berger*, in: Erman, § 670, Rn. 16.

1198 *Mansel*, in: Jauernig, § 670, Rn. 4; *Sprau*, in: Palandt, § 670, Rn. 2.

1199 *Hönn*, in: jurisPK-BGB, § 670, Rn. 17.

1200 *Ehmann*, in: Erman, 12. Auflage 2008, § 670, Rn. 39.

1201 Vgl. *Martinek*, in: Staudinger (2006), § 670, Rn. 35 („spätestens mit Beendigung").

1202 *Ehmann*, in: Erman, 12. Auflage 2008, § 671, Rn. 3; *Mansel*, in: Jauernig, § 671, Rn. 5.

1203 So etwa *Hadding*, in: FS Wiegand, 2005, S. 299, 316; *Stadler*, in: Jauernig, § 774, Rn. 7.

1204 *Habersack*, BKR 2007, 77, 78 f.; *Habersack*, in: MüKo-BGB, § 774, Rn. 20; *Fischer*, in: Das Recht der Kreditsicherheiten, § 9, Rn. 122.

An diesen Grundsätzen ändert auch ein Urteil des BGH zum Rückgriff des Bürgen bei Leistung aufgrund eines Vorbehaltsurteils (§ 302 ZPO) nichts[1205]. Zwar hat der BGH entschieden, dass ein Rückgriff nach § 774 Abs. 1 BGB beim Hauptschuldner ausscheide, wenn der Bürge nur auf ein Vorbehaltsurteil (§ 302 ZPO) hin geleistet habe, da die gesicherte Forderung erst mit endgültiger Befriedigung des Gläubigers im Sinne von § 362 Abs. 1 BGB überginge[1206]. In der Literatur wird jedoch mit Recht angenommen, dass sich diese Rechtsprechung auf den Aufwendungsersatzanspruch gemäß § 670 BGB nicht übertragen lässt[1207]. Von *Knütel* wird überzeugend ausgeführt, dass es für die Entstehung des Rückgriffsanspruchs nach § 670 BGB insoweit nicht auf die Endgültigkeit des „freiwilligen Vermögensopfers" ankommt[1208]. Es ist daher auch bei der Leistung auf ein Vorbehaltsurteil im Sinne von § 302 ZPO allein auf die Erforderlichkeit der Aufwendung des Bürgen abzustellen[1209]. Grundsätzlich ist also davon auszugehen, dass die Fälligkeit des Aufwendungsersatzanspruchs des Bürgen mit der Zahlung an den Gläubiger eintritt[1210].

Ein anderer Fälligkeitszeitpunkt ergibt sich selbst dann nicht, wenn man stets die Beendigung des Auftrags für erforderlich hielte[1211], da die Beendigung des Auftrags regelmäßig mit der Zahlung des Bürgen an den Gläubiger zusammenfällt. Weitere Pflichten, die sich auf die Fälligkeit des Anspruchs aus § 670 BGB auswirken könnten, ergeben sich in diesem Zusammenhang nicht. Damit entsteht der Anspruch gemäß § 199 Abs. 1 Nr. 1 BGB generell mit der Zahlung des Bürgen an den Gläubiger in Erfüllung der Bürgschaftsforderung (§ 362 Abs. 1 BGB) in Höhe der hauptschuldnerischen Verbindlichkeit.

b) Kenntnis und grob fahrlässige Unkenntnis i.S.v. § 199 Abs. 1 Nr. 2 BGB

Im Hinblick auf das zweite gesetzliche Kriterium für den Verjährungsbeginn, die Kenntnis im Sinne von § 199 Abs. 1 Nr. 2 BGB, gelten die allgemeinen Grundsätze. Demnach muss der beauftragte Bürge von den Umständen, die zum einen das Auftrags- (§ 662 BGB) bzw. Geschäftsbesorgungsverhältnis (§ 675 Abs. 1 BGB) und zum anderen den Rückgriffsanspruch selbst (§ 670 BGB) begründen,

1205 BGHZ 86, 267, 269 ff.

1206 BGHZ 86, 267, 271; dem folgend: *Rohe*, in: BeckOK-BGB, § 774, Rn. 3; *E. Herrmann*, in: Erman, § 774, Rn. 12.

1207 *Knütel*, JR 1985, 6 f.

1208 *Knütel*, JR 1985, 6 f.

1209 *E. Herrmann*, in: Erman, § 774, Rn. 12; *Habersack*, in: MüKo-BGB, § 774, Rn. 15.

1210 Vgl. BGH NJW-RR 2000, 1717; *Knütel*, JR 1985, 6; *Hadding*, in: FS Wiegand, 2005, S. 299, 316.

1211 So aber wohl *Fischer*, in: BeckOK-BGB, § 670, Rn. 14; *Steffen*, in: RGRK-BGB, § 670, Rn. 27.

Kenntnis haben bzw. sich grob fahrlässig in Unkenntnis darüber befinden. Daraus folgt, dass der Bürge darum wissen muss bzw. müsste, durch die Befriedigung des Gläubigers gleichzeitig seine Verpflichtung aus dem Innenverhältnis gegenüber dem Hauptschuldner zu erfüllen. Wie bei vertraglichen Ansprüchen üblich[1212], wird die für den Anspruch auf Aufwendungsersatz erforderliche Kenntnis im Sinne von § 199 Abs. 1 Nr. 2 BGB also regelmäßig vorliegen. Ausnahmen, in denen die Kenntnis des Bürgen von den anspruchsbegründenden Tatsachen im Sinne von § 199 Abs. 1 Nr. 2 BGB nicht besteht, sind kaum denkbar. Dies gilt erst recht für die Kenntnis von der Person des Schuldners. Im Übrigen ist auf die Ausführungen an anderer Stelle zu verweisen[1213].

c) Zwischenergebnis und Verjährungsende

Der Rückgriffsanspruch des Bürgen aus dem Innenverhältnis beginnt mit dem Ende des Jahres zu verjähren, in dem erstmalig die Voraussetzungen des § 199 Abs. 1 BGB vorgelegen haben, und verjährt dann grundsätzlich gemäß § 195 BGB innerhalb von drei Jahren (Ultimoverjährung). Die Fälligkeit des Aufwendungsersatzanspruchs tritt mit dem Zeitpunkt der Zahlung an den Gläubiger ein. Das bedeutet einerseits, dass der Anspruch aus § 670 BGB gegebenenfalls vor dem übergegangenen Anspruch gemäß § 774 Abs. 1 BGB durchgesetzt werden kann[1214], andererseits kann die Verjährung des Anspruchs aus § 670 BGB die Verjährung der nach § 774 Abs. 1 S. 1 BGB übergegangenen Forderung überdauern.

2. Gesamtschuld: § 426 Abs. 1 S. 1 BGB

Der Gesamtschuldnerausgleich gemäß § 426 Abs. 1 S. 1 BGB unterliegt wie der Aufwendungsersatzanspruch des Bürgen der regelmäßigen Verjährungsfrist gemäß §§ 195, 199 Abs. 1 BGB. Während die Anwendbarkeit der Regelverjährung heute wohl nicht mehr in Abrede gestellt wird[1215], sind die Voraussetzungen für den Verjährungsbeginn des Ausgleichsanspruchs umstritten.

1212 *Birr*, Verjährung und Verwirkung, Rn. 27; *Schmidt-Räntsch*, § 199, Rn. 18; *Otto*, Die Bestimmung des § 199 Abs. 1 Nr. 2 BGB, S. 96.

1213 Oben, S. 75 ff.

1214 Dies betrifft die Konstellation der Leistung des Bürgen auf ein Vorbehaltsurteil. Vgl. dazu BGHZ 86, 267; *Knütel*, JR 1985, 6, 7.

1215 Vgl. aus dem früheren Schrifttum aber *v. Caemmerer*, ZfRV 9 (1968), 81, 92; *Wahle*, VersR 1966, 790.

a) Entstehung des Anspruchs i.S.v. § 199 Abs. 1 Nr. 1 BGB

Insbesondere über den Entstehungszeitpunkt des Ausgleichsanspruchs gemäß § 426 Abs. 1 BGB wird in Rechtsprechung und Literatur kontrovers diskutiert[1216]. Da die Entstehung des Ausgleichsanspruchs für den Verjährungsbeginn maßgeblich ist, setzt sich an dieser Stelle das Problem der dogmatischen Einordnung des in § 426 Abs. 1 BGB enthaltenen Anspruchs zum Teil fort[1217]. Weil der Anspruch aber zunächst auf Mitwirkung und Befreiung, nach Befriedigung aber auf Zahlung gerichtet ist[1218], stellt sich die Frage, ob der Rückgriffsanspruch mit Leistung an den gemeinsamen Gläubiger neu im Sinne von § 199 Abs. 1 Nr. 1 BGB entsteht und damit auch einen neuen Verjährungsbeginn herbeiführt. Ebenso ist denkbar, dass eine bereits in Gang gesetzte Verjährung des Mitwirkungs- und Befreiungsanspruchs auf den Zahlungsanspruch durchschlägt.

aa) Herrschende Meinung: Einheitlicher Ausgleichsanspruch entsteht mit Begründung der Gesamtschuld

Nach der herrschenden Auffassung in Rechtsprechung und Literatur entstehe der Ausgleichsanspruch gemäß § 426 Abs. 1 BGB bereits mit der Begründung der Gesamtschuld[1219]. Dieser Ansicht liegt zwar das einheitliche Verständnis des in § 426 Abs. 1 BGB enthaltenen Ausgleichsanspruchs zugrunde, der zunächst als Mitwirkungs- und Befreiungsanspruch und später als Zahlungsanspruch beste-

---

1216 Vgl. nur BGHZ 181, 310, 313 f.; *Peters/Jacoby*, in: Staudinger (2009), § 199, Rn. 8; *Dollmann*, GmbHR 2004, 1330, 1331; *Peters*, NZBau 2007, 337, 340 f.; *Hartmann/Lieschke*, WM 2011, 205 ff.

1217 So etwa, wenn man *Stamm*s neuem dogmatischen Ansatz zu § 426 BGB folgte. Die Verjährung des auf Zahlung gerichteten Ausgleichsanspruchs richtete sich immer nach der Verjährung der legalzedierten Forderung, weil nach *Stamms* Verständnis allein § 426 Abs. 2 BGB einen Anspruch gegen den ausgleichsverpflichteten Gesamtschuldner auf Zahlung eröffnete. Vgl. *Stamm*, NJW 2004, 811; *Stamm*, BauR 2004, 240, 244; *Stamm*, Regreßfiguren im Zivilrecht, S. 71.

1218 Dazu bereits oben ab S. 198, m.w.N.

1219 BGHZ 11, 170, 174; BGHZ 114, 117, 122; BGH NJW 1958, 497; BGHZ 181, 310, 313; BGH NJW 2010, 62, 63; OLG Karlsruhe WM 2009, 407; OLG München NJW-RR 2011, 530, 531; *Noack*, in: Staudinger (2005), § 426, Rn. 6; *Brox/Walker*, Allgemeines Schuldrecht, § 37, Rn. 15; *Looschelders*, AT, Rn. 1205; *Reinicke/Tiedtke*, Gesamtschuld und Schuldsicherung, S. 67; *Esser/Schmidt*, AT I/2, S. 350; *Grüneberg*, in: Palandt, § 426, Rn. 4; *Völzmann-Stickelbrock*, in: NK-BGB, § 426, Rn. 2; *Kniffka*, BauR 2005, 276, 286; *Schwenker*, EWiR 2009, 565, 566; *Schulze-Hagen*, IBR 2009, 592; *Ganten*, in: jurisPR-PrivBauR 8/2010 Anm. 1; *Klein/Moufang/Koos*, BauR 2009, 333, 341; *Pfeiffer*, NJW 2010, 23, 25; *Cziupka*, ZGS 2010, 63, 64; *Reimann*, BauR 2011, 14, 18; *Weise*, NJW-Spezial 2011, 108.

he[1220]. Allerdings unterliege der Ausgleichsanspruch, davon ungeachtet, einer einheitlichen Verjährung[1221]. Die einmal durch Begründung der Gesamtschuld in Gang gesetzte Verjährungsfrist des Mitwirkungs- und Befreiungsanspruchs schlage insoweit auf die Verjährung des späteren Zahlungsanspruchs durch[1222]. In der Ausprägung als Mitwirkungs- und Befreiungsanspruch soll der Ausgleichsanspruch nicht vor dem Zeitpunkt der Fälligkeit der Forderung des gemeinsamen Gläubigers gemäß § 271 BGB entstehen[1223]. Dies folge daraus, dass erst mit Fälligkeit dieser sog. Außenforderung eine Verpflichtung des anderen Gesamtschuldners zur Mitwirkung an der Befreiung im Innenverhältnis bestehe[1224]. Die Konsequenzen des frühen Entstehungszeitpunkts seien für den ausgleichsberechtigten Gesamtschuldner zumutbar, zumal für den Verjährungsbeginn gemäß § 199 Abs. 1 Nr. 2 BGB noch die Kenntnis von den anspruchsbegründenden Tatsachen erforderlich sei und hieran besondere Anforderungen zu stellen seien[1225].

1220 Vgl. nur BGHZ 181, 310, 313; *Noack*, in: Staudinger (2005), § 426, Rn. 6; *Grüneberg*, in: Palandt, § 426, Rn. 4; *Gebauer*, in: Soergel, § 426, Rn. 14; *Klutinius/Karwatzki*, VersR 2008, 617, 618; *Binnewies/Wollweber*, ZEV 2008, 517, 518; *Cziupka*, ZGS 2010, 63, 64.

1221 BGHZ 181, 310, 313 ff.; *Lakkis*, in: jurisPK-BGB, § 199, Rn. 17; *Böttcher*, in: Erman, § 426, Rn. 6 f.; *Binnewies/Wollweber*, ZEV 2008, 517, 518; *Gebauer*, LMK 2010, 299711; *Cziupka*, ZGS 2010, 63, 64.

1222 Vgl. BGHZ 181, 310, 314; *Cziupka*, ZGS 2010, 63, 64 f.

1223 Vgl. RGZ 79, 288, 290; BGH NJW 1986, 978, 979; OLG Köln NJW-RR 1995, 1282; *Medicus/Lorenz*, Schuldrecht AT, Rn. 850; *Güntner*, Der Anspruch auf Befreiung von einer Verbindlichkeit, S. 295; *Görmer*, JuS 2009, 7, 10. Allerdings sollen weitere Differenzierungen im Hinblick auf die Fälligkeit des Befreiungsanspruchs im Einzelfall möglich sein (vgl. BGH NJW-RR 2006, 1718, 1719; *Gebauer*, in: Soergel, § 426, Rn. 15; *Grüneberg*, in: Palandt, § 426, Rn. 4). Umstritten ist auch der Verjährungsbeginn des Freistellungsanspruchs des Treuhänders gemäß §§ 257 S. 1, 670 BGB für den Fall, dass die Drittforderungen selbst noch nicht fällig sind. Überwiegend wird davon ausgegangen, dass die Verjährung des Freistellungsanspruchs gemäß § 199 Abs. 1 BGB mit dem Schluss des Jahres beginnt, in dem die Drittforderungen selbst fällig werden (BGHZ 185, 310, 320 f.; OLG Karlsruhe NZG 2010, 151 ff.; *Jagersberger*, NZG 2010, 136, 137 ff.; *Peters*, ZGS 2010, 495, 497; a.A: *Rutschmann*, DStR 2010, 555, 559 f.).

1224 BGH NJW 1986, 978, 979.

1225 BGHZ 181, 310, 315 f.; dem folgend: *Pfeiffer*, NJW 2010, 23, 25; *Gebauer*, LMK 2010, 299711; *Dollmann*, GmbHR 2009, 1092 f.

bb) Die Kritik im Schrifttum: Zahlungsanspruch entsteht erst mit Leistung an den Gläubiger

Demgegenüber wird von Teilen der Literatur eine Differenzierung in Bezug auf den Verjährungsbeginn des Ausgleichsanspruchs vorgenommen. Einerseits wird vorgetragen, dass die Verjährung des Mitwirkungs- und Befreiungsanspruchs zwar mit dessen Fälligkeit beginne[1226]; diesbezüglich bestehen also grundsätzlich keine Unterschiede zur herrschenden Lehre[1227]. Der auf Zahlung gerichtete Ausgleichsanspruch entstehe andererseits jedoch erst, wenn der Gesamtschuldner an den Gläubiger geleistet habe[1228].

Zum Teil wird dieses Ergebnis mit dem Hinweis auf die Beschlussempfehlung des Rechtsausschusses zum Schuldrechtsmodernisierungsgesetz begründet[1229]. Vereinzelt wird auch mit § 43 Abs. 4 GmbHG, der eine fünfjährige Verjährungsfrist für die Ansprüche der Gesellschaft gegen ihre Geschäftsführer anordnet, die wegen einer Obliegenheitsverletzung der Geschäftsführer entstanden sind, und den Auswirkungen auf den GmbH-Geschäftsführerregress argumentiert[1230]. Für Andere folgt die Differenzierung aus dem Zweck der Ausgleichsregelung und dem Erfordernis einer „fairen Chance" zur Geltendmachung dieses

---

1226 *Mansel/Stürner*, in: NK-BGB, § 199, Rn. 27; *Mansel/Budzikiewicz*, Das neue Verjährungsrecht, § 3, Rn. 23; *Peters*, ZGS 2010, 495 ff.; *Hartmann/Lieschke*, WM 2011, 205, 206.

1227 Differenzierend: *S. Meier*, Gesamtschulden, S. 338 ff., 387 f., 639: Mitwirkungspflichten seien zwar grundsätzlich bei vertraglichen, nur selten aber bei gesetzlich begründeten Gesamtschulden denkbar. Die Fälligkeit und das Bestehen eines Befreiungsanspruchs richteten sich entgegen § 257 BGB nach § 775 BGB, wenn die Gesamtschuld von vornherein der Übernahme einer Verbindlichkeit zu dienen bestimmt war (*S. Meier*, Gesamtschulden, S. 340 ff.). Vgl. allgemein gegen diese Ansicht bereits die Ausführungen oben ab S. 198.

1228 *Mansel/Budzikiewicz*, Das neue Verjährungsrecht, § 3, Rn. 23; *Peters/Jacoby*, in: Staudinger (2009), § 199, Rn. 8; *Schwedhelm*, Das Gesamtschuldverhältnis, Rn. 142; *Schulze*, in: Hk-BGB, § 426, Rn. 4; *Mansel/Stürner*, in: NK-BGB, § 199, Rn. 28; *Dollmann*, GmbHR 2004, 1330, 1331 f.; *Glöckner*, BauR 2005, 251, 271 (dort Fn. 151); *Peters*, ZGS 2010, 495 f.; *Peters*, ZGS 2010, 154, 155; *Peters*, NZBau 2007, 337, 340 ff.; *Hartmann/Lieschke*, WM 2011, 205, 207 ff.; ferner wohl auch *Bydlinski*, in: MüKo-BGB, § 426, Rn. 12 f., zum Teil mit weiteren Differenzierungen wiederum: *S. Meier*, Gesamtschulden, S. 653 ff. (Entstehung mit „Leistung, Klage oder dem Urteil").

1229 *Mansel/Stürner*, in: NK-BGB, § 199, Rn. 28; *Schulze*, in: Hk-BGB, § 426, Rn. 4; *Hartmann/Lieschke*, WM 2011, 205, 207 f., *Lieschke*, BB 2009, 1210; *Mansel/Budzikiewicz*, Das neue Verjährungsrecht, § 3, Rn. 23 (dort Fn. 8); jeweils mit Verweis auf BT-Drucks. 14/7052, S. 195.

1230 *Dollmann*, GmbHR 2004, 1330, 1331.

Anspruchs[1231]. Besondere Relevanz beansprucht schließlich die von *Peters* angeführte Wertung des § 213 BGB[1232]. Durch diese Norm könne verhindert werden, dass die Verjährung des Freihaltungsanspruchs auf jene des Zahlungsanspruchs durchschlage[1233]. Außerdem konkretisiere die Vorschrift das Verhältnis von Freihaltungs- und Zahlungsfunktion des Ausgleichsanspruchs und lasse systematische Rückschlüsse auf den jeweiligen Entstehungszeitpunkt zu[1234].

cc) Zwischenfazit

Eine sinnvolle Stellungnahme kann nicht erfolgen, ohne sämtliche Aspekte des Verjährungsbeginns, insbesondere die der *Kenntnis* im Sinne von § 199 Abs. 1 Nr. 2 BGB, zu berücksichtigen. Zwar ist das Problem der Entstehung des Ausgleichsanspruchs gemäß §§ 426 Abs. 1, 199 Abs. 1 Nr. 1 BGB unabhängig von der Kenntnis zu beurteilen. Viele der in der Literatur und Rechtsprechung vorgebrachten Argumente gehen jedoch allgemein auf den Verjährungsbeginn gemäß § 199 Abs. 1 BGB ein. Daher muss zunächst herausgearbeitet werden, welche Konturen dem Merkmal der Kenntnis im Sinne von § 199 Abs. 1 Nr. 2 BGB zu geben sind, bevor zur Entstehung Stellung genommen werden kann.

b) Kenntnis und grob fahrlässige Unkenntnis des Gläubigers i.S.v. § 199 Abs. 1 Nr. 2 BGB

Neben der Entstehung gemäß § 199 Abs. 1 Nr. 1 BGB ist für den Beginn der Verjährung die Kenntnis des Gläubigers im Sinne von § 199 Abs. 1 Nr. 2 BGB erforderlich. Die Rechtsprechung hat in der Entscheidung zur Entstehung des Ausgleichsanspruchs im Sinne von § 199 Abs. 1 Nr. 1 BGB die Konturen dieses Merkmals im Hinblick auf § 426 Abs. 1 BGB präzisiert[1235]. Demnach müsse sich die Kenntnis des ausgleichsberechtigten Gesamtschuldners auf die

> „Umstände, die den Anspruch des Gläubigers gegen den Ausgleichsverpflichteten begründen, die Umstände, die den Anspruch des Gläubigers gegen ihn selbst begründen, die Umstände, die das Gesamtschuldverhältnis begründen und schließlich die Umstände, die im Innenverhältnis eine Ausgleichspflicht begründen, beziehen“[1236].

Das Echo in der Literatur dazu fällt unterschiedlich aus. Von einigen Stimmen wird angeführt, dass die Kenntnis im Sinne von § 199 Abs. 1 Nr. 2 BGB, sofern man die vom BGH entwickelten Kriterien heranziehe, einen gerechten Aus-

---

1231 *Hartmann/Lieschke*, WM 2011, 205, 208 f.

1232 *Peters*, NZBau 2007, 337, 341; *Peters*, ZGS 2010, 154, 155 f.

1233 *Peters*, ZGS 2010, 154, 156; *Peters*, ZGS 2010, 495.

1234 *Peters*, ZGS 2010, 154, 155 f.

1235 BGHZ 181, 310, 315 f.

1236 BGHZ 181, 310, 316.

gleich ermögliche und dem Rückgriffsgläubiger hinreichenden Schutz vor der Verjährung des Ausgleichsanspruchs biete[1237]. Dem wird von anderer Seite jedoch entgegengehalten, dass die Kenntnis des ausgleichsberechtigten Gesamtschuldners für die Auflösung der Rückgriffsproblematik kaum herangezogen werden könne[1238]. Der Schutz des Rückgriffsgläubigers durch das subjektive Merkmal des § 199 Abs. 1 Nr. 2 BGB sei, anders als der BGH meine, nicht hinreichend[1239], sondern lediglich als „schwach" einzustufen[1240].

c) Die praktischen Auswirkungen der herrschenden Lehre auf den Zivilprozess

Bevor eine konkrete Entscheidung über den Verjährungsbeginn des Ausgleichsanspruchs getroffen werden kann, sind zunächst die keinesfalls selbstverständlichen praktischen Konsequenzen der herrschenden Lehre für den Zivilprozess aufzuzeigen.

Wie bereits dargelegt worden ist, kann der ausgleichsberechtigte Gesamtschuldner gemäß § 426 Abs. 1 BGB sowohl Mitwirkung und Befreiung als auch Zahlung von den ausgleichsberechtigten Gesamtschuldnern verlangen. Dennoch geht die herrschende Lehre von einem einheitlichen materiell-rechtlichen Anspruch des ausgleichsberechtigten Gesamtschuldners aus. Vor dem Hintergrund stellt sich die Frage, ob es sich auch um einen einheitlichen prozessualen Anspruch, also einen einzigen Streitgegenstand handelt. Die Bestimmung des Streitgegenstands ist aus Sicht des Gläubigers für ein sinnvolles prozessuales Vorgehen unabdingbar[1241]. Insbesondere für die Möglichkeit von Klagenhäufung (§ 260 ZPO) und Klageänderung (§ 263 ZPO) sowie die Reichweite der materiellen Rechtskraft (§ 322 ZPO) kommt es auf den Streitgegenstand an[1242]. Die Bedeutung des Streitgegenstands kommt darüber hinaus auch materiell-rechtlich zum Tragen: § 204 Abs. 1 Nr. 1 BGB schützt den Kläger vor der Verjährung sei-

---

1237 *Pfeiffer*, NJW 2010, 23, 25; *Dollmann*, GmbHR 2009, 1092, 1093; *Gebauer*, LMK 2010, 299711. Differenzierend jedoch *Ganten*, in: jurisPR-PrivBauR 8/2010 Anm. 1, der in § 199 Abs. 1 Nr. 2 BGB eine „Variable" sieht, die „Chancen, aber auch Risiken" birge.

1238 *Peters*, ZGS 2010, 154.

1239 Vgl. *Peters*, ZGS 2010, 154; *Hartmann/Lieschke*, WM 2011, 205, 209; vor der Entscheidung des BGH bereits: *Glöckner*, BauR 2005, 251, 271 (dort Fn. 151).

1240 *Schwenker*, EWiR 2009, 565, 566; *Schwenker*, EWiR 2009, 705, 706; *Rodemann*, IBR 2009, 591.

1241 Vgl. *Schilken*, Zivilprozessrecht, Rn. 219 ff.

1242 *Reichold*, in: Thomas/Putzo, ZPO, Einl II, Rn. 2; *Musielak*, in: Musielak, ZPO, Einl., Rn. 68; *Becker-Eberhard*, in: MüKo-ZPO, Vor § 253, Rn. 34.

nes „materiell-rechtlichen" Anspruchs nämlich grundsätzlich nur im Rahmen des prozessualen Anspruchs[1243].

Nach *Peters* stimme der Streitgegenstand der auf Freihaltung gerichteten Klage nicht mit dem Streitgegenstand der Zahlungsklage überein, da sich schon die Anträge auf Freihaltung und Zahlung voneinander unterscheiden würden[1244]. Aus diesem Grund führte eine auf Freihaltung gerichtete Klage auch nicht zur Hemmung der Verjährung des Anspruchs auf Zahlung, § 204 Abs. 1 Nr. 1 BGB[1245]. Dieser Anspruch könne erst ab Fälligkeit, nach Leistung des ausgleichsberechtigten Gesamtschuldners an den Gläubiger, im Wege der Leistungsklage geltend gemacht und dann nach § 204 Abs. 1 Nr. 1 BGB gehemmt werden[1246]. Von der Rechtsprechung wird demgegenüber vertreten, der ausgleichsberechtigte Gesamtschuldner könne auch eine unbezifferte Feststellungsklage gegen die anderen Gesamtschuldner erheben, um die Verjährung des Ausgleichsanspruchs zu hemmen[1247].

aa) Bestimmung des Streitgegenstands

Im Ergebnis ist dem Standpunkt von *Peters*, der von unterschiedlichen Streitgegenständen ausgeht, zuzustimmen. Zur Streitgegenstandsproblematik kann im Wesentlichen zwischen drei Ansätzen unterschieden werden[1248], von denen heute

1243 Soweit der Grundsatz: Vgl. BGHZ 132, 240, 243; BGH NJW 2009, 1950, 1951; *Grothe*, in: MüKo-BGB, § 204, Rn. 10; *Peters/Jacoby*, in: Staudinger (2009), § 204, Rn. 22; *Jauernig*, in: Jauernig, § 204, Rn. 3; *Henrich*, in: BeckOK-BGB, § 204, Rn. 17; *Mansel*, in: NK-BGB, § 204, Rn. 43; *Lau*, Die Reichweite der Verjährungshemmung bei Klageerhebung, S. 25; *Birr*, Verjährung und Verwirkung, Rn. 72; *Althammer*, NJW 2011, 2172, 2714.

1244 *Peters*, ZGS 2010, 154, 155; *Peters*, NZBau 2007, 337, 341; allgemein für eine Differenzierung zwischen Zahlungs- und Freihaltungsansprüchen: *Lau*, Die Reichweite der Verjährungshemmung bei Klageerhebung, S. 70.

1245 *Peters*, ZGS 2010, 154, 155.

1246 *Peters*, NZBau 2007, 337, 341.

1247 BGHZ 181, 310, 315; OLG Rostock, Entscheidung vom 20.06.2008, Az. 1 U 90/08, Rn. 9 (juris); dem folgend: *Reimann*, BauR 2011, 14, 18. Daneben wird auch allgemein die Erhebung einer solchen Klage für ausreichend erachtet, um die Verjährung eines Anspruchs zu hemmen (vgl. *Lakkis*, in: jurisPK-BGB, § 199, Rn. 5; *Schmidt-Räntsch*, § 199, Rn. 3; *Kesseler*, in: Prütting/Wegen/Weinreich, § 199, Rn. 3; *Grothe*, in: MüKo-BGB, § 199, Rn. 4).

1248 Vgl. statt aller: *Musielak*, in: Musielak, ZPO, Einleitung, Rn. 69 ff.; *Schilken*, Zivilprozessrecht, Rn. 224 ff.; ausführlich zur Entwicklung der Streitgegenstandslehre zuletzt: *Althammer*, ZZP 123 (2010), 163 ff. Unterschieden werden danach ein- und zweigliedriger prozessualer, sowie ein materiell-rechtlicher Streitgegenstandsbegriff. Nur selten aber führt dieser Theorienstreit zu unterschiedlichen Ergebnissen (*Musielak*, in: Musie-

vor allem der „zweigliedrige Streitgegenstandsbegriff“[1249] relevant ist. Nach diesem Ansatz bestimme sich der Streitgegenstand der Klage zum einen nach dem Antrag des Klägers, welcher die begehrte Rechtsfolge konkretisiere und zum anderen nach dem Lebenssachverhalt, aus dem sich die beantragte Rechtsfolge ableiten lasse (sog. Klagegrund)[1250].

Es kommt damit insbesondere auf den Antrag des Klägers an[1251]. § 253 Abs. 2 Nr. 2 ZPO stellt klar, dass es sich um einen inhaltlich hinreichend bestimmten Antrag handeln muss. Aus dem Antrag des ausgleichsberechtigten Gesamtschuldner müssen sich also die begehrte Rechtsfolge und der Anspruchsumfang rechtssicher ableiten lassen. Sicher ist, dass ein klar bezifferter Antrag auf (anteilige) Zahlung hinreichend bestimmt wäre[1252]. Das Gleiche gilt für eine auf „Befreiung“ gerichtete Leistungsklage[1253], welche den Bestimmtheitsvoraussetzungen eines Klageantrags gemäß § 253 Abs. 2 Nr. 2 ZPO ebenfalls standhielte[1254]. Durch solche klar formulierten Anträge wird sichergestellt, dass das Gericht die beantragte Rechtsfolge zusprechen kann (vgl. § 308 Abs. 1 ZPO) und

---

lak, ZPO, Einleitung, Rn. 68). Daher wird hier auf den zweigliedrigen Streitgegenstand eingegangen. Zur allein von *Althammer* vertretenen These und deren Auswirkungen vgl. nachfolgend die Fußnoten 1249, 1257.

1249 BGHZ 79, 245, 248 f.; BGHZ 117, 1, 5; BGHZ 157, 47, 50; BGHZ 168, 179, 184; *Becker-Eberhard*, in: MüKo-ZPO, Vor § 253, Rn. 32 ff.; *Musielak*, in: Musielak, ZPO, Einleitung, Rn. 73 ff., jeweils m.w.N.; neuerdings kritisch aber *Althammer*, ZZP 123 (2010), 163, 178 ff., der den Streitgegenstand anhand des „vom Kläger mit seinem Klageantrag verfolgten Interesses“ bestimmen will.

1250 *Becker-Eberhard*, in: MüKo-ZPO, Vor § 253, Rn. 33.

1251 Allein auf den Klageantrag stellt die eingliedrige Streitgegenstandslehre ab, die auf *Karl Heinz Schwab* zurückgeht. Grundlegend: *K. H. Schwab*, Der Streitgegenstand im Zivilprozess, S. 183 ff.

1252 Vgl. BGHZ 22, 54, 63; BGH NJW 1994, 586, 587; *Becker-Eberhard*, in: MüKo-ZPO, § 253, Rn. 95; *Foerste*, in: Musielak, ZPO, § 253, Rn. 30, 34 f.; *Reichold*, in: Thomas/Putzo, ZPO, § 253, Rn. 11; *Greger*, in: Zöller, ZPO, § 253, Rn. 13 f.; *Schilken*, Zivilprozessrecht, Rn. 210.

1253 Die Befreiungsklage ist als Leistungsklage gemäß § 253 ZPO und nicht als Feststellungsklage im Sinne von § 256 ZPO einzustufen (vgl. *Güntner*, Der Anspruch auf Befreiung von einer Verbindlichkeit, S. 245, *Gerhardt*, Der Befreiungsanspruch, S. 13; *Bischof*, ZIP 1984, 1444 f.; *Rimmelspacher*, JR 1976, 89 f., 187).

1254 Vgl. *Güntner*, Der Anspruch auf Befreiung von einer Verbindlichkeit, S. 246 f.; *Gerhardt*, Der Befreiungsanspruch, S. 13. Soweit die Befreiung von einer Geldleistung verlangt wird, muss die Geldforderung nach Grund und Höhe eindeutig bezeichnet sein (vgl. *Krüger*, in: MüKo-BGB, § 257, Rn. 17; *Unberath*, in: BeckOK-BGB, § 257, Rn. 12).

das Urteil im Wege der Zwangsvollstreckung durchsetzbar ist[1255]. Sowohl das Zahlungsurteil als auch das Urteil, welches den Befreiungsschuldner zur Befreiung des Gläubigers von der Verbindlichkeit verpflichtete, hätten einen vollstreckungsfähigen Inhalt[1256].

Demgegenüber reicht der Antrag auf „Ausgleich“ des ausgleichsberechtigten Gesamtschuldners nicht aus, um den prozessualen Anspruch hinreichend zu bestimmen[1257]. Das zeigt auch der Blick auf § 308 Abs. 1 ZPO, nach dem das Gericht nicht etwas zusprechen darf, was nicht beantragt wurde[1258]. Ein entsprechendes Leistungsurteil, das allgemein auf die Verpflichtung zum Ausgleich lautete, wäre außerdem zu unbestimmt und könnte daher insbesondere nicht im Wege der Zwangsvollstreckung durchgesetzt werden[1259]. Im Gegensatz zu einer

---

1255 Vgl. BGH NJW 1999, 954; *Greger*, in: Zöller, ZPO, § 253, Rn. 13; *Schilken*, Zivilprozessrecht, Rn. 209 f.

1256 Zur Vollstreckbarkeit des titulierten Befreiungsanspruchs: vgl. RGZ 150, 77, 80; BGH NJW 1958, 497; *Gerhardt*, Der Befreiungsanspruch, S. 13; allgemein zur Vollstreckbarkeit von Leistungsurteilen: *Vollkommer*, in: Zöller, ZPO, Vor § 300, Rn. 7; *Schilken*, Zivilprozessrecht, Rn. 567, 613.

1257 Etwas anderes wäre denkbar, wenn man für die Bestimmung des Verfahrensgegenstands vornehmlich auf das mit dem Antrag verfolgte „Interesse“ abstellte. Nach *Althammer*, ZZP 123 (2010), 163, 180 ff., könne dafür auch auf die materiell-rechtlichen Wertungen von § 213 BGB rekurriert werden. Ansprüche im Sinne dieser Vorschrift hätten „einen Verfahrensgegenstand“ (*Althammer*, ZZP 123 (2010), 163, 182). Dieses derzeit im Schrifttum wohl exklusive Verständnis des Streitgegenstandsbegriffs kann hier nicht ausführlich behandelt werden. Es soll aber darauf hingewiesen werden, dass nach hier befürworteter Auffassung § 426 Abs. 1 BGB in den Anwendungsbereich von § 213 BGB fällt (dazu sogleich unten ab S. 231 ff.). Folgte man insoweit dem Ansatz von *Althammer*, käme man wohl auch zu dem Ergebnis, dass es sich beim Anspruch aus § 426 Abs. 1 BGB um einen Streitgegenstand handelt.

1258 *Reichold*, in: Thomas/Putzo, ZPO, § 308, Rn. 2; *Schilken*, Zivilprozessrecht, Rn. 342 (*„ne ultra petitum“*).

1259 Während sich die Vollstreckung wegen einer Geldforderung (Zahlungsanspruch) nach §§ 803 ff., 828 ff. ZPO richtete (*Becker*, in: Musielak, ZPO, § 803, Rn. 5), müsste der Befreiungs- und Mitwirkungsanspruch nach § 887 ZPO vollstreckt werden (vgl. RGZ 150, 77, 80; BGH NJW 1958, 497; *Gerhardt*, Der Befreiungsanspruch, S. 13 ff.). Dies gelte auch dann, wenn die Befreiung von einer Geldverbindlichkeit gegenüber einem Dritten geschuldet werde, vgl. *Güntner*, Der Anspruch auf Befreiung von einer Verbindlichkeit, S. 251 ff.; *Gerhardt*, Der Befreiungsanspruch, S. 14 ff.; *Krüger*, in: MüKo-BGB, § 257, Rn. 17; *Unberath*, in: BeckOK-BGB, § 257, Rn. 12; *Bischof*, ZIP 1984, 1444, 1445 f.; *Rimmelspacher*, JR 1976, 89, 90 ff.; a.A.: *Lange*, NJW 1958, 497 (Vollstreckung nach § 803 ZPO).

auf Zahlung oder Befreiung gerichteten Klage ist der allgemein auf „Ausgleich" gerichtete Antrag somit nicht hinreichend bestimmt[1260].

Nach alldem ist festzuhalten, dass sich die Anträge bei einer Klage auf Befreiung von der Verbindlichkeit und bei einer Zahlungsklage voneinander unterscheiden. Es handelt es sich daher um unterschiedliche Streitgegenstände[1261].

bb) Prozessuale Möglichkeiten zum Schutz vor einer Verjährung des nicht eingeklagten Anspruchs

Wenn es sich um unterschiedliche Streitgegenstände handelt, stellt sich aus Sicht des ausgleichsberechtigten Gesamtschuldners allerdings die Frage, mit welchen prozessualen Möglichkeiten er sich vor einer vorzeitigen Verjährung des Ausgleichsanspruchs schützen kann.

Eine positive Feststellungsklage gemäß § 256 Abs. 1 ZPO, die auf die Feststellung des Bestehens des Ausgleichsanspruchs gerichtet ist und grundsätzlich für die Verjährungshemmung nach § 204 Abs. 1 Nr. 1 BGB ausreichte[1262], kann der ausgleichsberechtigte Gesamtschuldner nicht erheben. Eine Feststellungsklage wäre gegenüber der möglichen Leistungsklage (auf Befreiung oder Zahlung) unzulässig, weil es am notwendigen Feststellungsinteresse fehlte[1263]. Der Rück-

---

1260 Auf Basis des zweigliedrigen Streitgegenstands könnte ferner geprüft werden, ob der ungenaue Antrag auf „Ausgleich" durch den zugrundeliegenden Sachverhalt kompensiert werden kann. Ergibt sich nämlich aus dem Sachverhalt, dass der Gesamtschuldner den Gläubiger bereits befriedigt hat und welche Haftungsquote im Innenverhältnis vereinbart war, wäre gesichert, dass nunmehr Zahlung in einer bestimmten Höhe und nicht mehr Freihaltung verlangt wird. In diesem Zusammenhang könnte ferner über die materielle Prozessleitung des Gerichts im Sinne von § 139 Abs. 1 ZPO nachgedacht werden. § 139 ZPO dient dazu durch gerichtliche Hilfestellung prozessuale „Waffengleichheit" herzustellen (vgl. *Wagner*, in: MüKo-ZPO, § 139, Rn. 1; *Reichold*, in: Thomas/Putzo, ZPO, § 139, Rn. 1) und erlegt dem Gericht eine „Fürsorgepflicht" auf (vgl. *Stadler*, in: Musielak, ZPO, § 139, Rn. 1). Dies ist aber vom Einzelfall abhängig. Zudem würde die Umdeutung des Klageantrags von Ausgleich auf Befreiung dem Gläubiger letztlich wohl nicht helfen, da der Streitgegenstand (Befreiungsanspruch) mit dem Streitgegenstand der späteren Zahlung gerade nicht identisch ist und daher die verjährungshemmende Wirkung sich nicht auf den späteren Zahlungsanspruch erstrecken würde.

1261 Überzeugend: *Peters*, NZBau 2007, 337, 341; *Peters*, ZGS 2010, 154, 155.

1262 BGH NJW 1998, 2274, 2276; *Grothe*, in: MüKo-BGB, § 204, Rn. 4; *Ellenberger*, in: Palandt, § 204, Rn. 2; *Peters/Jacoby*, in: Staudinger (2009), § 204, Rn. 44; *Henrich*, in: BeckOK-BGB, § 204, Rn. 3; *Birr*, Verjährung und Verwirkung, Rn. 71.

1263 Vgl. zum Feststellungsinteresse bei möglicher Leistungsklage: BGHZ 5, 314, 315; BGH NJW 1984, 1118, 1119; BGHZ 134, 201, 208 f.; *Foerste*, in: Musielak, ZPO, § 256, Rn. 12; *Becker-Eberhard*, in: MüKo-ZPO, § 256, Rn. 49; a.A. wohl *Klein/Moufang/Koos*, BauR 2009, 333, 341 f.

griffsgläubiger muss also grundsätzlich entweder Befreiung von seiner Verbindlichkeit gegenüber dem gemeinsamen Gläubiger oder Zahlung an sich selbst beantragen. Gleichwohl ist zu bedenken, dass nach verbreiteter Ansicht selbst eine mangels Feststellungsinteresses unzulässige Feststellungsklage die Verjährung des Anspruchs gemäß § 204 Abs. 1 Nr. 1 BGB hemmen könne[1264]. Insoweit kann also auch die Feststellungsklage Schutz vor einer vorzeitigen Verjährung des Ausgleichsanspruchs gewähren. Dieser Schutz wäre aber nicht besonders effektiv, da es auch in diesem Fall dabei bliebe, dass die Verjährungshemmung sich gemäß § 204 Abs. 1 Nr. 1 BGB nur auf den eingeklagten prozessualen Anspruch erstrecken könnte[1265].

Weiter kann der ausgleichsberechtigte Gesamtschuldner auch nicht zunächst mit einem Hauptantrag Mitwirkung oder Befreiung und hilfsweise, für den Fall zwischenzeitlicher Tilgung der Gläubigerforderung, Zahlung beantragen. Zwar steht die Stellung eines Antrags als Hilfsantrag der Verjährungshemmung gemäß § 204 Abs. 1 Nr. 1 BGB in Bezug auf den Hilfsantrag grundsätzlich nicht entgegen[1266]. Wäre diese Vorgehensweise zulässig, würde der ausgleichsberechtigte Gesamtschuldner also auch vor einer Verjährung des Zahlungsanspruchs geschützt. Der ausgleichsberechtigte Gesamtschuldner beträte hiermit jedoch das Feld einer eventuellen Klagenhäufung im Sinne von § 260 ZPO. Das Gericht entscheidet nur dann über den Hilfsantrag, wenn zuvor die für den Hilfsantrag erforderliche Bedingung eingetreten wäre. Zulässig ist eine eventuelle objektive Klagenhäufung, wenn der Hilfsantrag vom Eintritt einer innerprozessualen Bedingung abhängig gemacht wird[1267]. Der Eintritt der Bedingung wäre hier jedoch „außerprozessual", da er von einem Verhalten des Rückgriffsgläubigers, der Zahlung an den gemeinsamen Gläubiger, abhinge. Deshalb wäre die gemeinsa-

---

1264 BGHZ 39, 287, 291; BGHZ 103, 298, 302; BGH NJW 2011, 2193, 2194; *Schmidt-Räntsch*, in: Erman, § 204, Rn. 3; *Peters/Jacoby*, in: Staudinger (2009), § 204, Rn. 44; *Ellenberger*, in: Palandt, § 204, Rn. 5.

1265 Vgl. BGHZ 103, 298, 301; *Peters/Jacoby*, in: Staudinger (2009), § 204, Rn. 44 (Klage muss „auf das Bestehen des Anspruchs gerichtet sein [...]; Feststellung des [...] Rechtsverhältnisses reicht nicht aus".). Eine Feststellungsklage, die auf das Bestehen der Ausgleichspflicht gerichtet wäre, reichte daher wohl nicht. Erst recht muss dann für eine unzulässige Feststellungsklage gelten, dass diese nur für den konkreten prozessualen Anspruch zu einer Hemmung der Verjährung führt.

1266 Vgl. BGH NJW 1981, 678, 679; BGH NJW-RR 1994, 514, 515; *Grothe*, in: MüKo-BGB, § 204, Rn. 6; *Henrich*, in: BeckOK-BGB, § 204, Rn. 17; *Mansel*, in: NK-BGB, § 204, Rn. 20;

1267 *Foerste*, in: Musielak, ZPO, § 260, Rn. 8; *Reichold*, in: Thomas/Putzo, ZPO, § 260, Rn. 8; *Greger*, in: Zöller, ZPO, Vor § 128, Rn. 20; *Lüke/Kerwer*, NJW 1996, 2121, 2123.

me Klage auf Befreiung und hilfsweise Zahlung nicht möglich. Dem ausgleichsberechtigten Gesamtschuldner brächte die Stellung eines Hilfsantrags auf Zahlung somit nicht die Vorteile einer Verjährungshemmung gemäß § 204 Abs. 1 Nr. 1 BGB.

Hat der Rückgriffsgläubiger bereits eine Klage auf Mitwirkung und Befreiung erhoben, wird er jedoch zwischenzeitlich vom gemeinsamen Gläubiger in Anspruch genommen und kann deshalb nur noch Zahlung beanspruchen, besteht für ihn die Möglichkeit, die Klage im Sinne von §§ 263 f. ZPO zu ändern. Auch wenn eine solche nachträgliche Klageänderung nur *ex nunc* zu einer Hemmung der Verjährung des später eingeklagten Zahlungsanspruchs führen kann, weil erst mit Rechtshängigkeit des neuen Streitgegenstands im Sinne von § 261 Abs. 2 ZPO[1268] die Verjährungshemmung nach § 204 Abs. 1 Nr. 1 BGB einsetzen kann[1269], ist sie aus Gläubigersicht sinnvoll.

Die Rechtsgrundlage, auf die sich die Änderung des Klageantrags von Mitwirkung und Befreiung auf Zahlung stützen lässt, ist allerdings umstritten. Nach überwiegender Auffassung kommt dafür § 264 Nr. 2 ZPO in Betracht[1270]. „Erweiterungen und Beschränkungen" des ursprünglichen Antrags im Sinne von § 264 Nr. 2 ZPO seien „quantitative und qualitative" Änderungen bei ansonsten gleichbleibendem Klagegrund[1271]. Darunter fiele auch die (qualitative) Umstellung des Antrags von Befreiung auf Zahlung[1272]. Die Gegenauffassung gelangt über § 263 ZPO, nach dem eine Klageänderung zulässig ist, wenn sie sachdienlich ist oder der Beklagte einwilligt, zu identischen Ergebnissen[1273]. Für sie

1268 § 261 Abs. 2 ZPO gilt auch für die Klageänderung (*Foerste*, in: Musielak, ZPO, § 261, Rn. 6; *Becker-Eberhard*, in: MüKo-ZPO, § 261, Rn. 31).

1269 Vgl. *Grothe*, in: MüKo-BGB; § 204, Rn. 27; *Henrich*, in: BeckOK-BGB, § 204, Rn. 14; *Peters/Jacoby*, in: Staudinger (2009), § 204, Rn. 37.

1270 Freilich handele es sich nur in den Fällen von § 264 Nr. 2, 3 ZPO dem Grunde nach um Klageänderungen, vgl. *Reichold*, in: Thomas/Putzo, ZPO, § 264, Rn. 1. § 264 Nr. 1 ZPO könne demgegenüber bereits begrifflich „keine Klageänderung" sein. Vgl. *Greger*, in: Zöller, ZPO, § 264, Rn. 1; *Reichold*, in: Thomas/Putzo, ZPO, § 264 Rn. 1; *Foerste*, in: Musielak, ZPO, § 264, Rn. 2.

1271 Vgl. *Greger*, in: Zöller, ZPO, § 264, Rn. 3; *Foerste*, in: Musielak, ZPO, § 264, Rn. 3; *Reichold*, in: Thomas/Putzo, ZPO, § 264 Rn. 3.

1272 BGH NJW 1994, 944, 945 (zum Übergang von Freistellung auf Zahlung bei Schadensersatzanspruch, der auf derselben Verpflichtung des Schuldners beruht); *Foerste*, in: Musielak, ZPO, § 264, Rn. 3; *Greger*, in: Zöller, ZPO, § 264, Rn. 3b; *Geisler*, in: Prütting/Gehrlein, ZPO, § 264, Rn. 4; *Reichold*, in: Thomas/Putzo, ZPO, § 264 Rn. 4; *Güntner*, Der Anspruch auf Befreiung von einer Verbindlichkeit, S. 249 f. Dort wird aber wegen der „weitherzigen Auslegung" von § 268 ZPO a.F. (entspricht § 264 ZPO n.F.) die berichtigende Umstellung für möglich gehalten.

1273 *Görmer*, MDR 1995, 240 f.

spricht, dass es sich beim Befreiungs- und Zahlungsanspruch um unterschiedliche Streitgegenstände handelt. Am Ergebnis ändert dies freilich nichts, weil die Klageänderung regelmäßig sachdienlich im Sinne von § 263 Var. 2 ZPO sein wird[1274]. Für das Problem, dass der Kläger zunächst auf Befreiung geklagt hat, dieses Begehren durch die spätere Inanspruchnahme des gemeinsamen Gläubigers jedoch nicht mehr aufrechterhalten kann, ist die Klageänderung gemäß § 263 ZPO somit das Mittel der Wahl.

cc) Lösung auf materiell-rechtlicher Ebene über §§ 204 Abs. 1 Nr. 1, 213 BGB

Unter der Prämisse unterschiedlicher Streitgegenstände für Freihaltungs- und Zahlungsbegehren steht der ausgleichsberechtigte Gesamtschuldner vor dem Problem der Verjährungshemmung des nicht eingeklagten Anspruchs. Zwar besteht, wie gezeigt, die Möglichkeit der Klageänderung gemäß § 263 ZPO. Allerdings schützte diese den Rückgriffsgläubiger nicht hinreichend, weil sie nur eine Verjährungshemmung *ex nunc* bewirkte.

Die Lösung für das Problem folgt aus dem materiellen Recht. Für die Verjährungshemmung des nicht eingeklagten Anspruchs sind dabei zwei Wege gangbar. Entweder man wandte mit Teilen der Rechtsprechung und Literatur § 204 Abs. 1 Nr. 1 BGB ausnahmsweise extensiv an und entfernte sich damit von der engen Bindung an den Streitgegenstand[1275] oder man suchte die Lösung in anderen materiell-rechtlichen Vorschriften wie etwa § 213 BGB[1276]. Das Verhältnis dieser Vorschriften zueinander ist ungeklärt und problematisch[1277]. Durch die Streitgegenstandsproblematik wird die Lösungsfindung zusätzlich erschwert, da insoweit prozessrechtliche Erwägungen in einen materiell-rechtlichen Konflikt Einzug finden.

1274 So auch *Görmer*, MDR 1995, 240, 241; *Güntner*, Der Anspruch auf Befreiung von einer Verbindlichkeit, S. 249.

1275 So etwa: BGHZ 66, 138, 141 f.; BGH NJW 1983, 388, 339; BGHZ 132, 240, 243 f. (noch zu § 209 Abs. 1 BGB a.F.); BGH NJW-RR 2009, 544 (allerdings zum Mahnbescheid i.S.v. § 204 Abs. 1 Nr. 3 BGB); *Grothe*, in: MüKo-BGB, § 204, Rn. 10; *Henckel*, JZ 1962, 335 ff.; *Wolf*, in: FS Schumann, 2001, S. 579, 580 ff. (dort auch grundsätzliche Erwägungen dazu, das Verjährungsrecht von der Streitgegenstandslehre zu entkoppeln).

1276 Vgl. *Lau*, Die Reichweite der Verjährungshemmung bei Klageerhebung, S. 119; *Peters*, ZGS 2010, 154, 155 f.; *Peters/Jacoby*, in: Staudinger (2009), § 213, Rn. 11.

1277 Während *Grothe*, in: MüKo-BGB, § 204 BGB, Rn. 10, davon ausgeht, dass die Auslegung von § 204 nicht durch § 213 BGB beeinflusst werde, meint hingegen *Peters*, ZGS 2010, 154, 155, dass die „Existenz von § 213 BGB“ für ein „enges Verständnis“ von § 204 BGB spreche. Ähnlich auch *Mansel*, in: NK-BGB, § 204, Rn. 45. Vgl. dazu auch *Lau*, Die Reichweite der Verjährungshemmung bei Klageerhebung, S. 24 f., 119.

Für ein extensives Verständnis von § 204 Abs. 1 Nr. 1 BGB, das nicht einer strengen Anknüpfung an prozessuale Begrifflichkeiten verhaftet ist, besteht vor dem Hintergrund der Schaffung des § 213 BGB im Rahmen der Schuldrechtsmodernisierung kein Anlass mehr. Zwar spricht für die Erweiterung von § 204 Abs. 1 Nr. 1 BGB, dass es sich um eine materiell-rechtliche Vorschrift handelt, deren Anwendungsbereich daher in besonderem Maße durch materiell-rechtliche Wertungskriterien beeinflusst wird[1278]. Insoweit kann es im Einzelfall zweckmäßig sein, die verjährungshemmende Wirkung der Klage auf Ansprüche zu erstrecken, die eine „materiellrechtliche Wesensgleichheit" aufweisen[1279]. Eine solche Wesensgleichheit liege vor, wenn zwar die jeweiligen Klageanträge verschieden, der Klagegrund (Sachverhalt) im Kern aber bereits Gegenstand des Verfahrens war[1280] oder jedenfalls das identische Interesse weiterverfolgt werde[1281]. Diese offene Definition, die sich bereits in der Rechtsprechung zu § 209 Abs. 1 BGB a.F. herausgebildet hat, passt auch für den Anspruch aus § 426 Abs. 1 BGB, da sich beim Ausgleichsanspruch gemäß § 426 Abs. 1 BGB die entsprechenden Klageanträge unterscheiden, die materiell-rechtliche Anspruchsgrundlage hingegen gleich bleibt. Da sich § 204 Abs. 1 Nr. 1 BGB – bis auf die Anordnung der Verjährungshemmung – weitgehend mit § 209 Abs. 1 BGB a.F. deckt[1282], ließe sich diese Rechtsprechung schließlich auch auf den Fall des Gesamtschuldnerausgleichsanspruchs gemäß § 426 Abs. 1 BGB übertragen.

Die besseren Argumente sprechen indes für den Weg über § 213 BGB. Zwar wird teilweise vertreten, dass § 213 BGB zwei unterschiedliche materiell-rechtliche Ansprüche voraussetze und damit z.B. bei der Wahlschuld (§ 262 BGB) nicht eingreifen soll, weil bei dieser nur ein „einheitlicher Anspruch mit alternativem Inhalt" vorliege[1283]. Auch sei § 213 BGB nicht anwendbar bei Ansprü-

---

1278 Vgl. *Henckel*, JZ 1962, 335, 336; *Wolf*, in: FS Schumann, 2001, S. 579, 580; *Grothe*, in: MüKo-BGB, § 204, Rn. 10.

1279 Vgl. BGH NJW 1983, 388, 339; BGH NJW-RR 2009, 544; *Grothe*, in: MüKo-BGB, § 204, Rn. 10.

1280 BGHZ 132, 240, 244, *Grothe*, in: MüKo-BGB, § 204, Rn. 10.

1281 „Befriedigung eines von mehreren materiellrechtlichen Ansprüchen, die lediglich unterschiedliche Ausprägungen des gleichen Rechtes [...] sind", vgl. BGH NJW 1983, 388, 389; *Henckel*, JZ 1962, 335, 337 (wirtschaftliches Interesse); ähnlich auch *Schmidt-Räntsch*, in: Erman, § 204, Rn. 7, der § 204 Abs. 1 Nr. 1 BGB explizit auf Ansprüche erstreckt, die „verschiedene technische Ausprägungen erfahren".

1282 Vgl. BT-Drucks. 14/6040, S. 113; *Pfeiffer*, Gesetzessynopse mit Kurzerläuterung, S. 8.

1283 Vgl. *Lakkis*, in: jurisPK-BGB, § 213, Rn. 8; *Arnold*, in: NK-BGB, § 263, Rn. 5; so wohl auch der Gesetzesentwurf der Bundesregierung: BT-Drucks. 14/6857, S. 46; differenzierend *Grothe*, in: MüKo-BGB, § 213, Rn. 4; OLG Frankfurt, Entscheidung vom 15.04.2008, Az. 8 U 238/06, Rn. 39 (juris): § 213 sei auf Wahlschulden anwendbar, bei

chen, die nur kumulativ geltend gemacht werden könnten[1284]. Es handelt sich beim Anspruch aus § 426 Abs. 1 BGB aber nicht um einen Fall der gesetzlichen Wahlschuld. Der Inhalt des Ausgleichsanspruchs hängt nicht von der Wahl des ausgleichsberechtigten oder ausgleichsverpflichteten Gesamtschuldners ab, sondern davon, ob die Gesamtschuldner bereits in Anspruch genommen worden sind (Zahlung) oder nicht (Mitwirkung und Befreiung). Befreiungs- und Zahlungsanspruch können auch nicht nebeneinander, sondern nur alternativ geltend gemacht werden. Die Anwendbarkeit des § 213 BGB auf Ansprüche, die in alternativer (oder elektiver) Konkurrenz zueinander stehen, ist aber anerkannt[1285].

Nach seinem Wortlaut ist § 213 BGB anwendbar, wenn die Ansprüche auf demselben rechtlichen Grund beruhen. Nach Auffassung des Gesetzgebers sei dies der Fall, wenn es sich um Ansprüche handelt, die im Wesentlichen ein wirtschaftlich identisches Leistungsinteresse verfolgen[1286]. Dafür sei erforderlich, dass „der Gläubiger von einem auf den anderen Anspruch übergehen" könne, um sein wirtschaftliches Interesse zu verfolgen[1287].

Dies trifft auf den Anspruch aus § 426 Abs. 1 BGB zu. Wesen des einheitlich verstandenen Ausgleichsanspruchs gemäß § 426 Abs. 1 BGB ist gerade der auf den Haftungsanteil im Innenverhältnis gerichtete Ausgleich zwischen den Gesamtschuldnern[1288]. Vor der Inanspruchnahme besteht das wirtschaftliche Interesse darin, nicht über die eigene Haftungsquote hinaus in Anspruch genommen zu werden. Deshalb kann der ausgleichsberechtigte Gesamtschuldner Mitwirkung bei der Befriedigung des gemeinsamen Gläubigers verlangen[1289]. Durch die Leistung wird dieses wirtschaftliche Interesse aber nicht nachhaltig verändert, da der Zahlungsausgleich ebenfalls der Herstellung des nach dem Innenverhältnis vereinbarten oder gesetzlich vorgegebenen (s. § 426 Abs. 1 S. 1 BGB) Haftungsanteils dient. Daher sind Befreiungs- und Zahlungsanspruch auf ein wirtschaftlich identisches Interesse gerichtet, mögen sie auch im Einzelnen einen unterschiedlichen Leistungsinhalt haben.

---

denen das Wahlrecht dem Gläubiger zustehe.

1284 *Lakkis*, in: jurisPK-BGB, § 213, Rn. 5; *Peters/Jacoby*, in: Staudinger (2009), § 213, Rn. 7; *Schmidt-Räntsch*, in: Erman, § 213, Rn. 4; *Mansel/Budzikiewicz*, in: NK-BGB, § 213, Rn. 9.

1285 *Grothe*, in: MüKo-BGB, § 213, Rn. 4; *Peters/Jacoby*, in: Staudinger (2009), § 213, Rn. 1; *Schmidt-Räntsch*, in: Erman, § 213, Rn. 4; *Ellenberger*, in: Palandt, § 213, Rn. 3.

1286 Vgl. BT-Drucks. 14/6040, S. 122; ähnlich *Henrich*, in: BeckOK-BGB, § 213, Rn. 3.

1287 BT-Drucks. 14/6040, S. 122.

1288 Vgl. *Ehmann*, Die Gesamtschuld, S. 106 ff.; *Esser/Schmidt*, AT I/2, S. 348 ff.; *Bydlinski*, in: MüKo-BGB, § 426, Rn. 2, 4.; *Noack*, in: Staudinger (2005), § 426, Rn. 1, 7.

1289 Zu den Mitwirkungspflichten bereits oben ab S. 198.

Nach anderer Lesart sei mit „demselben rechtlichen Grund“ allerdings nicht gemeint, dass es sich um Ansprüche handeln müsste, die auf dasselbe wirtschaftliche Interesse gerichtet sind[1290]. Vielmehr sollen nach § 213 BGB Ansprüche erfasst werden, die sich aus „demselben Lebenssachverhalt“ ergäben[1291]. Diese Betrachtungsweise lässt indes keine anderen Schlüsse auf die Anwendbarkeit von § 213 BGB für den Gesamtschuldnerausgleichsanspruch gemäß § 426 Abs. 1 BGB zu. Lediglich rückt sie den eigentlichen Gedanken von § 213 BGB stärker in den Vordergrund: „Die Vorschrift dient der Entschärfung der Diskussion um den prozessualen Streitgegenstandsbegriff“[1292]. Liegen zwar mehrere prozessuale Ansprüche, aber nur ein einheitlicher Anspruchsgrund vor, dann erfolgt zum Schutz des Gläubigers eine Erstreckung der verjährungshemmenden Wirkung über § 213 BGB, nicht zuletzt um dem Gläubiger die Stellung von Hilfsanträgen zu ersparen[1293]. Nach früherem Recht konnte sich die Verjährungshemmung bei einerseits gleichbleibendem Klagegrund, andererseits aber differierenden Anträgen, nur durch die extensive Auslegung von § 209 Abs. 1 BGB a.F. ergeben. § 213 BGB hat diese Lücke geschlossen und den nur wegen des Streits im Prozessrecht entstandenen materiell-rechtlichen Konflikt der Verjährungshemmung durch Klageerhebung, zumindest praktisch, weitgehend erledigt.

Letztlich bleibt zu konstatieren, dass die Annahme unterschiedlicher Streitgegenstände der Verjährungshemmung des auf den Mitwirkungs- und Befreiungsanspruch folgenden Zahlungsanspruchs des Gesamtschuldners nicht entgegensteht. Für eine extensive Auslegung des § 204 Abs. 1 Nr. 1 BGB besteht wegen der Schaffung von § 213 BGB jedoch kein Anlass mehr. Die Erstreckung der Verjährungshemmung kann daher mit § 213 BGB begründet werden.

dd) Ergebnis

Der ausgleichsberechtigte Gesamtschuldner muss gemäß § 253 Abs. 2 Nr. 2 ZPO einen klar bezifferten Antrag stellen. Da sich Zahlungs-, Mitwirkungs- und Befreiungsantrag voneinander unterscheiden, liegen unterschiedliche prozessuale Ansprüche vor. Daraus ergibt sich für den ausgleichsberechtigten Gesamtschuldner das Problem, zu bestimmen, mit welchen Maßnahmen er sich vor einer Verjährung des nicht eingeklagten Anspruchs schützen kann. Nicht in Be-

1290 *Schmidt-Räntsch*, in: Erman, § 213, Rn. 2 f.; *Peters/Jacoby*, in: Staudinger (2009), § 213, Rn. 5.

1291 *Schmidt-Räntsch*, in: Erman, § 213, Rn. 1, 3; *Peters/Jacoby*, in: Staudinger (2009), § 213, Rn. 3.

1292 *Lakkis*, in: jurisPK-BGB, § 213, Rn. 3.

1293 Vgl. BT-Drucks. 14/6040, S. 121; *Schmidt-Räntsch*, in: Erman, § 213, Rn. 1; *Henrich*, in: BeckOK-BGB, § 213, Rn. 1; *Peters/Jacoby*, in: Staudinger (2009), § 213, Rn. 1, 2, 6; *Lakkis*, in: jurisPK-BGB, § 213, Rn. 1; *Birr*, Verjährung und Verwirkung, Rn. 105.

tracht kommen die Erhebung einer Feststellungsklage gemäß § 256 ZPO sowie eine allgemein auf „Ausgleich“ gerichtete Leistungsklage. Selbst unter der Prämisse, dass die Verjährungshemmung auch bei unzulässigen Klagen eintreten kann, bliebe es bei einer auf den prozessualen Anspruch beschränkten Hemmungswirkung. Auch die Möglichkeit einer eventuellen Klagenhäufung im Sinne von § 260 ZPO steht dem ausgleichsberechtigten Gesamtschuldner nicht offen. Allerdings kann er eine bereits erhobene Klage auf Mitwirkung und Befreiung auf eine Zahlungsklage umstellen, § 263 ZPO. Da ihn die Klageänderung aber nur *ex nunc* vor einer Verjährung des nicht eingeklagten Anspruchs schützt, sind andere materiell-rechtliche Vorschriften zur Anwendung zu bringen. Die Verjährungshemmung kann nach hier befürworteter Lesart auf § 213 BGB gestützt werden. Die Auswirkungen von § 213 BGB auf den Verjährungsbeginn des Gesamtschuldnerausgleichs sind an anderer Stelle zu untersuchen.

d) Stellungnahme zum Verjährungsbeginn des Ausgleichsanspruchs

Nachdem die prozessualen Auswirkungen der herrschenden Lehre und die Verjährungshemmung durch Klageerhebung unter der Prämisse unterschiedlicher Streitgegenstände erörtert sind, ist nun zu untersuchen, wann die Verjährung des aus § 426 Abs. 1 BGB folgenden Ausgleichsanspruchs gemäß § 199 Abs. 1 BGB beginnt. Vornehmlich geht es dabei um das Problem der Entstehung des Anspruchs gemäß § 199 Abs. 1 Nr. 1 BGB.

Die Entstehung setzt die Fälligkeit des Anspruchs im Sinne von § 271 BGB voraus[1294]. Die funktionale Trennung der Anspruchsziele des § 426 Abs. 1 BGB hat für die Bestimmung der Fälligkeit eine besonders große Bedeutung. Der Anspruch ist zunächst auf Mitwirkung und Befreiung und später auf Zahlung gerichtet[1295]. Hielte man diese funktionale Teilung konsequent durch, ließe sich für den Zahlungsanspruch vertreten, dass dieser nur fällig werden könnte, wenn der Gesamtschuldner den gemeinsamen Gläubiger der Leistung befriedigt hat. Die Leistung des Regressgläubigers, um die es geht, besteht hier in der Zahlung gemäß des eigenen Haftungsanteils im gesamtschuldnerischen Innenverhältnis. „Verlangt werden“, im Sinne des Fälligkeitsbegriffs, kann diese Ausgleichs*zahlung* aber erst ab dem Zeitpunkt, an dem der Gesamtschuldner den Gläubiger – über seine nach dem Innenverhältnis bestehende Haftungsquote hinaus[1296] – be-

1294 BGHZ 53, 222, 225; BGHZ 55, 340, 341 f; BGHZ 113, 188, 193.

1295 BGHZ 181, 310, 313; a.A. lediglich *Stamm*, NJW 2004, 811 f.; differenzierend: *S. Meier*, Gesamtschulden, S. 322 ff., 387 f., 639. Ausführlich zu den Funktionen des Anspruchs aus § 426 Abs. 1 BGB bereits oben ab S. 194, m.w.N.

1296 Vgl. BGH NJW 1986, 1097; *Grüneberg*, in: Palandt, § 426, Rn. 6; *Gehrlein*, in: BeckOK-BGB; § 426, Rn. 4; *Böttcher*, in: Erman, § 426, Rn. 12, *Bydlinski*, in: MüKo-BGB, § 426, Rn 13.

friedigt[1297]. Vorher kann der Rückgriffsgläubiger schließlich auch nur Mitwirkung und Befreiung *verlangen*, und zwar unabhängig davon, dass die Anspruchsgrundlage mit § 426 Abs. 1 S. 1 BGB dieselbe wäre.

Freilich ist eine solch enge Verhaftung am Fälligkeitsbegriff bzw. die Aufspaltung der Fälligkeit von Zahlungs- und Freihaltsanspruch für den Ausgleichsanspruch gemäß § 426 Abs. 1 BGB nicht unzweifelhaft. Unabhängig von der bestehenden funktionalen Trennung von Zahlungs- und Freihaltungsanspruch bleibt die Anspruchsgrundlage für beide Ziele allein § 426 Abs. 1 BGB. Legte man das „Verlangen können" – insofern einem weiteren Verständnis folgend – dahingehend aus, dass der Gesamtschuldner „Ausgleich" verlangen kann, wäre dem Fälligkeitsbegriff bereits Genüge getan, denn Ausgleich kann der Rückgriffsgläubiger sofort mit Begründung der Gesamtschuld und Fälligkeit der Forderung des Gläubigers verlangen. Der Inhalt des Ausgleichs wäre nur, je nach Zeitpunkt der Geltendmachung, ein anderer[1298].

Beide zum Verjährungsbeginn vertretenen Ansätze unterliegen daher hinsichtlich der Bestimmung der Fälligkeit des Ausgleichsanspruchs insoweit einer gewissen Zirkularität. Geht man einerseits von einem in jeder Hinsicht einheitlichen Anspruch aus, liegt dessen Fälligkeit unabhängig von der konkreten Ausprägung mit der Begründung der Gesamtschuld vor, andererseits kann die Gegenauffassung, die zwischen Freihaltung und Zahlung unterscheidet, nur zu dem Ergebnis unterschiedlicher Fälligkeitstermine kommen. Beiden Standpunkten ist damit gemein, dass nach ihnen die Fälligkeit nur die Konsequenz einer zuvor aus anderen Gründen entwickelten Prämisse ist. Die Untersuchung muss folglich auf jene Aspekte gelenkt werden, die entweder für die Differenzierung nach Anspruchszielen oder die Einheitlichkeit des Anspruchs sprechen.

aa) These

Die Auslegung der Vorschriften über den Gesamtschuldnerausgleich und den Verjährungsbeginn ergibt, dass der auf Zahlung gerichtete Regressanspruch und der auf Befreiung und Mitwirkung abzielende Ausgleichsanspruch sich mit § 426 Abs. 1 BGB zwar auf dieselbe Anspruchsgrundlage stützen können. Im Hinblick auf den Verjährungsbeginn im Sinne von § 199 Abs. 1 BGB ist jedoch zwischen Zahlungs-, Befreiungs- und Mitwirkungsanspruch zu differenzieren.

bb) Wortlaut

Bereits im Zusammenhang mit der Frage, ob § 426 Abs. 1 S. 1 BGB über die Befreiung und Mitwirkung hinausgehende Bedeutung hat, konnte festgestellt

1297 Vgl. *Peters*, ZGS 2010, 154, 155.

1298 Vgl. dazu die Ausführungen oben, S. 198 ff.

werden, dass die Aussagekraft des Wortlauts der Vorschrift nur gering ist[1299]. Dieses Problem setzt sich bei der Festlegung des Verjährungsbeginns im Sinne von § 199 Abs. 1 BGB fort. Der Wortlaut spricht davon, dass die *Gesamtschuldner im Verhältnis zueinander zu gleichen Teilen verpflichtet sind, soweit nicht ein anderes bestimmt ist*. Der Normtext lässt daher keinen zweifelsfreien Schluss auf den Entstehungszeitpunkt – von Begründung der Gesamtschuld oder der Leistung durch einen der Gesamtschuldner an – zu[1300].

cc) Entstehungsgeschichte

(1) Analyse der Motive

Wie den *Motiven* entnommen werden kann, ging bereits der historische Gesetzgeber von einer funktionalen Aufteilung des Gesamtschuldnerausgleichs gemäß § 426 Abs. 1 BGB aus[1301]. Danach soll § 426 Abs. 1 S. 1 BGB nicht nur als Anspruchsgrundlage dienen. Vielmehr soll die Vorschrift nach den *Motiven* das Innenverhältnis der Gesamtschuldner von Beginn an ausgestalten[1302]. Insbesondere müssten die Gesamtschuldner in *erforderlichem* Maße an der Gläubigerbefriedigung mitwirken:

> „Sie [die Gesamtschuldner] sind kraft dieses inneren Schuldverhältnisses einander zu der erforderlichen Mitwirkung und Beitragung bei der Leistung verpflichtet [...]“[1303].

Interessanterweise greifen die *Motive* damit einen im Beauftragtenregress fest verwurzelten Grundsatz auf, der sich im Wortlaut des § 670 BGB positiv-rechtlich niedergeschlagen hat. Die Aussage, den Ausgleich unter den Gesamtschuld-

---

1299 Oben, S. 199.

1300 Wie hier: *Hartmann/Lieschke*, WM 2011, 205, 207; ähnlich: *Gebauer*, LMK 2010, 299711.

1301 Motive II, S. 169 f., bei *Mugdan*, II. Band, S. 93; dazu bereits oben ab S. 198 ff.; kritisch dazu *S. Meier*, in: HKK-BGB; §§ 420-432/I, Rn. 158 f.; *Winter*, Teilschuld, Gesamtschuld und unechte Gesamtschuld, S. 75 ff., 81 ff.

1302 Motive II, S. 169 f., bei *Mugdan*, II. Band, S. 93; *Lischka*, Der Begriff der Gesamtschuld unter besonderer Berücksichtigung der Ausgleichungspflicht, S. 68; *S. Meier*, in: HKK-BGB, §§ 420-532/I, Rn. 158. Vgl. auch *Denck*, JZ 1976, 669, 672: Der Gesetzgeber hätte die Vorstellung gehabt, „dass [...] von vornherein ein inneres Schuldverhältnis im Sinne eines Gemeinschaftsverhältnisses existiert“. *Denck* zieht daraus vor allem Rückschlüsse auf die Zulässigkeit einer Aufrechnung des ausgleichsverpflichteten Gesamtschuldners gegen den Rückgriffsgläubiger mit einer Forderung gegen den gemeinsamen Gläubiger.

1303 Motive II, S. 170, bei *Mugdan*, II. Band, S. 93. Vgl. zur Aussagekraft der Passagen in den *Motiven* sowie deren Legitimität im Allgemeinen auch die Ausführungen oben ab S. 198.

nern im Sinne von § 426 Abs. 1 BGB zumindest hinsichtlich der Mitwirkung an der Gläubigerbefriedigung auch unter dem Aspekt der Erforderlichkeit zu beurteilen, gibt daher Anlass für den Gedanken, ob der Gesetzgeber von einem § 670 BGB entsprechenden Regelungsgehalt auch für § 426 Abs. 1 BGB ausging. Dann wäre auch eine verjährungsrechtlich einheitliche Behandlung der Ansprüche naheliegend.

Wie gezeigt, kommt es für den Verjährungsbeginn des auf Zahlung gerichteten Rückgriffsanspruchs des Bürgen gemäß § 670 BGB auf den Zeitpunkt an, in dem der Bürge die Bürgschaftsforderung gegenüber dem Gläubiger in Höhe der Hauptschuld tilgt, weil damit gleichzeitig das zugrundeliegende Auftragsverhältnis erfüllt wird[1304]. Auf den in § 426 Abs. 1 BGB enthaltenen Zahlungsanspruch lässt sich dies insoweit übertragen, als die endgültige Befreiung des Rückgriffsgläubigers wegen § 422 Abs. 1 S. 1 BGB ebenfalls erst mit der Leistung an den gemeinsamen Gläubiger eintritt. Die Pflicht zur anteiligen Befreiung des anderen Schuldners mag für die Gesamtschuldner von Beginn an, mit der Begründung der Gesamtschuld, bestehen[1305]. Allerdings ist auch dem Bürgschaftsrecht ein Anspruch auf Befreiung vor der Leistung nicht unbekannt, wie § 775 BGB beweist. Im Bürgschaftsrecht wird die Frage nach der unterschiedlichen Verjährung von Befreiungs- und Zahlungsanspruch indes nicht gestellt[1306]. Auch wenn dies wohl damit zusammenhängt, dass sich im Bürgschaftsrecht bereits die Anspruchsgrundlagen – § 670 BGB bzw. § 775 BGB – für Befreiung und Zahlung, anders als bei § 426 Abs. 1 BGB, unterscheiden, ist zumindest zweifelhaft, ob die Verjährung der jeweiligen Begehren – Befreiung und Zahlung – von gesetzgeberischen Zufällen abhängig sein sollte. Hätte der Gesetzgeber eine eigene Regelung getroffen, wonach die Gesamtschuldner vor Befriedigung des gemeinsamen Gläubigers zur Mitwirkung an der Befriedigung des Gläubigers und anteiligen Befreiung der anderen Gesamtschuldner verpflichtet wären, würde über den Punkt der Verjährung dieses Anspruchs wohl kaum diskutiert. Die Verjährung des Zahlungsanspruchs kann jedoch nicht von solchen Zufällen abhängen, die zum Teil, wie nicht zuletzt der Wortlaut des § 426 Abs. 1 S. 1 BGB beweist, der sprachlichen Ungenauigkeit des Gesetzgebers geschuldet sind.

1304 Oben, S. 217.

1305 Vgl. nur BGHZ 181, 310, 313; BGH NJW 2010, 62, 63 f.; *Gebauer*, in: Soergel, § 426, Rn. 15; *Böttcher*, in: Erman, § 426, Rn. 7, 12; *Noack*, in: Staudinger (2005), § 426, Rn. 6; *Mansel/Stürner*, in: NK-BGB, § 199, Rn. 27.

1306 Vgl. *Kremer*, Die Mitbürgschaft, S. 143, der gerade mit dem Verweis auf § 775 BGB feststellt, dass der auf Zahlung gestützte Regressanspruch nicht gleichzeitig mit dem Befreiungsanspruch zu verjähren beginnt.

Unabhängig von der funktionalen Trennung der Ansprüche auf Befreiung und Zahlung lässt sich sagen, dass sich die Rückgriffsansprüche von § 670 BGB und § 426 Abs. 1 BGB jedenfalls nach erfolgter Zahlung praktisch nicht voneinander unterscheiden[1307]. Nicht nur in Anlehnung an den Aspekt der „erforderlichen Mitwirkung", der vom historischen Gesetzgeber zwar nicht in den Wortlaut der gesamtschuldnerischen Ausgleichsregelung aufgenommen wurde, jedoch ausweislich der *Motive* zumindest für die Beschreibung der Pflichten der Gesamtschuldner im Innenverhältnisses eine Rolle gespielt hat[1308], lässt sich also bereits im frühen Gesetzesstadium eine weitgehende Ähnlichkeit der Ausgleichsansprüche des Beauftragten einerseits und der Gesamtschuldner andererseits entnehmen. Die verjährungsrechtliche Gleichbehandlung wäre vor dem Hintergrund nur konsequent.

(2) Änderungsvorschlag der Schuldrechtskommission – Einfügung eines § 426a BGB-KE

Neuere Gesetzgebungstendenzen zur Verjährung des Gesamtschuldnerausgleichs sind dem Abschlussbericht der Kommission zur Überarbeitung des Schuldrechts zu entnehmen. Die Schuldrechtskommission schlug die Einführung eines § 426a BGB-KE vor[1309], wobei sie sich insbesondere auf das von *Peters* und *Zimmermann* angefertigte Gutachten zur Überarbeitung des Verjährungsrechts aus dem Jahr 1981 stützte[1310]. Die von der Kommission erarbeitete Regelung sah zum Schutz des Regressgläubigers eine zusätzliche sechsmonatige Ablaufhemmung des Ausgleichsanspruchs vor, die entweder nach Klage des Gläubigers gegen den ausgleichsberechtigten Gesamtschuldner oder mit der Leistung des ausgleichsberechtigten Gesamtschuldners an den Gläubiger einsetzen sollte (vgl. § 426a Abs. 1 S. 2 u. 3 BGB-KE)[1311]. Im Übrigen sollte sich die Verjährung des Ausgleichsanspruchs gemäß § 426a Abs. 1 S. 1 BGB-KE an der Verjährung der Gläubigerforderung gegen den ausgleichspflichtigen Gesamtschuldner orientieren[1312]. Ziel dieser Regelung war es, die aus Sicht der Kommission unbillig lange dreißigjährige Regelverjährungsfrist für den Ausgleichsanspruch aus § 426 Abs. 1 BGB zu entschärfen[1313].

1307 Ähnlich zum Vergleich zwischen § 426 Abs. 1 BGB und § 110 HGB auch *Peters*, ZGS 2010, 154, 156.

1308 Motive II, S. 170, bei *Mugdan*, II. Band, S. 93.

1309 Abschlussbericht der Kommission zur Überarbeitung des Schuldrechts, S. 108 ff.

1310 *Peters/Zimmermann*, in: Gutachten und Vorschläge zur Überarbeitung des Schuldrechts, Band I, S. 77, 236 f.

1311 Abschlussbericht der Kommission zur Überarbeitung des Schuldrechts, S. 108.

1312 Abschlussbericht der Kommission zur Überarbeitung des Schuldrechts, S. 108.

1313 Abschlussbericht der Kommission zur Überarbeitung des Schuldrechts, S. 109.

Durchgesetzt hat sich der Kommissionsentwurf im Rahmen der Schuldrechtsmodernisierung indes nicht. Im Diskussionsentwurf eines Schuldrechtsmodernisierungsgesetzes vom 04. August 2000 wird § 426a BGB-KE schon gar nicht mehr erwähnt[1314]. Diese Nichterwähnung des § 426a BGB-KE im Diskussionsentwurf wird in der Literatur vereinzelt als „Versehen"[1315] bezeichnet. Mittlerweile wird im Schrifttum jedoch hinterfragt, ob dies nach derzeitigem Gesetzesstand überhaupt noch von Bedeutung ist. So wird vorgetragen, dass sich das Erfordernis einer solchen Regelung mit der Neujustierung des Verjährungsrechts ohnehin weitgehend erledigt habe[1316]. Ganz richtig ist dies freilich nicht, weil sich das Problem einer vorzeitigen Verjährung des Ausgleichsanspruchs auch nach neuem Verjährungsrecht weiterhin stellt und die Ablaufhemmung den Gesamtschuldner davor schützen könnte, seinen Regressanspruch nicht mehr rechtzeitig durchsetzen zu können[1317]. Zumindest bleibt angesichts der recht ausführlichen Darstellung im Abschlussbericht der Schuldrechtsreformkommission zweifelhaft, warum der Diskussionsentwurf den Vorschlag der Kommission zur Überarbeitung des Schuldrechts nicht aufgegriffen hat[1318]. Insoweit erscheint insbesondere die Kritik von *Glöckner*, der moniert, es sei „schwer verständlich", dass ein „Mitte der 80er Jahre offensichtlich [als] konsensfähig" befundener Ansatz keinerlei Erwähnung mehr im Gesetzgebungsverfahren gefunden habe[1319], ohne Weiteres plausibel.

Im Ergebnis ist gleichwohl zu konstatieren, dass es auf § 426a BGB-KE letztlich nicht ankommen kann. Zwar hat die Kommission erkannt, dass die Angleichung der Verjährungsfrist des Ausgleichsanspruchs an die Verjährungsfrist der Forderung des Gläubigers gegen den ausgleichspflichtigen Gesamtschuldner zu einer Benachteiligung des ausgleichsberechtigten Gesamtschuldners führen konnte[1320]. Schließlich hätte der Ausgleichsberechtigte nach § 426a Abs. 1 BGB-

1314 Abgedruckt als Anhang bei *Ernst/Zimmermann*, Zivilrechtswissenschaft und Schuldrechtsreform, S. 613 ff. Auch in dem sehr umfangreichen Reformbericht zum Diskussionsentwurf von *Mansel* wird der Kommissionsvorschlag des § 426a BGB-KE nicht thematisiert (vgl. *Mansel*, in: Ernst/Zimmermann, Zivilrechtswissenschaft und Schuldrechtsreform, S. 333-424). In der dortigen Vorbemerkung wird allerdings kein Anspruch auf Vollständigkeit erhoben (*Mansel*, a.a.O., S. 333).

1315 So: *Schmidt-Kessel*, in: Staudinger/Eckpfeiler (2011), H., Rn. 118.

1316 *Peters*, ZGS 2010, 154, 156 f.; *Schmidt-Kessel*, in: Staudinger/Eckpfeiler (2011), H., Rn. 118.

1317 Ausführlich dazu unten, S. 286 ff.

1318 Der Lösungsvorschlag im Abschlussbericht umfasst drei Seiten, vgl. Abschlussbericht der Kommission zur Überarbeitung des Schuldrechts, S. 109 ff.

1319 *Glöckner*, BauR 2005, 251, 271.

1320 Abschlussbericht der Kommission zur Überarbeitung des Schuldrechts, S. 109.

KE nicht mehr wie nach § 195 BGB a.F. 30 Jahre Zeit gehabt, um gemäß § 426 Abs. 1 BGB Rückgriff zu nehmen, sondern nur noch sechs Monate ab Klage bzw. Leistung[1321]. Die Verkürzung der regelmäßigen Verjährungsfrist im Zuge der späteren Schuldrechtsreform (§ 195 BGB n.F.) hatte jedoch ebenso den Effekt, dass nun in zahlreichen Fällen auch die Gläubigerforderung gegen den ausgleichspflichtigen Gesamtschuldner selbst verkürzt wurde. Dadurch haben sich die von der Kommission erhobenen Bedenken, ein Auseinanderfallen von Gläubigerforderung und Ausgleichsanspruch müsse verhindert werden, deutlich entschärft. Der Zweck des entworfenen § 426a BGB-KE lag vornehmlich in der Verwirklichung des Ziels, die als unbillig lang empfundene Verjährungsfrist des Ausgleichsanspruchs nach § 426 Abs. 1 BGB zu verkürzen[1322]. Dieses Ziel ist durch die Verkürzung der regelmäßigen Verjährung nach §§ 195, 199 Abs. 1 BGB n.F. auf andere Weise weitgehend erreicht worden. Dass eine solche Regelung zur Vermeidung unbilliger Ergebnisse für den Gesamtschuldnerausgleich *de lege ferenda* wünschenswert wäre[1323], ist keine Frage des Verjährungsbeginns.

(3) Gesetzgebungsverfahren zum Schuldrechtsmodernisierungsgesetz

Die neuere Entstehungsgeschichte des Gesamtschuldnerausgleichs ist mit dem bereits genannten Diskussionsentwurf noch nicht abschließend beurteilt. Im Gesetzgebungsverfahren zum Schuldrechtsmodernisierungsgesetz findet sich ein weiterer Anhaltspunkt, der für den Zeitpunkt der Leistung des Rückgriffsgläubigers als Zeitpunkt für die Entstehung im Sinne von § 199 Abs. 1 Nr. 1 BGB spricht[1324]. So heißt es in der der Beschlussempfehlung des Rechtsausschusses in Bezug auf § 426 Abs. 1 BGB wörtlich:

> „Die regelmäßige Verjährungsfrist beginnt bei diesem Anspruch nicht vor dem Zeitpunkt, in dem der begünstigte Gesamtschuldner an den Gläubiger geleistet hat“[1325].

Der VII. Zivilsenat des BGH entgegnet dazu apodiktisch, dass die Meinungsäußerung des Rechtsausschusses ohne Belang sei, da sie im Gesetz keinen Nieder-

1321 Abschlussbericht der Kommission zur Überarbeitung des Schuldrechts, S. 109.

1322 Abschlussbericht der Kommission zur Überarbeitung des Schuldrechts, S. 109.

1323 So zuletzt *S. Meier*, Gesamtschulden, S. 654, 1019; vor der Schuldrechtsreform bereits *v. Olshausen*, Gläubigerrecht und Schuldnerschutz bei Forderungsübergang und Regreß, S. 171.

1324 BT-Drucks. 14/7052, S. 195; darauf hinweisend auch: *Lieschke*, BB 2009, 1210; *Hartmann/Lieschke*, WM 2011, 205, 207 f.; *Schulze*, in: Hk-BGB, § 426, Rn. 4; *Mansel/Stürner*, in: NK-BGB, § 199, Rn. 28.

1325 BT-Drucks. 14/7052, S. 195, „zum geltenden § 426 BGB“.

schlag gefunden habe und zudem auf einer „nicht fundierten Analyse der Rechtslage“ beruhe[1326].

Die Richtigkeit dieser Aussage darf jedoch bezweifelt werden[1327]. Zunächst setzt sich der VII. Zivilsenat unweigerlich in Widerspruch zur Rechtsprechung des für das Bürgschaftsrecht zuständigen XI. Senates, der seinen Standpunkt zur Fälligkeit der Bürgschaftsforderung gerade auf die Äußerungen in jener Beschlussempfehlung des Rechtsausschusses stützt[1328], und das, obwohl auch die Fälligkeit der Bürgschaft nicht ausdrücklich im Gesetz geregelt worden ist. Zudem hat der Rechtsausschuss klar zum Ausdruck gebracht, dass er die frühere 30-jährige Verjährungsfrist für den Ausgleichsanspruch als zu lang empfand und insoweit eine Änderung für „sachgerecht“ halte[1329]. Die Stellungnahme des Rechtsausschusses kann daher so verstanden werden, dass der Verkürzung der Verjährung des Ausgleichsanspruchs gemäß § 426 Abs. 1 BGB auf der Ebene des Verjährungsbeginns Rechnung getragen werden sollte, mithin die Leistung an den Gläubiger den Beginn der Verjährung des Zahlungsanspruchs begründen sollte. Schließlich heißt es in der Stellungnahme ausdrücklich: „Die regelmäßige Verjährungsfrist beginnt *bei diesem Anspruch* nicht vor dem Zeitpunkt, in dem der begünstigte Gesamtschuldner [...] geleistet hat“[1330].

Nicht stichhaltig ist ferner die These des VII. Zivilsenats, wonach der Ansicht des Rechtsausschusses eine „rechtlich nicht fundierte Analyse“ vorangegangen sein soll[1331]. Sie erklärt sich allenfalls daraus, dass zum Zeitpunkt des Vorschlags des Rechtsausschusses die Entstehung des Ausgleichsanspruchs gemäß § 426 Abs. 1 BGB unabhängig davon, ob dieser auf Mitwirkung, Befreiung oder Zahlung gerichtet war, weitgehend unstreitig war und mit der Begründung der Gesamtschuld zusammenfiel[1332]. Allerdings ist zu berücksichtigen, dass der Verjährungsbeginn des Ausgleichsanspruchs nach früherer Rechtslage wegen

---

1326 BGHZ 181, 310, 315; dem folgend: *Böttcher*, in: Erman, § 426, Rn. 7.

1327 Vgl. auch *Hartmann/Lieschke*, WM 2011, 205, 207 f., die zudem auf einen weiteren Widerspruch in der Argumentation des BGH hinweisen.

1328 Vgl. BGHZ 175, 161, 169, mit Verweis auf BT-Drucks. 14/7052, S. 206. Vgl. zu diesem Argument bereits oben, S. 37 f.; weitere Nachweise zu dieser Ansicht oben in Fußnote 130.

1329 BT-Drucks. 14/7052, S. 195.

1330 BT-Drucks. 14/7052, S. 195, „zum geltenden § 426 BGB“.

1331 So jedenfalls BGHZ 181, 310, 315.

1332 Gefestigte Rechtsprechung: RGZ 160, 148, 151; BGHZ 11, 170, 174; BGHZ 114, 117, 122; auch in der bis 2000 veröffentlichten Literatur wurde diese Rechtsauffassung nicht ernsthaft bestritten, vgl. *Reinicke/Tiedtke*, Gesamtschuld und Schuldsicherung, S. 67; *Esser/Schmidt*, AT I/2, S. 350 f.; *Larenz*, AT I, S. 648 f.; *Enneccerus/Lehmann*, § 95 III, S. 376 f.; *Lange*, NJW 1958, 497.

der dreißigjährigen Regelverjährung letztlich irrelevant war, da der Anspruch praktisch unverjährbar war[1333]. Erst im Zusammenhang mit der Verkürzung der Regelverjährungsfrist musste daher über die damit verbundenen Konsequenzen für den Ausgleichsanspruch aus § 426 Abs. 1 BGB nachgedacht werden. Die Äußerung des Rechtsausschusses ist vor dem Hintergrund nur konsequent. Deshalb ist festzuhalten, dass die Erwägungen des Rechtsausschusses nicht nur darlegen sollten, welche Auswirkungen die Verkürzung der Verjährung auf den Ausgleichsanspruch haben könnte. Vielmehr kann den Aussagen des Rechtsausschusses das konkrete rechtspolitische Ansinnen entnommen werden, den auf Zahlung gerichteten Gesamtschuldnerausgleich mit der Leistung an den Gläubiger verjähren beginnen zu lassen. Die Idee eines mit dem Zeitpunkt der Leistung entstehenden Ausgleichsanspruchs war auch nicht neu, sondern entsprach einem zuvor bereits im Gutachten zur Überarbeitung des Verjährungsrechts von *Peters* und *Zimmermann* geäußerten Vorschlag[1334]. Sie beruhte daher wohl kaum auf einer „rechtlich nicht fundierten Analyse"[1335].

Schlussendlich wird in der Stellungnahme deutlich, dass der Verjährungsbeginn des Ausgleichsanspruchs auch im Gesetzgebungsverfahren eine Rolle gespielt hat. Dass der BGH dies, etwas lapidar, als „ohne Belang" einstuft[1336], geht daher zu weit[1337]. Es ist sicher richtig, dass sich die Erwägungen des Rechtsausschusses im Wortlaut des Gesetzes nicht wiederfinden lassen. Damit ist aber nicht jegliche Verwertung dieser Erwägungen ausgeschlossen. Sie können zumindest als Tendenz im Gesetzgebungsverfahren gewertet werden. Im Ergebnis wird durch sie das Verständnis der verjährungsrechtlichen Differenzierung zwischen Befreiungs- und Zahlungsanspruch weiter gestützt, nicht zuletzt weil sie den bereits von *Peters* und *Zimmermann* geäußerten Bedenken[1338] Rechnung tragen.

1333 Abschlussbericht der Kommission zur Überarbeitung des Schuldrechts, S. 108; *Peters*, NZBau 2007, 337, 339.

1334 *Peters/Zimmermann*, in: Gutachten und Vorschläge zur Überarbeitung des Schuldrechts, Band I, S. 77, 237.

1335 So aber BGHZ 181, 310, 315.

1336 Vgl. BGHZ 181, 310, 315.

1337 Vgl. auch die überzeugenden Ausführungen von *Hartmann/Lieschke*, WM 2011, 205, 209, zur methodisch zweifelhaften Argumentation des BGH mit dem Wortlaut.

1338 *Peters/Zimmermann*, in: Gutachten und Vorschläge zur Überarbeitung des Schuldrechts, Band I, S. 77, 237. Dort wurde bereits für eine Regelung geworben, die sicherstellen sollte, dass die Verjährung mit der Leistung neu beginnt.

dd) Systematik

Im Rahmen der systematischen Auslegung ist insbesondere auf die von *Peters* herangezogene Funktion des § 213 BGB einzugehen[1339]. Wie gezeigt werden konnte, haben die Klage des ausgleichsberechtigten Gesamtschuldners auf Mitwirkung und Befreiung und die Klage auf Zahlung gegen den ausgleichsverpflichteten Gesamtschuldner unterschiedliche Streitgegenstände[1340]. Da § 204 Abs. 1 Nr. 1 BGB nur zu einer Verjährungshemmung des materiellen Anspruchs im Umfang des Streitgegenstands führt[1341], ist der ausgleichsberechtigte Gesamtschuldner vor der Verjährung des nicht eingeklagten Anspruchs zu schützen. Dieser Schutz wird durch § 213 BGB bewirkt, der nach hier befürworteter Ansicht auf den Ausgleichsanspruch gemäß § 426 Abs. 1 BGB anwendbar ist[1342].

Die Möglichkeit zur Erstreckung der Verjährungshemmung des nicht mit eingeklagten Anspruch ist damit weitgehend klar. Unklar ist hingegen, ob sich aus § 213 BGB ein systematischer Rückschluss auf die Entstehung des Ausgleichsanspruchs ziehen lässt. Von *Peters* wird dies mit dem Argument bejaht, dass § 213 BGB zur Anspruchsentstehung „beredt schweige“[1343]. Außerdem könne die Parallele zum Verhältnis zwischen dem Erfüllungsanspruch und dem Anspruch auf Schadensersatz statt der Leistung gezogen werden[1344]. Jene Ansprüche seien ebenso wie der Freihaltungs- und Zahlungsanspruch der Gesamtschuldner auf dasselbe wirtschaftliche Interesse gerichtet, unterlägen jedoch einer eigenständigen Verjährung. Auch dort brauche sich der Schadensersatzgläubiger nicht um die Verjährung des Schadensersatzanspruches zu bemühen, solange er noch Erfüllung verlangen könne[1345].

Im Ergebnis ist der Hinweis auf § 213 BGB überzeugend. Schon der Wortlaut von § 213 BGB spricht nur von Verjährungshemmung, Ablaufhemmung und dem Neubeginn der Verjährung, nicht aber vom Verjährungsbeginn. Daraus lässt sich ableiten, dass die Vorschrift den Gläubiger nur davor schützen soll, dass ein Anspruch, der aus anderen Gründen zu verjähren begonnen hat, aber dem Gläubiger aus demselben Grund gegen denselben Schuldner zusteht, trotz rechtzeiti-

1339 *Peters*, NZBau 2007, 337, 341; *Peters*, ZGS 2010, 154, 155 f.

1340 Oben ab S. 225.

1341 Vgl. BGHZ 132, 240, 243; BGH NJW 2009, 1950, 1951; *Grothe*, in: MüKo-BGB, § 204, Rn. 10; *Jauernig*, in: Jauernig, § 204, Rn. 3; *Henrich*, in: BeckOK-BGB, § 204, Rn. 17; *Lau*, Die Reichweite der Verjährungshemmung bei Klageerhebung, S. 25; *Birr*, Verjährung und Verwirkung, Rn. 72; *Althammer*, NJW 2011, 2172, 2174.

1342 Dazu oben ab S. 231.

1343 *Peters*, ZGS 2010, 154, 155.

1344 *Peters*, ZGS 2010, 154, 155 f.

1345 Vgl. *Peters*, ZGS 2010, 154, 155 f.

ger Rechtsverfolgung gegen den anderen Anspruch, der ebenfalls aus anderen Gründen zu verjähren begonnen hat, verjährt. § 213 BGB enthält insoweit zwar eine Wirkungserstreckung auf die Verjährungshemmung, Ablaufhemmung sowie den Verjährungsneubeginn, nicht aber auf den Verjährungsbeginn[1346]. Auch eine analoge Anwendung der Vorschrift auf den Verjährungsbeginn kommt nicht in Betracht, da keine Regelungslücke besteht[1347]. § 213 BGB regelt also nur das Verjährungsschicksal von Ansprüchen im Sinne dieser Vorschrift, nicht aber deren Verjährungsbeginn. Für den Ausgleichsanspruch unter Gesamtschuldnern gemäß § 426 Abs. 1 BGB lässt sich daraus der Schluss ziehen, dass der Verjährungsbeginn des Zahlungsanspruchs im Vergleich zum Verjährungsbeginn des Mitwirkungs- und Befreiungsanspruchs eigenen Voraussetzungen unterliegen kann.

In systematischer Hinsicht kann zudem der Vergleich zu anderen Ansprüchen gezogen werden, die auf dasselbe wirtschaftliche Interesse gerichtet sind und dennoch nicht gemeinsam zu verjähren beginnen. *Peters* bezieht sich auf das Verhältnis zwischen dem Erfüllungsanspruch und dem Anspruch auf Schadensersatz statt der Leistung[1348]. Dieser Vergleich kann sachlich überzeugen, zumal nicht wenige Stimmen in der Literatur § 213 BGB auch im Verhältnis zwischen Erfüllungs- und Schadensersatzanspruch für anwendbar halten[1349]. Außerdem bestehen auch verjährungsrechtliche Parallelen zwischen den Ansprüchen, insbesondere hinsichtlich des Verjährungsbeginns. Vor der Schuldrechtsreform wurde zwar noch vertreten, dass für den Schadensersatz die gleiche Verjährungsfrist gelte wie für den Erfüllungsanspruch[1350]. Zumindest in Teilen des früheren Schrifttums fand sich zudem die Ansicht, dass die Verjährungsfrist bereits mit dem Erfüllungsanspruch zu verjähren beginnen sollte[1351]. Für das neue Recht ist

---

1346 *Lau*, Die Reichweite der Verjährungshemmung bei Klageerhebung, S. 199.

1347 Überzeugend: *Lau*, Die Reichweite der Verjährungshemmung bei Klageerhebung, S. 199 f.

1348 *Peters*, ZGS 2010, 154, 156; vgl. zur „wirtschaftlichen Identität" dieser Ansprüche auch *Peters*, JZ 1989, 749, 750.

1349 *Schmidt-Räntsch*, in: Erman, § 213, Rn. 5; *Mansel/Budzikiewicz*, in: NK-BGB, § 213, Rn. 11; *Ellenberger*, in: Palandt, § 213, Rn. 3; *Peters/Jacoby*, in: Staudinger (2009), § 213, Rn. 3; *Birr*, Verjährung und Verwirkung, Rn. 106; *Langenberg*, WuM 2002, 71, 72; differenzierend *Grothe*, in: MüKo-BGB, § 213, Rn. 5 (Erstreckung nur solange dabei keine Kumulation von Ansprüchen erfolge; Begrenzung auf das nach „Rücktritt und Minderung zu ersetzenden Interesses"); *Henrich*, in: BeckOK-BGB, § 213, Rn. 5.

1350 Vgl. BGHZ 107, 179, 184; BGHZ 142, 36, 44 f.; *Hefermehl*, in: Erman, 10. Auflage 2000, § 195, Rn. 7.

1351 So noch zu § 326 Abs. 1 BGB a.F. *Peters*, in: Staudinger (1995), § 198, Rn. 13; *Peters*, JZ 1989, 749, 750; ferner *Reinicke/Tiedtke*, ZIP 1999, 1905, 1906 f.

jedoch wohl überwiegend anerkannt, dass für den Anspruch auf Schadensersatz statt der Leistung eine eigene (regelmäßige) Verjährungsfrist gilt[1352]. Der Verjährungsbeginn des Schadensersatzanspruchs richtet sich daher nach § 199 Abs. 1 BGB[1353]. Dies ist etwa beim Anspruch auf Schadensersatz wegen nachträglicher Unmöglichkeit gemäß §§ 280 Abs. 1, Abs. 3, 283 S. 1 BGB grundsätzlich nicht der Fall, bevor der Schuldner von der Primärleistungspflicht im Sinne von § 275 BGB befreit worden ist[1354]. Wenn aber der Erfüllungsanspruch und der Anspruch auf Schadensersatz statt der Leistung nach eigenen Vorgaben verjähren, obwohl sie auf dasselbe wirtschaftliche Interesse gerichtet sind und wie der Ausgleichsanspruch unter den Gesamtschuldnern in den Anwendungsbereich von § 213 BGB fallen, dann spricht dies auch für eine eigene Verjährung und einen eigenen Verjährungsbeginn von Befreiungs- und Zahlungsanspruch bei der Gesamtschuld.

Gegen diese Argumentation lässt sich auch nicht einwenden, dass es bei einem eigenständigen Verjährungsbeginn des Zahlungsanspruchs auf § 213 BGB gar nicht mehr ankäme oder sich zumindest der Anwendungsbereich der Vorschrift merklich verkleinerte. Zwar wird auch von *Peters* nicht weiter dargelegt, warum § 213 BGB den Gläubiger vor der Verjährung von Ansprüchen schützen soll, die auf das identische wirtschaftliche Interesse gerichtet sind, wenn diese ohnehin erst später zu verjähren begännen. Wird der Freihaltungsanspruch nämlich eingeklagt und dadurch gemäß § 204 Abs. 1 Nr. 1 BGB gehemmt, erstreckte sich diese Hemmung wegen § 213 BGB erst dann auf den Zahlungsanspruch, sobald dieser selbst fällig würde[1355]. Nur scheinbar kommt es aber zu einer Verkleinerung des Anwendungsbereich von § 213 BGB. Zum einen wird der Gläubiger durch § 213 BGB noch davor geschützt, dass er die falsche Klage – nämlich auf Befreiung und Mitwirkung anstelle der Klage auf Zahlung – erhoben hat[1356]. Zum anderen findet § 213 BGB Anwendung, wenn der geltend gemachte

---

1352 *Ernst*, in: MüKo-BGB, § 283, Rn. 28; *Otto/Schwarze*, in: Staudinger (2009), § 283, Rn. 82; *Peters/Jacoby*, in: Staudinger (2009), § 195, Rn. 12; *Mansel/Stürner*, in: NK-BGB, § 199, Rn. 40; *Stöber*, ZGS 2005, 290, 291, 293; a.A. *Ellenberger*, in: Palandt, § 199, Rn. 15; *Grothe*, in: MüKo-BGB, § 199, Rn. 21.

1353 *Stöber*, ZGS 2005, 290, 293.

1354 *Otto/Schwarze*, in: Staudinger (2009), § 283, Rn. 82; *Mansel/Stürner*, in: NK-BGB, § 199, Rn. 40; *Stöber*, ZGS 2005, 290, 294; vgl. auch: KG Berlin, Entscheidung vom 01.07.2004, Az. 12 U 51/02, Rn. 46 (juris); *Lakkis*, in: jurisPK-BGB, § 199, Rn. 23; *Schmidt-Räntsch*, in: Erman, § 199, Rn. 4 (Anspruch auf die Primärleistungspflicht darf allerdings vor Eintritt der Unmöglichkeit selbst noch nicht verjährt gewesen sein); a.A.: *Grothe*, in: MüKo-BGB, § 199, Rn. 21 (§§ 438 Abs. 2, 634a Abs. 2 BGB analog).

1355 *Peters*, ZGS 2010, 154, 155.

1356 *Peters*, ZGS 2010, 154, 155.

Anspruch nicht oder nicht mehr besteht. Dies entspricht letztlich dem Grundsatz, nach dem ein Anspruch durch Klage bereits in seiner Verjährung gehemmt werden kann, bevor er entstanden ist bzw. alle Anspruchsvoraussetzungen vorliegen und substantiiert vorgetragen wurden[1357]. Zudem greift die von § 213 BGB angeordnete Wirkungserstreckung der Verjährungshemmung ein, wenn der Gesamtschuldner während der Rechtshängigkeit der Klage auf Mitwirkung und/oder Befreiung an den gemeinsam Gläubiger zahlt. Es ist nicht anzunehmen, dass die Vorschrift einen darüber hinaus gehenden Anwendungsbereich hat. Vor der Entstehung des Zahlungsanspruchs bedarf der Rückgriffsgläubiger keines Schutzes vor der Verjährung, erst ab dem Zeitpunkt der Fälligkeit dieses Anspruchs greift für den Gläubiger § 213 BGB ein.

ee) Telos der Verjährungs- und Ausgleichsvorschriften

Schließlich sind die Verjährungs- und Ausgleichsregelungen auf ihren Sinn und Zweck hin zu untersuchen. Soweit es ein gesetzgeberisches Anliegen war, die regelmäßige Verjährung [des Ausgleichsanspruchs gemäß § 426 Abs. 1 BGB] auf drei Jahre zu verkürzen[1358], ist dies bei der rechtlichen Bewertung in Rechnung zu stellen. Weiterhin ist das dieser Intention zugrunde liegende Bedürfnis, durch Verjährung der Forderung Rechtssicherheit zu schaffen, zu berücksichtigen. Diese Befriedungsfunktion der Verjährung, die insbesondere der Vermeidung von Beweisnöten dient[1359], ist dem Interesse des Rückgriffsgläubigers, den Ausgleich möglichst lange geltend machen zu können, gegenüber zu stellen. Zudem ist das Argument, der Rückgriffsgläubiger werde durch die Kenntnis im

---

1357 Vgl. BGH NJW-RR 2003, 784; *Kähler*, NJW 2006, 1769, 1770; *Grothe*, in MüKo-BGB, § 204, Rn. 23; *Schmidt-Räntsch*, in: Erman, § 204, Rn. 3; *Peters/Jacoby*, in: Staudinger (2009), § 204, Rn. 23 f., 38.

1358 Auch vor der Schuldrechtsreform galt für den Ausgleichsanspruch gemäß § 195 a.F. BGB die regelmäßige Verjährungsfrist von dreißig Jahren. Maßgeblich für die Entstehung des Ausgleichsanspruchs war die Entstehung der Gesamtschuld (vgl. BGHZ 58, 216, 218). Das Anliegen des Schuldrechtsmodernisierungsgesetzgebers, die regelmäßige Verjährung auch praktisch zur Regel zu machen, kommt in BT-Drucks. 14/6040, S. 100 ff., zum Ausdruck. Wie bereits erörtert, hat sich der Vorschlag der Schuldrechtskommission (vgl. Abschlussbericht der Kommission zur Überarbeitung des Schuldrechts, S. 108 ff.) einen § 426a BGB in das Gesetz mit aufzunehmen, durch diese „große Lösung", zerschlagen.

1359 Vgl. BGHZ 122, 241, 244; BGHZ 153, 337, 342; Motive I, S. 291, bei *Mugdan*, I. Band, S. 512; BT-Drucks. 14/6040, S. 100; *Spiro*, Band I, S. 8 f.; *Piekenbrock*, Befristung, Verjährung, Verschweigung und Verwirkung, S. 317 f.; *Birr*, Verjährung und Verwirkung, Rn. 10; *Jauernig*, in: Jauernig, § 194, Rn. 6; *Grothe*, in: MüKo-BGB, Vor § 194, Rn. 7; *Ellenberger*, in: Palandt, Überbl v § 194, Rn. 9; *Wolf*, in: FS Schumann, 2001, S. 579, 580; *Büdenbender*, JuS 1997, 481, 482.

Sinne von § 199 Abs. 1 Nr. 2 BGB hinreichend geschützt[1360], zu berücksichtigen. Ferner ist noch einmal auf die Wertung von § 213 BGB einzugehen. Dort nimmt das Argument, dass die Verjährungshemmung des Befreiungs- und Mitwirkungsanspruchs auf den Zahlungsanspruch durchschlagen kann, eine hervorgehobene Stellung ein.

(1) Bestimmung der Interessenlage

Das Verjährungsrecht verfolgt mehrere, zum Teil gegensätzliche Ziele[1361]. Ein wichtiger Gedanke ist mit der Befriedungsfunktion der Verjährung, die sich letztlich dem teleologisch sehr bedeutsamen Aspekt der Rechtssicherheit zuordnen lässt[1362], bereits angesprochen worden. Diese tragende Säule des *Telos* des Verjährungsrechts ist schon in den *Motiven* zum Ausdruck gekommen[1363]. Nicht selten konfligiert dieses Ziel der Verjährung jedoch mit dem berechtigten Interesse des Gläubigers, seinen Anspruch auch praktisch geltend machen zu können, so etwa, wenn er an der rechtzeitigen Durchsetzung durch eine (zu) kurze Verjährungsfrist gehindert wird[1364]. Nicht zuletzt deshalb sind verjährungsrechtliche Vorschriften stets auch vor dem Hintergrund der Parteiinteressen auszulegen[1365].

1360 So: BGHZ 181, 310, 315; *Gebauer*, LMK 2010, 299711; *Pfeiffer*, NJW 2010, 23, 25; *Dollmann*, GmbHR 2009, 1092 f.

1361 Vgl. *Spiro*, Band I, S. 8 ff.; *Oetker*, Die Verjährung, S. 26 ff.; *Krämer*, Die Neuregelung des Verjährungsrechts im Schuldrechtsmodernisierungsgesetz, S. 20 ff.; *Piekenbrock*, Befristung, Verjährung, Verschweigung und Verwirkung, S. 317 ff.; *Otto*, Die Bestimmung des § 199 Abs. 1 Nr. 2 BGB, S. 33 ff.; *Birr*, Verjährung und Verwirkung, Rn. 9 ff.; *Mansel*, in: Ernst/Zimmermann, Zivilrechtswissenschaft und Schuldrechtsreform, S. 333, 342 ff.; *Zimmermann*, JZ 2000, 853, 857; *Mansel/Budzikiewicz*, Jura 2003, 1; *Peters/Jacoby*, in: Staudinger (2009), Vorbem zu §§ 194-225, Rn. 5 ff. Insbesondere zur ökonomischen Analyse der Vorschriften über die Verjährung: *Eidenmüller*, in: Die Schuldrechtsreform vor dem Hintergrund des Gemeinschaftsrechts, S. 405 ff.; *Eidenmüller*, JZ 2001, 283 ff.

1362 *Ellenberger*, in: Palandt, Überbl v § 194, Rn. 9; *Henrich*, in: BeckOK-BGB, § 194, Rn. 1; *Jauernig*, in: Jauernig, § 194, Rn. 6; *Grothe*, in: MüKo-BGB, Vor § 194, Rn. 7; grundlegend zum Telos der Verjährung bereits *v. Savigny*, System des heutigen Römischen Rechts, Band V, § 237, S. 267 ff.; *Spiro*, Band I, S. 8 ff.; im Hinblick auf den Rechtssicherheitsaspekt teilweise einschränkend *Oetker*, Die Verjährung, S. 33 ff., 41 ff.

1363 Vgl. Motive I, S. 289, bei *Mugdan*, Band I, S. 511 f.

1364 So heißt es treffend bei *Zimmermann*, JZ 2000, 853, 857: „Ein zu rigoroses Verjährungsregime würde zu der grundlegenden Inkonsistenz führen, daß die Rechtsordnung mit der einen Hand nimmt, was sie (dem Gläubiger) mit der anderen Hand gegeben hat".

1365 Vgl. *Mansel*, in: Ernst/Zimmermann, Zivilrechtswissenschaft und Schuldrechtsreform, S. 333, 342, 351 f.

Für die Bestimmung der Interessenlage bei der Gesamtschuldkonstellation folgt aus den referierten Grundsätzen, dass die Interessen des Rückgriffsgläubigers, des Rückgriffsschuldners und des gemeinsamen Gläubigers zu berücksichtigen sind. Im Verhältnis zwischen Rückgriffsgläubiger und Rückgriffsschuldner kommt dabei der oben benannte Widerstreit der Parteiinteressen besonders gut zum Ausdruck[1366]. Auf der einen Seite muss dem ausgleichsberechtigten Gesamtschuldner, was gemäß Art. 14 Abs. 1 GG schon verfassungsrechtlich geboten ist[1367], eine „faire Chance" zur Verwirklichung seiner Ansprüche gegen den ausgleichsverpflichteten Gesamtschuldner verbleiben[1368], auf der anderen Seite ist der Ausgleichsverpflichtete von der Gefahr zu entlasten, ewig möglichen Regressansprüchen des anderen Gesamtschuldners ausgesetzt zu sein[1369]. Letzteres ergibt sich zwanglos aus dem Postulat, dass der Schuldner Ansprüche ab einem bestimmten Zeitpunkt, auch wenn diese im Übrigen begründet sein mögen, durch die Einrede der Verjährung abwehren können muss[1370].

Nun ist die Bestimmung eines angemessenen Interessenausgleichs zwischen Gläubiger und Schuldner naturgemäß eine Gratwanderung. Das Problem ist dem Verjährungsrecht und damit der Verjährung von allen Ansprüchen, die der Verjährung unterliegen, immanent, weil der Schutz des Einen immer mit einer Benachteiligung des Anderen korrespondiert[1371]. Bei der Gesamtschuld verschärft

---

1366 Vgl. *Peters/Zimmermann*, in: Gutachten und Vorschläge zur Überarbeitung des Schuldrechts, Band I, S. 77, 236 f.; *Pfeiffer*, NJW 2010, 23, 25; *Peters*, ZGS 2010, 154, 156.

1367 Vgl. *Mansel*, in: Ernst/Zimmermann, Zivilrechtswissenschaft und Schuldrechtsreform, S. 333, 349 f.; *Kellner*, NVwZ 2002, 395, 396; *Peters*, AcP 208 (2008), 37, 40, 43 ff.; *Hartmann/Lieschke*, WM 2011, 205, 207 ff. Zum verfassungsrechtlichen Gebot, dass Verjährungsvorschriften einen mit Art. 14 GG zu vereinbarenden Interessenausgleich schaffen müssen, vgl. BGH NJW-RR 2005, 1683, 1686. Anschaulich dazu auch: *Oetker*, Die Verjährung, S. 19, Fn. 32: „[...] gebietet Art. 14 Abs. 1 GG […], das[s] die gesetzlich eröffnete Möglichkeit zur Begründung von Ansprüchen nicht durch zu kurze Verjährungsfristen *ad absurdum* [ge]führt" wird.

1368 BT-Drucks. 14/6040, S. 95; Peters/Jacoby, in: Staudinger (2009), Vorbem zu §§ 194-225, Rn. 9; Ellenberger, in: Palandt, Überbl v § 194, Rn. 10; Birr, Verjährung und Verwirkung, Rn. 10; Leenen, JZ 2001, 552, 558; Hartmann/Lieschke, WM 2011, 205, 207, 208.

1369 So bereits *Peters/Zimmermann*, in: Gutachten und Vorschläge zur Überarbeitung des Schuldrechts, Band I, S. 77, 236 f.

1370 Die Motive I, S. 291, bei *Mugdan*, II. Band , S. 512, sprechen insoweit von der „verdunkelnden Macht der Zeit"; vgl. aus dem Schrifttum auch *Peters/Jacoby*, in: Staudinger (2009), Vorbem zu §§ 194-225, Rn. 11; *Ellenberger*, in: Palandt, Überbl v § 194, Rn. 7; *Zimmermann*, JZ 2000, 853, 857.

1371 Vgl. *Zimmermann*, JZ 2000, 853, 857.

sich die Interessenkollision der Schuldner aber zusätzlich dadurch, dass der Ausgleichsanspruch gemäß § 426 Abs. 1 BGB mehrere Funktionen hat[1372]. Auf die diametral aufeinander treffenden Interessen von ausgleichsverpflichtetem und ausgleichsberechtigtem Gesamtschuldner wird daher unter dem Aspekt der funktionalen Trennung des Ausgleichsanspruchs besonders einzugehen sein. Nicht vernachlässigt werden darf in diesem Zusammenhang ferner das Interesse des gemeinsamen Gläubigers. Dieses besteht einerseits in der Geltendmachung der aus § 421 S. 1 BGB folgenden Rechte, andererseits darin, diese unabhängig vom gesamtschuldnerischen Innenverhältnis durchsetzen zu können.

(2) Beeinträchtigung der Interessen des Regressgläubigers durch Vorverlegung des Entstehungszeitpunkts

Von Teilen der Literatur wird vorgebracht, dass der Rückgriffsgläubiger schon durch die Verkürzung der regelmäßigen Verjährungsfrist auf drei Jahre einem großen Risiko hinsichtlich der Realisierung des Rückgriffs ausgesetzt sei. Eine weitere Vorverlegung des Verjährungsbeginns auf den Zeitpunkt der Begründung der Gesamtschuld, wie ihn die herrschende Lehre vorsehe, sei für den ausgleichsberechtigten Gesamtschuldner unzumutbar[1373].

Dieser Eindruck verstärkt sich bei Vergegenwärtigung der praktischen Schwierigkeiten, die bei der Grenzziehung der Ansprüche aus § 426 Abs. 1 und Abs. 2 BGB auftreten können. Soweit die überwiegende Auffassung davon ausgeht, dass mit der Begründung der Gesamtschuld auch die Ausgleichsforderung ungeachtet ihrer jeweiligen Funktion (Befreiung, Mitwirkung oder Zahlung) im Sinne von § 199 Abs. 1 Nr. 1 BGB entstehe[1374], hängt die Verjährung der Ausgleichsforderung gemäß § 426 Abs. 1 BGB in der Regel mit der Entstehung der Forderung des Gläubigers gegen die Gesamtschuldner zusammen. Zwar gibt es einige Konstellationen, in denen die Gesamtschuld erst nach der Entstehung der Gläubigerforderung begründet wird. Zu nennen sind hier insbesondere die Fälle des Schuldbeitritts vorwiegend zu „Übernahmezwecken“[1375] oder der durch Hinzutreten eines weiteren Bürgen nachträglich entstehenden Mitbürgschaft (§ 769 BGB). In beiden Fällen werden sich die Verjährung der legalzedierten Gläubigerforderung – für die wegen §§ 412, 404 BGB die Verjährung der Forderung maßgeblich wäre – und die Verjährung des Rückgriffsanspruchs – für die es auf

1372 Vgl. auch *Hartmann/Lieschke*, WM 2011, 205, 208; *Pfeiffer*, NJW 2010, 23, 25.

1373 *Peters*, ZGS 2010, 154, 156 f.

1374 BGHZ 181, 310, 313; BGH NJW 2010, 62, 63; *Schwenker*, EWiR 2009, 565 f.; weitere Nachweise oben in Fußnote 1219.

1375 Vgl. zu dieser Fallgruppe des Schuldbeitritts nur: *Kohte*, JZ 1990, 997, 998 f.; *Schürnbrand*, Der Schuldbeitritt zwischen Gesamtschuld und Akzessorietät, S. 34.

den Zeitpunkt des Hinzutretens des Beitrittsschuldners bzw. Mitbürgen ankäme – gemäß § 426 Abs. 1 BGB unterscheiden.

In vielen anderen Fällen kann es aber zu einer Synchronisierung der Verjährung von Gläubigerforderung und Rückgriffsforderung kommen, z.B. wenn die Gläubigerforderung der regelmäßigen Verjährung gemäß §§ 195, 199 Abs. 1 BGB unterliegt. Dann wird der Ausgleichsanspruch gemäß § 426 Abs. 1 BGB nicht nur der Forderung des Gläubigers gegen die Gesamtschuldner, sondern faktisch auch dem Anspruch aus § 426 Abs. 2 BGB angenähert[1376]. Wenn für den Ausgleichsanspruch gemäß § 426 Abs. 1 BGB aber gelten soll, dass dieser ab Entstehung der Gesamtschuld verjährte, verlöre die von der allgemeinen Meinung vorgenommene Trennung der in § 426 Abs. 1 und Abs. 2 BGB vorgesehenen Rückgriffsmöglichkeiten[1377], insbesondere im Hinblick auf die Verjährung, praktisch an Bedeutung. Im Ergebnis zeigen sich hier sogar Überschneidungen mit dem Ansatz von *Stamm*, nach dem sich die Verjährung eines auf Zahlung gerichteten Ausgleichsanspruchs immer nach § 426 Abs. 2 BGB und damit der Verjährung der Forderung des Gläubigers richtete[1378]. Dass dieser Auffassung jedoch wegen dogmatischer Schwächen nicht gefolgt werden kann, wurde an anderer Stelle bereits ausführlich dargelegt[1379].

Aus der Perspektive des Regressgläubigers ist die Annäherung der beiden Ansprüche, die in § 426 BGB enthalten sind, abzulehnen. Zwar dienen beide Absätze der Vorschrift letztlich dem Rückgriff des Gläubigers. Daraus kann jedoch nicht der Rückschluss auf einen Verjährungsgleichlauf gezogen werden. Im Detail liegen beiden Rückgriffsmodalitäten zudem unterschiedliche Zielsetzungen zugrunde. Bei der „bestärkenden Legalzession" geht es um die zusätzliche Absicherung des Rückgriffsgläubigers, insbesondere um die Verschaffung von Sicherheiten[1380]. § 426 Abs. 1 BGB verkörpert indes einen eigenständigen Rückgriffsanspruch, der nicht zuletzt einer eigenen Verjährung unterliegt[1381]. Dieser

---

1376 So nun auch *Bydlinski*, in: MüKo-BGB, § 426, Rn. 25, allerdings mit dem Hinweis, dies sei „aus verjährungsrechtlicher Sicht [...] durchaus zu begrüßen"

1377 BGHZ 181, 310, 313 f.; *Grüneberg*, in: Palandt, § 426, Rn. 1, 4, 16; *Noack*, in: Staudinger (2005), § 426, Rn. 1, 2, 5; *Bydlinski*, in: MüKo-BGB, § 426, Rn. 38; *Ehmann*, Die Gesamtschuld, S. 108; *v. Koppenfels-Spieß*, Die cessio legis, S. 440 f.; a.A. *Stamm*, NJW 2004, 811 f.

1378 *Stamm*, NJW 2004, 811 f.

1379 Oben, S. 198 ff.

1380 *S. Meier*, Gesamtschulden, S. 389; *Selb*, Mehrheiten von Gläubigern und Schuldnern, S. 115 f.; *Bydlinski*, in: MüKo-BGB, § 426, Rn. 39, 45 ff.; *Noack*, in: Staudinger (2005), § 426, Rn. 120 ff.

1381 *Grüneberg*, in: Palandt, § 426, Rn. 4; *Böttcher*, in: Erman, § 426, Rn. 6; *Larenz*, AT I, S. 649; *Esser/Schmidt*, AT I/2, S. 351; *Selb*, Mehrheiten von Gläubigern und Schuld-

Anspruch würde sich inhaltlich aber ab dem Zeitpunkt der Zahlung des Gesamtschuldners an den Gläubiger nur noch unwesentlich von dem aus § 426 Abs. 2 BGB folgenden Rückgriff über die Legalzession unterscheiden. Die Verjährung beider Ansprüche liefe weitgehend synchron, wenn die Entstehung der Gesamtschuld gleichzeitig die Entstehung des Ausgleichsanspruchs statuierte, da die Entstehung der Gesamtschuld mit der Entstehung der Forderung des Gläubigers regelmäßig eng verknüpft ist[1382]. Die herrschende Meinung konterkariert damit die der gesetzlichen Rückgriffstechnik zugrunde liegende Systematik, indem sie die Verjährung zu Lasten des Rückgriffsgläubigers vorverlegt. Dies wird besonders deutlich, wenn die Inanspruchnahme des Rückgriffsgläubigers durch den gemeinsamen Gläubiger kurz vor Ablauf der Verjährungsfrist erfolgte. Hier geriete der Rückgriffsgläubiger in eine missliche Lage. Obwohl ihm grundsätzlich zwei Regressmöglichkeiten gemäß § 426 BGB offen stehen, kann er mit seinem Ausgleich möglicherweise ganz ausfallen. Dies wäre eine mehr als zweifelhafte Konsequenz der herrschenden Lehre[1383].

(3) Schutz des Rückgriffsgläubigers durch verjährungshemmende Maßnahmen

Das Problem der Vorverlegung des Entstehungszeitpunkts des gesamtschuldnerischen Ausgleichsanspruchs kann durch die Möglichkeit des ausgleichsberechtigten Gesamtschuldners zur Ergreifung verjährungshemmender Maßnahmen praktisch etwas entschärft werden[1384]. In der Literatur gibt es dazu mehrere Vorschläge. Um das Risiko eines erfolglosen Rückgriffs abzuwenden, könne der Rückgriffsgläubiger etwa Klage erheben (§ 204 Abs. 1 Nr. 1 BGB)[1385], ein selbstständiges Beweisverfahren anstrengen (§ 204 Abs. 1 Nr. 7 BGB), dem ausgleichsverpflichteten Gesamtschuldner den Streit verkünden (§ 204 Abs. 1 Nr. 6 BGB)[1386] oder Verhandlungen über den Rückgriff einleiten (§ 203 BGB)[1387].

---

nern, S. 95, 115; *Lischka*, Der Begriff der Gesamtschuld unter besonderer Berücksichtigung der Ausgleichungspflicht, S. 73.

1382 Bei einer gemeinschaftlichen vertraglichen Verpflichtung gemäß § 427 BGB verjährten Rückgriffsforderung und Gläubigerforderung gemäß §§ 195, 199 Abs. 1 BGB im gleichen Zeitraum, sofern auch für die Außenforderung die Vorschriften über die Regelverjährung anwendbar wären.

1383 So im Ergebnis auch: *S. Meier*, Gesamtschulden, S. 653.

1384 Vgl. *Hartmann/Lieschke*, WM 2011, 205, 211; *Weise*, NJW-Spezial 2011, 108, 109; *Gebauer*, LMK 2010, 299711; *Reimann*, BauR 2011, 14, 18; *Peters*, ZGS 2010, 154; *Kniffka*, BauR 2005, 274, 287.

1385 *Dollmann*, GmbHR 2004, 1330, 1332.

1386 *Peters/Jacoby*, in: Staudinger (2009), § 199, Rn. 8; *Weise*, NJW-Spezial 2011, 108, 109; *Kniffka*, BauR 2005, 274, 287; *Schwenker*, EWiR 2009, 565, 566; *Dollmann*, GmbHR 2004, 1330, 1332; *Dollmann*, GmbHR 2009,1092 f.

1387 *Peters*, ZGS 2010, 154.

Für die Verjährungshemmung mittels Klageerhebung ist zu berücksichtigen, dass der Streitgegenstand bei der Klage auf Freihaltung von der gemeinsamen Verbindlichkeit nicht auch den Zahlungsanspruch erfasst. Es handelt sich bei dem Ausgleichsanspruch gemäß § 426 Abs. 1 BGB aber um einen Anspruch im Sinne von § 213 BGB, wodurch eine Hemmungswirkung der Klage auf Freistellung auch den Anspruch auf Zahlung umfasste[1388].

Für den ausgleichsberechtigten Gesamtschuldner bleibt dennoch in vielen Fällen die Gefahr, es zu versäumen, die verjährungshemmenden Maßnahmen rechtzeitig einzuleiten[1389]. Daran ändert auch die Möglichkeit zur Streitverkündung an den ausgleichsverpflichteten Gesamtschuldner nichts. Durch die Streitverkündung würde nur dann Abhilfe geschaffen werden, wenn die Forderung durch den Gläubiger zuvor eingeklagt wurde[1390]. Auf den Zeitpunkt der Klageerhebung des gemeinsamen Gläubigers hat der Rückgriffsberechtigte jedoch wenig Einfluss[1391]. Außerdem müsste die Streitverkündung den Anforderungen der §§ 72, 73 ZPO genügen, um die Verjährungshemmung herbeizuführen[1392]. Insbesondere würde die Streitverkündung gemäß § 73 S. 3 ZPO erst mit der Zustellung des Schriftsatzes an den ausgleichsverpflichteten Gesamtschuldner wirksam. Schließlich muss der Gläubiger – auch wenn er das freilich nicht verhindern kann – nicht zwangsläufig ein Interesse daran haben, den Rückgriffsschuldner in den Prozess mit dem Rückgriffsgläubiger mit einzubeziehen, indem der Rückgriffsgläubiger dem anderen Gesamtschuldner den Streit verkündet. Dies widerspräche § 421 S. 1 BGB, nach dem sich der Gläubiger nach seinen Belieben an jeden Gesamtschuldner halten kann[1393].

1388 Vgl. dazu schon oben, S. 234.

1389 Vgl. *Scherzer*, in: jurisPR-PrivBauR 11/2009 Anm. 2. Dies erkennt auch *Gebauer*, LMK 2010, 299711, vertritt allerdings den Standpunkt, dies könne durchaus interessengerecht sein und deshalb gerechtfertigt werden. Ähnlich auch *Pfeiffer*, NJW 2010, 23, 25.

1390 Vgl. *Peters*, ZGS 2010, 154; *Hartmann/Lieschke*, WM 2011, 205, 211.

1391 So auch *Peters*, ZGS 2010, 154, 156. Freilich kann der Rückgriffsgläubiger die Leistung verweigern und dem gemeinsamen Gläubiger Anlass zur Klage geben. Dies wäre aber ein umständliches und kostenintensives Verfahren, nur um den Ausgleichsanspruch gemäß § 426 Abs. 1 BGB vor der Verjährung zu schützen.

1392 Vgl. BGHZ 175, 1, 6 f.; BGHZ 179, 361, 366 f.; *Peters/Jacoby*, in: Staudinger (2009), Rn. 77; *Grothe*, in: MüKo-BGB, § 204, Rn. 40 f.; kritisch: *Althammer/Würdinger*, NJW 2008, 2620 ff.

1393 Diese sog. „Paschastellung" (Begriff geht zurück auf *Heck*, Grundriß des Schuldrechts, S. 234: „Der Gläubiger ist gewissermaßen ein juristischer Pascha") des Gläubigers gehört zu den wesentlichen Prinzipien der Gesamtschuld. Der Gläubiger ist gemäß § 421 S. 1 BGB dazu berechtigt, gegen jeden der Gesamtschuldner nach seinem Belieben vorzugehen: vgl. nur BGH NJW 2010, 62, 63; *Böttcher*, in: Erman, § 421, Rn. 2; *Byd-*

Des Weiteren spricht bereits grundsätzlich gegen die Vorverlegung verjährungshemmender Maßnahmen, dass deren Ausübung das Innenverhältnis der Gesamtschuldner belastete. Besonders augenfällig wird diese zweifelhafte Konsequenz, wenn die Gesamtschuldner zur Verjährungshemmung Klagen gegeneinander erhöben, obwohl die Inanspruchnahme im Außenverhältnis noch vom Verhalten des gemeinsamen Gläubigers abhinge und damit erst beeinflusste, wer von wem Ausgleich verlangen kann[1394]. Gerade bei vertraglich begründeter Gesamtschuld (§ 427 BGB) würden die Gesamtschuldner von Begründung der Gesamtschuld an gegeneinander anstatt zusammen arbeiten, nur um sich die Chance eines erfolgreichen, rechtzeitigen Regresses zu bewahren. Dabei liefe möglicherweise auch der gemeinsame Gläubiger der Forderung Gefahr, in den Sog dieser Auseinandersetzungen hineingezogen zu werden. Freilich können ihm Streitigkeiten unter den Gesamtschuldnern, ob und in welchem Umfang die Gesamtschuld besteht und wie der Regress gesichert werden kann, im Prinzip egal sein, denn die Geltendmachung der Forderung gegen die Gesamtschuldner erfolgt rechtlich unabhängig vom Innenverhältnis. Es ist aber nicht auszuschließen, dass der Konflikt im Innenverhältnis – zumindest im Einzelfall – einen praktischen Unsicherheitsfaktor für die Geltendmachung der Forderung durch den gemeinsamen Gläubiger bedeutet, selbst wenn es nur zu einer Leistungsverzögerung kommt, weil der Gesamtschuldner erst über Maßnahmen gegen den anderen Gesamtschuldner nachdenken muss. Nicht zuletzt deshalb sollten Regressfragen nicht vor der Inanspruchnahme, sondern erst nach der Leistung an den Gläubiger zwischen den Gesamtschuldnern, und nur zwischen diesen ausgefochten werden. Mittelbare Beeinträchtigungen des Gläubigers müssen wegen § 421 S. 1 BGB verhindert werden, weil allein der Gläubiger über die Inanspruchnahme der Gesamtschuldner entscheiden darf[1395].

Obwohl für den ausgleichsberechtigten Gesamtschuldner mehrere Möglichkeiten zur Verjährungshemmung des Ausgleichsanspruchs bestehen, kommt es durch die Vorverlegung des Entstehungszeitpunkts also zu einer für ihn unbilligen Beeinträchtigung[1396]. Er muss sich mit dem oder den Rückgriffsschuldner(n) über einen Anspruch auseinandersetzen – den Befreiungs- und Mitwirkungsanspruch –, der praktisch eher unbedeutend und für ihn regelmäßig nur von unter-

---

linski, in: MüKo-BGB, § 421, Rn. 75 ff.; *Noack*, in: Staudinger (2005), § 421, Rn. 2, 110 ff.

1394 *Glöckner*, BauR 2005, 251, 271 (dort Fn. 151).

1395 Vgl. die Nachweise oben in Fußnote 1393.

1396 Anders sehen dies *Gebauer*, LMK 2010, 299711 und *Pfeiffer*, NJW 2010, 23, 25, die ausreichenden Schutz des Rückgriffsgläubigers im Erfordernis der „Kenntnis" im Sinne von § 199 Abs. 1 Nr. 2 BGB sehen. Dazu sogleich ab S. 255.

geordnetem Interesse ist[1397], nur um später noch seinen auf Zahlung gerichteten Anspruch durchsetzen zu können. Zutreffend wird im Schrifttum darauf hingewiesen, dass sich für eine solche „Obliegenheit“ des ausgleichsberechtigten Gesamtschuldners keine Anhaltspunkte im Gesetzgebungsverfahren finden lassen[1398]. Im Gegenteil zeigt die Begründung des Rechtsausschusses zum Schuldrechtsmodernisierungsgesetz, dass der Gesetzgeber davon ausging, dass die Verjährung erst mit dem Zeitpunkt der Leistung zu laufen beginnen sollte[1399]. Der Befreiungs- und Mitwirkungsanspruch wird dort mit keinem Wort erwähnt[1400]. Auch wenn sich der Einsatz verjährungshemmender Maßnahmen damit im Ergebnis zwar insgesamt als einigermaßen effektives Schutzinstrument des Rückgriffsgläubigers darstellt, wird dem Rückgriffsgläubiger dadurch eine Art Klagegebot im eigenen Interesse auferlegt, das weder interessengerecht ist, noch im Gesetz einen Anhaltspunkt findet.

(4) Schutz des Rückgriffsgläubigers durch § 199 Abs. 1 Nr. 2 BGB

Im Anschluss an den BGH[1401] haben sich Teile der Literatur auf das in § 199 Abs. 1 Nr. 2 BGB enthaltene subjektive Tatbestandsmerkmal der *Kenntnis* des Gläubigers von den Anspruch begründenden Umständen gestützt[1402]. Die vom BGH vorgenommene Konturierung dieses Merkmals[1403] führe zumindest zu einem „gewissen“ Interessenausgleich zwischen Rückgriffsgläubiger und Rückgriffsschuldner[1404]. Überzeugend ist dieser Einwand aus mehreren Gründen nicht. Besonders zweifelhaft an diesem Argument ist, dass ein unrichtiges Verständnis der *Entstehung* im Sinne von § 199 Abs. 1 Nr. 1 BGB durch die Überstrapazierung der Bedeutung der Kenntnis des Rückgriffsgläubigers gemäß § 199 Abs. 1 Nr. 2 BGB kompensiert werden soll.

Nach dem BGH müsse sich die Kenntnis des ausgleichsberechtigten Gesamtschuldners im Sinne von § 199 Abs. 1 Nr. 2 BGB auf die

> „Umstände, die den Anspruch des Gläubigers gegen den Ausgleichsverpflichteten begründen, die Umstände, die den Anspruch des Gläubigers gegen ihn selbst be-

---

1397 So bereits treffend: *Peters/Zimmermann*, in: Gutachten und Vorschläge zur Überarbeitung des Schuldrechts, Band I, S. 77, 237.

1398 *Hartmann/Lieschke*, WM 2011, 205, 208.

1399 BT-Drucks. 14/7052, S. 195.

1400 Vgl. BT-Drucks. 14/7052, S. 195.

1401 Vgl. BGHZ 181, 310, 315 f.

1402 *Gebauer*, LMK 2010, 299711; *Pfeiffer*, NJW 2010, 23, 25; *Dollmann*, GmbHR 2009, 1092 f. Davor bereits *Klutinius/Karwatzki*, VersR 2008, 617, 618.

1403 Vgl. BGHZ 181, 310, 315 f.

1404 *Pfeiffer*, NJW 2010, 23, 25; ähnlich: *Dollmann*, GmbHR 2009, 1092, 1093 („einziges Korrektiv“).

gründen, die Umstände, die das Gesamtschuldverhältnis begründen und schließlich die Umstände, die im Innenverhältnis eine Ausgleichspflicht begründen, beziehen“[1405].

Der Literatur ist zuzugeben, dass sich bei oberflächlicher Betrachtung dieser vier vom BGH entwickelten Vorgaben zunächst vermuten ließe, diese verwirklichten einen „hinreichenden Schutz“ des Rückgriffsgläubigers vor dem Verjährungsbeginn seiner Ausgleichsforderung gemäß §§ 426 Abs. 1, 199 Abs. 1 BGB[1406]. Dafür spricht, dass die im BGH-Urteil[1407] genannten Voraussetzungen kumulativ gegeben sein müssen. Eine genauere Untersuchung ergibt indes, dass die Hürden, die der BGH für § 199 Abs. 1 Nr. 2 BGB in Bezug auf die Kenntnis aufstellt, nicht allzu hoch angesetzt sind. Konsequenz der tatsächlich als gering zu bewertenden Anforderungen des § 199 Abs. 1 Nr. 2 BGB ist, dass die Kenntnis im Regelfall vorliegen wird, mithin der Schutz des Rückgriffsgläubigers vor einem frühen Verjährungsbeginn durch § 199 Abs. 1 Nr. 2 BGB in der Tat als „schwach“ einzustufen ist[1408]. Dies wird deutlich, wenn die vom BGH entwickelten Kriterien für einige Beispiele gesamtschuldnerischer Verpflichtungen exemplarisch angewandt werden.

Das erste Kriterium betrifft die Kenntnis von den Umständen, die den Ausgleichsanspruch gegen den Ausgleichsverpflichteten begründen[1409]. Für vertraglich begründete Gesamtschulden (§ 427 BGB) gilt, dass hier zum Zeitpunkt des Vertragsschlusses und damit zum Zeitpunkt der Entstehung der Gesamtschuld die erforderliche Kenntnis im Sinne von § 199 Abs. 1 Nr. 2 BGB bejaht werden muss. Nichts anderes kann bei deliktischen Gesamtschuldnern (§ 840 BGB), persönlich haftenden Personengesellschaftern (§ 128 HGB (analog)) und etwa Mitbürgen (§ 769 BGB) gelten. Die letztgenannten Gruppen sind in der Regel – mit Ausnahme von z.B. Elternbürgschaften – dem wirtschaftlichen Verkehr zuzuordnen. Selbst wenn dort positive Kenntnis zu verneinen ist, wird regelmäßig zumindest grobe Fahrlässigkeit in Bezug auf die Unkenntnis dieser Umstände, gerade vor dem Hintergrund der aus § 199 Abs. 1 Nr. 2 BGB abzuleitenden Informationspflicht, anzunehmen sein[1410].

1405 BGHZ 181, 310, 316.

1406 Vgl. BGHZ 181, 310, 315; *Pfeiffer*, NJW 2010, 23, 25; *Dollmann*, GmbHR 2009, 1092, 1093.

1407 BGHZ 181, 310, 316.

1408 In diesem Sinne auch: *Schwenker*, EWiR 2009, 565, 566; *Schwenker*, EWiR 2009, 705, 706; *Rodemann*, IBR 2009, 591; *Hartmann/Lieschke*, WM 2011, 205, 209. Die praktischen Schwierigkeiten und prozessualen Gefahren hervorhebend: *Weise*, NJW-Spezial 2011, 108.

1409 Vgl. BGHZ 181, 310, 316.

1410 So auch: *Peters*, ZGS 2010, 154.

Das zweite Kriterium besagt, dass der Ausgleichsberechtigte Kenntnis von den Tatsachen haben muss, die den Anspruch des Gläubigers gegen ihn selbst begründen[1411]. Für diese Voraussetzung gelten keine spezifisch gesamtschuldnerischen Besonderheiten. Bei vertraglich begründeten Gesamtschulden liegt die Kenntnis daher im Zeitpunkt des Vertragsschlusses, bei gemeinschaftlicher deliktischer Haftung im Zeitpunkt des schädigenden Ereignisses vor. Bei der Personengesellschafterhaftung und der Mitbürgschaft liegt die Kenntnis von den Umständen, die den Anspruch gegen den Gläubiger begründen mit der Begründung der Haftung aus § 128 S. 1 HGB (analog) bzw. § 769 BGB vor. Die Schwelle zur grob fahrlässigen Unkenntnis dürfte in diesen Fällen schnell überwunden sein.

Das dritte Kriterium umfasst die Kenntnis von den Umständen, die das Gesamtschuldverhältnis begründen[1412]. Bei gemeinschaftlichen vertraglichen Verpflichtungen wird das Vorliegen der Kenntnis praktisch kaum von der Hand zu weisen sein. Für die deliktische Gesamtschuldanordnung gemäß § 840 Abs. 1 BGB kommt es darauf an, dass der Rückgriffsgläubiger Kenntnis von der Tatsache hat, dass neben ihm ein anderer auf den Eintritt des schädigenden Ereignisses Einfluss gehabt hat und dies möglicherweise dessen Verantwortlichkeit begründet, so dass beide wegen § 840 Abs. 1 BGB nebeneinander haften. Gesellschafter einer OHG, die gemäß § 128 S. 1 HGB gesamtschuldnerisch haften, werden immer wissen, dass sie Gesellschafter sind. Für Mitbürgen gilt, dass diese sich wegen der § 199 Abs. 1 Nr. 2 BGB zu entnehmenden Informationspflicht vom Gläubiger der Hauptforderung darüber in Kenntnis setzen lassen müssen, ob noch eine weitere Bürgschaft für die Hauptforderung übernommen worden ist.

Das vierte Kriterium setzt schließlich voraus, dass Kenntnis über die Umstände vorliegt, die im Innenverhältnis eine Ausgleichspflicht begründen[1413]. Soweit keine ausdrückliche Haftungsabrede im Innenverhältnis vorliegt, kann daraus nicht der Rückschluss gezogen werden, dass die Umstände, die im Innenverhältnis eine Ausgleichspflicht begründen, unbekannt sind[1414]. Im Zweifel gilt schließlich die Regelung des § 426 Abs. 1 S. 1 BGB, wonach die Gesamtschuldner anteilig nach Köpfen haften[1415]. Die Kenntnis der Tatsachen, die im Innen-

1411 BGHZ 181, 310, 316.

1412 BGHZ 181, 310, 316.

1413 Vgl. BGHZ 181, 310, 316.

1414 Vgl. *Peters/Jacoby*, in: Staudinger (2009), § 199, Rn. 65: „Irrtümer über die Quoten sind irrelevant".

1415 *Wandt*, in: FS Kollhosser, 2004, S. 769, 771; *Bydlinski*, in: MüKo-BGB, § 426, Rn. 1; *Noack*, in: Staudinger (2005), § 426, Rn. 3; *Böttcher*, in: Erman, § 426, Rn. 15.

verhältnis die Ausgleichspflicht zwischen den Gesamtschuldnern begründen, wird daher regelmäßig vorliegen. Bei einer gemeinschaftlichen vertraglichen Verpflichtung kann jedenfalls nicht aus dem Schweigen der Parteien bei Vertragsschluss die Schlussfolgerung gezogen werden, ein Regress soll nach dem Innenverhältnis nicht stattfinden, §§ 133, 157 BGB. Selbst in komplizierten Fällen, in denen die Haftung nur wegen der Gleichstufigkeit der Verbindlichkeiten angenommen werden kann, wie bei der gemeinschaftlichen Architekten- und Bauträgerhaftung[1416], ist davon auszugehen, dass die entsprechende Nichteinholung der Kenntnis zumindest grob fahrlässig wäre[1417].

Die vorangestellten Erwägungen zeigen, dass die Kriterien zwar die Anforderungen an die Kenntnis im Sinne von § 199 Abs. 1 Nr. 2 BGB näher ausgestalten. Dabei wird aber zum Teil verkannt, dass es tatsächlich kaum Fälle geben wird, in denen die vom BGH für eine Kenntnis im Sinne von § 199 Abs. 1 Nr. 2 BGB aufgestellten Kriterien tatsächlich nicht verwirklicht sein werden[1418]. Vielmehr wird die erforderliche Kenntnis oder grob fahrlässige Unkenntnis, wie dargelegt, in den meisten Fällen gegeben sein. In Bezug auf die Praxisrealität läuft das Argument, der Rückgriffsgläubiger werde durch das Erfordernis der Kenntnis vor einem frühen Beginn der regelmäßigen Verjährung des Ausgleichsanspruchs gemäß § 426 Abs. 1 BGB geschützt, somit leer[1419]. Jedenfalls vermag es den nach dieser Interpretation sehr frühen Zeitpunkt der Entstehung gemäß § 199 Abs. 1 Nr. 1 BGB und die damit für den ausgleichsberechtigten Gesamtschuldner verbundenen Nachteile nicht nachhaltig zu entschärfen. Es handelt sich daher auch nicht um eine Kompensation dafür, dass es durch die Vorverlagerung des Entstehungszeitpunkts des Ausgleichsanspruchs zu einer Risikoverlagerung zu Lasten des Rückgriffsgläubigers gekommen ist[1420].

1416 Paradigmatischer Fall nach *Looschelders*, AT, Rn. 1197: Haftung des Architekten für die mangelhafte Bauüberwachung gemäß § 280 Abs. 1 BGB, während der Bauträger wegen Nacherfüllung des mangelhaften Bauwerks gemäß §§ 634 Nr. 1, 635 Abs. 1 BGB in Anspruch genommen werden kann.

1417 *Weise*, NJW-Spezial 2011, 108: „einem Bau – und Projektbeteiligten in der Regel [Kenntnis über Tatsachen im Sinne von § 199 Abs. 1 Nr. 2 BGB zu] unterstellen“. Vgl. auch *Sohn/Holtmann*, BauR 2010, 1480, 1485.

1418 So auch: *Peters*, NZG 2010, 154, der als Beispiel den Unfall mit mehreren Beteiligten mit anschließender Fahrerflucht nennt. In diesem Fall fehlte wohl tatsächlich die Kenntnis über die Person des anderen Gesamtschuldners. Für diese Konstellation könnte demnach das Kriterium der Kenntnis nachteilige Folgen, die aus der Vorverlagerung des Entstehungszeitpunkts resultierten, abwenden.

1419 Vgl. *Weise*, NJW-Spezial 2011, 108.

1420 So aber BGHZ 181, 310, 315; *Pfeiffer*, NJW 2010, 23, 25; *Gebauer*, LMK 2010, 299711.

Es bleibt also auch nach Betrachtung der weiteren Voraussetzung des § 199 Abs. 1 Nr. 2 BGB dabei, dass der Verjährungsbeginn des Ausgleichsanspruchs gemäß § 426 Abs. 1 BGB wesentlich vom Zeitpunkt der Entstehung im Sinne von § 199 Abs. 1 Nr. 1 BGB abhängt. Die Kriterien, die der BGH entwickelt hat, mögen im Einzelfall einen späteren Beginn der Verjährung ermöglichen. Die Bedeutung dieses Merkmals als Interessenausgleich wird aber von Rechtsprechung und Teilen der Literatur überschätzt[1421]. Das Argument ist damit im Ganzen zu wenig aussagekräftig, um den durch die Vorverlagerung des Entstehungszeitpunkts entstandenen Konflikt aus der Perspektive des Rückgriffsgläubigers aufzulösen.

(5) Argument der Beeinflussung des Verjährungsbeginns durch den Rückgriffsgläubiger

Als ein weiteres Argument wird schließlich vorgetragen, die Anknüpfung an den Zeitpunkt der Leistung würde dem Schuldnerschutz und damit dem gesetzlichen Leitbild des § 199 Abs. 1 BGB zuwiderlaufen, insbesondere wenn der Rückgriffsgläubiger durch sein Verhalten den Verjährungsbeginn bestimmen könnte[1422].

Zweifelhaft an dieser Argumentation ist, ob sich der Rückgriffsgläubiger dadurch zum einen überhaupt einen Vorteil verschafft und ob zum anderen, wenn die erste Frage zu bejahen wäre, sich dieser Vorteil tatsächlich als ungerechtfertigt erweist. Letztlich ist es nämlich der gemeinsame Gläubiger der Gesamtschuldner, der die Inanspruchnahme wesentlich beeinflusst, indem dieser Zahlung verlangt; es wird in der Regel nicht der Rückgriffsgläubiger sein, der dem Gläubiger die Zahlung zu einem beliebigen Zeitpunkt anbietet[1423]. Komplett von der Hand zu weisen ist der Einwand der Literatur und Rechtsprechung jedoch nicht. Besonderes Gewicht erhält das Argument dadurch, dass die Anknüpfung an die Leistung durch den Rückgriffsgläubiger für den Verjährungsbeginn in bestimmten Konstellationen zu unbilligen Ergebnissen führen kann.

Allerdings ist der in der Literatur geäußerte Einwand, dass es fraglich sei, ob der ausgleichsverpflichtete Gesamtschuldner überhaupt vor der Konsequenz ei-

---

1421 Wie hier im Ergebnis auch *Peters*, ZGS 2010, 154; *Hartmann/Lieschke*, WM 2011, 205, 209; *Schwenker*, EWiR 2009, 565 f.; *Schwenker*, EWiR 2009, 705, 706; *Weise*, NJW-Spezial 2011, 108.

1422 BGHZ 175, 161, 169 f.; BGHZ 181, 310, 314; *Klutinius/Karwatzki*, VersR 2008, 617, 618; *Gebauer*, LMK 2010, 299711.

1423 In diese Richtung: *Peters*, ZGS 2010, 154, 156. Der Gesamtschuldner leiste schon deshalb nicht, um die Leistung möglichst bis zum Verjährungseintritt hinauszuzögern oder weil er die entsprechenden Zahlungsmittel nicht aufbringen könne.

nes neu entstehenden Zahlungsanspruchs geschützt werden müsse[1424], ebenfalls zu berücksichtigen. Es wird insoweit zutreffend darauf hingewiesen, dass es nur als Folge der Inanspruchnahme im Außenverhältnis einzuordnen wäre, wenn es noch zu einem auf Zahlung gestützten Regress käme[1425], zumal der ausgleichsberechtigte Gesamtschuldner damit letztlich nur die Pflicht erfüllte, die zuvor wegen § 421 BGB auch den ausgleichsverpflichteten Gesamtschuldner im Außenverhältnis gegenüber dem gemeinsamen Gläubiger traf[1426]. Doch selbst dann, wenn man dem Einwand, der Rückgriffsgläubiger könne die Verjährung einseitig beeinflussen, ein höheres Gewicht beimessen wollte, würde die Beeinflussbarkeit durch den Rückgriffsgläubiger nur problematisch, wenn der Anspruch des gemeinsamen Gläubigers bereits einem oder allen Gesamtschuldnern gegenüber verjährt war[1427]. In diesem Fall würde dem ausgleichsverpflichteten Gesamtschuldner womöglich eine Haftung im Innenverhältnis auferlegt, der er sich im Außenverhältnis bereits erfolgreich durch Zeitablauf gegenüber dem Gläubiger entzogen hatte[1428]. Welcher Ausweg für diese letztgenannten Konstellationen einzuschlagen ist und wann gegebenenfalls die Grenzen des Rechtsmissbrauchs (§ 242 BGB) überschritten werden, ist an anderer Stelle kritisch zu würdigen, und zwar im Rahmen des Rückgriffsausschlusses wegen eingetretener Verjährung[1429].

ff) Fazit

Die Entstehung als maßgebliches Kriterium des Verjährungsbeginns gemäß § 199 Abs. 1 BGB kann sowohl im Zeitpunkt der Begründung der Gesamtschuld als auch im Zeitpunkt der Zahlung durch den Rückgriffsgläubiger angenommen werden. Die größere Überzeugungskraft hat die bereits teilweise im Schrifttum vertretene Auffassung, die den auf Zahlung gerichteten Ausgleichsanspruch mit dem Leistungszeitpunkt des späteren Rückgriffsgläubigers im Sinne von § 199 Abs. 1 Nr. 1 BGB entstehen lassen will. Die wesentlichen Argumente sollen zum Abschluss noch einmal zusammengefasst werden:

Der Wortlaut von § 426 Abs. 1 S. 1 BGB ist für die Bekräftigung der hier vertretenen Ansicht ungeeignet. Weil der Wortlaut gleichzeitig aber weder gegen

1424 Vgl. *Hartmann/Lieschke*, WM 2011, 205, 209.

1425 *Hartmann/Lieschke*, WM 2011, 205, 209.

1426 Vgl. *Hartmann/Lieschke*, WM 2011, 205, 209.

1427 Vgl. zu diesen Fällen BGH NJW 2010, 62, 63 f; BGH NJW 2010, 435 f., sowie unten ab S. 286 ff.

1428 Vgl. *Peters/Zimmermann*, in: Gutachten und Vorschläge zur Überarbeitung des Schuldrechts, Band I, S. 77, 236 f.

1429 Dazu ausführlich unten ab S. 286.

sie spricht noch sich die herrschende Lehre auf ihn zu stützen vermag, kann er für die gesamte Kontroverse weitgehend außer Acht gelassen werden.

Die bis auf die *Motive* zurückgehende Entstehungsgeschichte des gesamtschuldnerischen Ausgleichs verdeutlicht, dass seit jeher von mehreren Anspruchszielen (Befreiung, Mitwirkung und schließlich Zahlung) auszugehen ist. Die *Motive* unterstreichen durch die Anknüpfung an das Moment der „erforderlichen Mitwirkung“ zudem die inhaltliche Nähe des gesamtschuldnerischen Ausgleichs gemäß § 426 Abs. 1 BGB zum allgemeinen Rückgriffsanspruch gemäß § 670 BGB. Wie die Ausführungen bei der Bürgschaft gezeigt haben, ist das „Entstehen“ dieses (Zahlungs-)Anspruchs ebenfalls mit der Zahlung an den Gläubiger verbunden.

Nicht – wie von der herrschenden Lehre behauptet – gegen, sondern für den Zeitpunkt der Leistung des ausgleichsberechtigten Gesamtschuldners als Entstehungszeitpunkt streitet die Begründung des Rechtsausschusses im Gesetzgebungsverfahren zum Schuldrechtsmodernisierungsgesetz. Dort wird für den Verjährungsbeginn eindeutig auf den Zeitpunkt der Leistung hingewiesen[1430].

In systematischer Hinsicht ergeben der Rückschluss aus § 213 BGB, der auch für den Ausgleichsanspruch gemäß § 426 Abs. 1 BGB gilt, sowie der Vergleich zu dem Verhältnis des vertraglichen Erfüllungsanspruchs zum darauf folgenden Anspruch auf Schadensersatz statt der Leistung, dass der Verjährungsbeginn des Zahlungsanspruchs nicht mit dem des Mitwirkungs- und Befreiungsanspruchs zusammenfällt.

Das *Telos* der Verjährung einerseits und andererseits des Gesamtschuldnerausgleichs sind schwer miteinander in Einklang zu bringen. Im Ergebnis wird der ausgleichsberechtigte Gesamtschuldner durch die von der herrschenden Lehre vorgenommene Vorverlegung des Entstehungszeitpunkts unbillig benachteiligt. Weder die Möglichkeit zur Ergreifung verjährungshemmender Maßnahmen gegenüber dem ausgleichsverpflichteten Gesamtschuldner noch die vom BGH aufgestellten Voraussetzungen an die *Kenntnis* im Sinne von § 199 Abs. 1 S. 2 BGB führen zu einer angemessenen Entlastung des Rückgriffsgläubigers. Besonderes Gewicht ist dem Interesse des Rückgriffsgläubigers an einer für ihn „fairen Chance“ zur Geltendmachung seines auf Zahlung gerichteten Ausgleichsanspruchs beizumessen. Auseinandersetzungen zwischen den Gesamtschuldnern, die nur dem Schutz vor einer vorzeitigen Verjährung des Zahlungsanspruchs dienen, sind unsinnig. Es wird Streit über eine Sache geschaffen, die erst in der Zukunft relevant wird. Dem Ausgleichsberechtigten erwächst aus die-

1430 BT-Drucks. 14/7052, S. 195.

sem Grund auch keine „Obliegenheit“, den Befreiungs- und Mitwirkungsanspruch vor der Zahlung zu verfolgen[1431].

Schlussendlich ist festzuhalten, dass der Anspruch mit der Leistung des Rückgriffsgläubigers zur Entstehung im Sinne von § 199 Abs. 1 Nr. 1 BGB gebracht wird. Eine andere Frage ist, ob und gegebenenfalls unter welchen Voraussetzungen der Anspruch des ausgleichsberechtigten Gesamtschuldners wegen Verjährung der Forderung(en) im Außenverhältnis ausscheidet[1432].

e) Ausnahmen vom Verjährungsbeginn i.S.v. § 199 Abs. 1 BGB

Der Beginn der Verjährung des gesamtschuldnerischen Ausgleichsanspruchs bestimmt sich regelmäßig nach § 199 Abs. 1 BGB. Zum Teil sieht das Gesetz Ausnahmen von diesem Grundsatz vor. Ebenso gut denkbar ist die kautelarjuristische Gestaltung des Verjährungsbeginns durch die Vertragsparteien.

aa) Gesetzliche Ausnahmeregelungen und § 15 BRTV-Bau

Nach Art. 32 Abs. 1 S. 1 CMR verjähren Ansprüche aus Beförderungsleistungen im Sinne des CMR-Übereinkommens[1433] grundsätzlich innerhalb eines Jahres. Art. 32 Abs. 1 S. 3 CMR regelt den Verjährungsbeginn dieser Ansprüche. Für den Rückgriff von Frachtführern im Sinne von Art. 34 CMR, die gesamtschuldnerisch haften[1434], finden nach Art. 39 Abs. 4 S. 1 CMR diese Verjährungsbestimmungen des Art. 32 CMR zwar grundsätzlich Anwendung[1435]. Es gilt allerdings die in Art. 39 Abs. 4 S. 2 CMR enthaltene Ausnahme hinsichtlich des Verjährungsbeginns[1436]. Abweichend von Art. 32 Abs. 1 S. 3 CMR beginnt die Verjährung des Rückgriffsanspruchs mit der Rechtskraft des Urteils[1437] über die zu zahlende Entschädigung oder, wenn ein solches nicht vorliegt, mit dem Zeitpunkt der tatsächlichen Zahlung. Der genaue Anwendungsbereich der Vorschrift ist nicht zweifelsfrei zu bestimmen und hängt vom jeweiligen Anspruch ab[1438]. Der BGH wendet die in Art. 32, 39 CMR enthaltenen Verjährungsregelungen jedenfalls auch auf Ausgleichsansprüche unter Frachtführern im Sinne dieses

1431 Überzeugend: *Hartmann/Lieschke*, WM 2011, 205, 208.

1432 Dazu unten, S. 286 ff.

1433 Übereinkommen über den Beförderungsvertrag im internationalen Straßengüterverkehr (CMR), BGBl. 1980 II, S. 733.

1434 Vgl. *Koller*, in: Transportrecht, Art. 34 CMR, Rn. 6.

1435 *Koller*, in: Transportrecht, Art. 39 CMR, Rn. 5; *Jesser-Huß*, in: MüKo-HGB, Art. 32 CMR, Rn. 22 f.; *Otte*, in: Ferrari, Internationales Vertragsrecht, Art. 32 CMR, Rn. 5.

1436 *Jesser-Huß*, in: MüKo-HGB, Art. 39 CMR, Rn. 9.

1437 Die Rechtskraft des Urteils richtet sich nach der *lex fori*, d.h. nach dem nationalen Recht des Hauptverfahrens, vgl. *Jesser-Huß*, in: MüKo-HGB, Art. 39 CMR, Rn. 9.

1438 Vgl. *Koller*, Transportrecht, Art. 32 CMR. 2.

Übereinkommens an, die sich aus § 426 Abs. 1 und Abs. 2 BGB ergeben könnten[1439]. Als speziellere Vorschriften verdrängen die Art. 32, 39 Abs. 4 CMR die nationalen Vorschriften[1440] über den Verjährungsbeginn, also § 199 Abs. 1 BGB. Es kommt dann weder auf die Entstehung (Nr. 1) noch auf die Kenntnis (Nr. 2) an[1441].

Für den nationalen Beförderungsverkehr findet § 439 HGB (beim Speditionsgeschäft gemäß § 463 HGB entsprechende) Anwendung. Es ist das Ziel dieser Regelung, Rechtssicherheit für den Regress zu schaffen[1442]. § 439 Abs. 2 S. 3 HGB modifiziert die in Art. 39 Abs. 4 CMR enthaltene Regelung in einem entscheidenden Detail, ist im Übrigen im Hinblick auf den Verjährungsbeginn der Rückgriffsansprüche aber weitgehend deckungsgleich. Gemäß § 439 Abs. 2 S. 3 HGB kommt es für den Rückgriff zunächst wiederum auf den Zeitpunkt des rechtskräftigen Urteils oder den Tag der Leistung an. Anders als bei dem als Vorbild der nationalen Vorschrift dienenden Art. 39 Abs. 4 CMR[1443] kommt es zusätzlich darauf an, ob der Rückgriffsschuldner innerhalb von drei Monaten in Kenntnis über Schaden und Person gesetzt worden ist.

Keine gesetzliche Ausnahme vom Verjährungsbeginn, aber eine Ausschlussfrist für die Geltendmachung des Ausgleichsanspruchs enthält schließlich § 15 BRTV-Bau[1444]. Nach dieser Regelung verfallen alle beiderseitigen Ansprüche aus dem Arbeitsverhältnis und solche, die mit dem Arbeitsverhältnis in Verbindung stehen, wenn sie nicht innerhalb von zwei Monaten nach Fälligkeit gegenüber der anderen Vertragspartei schriftlich erhoben werden, § 15 Nr. 1 Hs. 1 BRTV-Bau. Dies hat unter anderem auch Auswirkungen auf das gesamtschuld-

---

1439 BGH NJW-RR 1990, 1508, 1510; auch: *Bahnsen*, in: Ebenroth/Boujong/Joost/Strohn, Art. 32 CMR, Rn. 3.

1440 *Otte*, in: Ferrari, Internationales Vertragsrecht, Art. 32 CMR, Rn. 1.

1441 Im Übrigen ist im Rahmen von Art. 32 CMR vieles streitig. Für den Fall, dass es sich nicht um Frachtführer im Sinne von Art. 34 CMR, sondern um Haupt- und Unterfrachtführer handele, soll nach überwiegender Lesart Art. 39 Abs. 4 CMR keine, sondern allein Art. 32 CMR Anwendung finden (vgl. *Jesser-Huß*, in: MüKo-HGB, Art. 32 CMR, Rn. 23; *Otte*, in: Ferrari, Internationales Vertragsrecht, Art. 32 CMR, Rn. 6; *Koller*, Transportrecht, Art. 32 CMR, Rn. 3). Die Verjährung beginne daher mit Entstehung des auf Freistellung oder Zahlung gerichteten Regressanspruchs des Hauptfrachtführers gegen den Unterfrachtführer (vgl. *Otte*, in: Ferrari, Internationales Vertragsrecht, Art. 32 CMR, Rn. 6; *Koller*, Transportrecht, Art. 32 CMR, Rn. 3).

1442 Vgl. Regierungsbegründung zu § 439 HGB, BT-Drucks. 13/8445, S. 78.

1443 Vgl. BT-Drucks. 13/8445, S. 78.

1444 Bundesrahmentarifvertrag für das Baugewerbe, BAnz Nr. 77 vom 23.04.2004.

nerische Innenverhältnis[1445] und kann der Geltendmachung des Ausgleichsanspruchs gemäß § 426 Abs. 1 BGB entgegenstehen[1446].

bb) Kautelarjuristische Ausgestaltung abweichender Verjährungsregelungen

Angesichts der Unklarheit über den Verjährungsbeginn des gesamtschuldnerischen Ausgleichsanspruchs gemäß § 426 Abs. 1 BGB drängt sich die Frage kautelarjuristischer Gestaltungsmöglichkeiten nahezu auf[1447]. Neben der Abdingbarkeit der Vorschriften über die Regelverjährung (§§ 195, 199 Abs. 1 BGB) ist zu prüfen, ob die Entstehung des Ausgleichsanspruchs an bestimmte vertraglich geregelte Tatbestandsvoraussetzungen geknüpft werden kann. Dabei ist zwischen individualvertraglichen Vereinbarungen und entsprechenden AGB zu differenzieren.

(1) Grenzen vertraglicher Disposition gemäß § 202 BGB

Die grundsätzliche Abdingbarkeit der regelmäßigen Verjährungsfrist gemäß §§ 195, 199 BGB steht schon im Hinblick auf den aus Art. 2 Abs. 1 GG folgenden Grundsatz der Privatautonomie[1448] und einfachgesetzlich in § 311 Abs. 1 BGB geregelten Grundsatz der Vertragsfreiheit[1449] außer Frage. Im Besonderen ergibt sich die Möglichkeit rechtsgeschäftlicher Verjährungsvereinbarungen aus § 202 BGB, der zugleich den Rahmen zulässiger Parteiabreden absteckt[1450]. Dieser Rahmen sieht gemäß § 202 Abs. 1 BGB einerseits vor, dass die Verjährung bei vorsätzlicher Haftung nicht im Voraus durch Rechtsgeschäft erleichtert werden kann. Andererseits kann § 202 Abs. 2 BGB die Wertung entnommen werden, dass die Verjährungsfrist ab dem gesetzlichen Verjährungsbeginn nicht über dreißig Jahre hinaus erschwert werden darf[1451]. Für den Ausgleichsanspruch ge-

1445 Vgl. *Bydlinski*, in: MüKo-BGB, § 426, Rn. 28; *Grüneberg*, in: Palandt, § 426, Rn. 4; *Gehrlein*, in: BeckOK-BGB, § 426, Rn. 2.

1446 Noch zum inhaltsgleichen § 16 Abs. 1 BRTV-BAU: BAG NJW 1986, 3104, 3105. Dazu wiederum kritisch *Rüßmann*, JuS 1988, 182, 185, der für diese Konstellation vertritt, dass die Ausschlussfrist erst mit der Leistung an den Gläubiger begänne.

1447 Vgl. *Hartmann/Lieschke*, WM 2011, 205, 211.

1448 BVerfGE 8, 274, 328; BVerfGE 12, 341, 347; BVerfGE 21, 87, 90 f.; BVerfGE 70, 115, 123; BVerfGE 89, 214, 231; *Horn*, in: Stern/Becker, Art. 2, Rn. 30; *Murswick*, in: Sachs, Art. 2, Rn. 54 f.; *Di Fabio*, in: Maunz/Dürig, Art. 2, Rn. 101; *Medicus*, AcP 192 (1992), 35, 41, 61.

1449 Statt aller: *Emmerich*, in: MüKo-BGB, § 311, Rn. 1 ff.; *Grüneberg*, in: Palandt, Überbl v § 311, Rn. 3; *Mansel*, NJW 2002, 89, 96.

1450 Vgl. *Peters/Jacoby*, in: Staudinger (2009), § 202, Rn. 1; *Ellenberger*, in: Palandt, § 202, Rn. 2; *Grothe*, in: MüKo-BGB, § 202, Rn. 1 f.; *Mansel/Budzikiewicz*, Das neue Verjährungsrecht, § 6, Rn. 1 ff.

mäß § 426 Abs. 1 BGB ist damit der Weg zu weitreichenden individuellen Parteivereinbarungen geebnet.

Angesichts der oben erörterten Problematik, dass nach der herrschenden Lehre die Entstehung des Ausgleichsanspruchs mit der Begründung der Gesamtschuld zusammenfällt[1452], bietet sich für die Praxis die Absicherung des Regresses durch Parteivereinbarung zwischen den Gesamtschuldnern an[1453]. Freilich vermag eine solche Abrede in vielen Fällen gesetzlicher Gesamtschuldanordnung, wie etwa § 840 Abs. 1 BGB, keine Abhilfe zu schaffen. Für den Fall vertraglich begründeter Gesamtschuld gemäß § 427 BGB sollten die Gesamtschuldner untereinander jedoch vereinbaren, dass der Ausgleichsanspruch einer längeren Verjährungsfrist unterliegt als die Forderung gegenüber dem gemeinsamen Gläubiger[1454]. Dadurch kann weitgehend sichergestellt werden, dass nach Inanspruchnahme durch den Gläubiger ein Rückgriff weiterhin möglich ist. Auf Basis des hier vertretenen Ansatzes, stellt sich das Erfordernis individueller Verjährungsvereinbarungen im Hinblick auf den Ausgleichsanspruch gemäß § 426 Abs. 1 BGB nicht in gleichem Maße. Dennoch böte die individuelle Vereinbarung den Vorteil von Rechtssicherheit. Da die Inanspruchnahme durch den gemeinsamen Gläubiger wegen § 421 S. 1 BGB jeden Gesamtschuldner treffen kann und diesem dann lediglich die Möglichkeit des Rückgriffs im Innenverhältnis offen bleibt, würde durch entsprechende Vereinbarungen keiner der Gesamtschuldner benachteiligt.

(2) Zulässigkeit entsprechender AGB (§§ 307 ff. BGB)

Sollten entsprechende Verjährungsabreden bereits durch Allgemeine Geschäftsbedingungen (§§ 305 ff. BGB) in den Vertrag einbezogen worden sein, müssten diese an der Generalklausel gemäß § 307 Abs. 1, Abs. 2 BGB gemessen werden[1455]. Freilich kommt dies von vornherein überhaupt nur dort in Betracht, wo sich die Gesamtschuldner eine eigene (vorformulierte) vertragliche Grundlage

1451 Vgl. *Henrich*, in: BeckOK-BGB, § 202, Rn. 11; *Ellenberger*, in: Palandt, § 202, Rn. 9; *Mansel/Budzikiewicz*, Das neue Verjährungsrecht, § 6, Rn. 134.

1452 BGHZ 181, 310, 313; BGH NJW 2010, 62, 63; *Gebauer*, in: Soergel, § 426, Rn. 14. Ausführlich dazu bereits oben ab S. 220, m.w.N.

1453 *Hartmann/Lieschke*, WM 2011, 205, 211; *Mansel/Stürner*, in: NK-BGB, § 199, Rn. 126.

1454 Diese Option für den Fall gesamtschuldnerischer Erstattungspflichten von GmbH-Geschäftsführern und -gesellschaftern im Sinne von § 9a Abs. 1 GmbHG befürwortend: *Hartmann/Lieschke*, WM 2011, 205, 211.

1455 *Wolf*, in: Wolf/Lindacher/Pfeiffer, § 307, Rn. 5; *Christensen*, in: Ulmer/Brandner/Hensen, Teil 3, (12) Verjährungsklauseln, Rn. 3 ff.; *Mansel/Budzikiewicz*, Das neue Verjährungsrecht, § 6, Rn. 90; *Schimmel/Buhlmann*, ZGS 2002, 109, 112.

schaffen (§ 427 BGB). Die praktische Relevanz entsprechender Klauselgestaltungen dürfte somit äußerst gering sein. In den Fällen, in denen vorformulierte Klauseln besonders sinnvoll wären, etwa für die gemäß § 9a Abs. 2 GmbHG gesamtschuldnerisch haftenden Gesellschafter und Geschäftsführer einer GmbH, die für Ersatzansprüche im Sinne von § 9a Abs. 1 GmbHG für die Dauer von fünf Jahren im Außenverhältnis haften (§ 9b Abs. 2 GmbHG)[1456], finden die §§ 305 ff. BGB gar keine Anwendung. Nach § 310 Abs. 4 BGB gilt für Gesellschaftsverträge und Satzungen von Handelsgesellschaften wie die GmbH eine Bereichsausnahme für die AGB-Kontrolle[1457].

Während die grundsätzliche AGB-rechtliche Vereinbarkeit von Verjährungsverkürzungen und -verlängerungen an dieser Stelle nicht weiter vertieft werden soll[1458], ist vor dem Hintergrund der Kontroverse um den Verjährungsbeginn insbesondere die Abdingbarkeit von § 199 Abs. 1 Nr. 1 und Nr. 2 BGB, also der Regelung des Verjährungsbeginns, von Interesse. Von dieser Vorschrift abweichend wären zwei Anknüpfungspunkte für den Verjährungsbeginn denkbar: auf der einen Seite könnte die *Entstehung* im Sinne von § 199 Abs. 1 Nr. 1 BGB mit dem Zeitpunkt der Leistung erfasst werden[1459]. Auf der anderen Seite könnte der Verjährungsbeginn unabhängig von der *Kenntnis* gemäß § 199 Abs. 1 Nr. 2 BGB in Gang gesetzt werden.

Nach hier vertretenem Standpunkt wäre eine Klausel, die den Verjährungsbeginn von der Leistung durch den Rückgriffsgläubiger abhängig macht, unproblematisch, da sie nur deklaratorischen Charakter hätte. Nach herrschender Ansicht zum Verjährungsbeginn wäre eine entsprechende Klausel demgegenüber

1456 Dazu *Hartmann/Lieschke*, WM 2011, 205, 211; zur Verjährung der gemäß § 43 Abs. 2 GmbHG solidarisch haftenden GmbH-Geschäftsführer: *Dollmann*, GmbHR 2004, 1330 ff.; *Dollmann*, GmbHR 2009, 1092 f.; vgl. auch *Haas/Ziemons*, in: Michalski, GmbHG, § 43, Rn. 224 ff., 227. Die Verjährung beträgt dort ebenfalls gemäß § 43 Abs. 4 GmbHG fünf Jahre.

1457 *Schmidt*, in: Wolf/Lindacher/Pfeiffer, § 310 Abs. 4, Rn. 11; *Ulmer/Schäfer*, in: Ulmer/Brandner/Hensen, § 310, Rn. 121; *Becker*, in: BeckOK-BGB, § 310, Rn. 28; *Basedow*, in: MüKo-BGB, § 310, Rn. 86.

1458 Diese seien grundsätzlich zulässig, wobei nicht starr, sondern einzelfallbezogen geprüft werden müsse. Vgl. *Christensen*, in: Ulmer/Brandner/Hensen, Teil 3, (12) Verjährungsklauseln, Rn. 3 ff.; *Mansel/Budzikiewicz*, Das neue Verjährungsrecht, § 6, Rn. 93, 103 ff.; *Peters/Jacoby*, in: Staudinger (2009), § 202, Rn. 17 f. Unzulässig dagegen ausdrücklich im Bereich von §§ 439 Abs. 4, 463 HGB (Speditions- und Lagergeschäfte), vgl. *Peters/Jacoby*, in: Staudinger (2009), § 202, Rn. 15; *Christensen*, in: Ulmer/Brandner/Hensen, Teil 3, (12) Verjährungsklauseln, Rn. 6; *Mansel/Budzikiewicz*, Das neue Verjährungsrecht, § 6, Rn. 148.

1459 Vorausgesetzt, man folgte der herrschenden Meinung, die von der Entstehung zum Zeitpunkt der Begründung der Gesamtschuld ausgeht.

wohl unzulässig, solange die Geltendmachung nicht gleichzeitig einer weiteren Schranke unterläge, die den Verjährungsablauf bis zu einem bestimmten Zeitpunkt anordnete. Dies ergibt sich daraus, dass Verjährungsregelungen in AGB unzulässig sind, die den Verjährungsbeginn auf einen unbestimmten Zeitpunkt hinausschieben[1460].

Sollte hingegen auf das Merkmal der Kenntnis im Sinne von § 199 Abs. 1 Nr. 2 BGB verzichtet werden, so ist dies für den Rückgriffsgläubiger auch nach hier vertretener Ansicht nachteilig, da dieser dann abweichend vom gesetzlichen Leitbild nicht mehr ausreichend geschützt würde. Würde also der Verwender einseitig bestimmen, dass es für die Verjährung des Rückgriffs nicht auf die Kenntnis des Rückgriffsgläubigers ankommt, wäre diese Klausel an § 307 Abs. 2 Nr. 1 BGB zu messen[1461]. Hierbei ist zu berücksichtigen, dass nach Teilen der Literatur eine Klausel, die den Verjährungsbeginn allein objektiven Kriterien unterwürfe, nicht immer auch unzulässig sei[1462]. Dies folge unter anderem aus der vom Schuldrechtsmodernisierungsgesetzgeber intendierten Möglichkeit zur vertraglichen und AGB-rechtlichen – von der Regelverjährung abweichenden – Ausgestaltung der Verjährungsfristen durch die Parteien[1463]. Zu Recht wird jedoch darauf hingewiesen, dass der kenntnisunabhängige Verjährungsbeginn nicht so weit reichen darf, dass dem Gläubiger keine „faire Chance zur Anspruchsdurchsetzung" mehr bliebe[1464]. Für die Konstellation des Gesamtschuldnerausgleichs bedeutet dies, dass die mit der alleinigen Anknüpfung an das Merkmal der *Entstehung* verbundene Verjährungserleichterung durch eine längere Verjährungsfrist kompensiert werden muss, um nicht nach § 307 Abs. 2 Nr. 1 BGB unwirksam zu sein.

Soweit dem Rückgriffsgläubiger die Geltendmachung des Ausgleichsanspruchs gemäß § 426 Abs. 1 BGB durch die Verjährungsklausel massiv erschwert würde, was insbesondere bei gleichzeitiger Verkürzung der Verjährungsfrist wohl zu bejahen wäre, könnte darin auch ein Verstoß gegen § 307 Abs. 2 Nr. 2 BGB gesehen werden. Nach dem hier vertretenen Ansatz ist das Problem

---

1460 So: BGH NJW 1994, 1788, 1789 f.; *Christensen*, in: Ulmer/Brandner/Hensen, Teil 3, (12) Verjährungsklauseln, Rn. 5.

1461 Vgl. auch zur Leitbildfunktion der §§ 195, 199 BGB: OLG München NJW 2007, 227, 229; *Grothe*, in: MüKo-BGB, § 202, Rn. 10; *Ellenberger*, in: Palandt, § 202, Rn. 13; *Mansel/Budzikiewicz*, Das neue Verjährungsrecht, § 6, Rn. 97 ff.; *Christensen*, in: Ulmer/Brandner/Hensen, Teil 3, (12) Verjährungsklauseln, Rn. 3.

1462 *Christensen*, in: Ulmer/Brandner/Hensen, Teil 3, (12) Verjährungsklauseln, Rn. 3 f.; *Ellenberger*, in: Palandt, § 202, Rn. 13.

1463 Vgl. *Ellenberger*, in: Palandt, § 202, Rn. 13, mit Verweis auf BT-Drucks. 14/6040, S. 110 f.

1464 *Christensen*, in: Ulmer/Brandner/Hensen, Teil 3, (12) Verjährungsklauseln, Rn. 3.

eines von der Kenntnis unabhängigen Verjährungsbeginns durch AGB-Klauseln indes geringer. Stellt man auf den Leistungszeitpunkt für die Entstehung im Sinne von § 199 Abs. 1 Nr. 1 BGB ab, beginnt die Verjährung später. Der Gläubiger hat dann eine reelle Chance zur Verwirklichung seines Anspruchs. Im Übrigen ist das Kenntniskriterium für die Gesamtschuld ohnehin von untergeordneter Bedeutung.

Für die Gestaltungspraxis lässt sich nach alldem festhalten, dass Regelungen über die Verjährung des Ausgleichsanspruchs in Allgemeinen Geschäftsbedingungen nur bedingt zulässig sind. Vor dem Hintergrund der herrschenden Ansicht, die den Verjährungsbeginn des Ausgleichsanspruchs weit nach vorne verlagert, bietet sich die Verlängerung der Verjährungsfrist des Ausgleichsanspruchs an, da eine Klausel, die die Fälligkeit von der Zahlung abhängig machte, wohl unzulässig wäre. Soweit für den Verjährungsbeginn auf das Merkmal der Kenntnis des Rückgriffsgläubigers im Sinne von § 199 Abs. 1 Nr. 2 BGB verzichtet wird, führt dies nicht zwangsläufig zur Unwirksamkeit der Klausel gemäß § 307 Abs. 2 Nr. 1 BGB.

(3) Auswirkungen weiterer, vertraglich geregelter Rückgriffsansprüche und deren Verjährung

Daneben können die Gesamtschuldner im Innenverhältnis weitere Rückgriffsmöglichkeiten regeln, die einer eigenen Verjährung unterliegen. Grundsätzlich wird angenommen, dass sich diese Ansprüche auch auf die Verjährung des Anspruchs aus § 426 Abs. 1 BGB auswirken[1465]. Ergebe sich etwa aus einer vertraglichen Vereinbarung zwischen den Schuldnern ein Anspruch mit einer kürzeren Verjährungsfrist, gehe diese Frist der des Ausgleichsanspruchs gemäß § 426 Abs.1 BGB vor[1466]. Zum Teil wird dies als Problem der „Anspruchskonkurrenz“ eingeordnet[1467].

Die Fragestellung weist einen engen Bezug zur bereits erörterten Abdingbarkeit der Verjährungsregelungen im Innenverhältnis auf[1468]. Soweit die Grenzen der §§ 202, 307 ff. BGB eingehalten werden, steht einer diesbezüglichen Parteivereinbarung, wie dargelegt, grundsätzlich nichts im Wege. Wenn die Gesamt-

1465 Vgl. *Noack*, in: Staudinger (2005), § 426, Rn. 19; *Ehmann*, in: Erman, 12. Auflage 2008, § 426, Rn. 24; *Bydlinski*, in: MüKo-BGB, § 426, Rn. 25, 28; *Wendehorst*, Jura 2004, 505, 506; im Ergebnis auch *S. Meier*, Gesamtschulden, S. 295 ff., 387.

1466 *Ehmann*, Die Gesamtschuld, S. 110; *Bydlinski*, in: MüKo-BGB, § 426, Rn. 25; *Wendehorst*, Jura 2004, 505, 506; nur im Ergebnis auch *S. Meier*, Gesamtschulden, S. 295, 387.

1467 *Ehmann*, Die Gesamtschuld, S. 110; *Ehmann*, in: Erman, 12. Auflage 2008, § 426, Rn. 24.

1468 Vgl. dazu oben, S. 264 ff.

schuldner vereinbaren, dass neben den originären Ausgleichsanspruch gemäß § 426 Abs. 1 BGB noch ein weiterer vertraglicher Ausgleichsanspruch treten soll, wird in der Regel gewollt sein, dass dessen Verjährung mit dem in § 426 Abs. 1 BGB enthaltenen gesetzlichen Ausgleichsanspruch gleich läuft, §§ 133, 157 BGB. Zwar geht mit einer „Anspruchskonkurrenz" grundsätzlich die selbstständige Verjährung jedes einzelnen Anspruchs einher[1469]. Doch ist demgegenüber anerkannt, dass die Verjährung zumindest dann gleich laufen soll, wenn ansonsten der Zweck der kürzeren vertraglichen Verjährungsfrist vereitelt oder zumindest wesentlich beeinträchtigt würde[1470]. Dies ist regelmäßig zu bejahen. Der vertraglich vereinbarte Rückgriffsanspruch schlägt damit, soweit er einer kürzeren Verjährung unterliegt, auf den Ausgleichsanspruch gemäß § 426 Abs. 1 BGB durch.

f) Ergebnis zum Verjährungsbeginn des gesamtschuldnerischen Ausgleichsanspruchs gemäß § 426 Abs. 1 BGB

Der Verjährungsbeginn gemäß § 199 Abs. 1 BGB richtet sich für den auf Zahlung gerichteten Ausgleichsanspruch gemäß § 426 Abs. 1 BGB nach dem Zeitpunkt der Leistung an den gemeinsamen Gläubiger und nach der Kenntnis des Gläubigers im Sinne von § 199 Abs. 1 Nr. 2 BGB. Die vom BGH dazu entwickelten Kriterien[1471] können übernommen werden, sind im Ergebnis jedoch nur selten praktisch relevant. Der Befreiungs- und Mitwirkungsanspruch entsteht mit Begründung der Gesamtschuld, nicht jedoch vor Fälligkeit der Forderung des gemeinsamen Gläubigers.

Gesetzliche Spezialregelungen finden sich für den Handelsverkehr in Art. 32 CMR und § 439 HGB. Weitere Ausnahmen können sich durch individualvertragliche Vereinbarungen oder entsprechende Klauseln in AGB ergeben. Deren Zulässigkeit ist zu bejahen, soweit die aufgezeigten Grenzen der §§ 202, 307 ff. BGB eingehalten werden.

3. *Schuldbeitritt*

Durch die Erörterung des Verjährungsbeginns der originären Regressansprüche bei Bürgschaft und Gesamtschuld sind die Weichen für die Behandlung des Schuldbeitritts größtenteils gestellt. In vielen Fällen wird ein Anspruch aus dem

---

1469 BGHZ 116, 297, 300; BGHZ 119, 35, 41; *Grothe*, in: MüKo-BGB; § 195, Rn. 46; *Jauernig*, in: Jauernig, § 194, Rn. 7; *Dörner*, in: Hk-BGB, § 194, Rn. 5; *Schmidt-Räntsch*, in: Erman, § 195, Rn. 14.

1470 Vgl. BGHZ 119, 35, 41; BGHZ 130, 288, 293; *Jauernig*, in: Jauernig, § 194, Rn. 7; *Peters/Jacoby*, in: Staudinger (2009), § 195, Rn. 33; *Grothe*, in: MüKo-BGB; § 195, Rn. 47.

1471 BGHZ 181, 310, 316.

Innenverhältnis zwischen Ursprungs- und Beitrittsschuldner gemäß § 670 BGB bestehen[1472]. Der Regresserfolg hängt dann von der Erforderlichkeit der Leistung ab. Besonderes Augenmerk ist auf die Ausgestaltung des Innenverhältnisses zu legen. Konkrete Vereinbarungen in Bezug auf die Verjährung des Anspruchs aus § 670 BGB schlagen auf den Anspruch aus § 426 Abs. 1 BGB durch[1473]. Im Übrigen hängt es von der Ausgestaltung des Schuldbeitritts als Sicherungs- oder Übernahmebeitritt ab, inwieweit ein Regress von Beitritts- und Ursprungsschuldner überhaupt möglich sein soll[1474]. Findet allein Gesamtschuldrecht Anwendung, erfolgt der Regress nach § 426 Abs. 1 BGB. Unterschiede im Hinblick auf den Verjährungsbeginn ergeben sich nach dem hier vertretenen Ansatz grundsätzlich nicht. Der auf Zahlung gerichtete Ausgleichsanspruch würde wie der Anspruch gemäß § 670 BGB mit Zahlung an den gemeinsamen Gläubiger fällig werden und damit im Sinne von § 199 Abs. 1 Nr. 1 BGB zur Entstehung gelangen.

4. Sonderfall: Regress bei der Mitbürgschaft

Nachdem sowohl die Bürgschafts- als auch die Gesamtschuldnerausgleichsforderung in Bezug auf ihren Verjährungsbeginn gemäß § 199 Abs. 1 BGB beurteilt worden sind, ist noch einmal auf eine Konstellation einzugehen, die in Rechtsprechung und Literatur bisher nur kaum berücksichtigt worden ist, die des Mitbürgenregresses gemäß §§ 774 Abs. 2, 426 Abs. 1 BGB. Die stiefmütterliche Behandlung dieses praktisch nicht unbedeutenden Regressanspruchs überrascht umso mehr, wenn man sich vergegenwärtigt, dass beide Verjährungsprobleme beim Regress des Mitbürgen kulminieren.

So konnte bereits im Rahmen des Verjährungsbeginns der Bürgschaftsforderung gezeigt werden[1475], dass es erstaunliche Verjährungsinterdependenzen zwischen Bürgschaft und Gesamtschuldausgleich geben kann. Weil das Problem bereits aufgearbeitet wurde, ist an dieser Stelle nur noch auf Grundlage des hier für die Bürgschaft und den Gesamtschuldnerausgleich vertretenen Verständnisses ein Ergebnis für den Verjährungsbeginn gemäß § 199 Abs. 1 BGB zu präsentieren: Der auf Zahlung gerichtete Ausgleichsgleichanspruch des Mitbürgen gemäß §§ 774 Abs. 2, 426 Abs. 1 BGB entsteht mit der Leistung des Bürgen an den

---

1472 Vgl. *Reichel*, Die Schuldmitübernahme, S. 558 f.; *Madaus*, Der Schuldbeitritt als Personalsicherheit, S. 304; *Schürnbrand*, Der Schuldbeitritt zwischen Gesamtschuld und Akzessorietät, S. 46.

1473 Oben, S. 268.

1474 *Madaus*, Der Schuldbeitritt als Personalsicherheit, S. 36; *Schürnbrand*, Der Schuldbeitritt zwischen Gesamtschuld und Akzessorietät, S. 46; *Schwedhelm*, Das Gesamtschuldverhältnis, Rn. 177. Dazu auch bereits oben, S. 206 ff.

1475 Oben ab S. 43.

Gläubiger auf seine Bürgenschuld hin. Für den Zahlungsanspruch des Mitbürgen ist das Problem des Verjährungsbeginns im Sinne von § 199 Abs. 1 BGB damit weitgehend gelöst, weil die Verjährung in der Regel unabhängig von der Fälligkeit des Bürgschaftsanspruchs beurteilt werden kann. Anders liegt es jedoch, wenn es um die Beurteilung des auf Befreiung und Mitwirkung gerichteten Ausgleichsanspruchs geht[1476]. Der Befreiungs- und Mitwirkungsanspruch entsteht bereits mit Begründung der Gesamtschuld, was sich nach § 769 BGB richtet. Der Anspruch wird jedoch nicht vor Fälligkeit der Bürgschaftsforderung fällig. Dies ist erst mit dem Eintritt des individuell zu bestimmenden Sicherheitsfalls[1477] zu bejahen[1478].

Keine Besonderheiten gelten für den Fall, dass dem regresspflichtigen Mitbürgen noch die Einrede der Vorausklage gemäß § 771 BGB zusteht. Der Anspruch gelangt auch hier zunächst unabhängig von der Einrede der Vorausklage des Mitbürgen zur Entstehung, weil die Fälligkeit der Regelbürgschaft nach den hier festgelegten Kriterien mit der Fälligkeit der Hauptschuld zusammenfällt[1479]. Welche Auswirkungen die Einrede der Vorausklage auf den Regress hat und ob der regresspflichtige Mitbürge die Einrede der Vorausklage dem Ausgleichsanspruch entgegenhalten kann, betrifft die Entstehung des Regressanspruchs im Sinne von § 199 Abs. 1 Nr. 1 BGB jedoch nicht. Zwar gehen einige Stimmen in der Literatur im Zusammenhang mit der „Fälligkeit" des Ausgleichsanspruchs der Mitbürgen auf die Problematik ein, dass dem regresspflichtigen Mitbürgen im Zeitpunkt der Leistung noch die Einrede der Vorausklage zustand[1480]. Inhaltlich geht es aber nicht um die Fälligkeit, sondern entweder darum, ob ein Regress überhaupt in Betracht kommt oder der den Ausgleich beanspruchende Mitbürge zunächst den Hauptschuldner in Anspruch nehmen muss, weil der ausgleichspflichtige Mitbürge ihm die Einrede der Vorausklage (analog § 404 BGB) entgegenhalten kann[1481]. Im letztgenannten Fall geht es also letztlich nur um die

---

1476 Das Gleiche gilt freilich, wenn man mit der herrschenden Lehre den gesamtschuldnerischen Ausgleichsanspruch gemäß § 426 Abs. 1 BGB als einheitlichen Anspruch versteht, der einer einheitlichen Verjährung unterliegt und mit der Begründung der Gesamtschuld zu verjähren beginnt. Vgl. nur BGHZ 181, 313; BGH NJW 2010, 62, 63; weitere Nachweise oben in Fußnote 1219.

1477 Dazu bereits oben ab S. 55 ff.

1478 Ähnlich bereits *Kanka* , JherJb 87 (1937/38), 123, 159 (dort Fn. 35), der allerdings im Einzelfall nach Treu und Glauben einen früheren Fälligkeitszeitpunkt des Befreiungsanspruchs für möglich hält.

1479 Dazu oben S. 59.

1480 *Kanka* , JherJb 87 (1937/38), 123, 167 f.; *S. Meier*, Gesamtschulden, S. 1194 ff., die diese Frage im Zusammenhang mit der „Fälligkeit" des Mitbürgenregresses aufgreifen.

Durchsetzbarkeit des aus anderen Gründen im Sinne von § 199 Abs. 1 Nr. 1 BGB entstandenen Ausgleichsanspruchs.

5. Fazit zum Verjährungsbeginn der originären Rückgriffsansprüche

Die originären Rückgriffsansprüche des Bürgen und des ausgleichsberechtigten Gesamtschuldners unterscheiden sich im Punkt ihres Verjährungsbeginns regelmäßig nicht voneinander, soweit sie auf Zahlung gerichtet sind. Sowohl § 670 BGB als auch § 426 Abs. 1 S. 1 BGB entstehen im Sinne von § 199 Abs. 1 Nr. 1 BGB mit dem Zeitpunkt der Leistung an den (gemeinsamen) Gläubiger. Die verjährungsrechtliche Gleichstellung des Rückgriffsregimes der Bürgschaft und Gesamtschuld befördert die von den Zwecken des Verjährungsrechts gebotene Rechtssicherheit und Rechtsklarheit. Erst mit der Leistung an den Gläubiger wird auch der auf Zahlung gerichtete Regress möglich.

Vor dem Hintergrund dieses Ergebnisses gilt es weitere Grenzen im Hinblick auf die Durchsetzung der auf Zahlung gerichteten Regressansprüche auszuloten. Wenn es für die Entstehung der Ansprüche grundsätzlich auf die Leistung an den (gemeinsamen) Gläubiger ankommt, haben es die Rückgriffsgläubiger selbst in der Hand, den Anspruch entstehen zu lassen. Sie können den Beginn der Verjährung einseitig beeinflussen. Nachfolgend ist daher zu untersuchen, inwieweit die Regressnehmer weiteren gesetzlichen Schranken unterliegen.

II. Ausschluss des Rückgriffs wegen Verjährung

Dem Rückgriffsgläubiger wird durch die Anknüpfung an seine Leistung an den Gläubiger eine Möglichkeit zur Beeinflussung des Verjährungsbeginns eröffnet. Auch wenn der Regressnehmer nicht bewusst zum Nachteil des Rückgriffsschuldners handeln muss, wird ihm damit eine nicht unwesentliche Machtposition eingeräumt. Dies ist nicht immer unproblematisch. Durch die Bildung von Fallgruppen lässt sich das Problem jedoch auf wenige relevante Konstellationen beschränken und, wie zu zeigen sein wird, auch lösen. Im Rahmen der Bürgschaft ist besonderes Augenmerk auf die Verjährung der gesicherten Schuld zu richten. Bei der Gesamtschuld kommt es dagegen vorwiegend auf die Verjährung der Forderung des Gläubigers an, die nach § 425 Abs. 2 BGB grundsätzlich

---

1481 Vgl. *Glöckner*, Gesamtschuldvorschriften und Schuldnermehrheiten bei unterschiedlichen Leistungsinhalten, S. 88 f.; 225 f.; *Kanka* , JherJb 87 (1937/38), 123, 179; differenzierend zwischen vertraglichen Mitbürgen und gesetzlichen „Nebenbürgen“: *S. Meier*, Gesamtschulden, S. 1195; ähnlich *Pecher*, in: Soergel, § 769, Rn. 8, § 774, Rn. 29; ohne Begründung auf die vorrangige Inanspruchnahme des Hauptschuldners hinweisend: *Habersack*, in: MüKo-BGB, § 774, Rn. 25.

unabhängig von der Forderung des Gläubigers gegen den oder die anderen Gesamtschuldner verjährt.

1. Bürgschaft: § 670 (i.V.m. §§ 662; 675 Abs. 1; 683 S. 1) BGB

a) Fallgruppe 1: Hauptforderung verjährt - Bürgschaftsforderung nicht verjährt

Der Aufwendungsersatzanspruch aus dem Innenverhältnis entsteht grundsätzlich mit der Zahlung des Bürgen an den Gläubiger[1482]. Daran können Zweifel bestehen, wenn die Zahlung erfolgt, obwohl der Hauptschuldner und damit auch der Bürge (§ 768 Abs. 1 S. 1 BGB) in Bezug auf die Hauptforderung die Einrede der Verjährung hätten erheben können. Voraussetzung für die Entstehung des Anspruchs ist, dass die Zahlung des Bürgen eine Aufwendung darstellt, die er den Umständen nach für erforderlich halten durfte, § 670 BGB. Es kommt also darauf an, ob und in gegebenenfalls welchen Grenzen die Leistung auf eine verjährte Forderung *erforderlich* im Sinne von § 670 BGB ist.

aa) Ausgangssituation: Grundsätzlich kein Regress bei Leistung trotz verjährter Hauptforderung

Der BGH und der wohl ganz überwiegende Teil der Literatur vertreten den Standpunkt, die Leistung auf eine verjährte Forderung stehe dem Rückgriff nach §§ 670, 675 Abs. 1 BGB zumindest grundsätzlich entgegen[1483]. Es fehle an der „objektiven Notwendigkeit" der Leistung, wenn der Bürge die Einrede der Verjährung gemäß § 768 Abs. 1 BGB hätte erheben können[1484]. Zwar scheide ein Rückgriff nach § 670 BGB bei Leistung auf eine verjährte Forderung nicht *per se* aus[1485], der Beauftragte müsse bei fehlender objektiver Notwendigkeit aber besonders sorgfältig unter Berücksichtigung der Fallumstände prüfen, ob die Aufwendung notwendig sei[1486]. Dafür komme es wiederum auf das Innenverhält-

---

1482 Oben, S. 217 f.

1483 Vgl. BGHZ 95, 375, 385; *Seiler*, in: MüKo-BGB, § 670, Rn. 10; *Fehrenbacher*, in: Prütting/Wegen/Weinreich, § 670, Rn. 5; *Hönn*, in: jurisPK-BGB, § 670, Rn. 15; *Pecher*, in: Soergel, § 774, Rn. 23; *v. Olshausen*, Gläubigerrecht und Schuldnerschutz bei Forderungsübergang und Regreß, S. 171; *S. Meier*, Gesamtschulden, S. 1203.

1484 BGHZ 95, 375, 388.

1485 So auch LG Münster MDR 1965, 574 (jedoch nur allgemein zu § 670 BGB); ähnlich *Steffen*, in: RGRK-BGB, § 670, Rn. 9 („Erfüllung einer einredebehafteten Forderung kann erforderlich sein, wenn dadurch insgesamt der Auftrag erleichtert wird").

1486 BGHZ 95, 375, 388; BGH NJW 1989, 1284, 1285; *Fischer*, in: BeckOK-BGB, § 670, Rn. 11; *Ehmann*, in: Erman, 12. Auflage 2008, § 670, Rn. 7; *Nobbe*, in: Bankrechts-Handbuch, § 91, Rn. 387; *Habersack*, AcP 198 (1998), 152, 157. Ähnlich zur Leistung eines Dritten auf eine verjährte Schuld im Rahmen der GoA auch: *Berg*,

nis zwischen Bürge und Hauptschuldner, die Interessenlage sowie die konkreten Einzelumstände an[1487]. Aus dem Innenverhältnis ergebe sich etwa die Pflicht des Bürgen, bei der Befriedigung des Gläubigers auf die Interessen des Geschäftsherrn Rücksicht zu nehmen[1488]. Daher müsse der Bürge, neben der Berechtigung des Gläubigers, insbesondere den „ihm über die Hauptforderung bekannten Sachverhalt [...] auf für ihn offenkundige Einwendungen und Einreden [sorgfältig] überprüfen“[1489]. Bestehende und beweisbare Einreden habe der Bürge dem Gläubiger entgegenzuhalten[1490], soweit ihm das „zumutbar“ sei[1491]. Von einigen Vertretern im Schrifttum wird in diesem Zusammenhang darauf hingewiesen, dass auch den Hauptschuldner gegenüber dem Bürgen Pflichten treffen können. So habe dieser den Bürgen über bestehende Einreden gegen den Gläubiger zu informieren[1492].

bb) Überlegungen zur Erforderlichkeit i.S.v. § 670 BGB bei Leistung auf eine verjährte Forderung

Anders als beim gesamtschuldnerischen Ausgleich ist man sich für den Rückgriffsanspruch des Bürgen aus § 670 BGB wohl einig, dass dieser erst mit der Zahlung des Bürgen entstehe, Befreiung, jedenfalls im Sinne von § 257 BGB, aber nicht verlangt werden könne[1493]. Für den Bürgenregress stellt sich damit das

---

MDR 1968, 717, 720. Auch wenn es dort wegen § 683 S. 1 BGB tatbestandlich auf die „interessengerechte“ Führung des Geschäfts ankomme, könne die Leistung auf eine verjährte Forderung zu einem rechtsgültigen Anspruch aus GoA führen (*Peters/Jacoby*, in: Staudinger (2009), § 195, Rn. 18).

1487 BGHZ 95, 375, 388.

1488 Vgl. RGZ 59, 207, 209; BGHZ 95, 375, 388; *Horn*, in: Staudinger (1997), § 765, Rn. 106; *Pecher*, in: Soergel, § 774, Rn. 23; *Fischer*, in: Das Recht der Kreditsicherheiten, § 9, Rn. 123; *Nobbe*, in: Bankrechts-Handbuch, § 91, Rn. 389.

1489 BGHZ 95, 375, 388 f.; ferner *Horn*, NJW 1980, 2153, 2157; *Horn*, in: Staudinger (1997), § 774, Rn. 34; *Pecher*, in: Soergel, § 774, Rn. 23; *Stadler*, in: Jauernig, § 774, Rn. 7.

1490 *Horn*, NJW 1980, 2153, 2157; *Horn*, in: Staudinger (1997), § 765, Rn. 107; *Pecher*, in: Soergel, § 774, Rn. 23; *Beckmann*, in: NK-BGB, § 768, Rn. 10.

1491 *Sprau*, in: Palandt, Einf v § 765, Rn. 5; *Rohe*, in: BeckOK-BGB, § 765, Rn. 13.

1492 *Horn*, in: Staudinger (1997), § 765, Rn. 109; *Pecher*, in: Soergel, § 774, Rn. 23; *Habersack*, AcP 198 (1998), 152, 158 (wohl nur Obliegenheit des Hauptschuldners); im Ergebnis auch: *S. Meier*, Gesamtschulden, S. 1203.

1493 Grundsätzlich ist § 257 BGB zwar auf den Aufwendungsersatzanspruch gemäß § 670 BGB anwendbar, so dass auch die Befreiung von einer zum Auftragszweck eingegangenen Verbindlichkeit verlangt werden kann (BGH NJW-RR 2005, 887, 890; *Schulze*, in: Hk-BGB, § 670, Rn. 6; *Ehmann*, in: Erman, 12. Auflage 2008, § 670, Rn. 3, 34). Dem Bürgen steht aber kein Befreiungsanspruch im Sinne von § 257 BGB zu. Unter

schwierige Problem der Entstehung des Zahlungsanspruchs im Gegensatz zum gesamtschuldnerischen Ausgleichsanspruch gemäß § 426 Abs. 1 BGB regelmäßig nicht. Jedoch wird, im Gegensatz zum Ausgleichsanspruch nach § 426 Abs. 1 BGB, mit dem unbestimmten Rechtsbegriff der Erforderlichkeit (§ 670 BGB) eine zusätzliche Unsicherheitskomponente in den Bürgenregress gebracht. Für den Rückgriff nach § 670 BGB kommt es deshalb entscheidend auf die Auslegung dieses gesetzlichen Tatbestandsmerkmals an. Dies gilt nicht zuletzt vor dem Hintergrund, dass bei der Leistung auf eine verjährte Hauptschuld auch der Anspruch aus § 774 Abs. 1 S. 1 BGB wegen §§ 412, 404 BGB ohne Aussicht auf Erfolg ist[1494].

Ausgangspunkt für die Bestimmung der Erforderlichkeit ist ein „subjektiv-objektiver" Ansatz, der als gesichert angesehen werden kann und bereits in den *Motiven* zum Ausdruck kommt[1495]. Danach ist einerseits die Situation des konkret Beauftragten im Zeitpunkt der Aufwendungsvornahme zu betrachten (subjektives Merkmal), andererseits hat die Beurteilung der Aufwendung nach verständigem Ermessen aus *ex ante* Perspektive zu erfolgen (objektives Merkmal)[1496]. Daraus erklärt sich, dass es selbst bei Leistung auf eine nicht bestehende Hauptschuld zum Rückgriff nach § 670 BGB kommen kann, solange der Bür-

---

engen Voraussetzungen kommt ein Anspruch auf Befreiung gemäß § 775 BGB in Betracht, vgl. *Horn*, in: Staudinger (1997), § 774, Rn. 1; *Oetker/Maultzsch*, Vertragliche Schuldverhältnisse, § 13, Rn. 93; ferner auch: *S. Meier*, Gesamtschulden, S. 338 ff. (u.a. mit Erwägungen zu möglichen Rückschlüssen aus § 775 BGB auf den Befreiungsanspruch des Gesamtschuldners). Andernorts heißt es, der Anspruch aus dem Avalverhältnis gemäß § 670 BGB werde durch § 775 BGB eingeschränkt, um den Besonderheiten des Bürgschaftsauftragsverhältnisses gerecht zu werden. Zudem habe der Anspruch eine den Bürgen „entlastende Funktion" (vgl. *Habersack*, in: MüKo-BGB, § 775, Rn. 1; *Stadler*, in: Jauernig, § 775, Rn. 1; *Rohe*, in: BeckOK-BGB, § 775, Rn. 1). Die praktische Bedeutung des Befreiungsanspruchs sei allerdings gering, da dieser „kaum realisierbar" sei (*Stadler*, in: Jauernig, § 775, Rn. 2).

1494 Oben, S. 209 ff.; ausführlich zu dieser Konstellation und den Auswirkungen auf den Regress nach § 774 Abs. 1 BGB, für den Fall, dass weitere Sicherheiten für die Hauptschuld bestanden, auch *v. Olshausen*, Gläubigerrecht und Schuldnerschutz bei Forderungsübergang und Regreß, S. 172 f.

1495 Vgl. Motive II, S. 541, bei *Mugdan*, II. Band, S. 302.

1496 Vgl. RGZ 59, 207, 210; *Seiler*, in: MüKo-BGB, § 670, Rn. 9; *Mansel*, in: Jauernig, § 670, Rn. 3; *Martinek*, in: Staudinger (2006), § 670, Rn. 13; *Sprau*, in: Palandt, § 670, Rn. 4; *Ehmann*, in: Erman, 12. Auflage 2008, § 670, Rn. 7; *Fehrenbacher*, in: Prütting/Wegen/Weinreich, § 670, Rn. 5; *Schulze*, in: Hk-BGB, § 670, Rn. 5; *Habersack*, AcP 198 (1998), 152, 157 f.; *Oetker/Maultzsch*, Vertragliche Schuldverhältnisse, § 13, Rn. 97. Zur GoA: *Berg*, MDR 1968, 717, 720.

ge die Leistung für erforderlich halten durfte[1497]. Darüber hinaus bringt die subjektiv-objektive Deutungsweise des Erforderlichkeitsbegriffs vor allem Einzelfallgerechtigkeit. Für den Bürgenrückgriff wird ein gewisser Beurteilungsspielraum eröffnet, wenn die Zulässigkeit des Rückgriffs nicht allein von objektiven Kriterien abhängig gemacht wird. Dies zeigt sich am Beispiel der Leistung des Bürgen auf eine bereits verjährte Hauptschuld. Würde allein auf die objektive Notwendigkeit der Aufwendung abgestellt, müsste die Zahlung auf eine verjährte Forderung stets als nicht erforderlich eingestuft werden[1498], da sich die Verjährung der Hauptforderung objektiv bestimmen lässt. Für diese Herangehensweise streitet zunächst, dass der Bürge ab Verjährungseintritt der Hauptforderung schon objektiv nicht mehr leisten müsste, um den ihm erteilten Bürgenauftrag (§§ 662, 675 Abs. 1 BGB) des Geschäftsherrn (Hauptschuldner) zu erfüllen. Auch die Entstehungsgeschichte spricht dagegen, in diesem Fall noch einen Regress zuzulassen. Schon der historische Gesetzgeber ging davon aus, dass der Bürge im Verhältnis zum Hauptschuldner verpflichtet sei, „ihm bekannte Einreden" zu erheben[1499]. Eine Leistung des Bürgen an den Gläubiger trotz Einredemöglichkeit könne daher zum Ausschluss des Rückgriffs führen[1500].

Die rein objektive Bestimmung ließe jedoch außer Acht, dass es sich bei der Verjährungseinrede um eine bloß vom Hauptschuldner abgeleitete Einrede des Bürgen handelt (§ 768 Abs. 1 BGB). Es muss deshalb zwar aus objektiver *ex ante* Perspektive geprüft werden, ob der Bürge die Verjährung der Hauptforderung hätte erkennen können. Dies wird aber nicht selten die vorherige Kontaktaufnahme mit dem Hauptschuldner voraussetzen[1501], weil dem Hauptschuldner in der Regel vollständigere und aussagekräftigere Informationen gerade im Hinblick auf zwischenzeitlich eingetretene verjährungshemmende Tatsachen zur Verfügung stehen. Den Bürgen trifft aus dem Innenverhältnis also nicht nur die Verantwortung, das „Bestehen von Einwendungen und Einreden sorgfältig zu

---

1497 *E. Herrmann*, in: Erman, § 774, Rn. 12; *Nobbe*, in: Bankrechts-Handbuch, § 91, Rn. 387. Allerdings muss der Bürge dann den Kondiktionsanspruch gegen den Gläubiger gemäß § 667 BGB an den Hauptschuldner abtreten (*Knütel*, JR 1985, 6, 7; *Habersack*, in: MüKo-BGB, § 774, Rn. 19; *Brödermann*, in: Prütting/Wegen/Weinreich, § 774, Rn. 16).

1498 So wohl *Fehrenbacher*, in: Prütting/Wegen/Weinreich, § 670, Rn. 5.

1499 Motive II, S. 676, bei *Mugdan*, II. Band, S. 377.

1500 Motive II, S. 676, bei *Mugdan*, II. Band, S. 377 f.; so auch: *Brödermann*, in: Prütting/Wegen/Weinreich, § 768, Rn. 2; *Horn*, in: Staudinger (1997), § 774, Rn. 34.

1501 So auch: BGHZ 95, 375, 388; *Brödermann*, in: Prütting/Wegen/Weinreich, § 774, Rn. 16; *Horn*, in: Staudinger (1997), § 765, Rn. 106; *Nobbe*, in: Bankrechts-Handbuch, § 91, Rn. 387.

prüfen"[1502] und dabei ihm zur Verfügung stehende Mittel auszuschöpfen. Hätte sich der Bürge die für die Verjährung sprechenden Umstände durch einen Informationsaustausch mit dem Hauptschuldner erschließen können (subjektives Element), spricht vieles dafür, die Leistung auf die verjährte Hauptforderung als nicht mehr erforderlich im Sinne von § 670 BGB einzustufen.

cc) Zusammentreffen von Informationseinholungspflicht des Bürgen und Mitteilungsobliegenheit des Hauptschuldners

Wie gezeigt, muss sich der Bürge gegebenenfalls beim Hauptschuldner über bestehende Einwendungen und Einreden gegen die Hauptschuld erkundigen. Demgegenüber soll der Hauptschuldner dazu verpflichtet sein, dem Bürgen entsprechende Informationen mitzuteilen[1503]. Allerdings sind weder Inhalt noch Reichweite dieser Pflichten zum Informationsaustausch eindeutig geklärt. Insbesondere ist unklar, ob die Pflicht des Bürgen zur Anhörung des Hauptschuldners generell besteht und welche Auswirkungen es auf den Rückgriff hätte, wenn der Bürge versucht, den Hauptschuldner zu kontaktieren, diesen aber nicht erreicht oder dieser ihm die notwendigen Informationen nicht oder nur fehlerhaft übermittelt.

Für den Bürgen kommt es darauf an, welche Maßnahmen er gegenüber dem Hauptschuldner ergreifen muss, um bei einer Leistung an den Gläubiger trotz verjährter Hauptschuld einen Regressanspruch gemäß § 670 BGB zu erhalten. Grundsätzlich hat der Bürge nur naheliegende Erwägungen, etwa anhand ihm bekannter Umstände[1504], anzustellen. Es reicht insoweit aus, wenn er ihm verfügbare, offenkundige Beweismittel ausschöpft[1505]. Darüber hinaus wird in der Literatur auch auf das Kriterium der „Zumutbarkeit" der Informationseinholung bzw. Einredeerhebung für den Bürgen abgestellt[1506]. Ein wichtiger Faktor kann außerdem der seit der Übernahme der Bürgschaft eingetretene Zeitablauf sein. Dem Bürgen ist es mit zunehmendem Zeitablauf, seit Abschluss des Bürgschaftsvertrags, eher zuzumuten, eigene Schlüsse hinsichtlich möglicher Einreden, auch solcher des Hauptschuldners im Sinne von § 768 BGB, zu ziehen[1507]. Die genannten Punkte bekräftigen die Wichtigkeit der Einzelfallabwägung. Be-

1502 BGHZ 95, 375, 388 f.; *Horn*, in: Staudinger (1997), § 774, Rn. 34; ferner *Rohe*, in BeckOK-BGB, § 765, Rn. 13.

1503 *Horn*, in: Staudinger (1997), § 765, Rn. 109 (müssen „unaufgefordert" mitgeteilt werden); *Pecher*, in: Soergel, § 774, Rn. 23; schwächer *Habersack*, AcP 198 (1998), 152, 158 („dem Schuldner obliegt es [...], den Bürgen [...] zu informieren").

1504 *Rohe*, in BeckOK-BGB, § 765, Rn. 13.

1505 BGHZ 95, 375, 388 f.; *Horn*, in: Staudinger (1997), § 765, Rn. 107; *Horn*, NJW 1980, 2153, 2157.

1506 *Rohe*, in BeckOK-BGB, § 765, Rn. 13; *Sprau*, in: Palandt, Einf v § 765, Rn. 5.

1507 Ähnlich: BGHZ 95, 375, 389.

steht nach diesen Kriterien kein Anlass für eine Anhörung des Hauptschuldners, ist die Leistung erforderlich im Sinne von § 670 BGB.

Gleichwohl wird die Pflicht des Bürgen zur Anhörung des Hauptschuldners nicht selten geboten sein[1508]. Der flexible Maßstab der Erforderlichkeit gibt dann allerdings vor, dass der Bürge nur in erforderlichem Maße zur Informationseinholung verpflichtet ist. Daher reicht der vernünftige und ernsthaft unternommene Versuch des Bürgen, den Hauptschuldner zu kontaktieren, grundsätzlich aus, um die Leistung später als erforderlich im Sinne von § 670 BGB einstufen zu können. Die Ergreifung weiterer Maßnahmen zur Informationseinholung, man denke an Nachforschungspflichten wie sie etwa § 199 Abs. 1 Nr. 2 BGB zu begründen vermag[1509], sind für den Bürgen regelmäßig unzumutbar. Ein anderes Ergebnis vertrüge sich auch nur schwer mit der gleichzeitig bestehenden Pflicht des Hauptschuldners zur Übermittlung der entsprechenden Informationen. Nach zum Teil vertretener Ansicht trifft den Hauptschuldner zumindest die Obliegenheit, dem Bürgen die notwendigen Informationen in Bezug auf die Hauptschuld zur Verfügung zu stellen[1510].

Daran anknüpfend bliebe noch zu klären, was passiert, wenn der Hauptschuldner dem Bürgen fahrlässig oder wissentlich falsche Auskünfte über die Verjährung der Hauptschuld, insbesondere deren (Neu-)Beginn und zwischenzeitliche Hemmung, erteilt. Beruht die Inanspruchnahme des Bürgen auf einer Pflichtverletzung aus dem Avalverhältnis, können die Voraussetzungen eines Schadensersatzanspruchs gemäß § 280 Abs. 1 BGB erfüllt sein[1511]. Die falsche Auskunft müsste nach § 280 Abs. 1 BGB ursächlich für die Zahlung an den Gläubiger gewesen sein. Dann läge ein nach §§ 249 ff. BGB ersatzfähiger Schaden vor. Denkbar wäre allerdings auch die Annahme eines Mitverschuldens gemäß § 254 BGB[1512], wenn der Bürge nach den oben genannten Kriterien zur Anhörung des Hauptschuldners verpflichtet war.

1508 Enger insoweit aber BGHZ 95, 375, 389 („grundsätzlich"); noch strenger: *Pecher*, in: Soergel, § 774, Rn. 23 („hat […] Hauptschuldner […] in Kenntnis zu setzen).

1509 Ausführlich dazu bereits oben ab S. 77 ff.

1510 *Habersack*, AcP 198 (1998), 152, 158; *Horn*, in: Staudinger (1997), § 765, Rn. 109.

1511 Vgl. *Hadding*, in: FS Wiegand, 2005, S. 299, 316; *Pecher*, in: Soergel, § 774, Rn. 23; § 775, Rn. 2; *Oetker/Maultzsch*, Vertragliche Schuldverhältnisse, § 13, Rn. 92.

1512 Daran schließt sich eine verwandte Fragestellung an, auf die hier nur hingewiesen werden soll. Es ist umstritten, ob eine Schadensminderungspflicht des Schadensersatzgläubigers aus § 254 Abs. 2 BGB entwickelt werden kann, die Verjährungseinrede gegenüber einem Dritten zu erheben. Für eine solche Pflicht: LG Würzburg NJW 1997, 2606; *Schnabel*, NJW 2000, 3191 f.; *Oetker*, in: MüKo-BGB, § 254, Rn. 96; dagegen: *Protzen*, NJW 1998, 1920, 1922; *Fuchs-Wissemann*, VersR 1997, 427, 429.

Ein möglicher Schadensersatzanspruch gemäß § 280 Abs. 1 BGB träte aber wohl hinter dem Anspruch aus dem Innenverhältnis zurück. Der Anspruch nach § 670 BGB stände dem Bürgen weiterhin zu, da er die Leistung – trotz fehlender objektiver Notwendigkeit – wegen Erfüllung der ihm möglichen subjektiven Sorgfalt noch für erforderlich halten durfte[1513]. Eine Benachteiligung des Bürgen wäre mit dem Zurücktreten des Schadensersatzanspruchs nicht verbunden, weil der Schadensersatzanspruch nach § 280 Abs. 1 BGB dem Bürgen gegenüber dem Anspruch aus § 670 BGB so oder so keine weiteren Vorteile gewährte. Selbst auf die von § 280 Abs. 1 S. 2 BGB angeordnete Beweislastumkehr in Bezug auf das Vertretenmüssen des (Haupt-)Schuldners[1514] kommt es für den Bürgen letztlich nicht an. Der Bürge muss für einen Anspruch nach § 670 BGB nur das Bestehen eines Auftrags- bzw. Geschäftsbesorgungsverhältnisses darlegen und beweisen[1515]. Demgegenüber träfe den Hauptschuldner für die fehlende Erforderlichkeit der Bürgenleistung als Einwendung im Sinne von § 774 Abs. 1 S. 3 BGB die Beweislast[1516]. Dieser Beweis wird dem Hauptschuldner nicht gelingen, wenn die Leistung des Bürgen auf einer Fehlinformation von ihm beruhte.

Auch in verjährungsrechtlicher Hinsicht ergeben sich keine Vorteile des Schadensersatzanspruchs gegenüber dem Aufwendungsersatzanspruch. Der Schadensersatzanspruch wegen Pflichtverletzung aus dem Innenverhältnis gemäß § 280 Abs. 1 BGB verjährt wie der Aufwendungsersatzanspruch innerhalb der Regelverjährung (§ 195 BGB)[1517]. Zwar gilt für ihn nach § 199 Abs. 3 Nr. 1 BGB eine Verjährungsfrist von zehn Jahren[1518], wenn es wegen fehlender Kennt-

1513 Vgl. BGHZ 95, 375, 388 f.; *Schwab*, in: NK-BGB, § 670, Rn. 17.

1514 Die Beweislastumkehr betrifft nur das Vertretenmüssen, vgl. *Stadler*, in: Jauernig, § 280, Rn. 23 ff.; *Ernst*, in: MüKo-BGB, § 280, Rn. 30 ff.; *Unberath*, in: BeckOK-BGB, § 280, Rn. 78 ff.; *Grüneberg*, in: Palandt, § 280, Rn. 34 ff.; *Medicus/Lorenz*, Schuldrecht AT, Rn. 338, 340; *Looschelders*, AT, Rn. 558.

1515 *Reinicke/Tiedtke*, Bürgschaftsrecht, Rn. 401; *Pecher*, in: Soergel, § 774, Rn. 23.

1516 Vgl. RGZ 102, 51, 53; OLG Hamm NJW-RR 1989, 624; *Mormann*, in: RGRK-BGB, § 774, Rn. 6; *Sprau*, in: Palandt, § 774, Rn. 11; *Horn*, in: Staudinger (1997), § 774, Rn. 40; *Reinicke/Tiedtke*, Bürgschaftsrecht, Rn. 402.

1517 Vgl. *Henrich*, in: BeckOK-BGB, § 195, Rn. 13; *Peters/Jacoby*, in: Staudinger (2009), § 195, Rn. 12; *Ellenberger*, in: Palandt, § 195, Rn. 4.

1518 *Hadding*, in: FS Wiegand, 2005, S. 299, 316 f. Dort fehlt allerdings der Hinweis darauf, dass die Regelung des § 199 Abs. 3 Nr. 1 BGB nur für den Fall angewandt werden kann, in dem es nicht bereits nach § 199 Abs. 1 BGB zu einem Verjährungsbeginn gekommen ist (vgl. *Grothe*, in: MüKo-BGB, § 199, Rn. 44; *Peters/Jacoby*, in: Staudinger (2009), § 199, Rn. 91; *Schmidt-Räntsch*, in: Erman, § 199, Rn. 31; *Mansel/Budzikiewicz*, Jura 2003, 1, 5). Wie die Ausführungen von *Pecher*, in: Soergel, § 774, Rn. 21, 23, beweisen, steht *Hadding* mit seiner Annahme im Schrifttum allerdings nicht allein

nis im Sinne von § 199 Abs. 1 Nr. 2 BGB nicht zu einem Verjährungsbeginn nach § 199 Abs. 1 BGB gekommen ist[1519]. Nach § 199 Abs. 4 BGB gilt für den Anspruch aus dem Innenverhältnis gemäß § 670 BGB jedoch ebenso eine zehnjährige Höchstverjährungsfrist[1520]. Für Bürge und Hauptschuldner ist es daher aus verjährungsrechtlicher Perspektive unerheblich, ob der Rückgriff auf den Aufwendungsersatzanspruch oder den Schadensersatzanspruch gestützt wird[1521].

dd) Bürgschaft auf erstes Anfordern

Die an den Bürgen zu stellenden Anforderungen hinsichtlich der Einhaltung der subjektiven Erforderlichkeit bei der Leistung an den Gläubiger bedürfen einer weiteren Differenzierung für die Bürgschaft auf erstes Anfordern. Auch bei einer Bürgschaft auf erstes Anfordern wird der Bürge nicht von seiner Verpflichtung zur Wahrung der Rechte des Geschäftsherrn entbunden[1522]. Aus diesem Grund muss er den Hauptschuldner zwar über die Inanspruchnahme durch den Gläubiger in Kenntnis setzen[1523]. Ihn trifft im Innenverhältnis aber keine Pflicht, die dem Hauptschuldner zustehenden Einreden zu erheben[1524].

Diese Prämisse gilt wiederum unter dem Vorbehalt, dass der Bürge auf erstes Anfordern nicht „sehenden Auges" oder „leichtfertig"[1525] einer unbegründeten Zahlungsaufforderung nachkommen darf. Daher ist der Bürge berechtigt und im Verhältnis zum Hauptschuldner gegebenenfalls verpflichtet[1526], bei „offensichtlichem Rechtsmissbrauch"[1527] die Zahlung zu verweigern. Bei der Bürgschaft auf erstes Anfordern wird es also an der subjektiven Erforderlichkeit im

---

da.

1519 Vgl. *Henrich/Spindler*, in: BeckOK-BGB, § 199, Rn. 46; *Schmidt-Räntsch*, in: Erman, § 199, Rn. 41; *Peters/Jacoby*, in: Staudinger (2009), § 199, Rn. 91.

1520 Vgl. *Grothe*, in: MüKo-BGB, § 199, Rn. 51; *Peters/Jacoby*, in: Staudinger (2009), § 199, Rn. 106; *Ellenberger*, in: Palandt, § 199, Rn. 43; *Schmidt-Räntsch*, in: Erman, § 199, Rn. 42.

1521 A.A. *Hadding*, in: FS Wiegand, 2005, S. 299, 317. Anders auch *Pecher*, in: Soergel, § 774, Rn. 21, 23.

1522 *Horn*, in: Staudinger (1997), Vorbem zu §§ 765 ff, Rn. 34, § 765, Rn. 105 ff.

1523 BGHZ 143, 381, 387 f.; *Reinicke/Tiedtke*, Bürgschaftsrecht, Rn. 349 f.; *Fischer*, WM 2005, 529, 535; *Fischer*, in: Das Recht der Kreditsicherheiten, § 9, Rn. 154.

1524 Vgl. BGH NJW 1989, 1480, 1481; *Reinicke/Tiedtke*, Bürgschaftsrecht, Rn. 325; *Stadler*, in: Jauernig, Vorbem § 765, Rn. 12; *Rohe*, in BeckOK-BGB, § 765, Rn. 13; *Horn*, in: Staudinger (1997), Vorbem zu §§ 765 ff, Rn. 34; *Fischer*, WM 2005, 529, 535.

1525 BGH NJW 1997, 255; *Rohe*, in BeckOK-BGB, § 765, Rn. 112.

1526 *Horn*, in: Staudinger (1997), Vorbem zu §§ 765 ff, Rn. 35.

1527 BGHZ 143, 381, 383; BGHZ 147, 99, 102; *Reinicke/Tiedtke*, Bürgschaftsrecht, Rn. 341 ff.; *Horn*, in: Staudinger (1997), Vorbem zu §§ 765 ff, Rn. 32; *Sprau*, in: Palandt, Einf v § 765, Rn. 14b; *Fischer*, WM 2005, 529, 535; *Kopp*, WM 2010, 640, 643.

Sinne von § 670 BGB nur dann fehlen, wenn der Bürge mit seiner Leistung gleichzeitig die Grenze des Rechtsmissbrauchs nach § 242 BGB überschreitet.

ee) Ergebnis

Der Erforderlichkeit der Aufwendung steht eine Verjährung der Hauptforderung in objektiver Hinsicht entgegen[1528]. Dadurch erhöhen sich die subjektiven Anforderungen an den Bürgen, das Bestehen der Verjährungseinrede zu prüfen. Nur im Einzelfall handelt er nicht sorgfaltswidrig, wenn er den Hauptschuldner trotz offensichtlicher Umstände, die das Bestehen einer Verjährungseinrede nahelegen, nicht kontaktiert, um sich die nötigen Informationen zu beschaffen. Maßgebliche Kriterien zur Informationsbeschaffung sind die *Zumutbarkeit*, die *Offenkundigkeit* und schließlich der *Zeitablauf*. Der Hauptschuldner muss dem Bürgen entsprechende Informationen mitteilen[1529]. Bei Verletzung dieser Pflicht, kann er sich gegenüber dem Bürgen selbst schadensersatzpflichtig machen. Der Schadensersatzanspruch tritt in dem Fall allerdings regelmäßig hinter dem Anspruch aus § 670 BGB zurück und kann zudem durch ein Mitverschulden des Bürgen gemäß § 254 BGB entsprechend gemindert sein.

Für die Bürgschaft auf erstes Anfordern bestehen schwächere Sorgfaltspflichten. Die Sorgfaltspflicht im Allgemeinen stützt sich in systematisch-teleologischer Hinsicht unter anderem auf § 768 Abs. 1 BGB. Diese Norm findet für die Bürgschaft auf erstes Anfordern jedoch zunächst keine Anwendung gegenüber dem Gläubiger. Daher kommt ein Ausschluss des Rückgriffs aus dem Innenverhältnis nur dann nicht in Betracht, wenn der Bürge mit seiner Leistung die Grenzen des Rechtsmissbrauchs überschreitet.

Als Fazit lässt sich festhalten, dass § 670 BGB dem Bürgen danach jedenfalls eine nur unsichere Grundlage bietet. Im Rückgriffsprozess wird es der Bürge grundsätzlich schwer haben, bei fehlender objektiver Notwendigkeit, die bei Leistung auf eine verjährte Hauptschuld vorliegt, eine sorgfältige Prüfung des Sachverhalts in Bezug auf die Verjährung der Hauptforderung darzulegen und zu beweisen. Dies gilt insbesondere, wenn man dem Bürgen eine Anhörungs- oder Nachforschungspflicht auferlegte. Der gerichtlichen Geltendmachung eines Aufwendungsersatzanspruchs gemäß §§ 670, 675 Abs.1 BGB, den der Bürge trotz eingetretener Verjährung der gesicherten Forderung als gegeben ansieht, muss daher eine wirtschaftliche Abwägung vorausgehen, die neben der Aussicht auf finanzielle Erholung des Hauptschuldners die Wahrscheinlichkeit einer Klageabweisung zu berücksichtigen hat.

1528 BGHZ 95, 375, 388.

1529 *Horn*, in: Staudinger (1997), § 765, Rn. 109; *Pecher*, in: Soergel, § 774, Rn. 23.

b) Fallgruppe 2: Bürgschaftsforderung verjährt - Hauptschuld nicht verjährt

Ist die Bürgschaftsforderung bereits verjährt, die zugrundeliegende Hauptschuld jedoch nicht, etwa weil die Hauptforderung von Beginn an einer längeren Verjährungsfrist unterlag, die Verjährung zwischenzeitlich gehemmt wurde (§§ 203 ff. BGB) oder neu begonnen hat (§ 212 BGB), stellt sich die Frage nach der Rückgriffsmöglichkeit des Bürgen beim unbedarften Blick auf § 774 Abs. 1 S. 1, 412, 404 BGB nicht. Allerdings ist zu beachten, dass der Hauptschuldner dem Rückgriff über die legalzedierte, nicht verjährte Hauptschuld gemäß § 774 Abs. 1 S. 3 BGB Einwendungen aus dem Innenverhältnis entgegenhalten kann[1530]. Dazu gehört auch die Einwendung, dass die Leistung des Bürgen an den Gläubiger „nicht erforderlich" im Sinne von § 670 BGB gewesen sei[1531].

Ob die Leistung auf eine verjährte Bürgschaftsschuld erforderlich ist, ist anhand der bereits aufgestellten Kriterien zu überprüfen. Hierfür ist zu berücksichtigen, dass die Einrede der Verjährung allein dem Bürgen zusteht. Es handelt sich nicht um eine abgeleitete Einrede im Sinne von § 768 Abs. 1 BGB, auf die sich Bürge und Hauptschuldner gleichermaßen gegenüber dem Gläubiger berufen können. Aus diesem Grund stellt sich das Problem einer Kontaktaufnahme oder Anhörungspflicht zur Informationseinholung über bestehende Einreden des Hauptschuldners nicht.

Die Beurteilung der Erforderlichkeit ist aus objektiver *ex ante*-Perspektive vorzunehmen. Es kommt insoweit darauf an, ob der Bürge nach „verständigem Ermessen" von der Notwendigkeit seiner Leistung ausgehen konnte[1532]. Zunächst spricht die Unverjährtheit der Hauptschuld dafür, die Leistung des Bürgen als objektiv erforderlich im Sinne von § 670 BGB einzustufen. Der Bürge hat im Rahmen seines Bürgenauftrags für die Leistung an den Gläubiger gegenüber dem Hauptschuldner spätestens mit Eintritt des Bürgschaftsfalls einzustehen. Das bedeutet, dass der Bürge im Innenverhältnis gegenüber dem Hauptschuldner dafür einzustehen hat, dass dieser an den Gläubiger leisten muss, aber nicht leisten kann. Solange die Hauptschuld nicht verjährt ist, muss auch der Hauptschuldner noch an den Gläubiger leisten. Kann der Hauptschuldner indes nicht leisten, hat der Bürge im Innenverhältnis dafür einzustehen. Dann muss eine Leistung des Bürgen im Verhältnis zum Hauptschuldner aber auch „erfor-

---

1530 *E. Herrmann*, in: Erman, § 774, Rn. 12; *Horn*, in: Staudinger (1997), § 774, Rn. 40; *Hadding*, in: FS Wiegand, 2005, S. 299, 316; *Bülow*, Recht der Kreditsicherheiten, Rn. 1015; a.A. *Brödermann*, in: Prütting/Wegen/Weinreich, § 774, Rn. 3.

1531 *Habersack*, AcP 198 (1998), 152, 157.

1532 Vgl. *Ehmann*, in: Erman, 12. Auflage 2008, § 670, Rn. 7; *Sprau*, in: Palandt, § 670, Rn. 4; *Mansel*, in: Jauernig, § 670, Rn. 3; *Oetker/Maultzsch*, Vertragliche Schuldverhältnisse, § 13, Rn. 97.

derlich" im Sinne von § 670 BGB sein, wenn die Hauptschuld noch nicht verjährt gewesen ist.

Ein weiterer Anhaltspunkt für die Erforderlichkeit ist, dass der Hauptschuldner durch die Leistung des Bürgen zumindest gegenüber dem Gläubiger von seiner eigenen Leistungspflicht befreit würde[1533]. Diese sehr formale Betrachtungsweise ließe freilich etwas außer Acht, dass die Leistung des Bürgen für den Hauptschuldner auch mit Nachteilen verbunden sein kann, vor allem wenn die Leistung kurz vor dem Verjährungseintritt der Hauptschuld erfolgte. Während dem Bürgen auf der einen Seite nach § 670 BGB ein neuer Anspruch im Sinne von § 199 Abs. 1 Nr. 1 BGB entstünde, sähe sich auf der anderen Seite der Hauptschuldner einem neuen, unverjährten Regressanspruch ausgesetzt. Allgemeine Lehren lassen sich aus diesem Beispiel jedoch nicht ziehen, da ebenso vorstellbar wäre, dass die Hauptschuld bereits mit den verjährungsrechtlichen Wirkungen von § 197 Abs. 1 Nr. 3, Nr. 4 BGB tituliert worden ist. In diesem Fall kann dem Hauptschuldner die Tilgung durch den Bürgen zugute kommen, weil die Leistung des Bürgen sogar zu einer deutlichen Verkürzung des Haftungszeitraums (z.B. bei *prognostizierter Restverjährung der Hauptschuld > Regelverjährung des Aufwendungsersatzanspruchs*) führen könnte[1534].

Mit Blick auf diese Argumente könnte man meinen, dass sich eine allzu schematische Lösung auch in der Konstellation einer verjährten Bürgschaftsschuld wohl verbietet. Dennoch wird die Erforderlichkeit der Bürgenleistung in vielen Fällen zu bejahen sein. Zwar ist zu bedenken, dass die Leistung auf eine verjährte Schuld nach §§ 813 Abs. 1 S. 2, 214 Abs. 2 BGB nicht kondiziert werden kann[1535]. Insoweit erscheint es widersprüchlich, wenn der Bürge zwar nicht gegen den Gläubiger, wohl aber gegen den Hauptschuldner vorgehen könnte, obwohl er die Leistung hätte verweigern können. Diese Bedenken wiegen indes nicht schwer, da die Wertungen der §§ 812 ff. BGB im Verhältnis zwischen Hauptschuldner und Bürge nicht zu berücksichtigen sind – das Innenverhältnis ist ja wirksam und die Leistung des Bürgen damit nicht rechtsgrundlos bzw. im Verhältnis zum Hauptschuldner nicht mit einer Einrede behaftet gewesen.

1533 Freilich nur insoweit, als dass er nicht mehr an den ursprünglichen Gläubiger leisten müsste (*Brödermann*, in: Prütting/Wegen/Weinreich, Vor §§ 765 ff., Rn. 5). Schließlich kommt es im Rahmen von § 774 Abs. 1 BGB wiederum zum Forderungsübergang auf den Bürgen. Insoweit fände nur ein „Gläubigerwechsel" statt (vgl. *E. Herrmann*, in: Erman, § 774, Rn. 4).

1534 Die Verjährung des Ausgleichsanspruchs gemäß § 670 BGB könnte dann gemäß § 774 Abs. 1 S. 3 BGB wiederum dem Rückgriff über die legalzedierte Forderung entgegengehalten werden. Dazu bereits oben ab S. 213.

1535 So jedenfalls bei freiwilliger Leistung, vgl. BGH NJW 1993, 3318, 3320; *Stadler*, in: Jauernig, § 813, Rn. 3; *M. Schwab*, in: MüKo-BGB, § 813, Rn. 6.

Darüber hinaus spricht für die Möglichkeit des Rückgriffs beim Hauptschuldner, dass der Bürge ansonsten schlechter gestellt würde als ein Dritter, der im Sinne von § 267 Abs. 1 BGB auf die Hauptschuld geleistet hat. Nach wohl allgemeiner Ansicht stände dem Dritten, soweit kein besonderes Rechtsverhältnis aus Auftrag oder GoA vorläge, ein Kondiktionsanspruch gegen den Hauptschuldner zu[1536]. Diesem Anspruch des Dritten könnte der Hauptschuldner analog §§ 404, 406 ff. BGB Einwendungen entgegenhalten, die ihm selbst gegenüber dem Gläubiger zustanden[1537]. Für den Bereicherungsanspruch gilt insoweit auch die bereits in Gang gesetzte Verjährungsfrist der durch den Dritten getilgten Schuld[1538]. Da die Hauptschuld, auf die der Dritte hier leisten würde, aber nicht verjährt war, stände dem Dritten anders als dem Bürgen ein zumindest im Umfang der Restverjährung der getilgten Schuld durchsetzbarer Rückgriffsanspruch gegen den Hauptschuldner zu. Diese Schlechterstellung des Bürgen wäre nicht interessengerecht. Zunächst widerspräche es der subsidiären Haftung des Bürgen, wenn dieser keinen Rückgriff nehmen könnte, obwohl der Hauptschuldner im Zeitpunkt der Bürgenleistung selbst noch zur Leistung an den Gläubiger verpflichtet gewesen wäre. Das Regressrecht ist ein Wesensmerkmal der Bürgschaftsvereinbarung und besteht auch, um die subsidiäre Haftung des Bürgen zu stärken[1539]. Es stellt klar, dass auch nach der Inanspruchnahme des Bürgen durch den Gläubiger allein der Hauptschuldner für die Erfüllung der Hauptschuld verantwortlich ist[1540]. Weiterhin besteht im Gegensatz zu einem Dritten im Sinne von § 267 Abs. 1 BGB zwischen Bürge und Hauptschuldner ein besonderes Innenverhältnis. Dieses Innenverhältnis begründet zwar auch Pflichten des Bürgen. So ist der Bürge kraft des speziellen Auftrags- bzw. Geschäftsbesorgungs-

1536 Nach wohl ganz h.M. handelt es sich um eine Rückgriffskondiktion gegen den Schuldner: BGHZ 70, 389, 396 f.; *Canaris*, in: FS Larenz, 1973, S. 799, 844; *Medicus/Petersen*, Bürgerliches Recht, Rn. 949; *Ebert*, in: Erman, § 267, Rn. 9, 12; *Schulze*, in: Hk-BGB, § 267, Rn. 5; *Grüneberg*, in: Palandt, § 267, Rn. 7; *Unberath*, in: BeckOK-BGB, § 267, Rn. 16; *Krüger*, in: MüKo-BGB, § 267, Rn. 21; a.A. *Köndgen*, in: FS Esser, 1975, S. 55, 67 („Leistungskondiktion").

1537 *Canaris*, in: FS Larenz, 1973, S. 799, 845; *Reinicke*, VersR 1967, 1, 5; *v. Olshausen*, Gläubigerrecht und Schuldnerschutz bei Forderungsübergang und Regreß, S. 332 ff., 336 ff., *Medicus/Petersen*, Bürgerliches Recht, Rn. 952; *Krüger*, in: MüKo-BGB, § 267, Rn. 24.

1538 BGHZ 89, 82, 87; BGH NJW 2000, 3492, 3494 f.; *Reinicke*, VersR 1967, 1, 5; *Schulze*, in: Hk-BGB, § 267, Rn. 5; *Ebert*, in: Erman, § 267, Rn. 9; *Peters/Jacoby*, in: Staudinger (2009), § 195, Rn. 17.

1539 Vgl. *Pecher*, in: Soergel, § 774, Rn. 2; *Habersack*, in: MüKo-BGB, § 774, Rn. 2 f.

1540 Vgl. *Habersack*, in: MüKo-BGB, § 774, Rn. 2; *Sprau*, in: Palandt, § 774, Rn. 5; *Rohe*, in: BeckOK-BGB, § 774, Rn. 1 (allerdings jeweils zu § 774 Abs. 1 S. 1 BGB).

verhältnisses dazu verpflichtet, auf die Interessen des Geschäftsherrn Rücksicht zu nehmen[1541]. Allerdings werden die Interessen des Hauptschuldners bei einer Leistung des Bürgen, solange die Hauptschuld noch nicht verjährt war, in der Regel gewahrt. Jedenfalls ist der Hauptschuldner nicht besonders schutzwürdig. Dies gilt insbesondere für den bereits angesprochenen Fall, in dem die Hauptschuld bereits tituliert worden ist oder die prognostizierte Restverjährung der Hauptschuld aus anderen Gründen – etwa wegen eines zwischenzeitlichen Neubeginns der Verjährung durch ein Anerkenntnis gemäß § 212 Abs. 1 Nr. 1 BGB – die Verjährung des neu entstehenden Regressanspruchs aus dem Innenverhältnis überdauert.

c) Fallgruppe 3: Bürgschafts- und Hauptforderung verjährt

Schließlich bleibt die Konstellation, in der sowohl die Bürgschafts- als auch die Hauptschuld bei Leistung des Bürgen an den Gläubiger bereits verjährt gewesen sind. Nach dem oben Gesagten wird der Rückgriff des Bürgen hier regelmäßig ausscheiden, weil es für die Bestimmung der Erforderlichkeit maßgeblich auf die Verjährung der Hauptschuld ankommt. Allein bei Falschinformationen des Hauptschuldners über die bestehende Einrede der Verjährung der Hauptschuld kommt wiederum ein Schadensersatzanspruch gemäß § 280 Abs. 1 BGB in Betracht. Dieser Anspruch würde allerdings hinter dem ebenfalls möglichen Anspruch aus dem Innenverhältnis gemäß § 670 BGB zurückstehen. Dem Rückgriff über die *cessio legis* steht wie im Ausgangsfall die Verjährung der Hauptschuld gemäß §§ 412, 404 BGB entgegen. Es kommt daher auch in keinem Fall zu einer Schlechterstellung im Verhältnis zu einem Dritten, der im Sinne von § 267 Abs. 1 BGB an Stelle des Bürgen leistet.

d) Ergebnis

Der Erfolg des Bürgenrückgriffs hängt nach alldem maßgeblich von der Verjährung der Hauptschuld ab. Der objektiv-subjektive Maßstab, der allgemein für die Bestimmung der Erforderlichkeit der Aufwendung im Sinne von § 670 BGB zugrunde gelegt wird, beeinflusst wegen § 774 Abs. 1 S. 3 BGB ebenso den Rückgriff über die Legalzession gemäß § 774 Abs. 1 S. 1 BGB[1542]. Die Leistung auf eine verjährte Hauptschuld führt zunächst dazu, dass die Aufwendung objektiv

---

1541 BGHZ 95, 375, 388; *Mansel*, in: Jauernig, § 670, Rn. 3; *Fehrenbacher*, in: Prütting/Wegen/Weinreich, § 670, Rn. 5; *Nobbe*, in: Bankrechts-Handbuch, § 91, Rn. 389; *Oetker/Maultzsch*, Vertragliche Schuldverhältnisse, § 11, Rn. 55.

1542 Vgl. auch *E. Herrmann*, in: Erman, § 774, Rn. 12; *Horn*, in: Staudinger (1997), § 774, Rn. 40; *Hadding*, in: FS Wiegand, 2005, S. 299, 316; *Habersack*, AcP 198 (1998), 152, 157.

nicht erforderlich war[1543]. In subjektiver Hinsicht sind dem Bürgen im Einzelfall nach den Kriterien der *Offenkundigkeit*, *Zumutbarkeit* und des *Zeitablaufs* Anhörungs- und Informationsbeschaffungspflichten gegenüber dem Hauptschuldner aufzuerlegen. Nur bei Einhaltung der ihm zumutbaren Sorgfalt, kann der Bürge trotz eingetretener Verjährung der Hauptschuld noch hoffen, beim Hauptschuldner Regress nehmen zu können.

2. *Gesamtschuld: § 426 Abs. 1 S. 1 BGB*

Die Kontroverse um den Verjährungsbeginn hat gezeigt, dass § 426 Abs. 1 BGB einen vom Zessionsregress nach § 426 Abs. 2 BGB unabhängigen Anspruch begründet, der einer eigenständigen Verjährung unterliegt. Dennoch stellt sich die Frage, ob der Ausgleichsanspruch auch unabhängig von der Verjährung der Forderung des Gläubigers gegen den ausgleichsverpflichteten Gesamtschuldner, den ausgleichsberechtigten Gesamtschuldner oder beide Gesamtschuldner durchgesetzt werden kann[1544]. Das Problem betrifft nicht nur die hier vertretene Auffassung, die den Entstehungszeitpunkt des auf Zahlung gerichteten Ausgleichsanspruchs mit der Leistung des Gesamtschuldners an den gemeinsamen Gläubiger gleichsetzt, sondern gilt auch für die herrschende Lehre, die in diesem Punkt nicht zwischen Freihaltungs- und Zahlungsanspruch differenziert[1545].

Wie bei der Bürgschaft ist es auch für die Gesamtschuld zweckmäßig, Fallgruppen zu bilden, um die Vielzahl der möglichen Konfliktpunkte sachgerecht abzubilden.

a) Fallgruppe 1: Gläubigerforderung aus Gesamtschuld gegenüber Rückgriffsschuldner verjährt

Die Gläubigerforderung aus der Gesamtschuld kann gegenüber dem Rückgriffsschuldner im Zeitpunkt der Leistung des Rückgriffsgläubigers bereits verjährt gewesen sein. Einen solchen Fall hat jüngst der BGH entschieden[1546]. Die Klägerin, ein Haftpflichtversicherer, machte gegen den Beklagten, einen Werkunternehmer, einen Anspruch aus § 426 Abs. 1 BGB (i.V.m. § 67 VVG a.F.) geltend,

---

1543 BGHZ 95, 375, 388.

1544 Einen ausführlichen rechtsvergleichenden Überblick für Europa bietet zu dieser Frage *S. Meier*, AcP 211 (2011), 429, 460 ff.; insbesondere zum Rückgriff nach Art. 148 Abs. 2 OR (Schweiz) auch: *Ernst*, in: Individuum und Verband, 2006, S. 175 ff.

1545 *S. Meier*, in: HKK-BGB, §§ 420-432/I, Rn. 186; vgl. auch *Dollmann*, GmbHR 2009, 1092 f., mit Verweis auf den Regress des gesamtschuldnerisch haftenden GmbH-Geschäftsführers und die Sonderverjährung gemäß § 43 Abs. 4 GmbHG; *Hartmann/Lieschke*, WM 2011, 205, 206, mit Verweis auf §§ 9a Abs. 1, 9b Abs. 2 GmbHG.

1546 BGH NJW 2010, 62.

weil sie zuvor nach rechtskräftigem Urteil an den gemeinsamen Gläubiger gezahlt hatte. Zu dem Zeitpunkt der Zahlung an den gemeinsamen Gläubiger war dessen Forderung gegen den Beklagten allerdings bereits verjährt[1547].

aa) Problem

Es ist zweifelhaft, ob der ausgleichsverpflichtete Gesamtschuldner noch aus § 426 Abs. 1 BGB vom ausgleichsberechtigten Gesamtschuldner in Anspruch genommen werden kann. Schließlich könnte der Rückgriffsschuldner einwenden, die gesamtschuldnerische Forderung sei ihm gegenüber bereits verjährt gewesen. Insofern erlangt hier die „Glücksspielthese" *Savignys*[1548] Bedeutung. Bei Zulässigkeit des Regresses könnte der Gesamtschuldner, der sich durch Zeitablauf im Außenverhältnis bereits erfolgreich der Haftung entzogen hatte, im Innenverhältnis noch in Anspruch genommen werden.

Die vorzeitige Verjährung gegenüber dem Rückgriffsschuldner kann aus mehreren Gründen eintreten. Zum einen, wenn die Forderung gegen den Rückgriffsschuldner von Beginn an einer kürzeren Verjährung unterliegt als gegenüber den anderen Gesamtschuldnern, zum anderen kann die Verjährung der Forderung gegenüber dem Rückgriffschuldner gehemmt worden sein (§§ 203 ff. BGB) oder zwischenzeitlich neu begonnen haben (§ 212 BGB)[1549]. Nach § 425 Abs. 2 BGB ist die Wirkung nachträglich eintretender Tatsachen grundsätzlich für jeden Gesamtschuldner individuell zu bestimmen.

Die vorliegende Konstellation unterschiedlicher Verjährungsfristen zwischen dem Gläubiger und den einzelnen Gesamtschuldnern weist darüber hinaus Bezüge zur sog. *gestörten Gesamtschuld* auf[1550]. Dies trifft der Sache nach allerdings nur für anfängliche gesetzliche oder vertragliche Verjährungsprivilegierun-

---

1547 Sachverhalt nach BGH NJW 2010, 62, stark vereinfacht dargestellt.

1548 Vgl. *v. Savigny*, Das Obligationenrecht als Theil des heutigen römischen Rechts, Band I, § 22, S. 216, § 23, S. 229.

1549 Hierher gehört indes nicht der Fall, in dem sich der spätere Rückgriffsgläubiger in einem vorherigen Prozess mit dem gemeinsamen Gläubiger nicht auf die Einrede der Verjährung berufen hat, der Gläubiger den Prozess gewinnt und für die ursprünglich verjährte Gläubigerforderung durch das rechtskräftige Urteil gemäß § 197 Abs. 1 Nr. 3 BGB eine neue dreißigjährige Frist in Gang gesetzt wird. Hier gelten die Grundsätze der 3. Fallgruppe. Die Leistung des Rückgriffsgläubigers ist so zu behandeln als wäre sie trotz einer gegenüber allen Gesamtschuldnern eingetretenen Verjährung erfolgt. Zu den Rechtsfolgen einer solchen Leistung unten ab S. 311.

1550 Vgl. *Bydlinski*, in: MüKo-BGB, § 426, Rn. 58. Eingehend zu Begriff und Folgen einer „gestörten Gesamtschuld": *Medicus*, JZ 1967, 398 ff.; *Hager*, NJW 1989, 1640, 1642 ff.; *K. M. Schwab*, JuS 1991, 18 ff.; *Muscheler*, JR 1994, 441 ff.; *Medicus/Petersen*, Bürgerliches Recht, Rn. 928 ff.; *Larenz*, AT I, S. 646 ff.; *Noack*, in: Staudinger (2005), § 426, Rn. 143 ff.; *Böttcher*, in: Erman, § 426, Rn. 27 ff.

gen zu[1551]. Eine gestörte Gesamtschuld liegt vor, wenn von vornherein eine vertragliche oder gesetzliche Haftungs- oder Verjährungsprivilegierung gegenüber einzelnen, aber nicht allen Gesamtschuldnern bestanden hat[1552]. Beruht so wie im BGH-Fall[1553] die vorzeitige Verjährung gegenüber dem Rückgriffsschuldner darauf, dass diesem gegenüber die Verjährung nicht gehemmt wurde, handelt es sich demnach nicht um eine gestörte Gesamtschuld. Die Rechtsfolgen unterscheiden sich aber nicht; es kommt zu einer vorzeitigen Verjährung der Forderung im Außenverhältnis gegenüber dem Rückgriffsschuldner. Lediglich die Ursache für die vorzeitige Verjährung war bei dem Fall, über den der BGH zu entscheiden hatte, eine andere. Praktisch macht es indes kaum einen Unterschied, ob der Gläubiger von Anfang an eine kürzere Verjährung mit dem späteren Rückgriffsschuldner vereinbart oder die Forderung gegenüber dem Rückgriffsschuldner bewusst „verjähren lässt", weil er diesen nicht in Anspruch nimmt bzw. diesem gegenüber die Verjährung nicht hemmt, während er die Forderung gegenüber dem späteren Rückgriffsgläubiger rechtzeitig geltend macht bzw. verjährungshemmende Maßnahmen einleitet[1554].

bb) Meinungsstand

Nach welchen Grundsätzen diese Fallgruppe zu behandeln ist, wird in Rechtsprechung und Literatur nicht zuletzt wegen der Berührungspunkte zur gestörten Gesamtschuld nach wie vor uneinheitlich beantwortet[1555]. Da die einzelnen Standpunkte nicht immer trennscharf zwischen gestörter Gesamtschuld und dem (bewussten) Verjährenlassen der Forderung durch den Gläubiger differenzieren, gewinnen einige der zur gestörten Gesamtschuld vertretenen Ansätze auch für das Verjährenlassen an Bedeutung.

(1) Rechtsprechung

Der BGH hat sich bereits in einer Grundsatzentscheidung aus dem Jahre 1972[1556] auf zwei wesentliche Punkte festgelegt: Zunächst sei der Ausgleichsanspruch gemäß § 426 Abs. 1 BGB von Absprachen zwischen Gläubiger und einzelnen

1551 Vgl. *Selb*, Mehrheiten von Gläubigern und Schuldnern, S. 124 f.; *K. M. Schwab*, JuS 1991, 18, 19.

1552 Vgl. *Schulze*, in: Hk-BGB, § 426, Rn. 13; *Noack*, in: Staudinger (2005), § 426, Rn. 143 ff.

1553 BGH NJW 2010, 62, 63.

1554 Vgl. *Noack*, in: Staudinger (2005), § 426, Rn. 10.

1555 Vgl. BGHZ 58, 216, 218; BGH NJW 2010, 62 f.; *Noack*, in: Staudinger (2005), § 426, Rn. 10; *Bydlinski*, in: MüKo-BGB, § 426, Rn. 58; *S. Meier*, Gesamtschulden, S. 639 ff., 996, jeweils m.w.N.

1556 BGHZ 58, 216.

Gesamtschuldnern unabhängig[1557]. Weiterhin könne dem Ausgleich beanspruchenden Rückgriffsgläubiger nicht mit dem Verweis auf Treu und Glauben entgegengehalten werden, er habe an dem Haftungsverzicht oder der Verjährungsklausel mitgewirkt[1558]. Die wichtigste Feststellung bestand jedoch darin, dass der Ausgleichsanspruch des Gesamtschuldners unabhängig von einer Verjährung im Außenverhältnis durchgesetzt werden könne[1559].

Auch in der neueren Rechtsprechung des BGH ist zuletzt noch einmal betont worden, dass der Ausgleichsanspruch des Gesamtschuldners, der den Anspruch des Gläubigers erfüllt habe, grundsätzlich nicht davon berührt werde, dass der Anspruch des Gläubigers gegen den anderen Gesamtschuldner bereits verjährt sei[1560]. Mit der Unabhängigkeit von Gläubiger- und Ausgleichsforderung wäre es unvereinbar, wenn der Rückgriffsschuldner dem Rückgriffsgläubiger die Einrede der Verjährung entgegenhalten könnte[1561]. Eine Anspruchskürzung zu Lasten des Gesamtschuldgläubigers käme ebenfalls nicht in Betracht. Eine solche widerspräche dem gesamtschuldnerischen Prinzip gemäß § 421 BGB, wonach der Gläubiger jeden Gesamtschuldner nach seinem Belieben in Anspruch nehmen könne[1562]. Es müsse ihm daher zugestanden werden, die Forderung gegenüber einzelnen Gesamtschuldnern verjähren zu lassen, was nicht zuletzt durch § 425 BGB weiter bekräftigt werde[1563].

Eine andere Ansicht vertritt demgegenüber das OLG Koblenz[1564]. Das OLG Koblenz hat ausgeführt, dass bei einem (bewussten) Verjährenlassen der Forderung durch den Gläubiger grundsätzlich wegen des Rechtsgedankens des § 423 BGB eine Anspruchskürzung gegenüber dem nicht begünstigten Gesamtschuldner in Betracht komme[1565]. Schließlich könne sich auch bei einer gestörten Gesamtschuld eine gegenüber dem anderen Gesamtschuldner eingeräumte Haftungsprivilegierung unabhängig davon, ob diese auf Vertrag oder Gesetz beruhe, nach dem jeweiligen Sinn und Zweck der Begünstigung, ebenfalls auf den Ausgleichsanspruch gemäß § 426 Abs. 1 BGB auswirken[1566].

1557 BGHZ 58, 216, 219.
1558 BGHZ 58, 216, 224.
1559 BGHZ 58, 216, 218.
1560 BGH NJW 2010, 62, 63.
1561 BGH NJW 2010, 62, 63.
1562 BGH NJW 2010, 62, 63.
1563 BGH NJW 2010, 62, 63; BGH NJW 2010, 435, 436.
1564 Vgl. OLG Koblenz, Entscheidung vom 16.01.2008, Az. 1 U 1753/05 (juris).
1565 OLG Koblenz, Entscheidung vom 16.01.2008, Az. 1 U 1753/05, Rn. 71 (juris).
1566 OLG Koblenz, Entscheidung vom 16.01.2008, Az. 1 U 1753/05, Rn. 58 ff. (juris)

(2) Literatur

Insgesamt fällt die Resonanz in der Literatur auf das neue BGH-Urteil überwiegend positiv aus[1567], wobei sich auch schon vorher vergleichbare Argumentationen finden ließen[1568]. Auch im Schrifttum wird überwiegend angenommen, dass für die Geltendmachung des aus § 426 Abs. 1 BGB folgenden Ausgleichsanspruchs allein dessen (regelmäßige) Verjährungsfrist zugrunde zu legen sei[1569]. Dies könne zum einen mit einem fehlenden Schutzbedürfnis des privilegierten Gesamtschuldners[1570], zum anderen mit dem gesamtschuldnerischen Grundsatz, im Innenverhältnis sei eine Inanspruchnahme aller Gesamtschuldner intendiert[1571], begründet werden. Daran anknüpfend könnten sowohl die gesetzlichen als auch die rechtsgeschäftlichen Haftungsprivilegierungen in Form von Verjährungsverkürzungen auf den Rückgriff der Gesamtschuldner gemäß § 426 Abs. 1 BGB grundsätzlich keine Auswirkungen haben[1572]. Solche Privilegierungen hätten regelmäßig nur „relative Wirkung im Außenverhältnis“[1573].

Gleichwohl ist das Ergebnis der oben referierten herrschenden Ansicht nicht ohne jede Kritik akzeptiert worden. Nach einer nach wie vor relevanten These, die bereits zur Rechtslage vor der Schuldrechtsreform[1574] entwickelt worden war,

---

1567 Im Anschluss an BGH NJW 2010, 62 ff.: *Schwenker*, EWiR 2009, 705 f.; *Scherzer*, in: jurisPR-PrivBauR 11/2009 Anm. 2; *Pfeiffer*, NJW 2010, 23, 25; *Cziupka*, ZGS 2010, 63, 66; *Sohn/Holtmann*, BauR 2010, 1480, 1484 f.; *Reimann*, BauR 2011, 14, 18; wohl auch *Schulze-Hagen*, IBR 2009, 592.

1568 Vgl. *Weber*, in: RGRK-BGB, § 426, Rn. 7; *Wandt*, in: FS Kollhosser, 2004, S. 769, 775; *Peters*, NZBau 2007, 337, 340; *Kniffka*, BauR 2005, 274, 280 f.; *Reinicke*, VersR 1967, 1, 3; differenzierend: *Esser/Schmidt*, AT I/2, S. 351.

1569 *Selb*, Schadensbegriff und Regreßmethoden, S. 80; *Lischka*, Der Begriff der Gesamtschuld unter besonderer Berücksichtigung der Ausgleichungspflicht, S. 69, 72 f.; *Völzmann-Stickelbrock*, in: NK-BGB, § 426, Rn. 5; *Reinicke*, VersR 1967, 1, 3; *Wandt*, in: FS Kollhosser, 2004, S. 769, 775; *Peters*, NZBau 2007, 337, 340; *Kniffka*, BauR 2005, 274, 280; *Sohn/Holtmann*, BauR 2010, 1480, 1484; *Reimann*, BauR 2011, 14, 18.

1570 *Kniffka*, BauR 2005, 274, 281; zustimmend, aber mit teilweise anderer Begründung: *Pfeiffer*, NJW 2010, 23, 24 („§ 426 Abs. 2 BGB“).

1571 *Esser/Schmidt*, AT I/2, S. 351.

1572 *Lischka*, Der Begriff der Gesamtschuld unter besonderer Berücksichtigung der Ausgleichungspflicht, S. 68 f.; *Boeck*, NJW 1969, 1469, 1470 f.; *Gebauer*, in: Soergel, § 426, Rn. 42; *Kniffka*, BauR 2005, 274, 280 f.; *Pfeiffer*, NJW 2010, 23, 24; differenzierend *Esser/Schmidt*, AT I/2, S. 351

1573 *Gebauer*, in: Soergel, § 426, Rn. 43; allgemein für Haftungsprivilegierungen auch *Hager*, NJW 1989, 1640, 1643.

1574 Freilich stellte sich dort das Problem wegen der 30-jährigen Regelverjährungsfrist des Ausgleichsanspruchs einerseits und den vielfältigen Verjährungsregelungen andererseits, vgl. etwa die §§ 196 ff. BGB a.F., häufiger.

sei die Verjährungsfrist des Ausgleichsanspruchs gemäß § 426 Abs. 1 BGB der Verjährungsfrist der nach § 426 Abs. 2 BGB übergegangenen Forderung anzupassen[1575]. Dies biete sich insbesondere dann an, wenn die Gesamtschuldner aus unterschiedlichem Rechtsgrund (Vertrag und Delikt) haften, da so das Risiko der Verjährung auf die Gesamtschuldner und nicht auf den (geschädigten) Gläubiger verlagert werde[1576].

Zuletzt hat *Sonja Meier* diese Kritik an der herrschenden Lehre erneut aufgegriffen und weiteren Differenzierungen unterworfen[1577]. Nach ihrer Ansicht sei das Problem unter der grundsätzlichen Aufrechterhaltung des Konzeptes eines eigenständig verjährenden Gesamtschuldnerausgleichsanspruchs dadurch zu lösen, dass auf den Ausgleichsanspruch § 404 BGB analog Anwendung finde[1578]. Dabei argumentiert sie einerseits mit der Interessenlage, andererseits mit einem Verweis auf die Rückgriffskondiktion, bei der § 404 BGB ebenfalls zugunsten des Kondiktionsschuldners entsprechend angewandt werde[1579]. Mit Blick auf die Interessen der Gesamtschuldner konstatiert sie zudem, dass der Rückgriffsschuldner durch die Leistung des Rückgriffsgläubigers von einer Leistung (gegenüber dem Gläubiger) befreit werde, die dieser wegen des Eintritts der Verjährung (im Außenverhältnis) ohnehin nicht mehr zu leisten brauchte[1580]. Unter diesem Gesichtspunkt könne der Rückgriffsschuldner sowohl dem Anspruch aus § 426 Abs. 1 BGB als auch der nach § 426 Abs. 2 BGB legalzedierten Forderung die Einrede der Verjährung entgegenhalten[1581]. Darüber hinaus nimmt sie zum Teil weitere Differenzierungen vor, wenn zwischen den Gesamtschuldnern kein „besonderes Innenverhältnis" besteht[1582]. Letzteres sei etwa bei Gesamtschuldnern der Fall, „bei denen zumindest eine der Parteien im Regressverhältnis dem Gläubiger rein vertraglich Schadensersatz oder Gewährleistung schul-

---

1575 *R. Schmidt*, AcP 163 (1963), 530, 535 f.; *Wahle*, VersR 1966, 790; *Schlechtriem*, NJW 1972, 1554, 1556; *Rüßmann*, JuS 1974, 292, 296; *Ehmann*, Die Gesamtschuld, S. 322; zuletzt auch: *Piekenbrock*, Befristung, Verjährung, Verschweigung und Verwirkung, S. 420 f.

1576 *Rüßmann*, JuS 1974, 292, 296.

1577 Vgl. *S. Meier*, Gesamtschulden, S. 648 ff., 996 ff., 1202 ff.

1578 *S. Meier*, Gesamtschulden, S. 649 f. Eine zumindest vom Ergebnis starke inhaltliche Nähe zu diesem Ansatz stellt *Stamm*, NJW 2004, 811, 812; *Stamm*, BauR 2004, 240, 244; *Stamm*, Regreßfiguren im Zivilrecht, S. 71, her, indem er eine analoge Anwendung der §§ 412, 404 BGB auf den Anspruch gemäß § 426 Abs. 1 BGB befürwortet.

1579 *S. Meier*, Gesamtschulden, S. 649.

1580 *S. Meier*, Gesamtschulden, S. 649.

1581 *S. Meier*, Gesamtschulden, S. 650.

1582 Vgl. *S. Meier*, Gesamtschulden, S. 1013 f.

det"[1583]. Für diese Konstellation vertritt sie, dass eine eigenständige Verjährung des Ausgleichsanspruchs nur vorstellbar sei, wenn der regressberechtigte Gesamtschuldner zu einem Zeitpunkt an den Gläubiger leiste, an dem die Gläubigerforderung gegen den ausgleichsverpflichteten Gesamtschuldner noch nicht verjährt gewesen sei[1584].

Konzeptionell andere Ansätze suchen die Lösung in der bestehenden Haftungsprivilegierung selbst und sind größtenteils vor dem Hintergrund der Problematik der gestörten Gesamtschuld entwickelt worden[1585]. Am weitesten geht die Theorie, der Anspruch des Gläubigers gegen den an der Haftungsbeschränkung unbeteiligten Dritten solle von vornherein auf das verkürzt werden, was dieser ohne die Haftungsvereinbarung im Verhältnis zu dem aus der Abrede Begünstigten, also den Rückgriffsschuldner, zu tragen hätte[1586]. Dies führte unter Umständen dazu, dass es zu einem Ausgleich zwischen den Gesamtschuldnern überhaupt nicht mehr käme[1587]. Dieser zur Haftungsfreizeichnung entwickelte Ansatz ist jedoch nur von wenigen explizit auf die Konstellation einer Verjährungsprivilegierung übertragen worden[1588].

1583 *S. Meier*, Gesamtschulden, S. 1013.

1584 *S. Meier*, Gesamtschulden, S. 1013. Ferner ist in diesem Zusammenhang *v. Caemmerer* zu nennen, der bezweifelt, ob es bei gesetzlich begründeten Gesamtschuldverhältnissen überhaupt eines eigenständig verjährenden Gesamtschuldnerausgleichs gemäß § 426 Abs. 1 BGB bedürfe. Freilich hat aber auch *v. Caemmerer* maßgeblich mit der nach alter Rechtslage geltenden dreißigjährigen Verjährungsfrist des Ausgleichsanspruchs argumentiert. Er sah darin eine Belastung des ausgleichsverpflichteten Gesamtschuldners und nannte diese „eine Übertreibung und unrichtige Übertragung der Gedanken, die beim vertraglich begründeten Gesamtschuldverhältnis ihre volle Berechtigung haben" (*v. Caemmerer*, ZfRV 9 (1968), 81, 92).

1585 Vgl. allgemein zur Haftungsfreizeichnung nur *Wacke*, AcP 170 (1970), 42, 67 ff.; *Medicus*, JZ 1967, 398 ff.; *Muscheler*, JR 1994, 441 ff.; *Larenz*, AT I, S. 647. Zur Verjährung insbesondere *Selb*, Mehrheiten von Gläubigern und Schuldnern, S. 126, 129 ff.; *Keuk*, AcP 168 (1968), 175, 196; *Keuk*, JZ 1972, 528 ff.; *Weise*, BauR 1992, 685, 691 f.; *Noack*, in: Staudinger (2005), § 426, Rn. 10, 159 ff., 168; differenzierend *Goette*, Gesamtschuldbegriff und Regreßproblem, S. 150; *Esser/Schmidt*, AT I/2, S. 351; *Grüneberg*, in: Palandt, § 426, Rn. 20 f.

1586 Vgl. *Wacke*, AcP 170 (1970), 42, 68 f.; *Larenz*, AT I, S. 647; *Stürner*, in: Jauernig, § 426, Rn. 23.

1587 Vgl. *Wacke*, AcP 170 (1970), 42, 68 f. (m.w.N aus der älteren Literatur, dort Fn. 130); *Larenz*, AT I, S. 647; *Stürner*, in: Jauernig, § 426, Rn. 23.

1588 *Goette*, Gesamtschuldbegriff und Regreßproblem, S. 150 (nur für vertragliche Privilegierung); *Keuk*, AcP 168 (1968), 175, 196; *Keuk*, JZ 1972, 528, 529, 531; *Weise*, BauR 1992, 685, 692. Nach *Esser/Schmidt*, AT I/2, S. 351 und, dem folgend, *Schürnbrand*, Der Schuldbeitritt zwischen Gesamtschuld und Akzessorietät, S. 108 f., komme eine Anspruchskürzung nur dann in Betracht, wenn die Leistung durch den Rückgriffsgläu-

Im Übrigen wird weiter differenziert. Teilweise wird, wie vom OLG Koblenz[1589], die Parallele zum Erlass gemäß § 423 BGB gezogen[1590]. Es bestehe kein grundlegender Unterschied zwischen dem Forderungserlass gegenüber einem Gesamtschuldner im Sinne von § 423 BGB und dem Verjährenlassen der Forderung durch den Gläubiger[1591]. Vielmehr sei das „bewusste Verstreichenlassen der Verjährungsfrist" gegenüber einem Gesamtschuldner einer gewillkürten Haftungsbefreiung dieses Gesamtschuldners durch den Gläubiger gleichzusetzen[1592]. Daraus folge, dass der in Anspruch genommene Gesamtschuldner nur noch den um die eigene Haftungsquote reduzierten Betrag an den Gläubiger zu erstatten habe[1593]. Sei der Gesamtschuldner bereits über seine nach diesen Grundsätzen bestehende Haftungsquote in Anspruch genommen worden, könne zu viel Gezahltes kondiziert werden[1594].

Schließlich wird zwischen rechtsgeschäftlichen und gesetzlichen Verkürzungen der Verjährungsfrist unterschieden[1595]. Rechtsgeschäftliche Verjährungsverkürzungen wirkten danach grundsätzlich auch zugunsten der übrigen Gesamtschuldner[1596]. Dieses Prinzip könne jedoch nicht auf die Fälle übertragen werden, in denen der Gläubiger z.B. eine kürzere gesetzliche Verjährungsfrist „bewusst verstreichen" lasse[1597]. Ausgangspunkt dieser Argumentation ist das Ziel der jeweiligen Haftungsprivilegierungen, den privilegierten Gesamtschuldner endgültig vor dessen Inanspruchnahme zu schützen[1598].

---

biger nach Verjährung der Forderung gegenüber dem Rückgriffsschuldner erfolgt sei und auch davon auszugehen war, dass sich dieser auf die Einrede der Verjährung gegenüber dem Gläubiger berufen hätte. *Selb*, Mehrheiten von Gläubigern und Schuldnern, S. 130, meint hingegen, dass die Verjährungsprivilegierung jedenfalls nicht zu einer („teilweisen") internen Freistellung des privilegierten Gesamtschuldners führen könne. „Rechtstechnisch vorstellbar" sei hingegen die Annahme, dass der Rückgriffsgläubiger dem Gläubiger eine Verjährungseinrede im Umfang der Haftungsquote des privilegierten Gesamtschuldners im Innenverhältnis entgegenhalten könne.

1589 OLG Koblenz, Entscheidung vom 16.01.2008, Az. 1 U 1753/05, Rn. 58 ff. (juris).

1590 *Noack*, in: Staudinger (2005), § 426, Rn. 10; *Eichberger*, in: jurisPR-PrivBauR 10/2008 Anm. 6.

1591 *Noack*, in: Staudinger (2005), § 426, Rn. 10.

1592 *Noack*, in: Staudinger (2005), § 426, Rn. 10.

1593 *Noack*, in: Staudinger (2005), § 426, Rn. 10; *Eichberger*, in: jurisPR-PrivBauR 10/2008 Anm. 6.

1594 *Keuk*, JZ 1972, 528, 531; *Noack*, in: Staudinger (2005), § 426, Rn. 10.

1595 *Bydlinski*, in: MüKo-BGB, § 426, Rn. 58.

1596 *Bydlinski*, in: MüKo-BGB, § 426, Rn. 57 f.; *Haase*, JR 1972, 376 f.; dem zuneigend für diese Konstellation auch: *Cziupka*, ZGS 2010, 63, 66.

1597 *Bydlinski*, in: MüKo-BGB, § 426, Rn. 58.

1598 *Bydlinski*, in: MüKo-BGB, § 426, Rn. 58.

cc) Stellungnahme

Das Problem stellt sich immer dann, wenn die Verjährung im Außenverhältnis bereits gegenüber dem Rückgriffsschuldner, nicht aber dem Rückgriffsgläubiger eingetreten ist. Lässt der Gläubiger die Forderung gegenüber dem Rückgriffsschuldner bewusst verjähren oder vereinbart er mit diesem eine Verkürzung der Verjährungsfrist, wirkt sich dies in anderem Maße auf die Interessenlage aus als bei vorzeitiger Verjährung aufgrund einer gesetzlichen Regelung. Mit anderen Worten hängt die Zulässigkeit des Rückgriffs des in Anspruch genommenen Gesamtschuldners maßgeblich davon ab, auf welchen Gründen der Verjährungseintritt gegenüber dem Rückgriffsschuldner beruht.

(1) Das (bewusste) Verjährenlassen der Außenforderung

Gegen das bewusste Verjährenlassen der Forderung gegenüber dem späteren Rückgriffsschuldner spricht unter Heranziehung der gesamtschuldnerischen Vorschriften, wie auch der BGH zu Recht annimmt[1599], grundsätzlich nichts[1600].

Zunächst wird durch § 421 S. 1 BGB die volle Außenhaftung jedes Gesamtschuldners angeordnet. Zudem folgt aus dem Grundsatz der Einzelwirkung gemäß § 425 Abs. 2 BGB, dass die Verjährung für alle Gesamtschuldner getrennt voneinander bestimmt werden muss. Die Entscheidung des Gläubigers, nicht gegen den späteren Rückgriffsschuldner vorzugehen, kann also nur die Gläubigerforderung (§§ 421 S. 1, 425 BGB), nicht aber die Rückgriffsforderung (§ 426 Abs. 1 BGB) beeinflussen[1601]. Beide Forderungen sind rechtlich unabhängig voneinander zu beurteilen und unterliegen einer eigenständigen Verjährung[1602].

Auf die teilweise gezogene Parallele zu § 423 BGB[1603], nach dem ein zwischen Gläubiger und einem Gesamtschuldner vereinbarter Erlass auch für die übrigen Schuldner wirkt, kommt es nicht an; sie überzeugt ohnehin nicht[1604]. Zwar ist bei einem Erlass grundsätzlich Gesamtwirkung möglich, mit der Folge, dass auch die Ausgleichsansprüche nach § 426 BGB entfielen[1605]. Dies gilt jedoch nur, wenn die Auslegung ergibt, dass tatsächlich Gesamt- und nicht Einzel-

1599 BGH NJW 2010, 62, 63; BGH NJW 2010, 435, 436.

1600 So auch *Schwenker*, EWiR 2009, 705, 706; *Sohn/Holtmann*, BauR 2010, 1480, 1484; *Pfeiffer*, NJW 2010, 23, 24; *Cziupka*, ZGS 2010, 63, 65 f.; *Goette*, Gesamtschuldbegriff und Regreßproblem, S. 151.

1601 BGH NJW 2010, 62, 63; *Kniffka*, BauR 2005, 274, 280.

1602 Vgl. BGHZ 58, 216, 218; BGH NJW 2010, 62, 63; *Kniffka*, BauR 2005, 274, 280; *Reimann*, BauR 2011, 14, 18.

1603 OLG Koblenz, Entscheidung vom 16.01.2008, Az. 1 U 1753/05, Rn. 58 ff. (juris); *Noack*, in: Staudinger (2005), § 426, Rn. 10; *Eichberger*, in: jurisPR-PrivBauR 10/2008 Anm. 6.

1604 *Cziupka*, ZGS 2010, 63, 66; *Bydlinski*, in: MüKo-BGB, § 426, Rn. 58.

wirkung gewollt ist[1606]. Soweit der Gläubiger die Forderung gegenüber einem Gesamtschuldner bewusst verjähren lässt, ist indes stets von Letzterem auszugehen[1607]. Schließlich wird auch für die im Rahmen eines Vergleichs zwischen Gläubiger und einem Gesamtschuldner erklärte „Bestätigung der Verjährung" vertreten, dass jene nur Einzelwirkung habe, die Verjährung des Ausgleichsanspruchs im Innenverhältnis also unberührt lasse[1608].

Ein anderes Ergebnis würde zu Verwerfungen mit § 425 Abs. 2 BGB führen, der die Verjährung ausdrücklich nennt. Aus diesem Grund dürfte auch die Hürde des Rechtsmissbrauchs gemäß § 242 BGB, zumindest im Hinblick auf eine Anspruchskürzung gegenüber dem gemeinsamen Gläubiger, angesichts der Wertungen der §§ 421, 425 BGB, kaum zu überwinden sein[1609]. Außerdem spricht gegen eine Lösung zu Lasten des Gläubigers, dass dieser nach § 421 S. 1 BGB nicht dazu verpflichtet ist, den in Anspruch genommenen Gesamtschuldner auf fehlende Zahlungen der anderen Gesamtschuldner bzw. deren wirtschaftliche Lage aufzuklären[1610]. Das Risiko eines Regressausfalls im Innenverhältnis ist wegen § 426 BGB allein dem ausgleichsberechtigten Gesamtschuldner zu überantworten[1611]. Zudem ist auch im Bürgschaftsrecht anerkannt, dass den Sicherungsgläubiger – auch vor dem Hintergrund von Treu und Glauben – grundsätzlich keine Aufklärungs- oder Warnpflichten gegenüber dem Sicherungsgeber hinsichtlich der wirtschaftlichen Situation des (anderen) Schuldners treffen[1612].

1605 Vgl. *Grüneberg*, in: Palandt, § 423, Rn. 2; *Ehmann*, in: Erman, 12. Auflage 2008, § 423, Rn. 6.

1606 Vgl. *Grüneberg*, in: Palandt, § 423, Rn. 1, 3; *Müller*, in: Prütting/Wegen/Weinreich, § 423, Rn. 3; *Gebauer*, in: Soergel, § 423, Rn. 2; *Ehmann*, in: Erman, 12. Auflage 2008, § 423, Rn. 8; *Bydlinski*, in: MüKo-BGB, § 423, Rn. 2; so nimmt etwa der BGH „im Zweifel [...] Einzelwirkung" im Sinne eines *pactum de non petend*o an, vgl. BGH NJW 2000, 1942, 1943.

1607 Vgl. *Goette*, Gesamtschuldbegriff und Regreßproblem, S. 151.

1608 *Schulze-Hagen*, IBR 2005, 472.

1609 BGH NJW 2010, 62, 63; *Kniffka*, BauR 2005, 274, 281, nach *Pfeiffer*, NJW 2010, 23, 24, wäre ein Verstoß gegen § 242 BGB nur denkbar, wenn „schutzwürdiges Vertrauen des nicht in Anspruch genommenen Gesamtschuldners" vorliege.

1610 Vgl. BGHZ 184, 35, 43 ff.; zustimmend: *Schubert*, JR 2011, 160, 161 f.

1611 Vgl. BGHZ 184, 35, 44.

1612 Vgl. RGZ 91, 80, 81 f.; BGHZ 106, 269, 272 f.; BGHZ 125, 206, 218; BGHZ 165, 363, 370; BGHZ 184, 35, 46; *Schubert*, JR 2011, 160, 162; *H. P. Westermann*, Jura 1991, 449, 452 f.; *Mormann*, in: RGRK-BGB, § 765, Rn. 10 f.; *E. Herrmann*, in: Erman, § 765, Rn. 11; *Habersack*, in: MüKo-BGB, § 765, Rn. 87; *Horn*, in: Staudinger (1997), § 765, Rn. 181 ff.; *Sprau*, in: Palandt, § 765, Rn. 33. Anders aber freilich für das Verhältnis zwischen Hauptschuldner und Bürge, dazu oben ab S. 277.

Eine Lösung zu Lasten des Gläubigers kommt daher beim bloßen Verjährenlassen nicht in Betracht[1613].

Es kommt damit allein auf das Verhältnis zwischen ausgleichsberechtigtem und ausgleichsverpflichtetem Gesamtschuldner und die gegeneinander abzuwägenden Interessen an. Im Ergebnis ist ein auf Zahlung gerichteter Ausgleich möglich, wenn der Rückgriffsgläubiger leistet, obwohl die Forderung gegenüber dem Rückgriffsschuldner bereits verjährt gewesen ist. Die Gesamtschuldner sind einander zwar von Beginn an zur erforderlichen Mitwirkung bei der Befriedigung des Gläubigers verpflichtet[1614]. Es ließe sich insoweit im Vergleich mit dem Ausgleichsanspruch des Bürgen gemäß § 670 BGB einwenden, dass der Gesamtschuldner die Leistung an den Gläubiger nicht mehr für erforderlich halten durfte. Schließlich befreite er den Mitschuldner nur von einer im Außenverhältnis verjährten Schuld, während im Innenverhältnis zumindest die anteilige Regresspflicht des Mitschuldners bliebe. Doch selbst dann, wenn man auch im Rahmen des § 426 Abs. 1 BGB auf die Erforderlichkeit der Leistung des Gesamtschuldners abstellte, stände dies dem Regress nicht entgegen. Es fehlt für die Gesamtschuld nämlich an einer § 768 Abs. 1 BGB entsprechenden Vorschrift. Für die Gesamtschuldner gilt der Grundsatz der Einzelwirkung gemäß § 425 BGB. Wenn der ausgleichsberechtigte Gesamtschuldner sich auf die Einrede der Verjährung gegenüber dem anderen Gesamtschuldner selbst aber nicht berufen darf, dann kann es ihm auch nicht obliegen, seine Leistung an den Gläubiger von der Verjährung gegenüber dem anderen Gesamtschuldner abhängig zu machen.

Der ausgleichsberechtigte Gesamtschuldner kann also nach § 426 Abs. 1 BGB beim Rückgriffsschuldner Regress nehmen. Obwohl der Rückgriffsschuldner durch die Leistung des Rückgriffsgläubigers nur von einer bereits verjährten Forderung befreit wird, ist der Regressanspruch nicht zeitlich zu begrenzen, auch nicht durch eine analoge Anwendung von § 404 BGB bzw. die Anpassung der Verjährung des in § 426 Abs. 1 S. 1 BGB enthaltenen Ausgleichsanspruchs an den im Wege der *cessio legis* übergegangenen Anspruch[1615]. *Sonja Meier* begründet die analoge Anwendung von § 404 BGB insbesondere mit der Parallele zum Rückgriff eines Dritten, der im Sinne von § 267 Abs. 1 BGB die Leistung erbringt und für dessen Kondiktionsanspruch gegen den Schuldner ebenfalls die

1613 Generell gegen Lösungen zu Lasten des Gläubigers: *S. Meier*, Gesamtschulden, S. 646 ff.

1614 Motive II, S. 170, bei *Mugdan*, II. Band, S. 93.

1615 Zu den Vertretern dieser Ansicht vgl. die Nachweise oben in Fußnote 1575; sowie *S. Meier*, Gesamtschulden, S. 648 ff.; ähnlich: *v. Caemmerer*, ZfRV 9 (1968), 81, 92.

§§ 404 ff. BGB Anwendung fänden[1616]. Der von ihr gezogene Vergleich zur Leistung eines Dritten ist jedoch nicht ganz überzeugend, da zwischen dem Dritten und dem ausgleichsverpflichteten Gesamtschuldner kein besonderes Innenverhältnis besteht[1617]. Nach hier befürworteter Anschauung besteht zwischen den Gesamtschuldnern unabhängig von vertraglicher oder gesetzlicher Begründung der Gesamtschuld ein besonderes Ausgleichsverhältnis, das durch § 426 Abs. 1 BGB ausgestaltet ist. Daher ist es durchaus interessengerecht, wenn sich der ausgleichsverpflichtete Gesamtschuldner zwar gegenüber einem Dritten analog § 404 BGB weiterhin auf die Verjährung der Außenforderung berufen kann, nicht aber gegenüber dem ausgleichsberechtigten Gesamtschuldner. Zudem ist auch das Vorliegen einer planwidrigen Regelungslücke zweifelhaft[1618]. Der Ausgleichsanspruch gemäß § 426 Abs. 1 BGB soll gerade von der Verjährung der Forderung des gemeinsamen Gläubigers unabhängig sein, denn das Ausgleichsinteresse besteht, nach erfolgter Leistung, grundsätzlich unabhängig von der Verjährung im Außenverhältnis fort[1619]. Dafür spricht auch, dass die Regelung des § 426a BGB-KE, die noch eine Angleichung der Verjährungsfrist des Anspruchs aus § 426 Abs. 1 BGB an die der Forderung des Gläubigers gegen den ausgleichsverpflichteten Gesamtschuldner vorsah, nicht Gesetz geworden ist[1620]. Eine analoge Anwendung von § 404 BGB ist also *de lege lata* nicht möglich[1621].

Nach alldem ist zu konstatieren, dass das Verjährenlassen durch den Gläubiger keine Auswirkungen auf die Inanspruchnahme des anderen Gesamtschuldners hat. Es gelten überdies keine Besonderheiten für das am Leistungszeitpunkt orientierte Verständnis des Verjährungsbeginns. Leistet der Gesamtschuldner solange ihm gegenüber die Forderung noch nicht verjährt war, spricht nichts dagegen, wenn damit gleichzeitig noch der auf Zahlung gerichtete Ausgleichsanspruch gemäß §§ 426 Abs. 1, 199 Abs. 1 Nr. 1 BGB zur Entstehung gebracht

1616 *S. Meier*, Gesamtschulden, S. 649.

1617 Freilich nimmt *Sonja Meier* im Verhältnis zwischen Gesamtschuldnern, die sich nicht gemeinschaftlich verpflichten, sondern als „Schadensersatz-Gesamtschuldner“ oder „Nebenbürgen“ haften, kein besonderes Innenverhältnis an (vgl. *S. Meier*, Gesamtschulden, S. 322 ff., 387 f., 556 ff., 1204 f.).

1618 Vgl. *Noack*, in: Staudinger (2005), § 426, Rn. 11.

1619 So: *Bydlinski*, in: MüKo-BGB, § 426, Rn. 9. Es sei hier erwähnt, dass dies auch den *Principles of European Contract Law*, Art. 10:110 (b) PECL, entspricht (*v. Bar/Zimmermann*, Grundregeln des Europäischen Vertragsrechts, Teil III, S. 647). Zur Ausnahme vgl. unten ab S. 311 ff. (Fallgruppe 3).

1620 Vgl. dazu den Abschlussbericht der Kommission zur Überarbeitung des Schuldrechts, S. 108 ff., sowie oben ab S. 239.

1621 So auch: *Noack*, in: Staudinger (2005), § 426, Rn. 11; a.A. *S. Meier*, Gesamtschulden, S. 643.

wird. Der Rückgriffsgläubiger würde sonst Gefahr laufen, mit dem Regress gegen die anderen Gesamtschuldner auszufallen. Gerade beim Verjährenlassen gegenüber dem späteren Rückgriffsschuldner beweist sich die hier befürwortete Ansicht zum Verjährungsbeginn damit als sachgerechter. Im Gegensatz zum herrschenden Verständnis, das eine einheitliche Verjährung des Ausgleichsanspruchs zugrunde legt, hat der Rückgriffsgläubiger hier immer eine „faire Chance" zur Verwirklichung seines Regressanspruchs[1622]. Außerdem kommt es zu der vom Recht der Gesamtschuld intendierten haftungsanteiligen Befriedigung des gemeinsamen Gläubigers. Selbst der BGH wird damit letztlich nur beim Wort genommen, soweit er vertritt, dass der Ausgleichsanspruch gemäß § 426 Abs. 1 BGB unabhängig von der Verjährung der Außenforderung verjähre und durchsetzbar sei[1623]. Schlussendlich wird auch verhindert, dass die Gesamtschuld zu einem „Glücksspiel"[1624] für den in Anspruch genommenen Schuldner und späteren Rückgriffsgläubiger wird[1625].

(2) Vertragliche Verjährungsprivilegierung

Beruht der vorzeitige Verjährungseintritt der Außenforderung gegenüber dem Rückgriffsschuldner nicht auf einem Verjährenlassen der Forderung durch den Gläubiger, sondern einer anfänglichen vertraglichen Verjährungsprivilegierung (§ 202 BGB), ist nach den Grundsätzen der gestörten Gesamtschuld zu entscheiden. Nach richtiger Ansicht kommt es bei der Verjährungsprivilegierung anders als bei einer vertraglichen Haftungsfreistellung jedenfalls nicht darauf an, ob zunächst eine Gesamtschuld fingiert werden muss[1626]. Es geht allein darum, welche

1622 Vgl. *Hartmann/Lieschke*, WM 2011, 205, 207 f.

1623 BGHZ 58, 216, 218; BGH NJW 2010, 62, 63.

1624 Vgl. *v. Savigny*, Das Obligationenrecht als Theil des heutigen römischen Rechts, Band I, § 22, S. 216, § 23, S. 229.

1625 So im Ergebnis bereits: *Goette*, Gesamtschuldbegriff und Regreßproblem, S. 152 f., allerdings speziell für den Fall, dass der Rückgriffsgläubiger keine Kenntnis von den Mitschuldnern hatte und diesen gegenüber Verjährung eingetreten war. Nach *Goettes* Ansicht waren jedoch weitere Einschränkungen im Hinblick auf die Verjährungsfrist des Ausgleichsanspruchs vorzunehmen. So sollte die Verjährungsfrist des Ausgleichsanspruchs auf eine „angemessene" Frist reduziert werden, wie es in der älteren Rechtsprechung üblich gewesen sei, wenn der Erhebung der Verjährungseinrede der Arglisteinwand entgegenstand (vgl. *Goette*, Gesamtschuldbegriff und Regreßproblem, S. 153, und dort insbesondere den Verweis auf RGZ 157, 14, 22). Insofern lief *Goettes* These letztlich auf eine kurze Zusatzfrist für den Ausgleichsanspruch hinaus, wie sie später auch die nicht Gesetz gewordene Vorschrift des § 426a BGB-KE schon einmal vorsah (vgl. zum genauen Wortlaut: Abschlussbericht der Kommission zur Überarbeitung des Schuldrechts, S. 108).

Auswirkungen die Privilegierung des Rückgriffsschuldners auf den Ausgleichsanspruch gemäß § 426 Abs. 1 S. 1 BGB hat.

Eine Kürzung des Anspruchs des Gläubigers gegen den nicht privilegierten Gesamtschuldner, so wie es für die vertraglichen Haftungsfreistellungen wohl überwiegend angenommen wird[1627], ist für die Verjährungsvereinbarungen im Ergebnis abzulehnen, weil sich dies nicht mit § 425 Abs. 2 BGB verträgt[1628]. Ebenso wenig aber überzeugt der Gedanke, dass die vertraglich gewährte Verjährungsprivilegierung stets auch in Form einer Verkürzung der Verjährungsfrist der Außenforderung gegenüber dem ausgleichsberechtigten Gesamtschuldner zugute käme[1629]. Nur dann, wenn die Auslegung ergäbe, dass der privilegierte Schuldner auch vom Innenregress freigehalten werden sollte[1630], wäre es denkbar, zugunsten des nicht privilegierten Gesamtschuldners wegen eines Vertrags zugunsten Dritter gemäß § 328 BGB ein *pactum de non petendo* hinsichtlich einer über das Innenverhältnis hinausgehenden Beanspruchung der nicht privilegierten Schuldner anzunehmen[1631]. Auch könnte die Einforderung einer über die Haftungsquote hinausgehenden Leistung durch den Gläubiger als rechtsmissbräuchlich eingestuft werden[1632]. Im Regelfall sind diese Konstruktionen für die

1626 *Selb*, Mehrheiten von Gläubigern und Schuldnern, S. 124 f., 130; a.A. wohl *Glöckner*, Gesamtschuldvorschriften und Schuldnermehrheiten bei unterschiedlichem Leistungsinhalt, S. 224 (§ 421 ff. BGB nur analog). Anders mag sich dies bei einer vertraglichen Haftungsfreizeichnung, die bereits das Entstehen eines Anspruchs verhindert, darstellen. Dort wird entweder ein Gesamtschuldverhältnis im Innenverhältnis fingiert, gleichzeitig bleibt der Anspruch aus § 426 Abs. 1 BGB zunächst von der Privilegierung unberührt (vgl. BGHZ 12, 213, 217 ff.; BGHZ 35, 317, 323; BGHZ 58, 216, 219 f.; BGH NJW 1989, 2386, 2387; *Bydlinski*, in: MüKo-BGB, § 426, Rn. 55; *Müller*, in: Prütting/Wegen/Weinreich, § 426, Rn. 24) oder es kommt zur besagten Anspruchskürzung (*Medicus*, JZ 1967, 398, 399 ff.; *Hager*, NJW 1989, 1640, 1644; *Larenz*, AT I, S. 647).

1627 Vgl. nur *Gehrlein*, in: BeckOK-BGB, § 426, Rn. 12; *Larenz*, AT I, S. 647, *Hager*, NJW 1989, 1640, 1644 f., jeweils m.w.N.

1628 A.A. *Goette*, Gesamtschuldbegriff und Regreßproblem, S. 150; *Keuk*, JZ 1972, 528, 529 ff.; *Esser/Schmidt*, AT I/2, S. 351.

1629 So aber *Bydlinski*, in: MüKo-BGB, § 426, Rn. 57 f.; *Haase*, JR 1972, 376 f.; *Cziupka*, ZGS 2010, 63, 66.

1630 Vgl. dazu OLG Hamm NJW-RR 1988, 1174 (zur beschränkten Gesamtwirkung eines Vergleichs mit einem Gesamtschuldner); OLG Oldenburg MDR 2000, 20; *Bydlinski*, in: MüKo-BGB, § 426, Rn. 57.

1631 Vgl. *Noack*, in: Staudinger (2005), § 426, Rn. 165; *Selb*, Mehrheiten von Gläubigern und Schuldnern, S. 130; a.A. *Bydlinski*, in: MüKo-BGB, § 426, Rn. 57 („Teilerlass zugunsten Dritter").

1632 Vgl. *Christensen*, MDR 1989, 948, 949 f.; ähnlich *Hager*, NJW 1989, 1640, 1645.

Verjährungsprivilegierung jedoch abzulehnen[1633]. Die Privilegierung soll nach dem Gläubigerinteresse gerade nicht dem anderen Gesamtschuldner zugute kommen und kann daher grundsätzlich keine Gesamtwirkung entfalten[1634]. Der Vergleich mit dem Erlass (§ 423 BGB) überzeugt auch in dieser Konstellation nicht[1635].

Letztendlich würde eine solche Lösung dem nicht privilegierten Gesamtschuldner vielfach ohnehin nicht helfen, da dieser von der Privilegierung gegenüber dem anderen Gesamtschuldner nicht selten keine Kenntnis haben wird. Leistet er aber dennoch auf die – wegen der Annahme von Gesamtwirkung auch ihm gegenüber – verjährte Außenforderung, könnte er die Leistung wegen § 813 Abs. 2 S. 1 BGB nicht vom Gläubiger kondizieren. Die Verjährungsprivilegierung ginge dann im Ergebnis doch zu Lasten des nicht privilegierten Gesamtschuldners, was durch die Lösungsmodelle zur gestörten Gesamtschuld aber gerade verhindert werden soll[1636]. Allenfalls in Verbindung mit einer teleologischen Reduktion von § 813 Abs. 2 S. 1 BGB könnte dieser Ansatz den Konflikt interessengerecht auflösen. Dies erscheint aber zu umständlich und wurde von den Vertretern dieser Auffassung auch nicht bedacht.

Für vertragliche Verjährungsprivilegierungen ist daher die Lösung über den sog. *Regresskreisel*[1637] sachgerecht. Der in der Verjährung nicht privilegierte Gesamtschuldner muss wegen §§ 421 S. 1, 425 Abs. 2 BGB zunächst voll an den Gläubiger leisten, kann dafür aber anteilig vom privilegierten Schuldner Rückgriff gemäß § 426 Abs. 1 S. 1 BGB verlangen. Damit dem Rückgriffssschuldner die eigene Privilegierung im Ergebnis erhalten bleibt, kann er nach Inanspruchnahme durch den ausgleichsberechtigten Gesamtschuldner wiederum beim ge-

1633 Gegen Annahme eines Vertrags zugunsten Dritter: BGHZ 58, 216, 220 f., für „die [...] Bestimmung in einem Bauvertrag [...], wonach der Unternehmer lediglich zwei Jahre für die Güte der [...] Arbeiten und gelieferten Baustoffe haften soll“. Eine solche Klausel habe regelmäßig nur Einzelwirkung. Vgl. auch *Boeck*, NJW 1969, 1469, 1470 f.

1634 So wohl auch *Boeck*, NJW 1969, 1469, 1470 f.; *Noack*, in: Staudinger (2005), § 426, Rn. 168; *Böttcher*, in: Erman, § 426, Rn. 41 („Einzelfallabwägung“); *Grüneberg*, in: Palandt, § 426, Rn. 21; ferner *Gebauer*, in: Soergel, § 426, Rn. 43 f.; *Keuk*, AcP 168 (1968), 175, 182; *Medicus*, JZ 1967, 398, 399.

1635 A.A. *Cziupka*, ZGS 2010, 63, 66; *Goette*, Gesamtschuldbegriff und Regreßproblem, S. 150.

1636 A.A. *Stamm*, NJW 2004, 811, der dem privilegierten Gesamtschuldner seine Einreden gerade auch im Verhältnis zum ausgleichsberechtigten Gesamtschuldner erhalten will.

1637 Vgl. zu Inhalt und Terminologie der Regresskreisellösung statt aller: *Bydlinski*, in: MüKo-BGB, § 426, Rn. 11; *Gehrlein*, in: BeckOK-BGB, § 426, Rn. 12; *Ehmann*, in: Erman, 12. Auflage 2008, § 426, Rn. 65; *Looschelders*, AT, Rn. 1211.

meinsamen Gläubiger anteilig Rückgriff nehmen[1638]. Dies ist auch vor dem Hintergrund des für die Beteiligten bestehenden Insolvenzrisikos hinzunehmen, das für die Bewertung gestörter Gesamtschuldverhältnisse zu berücksichtigen ist[1639]. Den nicht privilegierten Gesamtschuldner trifft wegen §§ 421 S. 1, 425 Abs. 2 BGB ohnehin stets die Gefahr, im Außenverhältnis die gesamte Leistung gegenüber dem anderen Gesamtschuldner erbringen zu müssen. Er trüge mithin auch im Falle der Nichtprivilegierung des Rückgriffsschuldners im Innenverhältnis das Insolvenzrisiko. Zwar mag sich im Einzelfall die Forderung des privilegierten Gesamtschuldners gegen den Gläubiger als nicht werthaltig herausstellen. Dies allein rechtfertigte es jedoch nicht, den Weg einer Anspruchskürzung im Verhältnis zwischen dem Gläubiger und dem nicht privilegierten Gesamtschuldner auch für die vertragliche Verjährungsprivilegierung einzuschlagen[1640]. Das Innenverhältnis und der haftungsanteilige Rückgriff der Gesamtschuldner untereinander können nicht durch gewillkürte Privilegierungen im Außenverhältnis beeinträchtigt werden[1641]. Weil überdies zutreffend angenommen wird, dass dem privilegierten Rückgriffsschuldner ein Freistellungsanspruch gegen den Gläubiger zustehen kann[1642], wird der Gläubiger von einer übermäßigen Inanspruchnahme des nicht privilegierten Schuldners zusätzlich abgehalten. Dadurch verringert sich das Risiko des privilegierten Gesamtschuldners, die ihm gegenüber eingeräumte Verjährungserleichterung und damit intendierte Haftungsfreistellung trotz eingetretenem Zeitablauf nachträglich wieder einzubüßen.

Das Modell des *Regresskreisels* steht schließlich auch nicht im Widerspruch zu dem hier zum Verjährungsbeginn vertretenen Ansatz. In Übereinstimmung mit dem zum Verjährenlassen vertretenen Modell ist vielmehr auch für die auf einer vertraglichen Verjährungsprivilegierung beruhende vorzeitige Verjährung gegenüber dem späteren Rückgriffsschuldner festzuhalten, dass der Anspruch auf Ausgleichung gemäß § 426 Abs. 1 S. 1 BGB unabhängig von der Verjährung gegenüber dem Rückgriffsschuldner durchgesetzt werden kann.

(3) Gesetzliche Verjährungsprivilegierung

Für vertragliche Verjährungsprivilegierungen erscheint es wie gezeigt sachgerecht, das Modell des *Regresskreisels* anzuwenden. Da sich im Rahmen der gestörten Gesamtschuld aber allzu schematische Lösungen wegen der Spezifika

1638 Vgl. BGHZ 12, 213, 216; *Ehmann*, in: Erman, 12. Auflage 2008, § 426, Rn. 65.

1639 Vgl. *K. M. Schwab*, JuS 1991, 18, 19; *Muscheler*, JR 1994, 441.

1640 Generell gegen entsprechende Lösungen zu Lasten des Gläubigers: *S. Meier*, Gesamtschulden, S. 646 ff.

1641 BGHZ 58, 216, 219; so wohl auch *Noack*, in: Staudinger (2005), § 426, Rn. 168.

1642 *Ehmann*, in: Erman, 12. Auflage 2008, § 426, Rn. 27.

(Art und Intention) der Privilegierung verbieten[1643], ist für die gesetzliche Verjährungsprivilegierung erneut zu überprüfen, welcher Ansatz dem Problem am besten gerecht zu werden vermag. Zunächst ist zu konstatieren, dass es sich keinesfalls um ein nur theoretisches Problem handelt. Obwohl im Zuge der Schuldrechtsreform zahlreiche Sonderverjährungsvorschriften mit dem Ziel der Vereinfachung des Verjährungsrechts gestrichen wurden[1644], sind von Beginn an unterschiedliche Verjährungsfristen der Gesamtschuldner auch nach neuem Recht vorstellbar: Ersatzansprüche des Vermieters gegen den Vermieter verjähren nach § 548 Abs. 1 S. 1 BGB in sechs Monaten[1645]. Die Vorschrift erfasst nach ganz überwiegender Auffassung auch deliktische Ansprüche (§§ 823 ff. BGB)[1646]. Beschädigen also der Mieter und eine weitere Person die Mietsache, haften beide dem Vermieter gegenüber als Gesamtschuldner, § 840 Abs. 1 BGB. Für den Mieter gilt dabei die Sonderverjährungsfrist gemäß § 548 Abs. 1 S. 1 BGB, die nach § 548 Abs. 1 S. 2 BGB mit Rückgabe der Mietsache zu laufen beginnt[1647]. Für die mitverantwortliche Person gilt dagegen, soweit sie nicht in den Schutzbereich des Mietvertrags einbezogen wird[1648], die Regelverjährung gemäß §§ 195, 199 Abs. 1 BGB.

Für eine Gleichbehandlung mit den vertraglichen Verjährungsprivilegierungen spricht auf der einen Seite, dass gesetzliche Verjährungserleichterungen mit den vertraglichen Privilegierungen bereits hinsichtlich ihrer Wirkung vieles gemein haben[1649], auf der anderen Seite ist bei der gesetzlichen Privilegierung der

1643 *Grüneberg*, in: Palandt, § 426, Rn. 20; *Noack*, in: Staudinger (2005), § 426, Rn. 144; *Böttcher*, in: Erman, § 426, Rn. 29; *Gebauer*, in: Soergel, § 426, Rn. 41.

1644 Vgl. *Peters/Jacoby*, in: Staudinger (2009), Vorbem zu §§ 194-225, Rn. 58; *Krämer*, Die Neuregelung des Verjährungsrechts im Schuldrechtsmodernisierungsgesetz, S. 43 ff., 47; *Zimmermann/Leenen/Mansel/Ernst*, JZ 2001, 684, 686, 692 ff.; *Ott*, MDR 2002, 1, 4 f.

1645 Eine vergleichbare Vorschrift findet sich für die Leihe in § 606 BGB. § 606 S. 2 BGB erklärt § 548 Abs. 1 S. 2 u. 3 BGB für entsprechend anwendbar.

1646 BGHZ 71, 175, 179 f.; BGHZ 135, 152, 156; BGH NJW 2006, 2399; *Lützenkirchen*, in: Erman, § 548, Rn. 5; *Bieber*, in: MüKo-BGB, § 548, Rn. 7; *Ehlert*, in: BeckOK-BGB, § 548, Rn. 4; *Jäkel*, WuM 2002, 528, 529; kritisch aber: *Medicus/Petersen*, Bürgerliches Recht, Rn. 640.

1647 Vgl. zu den Voraussetzungen des Verjährungsbeginns auch *Lützenkirchen*, in: Erman, § 548, Rn. 12; *Jäkel*, WuM 2002, 528 f.; *Langenberg*, WuM 2002, 71 f.

1648 Wird die Person wirksam in den Schutzbereich des Mietvertrags einbezogen, gilt die Verjährungsfrist gemäß § 548 Abs. 1 BGB auch ihr gegenüber (BGHZ 49, 278, 279 ff.; BGHZ 71, 175, 178 ff.; BGHZ 135, 152, 156; BGH NJW 2006, 2399; *Bieber*, in: MüKo-BGB, § 548, Rn. 6).

1649 Vgl. *Larenz*, AT I, S. 647; *Medicus/Petersen*, Bürgerliches Recht, Rn. 933; *Hager*, NJW 1989, 1640, 1645.

Intention der konkreten Vorschrift besonders Rechnung zu tragen[1650]. Freilich wird im Rahmen gesetzlicher Verjährungsprivilegierungen das bekannte Dilemma des Rückgriffsschuldners bei der gestörten Gesamtschuld besonders deutlich. Dieser kann nur deshalb gemäß § 426 Abs. 1 BGB in Anspruch genommen werden, weil neben ihm noch ein weiterer (Gesamt-)Schuldner haftet[1651], für dessen Schuld aber eine längere Verjährungsfrist gilt. Die Möglichkeit der Inanspruchnahme im Innenverhältnis würde den Zweck der kürzeren Verjährungsfrist im Außenverhältnis konterkarieren. Schließlich soll die gesetzliche Verjährungsprivilegierung in der Regel dem Rückgriffsschuldner, nicht aber dem Rückgriffsgläubiger zugute kommen.

Vor diesem Hintergrund stehen mehrere Lösungswege offen. Die wichtigste Aufgabe neben der Schaffung eines gerechten Interessenausgleichs besteht darin, eine Lösung zu finden, die mit dem Konzept des auf den Leistungszeitpunkt gestützten Verjährungsbeginns des Ausgleichsanspruchs vereinbar ist.

Da eine analoge Anwendung von § 404 BGB auf den Anspruch aus § 426 Abs. 1 BGB mangels Regelungslücke nicht in Betracht kommt[1652], ist zunächst zu prüfen, ob der Ausgleichsverpflichtete dem Rückgriffsgläubiger nach § 242 BGB entgegenhalten kann, dieser habe trotz eingetretener Verjährung gegenüber dem Rückgriffsschuldner den Ausgleichsanspruch zur Entstehung gebracht. Dieser Gedanke ist jedoch zu verwerfen, weil sich der Rückgriffsgläubiger nicht rechtsmissbräuchlich verhielte, soweit er den Ausgleichsanspruch durch Leistung an den Gläubiger – ihm gegenüber war die Verjährung schließlich noch nicht eingetreten – zur Entstehung brächte. Dies gilt umso mehr, wenn man mit dem Hinweis auf die *Motive* eine Parallele des gesamtschuldnerischen Ausgleichsanspruchs gemäß § 426 Abs. 1 S. 1 BGB zum Beauftragtenregress gemäß § 670 BGB zieht[1653]. Die Leistung auf eine nicht verjährte Forderung ist bereits objektiv erforderlich. Im Ergebnis kommt es auf diese Parallele bei der gestörten Gesamtschuld indes nicht an.

Weil die gesetzliche Verjährungsprivilegierung in der Regel bezweckt, dass der Rückgriffsschuldner mit Fristablauf insgesamt von einer Inanspruchnahme freigehalten wird, wiegt das Argument, wonach der ausgleichsberechtigte Gesamtschuldner nach dem hier vertretenen Verständnis den Verjährungsbeginn

---

1650 So allgemein für gesetzliche Haftungsprivilegierungen auch: *Müller*, in: Prütting/Wegen/Weinreich, § 426, Rn. 25; *Looschelders*, AT, Rn. 1214.

1651 Vgl. *Larenz*, AT I, S. 647; *Medicus*, JZ 1967, 398, 399.

1652 Oben, S. 296.

1653 Vgl. Motive II, S. 169 f., bei *Mugdan*, II. Band, S. 93. Ausführlich dazu bereits oben, S. 237 f.

des Ausgleichsanspruchs einseitig beeinflussen könnte[1654], besonders schwer. Das Argument kann entkräftet werden, wenn man hier dem Ansatz aus dem Lösungsrepertoire zur gestörten Gesamtschuld folgt, nach dem es zu einer Anspruchskürzung im Verhältnis zwischen Gläubiger und ausgleichsberechtigtem, nicht privilegierten Gesamtschuldner kommt[1655]. Die Anspruchskürzung träte mit dem Zeitpunkt des Verjährungseintritts gegenüber dem privilegierten Gesamtschuldner ein[1656]. Für diese Lösung streitet ferner, dass sie mit dem oben vertretenen Ansatz zur Entstehung des auf Zahlung gerichteten Ausgleichsanspruchs gemäß § 426 Abs.1 BGB vereinbar ist. Findet kein Ausgleich statt, weil § 426 Abs. 1 BGB nicht anwendbar ist, kommt es auch nicht auf den Entstehungszeitpunkt an. Der Interessenausgleich hat dann im Verhältnis zwischen Rückgriffsgläubiger und Gläubiger zu erfolgen. Aus diesem Grund hat der Rückgriffsgläubiger ab dem Zeitpunkt des Eintritts der Verjährungsprivilegierung gegenüber dem Rückgriffsschuldner nur noch seine eigene Haftungsquote im Innenverhältnis gegenüber dem Gläubiger zu begleichen. Ein Ausgleich nach § 426 Abs. 1 BGB findet insoweit nicht mehr statt. Auch kommt es nicht zum *Regresskreisel*. Der gesetzlichen Haftungsprivilegierung wird damit ebenso wie den Interessen der beteiligten Personen hinreichend Rechnung getragen.

dd) Ergebnis

Festzuhalten ist somit, dass für die hier betreffende Fallgruppe zu differenzieren ist: Rechtsprechung und Teilen des Schrifttums ist dahingehend zu folgen, dass das Verjährenlassen der Außenforderung gegenüber dem Rückgriffsschuldner dem Rückgriff des ausgleichsberechtigten Gesamtschuldners gemäß § 426 Abs. 1 BGB nicht entgegensteht[1657]. Es kommt auch nicht zu einer Anspruchskürzung gegenüber dem gemeinsamen Gläubiger, da dies den Wertungen der §§ 421, 425 BGB widersprechen würde[1658].

Auf die gestörten Gesamtschuldverhältnisse kann dieses Ergebnis nur zum Teil übertragen werden. Bei vertraglichen Verjährungsverkürzungen wird ein

1654 Vgl. BGHZ 181, 310, 314; *Gebauer*, LMK 2010, 299711.

1655 Vgl. *Keuk*, AcP 168 (1968), 175, 196. Auch der BGH (NJW 2010, 62 ff.) hat die Möglichkeit einer Anspruchskürzung nicht kategorisch ausgeschlossen. In dem vom BGH entschiedenen Fall ging das Gericht zwar zutreffend davon aus, dass es keine Anhaltspunkte für eine Anspruchskürzung gegeben habe. Dieser Einschätzung lag jedoch die Situation eines „Verjährenlassens" durch den gemeinsamen Gläubiger zugrunde (s.o.). Daher bedurfte die Frage dort „keiner Entscheidung" (BGH NJW 2010, 62, 63).

1656 Vgl. *Keuk*, JZ 1972, 528, 529, 531.

1657 Vgl. BGH NJW 2010, 62, 63; *Sohn/Holtmann*, BauR 2010, 1480, 1484; *Schwenker*, EWiR 2009, 705, 706.

1658 BGH NJW 2010, 62, 63.

Regresskreisel in Gang gesetzt. Die Vereinbarungen zwischen Gläubiger und Rückgriffsschuldner wirken nur *inter partes*. Auch dies folgt zwanglos aus § 425 Abs. 2 BGB. Gesetzliche Verjährungsprivilegierung führen indes zu einer Anspruchskürzung zu Lasten des Gläubigers. Damit wird der gesetzlich intendierten Haftungsfreistellung des privilegierten Gesamtschuldners Rechnung getragen. Ein Ausgleich gemäß § 426 Abs. 1 BGB findet in dem Fall nicht mehr statt.

b) Fallgruppe 2: Forderung gegenüber Rückgriffsgläubiger verjährt

Die zweite Fallgruppe betrifft den spiegelbildlichen Fall des vorzeitigen Verjährungseintritts gegenüber dem Rückgriffsgläubiger. Hier geht es darum, ob der in Anspruch genommene Gesamtschuldner, der im Zeitpunkt der Leistung die Einrede der Verjährung gegenüber dem Gläubiger hätte erheben können, dies aber nicht getan hat, mit seinem Rückgriff gegenüber dem Rückgriffsschuldner ausfällt oder Erfolg hat.

aa) Problem und Meinungsstand

Zu dieser Konstellation liegt bisher keine höchstrichterliche Rechtsprechung vor. Allerdings hat der BGH entschieden, dass der Rückgriff des ausgleichsberechtigten Gesamtschuldners gemäß § 426 Abs. 1 BGB gegen den anderen Gesamtschuldner selbst dann Erfolg habe, wenn die Forderung bereits allen Gesamtschuldnern gegenüber verjährt war[1659]. Der Rückgriffsgläubiger verhalte sich insbesondere nicht treuwidrig gegenüber dem Rückgriffsschuldner, wenn er selbst die Einrede der Verjährung gegenüber dem gemeinsamen Gläubiger nicht erhebe[1660]. Zum einen lasse sich dies auf die Unabhängigkeit des aus § 426 Abs. 1 BGB folgenden Ausgleichsanspruchs von der zugrundeliegenden Gläubigerforderung stützen[1661]. Zum anderen sei es mit der Wertung des § 425 BGB unvereinbar, da der Gläubiger ansonsten gehalten wäre, gegen jeden Gesamtschuldner verjährungshemmende Maßnahmen einzuleiten. Das bewusste und unbewusste Verjährenlassen der Forderung könne sich nicht auf das Innenverhältnis der Gesamtschuldner auswirken und damit den Rückgriff verhindern[1662].

In der Literatur findet sich zur Konstellation eines Verjährungseintritts allein gegenüber dem Rückgriffsgläubiger nur wenig. Zuletzt hat sich *Sonja Meyer* für die Zulässigkeit des Rückgriffs ausgesprochen[1663]. Im Ergebnis stimmt sie damit der Prämisse der herrschenden Lehre zu, die grundsätzlich von der Selbstständigkeit des Ausgleichsanspruchs und der Unabhängigkeit des Anspruchs von ei-

1659 BGH NJW 2010, 435 f.

1660 BGH NJW 2010, 435, 436.

1661 BGH NJW 2010, 435, 436.

1662 BGH NJW 2010, 435, 436.

1663 *S. Meier*, Gesamtschulden, S. 650.

ner Verjährung der Außenforderung ausgeht[1664]. Vereinzelt ist die Aussagekraft des BGH-Arguments, der Gläubiger sei wegen § 425 BGB von der Ergreifung verjährungshemmender Maßnahmen gegen jeden Gesamtschuldner freigestellt, bezweifelt worden[1665]. Es wird zumindest darauf hingewiesen, dass es mit § 424 BGB, der den Gläubigerverzug betrifft, eine Vorschrift im Gesamtschuldrecht gebe, die auf der einen Seite zwar die „Gläubigerpassivität" regele, auf der anderen Seite aber ebenso Gesamtwirkung anordne[1666]. Andere befassen sich vordergründig mit der Frage, wie der Regress bei Verjährungseintritt gegenüber allen Gesamtschuldnern zu regeln sei[1667]. Zum Teil können diese Erwägungen für diese Fallgruppe fruchtbar gemacht werden.

Weil es in der vorliegenden Konstellation allein um die Frage des Rückgriffs des Gesamtschuldners geht, welchem gegenüber die Außenforderung bereits verjährt gewesen ist, kommen hier die Grundsätze über die gestörte Gesamtschuld nicht zum Tragen.

bb) Stellungnahme

Ein Rückgriff des nach Verjährung im Außenverhältnis in Anspruch genommenen Gesamtschuldners gemäß § 426 Abs. 1 BGB ist im Ergebnis zulässig. Zu Recht weist der BGH[1668] darauf hin, dass ein bewusstes oder unbewusstes Verjährenlassen der Forderung gegenüber einem Gesamtschuldner wegen der aus § 425 Abs. 2 BGB folgenden Einzelwirkung der Verjährung grundsätzlich unbeachtlich ist[1669]. Die Regelung stellt klar, dass Tatsachen wie die Verjährung oder Verjährungshemmung nur für und gegen den Gesamtschuldner gelten, in dessen Person sie eintreten. Aus diesem Grund konnte bereits festgestellt werden, dass es jedenfalls nicht zu Lasten des Gläubigers gehen kann, wenn er die Forderung einzelnen Schuldnern gegenüber verjähren lässt. Daran ändert auch § 424 BGB nichts, nach dem der Gläubigerverzug Gesamtwirkung für alle Gesamtschuldner hat. § 425 Abs. 2 BGB wäre schlicht überflüssig, wenn aus § 424 BGB Rück-

1664 Vgl. *Lischka*, Der Begriff der Gesamtschuld unter besonderer Berücksichtigung der Ausgleichungspflicht, S. 72 f.; *Gebauer*, in: Soergel, § 426, Rn. 42 f.; *Böttcher*, in: Erman, § 426, Rn. 7; *Völzmann-Stickelbrock*, in: NK-BGB, § 426, Rn. 5; *Kniffka*, BauR 2005, 274, 280 f.; *Seibel*, IBR 2007, 292; *Pfeiffer*, NJW 2010, 23, 24; *Sohn/Holtmann*, BauR 2010, 1480, 1484. Freilich geht diese Ansicht wiederum davon aus, dass der Anspruch aus § 426 Abs. 1 BGB selbst noch nicht verjährt gewesen sein darf.

1665 *Schmidt-Kessel*, in: Staudinger/Eckpfeiler (2011), H., Rn. 120.

1666 *Schmidt-Kessel*, in: Staudinger/Eckpfeiler (2011), H., Rn. 120.

1667 *Müller*, VersR 2001, 429 ff.; *Budzikiewicz*, NJ 2010, 296, 297; differenzierend ferner: *Pfeiffer*, NJW 2010, 23, 24.

1668 BGH NJW 2010, 435, 436.

1669 Oben, S. 294 ff.

schlüsse gezogen würden, wonach die „Gläubigerpassivität“ zugunsten aller Gesamtschuldner wirkte[1670]. Die Situation des Gläubigerverzugs (§§ 293 ff. BGB) ist außerdem teleologisch nicht mit dem Verjährenlassen vergleichbar. Der Gläubiger kommt in Verzug, wenn er die ihm angebotene Leistung nicht annimmt, § 293 BGB. Mit anderen Worten verhält er sich nicht leistungsgerecht gegenüber dem Schuldner. Davon kann keine Rede sein, wenn er die Leistung von einem Gesamtschuldner – und hier ist zwischen den jeweiligen Forderungen gegen die einzelnen Gesamtschuldner wegen §§ 421 S. 1, 425 BGB zwingend zu differenzieren – nicht einfordert bzw. keine verjährungshemmenden Maßnahmen ergreift. Ferner geht es bei § 424 BGB vor allem darum, den anderen Gesamtschuldnern die mit dem Annahmeverzug verbundenen Vorteile, insbesondere die Haftungserleichterung gemäß § 300 Abs. 1 BGB zu eröffnen[1671]. In Bezug auf die Frage des Verjährenlassens der Forderung durch den Gläubiger gegen einen Gesamtschuldner ist die Rechtsprechung[1672] daher nicht zu beanstanden.

Die Ausführungen des BGH zur Frage eines möglichen Rechtsmissbrauchs seitens des ausgleichsberechtigten Gläubigers sind jedoch zumindest unvollständig und bieten Anlass zur Kritik. Es könnte gemäß § 242 BGB Treu und Glauben widersprechen, wenn der Rückgriffsgläubiger die Einrede der Verjährung nicht geltend macht, an den gemeinsamen Gläubiger leistet und sich dann für den Rückgriff nach § 426 Abs. 1 BGB an den anderen Gesamtschuldner hält. Es ist zumindest nicht fernliegend, darin ein *venire contra factum proprium* des späteren Rückgriffsgläubigers zu sehen. Erfasst sind in diesem Zusammenhang Fälle, in denen das vorherige Verhalten des Berechtigten die spätere Ausübung des Rechts als widersprüchlich erscheinen lässt[1673].

Es müsste dafür durch das vorherige Verhalten ein Vertrauenstatbestand geschaffen worden sein, aus dem sich die Schutzbedürftigkeit des anderen ergäbe[1674]. Das Bestehen eines solchen Vertrauenstatbestands ist in der hier diskutierten Konstellation jedoch abzulehnen. Da die Forderung dem Rückgriffsschuldner gegenüber noch nicht verjährt war, musste jener damit rechnen, noch durch

1670 So aber wohl *Schmidt-Kessel*, in: Staudinger/Eckpfeiler (2011), H., Rn. 120.

1671 Vgl. *Bydlinski*, in: MüKo-BGB, § 424, Rn. 2; *Gehrlein*, in: BeckOK-BGB, § 424, Rn. 1; *Gebauer*, in: Soergel, § 424, Rn. 1 f.

1672 BGH NJW 2010, 62, 63; BGH NJW 2010, 435, 436.

1673 Eingehend: *Roth/Schubert*, in: MüKo-BGB, § 242, Rn. 284 ff.; *Looschelders/Olzen*, in: Staudinger (2009), § 242, Rn. 286 ff.; vgl. auch *Mansel*, in: Jauernig, § 242, Rn. 48; *Hohloch*, in: Erman, § 242, Rn. 106; *Grüneberg*, in: Palandt, § 242, Rn. 55.

1674 Vgl. *Roth/Schubert*, in: MüKo-BGB, § 242, Rn. 286; *Looschelders/Olzen*, in: Staudinger (2009), § 242, Rn 288, 292 ff.; *Hohloch*, in: Erman, § 242, Rn. 106; *Sutschet*, in: BeckOK-BGB, § 242, Rn. 110; *Grüneberg*, in: Palandt, § 242, Rn. 56.

den Gläubiger in Anspruch genommen zu werden[1675]. Insoweit leistet der Rückgriffsschuldner in einer Situation, in der er erwarten musste zu leisten. Der Unterschied besteht allein darin, dass seine Leistung nunmehr anteilig im Innenverhältnis erfolgt. Außerdem ist zu betonen, dass es primär im eigenen Interesse des Rückgriffsgläubigers liegt, im Verhältnis zum Gesamtschuldgläubiger die Verjährungseinrede zu erheben[1676]. Es handelt sich dabei um nicht weniger als einen zentralen Grundsatz des deutschen Verjährungsrechts. Die Entscheidung des Schuldners, sich auf die Einrede der Verjährung zu berufen, „ist ihm nach eigenen individualethischen Kriterien freigestellt"[1677]. Leistet der Rückgriffsgläubiger trotz Verjährung an den Gesamtschuldgläubiger, kann er wegen § 813 Abs. 1 S. 2 BGB das Geleistete nicht mit dem Verweis auf die Verjährung von diesem kondizieren[1678] und ihn im Anschluss an den anderen Gesamtschuldner verweisen. Im Verhältnis zum ausgleichsverpflichteten Gesamtschuldner ist er bereits wegen § 425 BGB nicht zur Erhebung der Einrede der Verjährung verpflichtet.

Auch wenn nach dem oben Gesagten ein Verstoß gegen Treu und Glauben zu verneinen ist[1679], ist keinesfalls abschließend geklärt, ob ein Rückgriff nach § 426 Abs. 1 BGB in dieser Konstellation interessengerecht ist oder nicht und gegebenenfalls aus anderen Gründen abzulehnen ist. Hier kommt es vor allem auf die aufeinander treffenden Interessen der Gesamtschuldner an.

Aus Sicht des Rückgriffsschuldners ist besonders nach dem hier vertretenen Verständnis zur Entstehung des Ausgleichsanspruchs problematisch, dass der Rückgriffsgläubiger den Ausgleichsanspruch durch Leistung (neu) zur Entstehung bringen kann. Wenn dies jedoch unabhängig davon gälte, dass die Forderung des Gläubigers ihm, dem Rückgriffsgläubiger, gegenüber verjährt wäre, würde damit ein zeitlich grenzenloser Ausgleichsanspruch entstehen. In Anlehnung an die bereits im Abschlussbericht der Schuldrechtskommission geäußerte Gesetzesintention, einen praktisch unverjährbaren Ausgleichsanspruch gemäß

1675 Dass diese Argumentation im BGH-Urteil fehlt, mag daran liegen, dass dort Verjährung gegenüber allen Gesamtschuldnern eingetreten war (vgl. BGH NJW 2010, 435).

1676 Vgl. BGH NJW 2010, 435, 436; so auch *Budzikiewicz*, NJ 2010, 296, 297; *Böttcher*, in: Erman, § 426, Rn. 7.

1677 *Hermann*, in: HKK-BGB, §§ 194-225, Rn. 23; vgl. auch BGHZ 184, 128, 136; *Mansel/Stürner*, in: NK-BGB, § 214, Rn. 2; *Grothe*, in: MüKo-BGB, § 214, Rn. 3; *Meller-Hannich*, JZ 2005, 656, 659.

1678 *Sprau*, in: Palandt, § 813, Rn. 5; *M. Schwab*, in: MüKo-BGB, § 813, Rn. 6. Die *condictio indebiti* ist allerdings nur ausgeschlossen, soweit die Leistung freiwillig erbracht worden ist. Beispiel für eine unfreiwillige Leistung wäre etwa die Leistung wegen Zwangsvollstreckung, vgl. BGH NJW 1993, 3318, 3320.

1679 So freilich auch BGH NJW 2010, 435, 436. Dort allerdings mit dem anderen Grundverständnis zum Verjährungsbeginn des Anspruchs aus § 426 Abs. 1 BGB.

§ 426 Abs. 1 BGB abzuschaffen[1680], ist diese Rechtsfolge zu vermeiden. Allerdings schlägt dieser Einwand nicht durch, wenn die Forderung dem Rückgriffsschuldner gegenüber noch nicht verjährt war. Es kommt nicht zu einem unverjährbaren Anspruch, solange die Leistung des ausgleichsberechtigten Gesamtschuldners vor dem Verjährungseintritt gegenüber dem ausgleichsverpflichteten Gesamtschuldner erfolgt. Der Rückgriffsschuldner haftet also nur dort, wo er annehmen musste zu haften. Es kommt für ihn nicht zu einer Kumulation von Risiken, sondern lediglich zu einer Haftungsverlagerung vom Außen- ins Innenverhältnis.

Dafür spricht auch § 422 Abs. 1 S. 1 BGB. Nach dieser Vorschrift kommt die Leistung des Rückgriffsgläubigers auch dem Rückgriffsschuldner zugute, denn die Erfüllung (§ 362 Abs. 1 BGB) durch einen Gesamtschuldner wirkt auch für die anderen Gesamtschuldner. Der Rückgriffsschuldner profitiert davon, weil er ab der Leistung des Rückgriffsgläubigers nur noch mit dem Risiko anteilsmäßiger Inanspruchnahme im Innenverhältnis belastet ist. Hätte der Rückgriffsgläubiger hingegen die Einrede der Verjährung erhoben, hätte der Rückgriffsschuldner im Außenverhältnis noch auf den vollen Betrag gehaftet, vgl. § 421 BGB.

Ferner spricht auch die Parallele zum verwandten Aufwendungsersatzanspruch gemäß § 670 BGB nicht gegen die Zulässigkeit eines Rückgriffs. Zwar gilt für diesen Anspruch, dass die Leistung auf eine verjährte Forderung im Grundsatz bereits objektiv nicht erforderlich ist[1681]. Wie am Beispiel des Bürgenregresses dargelegt werden konnte, ist damit aber noch keine abschließende und allgemeingültige Antwort auf die Erforderlichkeit der Aufwendung gegeben. Für die Bestimmung der Erforderlichkeit ist ein „subjektiv-objektiver Maßstab" anzusetzen[1682]. Wie gezeigt, gilt auch für die Bürgschaft, dass die Leistung des Bürgen grundsätzlich noch als erforderlich einzustufen ist, solange die Forderung gegenüber dem Hauptschuldner noch nicht verjährt war. Für den ausgleichsverpflichteten Gesamtschuldner kann nichts anderes gelten. Selbst wenn man auch dem ausgleichsberechtigten Gesamtschuldner auferlegte, wegen des von Beginn an bestehenden Innenverhältnisses auf die Interessen des ausgleichsverpflichteten Gesamtschuldner Rücksicht zu nehmen, bliebe es dabei, dass aus Sicht des ausgleichsverpflichteten Gesamtschuldners die Leistung erforderlich wäre. Der Rückgriffsschuldner würde durch eine Leistung des ausgleichsberechtigten Gesamtschuldners im Außenverhältnis frei und im Innenverhältnis zumin-

1680 Abschlussbericht der Kommission zur Überarbeitung des Schuldrechts, S. 108.

1681 BGHZ 95, 375, 388 f.; ausführlich dazu oben ab S. 273.

1682 Statt aller hier nur noch: *Berger*, in: Erman, § 670, Rn. 12; *Sprau*, in: Palandt, § 670, Rn. 4; weitere Nachweise oben in Fußnote 1496.

dest anteilig befreit. Darüber hinaus ist der ausgleichsberechtigte Gesamtschuldner dem ausgleichsverpflichteten Gesamtschuldner gegenüber nicht verpflichtet, eigene Einreden zu erheben. Dies folgt aus dem Grundsatz der Einzelwirkung gemäß § 425 BGB. Im Ergebnis ist die Konstellation daher gut vergleichbar mit der Leistung des Bürgen trotz eingetretener Verjährung der Bürgschaftsschuld[1683].

Der ausgleichsverpflichtete Gesamtschuldner wird damit zwar, frei nach *Savigny*[1684], zu einem „Glücksspieler", der in der Regel aber mehr gewinnt als er verliert. Er wird durch die Leistung des anderen Gesamtschuldners im Außenverhältnis voll (§ 422 BGB) und im Innenverhältnis im Umfang des eigenen Haftungsanteils von seiner Leistungspflicht befreit. Es kommt für ihn regelmäßig zu einer Verringerung der Haftung und schlimmstenfalls zu einer Haftungsverlagerung auf das Innenverhältnis. Allein in dem Fall, in dem der ausgleichsverpflichtete Gesamtschuldner im Innenverhältnis auf den ganzen Teil haften soll und die Verjährungsfrist der Forderung des Gläubigers ihm gegenüber im Zeitpunkt der Leistung des Rückgriffsgläubigers nahezu vollständig abgelaufen war, könnte daher über einen Ausschluss des Rückgriffs diskutiert werden. Doch ist zu erinnern, dass selbst ein Dritter im Sinne von § 267 BGB noch einen Bereicherungsanspruch – hier steht dem Rückgriffsschuldner indes die Einrede analog § 404 BGB zu[1685] – geltend machen könnte. Der ausgleichsberechtigte Gesamtschuldner darf aber keinesfalls schlechter, wohl aber besser als ein solcher Dritter stehen. Daher ist auch in diesem Fall gerechtfertigt, wenn der Rückgriffsgläubiger noch einen Anspruch aus § 426 Abs. 1 S. 1 BGB gegen den Rückgriffsschuldner durchsetzen kann.

cc) Ergebnis

Ist die Forderung gegenüber dem leistenden Gesamtschuldner bereits verjährt gewesen, gelangt der auf Zahlung gerichtete Ausgleichsanspruch neu zur Entstehung. Der ausgleichsberechtigte Gesamtschuldner verhält sich grundsätzlich nicht nach § 242 BGB treuwidrig gegenüber dem ausgleichsverpflichteten Gesamtschuldner, wenn er die Einrede gegenüber dem gemeinsamen Gläubiger nicht erhebt. Dem ausgleichsberechtigten Gesamtschuldner steht wie dem Bür-

---

1683 Vgl. dazu Fallgruppe 2 bei der Bürgschaft, oben ab S. 282.

1684 Vgl. *v. Savigny*, Das Obligationenrecht als Theil des heutigen römischen Rechts, Band I, § 22, S. 216, § 23, S. 229.

1685 *Canaris*, in: FS Larenz, 1973, S. 799, 845; *v. Olshausen*, Gläubigerrecht und Schuldnerschutz bei Forderungsübergang und Regreß, S. 332 ff., 336 ff., *Medicus/Petersen*, Bürgerliches Recht, Rn. 952; *Krüger*, in: MüKo-BGB, § 267, Rn. 24.

gen ein Anspruch aus dem Innenverhältnis selbst dann zu, wenn er auf eine nur ihm gegenüber verjährte Forderung geleistet hat[1686].

c) Fallgruppe 3: Forderung gegenüber allen Gesamtschuldnern verjährt

Abschließend soll der Blick auf eine bereits im Rahmen von Fallgruppe 2 angedeutete Konstellation gerichtet werden. Im Kern geht es darum, welche Konsequenzen das am Leistungszeitpunkt orientierte Verständnis auf den Rückgriff hat, wenn sowohl gegenüber dem Rückgriffsgläubiger als auch gegenüber dem Rückgriffsschuldner die Forderung im Außenverhältnis bereits verjährt war, bevor der Rückgriffsgläubiger an den gemeinsamen Gläubiger geleistet hat.

aa) Problemstellung und Fallvarianten

Insbesondere nach altem Recht konnte häufig der Fall eintreten, dass der Ausgleichsanspruch gemäß § 426 Abs. 1 S. 1 BGB durchgesetzt werden konnte, obwohl die Forderung im Außenverhältnis gegenüber allen Gesamtschuldnern bereits lange verjährt war. Dies lag nicht zuletzt an der dreißigjährigen Regelverjährung des gesamtschuldnerischen Ausgleichsanspruchs gemäß § 195 BGB a.F., der nicht selten kürzere Verjährungsfristen im Außenverhältnis gegenüberstanden. In der Literatur ist aus diesem Grund schon zur alten Rechtslage diskutiert worden, welche Auswirkungen die Verjährung gegenüber allen Gesamtschuldnern im Außenverhältnis für die Möglichkeit des Ausgleichs im Innenverhältnis hatte[1687]. Um zu verhindern, dass der Ausgleichsanspruch bereits vor der Außenforderung verjähren konnte, wurde etwa die entsprechende Anwendung von § 852 BGB a.F. auf den Ausgleichsanspruch gemäß § 426 Abs. 1 BGB erwogen[1688]. Es wurde als unbillig empfunden, den Ausgleich über § 426 Abs. 1 BGB zuzulassen, wenn die Verjährung der Außenforderung bereits den Regress nach § 426 Abs. 2 BGB ausschloss[1689]. Neben dem Sinn und Zweck von § 852 BGB a.F. sollte sich dies aus der *Ratio* des § 426 Abs. 1 BGB ergeben[1690].

Mit der Verkürzung der regelmäßigen Verjährung, die auch den gesamtschuldnerischen Ausgleichsanspruch erfasst, hat sich das Problem – entgegen zum Teil vertretener Einschätzung[1691] – keinesfalls erledigt. Vielmehr hat sich nur die Problemstellung selbst etwas geändert. Die Möglichkeit, dass der Aus-

---

1686 Vgl. Fallgruppe 2 bei der Bürgschaft, oben ab S. 282.

1687 Vgl. etwa: *Müller*, VersR 2001, 429 ff.

1688 *Müller*, VersR 2001, 429, 432; in diese Richtung aus zum Teil anderen Gründen bereits *Rüßmann*, JuS 1974, 292, 296; *Ehmann*, Die Gesamtschuld, S. 322; *R. Schmidt*, AcP 163 (1963), 530, 535 f.

1689 *Müller*, VersR 2001, 429, 430 ff.

1690 *Müller*, VersR 2001, 429, 431.

1691 *Rüßmann*, in: jurisPK-BGB, § 426, Rn. 26.

gleichsanspruch einer längeren Verjährung unterliegt als die Forderung im Außenverhältnis, besteht nach wie vor. So kann die Verjährung der Forderung gegenüber allen Gesamtschuldnern im Außenverhältnis z.B. gemäß § 548 Abs. 1 S. 1 BGB auf sechs Monate verkürzt[1692] oder die Verjährung des Ausgleichsanspruchs zwischenzeitlich gehemmt worden oder auch wegen § 199 Abs. 1 Nr. 2 BGB später entstanden sein; in diesen Fällen kann der Gesamtschuldner zwar nach der Verjährung im Außenverhältnis, jedoch vor der Verjährung des mit Begründung der Gesamtschuld entstandenen Mitwirkungs- und Befreiungsanspruchs an den gemeinsamen Gläubiger leisten (hier: *Variante 1*).

Daneben ist auf Grundlage des am Leistungszeitpunkt orientierten Verständnisses denkbar, dass die Leistung durch den Gesamtschuldner erfolgt, nachdem sowohl die Außenforderung als auch ein aus anderen Gründen „entstandener" Mitwirkungs- und Befreiungsanspruch bereits verjährt waren (hier: *Variante 2*). Vornehmlich dient diese Differenzierung allerdings der begrifflichen Klarstellung, da es in beiden Fällen um den Zahlungsregress nach Leistung eines Gesamtschuldners auf eine im Außenverhältnis gegenüber allen Gesamtschuldnern verjährten Forderung geht.

bb) Meinungsstand

Der Standpunkt des BGH ist klar. Solange der einheitliche Ausgleichsanspruch, sei er nun auf Mitwirkung und Befreiung oder Zahlung gerichtet, selbst noch nicht verjährt sei, stehe dessen Geltendmachung die Verjährung im Außenverhältnis nicht entgegen[1693]. Die Durchsetzbarkeit des Ausgleichsanspruchs soll gerade unabhängig von der Verjährung im Außenverhältnis möglich sein[1694].

Teile der Rechtsprechung und des Schrifttums widersprechen dem BGH in der Annahme, dass dem ausgleichsberechtigten Gesamtschuldner ein Anspruch gemäß § 426 Abs. 1 BGB zusteht. Uneinigkeit besteht jedoch darüber, ob nach neuem Recht – in engen Grenzen – § 242 BGB[1695] oder eine teleologische Reduktion von § 426 Abs. 1 BGB[1696] den Ausweg bilden. Zudem wird über eine aus dem besonderen Innenverhältnis folgende „Obliegenheit" der Gesamt-

1692 Beispiel: Zwei Mieter haften gemäß § 840 Abs. 1 BGB gesamtschuldnerisch aus § 823 Abs. 1 BGB wegen Beschädigung der Mietsache. Der Verjährungsbeginn dieser Ansprüche richtet sich nach § 548 Abs. 1 S. 2 BGB (Rückgabe der Mietsache).

1693 Vgl. BGH NJW 2010, 435 f.

1694 BGH NJW 2010, 62; BGH NJW 2010, 435.

1695 OLG München, NJW 2008, 3505, 3507 f.; *Pfeiffer*, NJW 2010, 23, 24, halten § 242 BGB auch im Verhältnis der Gesamtschuldner für grundsätzlich anwendbar, wenn die Grenze des Rechtsmissbrauchs übertreten werde. In diese Richtung auch *Böttcher*, in: Erman, § 426, Rn. 7.

1696 *Budzikiewicz*, NJ 2010, 296, 297.

schuldner nachgedacht, nicht auf die verjährte Außenforderung zu leisten bzw. sich gegenüber dem Gläubiger auf die Einrede der Verjährung zu berufen[1697].

cc) Stellungnahme

Wie der komplizierte Sachverhalt des BGH-Urteils[1698] belegt, dürften Fälle dieser Art in der Praxis im Vergleich zu den Fallgruppen 1 und 2 eher selten auftreten. Gleichwohl handelt es sich keinesfalls um ein rein akademisches Problem. Dies wird bei Differenzierung zwischen den genannten Fallvarianten deutlich.

(1) Variante 1

Die erste Variante zeigt, dass die Rechtsprechung sogar bei einer Verjährung im Außenverhältnis gegenüber allen Gesamtschuldnern noch einen Rückgriff zulassen will, soweit der Ausgleichsanspruch selbst noch nicht verjährt ist[1699]. Nur *prima facie* sind keine Einwände gegen diese Praxis zu erheben. Der Prämisse einer selbstständigen und einheitlichen Verjährung des Ausgleichsanspruchs folgend wandelte sich der Ausgleichsanspruch mit der Leistung an den Gläubiger in einen Zahlungsanspruch, unabhängig davon zu welchem Zeitpunkt die Zahlung, ob vor oder nach der Verjährung der Außenforderung, erfolgte[1700]. Vor diesem Hintergrund ist die Annahme, dass der in Anspruch genommene Gesamtschuldner weiter Ausgleich beanspruchen könne[1701], konsequent.

1697 *Bydlinski*, in: MüKo-BGB, § 426, Rn. 25c.

1698 Vgl. BGH NJW 2010, 435: Der Kläger, ein Heimbetreiber, ging zunächst erfolgreich aus einem Vollstreckungsbescheid gegen eine am Verfahren nicht beteiligte Erbin der im Heim untergebrachten und später verstorbenen Erblasserin vor. Außerdem verklagte er weitere Erben und Schuldner auf Zahlung für ausstehende Unterbringungskosten für die Erblasserin. In Bezug auf eine der Schuldnerin, die spätere Beklagte, wurde die Klage abgewiesen, weil sie sich erfolgreich auf die Einrede der Verjährung berufen hatte. Gegen die anderen Schuldner ergingen Teilversäumnisurteile. Der Kläger hatte also sowohl Vollstreckungstitel gegen die am Verfahren nicht beteiligte Erbin als auch die verurteilten anderen Schuldner. Auf Grund dieser Vollstreckungstitel ließ der Kläger die Ausgleichsansprüche dieser Schuldner pfänden und sich zur Einziehung überweisen. Im späteren Verfahren ging es für die Beklagte darum, ob sie diesen Ansprüchen entgegenhalten konnte, dass die anderen Schuldner sich nicht auf die Einrede der Verjährung berufen hatten.

1699 BGH NJW 2010, 435, 436; freilich gilt das auch für die Vertreter aus dem Schrifttum, die schon grundsätzlich von der Unabhängigkeit der Verjährung des Ausgleichsanspruchs von der Verjährung der Außenforderung ausgehen, vgl. etwa *Rüßmann*, in: jurisPK-BGB, § 426, Rn. 26; *Grüneberg*, in: Palandt, § 426, Rn. 4; *Müller*, in: Prütting/Wegen/Weinreich, § 426, Rn. 16.

1700 Vgl. BGHZ 181, 310, 313 ff.

1701 BGH NJW 2010, 435, 436.

Richtigerweise muss man aber danach fragen, ob ein auf Zahlung gerichteter Ausgleich in dieser Konstellation überhaupt noch geboten erscheint[1702]. Zwischen herrschender Lehre und dem hier vertretenen Standpunkt zum Verjährungsbeginn bestehen diesbezüglich zunächst keine grundlegenden Wertungsdivergenzen. Bei einem Anspruchsausschluss kommt es nämlich nicht mehr darauf an, ob mit der Leistung die regelmäßige Verjährung des Zahlungsanspruchs gemäß § 199 Abs. 1 BGB neu begänne oder der Mitwirkungsanspruch als (teilverjährter) Zahlungsanspruch fortbesteht.

Im Ergebnis scheidet ein auf Zahlung gerichteter Ausgleichsanspruch bei einer gegenüber allen Gesamtschuldnern eingetretenen Verjährung aus. Die Rechtfertigung des Ausschlusses bedarf jedoch einer sorgfältigen Begründung, die für die jeweiligen Varianten zum Teil unterschiedlich ausfallen muss. Dies folgt daraus, dass der Rückgriffsausschluss in der Variante 1 dazu führte, dass dem ausgleichsberechtigten Gesamtschuldner die von der herrschenden Lehre einheitlich beurteilte, gleichwohl noch nicht vollständig abgelaufene Verjährungsfrist für die Geltendmachung des Ausgleichsanspruchs „verkürzt" würde, während es nach anderer Auffassung gar nicht zur Entstehung eines auf Zahlung gerichteten Ausgleichsanspruchs käme.

(a) Ausschluss nach Treu und Glauben

Zur dogmatischen Fundierung des Rückgriffsausschlusses könnte zunächst an den Grundsatz von Treu und Glauben (§ 242 BGB) gedacht werden[1703]. Der BGH meint, der Rückgriffsgläubiger verhalte sich nicht treuwidrig, wenn er Ausgleich beanspruche, obwohl ihm (und auch den anderen Gesamtschuldnern) gegenüber die Forderung im Außenverhältnis bereits verjährt war, als er an den Gläubiger geleistet hat[1704]. Allerdings ist zu berücksichtigen, dass der BGH davon ausgeht, dass der Ausgleichsanspruch einheitlich verjährt und nicht durch die Leistung an den Gläubiger neu entsteht[1705]. Ob der Rückgriffsgläubiger aber Ausgleich wegen eines bereits entstandenen, einheitlichen Anspruchs verlangt oder erst mit der Zahlung selbst den Ausgleichsanspruch zur Entstehung bringt, macht keinen grundlegenden Unterschied, solange die Forderung im Außenverhältnis allen Gesamtschuldnern gegenüber verjährt war. In beiden Konstellatio-

---

1702 Vgl. *Budzikiewicz*, NJ 2010, 296, 297; *Böttcher*, in: Erman, § 426, Rn. 7; *Bydlinski*, in: MüKo-BGB, § 426, Rn. 25c; ferner auch *S. Meier*, Gesamtschulden, S. 649 f.; *S. Meier*, in: HKK-BGB, §§ 420-432/I, Rn. 186; bereits zum alten Recht ähnlich: *Müller*, VersR 2001, 429, 431.

1703 Vgl. *Pfeiffer*, NJW 2010, 23, 24; *Böttcher*, in: Erman, § 426, Rn. 7; ähnlich: *Bydlinski*, in: MüKo-BGB, § 426, Rn. 25c (sowie dem dortigen Hinweis in Fn. 176).

1704 BGH NJW 2010, 435 f.

1705 BGH NJW 2010, 435 f.

nen ist die Leistung des Gesamtschuldners ursächlich dafür, dass der Gesamtschuldner noch im Innenverhältnis Rückgriff nehmen will. Daher erscheint der Weg über § 242 BGB grundsätzlich gangbar.

Die Grenze des Rechtsmissbrauchs könnte zunächst dadurch überschritten werden, wenn Gesamtschuldner und Gläubiger bewusst zum Nachteil des Rückgriffsschuldners zusammenwirken. Ein Ausschluss des Ausgleichsanspruchs nach Treu und Glauben wäre jedoch nur dann denkbar, wenn der Rückgriffsschuldner im Innenverhältnis allein verpflichtet wäre. Ein kollusives Zusammenwirken ist zwar auch bei geringerer Quote möglich, aber praktisch kaum vorstellbar, denn es brächte dem Rückgriffsgläubiger bei einer niedrigeren Quote keinen Vorteil gegenüber der Erhebung der Einrede, weil er auf der einen Seite die Leistung vom Gläubiger nicht kondizieren könnte (§ 813 Abs. 2 S. 1 BGB), auf der anderen Seite aber auch nicht voll beim Rückgriffsschuldner Rückgriff nehmen könnte. Fälle eines kollusiven Zusammenwirkens von Gläubiger und Rückgriffsgläubiger dürften daher die Ausnahme bleiben.

Eine andere Frage ist, ob die Begleichung einer im Außenverhältnis verjährten Forderung und/oder „die spätere Geltendmachung des Ausgleichsanspruchs" im Innenverhältnis sich als rechtsmissbräuchlich darstellt[1706]. In einem Fall, den das OLG München in der Berufung entschieden hat, wandte der beklagte ausgleichsverpflichtete Gesamtschuldner ein, die klagenden ausgleichsberechtigten Gesamtschuldner hätten vor Fälligkeit der Forderung aus einem gemeinsam in Auftrag gegebenen Schiedsgutachten geleistet und könnten daher keinen Anspruch auf Ausgleich nach § 426 Abs. 1 BGB gegen ihn erheben[1707]. Das OLG München hat der Berufung des Beklagten zwar nicht abgeholfen und das landgerichtliche Urteil, das ihn zur anteiligen Zahlung an die Kläger verpflichtete, aufrechterhalten. Gleichwohl hat das OLG München ausgeführt, dass bei einer durch die anderen Schuldner treuwidrig veranlassten Zahlung, soweit die Schuldner es schuldhaft unterließen, Einwände gegen die Außenforderung zu erheben, die spätere Inanspruchnahme im Innenverhältnis rechtsmissbräuchlich sein könne[1708]. Die Einwände müssten aber so „offensichtlich und […] gravierend" sein, dass bereits die Zahlung selbst rechtsmissbräuchlich sei[1709]. Im Er-

1706 Vgl. *Pfeiffer*, NJW 2010, 23, 24; *Bydlinski*, in: MüKo-BGB, § 426, Rn. 25c (sowie dort in Fn. 174), OLG München NJW 2008, 3505, 3507 f.; *Looschelders/Olzen*, in: Staudinger (2009), § 242, Rn. 722.

1707 OLG München NJW 2008, 3505.

1708 OLG München NJW 2008, 3505, 3507.

1709 OLG München NJW 2008, 3505, 3507; dem folgend: *Looschelders/Olzen*, in: Staudinger (2009), § 242, Rn. 722. Dagegen: *Bydlinski*, in: MüKo-BGB, § 426, Rn. 25c (dort Fn. 174), der zu Recht darauf hinweist, dass nicht die Zahlung selbst, sondern erst die spätere Geltendmachung des Anspruchs im Innenverhältnis rechtsmissbräuchlich wäre.

gebnis wendet das OLG München damit Grundsätze an, die auch für die Bürgschaft auf erstes Anfordern anerkannt sind. Wie gezeigt, scheiden die Inanspruchnahme und damit auch ein Regress des Bürgen auf erstes Anfordern gegen den Hauptschuldner nur dann aus, wenn sich aus dem unstreitigen Sachverhalt oder beglaubigten Urkunden die Verjährung der Hauptschuld ergibt[1710]. Auf die Gesamtschuld lässt sich das insoweit übertragen, als es den Gesamtschuldnern wegen § 425 BGB ebenso wie dem Bürgen auf erstes Anfordern[1711] verwehrt ist, sich gegenüber dem Gläubiger auf Einreden der anderen Schuldner zu berufen. Freilich bliebe dem Bürgen auf erstes Anfordern in dieser Konstellation im Gegensatz zum ausgleichsverpflichteten Gesamtschuldner ggf. der Rückforderungsprozess gegen den Gläubiger. Dennoch spricht die sachliche Vergleichbarkeit dafür, den Regress des Rückgriffsgläubigers gegenüber den anderen Gesamtschuldnern nach § 242 BGB auszuschließen, wenn er zuvor trotz offensichtlichen und unstreitigen Tatsachen auf eine im Außenverhältnis verjährte (oder noch nicht fällige) Forderung geleistet hat.

Allerdings wird auch diese letztgenannte Konstellation praktisch nur selten verwirklicht sein. Im Ergebnis kann § 242 BGB daher zwar zum Schutz des Rückgriffsschuldners anwendbar sein und einem Regress der Gesamtschuldner entgegenstehen. Da die hier erörterten Fälle aber letztlich Ausnahmecharakter haben, kommt ein Ausschluss des Rückgriffs gemäß § 242 BGB bei einer gegenüber allen Gesamtschuldnern im Außenverhältnis eingetretenen Verjährung zumindest nicht als allgemeingültige Lösung in Betracht.

(b) Teleologische Reduktion

Insoweit rückt die Idee einer teleologischen Reduktion des Ausgleichsanspruchs gemäß § 426 Abs. 1 BGB in den Vordergrund[1712]. Eine teleologische Reduktion ist statthaft, wenn der Anwendungsbereich einer Norm vom Wortlaut her eröffnet ist, der Eintritt der Rechtsfolge aber vom Sinn und Zweck der Vorschrift nicht mehr erfasst wird[1713]. Die Ausgleichspflicht der Gesamtschuldner kann im Allgemeinen als Kompensation für die unbeschränkte Haftung im Außenverhältnis gemäß § 421 BGB angesehen werden[1714]. Insofern lässt sich die These aufstellen, dass ein Ausgleich nur möglich sein soll, wenn die Gesamtschuldner im

---

1710 Vgl. zur Einwendung des Bürgen bei rechtsmissbräuchlicher Inanspruchnahme: oben, ab S. 64; zum Regress: oben, S. 280; jeweils m.N.

1711 Einwendungen und Einreden des Bürgen wie § 768 Abs. 1 BGB können erst im Rückforderungsprozess geltend gemacht werden: *Rohe*, in: BeckOK-BGB, § 765, Rn. 108; vgl. zudem die weiteren Nachweise in Fußnote 225.

1712 *Budzikiewicz*, NJ 2010, 296, 297.

1713 *Larenz*, Methodenlehre, S. 391; *Rüthers/Fischer*, Rechtstheorie, Rn. 902 f.; *Röhl/Röhl*, Allgemeine Rechtslehre, S. 632.

Außenverhältnis tatsächlich noch unbeschränkt und zufällig vom Gläubiger in Anspruch genommen werden können.

Bei einer gegenüber allen Gesamtschuldnern eingetretenen Verjährung ist dies nicht mehr der Fall[1715]. Zwar ist die Außenforderung trotz Verjährung weiterhin erfüllbar[1716], sodass die Tilgungswirkung einer Leistung an den Gläubiger gemäß § 422 Abs. 1 S. 1 BGB auch den anderen Gesamtschuldnern noch zugute käme. Für die Bewertung der Interessenlage ist jedoch hervorzuheben, dass der Ablauf der Verjährungsfrist bereits zu einem „faktischen Forderungsverlust"[1717] des gemeinsamen Gläubigers gegen alle Gesamtschuldner geführt hat, da verjährte Forderungen in der Regel keinen wirtschaftlichen Wert (mehr) haben[1718]. Ließe man einen Ausgleich des in Anspruch genommenen Gesamtschuldners dennoch zu, erhielte dieser von den Mitschuldnern eine Kompensation für die Erfüllung einer wirtschaftlich wertlosen Forderung. Mit dem Zweck des § 426 Abs. 1 BGB ist dies ebenso unvereinbar wie mit den Wertungen des Verjährungsrechts. Anders als in der ersten Fallgruppe besteht zudem kein Anlass, die Interessen des Rückgriffsgläubigers höher zu gewichten als die der Mitschuldner. Noch schwerer als in der zweiten Fallgruppe wiegt hier der Umstand, dass der Gesamtschuldner im Außenverhältnis eine Leistung erbracht hat, die nicht nur er, sondern auch die anderen Gesamtschuldner mit dem Verweis auf den Verjährungseintritt hätten verweigern können, §§ 425 Abs. 2, 214 Abs. 1 BGB. Konnte der Rückgriffsgläubiger die Leistung dort objektiv für erforderlich hal-

---

1714 *Ehmann*, Die Gesamtschuld, S. 109 („notwendiges Korrelat"); *Weber*, in: RGRK-BGB, § 426, Rn. 1; *Gehrlein*, in: BeckOK-BGB, § 426, Rn. 1; *Böttcher*, in: Erman, § 426, Rn. 1; *Selb*, Mehrheiten von Gläubigern und Schuldnern, S. 90; *v. Koppenfels-Spieß*, Die cessio legis, S. 441; *Noack*, in: Staudinger (2005), § 426, Rn. 7; *Budzikiewicz*, NJ 2010, 296, 297; differenzierend: *Bydlinski*, in: MüKo-BGB, § 426, Rn. 13, nach dem die Vorschrift dazu diene, nach erfolgter Inanspruchnahme durch den Gläubiger (§ 421 S. 1 BGB), die gesetzlich angeordnete oder vertraglich vereinbarte Lastenverteilung der Gesamtschuldner im Innenverhältnis wiederherzustellen.

1715 Vgl. *Budzikiewicz*, NJ 2010, 296, 297; *Müller*, VersR 2001, 429, 431.

1716 *Müller*, VersR 2001, 429, 431.

1717 Vgl. BT-Drucks. 14/6040, S. 100; *Hermann*, in: HKK-BGB, §§ 194-225, Rn. 3; *Mansel/Budzikiewicz*, Das neue Verjährungsrecht, § 1, Rn. 54.

1718 *Hermann*, in: HKK-BGB, §§ 194-225, Rn. 3. Daran ändert auch der Umstand nichts, dass es in bestimmten Kreisen üblich sein soll, sich nicht auf die Einrede zu berufen (so aber *Schmidt-Räntsch*, in: Erman, § 214, Rn. 2; weiter zum vermeintlichen Brauch unter Kaufleuten, die Einrede nicht zu erheben: *Fuchs-Wissemann*, VersR 1997, 427, 429; *Meller-Hannich*, JZ 2005, 656, 658). Zumindest kann damit nicht die Erfüllung einer einredebehafteten Forderung im Verhältnis zum Regressschuldner gerechtfertigt werden (vgl. auch *Schnabel*, NJW 2000, 3191, 3192).

ten[1719], so kann davon bei einer allen Schuldnern gegenüber eingetretenen Verjährung keine Rede mehr sein.

Gegen den Ausschluss des Rückgriffs lässt sich auch nicht anführen, dass dem Rückgriffsgläubiger letztlich die Pflicht auferlegt würde, die Einrede der Verjährung gegenüber dem gemeinsamen Gläubiger zu erheben[1720]. Vielmehr kann von einer bloßen Obliegenheit zur Einredeerhebung gesprochen werden[1721]. Die Einredeerhebung ist primär ein eigenes Verteidigungsmittel des Gesamtschuldners, das zeigt nicht zuletzt § 425 Abs. 2 BGB. Es liegt demnach, wie selbst der BGH anerkennt[1722], in der Verantwortung des Schuldners, die Einrede zu erheben. Im Allgemeinen folgt bereits aus § 813 Abs. 2 S. 1 BGB, dass die Leistung auf eine verjährte Forderung mit der Gefahr verbunden ist, diese später nicht mit dem Verweis auf die (möglicherweise unerkannte) Verjährung zurückverlangen zu können[1723]. Ist gegenüber allen Gesamtschuldnern Verjährung eingetreten, leistet der Rückgriffsgläubiger auch im Verhältnis zum Rückgriffsschuldner daher auf eigenes Risiko[1724].

Überdies führt die herrschende Lehre zum Teil zu widersprüchlichen und schwer nachvollziehbaren Ergebnissen. Es gelingt ihr nicht, zu erklären, warum der einmal als Mitwirkungs- und Befreiungsanspruch entstandene Ausgleichsanspruch gemäß § 426 Abs. 1 S. 1 BGB unabhängig von der Verjährung gegenüber allen Gesamtschuldnern als fortbestehend gelten und durchsetzbar sein soll. Nach der Auffassung des BGH könnte es in der Fallvariante 1 zu dem befremdlichen Ergebnis kommen, dass der Gesamtschuldner trotz Verjährung im Außenverhältnis, bevor er an den Gläubiger zahlt, im Innenverhältnis von den anderen

---

1719 Oben, S. 303.

1720 Vgl. BGH NJW 2010, 435, 436.

1721 So nun auch *Bydlinski*, in: MüKo-BGB, § 426, Rn. 25c. Auch in anderem Zusammenhang ist in Rechtsprechung und Schrifttum eine Obliegenheit zur Einredeerhebung in Regressfällen bejaht worden. So wird vertreten, dass den Schadensersatzgläubiger nach § 254 Abs. 2 BGB die Obliegenheit treffe, einer verjährten Drittforderung die Verjährungseinrede entgegenzuhalten, um so den ersatzfähigen Schaden zu mindern. Befürwortend: OLG Hamm NJW-RR 1996, 1338; LG Würzburg NJW 1997, 2606; *Schnabel*, NJW 2000, 3191 f.; *Oetker*, in: MüKo-BGB, § 254, Rn. 96; *Unberath*, in: BeckOK-BGB, § 254, Rn. 36; *Ebert*, in: Erman, § 254, Rn. 70; *Peters/Jacoby*, in: Staudinger (2009), § 214, Rn. 5; a.A.: *Protzen*, NJW 1998, 1920, 1922; *Fuchs-Wissemann*, VersR 1997, 427, 429.

1722 BGH NJW 2010, 435, 436.

1723 Vgl. *Wendehorst*, in: BeckOK-BGB, § 813, Rn. 6; *M. Schwab*, in: MüKo-BGB, § 813, Rn. 6; *Sprau*, in: Palandt, § 813, Rn. 5; *Jahr*, JuS 1964, 218, 220; *Büdenbender*, JuS 1997, 481, 483; *Siegmann/Polt*, WM 2004, 766, 768.

1724 Vgl. *Budzikiewicz*, NJ 2010, 296, 297; *Bydlinski*, in: MüKo-BGB, § 426, Rn. 25c.

Gesamtschuldnern sogar noch Mitwirkung bei der Befriedigung des Gesamtschuldners oder Befreiung von der Verbindlichkeit verlangen könnte. Wäre die Verjährung der Außenforderung für den Innenausgleich aber tatsächlich ohne Belang, so wie der BGH es vertritt[1725], müsste das Gericht den Ausgleichsschuldner bei Klage auf Mitwirkung und Befreiung antragsgemäß verurteilen. Die Widersprüchlichkeit dieses Ergebnisses zeigt sich daran, dass der ausgleichsverpflichtete Gesamtschuldner in dem Fall an den Gläubiger (anteilig) zahlen müsste, um seiner Verpflichtung im Innenverhältnis nachzukommen[1726], obwohl er nach §§ 425 Abs. 2, 214 Abs. 1 BGB hätte einwenden können, dass die Forderung ihm gegenüber bereits verjährt war. Der BGH hat sich diese Frage bisher nicht gestellt.

Darüber hinaus spricht gegen die herrschende Lehre, dass auch vor Fälligkeit der Gesamtschuld kein Ausgleichsanspruch besteht[1727]. Teleologisch ist die Situation vor Fälligkeit der Außenforderung mit der Situation nach Verjährung der Außenforderung vergleichbar[1728]. In beiden Fällen können die Gesamtschuldner leisten, müssen dies aber nicht. Vor Fälligkeit folgt das aus § 271 Abs. 2 BGB, nach Ablauf der Verjährungsfrist aus § 214 Abs. 2 BGB. Es stellt sich aber die Frage, warum ein Ausgleich vor Fälligkeit ausgeschlossen sein soll, nach Verjährung aber nicht. Zumindest belegt dieses Argument einen weiteren gedanklichen Widerspruch der herrschenden Lehre.

Die unbefriedigenden Konsequenzen der herrschenden Lehre könnten durch eine teleologische Reduktion von § 426 Abs. 1 BGB bei fehlender Erforderlichkeit der Leistung im Sinne von § 670 BGB vermieden werden. Die Möglichkeit dieser Lesart ergibt sich aus dem Zweck des Ausgleichsanspruchs einerseits, andererseits aus der Verwandtschaft zum Aufwendungsersatzanspruch nach § 670 BGB[1729]. Weil damit der Rückgriff bei Leistung auf eine verjährte Forderung im Außenverhältnis nicht *per se* ausgeschlossen wäre, ließe die Anwendung dieses

---

1725 BGH NJW 2010, 435, 436.

1726 Das Urteil wäre nach § 887 ZPO zu vollstrecken und nach § 887 Abs. 2 ZPO könnte ein Kostenvorschuss verlangt werden. So vertritt es jedenfalls die herrschende Lehre, vgl. BGH NJW 1958, 497; BGH NJW 1986, 978; *Gebauer*, in: Soergel, § 426, Rn. 15; *Gehrlein*, in: BeckOK-BGB, § 426, Rn. 3; *Bydlinski*, in: MüKo-BGB; § 426, Rn. 71; *Schulze*, in: Hk-BGB, § 426, Rn. 3; a.A. *Lange*, NJW 1958, 497 (§ 803 ZPO); differenzierend: *Stürner*, in: Jauernig, § 426, Rn. 14 (Befreiungsanspruch nach § 803 ZPO; Mitwirkungsanspruch gemäß § 887 ZPO).

1727 *Budzikiewicz*, NJ 2010, 296, 297, mit Verweis auf BGH NJW 1986, 978, 979. Zur Fälligkeit als Anspruchsvoraussetzung auch: OLG München NJW 2008, 3505, 3507, m.w.N.

1728 Vgl. *Budzikiewicz*, NJ 2010, 296, 297.

1729 Dazu oben, S. 237 f.

Korrektivs zudem noch Raum für Einzelfallgerechtigkeit. Das gilt ebenso für eine Leistung auf eine noch nicht fällige Forderung. Ergibt sich aus den Umständen, dass der Gesamtschuldner die Leistung bereits vor der Fälligkeit, etwa ab dem Zeitpunkt der Erfüllbarkeit gemäß § 271 Abs. 2 BGB[1730], für erforderlich halten durfte, gelangt sein auf Zahlung gerichteter Ausgleichsanspruch gemäß § 426 Abs. 1 BGB zur Entstehung.

Die Notwendigkeit der verjährungsrechtlichen Synchronisation mit dem Aufwendungsersatzanspruch beweist auch der Vergleich mit dem Gesellschafterregress bei der Personengesellschaft. Erfüllt der persönlich haftende Gesellschafter einer OHG oder KG eine Schuld der Gesellschaft, kann er von dieser gemäß § 110 HGB Aufwendungsersatz beanspruchen, wenn er die Leistung an den Gläubiger nach einem objektiv-subjektiven Maßstab für erforderlich halten durfte[1731]. Die Regelung des § 110 HGB entspricht inhaltlich weitgehend der Vorschrift des § 670 BGB[1732]. Nach den zu § 670 BGB entwickelten Kriterien ist der Regress nach § 110 HGB daher regelmäßig ausgeschlossen, wenn der Gesellschafter im Zeitpunkt der Leistung an den Gläubiger nach § 129 Abs. 1 HGB die Einrede der Verjährung der Gesellschaftsschuld hätte erheben können[1733].

Der Ausschluss des Rückgriffs im Verhältnis zur Gesellschaft bewirkt zudem einen Rückgriffsausschluss gegen die persönlich haftenden Mitgesellschafter, und zwar unabhängig davon, auf welche Rechtsgrundlage der Regress gestützt wird. Für die Mindermeinung in der Literatur, die § 128 HGB auf Ansprü-

---

1730 Grundsätzlich für die Erfüllbarkeit im Sinne von § 271 Abs. 2 BGB als Fälligkeitskriterium des Mitwirkungsanspruchs auch *Gebauer*, in: Soergel, § 426, Rn. 15.

1731 *Langhein*, in: MüKo-HGB, § 110, Rn. 16; *Hopt*, in: Baumbach/Hopt, HGB, § 110, Rn. 9; *Goette*, in: Ebenroth/Boujong/Joost/Strohn, § 110, Rn. 15; *Weitemeyer*, in: Oetker, HGB, § 110, Rn. 11; *Schäfer*, in: Staub, HGB, § 110, Rn. 14; *Wiedemann*, Gesellschaftsrecht, Band II, S. 235.

1732 Vgl. *Schäfer*, in: Staub, HGB, § 110, Rn. 4, 14; *Weitemeyer*, in: Oetker, HGB, § 110, Rn. 2, *Emmerich*, in: Heymann-HGB, § 110, Rn. 1.

1733 Für die Verjährung der Gesellschaftsschuld im Rahmen von § 110 HGB auch *Weitemeyer*, in: Oetker, HGB, § 110, Rn. 11; für (noch) nicht fällige und nicht (mehr) bestehende Gesellschaftsschulden: *Goette*, in: Ebenroth/Boujong/Joost/Strohn, § 110, Rn. 15; *Langhein*, in: MüKo-HGB, § 110, Rn. 16; allgemein für bestehende Einreden und Einwendungen der Gesellschaft auch *Habersack*, AcP 198 (1998), 152, 162. Ausführlich dazu im Zusammenhang mit dem deckungsgleichen § 670 BGB schon oben ab S. 273 ff. Zur Einrede der Verjährung der Gesellschaftsschuld als abgeleitete Einrede des Gesellschafters gemäß § 129 Abs. 1 HGB ebenfalls oben ab S. 107 ff. Hier ist noch einmal daran zu erinnern, dass die Gesellschafterschuld mit der Gesellschaftsschuld verjährt (oben S. 104). Aus diesem Grund wäre in der hier erörterten Konstellation gleichzeitig immer auch die Forderung gegenüber allen persönlich haftenden Gesellschaftern verjährt!

che gegen die Gesellschaft im Sinne von § 110 HGB anwendet und den Mitgesellschafterregress insoweit nach §§ 128, 110 HGB behandelt[1734], ist der Ausschluss des Rückgriffs obligatorisch. Besteht schon keine Verpflichtung der Gesellschaft gemäß § 110 HGB, schulden auch die Mitgesellschafter gemäß § 128 HGB keinen Regress. Nichts anderes gilt aber, wenn man den Mitgesellschafterregress nach Erfüllung einer Gesellschaftsverbindlichkeit mit der ganz herrschenden Meinung[1735] nach §§ 128 S. 1 HGB, 426 Abs. 1 BGB beurteilt. Zunächst begründet § 426 Abs. 1 BGB nach dieser Ansicht einen gegenüber § 110 HGB nur „subsidiären" Anspruch gegen die Mitgesellschafter[1736]. Primär hat der im Außenverhältnis in Anspruch genommene Gesellschafter daher die Gesellschaft nach § 110 HGB in Regress zu nehmen[1737]. Nur bei fehlender Liquidität der Gesellschaft, wofür eine Nichtleistung trotz Zahlungsaufforderung ausreiche[1738], soll sich der Gesellschafter an die anderen persönlich haftenden Gesellschafter halten können[1739]. Wenn der Anspruch gegen die Mitgesellschafter aber bereits im Verhältnis zu einem bestehenden Anspruch gegen die Gesellschaft subsidiär ist, muss erst recht für den Fall, in dem ein solcher Anspruch aus § 110 HGB mangels Erforderlichkeit gar nicht besteht, gelten, dass auch der Ausgleichsanspruch aus § 426 Abs. 1 BGB ausscheidet. Die Haftung der Mitgesellschafter im Innenverhältnis (§ 426 Abs. 1 BGB) ginge ansonsten über das hinaus, was die Gesellschaft im Innenverhältnis (§ 110 HGB) zu leisten verpflichtet

1734 *Wiedemann*, Gesellschaftsrecht, Band II, S. 237 f.; *Martens*, in: Schlegelberger, § 110, Rn. 8 f.; *Lehleitner*, in: Schwerdtfeger, § 128 HGB, Rn. 12.

1735 BGH NJW-RR 2002, 455f.; BGH NJW-RR 2008, 256, 257; *K. Schmidt*, Gesellschaftsrecht, § 49 V 2, S. 1436 f.; *Boesche*, in: Oetker, HGB, § 128, Rn. 38; *Habersack*, in: Staub, HGB, § 128, Rn. 48; *Emmerich*, in: Heymann-HGB, § 110, Rn. 15; *v. Gerkan/Haas*, in: Röhricht/Graf von Westphalen, HGB, § 110, Rn. 4; *Kühne*, ZHR 133 (1970), 149, 181 f.; *Büscher/Klusmann*, ZIP 1992, 11, 16; *Faust*, in: FS K. Schmidt, 2009, S. 357, 360, 373.

1736 *Faust*, in: FS K. Schmidt, 2009, S. 357, 360; *Büscher/Klusmann*, ZIP 1992, 11, 16; *Schäfer*, in: Staub, HGB, § 110, Rn. 32; *Hillmann*, in: Ebenroth/Boujong/Joost/Strohn, § 128, Rn. 33, *Hopt*, in: Baumbach/Hopt, HGB, § 128, Rn. 27, *Emmerich*, in: Heymann-HGB, § 110, Rn. 15; *Finckh*, in: Henssler/Strohn, GesR, HGB § 110, Rn. 9; jeweils m.w.N.

1737 BGHZ 37, 299, 303; BGH NJW-RR 2002, 455, 456; *K. Schmidt*, Gesellschaftsrecht, § 49 V 2, S. 1436 f.; *Schäfer*, in: Staub, HGB, § 110, Rn. 32; *Kühne*, ZHR 133 (1970), 149, 182; *Wertenbruch*, DStR 2007, 1680, 1683.

1738 *Hillmann*, in: Ebenroth/Boujong/Joost/Strohn, § 128, Rn. 33; *Hopt*, in: Baumbach/Hopt, HGB, § 128, Rn. 27.

1739 BGHZ 37, 299, 303; BGH NJW-RR 2008, 256, 257; *Boesche*, in: Oetker, HGB, § 128, Rn. 38; *Koller*, in: Koller/Roth/Morck, §§ 128, 129, Rn. 10; *K. Schmidt*, Gesellschaftsrecht, § 49 V 2, S. 1437.

wäre. Dagegen lässt sich auch nicht anführen, dass die nach § 426 Abs. 1 BGB bestehende Ausgleichspflicht der persönlich haftenden Gesellschafter im Innenverhältnis als Kompensation für die nach § 128 HGB bestehende „Zufallshaftung“ im Außenverhältnis angesehen werden kann[1740]. Rechtfertigt sich der Rückgriffsanspruch gerade aus der unbeschränkten und primären Haftung im Außenverhältnis, die „*jeden* Gesellschafter hätte treffen können“[1741], kann davon spätestens mit dem Eintritt der Verjährung der Gesellschaftsschuld keine Rede mehr sein. Der Gesellschafter erhielte in diesem Fall für die Erbringung der verjährten Gesellschaftsschuld eine Kompensation von den anderen persönlich haftenden Gesellschaftern, die er nach der Wertung des § 110 HGB auch im Verhältnis zur – im Innenverhältnis – vorrangig haftenden Gesellschaft nicht (mehr) verdient. Gerade für das Personengesellschaftsrecht bietet es sich also an, die Leistung des nach §§ 128 S. 1 HGB, 421 ff. BGB gesamtschuldnerisch haftenden Gesellschafters dort ebenfalls unter dem Aspekt der Erforderlichkeit im Sinne von §§ 110 HGB, 670 BGB zu beurteilen und § 426 Abs. 1 BGB bei Verjährung der Gesellschaftsschuld, die wegen der parallel laufenden Verjährung von Gesellschafts- und Gesellschafterschuld allen Gesellschaftern gegenüber eintritt[1742], teleologisch zu reduzieren.

(2) Variante 2

Nach hier vertretenem Verständnis könnte der auf Zahlung gerichtete Ausgleichsanspruch grundsätzlich mit der Leistung an den Gläubiger neu entstehen (§ 199 Abs. 1 Nr. 1 BGB) und würde insofern auch neu verjähren. Aus den Ausführungen zur ersten Variante kann aber ein *argumentum a fortiori* entwickelt werden, wonach es auch in der zweiten Variante, in der es nicht nur zu einer Verjährung gegenüber allen Gesamtschuldnern, sondern zur Verjährung des mit der Begründung der Gesamtschuld entstandenen Mitwirkungs- und Befreiungsanspruchs gekommen ist, zu einem Rückgriffsausschluss kommen muss.

Nach der herrschenden Lehre zum Verjährungsbeginn des Ausgleichsanspruchs scheidet der Rückgriff erst aus, wenn sich der Rückgriffsschuldner auf die Einrede der Verjährung des Ausgleichsanspruchs gemäß § 214 Abs. 1 BGB beruft. Nach hier vertretener Ansicht ist bereits eine teleologische Reduktion von § 426 Abs. 1 BGB vorzunehmen. Zum einen fehlt es hier an der Erforderlichkeit der Leistung an den gemeinsamen Gläubiger, zum anderen ergibt sich

1740 Vgl. *K. Schmidt*, Gesellschaftsrecht, § 49 V 2, S. 1437; *Faust*, in: FS K. Schmidt, 2009, S. 357, 363 f.

1741 *Faust*, in: FS K. Schmidt, 2009, S. 357, 364.

1742 Vgl. BGH DStR 2010, 501, 504 f.; weitere Nachweise oben in Fußnote 563; ausführlich zur Verjährung der Gesellschafterhaftung oben ab S. 104.

aus der *Ratio* des Gesamtschuldnerausgleichs, dass dieser in der vorliegenden Konstellation ausbleiben muss.

dd) Ergebnis

Der Anspruch aus dem Innenverhältnis kann bei Verjährung gegenüber allen Gesamtschuldnern nur dann durch Leistung zur Entstehung im Sinne von § 199 Abs. 1 Nr. 1 BGB gebracht werden, wenn der in Anspruch genommene Gesamtschuldner die Leistung für erforderlich halten durfte. Dies gilt auch für eine Leistung vor Fälligkeit der Außenforderung. Dies folgt aus einer teleologischen Reduktion von § 426 Abs. 1 BGB.

d) Zusammenfassung der Ergebnisse und Schlussfolgerungen

aa) Ergebnisse

Die Ergebnisse zum verjährungsindizierten Ausschluss des Gesamtschuldnerausgleichs gemäß § 426 Abs. 1 BGB lassen sich wie folgt zusammenfassen:

Die Verjährung der Außenforderung hat in bestimmten Konstellationen Auswirkungen auf den Gesamtschuldnerausgleich nach § 426 Abs. 1 BGB. Ist die Außenforderung gegen den Rückgriffsschuldner verjährt, findet ein Rückgriff nach § 426 Abs. 1 BGB grundsätzlich statt, wenn der Verjährungseintritt gegenüber dem Rückgriffsschuldner auf einem bewussten oder unbewussten Verjährenlassen der Forderung durch den gemeinsamen Gläubiger beruht. Dies ergibt sich aus §§ 421, 425 Abs. 2 BGB. Die Wertung des § 424 BGB steht diesem Ergebnis nicht entgegen.

Etwas anderes gilt bei vertraglichen und gesetzlichen Verjährungsprivilegierungen. Nach den Grundsätzen der gestörten Gesamtschuld ergibt sich für die vertraglichen Verkürzungen der Verjährungsfrist die Anwendung des *Regresskreisels*, während es bei gesetzlicher Verjährungsprivilegierung mit dem Verjährungseintritt gegen den privilegierten Schuldner zur Kürzung des Anspruchs des Gläubigers gegen den nicht privilegierten Gesamtschuldner kommt.

Ist die Außenforderung im Zeitpunkt der Zahlung des Rückgriffsgläubigers nur gegenüber dem Rückgriffsgläubiger verjährt gewesen, kommt ein Rückgriff nach § 426 Abs. 1 BGB ebenfalls noch in Betracht. Dies ergibt sich zum einen aus dem Zweck des Ausgleichsanspruchs, zum anderen in Anlehnung an den verwandten Regressanspruch des Beauftragten nach § 670 BGB. Der ausgleichsverpflichtete Gesamtschuldner kann dagegen nichts einwenden, weil er im Außenverhältnis gemäß § 422 BGB von seiner Pflicht zur Leistungserbringung befreit wird und im Innenverhältnis in der Regel nur anteilig verpflichtet bleibt.

Bei einer Verjährung der Außenforderung gegenüber allen Gesamtschuldnern gilt, unabhängig davon, ob die Verjährungsfrist des Mitwirkungs- und Befreiungsanspruchs bereits vollständig abgelaufen war (hier: *Variante 2*) oder nicht (*Variante 1*), dass eine teleologische Reduktion von § 426 Abs. 1 BGB vorzunehmen ist. Ein auf Zahlung gerichteter Rückgriff gemäß § 426 Abs. 1 BGB findet in dieser Konstellation nicht mehr statt.

bb) Schlussfolgerungen

Nach hier vertretener Ansicht kann der in § 670 BGB und § 110 HGB enthaltene Maßstab zum Teil auf den gesamtschuldnerischen Ausgleichsanspruch gemäß § 426 Abs. 1 S. 1 BGB übertragen werden. Dieses Korrektiv ist notwendig; ansonsten würde die von der herrschenden Lehre postulierte Unabhängigkeit des Ausgleichsanspruchs von der Verjährung im Außenverhältnis zum Teil zu widersprüchlichen Ergebnissen führen. Liest man das Erforderlichkeitskriterium des § 670 BGB in § 426 Abs. 1 BGB hinein, lassen sich vor allem verjährungsrechtliche Schwierigkeiten, die an der Schnittstelle zwischen Gesamtschuld- und Bürgschaftsrecht bzw. Gesamtschuld- und Personengesellschaftsrecht auftreten können, weitgehend ausräumen, indem teleologisch vergleichbare Konstellationen verjährungsrechtlich gleich behandelt werden. Dies zeigt sich besonders auch bei den nachfolgend zu begutachtenden Sonderfällen bei der Mitbürgschaft und dem Schuldbeitritt. Ist nicht klar, ob eine Erklärung als Bürgschaft oder Gesamtschuld (Schuldbeitritt) verstanden werden kann, wird im Zweifel nicht zuletzt wegen der Formvorschrift des § 766 BGB die Bürgschaft als weniger einschneidende Verpflichtung angenommen[1743]. Gerade weil die Grenzen zwischen Schuldbeitritt (zu Sicherungszwecken) und (selbstschuldnerischer) Bürgschaft aber fließend sind[1744], drängt sich hier eine einheitliche Behandlung des Rückgriffs nahezu auf.

1743 Vgl. RGZ 90, 415, 417; BGH NJW 1967, 1020, 1021; BGH NJW 1986, 580; *Reinicke/Tiedtke*, Kreditsicherung, Rn. 5; *Schlicht*, Die kumulative Schuldübernahme in der Rechtsprechung des Reichsgerichts und in der zeitgenössischen Literatur, S. 102; *Madaus*, Der Schuldbeitritt als Personalsicherheit, S. 85; *Grüneberg*, in: Palandt, Überbl v § 414, Rn. 4; *Fischer*, in: Das Recht der Kreditsicherheiten, § 9, Rn. 194; *H. P. Westermann*, Jura 1991, 567, 569. Zur analogen Anwendung von § 766 BGB auf den Sicherungsbeitritt: *Schürnbrand*, Der Schuldbeitritt zwischen Gesamtschuld und Akzessorietät, S. 58 ff.; *Kittlitz*, Der vertragliche Schuldbeitritt, S. 121 ff.

1744 Vgl. BGH NJW 1986, 580; BGH NJW 1997, 2677, 2678; *Kittlitz*, Der vertragliche Schuldbeitritt, S. 103 f.; *Schürnbrand*, Der Schuldbeitritt zwischen Gesamtschuld und Akzessorietät, S. 119; *H. P. Westermann*, Jura 1991, 567, 569; *Schimansky*, WM 2002, 2437.

3. *Schuldbeitritt*

Originäre Regressansprüche beim Schuldbeitritt ergeben sich entweder aus § 426 Abs. 1 BGB oder, bei vertraglicher Mitübernahme, zusätzlich aus dem Innenverhältnis gemäß § 670 BGB[1745]. Vor dem Hintergrund der zum Rückgriff über diese Vorschriften gewonnenen Erkenntnisse steht fest, dass sich die Leistung auf eine verjährte Forderung in bestimmten Konstellationen als nicht erforderlich darstellt und insoweit zu einem Ausschluss des Rückgriffs führt. Gleichwohl ergibt sich nach dem Dogma unterschiedlicher Funktionen des Schuldbeitritts ein darüber hinaus gehendes Differenzierungserfordernis.

Zunächst wäre der Schuldbeitritt aus Übernahmezwecken zu nennen. In diesem Fall findet allein Gesamtschuldrecht Anwendung[1746]. Dennoch ist bereits nach dem Zweck der Übernahme ein Anspruch auf Ausgleichung zumindest für den Übernehmer ausgeschlossen, weil er nach dem Innenverhältnis in der Regel zur alleinigen Haftung verpflichtet ist, während der Ursprungsschuldner dagegen voll beim Beitrittsschuldner Rückgriff nehmen kann[1747]. In Anlehnung an die bisher entwickelten Grundsätze ist zu ergänzen, dass der Regress bei der Leistung auf eine gegenüber Ursprungs- und Beitrittsschuldner verjährte Schuld ausscheidet, soweit nicht die konkrete Vereinbarung auf einen anderen Parteiwillen schließen lässt. Regelmäßig ergibt sich dies aus einer teleologischen Reduktion von § 426 Abs. 1 BGB[1748]. Ein daneben bestehender Anspruch aus dem Innenverhältnis gemäß § 670 BGB würde ebenfalls mangels Erforderlichkeit nicht zur Entstehung gelangen[1749]. Es liegt in der Konstellation eines Schuldbeitritts aus Übernahmezwecken also besonders nahe, die möglichen Rückgriffsansprüche verjährungsrechtlich einheitlich zu behandeln.

Die Ergebnisse aus den Fallgruppen des Rückgriffsausschlusses bei der Bürgschaft[1750] lassen sich auf den Schuldbeitritt zu Sicherungszwecken zwanglos übertragen. Im Übrigen ist auch für den Sicherungsbeitritt eine weitere Einschränkung zu berücksichtigen. Dort kommt ebenfalls nur ein einseitiger Rück-

---

1745 *Madaus*, Der Schuldbeitritt als Personalsicherheit, S. 304 ff.; *Schürnbrand*, Der Schuldbeitritt zwischen Gesamtschuld und Akzessorietät, S. 45 f.; *Nobbe*, in: Bankrechts-Handbuch, § 92, Rn. 86; *Medicus/Lorenz*, Schuldrecht AT, Rn. 861.

1746 Grundlegend: *Schürnbrand*, Der Schuldbeitritt zwischen Gesamtschuld und Akzessorietät, S. 197.

1747 Vgl. *Gebauer*, in: Soergel, § 426, Rn. 19; *Schürnbrand*, Der Schuldbeitritt zwischen Gesamtschuld und Akzessorietät, S. 46; *Madaus*, Der Schuldbeitritt als Personalsicherheit, S. 306.

1748 Dazu Gesamtschuld: Fallgruppe 3 (S. 323).

1749 Vgl. oben zur Bürgschaft, S. 285.

1750 Oben, S. 285.

griff, nämlich der des Sicherungsgebers gegen den Ursprungsschuldner, in Betracht[1751]. Da bei diesem Typus des Schuldbeitritts die Verjährung als abgeleitete Einrede analog § 768 Abs. 1 BGB auch dem zur Sicherung beigetretenen Schuldner zusteht[1752], rückt außerdem das Kriterium der subjektiven Erforderlichkeit wieder stärker in den Vordergrund. Ist die Forderung gegenüber dem Ursprungsschuldner, nicht aber gegenüber dem Beitrittsschuldner verjährt, hängt der Rückgriffserfolg entscheidend von den Kriterien *Zumutbarkeit*, *Offenkundigkeit* und *Zeitablauf* ab[1753]. Mit der entsprechenden Anwendbarkeit von § 768 Abs.1 BGB ist zudem die Pflicht des Ursprungsschuldners verbunden, den Sicherungsbeitrittsschuldner über eine zwischenzeitlich in seiner Person begründete Verjährungseinrede zu informieren. Erfolgt diese Information schuldhaft nicht, entsteht dem Beitrittsschuldner durch die Leistung auf eine wegen § 768 Abs. 1 BGB analog auch ihm gegenüber „verjährte Forderung“[1754] ein Schaden, den er nach § 280 Abs. 1 BGB vom Ursprungsschuldner ersetzt verlangen kann. Regelmäßig läuft die Verjährung dieses Schadensersatzanspruchs mit derjenigen des Anspruchs aus § 670 BGB parallel[1755].

Am Beispiel des Schuldbeitritts lässt sich demnach besonders anschaulich belegen, dass der Erfolg des Rückgriffs nicht vom Zufall und der nach wie vor ungesicherten Zuordnung des Schuldbeitritts zum Gesamtschuld- bzw. Bürgschaftsrecht abhängen darf. Weil die Möglichkeit des Rückgriffs hier aber in besonderem Maße von der Ausgestaltung des konkreten Innenverhältnisses abhängt, verbieten sich freilich allzu schematische Lösungen. Dies wird durch die Berührungspunkte des Schuldbeitritts mit der Bürgschaft einerseits, andererseits mit der Gesamtschuld weiter bekräftigt. Durch die Anknüpfung an das Merkmal der Erforderlichkeit der Leistung, auch für den gesamtschuldnerischen Ausgleichsanspruch gemäß § 426 Abs. 1 BGB, wird aber für die Frage, ob sich der Rückgriff nach Eintritt der Verjährung gegenüber dem Gläubiger, sei es im Ver-

---

1751 *Noack*, in: Staudinger (2005), § 426, Rn. 69; *Bydlinski*, in: MüKo-BGB, § 426, Rn. 16; *Gebauer*, in: Soergel, § 426, Rn. 19; *Schürnbrand*, Der Schuldbeitritt zwischen Gesamtschuld und Akzessorietät, S. 45; *Schwedhelm*, Das Gesamtschuldverhältnis, Rn. 177.

1752 Oben, S. 190.

1753 Zu diesen Kriterien oben ab S. 277.

1754 Vgl. noch einmal zur Verjährung der Forderung beim Sicherungsbeitritt oben ab S. 94. Die Verjährung der Forderung gegen den Beitrittsschuldner richtet sich grundsätzlich nach §§ 195, 199 BGB. Aber selbst dann, wenn man mit der Gegenauffassung die Verjährungsfrist der Ursprungsschuld zugrunde legen würde, könnte sich die hier angesprochene Konstellation verwirklichen. So könnte die Verjährung der Beitrittsschuld zwischenzeitlich gehemmt worden sein (§§ 203 ff. BGB).

1755 Oben, S. 280.

hältnis vom Ursprungsschuldner zum Gläubiger oder vom Beitrittsschuldner zum Gläubiger, Klarheit geschaffen. Konnte der Schuldner die Leistung für erforderlich halten, kann er im Innenverhältnis Rückgriff nehmen. Dies gilt dann unabhängig davon, ob der Ausgleich aus § 426 Abs. 1 BGB oder § 670 BGB folgt.

4. *Mitbürgschaft*

Bereits an mehreren Stellen ist auf das komplizierte Regelungsmodell der Mitbürgschaft hingewiesen worden[1756], das sich nicht selten auf verjährungsrechtliche Streitfragen auswirkt. Obwohl die Mitbürgschaft nach §§ 769 Abs. 2, 774 Abs. 2 BGB gesamtschuldnerischen Regelungen unterliegt, soll auf sie noch einmal im Zusammenhang mit dem Ausschluss des Rückgriffs wegen Verjährung eingegangen werden.

Zu unterscheiden sind insgesamt fünf Fälle: Der Mitbürge leistet trotz Verjährung der Hauptschuld, aber bei unverjährter Bürgenschuld (Fall 1). Der Mitbürge leistet trotz einer gegenüber beiden Mitbürgen eingetretenen Verjährung der Bürgenschuld, aber bei unverjährter Hauptschuld (Fall 2). Der Mitbürge leistet trotz einer ihm selbst gegenüber eingetretenen Verjährung der Bürgenschuld, aber bei unverjährter Hauptschuld (Fall 3). Der Mitbürge leistet trotz einer gegenüber dem anderen Mitbürgen eingetretenen Verjährung der Bürgenschuld, aber bei unverjährter Hauptschuld (Fall 4). Schließlich können im Zeitpunkt der Leistung an den Gläubiger alle Forderungen verjährt gewesen sein (Fall 5). Nicht untersucht wird der verwandte Fall, in dem dem ausgleichsverpflichteten Mitbürgen noch die Einrede der Vorausklage gemäß § 771 BGB zusteht[1757].

Obwohl ein Rückgriff des in Anspruch genommenen Mitbürgen gegen den Hauptschuldner in Fall 2, 3 und 4 erfolgversprechend ist[1758], rückt die Möglichkeit eines Regresses beim anderen mithaftenden Mitbürgen in den Vordergrund, insbesondere wenn der Hauptschuldner insolvent ist. Da die Mitbürgen gemäß

1756 Oben, S. 43 ff., 183, 205.

1757 Im Überblick dazu bereits oben ab S. 270; vgl. dazu insbesondere *Glöckner*, Gesamtschuldvorschriften und Schuldnermehrheiten bei unterschiedlichen Leistungsinhalten, S. 88 f., 225 f.; *Pecher*, in: Soergel, § 769, Rn. 8, § 774, Rn. 29; *S. Meier*, Gesamtschulden, S. 1194 f., m.w.N.

1758 Nach den oben aufgestellten Kriterien für den Rückgriff gegen den Hauptschuldner kommt es für den Mitbürgen maßgeblich darauf an, dass die Hauptschuld zum Zeitpunkt der Leistung an den Gläubiger noch nicht verjährt gewesen ist. In den anderen Fällen ist die Leistung des Mitbürgen nicht „erforderlich“ im Sinne von § 670 BGB im Verhältnis zum Hauptschuldner. Diese Einwendung könnte der Hauptschuldner auch dem Regress aus der legalzedierten Forderung gemäß § 774 Abs. 1 S. 3 BGB entgegenhalten. Ausführlich dazu oben ab S. 273 ff.

§ 769 BGB gesamtschuldnerisch haften, käme es bei Zugrundelegung der herrschenden Meinung allein auf die Verjährung des Ausgleichsanspruchs gemäß § 426 Abs. 1 BGB an[1759]. Demnach würde der Anspruch stets mit Begründung der Gesamtschuld entstehen und unabhängig von zwischenzeitlich erfolgten Leistungen an den gemeinsamen Gläubiger fortbestehen und einheitlich verjähren[1760]. Der Rückgriff des ersten Mitbürgen bei dem oder den anderen Mitbürgen richtete sich also zunächst nach dem Zeitpunkt der Gesamtschuldentstehung. Bei der Mitbürgschaft wäre dies mit dem Vorliegen der Voraussetzungen von § 769 BGB zu bejahen. Der Rückgriffserfolg hinge allein von der Verjährung des Ausgleichsanspruchs gemäß § 426 Abs. 1 BGB ab, wäre also grundsätzlich in allen fünf Fällen möglich.

Dem ist zu widersprechen. Nach hier vertretener Ansicht kommt es darauf an, ob die Leistung des Mitbürgen an den Gläubiger überhaupt noch zur Entstehung eines auf Zahlung gerichteten Ausgleichsanspruchs führt.

In Fall 1 wäre der Rückgriff nach § 426 Abs. 1 BGB nur zulässig, wenn man für die Beurteilung der Erforderlichkeit der Leistung an den gemeinsamen Gläubiger allein die Unverjährtheit der Bürgschaftsforderung, die die Gesamtschuld konstituiert, nicht aber die Verjährung der Hauptschuld, da jene nur das Rechtsverhältnis zwischen Hauptschuldner und Bürge betrifft, für maßgeblich hielte. Diese Einschränkung leuchtet zumindest *prima facie* ein. Das Verhältnis der Mitbürgen untereinander – die Bürgschaftsschulden sind gerade nicht verjährt – streitet dafür, den Rückgriff hier zuzulassen. Mit anderen Worten wäre die Leistung nur im Verhältnis zum Hauptschuldner nicht erforderlich im Sinne von § 670 BGB und daher auch nur der Rückgriff gegen den Hauptschuldner selbst ausgeschlossen. Diese enge Sichtweise ließe aber außer Acht, dass die Einrede der Verjährung der Hauptschuld gemäß § 768 Abs. 1 BGB sowohl vom in Anspruch genommenen Mitbürgen als auch vom Rückgriffsschuldner hätte geltend gemacht werden können. Insoweit entspräche die Konstellation der Fallgruppe 3 bei der Gesamtschuld[1761]. Daher scheidet auch ein Rückgriff des in Anspruch genommenen Mitbürgen gegen den oder die anderen Mitbürgen im Fall 1 grundsätzlich aus[1762]. Etwas anderes gälte nur, wenn ein wirksamer Verzicht der Mitbürgen auf die Einrede der Verjährung der Hauptschuld vereinbart wurde.

1759 Vgl. BGH NJW 2010, 435, 436; weitere Nachweise oben in Fußnote 1219.

1760 Vgl. nur BGHZ 181, 310, 313 ff.; BGH NJW 2010, 435 f.; weitere Nachweise oben in Fußnote 1219.

1761 Oben, ab S. 311.

1762 So im Ergebnis auch *S. Meier*, Gesamtschulden, S. 1204 f.; a.A. *Mormann*, in: RGRK-BGB, § 774, Rn. 7.

Im Fall 2 scheidet der Rückgriff ebenfalls aus, weil dort die Verjährung bereits beide gesamtschuldnerisch verbundenen Bürgschaftsforderungen betrifft. Diese Konstellation entspricht der Fallgruppe 3 bei der Gesamtschuld[1763].

In Fall 3 ist der Rückgriff des Mitbürgen möglich. Solange die Bürgschaftsforderung gegenüber dem ausgleichsverpflichteten Gesamtschuldner noch nicht verjährt gewesen ist, kann der ausgleichsberechtigte Mitbürge einen auf Zahlung gerichteten Ausgleichsanspruch gemäß § 426 Abs. 1 S. 1 BGB zur Entstehung bringen. Dies deckt sich mit dem Ergebnis zur Fallgruppe 2 bei der Gesamtschuld[1764].

Auch in Fall 4 ist der Rückgriff des Mitbürgen möglich. Der Mitbürge durfte die Leistung für erforderlich halten, da einerseits die Bürgschaft ihm gegenüber noch nicht verjährt war, andererseits auch die Hauptschuld noch nicht verjährt war, so dass ihm eine abgeleitete Einrede nicht zustand. Die Konstellation entspricht der ersten Fallgruppe bei der Gesamtschuld. Daher sind weitere Differenzierungen bei vertraglicher Haftungsprivilegierung vorzunehmen[1765]. Beruht der vorzeitige Verjährungseintritt auf einer vertraglichen Abrede zwischen dem Rückgriffsschuldner und dem Gläubiger, kommt es zu einem *Regresskreisel*[1766].

Kein Rückgriff findet nach alldem in Fall 5 statt, der sowohl für die Bürgschaft als auch für die Gesamtschuld der jeweils dritten Fallgruppe entspricht[1767].

1763 Oben, ab S. 311.

1764 Oben, ab S. 310.

1765 Besondere gesetzliche Verjährungsprivilegierungen für die Bürgschaft sind nicht geregelt. Auf das Modell der Anspruchskürzung kommt es bei der Mitbürgschaft daher nicht an.

1766 Ergebnis Fallgruppe 1, S. 304.

1767 Vgl. dazu S. 285 (Fallgruppe 3, Bürgschaft); S. 323 (Ergebnis Fallgruppe 3, Gesamtschuld).

3. Teil: Schlussbetrachtung

In dieser Arbeit sind die Auswirkungen der Verjährung bei Bürgschaft, Gesamtschuld und Schuldbeitritt untersucht worden. Es haben sich, wie erwartet, einerseits Gemeinsamkeiten, andererseits aber auch Unterschiede im Hinblick auf die Verjährung in der Entstehungs-, Entwicklungs- und Rückgriffsphase gezeigt. Grundlegende Konsequenzen für die Rechtspraxis sind mit dem hier vertretenen Ansatz zum Regress über die originären Rückgriffsansprüche verbunden. Dieses Konzept überzeugt gegenüber dem bisher in der Rechtslehre überwiegend zugrunde gelegten Rückgriffsverständnis. Das bereits von Teilen der Literatur vertretene Modell, welches die Verknüpfung von Leistungs- und Entstehungszeitpunkt des auf Zahlung gerichteten Gesamtschuldnerausgleichs gemäß § 426 Abs. 1 S. 1 BGB vorsieht, ist hier konsequent fortentwickelt worden. Die Anknüpfung an das Kriterium der „Erforderlichkeit", wie es für den Regress nach § 670 BGB bzw. § 110 HGB weithin anerkannt ist, verspricht zum einen eine bessere Praktikabilität, zum anderen Einzelfallgerechtigkeit. Dies wird nicht zuletzt deutlich, wenn die Ansprüche aus § 670 BGB/§ 110 HGB und § 426 Abs. 1 BGB miteinander konkurrieren, wie es etwa beim Schuldbeitritt und Personengesellschafterregress häufig der Fall sein kann. Die Auswirkungen der Verjährung sollten nicht von gesetzgeberischen Ungenauigkeiten und Zufällen abhängen. Dem Rückgriffsgläubiger muss zumindest eine „faire Chance" zur Realisierung des Rückgriffs verbleiben[1768]. Damit es bei einer fairen Chance bleibt, die Verjährung des Rückgriffs also nicht ins Belieben des Regressgläubigers gestellt wird und damit den Interessen des Rückgriffsschuldners zuwiderläuft, sind dem ausgleichsberechtigten Gläubiger Grenzen zu ziehen. Am besten wird dies durch die Anknüpfung an das Merkmal der Erforderlichkeit verwirklicht.

Neben dem Aspekt des Rückgriffs sind in dieser Arbeit weitere wichtige Erkenntnisse gewonnen worden. Sie sollen nachfolgend zusammengefasst werden:

A. Verjährung in der Entstehung

Der Verjährungsbeginn[1769] der Bürgschaftsforderung richtet sich nach dem vertraglich vereinbarten Sicherungsfall. Liegt keine ausdrückliche Sicherungsvereinbarung vor, kommt es auf die Fälligkeit der Hauptschuld und deren Nichterfüllung durch den Hauptschuldner an. Das Kriterium der Nichterfüllung ist aus Gründen der Rechtssicherheit eng zu verstehen. Auf den Zeitpunkt, ab dem der Hauptschuldner sich mit der Erfüllung der Hauptschuld in Verzug befindet,

1768 Vgl. BT-Drucks. 14/6040, S. 95; *Hartmann/Lieschke*, WM 2011, 205, 208, 209.

1769 Zum Verjährungsbeginn des Bürgschaftsanspruchs oben, S. 20 ff.

kommt es dagegen nicht an. Das gilt auch für das Kriterium der Leistungsaufforderung. Die Entstehung der Bürgschaftsforderung (§ 199 Abs. 1 Nr. 1 BGB) fällt daher mit der Fälligkeit der Hauptschuld zusammen. Dies gilt sowohl für die Regelbürgschaft als auch die selbstschuldnerische Bürgschaft. Die Bürgschaft auf erstes Anfordern beginnt mit dem Eintritt des formellen Sicherungsfalls zu verjähren. Die Fälligkeit der Hauptschuld wird relevant, wenn sie offensichtlich noch nicht eingetreten ist und das Abrufen der Bürgschaft daher rechtsmissbräuchlich wäre. Liegt keine Vereinbarung vor, tritt der Bürgschaftsfall mit der Fälligkeit der gesicherten Schuld zusammen ein.

Ausnahmen von diesem Grundsatz gelten für die Zeit- und Ausfallbürgschaft. Für die Gewährleistungsbürgschaften kommt es auf den Zeitpunkt an, an dem sich der Nacherfüllungsanspruch in einen Zahlungsanspruch umgewandelt hat. Die Geltendmachung des Zahlungsanspruchs ist dagegen nicht erforderlich.

Nicht selten kann es aufgrund des frühen Verjährungsbeginns der Bürgschaftsforderung dazu kommen, dass der Bürgschaftsanspruch vor der gesicherten Schuld verjährt[1770]. Dies ist hinzunehmen. Die Parteien müssen sich durch entsprechende Vereinbarungen absichern. Individualvertraglich und AGB-rechtlich zulässig wäre nach hier befürworteter Ansicht eine Klausel, die den Verjährungsbeginn der Bürgschaftsforderung von der Zahlungsaufforderung des Gläubigers abhängig machte.

Unterschiedliche Verjährungsfristen der einzelnen Forderungen des Gläubigers gegen die Gesamtschuldner stehen der Begründung eines Gesamtschuldverhältnisses nicht entgegen[1771]. Letztlich kann dies mit der Lehre der Gleichstufigkeit begründet werden, nach der es selbst bei Ansprüchen, die auf unterschiedlichen Anspruchsgrundlagen beruhen, zur Entstehung einer Gesamtschuld kommen kann. Das Prinzip selbstständiger Verjährungsfristen für die einzelnen Forderungen gilt damit sowohl im Bürgschafts- als auch im Gesamtschuldrecht.

Einer eigenen regelmäßigen Verjährung unterliegt überdies die Beitrittsforderung beim Schuldbeitritt, wenn dieser allein Sicherungszwecken dient. Der Verjährungsbeginn richtet sich nach § 199 Abs. 1 BGB, er folgt den für die Bürgschaft entwickelten Grundsätzen. Es kommt daher maßgeblich auf den vereinbarten Sicherungsfall, im Übrigen auf die Nichterfüllung der fälligen Ursprungsschuld an. Die schwierigen Abgrenzungsprobleme der getrennt voneinander verjährenden Ursprungs- und Beitrittsschuld haben sich durch die Abschaffung der §§ 196 f. BGB a.F. Erledigt.

1770 Oben, S. 21, 71 ff.

1771 Oben, ab S. 90.

B. Verjährung der (gesicherten) Schuld als Einredetatbestand gegenüber dem Sicherungsrecht und den anderen Schuldnern

Die Verjährung der gesicherten Schuld hat als „mittelbar bürgenbezogene Einrede“[1772] im Rahmen von § 768 Abs. 1 S. 1 BGB besonderes Gewicht auch als Verteidigungsmittel des Bürgen. Nicht zuletzt wegen der daneben unabhängig verjährenden Bürgschaftsforderung stellt sich aus Sicht des Gläubigers die Frage, ob Maßnahmen gegen den Bürgen gleichzeitig die Verjährung der Hauptschuld beeinflussen können. Dem ist zu widersprechen. Das im Gesellschaftsrecht vorherrschende Verständnis lässt sich trotz bestehender Gemeinsamkeiten zwischen akzessorischer Gesellschafter- und Bürgenhaftung nicht auf die Bürgschaft übertragen. Es widerspräche dem Zweck der Bürgenhaftung, wenn die rechtzeitige Hemmung der Verjährung gegenüber dem Bürgen gleichzeitig den Ausschluss von § 768 Abs. 1 BGB zur Folge hätte[1773]. Von diesem Grundsatz ist jedoch eine Ausnahme zu machen: Ab dem Zeitpunkt des *Wegfalls des Hauptschuldners* reichen verjährungshemmende Maßnahmen gegen den Bürgen aus[1774].

Darüber hinaus hat die nähere Untersuchung der Reichweite des in § 768 Abs. 1 S. 1 BGB enthaltenen Abwehrmechanismus gezeigt[1775], dass Rechtsprechung und Teile des Schrifttums keine klare Linie verfolgen. Während Versäumnisurteil, Anerkenntnis und Verjährungsvereinbarungen danach nicht zu Lasten des Bürgen gehen, sollen Verhandlungen zwischen Hauptschuldner und Gläubiger im Sinne von § 203 BGB zu einer Verjährungshemmung der Hauptschuld auch mit Wirkung für den Bürgen führen. Es kann jedoch nicht darauf ankommen, ob die Rechtsfolgen der Verjährungshemmung oder des Verjährungsneubeginns kraft Gesetzes eintreten oder sich als Folge rechtsgeschäftlichen Verhaltens darstellen. Aus diesem Grund sind nachträgliche verjährungsverlängernde Tatbestände, die maßgeblich auf hauptschuldnerisches Verhalten zurückzuführen sind, nicht ausschließlich der Rechtsverfolgung des Gläubigers dienen (§ 204 Abs. 1 BGB) und damit nicht durch den Bürgen beeinflusst worden sind, dem Bürgen gegenüber unwirksam. Daher gehen Stundung und *pactum de non petendo* (§ 205 BGB) nicht zu Lasten des Bürgen. Dasselbe gilt für verjährungsverlängernde Vereinbarungen (§ 202 BGB) und Verhandlungen (§ 203 BGB) zwischen Hauptschuldner und Gläubiger. Dies ergibt sich entweder aus § 767 Abs. 1 S. 3 BGB oder § 768 Abs. 2 BGB analog.

1772 *Tiedtke*, JZ 2006, 940, 941; *Reinicke/Tiedtke*, Bürgschaftsrecht, Rn. 166.

1773 Oben, S. 102 ff.

1774 Zu diesem Problem oben, S. 117 ff.

1775 Zu den Fallgruppen bei der Bürgschaft oben, S. 131 ff.

Der Verzicht auf die Einrede des § 768 Abs. 1 BGB ist nur individualvertraglich möglich, es gilt jedoch § 202 Abs. 2 BGB. Entsprechenden einseitigen Vorgaben durch AGB sind durch § 307 Abs. 2 Nr. 1 BGB enge Grenzen gesetzt.

Die Entwicklung der Verjährung richtet sich bei der Gesamtschuld nach § 425 Abs. 2 BGB. Grundsätzlich gilt Einzelwirkung im Hinblick auf Verjährung, Verjährungs- und Ablaufhemmung sowie deren Neubeginn[1776]. Nicht in den Anwendungsbereich von § 425 BGB gehören die Fälle der Gesellschafterhaftung, weil zwischen Personengesellschaft und (ausgeschiedenem) Gesellschafter kein Gesamtschuldverhältnis besteht. Keine „echte" Gesamtwirkung liegt bei im Wege der Stellvertretung (§ 164 BGB) getroffenen verjährungshemmenden oder -erweiternden Vereinbarungen zwischen Gläubiger und einzelnen Gesamtschuldnern vor.

Das Kriterium einer besonders „engen Verbundenheit"[1777] zwischen den einzelnen Gesamtschuldnern führt nicht zur Annahme von Gesamtwirkung. Gesamtwirkung ist dort anzunehmen, wo eine gegenseitige Zurechnung der Verjährungstatsachen erforderlich ist. Dazu kommt es auf das Merkmal der Erkennbarkeit für den Gläubiger, daraus folgende Beweisschwierigkeiten und schließlich die *Ratio* des Verjährungstatbestandes an. Dies beweisen die Fälle des Anerkenntnisses durch Abschlagszahlungen eines Ehegatten und des Nachbesserungsversuchs mehrerer verpflichteter Werkunternehmer. Ein vergleichbarer Gedanke liegt der in § 115 Abs. 2 VVG enthaltenen Sonderverjährungsvorschrift zugrunde.

Für den Schuldbeitritt ist nach der von der Beitrittsregelung oder -vereinbarung bezweckten Sicherungs- bzw. Übernahmefunktion zu differenzieren. Während es im erstgenannten Fall zu einer weitgehenden Synchronisation mit den für die Bürgschaft entwickelten Kriterien kommt, ist für den Schuldbeitritt aus Übernahmezwecken § 425 BGB maßgeblich.

Der Vergleich der § 768 Abs. 1 BGB und § 425 Abs. 2 BGB veranschaulicht einmal mehr: Die Entwicklung der Verjährung verläuft sowohl im Bürgschafts- als auch Gesamtschuldrecht für jede einzelne Forderung grundsätzlich getrennt voneinander ab. Beide Vorschriften dienen dem Schuldnerschutz. Der Bürge soll sich auf eine bereits eingetretene Verjährung der Hauptschuld berufen können, weil er anstelle des Hauptschuldners für die Erfüllung eben jener Schuld einzustehen hat. Der Gesamtschuldner haftet dagegen zwar für die Erfüllung der gesamten Schuld (§ 421 S. 1 BGB), seine Verbindlichkeit ist aber nicht an die der anderen Gesamtschuldner angelehnt. Daher muss ihm der ihm gegenüber einge-

1776 Zu den Fallgruppen bei der Gesamtschuld oben, S. 169 ff.

1777 Vgl. OLG Köln NJW 1972, 1899, 1900.

tretene Verjährungsablauf, unabhängig vom Verjährungseintritt gegenüber den anderen Gesamtschuldnern, zugute kommen.

Beide Vorschriften werden nur ausnahmsweise aus Gründen des Gläubigerschutzes durchbrochen. Bürgschafts- und Gesamtschuldgläubiger müssen daher stets zwei oder mehrere getrennt voneinander laufende Verjährungsfristen im Auge behalten. Dies ist für den Gläubiger dort besonders nachteilig, wo er es aufgrund der Annahme von Subsidiarität, wie etwa bei der Bürgschaft, unterlässt, verjährungshemmende Maßnahmen zu ergreifen. Zu seinem Schutz reichen verjährungshemmende Maßnahmen gegenüber dem Bürgen aus, wenn die hauptschuldnerische Rechtsträgerin vermögenslos und im Register gelöscht wird (Wegfall des Hauptschuldners). Der Gläubiger der Gesamtschuldner ist hingegen davor zu bewahren, dass sich die Schuldner gleichermaßen auf Hemmungstatbestände berufen, deren Eintritt der Gläubiger aus Beweisschwierigkeiten keinem der Gesamtschuldner exakt zuordnen kann. In diesem Fall ist aus Gläubigerschutzgründen eine gegenseitige Zurechnung erforderlich und damit Gesamtwirkung geboten.

C. Rückgriff und Verjährung

I. Zusammenfassung der Ergebnisse

Ein besonderer Fokus ist in dieser Arbeit auf den Rückgriff des Bürgen sowie des ausgleichsberechtigten Gesamtschuldners über die originären Regressansprüche, § 670 BGB und § 426 Abs. 1 BGB, gelegt worden[1778]. Nicht nur hinsichtlich des Verjährungsbeginns dieser Ansprüche hat die Untersuchung interessante Parallelen aufgezeigt. Sowohl Bürgen (§ 775 BGB) als auch Gesamtschuldner (§ 426 Abs. 1 S. 1 BGB) können Befreiung von ihrer Verbindlichkeit, aber auch Zahlung (§§ 426 Abs. 1 S. 1; 670 BGB) verlangen. Diese Differenzierung wird im Hinblick auf den Verjährungsbeginn relevant.

Auf Zahlung gerichtete Ausgleichsansprüche werden grundsätzlich erst mit der Leistung an den gemeinsamen Gläubiger fällig. Für den Verjährungsbeginn hat dies zur Folge, dass die Ansprüche, soweit sie auf Zahlung gerichtet sind, erst mit der Leistung an den Gläubiger gemäß § 199 Abs. 1 Nr. 1 BGB *entstehen.* Dies gilt auch für den Regress beim Schuldbeitritt. Die Unterscheidung zwischen Übernahme- und Sicherungsbeitritt wirkt sich daher nicht auf den Verjährungsbeginn, sondern nur darauf aus, ob überhaupt ein Rückgriff zwischen Ursprungs- und Beitrittsschuldner stattfindet. Je nach Zweck des Schuldbeitritts

1778 Oben, S. 191 ff.

ist einer der Schuldner im Innenverhältnis zur Leistung der gesamten Schuld verantwortlich.

Das für den Verjährungsbeginn gemäß § 199 Abs. 1 Nr. 2 BGB erforderliche Kriterium der Kenntnis spielt eine untergeordnete Rolle. In engen Grenzen folgt aus dem Merkmal der *grob fahrlässigen Unkenntnis* eine Nachforschungsobliegenheit. Wirtschaftliche und rechtliche Expertise der Gläubiger sind in diesem Zusammenhang von hervorgehobener Bedeutung. Dies zeigt sich im Besonderen, wenn Banken als Sicherungsgläubiger auftreten. Die Wertungsoffenheit dieses Kriteriums setzt jedoch Einzelfallentscheidungen voraus.

Weder praktische noch rechtliche Probleme bereitet der Rückgriff über die legalzedierte Forderung[1779], auf die sich Bürge, Gesamtschuldner und Beitrittsschuldner gleichermaßen entweder gemäß § 426 Abs. 2 BGB (analog) oder § 774 Abs. 2 BGB (analog) stützen können. Der Forderungsübergang hat vordergründig eine bestärkende Funktion für den Regress über die originären Rückgriffsansprüche. Es geht um die Verschaffung weiterer Sicherheiten, die gemäß § 216 BGB zum Teil unabhängig von der Verjährung der legalzedierten Forderung geltend gemacht werden können. Eine bereits in Gang gesetzte Verjährungsfrist läuft trotz Forderungsübergangs weiter. Der Schuldner kann dem Zessionar weiterhin die Einrede der Verjährung gemäß § 404 BGB entgegenhalten. Eine Besonderheit gilt wegen § 774 Abs. 1 S. 3 BGB für den Rückgriff des Bürgen. War die Leistung des Bürgen als nicht erforderlich einzustufen, scheidet ein Regress nach § 670 BGB aus. Dies kann der Hauptschuldner gemäß § 774 Abs. 1 S. 3 BGB auch der legalzedierten Forderung entgegenhalten.

Die funktionale Trennung von Mitwirkungs-, Befreiungs- und Zahlungsanspruch erfordert eine weitere Konturierung im Hinblick darauf, unter welchen Voraussetzungen die Verjährung dem erfolgreichen Regress entgegensteht. Für die Bürgschaft ist dafür stets auf die Erforderlichkeit der Leistung des Bürgen im Sinne von § 670 BGB abzustellen. Nach hier vertretener Ansicht hat der Bürge mit seinem Rückgriff Erfolg, wenn die Hauptschuld noch nicht verjährt gewesen ist. Auf die Verjährung der Bürgenschuld kommt es demgegenüber nicht an. Der Bürge würde ansonsten schlechter gestellt als ein Dritter, der im Sinne von § 267 BGB auf die noch nicht verjährte Hauptschuld leisten würde.

Das in § 670 BGB enthaltene Merkmal der Erforderlichkeit greift als Korrektiv auch im Rahmen des Gesamtschuldnerausgleichs, wenn im Zeitpunkt der Leistung an den Gläubiger die Forderung gegenüber allen Schuldnern bereits verjährt oder noch nicht fällig war. Dieses Modell ist sowohl gegenüber der Rechtsprechung und herrschenden Auffassung im Schrifttum als auch gegenüber einem rein am Leistungszeitpunkt orientierten Verständnis vorzugswürdig. Be-

1779 Oben, S. 208 ff.

legt wird dies vor allem durch die Untersuchung zur Fallgruppe 3 bei der Gesamtschuld[1780]. Während die herrschende Lehre zum Teil widersprüchliche Ergebnisse herbeiführt, führte die allein am Leistungszeitpunkt orientierte Anschauung zu einem praktisch unverjährbaren Ausgleichsanspruch. Dies wird durch die bereits in der Entstehungsgeschichte angelegte und systematisch-teleologisch erforderliche Synchronisation mit dem Beauftragtenregress vermieden. Da das Merkmal der Erforderlichkeit im Wortlaut des § 426 Abs. 1 BGB allerdings nicht enthalten ist, ist in diesen Fällen eine teleologische Reduktion von § 426 Abs. 1 S. 1 BGB vorzunehmen.

All dies gilt nicht für die Konstellationen, in denen eine nach den Grundsätzen der gestörten Gesamtschuld zu behandelnde Verjährungsprivilegierung des Rückgriffsschuldners vorliegt. Bei einer von Beginn an bestehenden vertraglichen Verjährungsverkürzung gegenüber dem Rückgriffsschuldner wird ein *Regresskreisel* in Gang gesetzt. Beruht die Verjährungsprivilegierung auf einer gesetzlichen Anordnung, kommt es zu einer Anspruchskürzung der Gläubigerforderung gegenüber dem nicht privilegierten Gesamtschuldner in Höhe der Quote, die dieser im Innenverhältnis nicht zu tragen hätte.

II. Schlussfolgerungen

Die Verjährung ist für den Rückgriff des Bürgen gegen den Hauptschuldner sowie den Regress des ausgleichsberechtigten Gesamtschuldners gegen die anderen Schuldner nicht nur theoretisch, sondern vor allem praktisch von Bedeutung. Zu Recht haben sich daher im Anschluss an die Schuldrechtsreform bereits zahlreiche Stimmen in der Literatur mit den Auswirkungen der Verjährung, zuletzt insbesondere für den Gesamtschuldnerregress, befasst. Der zunächst im Schrifttum geführten Kontroverse sind mittlerweile eine Flut von auch höchstrichterlichen Entscheidungen zum Verjährungsbeginn und den Auswirkungen der Verjährung auf den Rückgriff der Gesamtschuldner gefolgt. Zu einer abschließenden Klärung haben die Urteile des BGH[1781], wie die Ausführungen in dieser Arbeit gezeigt haben, indes nicht beitragen können.

Die vom Modernisierungsgesetzgeber intendierte Vereinfachung des Verjährungsrechts[1782], die im Übrigen zu begrüßen ist, kann *de lege lata* nur als Teilerfolg gewertet werden. Der Schutz vor der „verdunkelnden Macht der Zeit“, der noch in den *Motiven* als maßgebliche Stütze des Sinn und Zwecks der An-

1780 Oben, S. 311 ff.

1781 BGHZ 181, 310, 313 ff.; BGH NJW 2010, 62 ff.; BGH NJW 2010, 435 f.

1782 Vgl. BT-Drucks. 14/6040, S. 96; *Zimmermann/Leenen/Mansel/Ernst*, JZ 2001, 684; *Bydlinski*, in: Die Schuldrechtsreform vor dem Hintergrund des Gemeinschaftsrechts, S. 381, 382.

spruchsverjährung genannt wurde[1783], mag durch die Verkürzung der Regelverjährung gestärkt worden sein. Die dreijährige Regelverjährungsfrist konfligiert aber besonders in Mehrpersonenkonstellationen mit einem weiteren Zweck der Verjährung, den auch der Modernisierungsgesetzgeber nicht aus den Augen verlieren wollte: Dem Gläubiger muss eine „faire Chance" zur Geltendmachung seines Anspruchs verbleiben[1784]. Dieses Ziel hat der Gesetzgeber verfehlt. Obwohl das Problem der Verjährung des Ausgleichsanspruchs der Gesamtschuldner bereits im Gutachten von *Peters* und *Zimmermann* und im Abschlussbericht der Schuldrechtskommission erörtert worden war[1785], ist es dem Modernisierungsgesetzgeber nicht gelungen, daraus die richtigen Schlüsse zu ziehen.

Die zum 01.01.2002 als „große Lösung"[1786] eingebrachten Änderungen, sind daher im Hinblick auf die Verjährung des Gesamtschuldnerausgleichs zu undifferenziert. Dass der BGH und mit ihm Teile der Lehre die in dieser Arbeit aufgeworfenen Fragen anders beantworten, als es die hier und teilweise auch in der Literatur vertretene Auffassung tut, ist nicht zuletzt der Nachlässigkeit des Modernisierungsgesetzgebers geschuldet. Er hätte bereinigen können, was bereits der historische Gesetzgeber versäumt hatte: Er hätte den verschiedenen Anspruchsfunktionen des Gesamtschuldnerausgleichs auf Tatbestandsebene Rechnung tragen können. Auch hätte er eine Angleichung an den Regress nach § 670 BGB vornehmen oder zumindest auf diese Vorschriften verweisen können. Eine entsprechende Gesetzesregelung für den Gesamtschuldnerausgleich könnte wie folgt aussehen:

> § 426 Ausgleichungspflicht, Forderungsübergang
>
> (1) Die Gesamtschuldner sind im Verhältnis zueinander zu gleichen Anteilen zur erforderlichen Mitwirkung und Befreiung von der Verbindlichkeit verpflichtet, soweit nicht ein anderes bestimmt ist. Kann von einem Gesamtschuldner der auf ihn entfallende Beitrag nicht erlangt werden, so ist der Ausfall von den übrigen zur Ausgleichung verpflichteten Schuldnern zu tragen.
>
> (2) Soweit ein Gesamtschuldner den Gläubiger befriedigt, die Leistung für erforderlich halten durfte und von den übrigen Schuldnern Ausgleichung verlangen kann, sind ihm die übrigen Schuldner zur Ausgleichszahlung verpflichtet. Für den Zahlungsanspruch gilt die Vorschrift des § 426 Abs. 1 S. 2 BGB entsprechend.

1783 Motive I, S. 291, bei *Mugdan*, I. Band, S. 512.

1784 BT-Drucks. 14/6040, S. 95.

1785 *Peters/Zimmermann*, in: Gutachten und Vorschläge zur Überarbeitung des Schuldrechts, Band I, S. 77, 236 f.; Abschlussbericht der Kommission zur Überarbeitung des Schuldrechts, S. 108 ff.

1786 Vgl. Nachweise in Fußnote 29.

(3) Soweit ein Gesamtschuldner den Gläubiger befriedigt und von den übrigen Schuldnern Ausgleichung verlangen kann, geht die Forderung des Gläubigers gegen die übrigen Schuldner auf ihn über. Der Übergang kann nicht zum Nachteil des Gläubigers geltend gemacht werden.

Ohne eine entsprechende Anpassung der Regelungen für den Gesamtschuldnerregress *de lege ferenda* wird das Problem des Rückgriffs (bei Verjährung) Literatur und Rechtsprechung weiter beschäftigen. Ob dabei die *Principles of European Contract Law* zum Vorbild genommen werden sollten, die gemäß Art. 10:106 Abs. 1 PECL einen allein auf Zahlung gestützten Regress der Gesamtschuldner vorsehen, ist zweifelhaft. Das in Deutschland tradierte Verständnis von Mitwirkungs-, Befreiungs- und Zahlungsanspruch, welches hier geteilt wird, steht dem entgegen. Auch die in Art. 10:110 (b) PECL vorgesehene Regelung, nach der die Verjährung im Außenverhältnis den Anspruch im Innenverhältnis unberührt lässt[1787], kann in dieser Fassung nicht übernommen werden. Wie hier gezeigt werden konnte, kommt ein Regress zwischen den Gesamtschuldnern nicht mehr in Betracht, wenn die Forderung des Gläubigers im Zeitpunkt der Leistung des Regressgläubigers gegenüber allen Gesamtschuldnern verjährt gewesen ist. *De lege ferenda* bietet sich daher eine Regelung an, wie sie das *Nederlansk Burgerlijk Wetboek* in Art. 6:11 Abs. 3 BW vorsieht. Nach dieser Vorschrift kann sich der Rückgriffsschuldner gegenüber dem Rückgriffsgläubiger auf die Verjährung berufen, wenn die Forderung im Außenverhältnis im Zeitpunkt der Entstehung der Ausgleichsverpflichtung gegenüber beiden Gesamtschuldnern verjährt gewesen ist[1788].

Da es in der deutschen Rechtsordnung *de lege lata* an entsprechenden Vorschriften fehlt, ist hier ein eigenes Modell zum Verjährungsbeginn und verjährungsindizierten Ausschluss des auf Zahlung gerichteten Ausgleichsanspruchs entwickelt worden. Wertvolle Vorarbeit haben dafür die Stimmen aus der Literatur leisten können, die von einer auch im Hinblick auf die Verjährung funktionalen Trennung der in § 426 Abs. 1 S. 1 BGB enthaltenen Anspruchsziele ausgehen. Der Vergleich mit den Rückgriffsansprüchen des (beauftragten) Bürgen, Beitrittsschuldners oder Personengesellschafters ist im Schrifttum in dieser

1787 Dazu *v. Bar/Zimmermann*, Grundregeln des Europäischen Vertragsrechts, Teil III, S. 646 f.

1788 Vgl. *v. Bar/Zimmermann*, Grundregeln des Europäischen Vertragsrechts, Teil III, S. 647. Nach der Übersetzung bei *Nieper*, Niederländisches Bürgerliches Gesetzbuch, S. 15, hat die Vorschrift folgenden Wortlaut: *Die Einrede der Verjährung des Anspruchs des Gläubigers steht dem auf Beitragsleistung in Anspruch genommenen nur zu, wenn zum Zeitpunkt des Entstehens der Verpflichtung zur Beitragsleistung sowohl er selbst als auch derjenige, der den Beitrag verlangt, gegenüber dem Gläubiger den Eintritt der Verjährung hätte geltend machen können.*

Form noch nicht gezogen worden. Dies überrascht angesichts der sachlichen Nähe dieser Rückgriffsansprüche. Nicht zuletzt wird mit dem hier vertretenen Ansatz den Bedürfnissen der Praxis entsprochen. Die Austauschbarkeit der Sicherungsmittel, wie sie für Bürgschaft und sichernde Schuldmitübernahme außer Rede steht, streitet für eine einheitliche Behandlung dieser Rechtsinstitute auch in der Verjährungsfrage. Die vor allem praktisch nicht immer triviale Abgrenzung zwischen Schuldbeitritt und Bürgschaft wird somit zumindest auf der Ebene der Verjährung entbehrlich.

Literaturverzeichnis

Aden, Menno, Anmerkung zu BGH, Urteil vom 05.11.1998 – IX ZR 48/98, EWiR 1999, S. 155-156

Althammer, Christoph / Würdinger, Markus, Die verjährungsrechtlichen Auswirkungen der Streitverkündung, NJW 2008, S. 2620-2622

Althammer, Christoph, Die Streitgegenstandslehre von Karl Heinz Schwab im Zivilprozess des 21. Jahrhunderts: Retrospektive, Bestandsaufnahme und Fortentwicklung, ZZP 123 (2010), S. 163-184

Ders., Verjährungshemmung durch unzulässige Klage des Rechtsnachfolgers, NJW 2011, S. 2172-2175

Altmeppen, Holger / Roth, Günter H., Gesetz betreffend die Gesellschaften mit beschränkter Haftung (GmbHG), Kommentar, 6. Auflage, München 2009 (zitiert: *Bearbeiter*, in: Roth/Altmeppen, GmbHG)

Arnold, Arnd, Verjährung und Nacherfüllung, in: Festschrift für Christoph Eggert zum 65. Geburtstag, herausgegeben von Hans-Günter Ernst, Christian Huber, Rolf Krücker und Kurt Reinking, Köln 2008, S. 41-56 (zitiert: *Arnold*, in: FS Eggert, 2008)

Auktor, Christian, Die Verjährung der Gewährleistungsrechte bei mangelhafter Nacherfüllung nach § 439 BGB, NJW 2003, S. 120-122

Balzer, Peter, Anmerkung zu BGH, Urteil vom 23.09.2008 – XI ZR 395/07, EWiR 2009, S. 529-530

Bankrechts-Handbuch, herausgegeben von Herbert Schimansky, Hermann-Josef Bunte und Hans-Jürgen Lwowski, Band II, 4. Auflage, München 2011 (zitiert: *Bearbeiter*, in: Bankrechts-Handbuch)

Bar, Christian von / Zimmermann, Reinhard, Grundregeln des Europäischen Vertragsrechts, Teil III, München 2005

Bartels, Klaus, Die Sicherungsgesamtschuld als akzessorische Kreditsicherheit?, JZ 2000, S. 608-613

Baumbach, Adolf / Hopt, Klaus J. / Merkt, Hanno / Roth, Markus, Handelsgesetzbuch mit GmbH & Co., Handelsklauseln, Bank- und Börsenrecht, Transportrecht (ohne Seerecht), 35. Auflage, München 2012 (zitiert: *Bearbeiter*, in: Baumbach/Hopt, HGB)

Baumbach, Adolf / Hueck, Alfred, Gesetz betreffend die Gesellschaften mit beschränkter Haftung, 19. Auflage, München 2010 (zitiert: *Bearbeiter*, in Baumbach/Hueck, GmbHG)

Beck'scher Online-Kommentar zum BGB, herausgegeben von Heinz Georg Bamberger und Herbert Roth, München, Stand 01.11.2011, Edition 21 (zitiert: *Bearbeiter*, in: BeckOK-BGB)

Becker-Eberhard, Ekkehard, Die Forderungsgebundenheit der Sicherungsrechte, Bielefeld 1993

Becker, Moritz / Kohlmann, Konstantin, Anmerkung zu BGH, Urteil vom 14.07.2009 – XI ZR 18/08, EWiR 2009, S. 665-666

Benckendorff, Hans-Peter, Anmerkung zu BGH, Urteil vom 16.04.1993 – V ZR 49/92, WuB IV A. § 196 BGB 1.93, S. 952

Berg, Hans, Verjährung des Anspruchs aus Geschäftsführung ohne Auftrag bei Tilgung einer bereits verjährten Forderung, MDR 1968, S. 717-721

Berger, Christian, Gestaltungsrechte und Prozessführung bei Schlüsselgewaltgeschäften nach § 1357 BGB, FamRZ 2005, S. 1129-1134

Binnewies, Burkhard / Wollweber, Markus, Die Verjährung von Innenausgleichsansprüchen bei steuerrechtlicher Gesamtschuld, ZEV 2008, S. 517-519

Birr, Christiane, Verjährung und Verwirkung: Fristen – Beginn – Hemmung – Wirkung, 2. Auflage, Berlin 2006 (zitiert: *Birr*, Verjährung und Verwirkung)

Bischof, Hans Helmut, Der Freistellungsanspruch, ZIP 1984, S. 1444-1453

Blank, Manfred, Anmerkung zu OLG Koblenz, Urteil vom 26.10.2007 – 10 U 1704/06, in: jurisPR-PrivBauR 10/2008 Anm. 2, herausgegeben von Bernd Siebert

Boeck, Andreas, Haftungsbeschränkung zugunsten Dritter, NJW 1969, S 1469-1471

Boecken, Tobias / Sonntag, Albrecht von, Zur Gleichstufigkeit der Schuldner als Voraussetzung einer Gesamtschuld, Jura 1997, S. 1-11

Bolten, Marius, Die Verjährung der Bürgschaftsschuld nach der Schuldrechtsmodernisierung, ZGS 2006, S. 140-149

Bräuer, Michael, Der Verjährungsbeginn bei der Gewährleistungsbürgschaft, NZBau 2007, S. 477-479

Braun, Alban, Voraussetzungen und Gefahren der Sicherungszession als Mittel der Kreditsicherung, DStR 1995, S. 1592-1595

Brehm, Wolfgang, Anmerkung zu BGH, Urteil vom 05.11.1998 – IX ZR 48/98, WuB I F 1 a. Bürgschaft 5.99, S. 224-226

Brox, Hans / Walker, Wolf-Dietrich, Allgemeines Schuldrecht, 36. Auflage, München 2012

Bub, Wolf-Rüdiger, Die Verjährung von Hauptschuld und Bürgschaftsschuld bei der Mietbürgschaft, in: Haftung und Insolvenz: Festschrift für Gero Fischer zum 65. Geburtstag, herausgegeben von Hans Gerhard Ganter, Peter Gottwald und Hans-Jürgen Lwowski, München 2008, S. 71-89 (zitiert: *Bub*, in: FS Fischer, 2008)

Büdenbender, Ulrich, Die Verjährung zivilrechtlicher Ansprüche, JuS 1997, S. 481-490

Budzikiewicz, Christine, Bürgenhaftung bei verjährungshemmenden Verhandlungen zwischen Gläubiger und Hauptschuldner: Anmerkung zu BGH, Urteil vom 14.07.2009 – XI ZR 18/08, NJ 2010, S. 32-34

Dies., Gesamtschuldnerausgleich nach Verjährung des Gläubigeranspruchs: Anmerkung zu BGH, Teilurteil vom 25.11.2009 – IV ZR 70/05, NJ 2010, S. 296-297

Bülow, Peter, Sicherungsgeberausgleich, in: Gedächtnisschrift für Dietrich Schultz, herausgegeben im Auftrag des Fachbereichs Rechtswissenschaften der Universität des Saarlandes von Günther Jahr, Köln [u.a.] 1987, S. 49-64 (zitiert: *Bülow*, in: GS Schultz, 1987)

Ders., Der Grundsatz der Subsidiarität im Kreditsicherungsverhältnis, ZIP 1999, S. 985-988

Ders., Recht der Kreditsicherheiten: Sachen und Rechte, Personen, 7. Auflage, Heidelberg, München, Landsberg, Berlin 2007 (zitiert: *Bülow*, Recht der Kreditsicherheiten)

Bundesminister der Justiz (Hrsg.), Abschlussbericht der Kommission zur Überarbeitung des Schuldrechts, Köln, Bundesanzeiger 1992 (zitiert: Abschlussbericht der Kommission zur Überarbeitung des Schulrechts)

Büscher, Dirk / Klusmann, Martin, Forthaftung und Regreß ausgeschiedener Personengesellschafter, ZIP 1992, S. 11-18

Bydlinski, Peter, Verjährung und Abtretbarkeit von Bürgschaftsansprüchen, ZIP 1989, S. 953-961

Ders., Die geplante Modernisierung des Verjährungsrechts, in: Die Schuldrechtsreform vor dem Hintergrund des Gemeinschaftsrechts, herausgegeben von Reiner Schulze und Hans Schulte-Nöltke, Tübingen 2001, S. 381-403 (zitiert: *Bydlinski*, in: Die Schuldrechtsreform vor dem Hintergrund des Gemeinschaftsrechts)

Ders., Anmerkung zu BGH, Urteil vom 23.09.2008 – XI ZR 395/07, WuB I F 1 a. Bürgschaft 2.09, S. 169-170

Ders., Anmerkung zu BGH, Urteil vom 14.07.2009 – XI ZR 18/08, WuB I F 1 a. Bürgschaft 6.09, S. 819-820

Caemmerer, Ernst von, Ausgleichsprobleme im Haftpflichtrecht in rechtsvergleichender Sicht, ZfRV 9 (1968), S. 81-98

Canaris, Claus-Wilhelm, Der Bereicherungsausgleich im Dreipersonenverhältnis, in: Festschrift für Karl Larenz zum 70. Geburtstag, herausgegeben von Gotthard Paulus, Uwe Diederichsen und Claus-Wilhelm Canaris, München 1973, S. 799-865 (zitiert: *Canaris*, in: FS Larenz, 1973)

Ders., Die Übertragung des Regelungsmodells der §§ 125-130 HGB auf die Gesellschaft bürgerlichen Rechts als unzulässige Rechtsfortbildung contra legem, ZGR 2004, S. 69-125

Christensen, Guido, Gestörter Gesamtschuldnerausgleich bei familienrechtlichen Haftungsbeschränkungen (BGH, MDR 1988, 766, 767), MDR 1989, S. 948-952

Coester-Waltjen, Dagmar, Die Bürgschaft, Jura 2001, S. 742-747

Cziupka, Johannes, Das Verstreichenlassen der Verjährungsfrist gegenüber einem der Gesamtschuldner – Anspruchsreduktion oder „Durchschlag" der Verjährungseinrede?, ZGS 2010, S. 63-66

Dauner-Lieb, Barbara, Die geplante Schuldrechtsmodernisierung – Durchbruch oder Schnellschuß?, JZ 2001, S. 8-18

Denck, Johannes, Gesamtschuldnerregreß und Aufrechnungsschutz nach § 406 BGB, JZ 1976, S. 669-674

Die Mitglieder des Bundesgerichtshofes (Hrsg.), Kommentar, Das Bürgerliche Gesetzbuch mit besonderer Berücksichtigung der Rechtsprechung des Reichsgerichts und des Bundesgerichtshofes, Band II, 2. Teil: §§ 414 – 610; Band II, 4. Teil: §§ 631 – 811, 12. Auflage, Berlin, New York 1978 (zitiert: *Bearbeiter*, in: RGRK-BGB)

Dingler, Andreas, Hemmt die Verhandlung gemäß § 203 S. 1 BGB die Verjährung der Hauptschuld auch gegenüber dem Bürgen?, BauR 2008, S. 1379-1384

Dollmann, Michael, Haftung gemäß § 43 GmbHG – Verjährung von Regreßansprüchen im Innenverhältnis, GmbHR 2004, S. 1330-1332

Ders., Geschäftsführerhaftung: Handlungsbedarf bei Regressansprüchen, GmbHR 2009, S. 1092-1093

Duckstein, Ronny / Pfeiffer, Gero, Die Einrede der Vor-Ausklage (§ 771 BGB), JR 2010, S. 231-233

Düringer, Adelbert / Hachenburg, Max, Das Handelsgesetzbuch vom 10. Mai 1897, II. Band, 2. Hälfte: §§ 105-177, 335-342, erläutert von Julius Flechtheim, 3. Auflage, Mannheim, Berlin, Leipzig 1932 (zitiert: *Bearbeiter*, in: Düringer/Hachenburg)

Ebenroth/Boujong/Joost/Strohn, Kommentar zum Handelsgesetzbuch, herausgegeben von Detlev Joost und Lutz Strohn, Band 1: §§ 1-342e, 2. Auflage, München 2008; Band 2: §§ 343-475h, 2. Auflage, München 2009 (zitiert: *Bearbeiter*, in: Ebenroth/Boujong/Joost/Strohn)

Ehmann, Horst, Die Gesamtschuld: Versuch einer begrifflichen Erfassung in drei Typen, Berlin 1972 (zitiert: *Ehmann*, Die Gesamtschuld)

Ders., Gesamtschulden – Abschied von der Einheits-Gesamtschuld, AcP 211 (2011), S. 491-529

Eichberger, Tassilo, Anmerkung zu OLG Koblenz, Urteil vom 16.01.2008 – U 1753/05, in: jurisPR-PrivBauR 10/2008 Anm. 6, herausgegeben von Bernd Siebert

Eidenmüller, Horst, Zur Effizienz der Verjährungsregeln im geplanten Schuldrechtsmodernisierungsgesetz, JZ 2001, S. 283-287

Ders., Ökonomik der Verjährungsregeln, in: Die Schuldrechtsreform vor dem Hintergrund des Gemeinschaftsrechts, herausgegeben von Reiner Schulze und Hans Schulte-Nöltke, Tübingen 2001, S. 405-415 (zitiert: *Eidenmüller*, in: Die Schuldrechtsreform vor dem Hintergrund des Gemeinschaftsrechts)

Einsiedler, Mark, Die Verjährungseinrede des Bürgen, MDR 2010, S. 603-606

Eisele, Fridolin, Correalität und Solidarität, AcP 77 (1891), S. 374-481

Enneccerus, Ludwig / Lehmann, Heinrich, Recht der Schuldverhältnisse, 15. Bearbeitung, Tübingen 1958 (zitiert: *Enneccerus/Lehmann*)

Erman, Bürgerliches Gesetzbuch, Handkommentar mit AGG, EGBGB (Auszug), ErbbauRG, HausratsVO, LPartG, ProdHaftG, UklaG, VAHRG und WEG, herausgegeben von Harm Peter Westermann, Band I, 10. Auflage, Köln 2000; Band I, 12. Auflage, Köln 2008; Band I und II, 13. Auflage, Köln 2011 (zitiert: *Bearbeiter*, in Erman; soweit die 10. oder 12. Auflage verwendet wurde, ist dies gesondert vermerkt)

Ernst, Wolfgang / Zimmermann, Reinhard, Zivilrechtswissenschaft und Schuldrechtsreform: Zum Diskussionsentwurf eines Schuldrechtsmodernisierungsgesetzes des Bundesministeriums der Justiz, Tübingen 2001 (zitiert: *Ernst/Zimmermann*, Zivilrechtswissenschaft und Schuldrechtsreform)

Ernst, Wolfgang, Solidarschuld und Verjährung, in: Individuum und Verband, Festgabe zum Schweizerischen Juristentag 2006, herausgegeben von Roger Zäch, Christine Breining-Kaufmann, Peter Breitschmid, Wolfgang Ernst, Paul Oberhammer, Wolfgang Portmann und Andreas Thier, Zürich, Basel, Genf 2006, S. 175-192 (zitiert: *Ernst*, in: Individuum und Verband, 2006)

Esser, Josef / Schmidt, Eike, Schuldrecht, Band I, Allgemeiner Teil, Teilband 2: Durchführungshindernisse und Vertragshaftung, Schadensausgleich und Mehrseitigkeit beim Schuldverhältnis, 8. Auflage, Heidelberg 2000 (zitiert: *Esser/Schmidt*, AT I/2)

Faust, Florian, Der Regress gegen Mitgesellschafter bei Personenhandelsgesellschaften, in: Festschrift für Karsten Schmidt zum 70. Geburtstag, herausgegeben von Georg Bitter, Marcus Lutter, Hans-Joachim Priester, Wolfgang Schön und Peter Ulmer, Köln 2009, S. 357-373 (zitiert: *Faust*, in: FS K. Schmidt, 2009)

Ferrari, Franco / Kieninger, Eva-Maria / Mankowski, Peter [u.a.], Internationales Vertragsrecht: Rom I-VO, CISG, CMR, FactÜ, Kommentar, 2. Auflage, München 2012 (zitiert: *Bearbeiter*, in: Ferrari, Internationales Vertragsrecht)

Feyock, Hans / Jacobsen, Peter / Lemor, Ulf D., Kraftfahrtversicherung mit §§ 113-124 Versicherungsvertragsgesetz, Pflichtversicherungsgesetz, Kfz-Pflichtversicherungsordnung und den Allgemeinen Bedingungen für die Kraftfahrtversicherung (AKB/AKB 2008), Ausländer-Pflichtversicherungsgesetz sowie Schadensersatz im Ausland / Länderberichte, Kommentar, 3. Auflage, München 2009 (zitiert: *Bearbeiter*, in: Feyock/Jacobsen/Lemor)

Finger, Peter, Die Konkurrenz der Rückgriffsansprüche von Pfandschuldner und Bürge, BB 1974, S. 1416-1422

Fischer, Gero, Reichweite der Bürgschaften nach der Makler- und Bauträgerverordnung, WM 2003, S. 1-5

Ders., Schutz vor missbräuchlicher Nutzung der Bürgschaft auf erstes Anfordern, WM 2005, S. 529-536

Fischinger, Philipp S., Zur Hemmung der Verjährung durch Verhandlungen nach § 203 BGB, VersR 2005, S. 1641-1646

Fleck, Hans-Joachim, Anmerkung zu BGH, Urteil vom 22.03.1988 – X ZR 64/87, EWiR 1988, S. 689-690

Flume, Werner, Allgemeiner Teil des Bürgerlichen Rechts, Erster Band, Erster Teil: Die Personengesellschaft, Berlin, Heidelberg, New York 1977 (zitiert: *Flume*, Die Personengesellschaft)

Förster, Christian, Anmerkung zu BGH, Urteil vom 08.07.2008 – XI ZR 230/07, JZ 2009, S. 109-112

Ders., Problematische Bürgschaftsverpflichtungen in Allgemeinen Geschäftsbedingungen, WM 2010, S. 1677-1684

Frotz, Gerhard, Dogmatische Fortschritte im Verständnis der Regreßmethoden bei Schuldnermehrheit?, JZ 1964, S. 665-670

Fuchs-Wissemann, Hans, Mitverschulden durch Unterlassen einer schadensaufhebenden Verjährungseinrede gegenüber einem Dritten, VersR 1997, S. 427-429

Funke, Hans, Bei und nach Eingehung des Bauvertrages zu beachtende Anforderungen an die spätere Durchsetzbarkeit von Forderungen aus Vertragserfüllungs- und Gewährleistungsbürgschaften, BauR 2010, S. 969-983

Ganten, Hans, Anmerkung zu BGH, Urteil vom 18.06.2009 – VII ZR 167/08, in: jurisPR-PrivBauR 8/2010 Anm. 1, herausgegeben von Bernd Siebert

Gay, Barbara, Der Beginn der Verjährungsfrist bei Bürgschaftsforderungen, NJW 2005, S. 2585-2588

Gebauer, Martin, Anmerkung zu BGH, Urteil vom 18.06.2009 – VII ZR 167/08, LMK 2010, 299711

Geldmacher, Günther, Mietbürgschaft und Einrede der Verjährung der Hauptschuld: Übersicht über die Rechtslage und Handlungsstrategien, NZM 2003, S. 502-505

Gerhardt, Walter, Der Befreiungsanspruch: zugleich ein Beitrag zum arbeitsrechtlichen Freistellungsanspruch, Göttingen 1966 (zitiert: *Gerhardt*, Der Befreiungsanspruch)

Gernhuber, Joachim / Coester-Waltjen, Dagmar, Familienrecht, 6. Auflage, München 2010

Gernhuber, Joachim, Das Schuldverhältnis: Begründung und Änderung, Pflichten und Strukturen, Drittwirkungen, in: Handbuch des Schuldrechts in Einzeldarstellungen, Band 8, herausgegeben von Joachim Gernhuber, Tübingen 1989 (zitiert: *Gernhuber*, Das Schuldverhältnis)

Ders., Die Erfüllung und ihre Surrogate sowie das Erlöschen der Schuldverhältnisse aus anderen Gründen, in: Handbuch des Schuldrechts in Einzeldarstellungen, Band 3, herausgegeben von Joachim Gernhuber, 2. Auflage, Tübingen 1994 (zitiert: *Gernhuber*, Die Erfüllung und ihre Surrogate)

Gerth, Axel, Zum Erfordernis der Fälligkeit der Hauptschuld bei einer Zeitbürgschaft (§ 777 BGB), WM 1988, S. 317-321

Glöckner, Jochen, Gesamtschuldvorschriften und Schuldnermehrheiten bei unterschiedlichen Leistungsinhalten: Eine Untersuchung unter besonderer Berücksichtigung konkurrierender Verpflichtungen aus bauvertraglicher Gewährleistung, Baden-Baden 1997 (zitiert: *Glöckner*, Gesamtschuldvorschriften und Schuldnermehrheiten bei unterschiedlichen Leistungsinhalten)

Ders., Ausgewählte Probleme der gesamtschuldnerischen Haftung Baubeteiligter wegen Leistungsstörungen bei der Erstellung des Bauwerks, BauR 2005, S. 251-273

Goette, Wulf, Gesamtschuldbegriff und Regreßproblem, Bonn 1974

Görmer, Gerald, Erweiterung des Klageantrages bei Übergang von Befreiungs- auf Zahlungsanspruch?, MDR 1995, S. 240-241

Ders., Der Befreiungsanspruch, JuS 2009, S. 7-12

Grothe, Helmut, Anmerkung zu BGH, Urteil vom 18.09.2007 – XI ZR 447/06, WuB IV A. § 202 BGB 1.08, S. 284-286

Ders., Anmerkung zu BGH, Urteil vom 14.07.2009 – XI ZR 18/08, LMK 2009, 292466
Güntner, Ernst H., Der Anspruch auf Befreiung von einer Verbindlichkeit, München, Diss., 1967
Haase, Richard, Anmerkung zu BGH, Urteil vom 09.03.1972 – VII ZR 178/70, JR 1972, S. 376-377
Habersack, Mathias, Der Regress bei akzessorischer Haftung, AcP 198 (1998), S. 152-170
Ders., Anmerkung zu BGH, Urteil 09.07.1998 – IX ZR 272/96, WuB I F 1 a. Bürgschaft 18.98, S. 1012-1014
Ders., Anmerkung zu BGH, Urteil vom 06.07.2006 – IX ZR 121/05, BKR 2007, S. 77-79
Hadding, Walther, Zur Haftung des ausgeschiedenen OHG-Gesellschafters, ZGR 1973, S. 137-159
Ders., Inhalt und Verjährung der Haftung des Gesellschafters einer OHG oder KG – Besprechung der Entscheidung BGHZ 73, 217 –, ZGR 1981, S. 577-591
Ders., Zum Rückgriff des ausgeschiedenen haftenden Gesellschafters einer OHG oder KG, in: Festschrift für Walter Stimpel zum 68. Geburtstag am 29. November 1985, herausgegeben von Marcus Lutter, Berlin [u.a.] 1985, S. 139-163 (zitiert: *Hadding*, in: FS Stimpel, 1985)
Ders., Bürgschaft und Verjährung, in: Norm und Wirkung: Beiträge zum Privat- und Wirtschaftsrecht aus heutiger und historischer Perspektive: Festschrift für Wolfgang Wiegand zum 65. Geburtstag, herausgegeben von Eugen Bucher, Bern [u.a.] 2005, S. 299-317 (zitiert: *Hadding*, in: FS Wiegand, 2005)
Hager, Johannes, Das Mitverschulden von Hilfspersonen und gesetzlichen Vertretern des Geschädigten, NJW 1989, S. 1640-1647
Handbuch des privaten Baurechts, herausgegeben von Nils Kleine-Möller und Heinrich Merl, 4. Auflage, München 2009 (zitiert: *Bearbeiter*, in: Handbuch des privaten Baurechts)
Handkommentar Bürgerliches Gesetzbuch, Schriftleitung Reiner Schulze, bearbeitet von Heinrich Dörner [u.a.], 7. Auflage, Baden-Baden 2011 (zitiert: *Bearbeiter*, in: Hk-BGB)
Handschumacher, Johannes, Anmerkung zu OLG Hamm, Urteil vom 14.12.2006 – 23 U 16/06, in: jurisPR-PrivBauR 5/2007 Anm. 4, herausgegeben von Bernd Siebert
Hartmann, Alexander / Lieschke, Uwe, Die „Verjährungsfalle" im Gesamtschuldnerausgleich, WM 2011, S. 205-211

Heck, Philipp, Rezension zu Rudolf Schmidt, Unechte Solidarität, AcP 122 (1922), S. 131-133

Ders., Grundriß des Schuldrechts, Tübingen 1929

Heinrichs, Helmut, Entwurf eines Schuldrechtsmodernisierungsgesetzes: Neuregelung des Verjährungsrechts, BB 2001, S. 1417-1423

Henckel, Wolfram, Die Grenzen der Verjährungsunterbrechung, JZ 1962, S. 335-339

Henß, Olaf, Obliegenheit und Pflicht im Bürgerlichen Recht, Frankfurt am Main, Bern, New York, Paris 1988

Henssler, Martin / Strohn, Lutz (Hrsg.), Gesellschaftsrecht, Kommentar, München 2011 (zitiert: *Bearbeiter*, in: Henssler/Strohn, GesR)

Heymann, Handelsgesetzbuch (ohne Seerecht), Kommentar, herausgegeben von Norbert Horn, Band 2: §§ 105-237, 2. Auflage, Berlin, New York 1996 (zitiert: *Bearbeiter*, in Heymann-HGB)

Hillenkamp, Ulrich, Zur Lehre von der unechten Gesamtschuld, Hamburg, Diss., 1966

Historisch-kritischer Kommentar zum BGB, herausgegeben von Mathias Schmoeckel, Joachim Rückert und Reinhard Zimmermann, Band I, Allgemeiner Teil: §§ 1-240, 1. Auflage, Tübingen 2003; Band II, Schuldrecht: Allgemeiner Teil: §§ 241-432, 2. Teilband: §§ 305-432, 1. Auflage, Tübingen 2007 (zitiert: *Bearbeiter*, in: HKK-BGB)

Hofmeister, Jörg, Zur Auswirkung des neuen Verjährungsrechts auf die Nachhaftung der Gesellschafter, NZG 2002, S. 851-854

Hohmann, Jörg, Verjährung und Kreditsicherung, WM 2004, S. 757-766

Honsell, Heinrich, Einige Bemerkungen zum Diskussionsentwurf eines Schuldrechtsmodernisierungsgesetzes, JZ 2001, S. 18-21

Horn, Norbert, Bürgschaften und Garantien zur Zahlung auf erstes Anfordern, NJW 1980, S. 2153-2159

Huber, Peter / Faust, Florian, Schuldrechtsmodernisierung: Einführung in das neue Recht, München 2002 (zitiert: *Bearbeiter*, in: Huber/Faust, Schuldrechtsmodernisierung)

Hüffer, Uwe, Die Ausgleichung bei dem Zusammentreffen von Bürgschaft und dinglicher Kreditsicherung als Problem der Gesamtschuldlehre, AcP 171 (1971), S. 470-485

Iversen, Malte, Die Akzessorietät als Zurechnungsmodell des Bürgschaftsrechts, Berlin 2009

Jagersberger, Barbara, Die Verjährung von Freistellungsansprüchen, NZG 2010, S. 136-138

Jahr, Günther, Die Einrede des bürgerlichen Rechts, JuS 1964, S. 125-132; S. 218-224

Jäkel, Sebastian, Verjährungsbeginn nach § 548 BGB, WuM 2002, S. 528-529

Jakobs, Horst Heinrich / Schubert, Werner (Hrsg.), Die Beratung des Bürgerlichen Gesetzbuchs in systematischer Zusammenstellung der unveröffentlichten Quellen, Recht der Schuldverhältnisse I, §§ 241 bis 432, Berlin, New York 1978 (zitiert: *Jakobs/Schubert*, Die Beratung des Bürgerlichen Gesetzbuchs, SR I)

Jauernig, Othmar (Hrsg.), Bürgerliches Gesetzbuch mit Allgemeinem Gleichbehandlungsgesetz (Auszug), Kommentar, 14. Auflage, München 2011 (zitiert: *Bearbeiter*, in: Jauernig)

John, Uwe, Fiktionswirkung oder Schutz typisierten Vertrauens durch das Handelsregister – Zur Frage der negativen Publizität bei nicht eingetragener Veränderung selbst nicht eingetragener Rechtsverhältnisse –, ZHR 140 (1976), S. 236-255

Joussen, Edgar, Kein früher Verjährungsbeginn der Gewährleistungsbürgschaft!, IBR 2007, S. 116

Jungmann, Carsten, Anmerkung zu OLG München, Urteil vom 20.07.2006 – 19 U 3419/06, WuB I F 1 a. Bürgschaft 5.06, S. 841-844

juris Praxiskommentar BGB, herausgegeben von Maximilian Herberger, Michael Martinek, Helmut Rüßmann und Stephan Weth, Band 1 – Allgemeiner Teil, herausgegeben von Klaus Vieweg, Saarbrücken, 5. Auflage 2010; Band 2 – Schuldrecht, herausgegeben von Markus Junker, Roland Michael Beckmann und Helmut Rüßmann, Saarbrücken, 5. Auflage 2010 (zitiert: *Bearbeiter*, in: jurisPK-BGB)

Kähler, Lorenz, Verjährungshemmung nur bei Klage des Berechtigten?, NJW 2006, S. 1769-1774

Kaiser, Jan, Anmerkung zu BGH, Urteil vom 17.11.2009 – XI ZR 36/09, NJW 2011, S. 1147-1148

Kanka, Karl, Die Mitbürgschaft, in: Jherings Jahrbücher für die Dogmatik des bürgerlichen Rechts, herausgegeben von A. Schulze und Heinrich Siber, 87. Band, Jena 1937/38, S. 123-198 (zitiert: *Kanka*, JherJb 87 (1937/38))

Kapellmann, Klaus / Messerschmidt, Burkhard (Hrsg.), Kommentar, VOB Teile A und B Vergabe- und Vertragsordnung für Bauleistungen mit Vergabeverordnung (VgV), 3. Auflage, München 2010 (zitiert: *Bearbeiter*, in: Kapellmann/Messerschmidt)

Karger, Walter von, Die Verjährung bei der Bürgschaft, Borna-Leipzig 1919

Keilmann, Annette, Bürgschaft – Aktuelle Tendenzen zum Verjährungsrisiko, MDR 2008, S. 843-847

Kellermann, Markus, Anmerkung zu BGH, Urteil vom 28.01.2003 – XI ZR 243/02, JA 2003, S. 444-446

Kellner, Martin, Auswirkungen der Schuldrechtsreform auf die Verjährung im Staatshaftungsrecht, NVwZ 2002, S. 395-400

Keuk, Brigitte, Die Solidarhaftung der Nebentäter, AcP 1968 (168), S. 175-206

Dies., Anmerkung zu BGH, Urteil vom 09.03.1972 – VII ZR 178/70, JZ 1972, S. 528-531

Kittlitz, Martin, Der vertragliche Schuldbeitritt, Berlin 1994

Klein, Walter / Moufang, Oliver / Koos, Oliver, Ausgewählte Fragen zur Verjährung, BauR 2009, S. 333-352

Klose, Andreas, Die Bürgschaft bei Wegfall des Hauptschuldners, WM 2009, S. 300-304

Kluge, Vanessa, Anmerkung zu BGH, Urteil vom 12.01.2010 – XI ZR 37/09, WuB II J. § 129 HGB 1.10, S. 278-279

Klutinius, Rolf / Karwatzki, Martin, Der Verjährungsbeginn des Ausgleichsanspruchs nach § 426 Abs. 1 BGB, VersR 2008, S. 617-619

Knickenberg, Lars, Anmerkung zu OLG Stuttgart, Urteil vom 22.09.2009 – 12 U 93/09, IBR 2010, S. 27

Kniffka, Rolf, Gesamtschuldnerausgleich im Baurecht, BauR 2005, S. 274-291

Knütel, Rolf, Probleme des Bürgenregresses, JR 1985, S. 6-12

Kohte, Wolfhard, Die Stellung des Schuldbeitritts zwischen Bürgschaft und Schuldübernahme, JZ 1990, S. 997-1005

Koller, Ingo / Roth, Wulf-Henning / Morck, Winfried (Hrsg.), Kommentar zum Handelsgesetzbuch, 7. Auflage, München 2011 (zitiert: *Bearbeiter*, in: Koller/Roth/Morck)

Koller, Ingo, Transportrecht, Kommentar zu Spedition, Gütertransport und Lagergeschäft, 7. Auflage, München 2010 (zitiert: *Bearbeiter*, in: Koller, Transportrecht)

Köndgen, Johannes, Wandlungen im Bereicherungsrecht, in: Dogmatik und Methode: Josef Esser zum 65. Geburtstag, herausgegeben von Roland Dubischar, Horst Folkers, Werner Futter, Johannes Köndgen, Dieter de Lazzer, Dietrich Rothoeft, Eike Schmidt, Gerhard Struck und Hans-Leo Weyer, Kronberg 1975, S. 55-83 (zitiert: *Köndgen*, in: FS Esser, 1975)

Kopp, Fridtjof, Offensichtlichkeit des Rechtsmissbrauchs und „liquide Beweisbarkeit" bei der Bürgschaft auf erstes Anfordern, WM 2010, S. 640-647

Koppenfels-Spieß, Katharina von, Die cessio legis, Tübingen 2006

Krämer, Ulrich, Die Neuregelung des Verjährungsrechts im Schuldrechtsmodernisierungsgesetz, Göttingen 2002

Ders., Praxisrelevante Problemfelder des neuen Verjährungsrechts, ZGS 2003, S. 379-383

Kreikenbohm, Jan / Niederstetter, Christina, Zur Verjährung von durch Grundschulden gesicherten Darlehen, WM 2008, S. 718-721

Kremer, Heinrich, Die Mitbürgschaft: Mit Beiträgen zur Lehre von Bürgschaft und Gesamtschuld, Straßburg 1902

Kühne, Gunther, Gläubigersicherung und Gesellschafterschutz im Rahmen der §§ 128, 129 HGB, ZHR 133 (1970), S. 149-194

Lakkis, Panajotta, Der Verjährungsverzicht heute, ZGS 2003, S. 423-427

Dies., Die Verjährungsvereinbarung nach neuem Recht, AcP 203 (2003), S. 763-785

Lange, Heinrich, Anmerkung zu BGH, Urteil vom 22.10.1957 – VI ZR 231/56, NJW 1958, S. 497

Langenberg, Hans, Zur Verjährung des Schadensersatzanspruchs wegen unterlassener Schönheitsreparaturen nach § 548 BGB n.F., WuM 2002, S. 71-72

Langheineken, Paul, Anspruch und Einrede nach dem Deutschen Bürgerlichen Gesetzbuch, Leipzig 1903 (zitiert: *Langheineken*, Anspruch und Einrede)

Larenz, Karl / Canaris, Claus-Wilhelm, Lehrbuch des Schuldrechts, Bd. 2: Besonderer Teil, Halbband 2, 13. Auflage, München 1994 (zitiert: *Larenz/Canaris*, BT II/2)

Larenz, Karl , Lehrbuch des Schuldrechts, Zweiter Band, Besonderer Teil, 12. Auflage, München 1981 (zitiert: *Larenz*, BT II, 12. Auflage 1981)

Ders., Lehrbuch des Schuldrechts, Erster Band, Allgemeiner Teil, 14. Auflage, München 1987 (zitiert: *Larenz*, AT I)

Ders., Methodenlehre der Rechtswissenschaft, 6. Auflage, Berlin, Heidelberg, New York, 1991 (zitiert: *Larenz*, Methodenlehre)

Lau, Katrin, Die Reichweite der Verjährungshemmung bei Klageerhebung, Baden-Baden 2008

Leenen, Detlef, Die Neuregelung der Verjährung, JZ 2001, S. 552-560

Lettl, Tobias, Akzessorietät contra Sicherungszweck – Rechtsfragen bei der Gestaltung von Bürgschaftserklärungen -, WM 2000, S. 1316-1326

Ders., Der Grundsatz der akzessorischen Haftung im Zivil- und Handelsrecht, JA 2004, S. 238-247

Lieb, Manfred, Verjährung im Bürgschafts- und Gesellschaftsrecht, in: Gedächtnisschrift für Alexander Lüderitz, herausgegeben von Haimo Schack, München 2000, S. 455-471 (zitiert: *Lieb*, in: GS Lüderitz, 2000)

Lieschke, Uwe, Zur Verjährung des Ausgleichsanspruchs unter Gesamtschuldnern, zugleich Anmerkung zu OLG Karlsruhe, Urteil vom 05.11.2008 – 7 U 2/08, BB 2009, S. 1210

Lindacher, Walter F., Grundfälle zur Haftung bei Personengesellschaften, 2. Teil, JuS 1981, S. 578-584

Ders., Die selbstschuldnerische Bürgschaft: Plädoyer für ein effektives Gläubigerwahlrecht, in: Festschrift für Walter Gerhardt zum 70. Geburtstag am 18. Oktober 2004, herausgegeben von Eberhard Schilken, Gerhart Kreft, Gerhard Wagner und Diederich Eckardt, Köln 2004, S. 587-598 (zitiert: *Lindacher*, In: FS Gerhardt, 2004)

Lindner, Richard, Anmerkung zu BGH, Urteil vom 08.07.2008 – ZR 230/07, in: jurisPR-BGHZivilR 21/2008 Anm. 2, herausgegeben von Herbert Geisler

Lischka, Hans, Der Begriff der Gesamtschuld unter besonderer Berücksichtigung der Ausgleichungspflicht, Breslau, Diss., 1932

Löhnig, Martin, Verbrauchergeschäfte mit Ehegatten – zum Verhältnis von Verbraucherschutz und Schlüsselgewalt, FamRZ 2001, S. 135-138

Looschelders, Dirk, Schuldrecht Allgemeiner Teil, 9. Auflage, München 2011 (zitiert: *Looschelders*, AT)

Lubojanski, Volker, Bürgschaftsanspruch kann vor Hauptanspruch verjähren!, IBR 2004, S. 420

Lüke, Gerhard, Bürgerliches Recht: Kauf auf Anschreiben, JuS 1970, S. 288-290

Ders., Grundsätzliche Veränderungen im Familienrecht durch das 1. EheRG, AcP 178 (1978), S. 1-33

Ders. / Kerwer, Christof, Eine „neuartige" Klagenhäufung, NJW 1996, S. 2121-2125

Lwowski, Hans-Jürgen / Fischer, Gero / Langenbucher, Katja (Hrsg.), Das Recht der Kreditsicherung, 9. Auflage, Berlin 2011 (zitiert: *Bearbeiter*, in: Das Recht der Kreditsicherung)

Madaus, Stephan, Der Schuldbeitritt als Personalsicherheit: Zulässigkeit von Analogien zum Recht der Schuldübernahme und der Bürgschaft, Berlin 2001 (zitiert: *Madaus*, Der Schuldbeitritt als Personalsicherheit)

Mahr, Franz Erich, Die Verjährungseinrede des Gesellschafters nach § 129 HGB (I), GesRZ 1991, S. 83-92

Ders., Die Verjährungseinrede des Gesellschafters nach § 129 HGB (II), GesRZ 1991, S. 149-157

Mankowski, Peter / Höpker, Tilo, Die Hemmung der Verjährung bei Verhandlungen gem. § 203 BGB, MDR 2004, S. 721-727

Mansel, Heinz-Peter / Budzikiewicz, Christine, Das neue Verjährungsrecht, Bonn 2002

Dies., Einführung in das neue Verjährungsrecht, Jura 2003, S. 1-12

Mansel, Heinz-Peter, Die Reform des Verjährungsrechts, in: Zivilrechtswissenschaft und Schuldrechtsreform: zum Diskussionsentwurf eines Schuldrechtsmodernisierungsgesetzes des Bundesministeriums der Justiz, herausgegeben von Wolfgang Ernst und Reinhard Zimmermann, Tübingen 2001, S. 333-423

Ders., Die Neuregelung des Verjährungsrechts, NJW 2002, S. 89-99

Maunz, Theodor / Dürig, Günter, Grundgesetz Kommentar, herausgegeben von Roman Herzog, Rupert Scholz, Matthias Herdegen und Hans H. Klein, Band I: Texte, Art. 1-5, Stand: 63. Ergänzungslieferung Oktober 2011, München (zitiert: *Bearbeiter*, in: Maunz/Dürig)

May, Ulrich, Die Gewährleistungsbürgschaft (Mängelrechtebürgschaft) im Bauvertrag – das von den Bauvertragsparteien Vereinbarte ist nicht stets das vom Bürgen Geschuldete, BauR 2007, S. 187-203

Medicus, Dieter / Lorenz, Stephan, Schuldrecht I, Allgemeiner Teil: Ein Studienbuch, 19 Auflage, München 2010 (zitiert: *Medicus/Lorenz*, Schuldrecht AT)

Medicus, Dieter / Petersen, Jens, Bürgerliches Recht: eine nach Anspruchsgrundlage geordnete Darstellung zur Examensvorbereitung, 23. Auflage, Köln 2011 (zitiert: *Medicus/Petersen*, Bürgerliches Recht)

Medicus, Dieter, Haftungsbefreiung und Gesamtschuldnerausgleich, JZ 1967, S. 398-402

Ders., Durchblick: Die Akzessorietät im Zivilrecht, JuS 1971, S. 497-504

Ders., Der Grundsatz der Verhältnismäßigkeit im Privatrecht, AcP 192 (1992), S. 35-70

Meier, Sonja, Gesamtschulden: Entstehung und Regress in historischer und vergleichender Perspektive, Tübingen 2010 (zitiert: *S. Meier*, Gesamtschulden)

Dies., Schuldnermehrheiten im europäischen Vertragsrecht, AcP 211 (2011), S. 435-490

Meller-Hannich, Caroline, Die Einrede der Verjährung, JZ 2005, S. 656-665

Michalski, *Lutz*, Anmerkung zu BGH, Urteil vom 17.06.1993 – IX ZR 158/92, WuB I F 1 a. Bürgschaft 16.93, S. 1253-1254

Ders. (Hrsg.), Kommentar zum Gesetz betreffend die Gesellschaften mit beschränkter Haftung (GmbHG), Band I und Band II, 2. Auflage, München 2010 (zitiert: *Bearbeiter*, in: Michalski, GmbHG)

Mugdan, Benno, Die gesammten Materialien zum Bürgerlichen Gesetzbuch für das Deutsche Reich, I. Band, Einführungsgesetz und Allgemeiner Theil, Berlin 1899 (zitiert: bei *Mugdan*, I. Band)

Ders., Die gesammten Materialien zum Bürgerlichen Gesetzbuch für das Deutsche Reich, II. Band, Recht der Schuldverhältnisse, Berlin 1899 (zitiert: bei *Mugdan*, II. Band)

Müller, Klaus J., Verjährung des Gesamtschuldnerausgleichsanspruchs aus § 426 Abs. 1 BGB, VersR 2001, S. 429-432

Münchener Kommentar zum Bürgerlichen Gesetzbuch, herausgegeben von Franz Jürgen Säcker und Roland Rixecker, Band 1, 1. Halbband: §§ 1-240 – ProstG, 3. Auflage, München 1993; 4. Auflage, München 2001; 5. Auflage, München 2006; 6. Auflage, München 2011; Band 2, Schuldrecht Allgemeiner Teil: §§ 241-432, 6. Auflage, München 2012; Band 3, Halbband 2: §§ 652-853, 2. Auflage, München 1986; Band 4, Schuldrecht Besonderer Teil II: §§ 611-704 – EFZG – TzBfG – KSchG, 5. Auflage, München 2009; Band 5, Schuldrecht Besonderer Teil III: §§ 705-853 – Partnerschaftsgesellschaftsgesetz – Produkthaftungsgesetz, 5. Auflage, München 2009; Band 6, Sachenrecht: §§ 854-1296 – Wohnungseigentumsgesetz – Erbbaurechtsgesetz, 5. Auflage, München 2009; Band 7/1. Halbband Familienrecht I: §§ 1297-1588 – Gewaltschutzgesetz, 5. Auflage, München 2010 (zitiert: *Bearbeiter*, in: MüKo-BGB; soweit Vorauflagen verwendet wurden, ist dies gesondert vermerkt)

Münchener Kommentar zum Gesetz betreffend die Gesellschaften mit beschränkter Haftung - GmbHG, herausgegeben von Holger Fleischer und Wulf Goette, Band 3: §§ 53-85, 1. Auflage, München 2011 (zitiert: *Bearbeiter*, in: MüKo-GmbHG)

Münchener Kommentar zum Handelsgesetzbuch, herausgegeben von Karsten Schmidt, Band 2: §§ 105-160, 3. Auflage, München 2011; Band 7: §§ 407-475h, Transportrecht, 2. Auflage, München 2009 (zitiert: *Bearbeiter*, in: MüKo-HGB)

Münchener Kommentar zur Insolvenzordnung, herausgegeben von Hans-Peter Kirchhof, Hans-Jürgen Lwowski und Rolf Stürner, Band 2: §§ 103-269, 2. Auflage, München 2008 (zitiert: *Bearbeiter*, in: MüKo-InsO)

Münchener Kommentar zur Zivilprozessordnung mit Gerichtsverfassungsgesetz und Nebengesetzen, herausgegeben von Thomas Rauscher, Peter Wax und Joachim Wenzel, Band 1: §§ 1-510c, 3. Auflage, München 2008; Band 2: §§ 511-945, 3. Auflage, München 2007 (zitiert: *Bearbeiter*, in: MüKo-ZPO)

Muscheler, Karlheinz, Die Störung der Gesamtschuld: Lösung zu Lasten des Zweitschädigers?, JR 1994, S. 441-447

Musielak, Hans-Joachim (Hrsg.), Kommentar zur Zivilprozessordnung mit Gerichtsverfassungsgesetz, 9. Auflage, München 2012 (zitiert: *Bearbeiter*, in: Musielak, ZPO)

Nieper, Franz, Niederländisches Bürgerliches Gesetzbuch: Buch 6, Allgemeiner Teil des Schuldrechts, in: Series of Legislation in Translation 7, Vertrieb in Deutschland über C.H. Beck, München 1995 (zitiert: *Nieper*, Niederländisches Bürgerliches Gesetzbuch)

Nobbe, Gerd, Zur Reichweite von Vorauszahlungsbürgschaften nach § 7 Abs. 1 MaBV, in: Zivil- und Wirtschaftsrecht im Europäischen und Globalen Kontext – Private and Commercial Law in a European and Global Context, Festschrift für Norbert Horn zum 70. Geburtstag, herausgegeben von Klaus Peter Berger, Georg Borges, Harald Herrmann, Andreas Schlüter und Ulrich Wackerbarth, Berlin 2006, S. 801-818 (zitiert: *Nobbe*, in: FS Horn, 2006)

Ders., Anmerkung zu OLG Dresden, Urteil vom 03.11.2010 – 12 U 782/10, WuB I F 1 a. Bürgschaft 2.11, S. 186-188

NomosKommentar BGB, herausgegeben von Barbara Dauner-Lieb, Thomas Heidel und Gerhard Ring (Gesamtherausgeber), Band 1: BGB Allgemeiner Teil: §§ 1-240, herausgegeben von Thomas Heidel [u.a.], 2. Auflage, Baden-Baden 2012; Band 2/1: §§ 241-610, herausgegeben von Barbara Dauner-Lieb [u.a.], 2. Auflage , Baden-Baden 2012; Band 2/2: §§ 611-853, herausgegeben von Barbara Dauner-Lieb [u.a.], 2. Auflage, Baden-Baden 2012 (zitiert: *Bearbeiter*, in: NK-BGB)

Oepen, Klaus, Auf erstes Anfordern versprochene Bürgschaften und Garantien, NJW 2009, S. 1110-1115

Oetker, Hartmut, Die Verjährung: Strukturen eines allgemeinen Rechtsinstituts, Baden-Baden 1994 (zitiert: *Oetker*, Die Verjährung)

Ders. / Maultzsch, Felix, Vertragliche Schuldverhältnisse, 3. Auflage, Berlin, Heidelberg, New York 2007

Ders. (Hrsg.), Kommentar zum Handelsgesetzbuch (HGB), 2. Auflage, München 2011 (zitiert: *Bearbeiter*, in: Oetker, HGB)

Olshausen, Eberhard von, Gläubigerrecht und Schuldnerschutz bei Forderungsübergang und Regreß, Köln, Berlin, Bonn, München 1988

Ott, Sieghart, Das neue Schuldrecht – Überleitungsvorschriften und Verjährung, MDR 2002, S. 1-5

Otto, Mark-Oliver, Die Bestimmung des § 199 Abs. 1 Nr. 2 BGB, Frankfurt am Main, Berlin, Bern, Brüssel, New York, Oxford, Wien 2006

Palandt, Otto, Bürgerliches Gesetzbuch, Kommentar, 61. Auflage, München 2002, 71. Auflage, München 2012 (zitiert: *Bearbeiter*, in: Palandt; soweit die 61. Auflage verwendet wurde, ist dies gesondert vermerkt)

Pecher, Hans Peter, Anmerkung zu BGH, Urteil vom 29.01.2008 – XI ZR 160/07, WuB I E 4. Bankbürgschaft/Avalgeschäft 1.09, S. 6-8

Peters, Frank / Zimmermann, Reinhard, Verjährungsfristen: Der Einfluß von Fristen auf Schuldverhältnisse; Möglichkeiten der Vereinheitlichung von Verjährungsfristen, in: Gutachten und Vorschläge zur Überarbeitung des Schuldrechts, herausgegeben vom Bundesminister der Justiz, Band I, Köln, Bundesanzeiger 1981, S. 77-374 (zitiert: *Peters/Zimmermann*, in: Gutachten und Vorschläge zur Überarbeitung des Schuldrechts, Band I)

Peters, Frank, Anmerkung zu BGH, Urteil vom 12.04.1989 – VIII ZR 52/88, JZ 1989, S. 749-750

Ders., Der Bürge und die Einrede der Verjährung der Hauptschuld, NJW 2004, S. 1430-1431

Ders., Die zeitlichen Dimensionen des Ausgleichs zwischen mehreren für einen Baumangel verantwortlichen Personen, NZBau 2007, S. 337-343

Ders., Die Verjährung im Familien- und Erbrecht: Eine exemplarische Fragestellung, AcP 208 (2008), S. 37-68

Ders., Der Beginn der Verjährung bei Regressansprüchen, ZGS 2010, S. 154-157

Ders., Der Beginn der Verjährung bei Freihaltungsansprüchen, ZGS 2010, S. 495-497

Petersen, Jens, Die Verjährung der Ansprüche, Jura 2011, S. 657-659

Pfeiffer, Thomas, Neues Schuldrecht – Gesetzessynopse mit Kurzerläuterung, Neuwied, Kriftel 2002 (zitiert: *Pfeiffer*, Gesetzessynopse mit Kurzerläuterung)

Ders., Gesamtschuldnerausgleich und Verjährung, NJW 2010, S. 23-25

Piekenbrock, Andreas, Befristung, Verjährung, Verschweigung und Verwirkung: Eine rechtsvergleichende Grundlagenstudie zu Rechtsänderungen durch Zeitablauf, Tübingen 2006 (zitiert: *Piekenbrock*, Befristung, Verjährung, Verschweigung und Verwirkung)

Plambeck, Barbara, Die Verjährung der Vindikation, Frankfurt am Main, Berlin, Bern, New York, Paris, Wien, 1997

Planck's Kommentar zum Bürgerlichen Gesetzbuch nebst Einführungsgesetz, herausgegeben von Emil Strohal, II. Band, 1. Hälfte, Recht der Schuldverhältnisse (Allgemeiner Teil) §§ 241-432, 4. Auflage, Berlin 1914 (zitiert: *Bearbeiter*, in: Planck, Bd. II/1, S.); II. Band, 2. Hälfte, Recht der Schuldverhältnisse (Besonderer Teil), 4. Auflage, Berlin, Leipzig 1928 (zitiert: *Bearbeiter*, in: Planck, Bd. II/2, S.)

Podewils, Arne, Anmerkung zu BGH, Urteil vom 29.01.2008 – XI ZR 160/07, EWiR 2008, S. 487-488

Prediger, Bernhard, Der Vorabausgleich gemäß § 426 Abs. 1 S. 1 BGB – ein Ausgleichsanspruch?, NJW 1970, S. 125-127

Ders., Zur Auslegung und Anwendung der Regelungen im BGB über die Gesamtschuld, Frankfurt am Main 1988

Probst, Martin, Anmerkung zu BGH, Urteil vom 28.01.2003 – XI ZR 243/02, JR 2003, S. 504-506

Prölss, Erich R. / Martin, Anton, Versicherungsvertragsgesetz, Kommentar, bearbeitet von Christian Armbrüster [u.a], 28. Auflage, München 2010 (zitiert: *Bearbeiter*, in: Prölss/Martin)

Protzen, Peer, Nichterhebung der Verjährungseinrede gegenüber Drittem als Obliegenheitsverletzung?, NJW 1998, S. 1920-1922

Prütting, Hanns / Gehrlein, Markus (Hrsg.), ZPO Kommentar, 3. Auflage, München 2011 (zitiert: *Bearbeiter*, in: Prütting/Gehrlein, ZPO)

Prütting, Hanns / Wegen, Gerhard / Weinreich, Gerd (Hrsg.), BGB Kommentar, 6. Auflage, Köln 2011 (zitiert: *Bearbeiter*, in: Prütting/Wegen/Weinreich)

Rehbein, D., Anmerkung zu BGH, Urteil vom 12.3.1980 – VIII ZR 115/79, JR 1980, S. 506

Reichel, Hans Friedrich, Die Schuldmitübernahme (kumulative Schuldübernahme), München 1909, erschienen in: Abhandlungen zum Privatrecht und Zivilprozess des Deutschen Reiches, Band 19 (zitiert: *Reichel*, Die Schuldmitübernahme)

Ders., Verjährung des Anspruchs gegen den Schuldmitübernehmer, Das Recht 1912, S. 376

Reiff, Peter, Anmerkung zu BGH, Urteil vom 12.01.2010 – XI ZR 37/09, LMK 2010, 302319

Ders., Anmerkung zu BGH, Urteil vom 19.07.2011 – II ZR 300/08, LMK 2011, 324593

Reimann, Andreas, Verjährungsfallen im Baurecht, BauR 2011, S. 14-21

Reinicke, Dietrich / Tiedtke, Klaus, Gesamtschuld und Schuldsicherung durch Bürgschaft, Hypothek, Grundschuld, Pfandrecht an beweglichen Sachen und Rechten, 2. Auflage, Neuwied 1988 (zitiert: *Reinicke/Tiedtke*, Gesamtschuld und Schuldsicherung)

Dies., Verjährung eines Anspruchs vor seiner Entstehung, ZIP 1999, S. 1905-1909

Dies., Kreditsicherung durch Schuldbeitritt, Bürgschaft, Patronatserklärung, Garantie, Sicherungsübereignung, Sicherungsabtretung, Eigentumsvorbehalt, Pool-Vereinbarungen, Pfandrecht an beweglichen Sachen und Rechten, Hypothek und Grundschuld, 5. Auflage, Neuwied 2006 (zitiert: *Reinicke/Tiedtke*, Kreditsicherung)

Dies., Bürgschaftsrecht, 3. Auflage, Köln, München 2008

Reinicke, Dietrich, Verjährung von Rückgriffsforderungen, VersR 1967, S. 1-6

Richrath, Jochen, Anmerkung zu OLG München, Urteil vom 19.01.2006 – 19 U 4232/05, WuB I F 1 a. Bürgschaft 4.06, S. 456

Rieble, Volker, Verjährung „verhaltener" Ansprüche – am Beispiel der Vertragsstrafe, NJW 2004, S. 2270-2273

Riedhammer, Markus, Kenntnis, grobe Fahrlässigkeit und Verjährung, Frankfurt am Main, Berlin, Bern, Brüssel, New York, Oxford, Wien 2004

Rimmelspacher, Bruno, Die Durchsetzung von Befreiungsansprüchen: Zur Rechtslage bei noch nicht fälliger oder unbestimmter Drittschuld, JR 1976, S. 89-93; S. 183-187

Ders., Anmerkung zu BGH, Urteil vom 23.11.1999 – XI ZR 20/99, WuB I F 1 c. Sonstige Mithaftung 1.00, S. 533-534

Rodemann, Tobias, Anmerkung zu BGH, Urteil vom 18.06.2009 – VII ZR 167/08, IBR 2009, S. 591

Röhl, Klaus F. / Röhl, Christian, Allgemeine Rechtslehre: Ein Lehrbuch, 3. Auflage, Köln, München 2008 (zitiert: *Röhl/Röhl*, Allgemeine Rechtslehre)

Rohlfing, Bernd, Grob fahrlässige Unkenntnis und Beginn der Regelverjährung bei Alt- bzw. Überleitungsfällen, MDR 2006, S. 721-724

Röhricht, Volker / Westphalen, Friedrich Graf von (Hrsg.), Kommentar zum Handelsgesetzbuch, 3. Auflage, Köln 2008 (zitiert: *Bearbeiter*, in: Röhricht/Graf von Westphalen, HGB)

Römer, Wolfgang / Langheid, Theo / Rixecker, Roland, Versicherungsvertragsgesetz VVG mit VVG-Informationspflichtenverordnung, Kommentar, 3. Auflage, München 2012 (zitiert: *Bearbeiter*, in: Römer/Langheid)

Rosenberg, Reinhard, Verjährung und gesetzliche Befristung nach dem bürgerlichen Recht des deutschen Reichs, München 1904, erschienen in: Kleine Schriften zum Bürgerlichen Recht, Band 3

Rüßmann, Helmut, Die Abgrenzung der Gesamtschuld von anderen Schuldnermehrheiten – BGHZ 59, 97, JuS 1974, S. 292-298

Ders., Rechtskraft, Konfusion und Gesamtschuldnerausgleich – BAG, NJW 1986, 3104, JuS 1988, S. 182-187

Rüthers, Bernd / Fischer, Christian / Birk, Axel, Rechtstheorie: Begriff, Geltung und Anwendung des Rechts, 5. Auflage, München 2010 (zitiert: *Rüthers/Fischer*, Rechtstheorie)

Rutschmann, Frank, Treuhänder in GbR-/OHG-Publikumsgesellschaften – Zur Außenhaftungsfreistellung und ihrer Verjährung, DStR 2010, S. 555-560

Sachs, Michael (Hrsg.), Grundgesetz Kommentar, 6. Auflage, München 2011 (zitiert: *Bearbeiter*, in: Sachs)

Savigny, Friedrich Carl von, System des heutigen Römischen Rechts, Band V, Berlin 1841

Ders., Das Obligationenrecht als Theil des heutigen Römischen Rechts, Band I, Berlin 1851

Schaub, Renate, Anmerkung zu BGH, Urteil vom 09.07.1998 – IX ZR 272/96, JA 1999, S. 95-98

Scherzer, Robert, Anmerkung zu BGH, Urteil vom 09.07.2009 – VII ZR 109/08, in: jurisPR-PrivBauR 11/2009 Anm. 2, herausgegeben von Bernd Siebert

Schilken, Eberhard, Zivilprozessrecht, 6. Auflage, München 2010

Schimansky, Herbert, Aktuelle Rechtsprechung des BGH zur krassen finanziellen Überforderung von Mithaftenden bei der Kreditgewährung, WM 2002, S. 2437-2442

Schimmel, Roland / Buhlmann, Dirk, Verjährungsklauseln in AGB nach der Schuldrechtsmodernisierung, ZGS 2002, S. 109-114

Schindler, Hendrik, Anmerkung zu BGH, Urteil vom 12.01.2010 – XI ZR 37/09, BB 2010, S. 599-600

Schlechtriem, Peter, Regreß und Gewährleistung: Zur Entscheidung BGHZ 58, 85 = NJW 72, 625, NJW 1972, S. 1554-1556

Ders., Ausgleich zwischen mehreren Sicherern fremder Schuld, in: Festschrift für Ernst von Caemmerer zum 70. Geburtstag, herausgegeben von Hans Claudius Ficker, Detlef König, Karl F. Kreuzer, Hans G. Leser, Wolfgang Frhr. Marschall von Bieberstein und Peter Schlechtriem, Tübingen 1978, S. 1013-1047 (zitiert: *Schlechtriem*, in: FS v. Caemmerer, 1978)

Schlegelberger, Handelsgesetzbuch, erläutert von Ernst Geßler [u.a.], 2. Band, 4. Auflage, Berlin, Frankfurt a.M. 1963; Band III/1. Halbband: §§ 105-160, 5. Auflage, München 1992 (zitiert: *Bearbeiter*, in: Schlegelberger, soweit die 4. Auflage verwendet wurde, ist dies gesondert gekennzeichnet)

Schlicht, Christian Rainer, Die kumulative Schuldübernahme in der Rechtsprechung des Reichsgerichts und in der zeitgenössischen Literatur, Frankfurt am Main 2004

Schlößer, Daniel, Die Hemmung der Verjährung des Bürgschaftsanspruchs nach neuem Schuldrecht, NJW 2006, S. 645-649

Schmelz, Christoph, Das Liquidationsrecht der GmbH, terra incognita?, NZG 2007, S. 135-137
Schmidt, Christoph, Die sogenannte Akzessorietät der Bürgschaft, Berlin 2001
Schmidt, Karsten, Anmerkung zu BGH, Urteil vom 25.11.1981 – VIII ZR 299/80, ZIP 1982, S. 297-298
Ders., Anmerkung zu BGH, Urteil vom 09.07.1998 – IX ZR 272/96, JuS 1998, S. 1063-1065
Ders., Handelsrecht, 5. Auflage, Köln, Bonn, Berlin, München 1999
Ders., Gesellschaftsrecht, 4. Auflage, Köln, Berlin, Bonn, München 2002
Ders., Anmerkung zu BGH, Urteil vom 17.11.2009 – XI ZR 36/09, JuS 2010, S. 263-265
Ders., Anmerkung zu BGH, Urteil vom 19.07.2011 – II ZR 300/08, JuS 2011, S. 1124-1125
Schmidt, Reimer, Die Obliegenheiten: Studien auf dem Gebiet des Rechtszwanges im Zivilrecht unter besonderer Berücksichtigung des Privatversicherungsrechts, Karlsruhe 1953
Schmidt, Rudolf, Buchbesprechung zu „Walter Selb, Schadensbegriff und Regreßmethoden, Heidelberg 1963“, AcP 163 (1963), S. 530-536
Schmitz, Claus, Anmerkung zu BGH, Urteil vom 14.07.2009 – XI ZR 18/08, IBR 2009, S. 582
Schmitz, Karl-Bernhard, Der Ausgleich zwischen Bürgschaft und Schuldbeitritt, in: Festschrift für Franz Merz zum 65. Geburtstag am 3. Februar 1992, herausgegeben von Walter Gerhardt, Wolfram Henckel, Joachim Kilger und Gerhart Kreft, Köln 1992, S. 553-561 (zitiert: *K.-B. Schmitz*, in: FS Merz, 1992)
Schmölz, Anton Sebastian, Anmerkung zu OLG München, Urteil vom 20.12.2007 – 19 U 3675/07, in: jurisPR-BKR 1/2008 Anm. 4, herausgegeben von Stephan Meder und Anna-Maria Beesch
Schnabel, Falk, Nichterhebung der Verjährungseinrede als Mitverschulden, NJW 2000, S. 3191-3192
Schnauder, Franz, Zahlungsversprechen auf erstes Anfordern im System des Schuldrechts, WM 2000, S. 2073-2081
Schneider, Egon, Die Verjährungseinrede des mitverklagten Bürgen bei Verurteilung des Hauptschuldners, MDR 1980, S. 799-801
Schodder, Thomas F. W., Anmerkung zu BGH, Urteil vom 12.01.2010 – XI ZR 37/09, EWiR 2010, S. 393-394
Scholz, Kommentar zum GmbH-Gesetz mit Anhang Konzernrecht, bearbeitet von Georg Bitter [u.a.], III. Band: §§ 53-85, 10. Auflage, Köln 2010 (zitiert: *Bearbeiter*, in: Scholz, GmbHG)

Schreiber, Christoph, Die Verteidigungsmittel des Bürgen, Jura 2007, S. 730-736
Schubert, Werner, Anmerkung zur Entscheidung des BGH vom 16.12.2009 – XII ZR 146/07, NJW 2010, 861 – Zur Frage der konkludenten Genehmigung des In-sich-Geschäfts bei Gesamtvertretung, JR 2011, S. 160-162
Schulte, W., Anmerkung zu BGH, Urteil vom 11.12.1978 – II ZR 235/77, JA 1979, S. 546-547
Schulze-Hagen, Alfons, Anmerkung zu OLG Dresden, Urteil vom 15.09.2004 – 18 U 181/04, IBR 2005, S. 472
Ders., Die Vertragserfüllungsbürgschaft: 10 Thesen zu aktuellen Themen, BauR 2007, S. 170-187
Ders., Anmerkung zu BGH, Urteil vom 18.09.2007 – XI ZR 447/06, IBR 2008, S. 25
Ders., Anmerkung zu BGH, Urteil vom 09.07.2009 – VII ZR 109/08, IBR 2009, S. 592
Schulze, Götz, Anmerkung zu BGH, Urteil vom 29.01.2008 – XI ZR 160/07, LMK 2008, 260809
Schürnbrand, Jan, Der Schuldbeitritt zwischen Gesamtschuld und Akzessorietät, Berlin 2003
Schwab, Dieter, Familienrecht, 19. Auflage, München 2011
Schwab, Kai Michael, Neues zum gestörten Gesamtschuldnerausgleich – BGH, NJW 1988, 2667, JuS 1991, S. 18-23
Schwab, Karl Heinz, Der Streitgegenstand im Zivilprozess, München, Berlin 1954
Schwedhelm, Ulrike, Das Gesamtschuldverhältnis: Entstehung – Wirkung – Ausgleich, Berlin 2003 (zitiert: *Schwedhelm*, Das Gesamtschulverhältnis, Rn.)
Schwenker, Hans Christian, Anmerkung zu BGH, Urteil vom 18.06.2009 – VII ZR 167/08, EWiR 2009, S. 565-566
Ders., Anmerkung zu BGH, Urteil vom 09.07.2009 – VII ZR 109/08, EWiR 2009, S. 705-706
Ders., Anmerkung zu BGH, Urteil vom 26.01.2010 – XI ZR 12/09, IBR 2010, S. 207
Schwerdtfeger, Armin (Hrsg.), Fachanwaltskommentar Gesellschaftsrecht, 2 Auflage, Köln 2010 (zitiert: *Bearbeiter*, in: Schwerdtfeger)
Seibel, Mark, Einsturz der Eissporthalle in Bad Reichenhall: Verjährungsproblematik, IBR 2007, S. 292
Selb, Walter, Schadensbegriff und Regreßmethoden: Eine Studie zur Wandlung der Denkformen des Regresses bei Schuldnermehrheit mit der Veränderung des Schadensbegriffes, Heidelberg 1963 (zitiert: *Selb*, Schadensbegriff und Regreßmethoden)

Ders., Mehrheiten von Gläubigern und Schuldnern, in: Handbuch des Schuldrechts in Einzeldarstellungen, herausgegeben von Joachim Gernhuber, Band 5, Tübingen 1984 (zitiert: *Selb*, Mehrheiten von Gläubigern und Schuldnern)

Ders., Anmerkung zu BGH, Urteil vom 16.04.1993 – V ZR 49/92, EWiR 1993, S. 657-658

Siegmann, Matthias / Polt, Nina, Verjährungshemmung bei bürgschaftsgesicherten Darlehensforderungen, WM 2004, S. 766-775

Soergel, Hans Theodor / Siebert, Wolfgang, Kommentar zum Bürgerlichen Gesetzbuch, Band 5/3, Schuldrecht 3/3: §§ 328-432, 13. Auflage, Stuttgart 2010; Band 5/1, Schuldrecht IV/1 (§§705-822), 12. Auflage, Stuttgart 2007 (zitiert: *Bearbeiter*, in: Soergel)

Sohn, Peter / Holtmann, Patrick, Die neue Rechtsprechung des BGH zur Gesamtschuld, BauR 2010, S. 1480-1485

Sonnenhol, Jürgen, Anmerkung zu BGH, Urteil vom 28.01.2003 – XI ZR 243/02, WuB I F 1 a. Bürgschaft 9.03, S. 616

Spiro, Karl, Die Begrenzung privater Rechte durch Verjährungs-, Verwirkungs- und Fatalfristen, Band I: die Verjährung der Forderungen, Bern 1975 (zitiert: *Spiro*, Band I)

Stamm, Jürgen, Regreßfiguren im Zivilrecht: Eine Rückbesinnung auf die Gesamtschuld unter Neubewertung des Zessionsregresses gemäß § 255 BGB und der Drittschadensliquidation, Berlin 2000 (zitiert: *Stamm*, Regreßfiguren im Zivilrecht)

Ders., Neue Lösungsansätze zur Bewältigung der gestörten Gesamtschuld im Verhältnis zwischen Bauunternehmer und Architekt, BauR 2004, S. 240-251

Ders., Die Bewältigung der „gestörten Gesamtschuld" - Ein Beitrag zum Konkurrenzverhältnis zwischen § 426 I BGB und § 426 II BGB, NJW 2004, S. 811-813

Staub, Hermann, Großkommentar zum Handelsgesetzbuch, herausgegeben von Claus-Wilhelm Canaris, Wolfgang Schilling und Peter Ulmer, Zweiter Band: §§ 105-237, 4. Auflage, Berlin 2004 (zitiert: *Bearbeiter*, in: Staub, 4. Auflage 2004)

Staub, Hermann, Großkommentar zum Handelsgesetzbuch, herausgegeben von Claus-Wilhelm Canaris, Mathias Habersack und Carsten Schäfer, Dritter Band: §§ 105-160, 5. Auflage, Berlin 2009 (zitiert: *Bearbeiter*, in: Staub)

Staudinger, Julius v., Kommentar zum Bürgerlichen Gesetzbuch mit Einführungsgesetz und Nebengesetzen, 13. Bearbeitung Berlin, Buch 1, Allgemeiner Teil 5, §§ 164-240, 13. Bearbeitung 1995 und Neubearbeitung

2009; Buch 2, Recht der Schuldverhältnisse: Einleitung zum Schuldrecht; §§ 241-243 (Treu und Glauben), Neubearbeitung 2009; Buch 2, Recht der Schuldverhältnisse: §§ 255-304 (Leistungsstörungsrecht 1), Neubearbeitung 2009; Buch 2, Schuldrecht, §§ 397-432, Neubearbeitung 2005; Buch 2, Recht der Schuldverhältnisse: §§ 657-704 (Geschäftsbesorgung), Neubearbeitung 2006; Buch 2, Recht der Schuldverhältnisse, §§ 765-778, 13. Bearbeitung 1997; Buch 4, Familienrecht, Einleitung zu §§ 1297 ff; 1297-1302; Faktische Lebensgemeinschaft (Anhang zu §§ 1297 ff), §§ 1303-1362, Neubearbeitung 2007; Eckpfeiler des Zivilrechts, Berlin 2010, Neubearbeitung 2011 (zitiert: *Bearbeiter*, in: Staudinger (Jahr der Bearbeitung))

Stern, Klaus / Becker, Florian (Hrsg.), Grundrechte-Kommentar, Köln 2010 (zitiert: *Bearbeiter*, in: Stern/Becker)

Stöber, Michael, Die Verjährung von Ansprüchen auf Schadensersatz statt der Leistung, ZGS 2005, S. 290-295

Stützle, Rudolf, Anmerkung zu BGH, Urteil vom 22.03.1988 – X ZR 64/87, WuB II E. § 129 HGB 1.88, S. 1172-1173

Thamm, Manfred / Detzer, Klaus, Anmerkung zu BGH, Urteil vom 30.09.1993 – VII ZR 136/92, EWiR 1994, S. 441-442

Thomas, Heinz / Putzo, Hans (Hrsg.), Kommentar zur Zivilprozessordnung, FamFG: Verfahren in Familiensachen, GVG, Einführungsgesetze, EU-Zivilverfahrensrecht, 32. Auflage, München 2011 (zitiert: *Bearbeiter*, in: Thomas/Putzo, ZPO)

Tiedtke, Klaus / Holthusen, Christoph, Auswirkungen eines Anerkenntnisses der Hauptschuld durch den Hauptschuldner auf die Haftung des Bürgen – zugleich eine Besprechung der Entscheidung des OLG München vom 19.01.2006 = WM 2006, 684 –, WM 2007, S. 93-100

Tiedtke, Klaus, Anmerkung zu BGH, Urteil vom 28.01.2003 – XI ZR 243/02, JZ 2003, S. 1070-1072

Ders., Verjährungseinrede des Bürgen nach § 768 BGB trotz Wegfalls des Hauptschuldners und der gegen diesen gerichteten Forderung, in: Recht und Risiko: Festschrift für Helmut Kollhosser zum 70. Geburtstag, herausgegeben von Reinhard Bork, Karlsruhe 2004, S. 741-754 (zitiert: *Tiedtke*, in: FS Kollhosser, 2004)

Ders., Die Rechtsprechung des BGH auf dem Gebiet des Bürgschaftsrechts seit 2003, NJW 2005, S. 2498-2505

Ders., Aus dem Hauptschuldverhältnis abgeleitete und eigene Einreden des Bürgen, JZ 2006, S. 940-949

Ders., Anmerkung zu BGH, Urteil vom 18.09.2007 – XI ZR 447/06, EWiR 2008, S. 13-14

Toussaint, Guido, Anmerkung zu OLG Dresden, Urteil vom 03.11.2010 – 12 U 782/10, EWiR 2010, S. 815-816

Ulmer/Brandner/Hensen, AGB-Recht: Kommentar zu den §§ 305-310 BGB und zum UKlaG, bearbeitet von Guido Christensen [u.a.], 11. Auflage, Köln 2011 (zitiert: *Bearbeiter*, in: Ulmer/Brandner/Hensen, Teil, (Nr.), Rn.)

Vallender, Heinz, Auswirkungen des Schuldrechtsmodernisierungsgesetzes auf die Anmeldung von Forderungen im Insolvenzverfahren, ZInsO 2002, S. 110-112

Voellmecke, Wolfgang, Anmerkung zu OLG Köln, Urteil vom 09.01.2008 – 11 U 116/07, in: jurisPR-PrivBauR 9/2008 Anm. 6, herausgegeben von Bernd Siebert

Vogel, Achim Olrik / Schmitz, Claus, Zahlungsverzug des selbstschuldnerischen Bürgen, NJW 2011, S. 2096-2097

Vogel, Achim Olrik, Anmerkung zu OLG Frankfurt, Urteil vom 21.02.2007 – 17 U 153/06, EWiR 2007, S. 683-684

Ders., „Dauerthema": Wann verjährt eine Bürgschaftsforderung?, zugleich Anmerkung zu OLG Karlsruhe, Urteil vom 20.11.2007 – 17 U 89/07, IBR 2008, S. 150

Ders., Anmerkung zu BGH, Urteil vom 08.07.2008 – XI ZR 230/07, EWiR 2009, S. 139-140

Ders., Anmerkung zu BGH, Urteil vom 12.02.2009 – VII ZR 39/08, IBR 2009, S. 199

Wacke, Andreas, Der Erlaß oder Vergleich mit einem Gesamtschuldner – Zur Befreiung Mithaftender beim Regreßverlust durch Gläubigerhandeln, AcP 170 (1970), S. 42-75

Wahle, Karl, Anmerkung zur Entscheidung des Ob. Gerichtshofes vom 16.12.1964 (7 Ob 311/64), VersR 1966, S. 790-792

Walther, Richard, Der Verzicht des Bürgen auf die Einrede der Verjährung des Anspruchs gegen den Hauptschuldner, NJW 1994, S. 2337-2339

Wandt, Manfred, Innenausgleich zwischen Gesamtschuldnern, in: Recht und Risiko: Festschrift für Helmut Kollhosser zum 70. Geburtstag, herausgegeben von Reinhard Bork, Karlsruhe 2004, S. 769-778 (zitiert: Wandt, in: FS Kollhosser, 2004)

Weber, Frank / Kesselring, Roland, Die Entwicklung des BGB-Werkvertrags- und Bauträgerrechts in den Jahren 2001 bis 2004, NJW 2004, S. 3469-3477

Weber, Martin, Anmerkung zu BGH, Urteil vom 28.01.2003 – XI ZR 243/02, EWiR 2003, S. 363-364

Weigelin, Günther, Der Schuldbeitritt, Stuttgart, Berlin 1941, erschienen in: Kleine Schriften zum Bürgerlichen Recht, Band 184

Weise, Stefan, Regreß zwischen Bauunternehmern und Regreßbehinderung durch den Auftraggeber, BauR 1992, S. 685-693

Ders., Verjährung von Bürgschaftsforderungen zum 31.12.2004, NJW-Spezial 2004, S. 357-358

Ders., Gesamtschuld und Verjährung, NJW-Spezial 2011, S. 108-109

Wendehorst, Christine, Der Rückgriff, Jura 2004, S. 505-513

Wernecke, Frauke, Die Gesamtschuld – ihre Befreiung von irrationalen Merkmalen und ihre Rückführung in die Gesetzessystematik, Berlin 1990 (zitiert: *Wernecke*, Die Gesamtschuld)

Dies., Anmerkung zu BGH, Urteil vom 09.07.1998 – IX ZR 272/96, JZ 1999, S. 307-309

Wertenbruch, Johannes, Die Parteifähigkeit der GbR – die Änderungen für die Gerichts- und Vollstreckungspraxis, NJW 2002, S. 324-329

Ders., Begründung von Nachschusspflichten in der Personengesellschaft, DStR 2007, S. 1680-1684

Westerkamp, Wilhelm, Bürgschaft und Schuldbeitritt (Einleitung u. Kapitel I, Abschnitt 1: Begriff der Bürgschaft), Marburg, Diss., 1907 (zitiert: *Westerkamp*, Bürgschaft und Schuldbeitritt)

Westermann, Harm Peter, Die Bürgschaft (I), Jura 1991, S. 449-454

Ders., Die Bürgschaft (Schluss), Jura 1991, S. 567-570

Weth, Stephan, Bürgschaft und Garantie auf erstes Anfordern, AcP 189 (1989), S. 303-341

Wiedemann, Herbert, Gesellschaftsrecht: Ein Lehrbuch des Unternehmens- und Verbandsrechts, Band II – Recht der Personengesellschaften, München 2004 (zitiert: *Wiedemann*, Gesellschaftsrecht, Band II)

Wieling, Hans Josef, Venire contra factum proprium und Verschulden gegen sich selbst, AcP 176 (1976), S. 334-355

Winter, Henry, Teilschuld, Gesamtschuld und unechte Gesamtschuld, Frankfurt am Main, Bern, New York 1985

Witt, Carl-Heinz, Schuldrechtsmodernisierung 2001/2002 – Das neue Verjährungsrecht, JuS 2002, S. 105-113

Wittig, Arne, Auswirkungen des Schuldrechtsmodernisierungsgesetzes auf die Anmeldung von Forderungen im Insolvenzverfahren, ZInsO 2003, S. 629-633

Wittmann, Ralf-Thomas, Aktuelle Rechtsprechung zu den Auswirkungen der Erweiterung der Hauptschuld auf die Bürgschaftsschuld, MDR 2010, S. 477-481

Wolf, Manfred / Lindacher, Walter F. / Pfeiffer, Thomas (Hrsg.), Kommentar zum AGB-Recht, 5. Auflage, München 2009 (zitiert: *Bearbeiter*, in: Wolf/Lindacher/Pfeiffer)

Wolf, Manfred, Mitbürgen als Gesamtschuldner und Nebenschuldner, NJW 1987, S. 2472-2475

Ders., Die Befreiung des Verjährungsrechts vom Streitgegenstandsdenken, in: Festschrift für Ekkehard Schumann zum 70. Geburtstag, herausgegeben von Peter Gottwald, Tübingen 2001, S. 579-594 (zitiert: *Wolf*, in: FS Schumann, 2001)

Zeising, Jörg, Cessio legis und Gläubigerschutz bei Regress des Bürgen, WM 2010, S. 2204-2214

Zimmermann, Martin, Anmerkung zu BGH, Urteil vom 18.12.2001 – XI ZR 360/00, WuB I F 1 a. Bürgschaft 9.02, S. 402-403

Zimmermann, Reinhard, Die Verjährung, JuS 1984, S. 409-422

Ders., „... ut sit finis litium“: Grundlinien eines modernen Verjährungsrechts auf rechtsvergleichender Grundlage, JZ 2000, S. 853-866

Ders., Grundregeln eines Europäischen Verjährungsrechts und die deutsche Reformdebatte, ZEuP 2001, S. 217-222

Ders. / Leenen, Detlef / Mansel, Heinz-Peter / Ernst, Wolfgang, Finis Litium? Zum Verjährungsrecht nach dem Regierungsentwurf eines Schuldrechtsmodernisierungsgesetzes, JZ 2001, S. 684-699

Zippelius, Reinhold, Juristische Methodenlehre, 10. Auflage, München 2006

Zöller, Richard, Kommentar zur Zivilprozessordnung, bearbeitet von Reinhold Geimer [u.a.], 29. Auflage, Köln 2012 (zitiert: *Bearbeiter*, in Zöller, ZPO)

Zivilrechtliche Schriften
Beiträge zum Wirtschafts-, Bank- und Arbeitsrecht

Herausgegeben von Arnd Arnold und Hartmut Oetker
Begründet von Peter Kreutz und Dieter Reuter

Band 20 Oliver Ebert: Die Kosten der Einigungsstelle gemäß § 76 a BetrVG 1972 unter besonderer Berücksichtigung der Honorierung von Einigungsstellenmitgliedern. 1999.

Band 21 Christoph Nawroth: Die steuerliche Anerkennung von Familienpersonengesellschaften bei fehlerhaftem Gesellschaftsvertrag. Zur Anwendung der Lehre von der fehlerhaften Gesellschaft im Steuerrecht. 1999.

Band 22 Kai Litschen: Die juristische Person im Spannungsfeld von Norm und Interesse. Am Beispiel der Gesellschafterhaftung in der GmbH. 1999.

Band 23 Eva Günther-Gräff: Kündigung und Kündigungsschutz von Absatzmittlungsverträgen. Dargestellt am Beispiel des Handelsvertreters, des Vertragshändlers und des Franchisenehmers. 1999.

Band 24 Martin Steiner: Entgelte der Kreditinstitute. Regelungen beim Girovertrag mit rechtsvergleichender Darstellung des anglo-amerikanischen Rechts. 2000.

Band 25 Sven Claussen: Grenzen der Insichgeschäfte im Gesellschaftsrecht. 2000.

Band 26 Sönke Peters: Der gesellschaftsrechtliche Grundsatz der Einheitlichkeit der Mitgliedschaft. 2000.

Band 27 Gabriele Komp: Die juristische Person als Geschäftsführungsorgan einer Kapitalgesellschaft. Betrachtungen zu §§ 76 Abs. 3 S. 1 AktG und 6 Abs. 2 S. 1 GmbHG. 2000.

Band 28 Gunnar Mayer: Das außerdienstliche Verhalten von Arbeitnehmern. Ein Beitrag zu Geschichte, Grundlagen und Erscheinungsformen außerdienstlicher Verhaltenspflichten. 2000.

Band 29 Michael Mönke: Die Sicherung der Bauunternehmer nach § 648 a BGB. Unter besonderer Berücksichtigung der Vereinbarkeit der Regelung mit den Prinzipien des Zivilrechts. 2000.

Band 30 Oliver May: Die Zulässigkeit der Regelung von Lohn und Arbeitszeit in Betriebsvereinbarungen. 2001.

Band 31 Robert Pape: Die tarifvertragliche Unkündbarkeit. Zugleich ein Beitrag zu den Grenzen der Tarifautonomie im Kündigungsschutzrecht und zum partiell zweiseitig-zwingenden Charakter des § 1 Abs. 2 und 3 KSchG. 2002.

Band 32 Wilm-Christian Jaekel: Die Bindung an formnichtige Grundstücksverträge nach Treu und Glauben. 2002.

Band 33 Susanne Müller: Die Gesellschafterklage als rechtsformübergreifendes Institut. 2002.

Band 34 Freia Peters: Treuhand und Unterbeteiligung an Gesellschaftsanteilen. Eine vergleichende Betrachtung für den Bereich des Gesellschafts- und des Steuerrechts. 2003.

Band 35 Mario Nahrwold: Die wirtschaftliche Betätigung von Idealvereinen am Beispiel der Ausgliederungsvorhaben der Fußballbundesligavereine. Eine Untersuchung zu Geltungsgrund und Grenzen des Nebentätigkeitsprivileges. 2003.

Band 36 Henning Plöger: Sonderarbeitsrechte im Pressebereich. Auswirkungen eines institutionellen Grundrechtsverständnisses auf das Arbeitskampf- und arbeitsrechtliche Statusrecht der Presse. 2003.

Band 37 Christian Springmann: Der Betriebsrat und die Betriebsbeauftragten. Ein Vergleich zweier betrieblicher Funktionsträger unter besonderer Berücksichtigung ihres Verhältnisses zueinander. 2004.

Band 38 Holger Meyer: Der Tatbestand des Betriebsübergangs nach der Rechtsprechung des Europäischen Gerichtshofs und des Bundesarbeitsgerichts. 2004.

Band 39 Philipp Christopher Brügge: Das Gesetz über Teilzeitarbeit. Eine Analyse unter arbeitsrechtlichen und beschäftigungspolitischen Gesichtspunkten. 2004.

Band 40 Sebastian Klausch: Unmöglichkeit und Unzumutbarkeit im System des allgemeinen Leistungsstörungsrechts nach der Schuldrechtsmodernisierung 2002. 2004.

Band 41 Felix Hütte: Die individualistische GbR als Mitglied anderer Vereinigungen. 2005.

Band 42 Tobias Schommer: Die Berücksichtigung und Gewichtung der Interessen der Arbeitsvertragsparteien im Rahmen des kollektiven und allgemeinen Weiterbeschäftigungsanspruchs des Arbeitnehmers. 2005.

Band 43 Christa Wettzel: Die unternehmerische Entscheidungsfreiheit im Rahmen der betriebsbedingten Kündigung. 2006.

Band 44 Andrea Scheibe: Die Mitbestimmung der Arbeitnehmer in der SE unter besonderer Berücksichtigung des monistischen Systems. 2006.

Band 45 Sebastian Ritz: Die Auswirkungen des Gesetzes zu Reformen am Arbeitsmarkt auf den Anwendungsbereich der dreiwöchigen Klagefrist gemäß den §§ 4 bis 7 KSchG. 2007.

Band 46 Anne Pfister: Die Übertragung von Aufgaben auf Arbeitsgruppen gemäß § 28a BetrVG unter besonderer Berücksichtigung der Förderungspflicht aus § 75 Abs. 2 Satz 2 BetrVG. 2007.

Band 47 Merve Ehlers: Personalkostenabbau durch betriebliche Bündnisse für Arbeit. Welche Gesetzesänderungen des geltenden Rechts sind zur Anpassung an die heutigen Wirtschafts- und Arbeitsbedingungen und zur Legalisierung der gängigen Rechtspraxis erforderlich? 2007

Band 48 Nicole Hasselmann: Die Lehre *Ulmers* zur Gesellschaft bürgerlichen Rechts im Wandel der Jahrzehnte. Das Rechts- und Haftungssystem der Gesellschaft bürgerlichen Rechts. 2007.

Band 49 Ina Maria Wiesner: Die Schriftform im Betriebsverfassungsgesetz. 2008.

Band 50 Christian Rebel: Grundprobleme des Nachteilsausgleichs gemäß § 113 Abs. 3 BetrVG. 2008.

Band 51 Benedikt von Wissel: Die Beeinflussung des eigenen Börsenkurses durch die Aktiengesellschaft. Erscheinungsform, Zulässigkeit und Grenzen im deutschen Kapitalmarktrecht. 2008.

Band 52 Malte Kriebitzsch: Die Inhaltskontrolle von Allgemeinen Arbeitsbedingungen anhand der §§ 305 ff. BGB. 2008.

Band 53 Torsten Volkholz: Geltung und Reichweite der Privatautonomie bei der Errichtung von Stiftungen. Die Weiterentwicklung des Stiftungsrechts nach Neufassung der §§ 80 bis 88 BGB durch das Gesetz zur Modernisierung des Stiftungsrechts zum 1. September 2002. 2008.

Band 54 Kirstin Trautvetter: Die Übernahme von Aktiengesellschaften und die Verhaltenspflichten von Vorstand und Aufsichtsrat der Zielgesellschaft. 2008.

Band 55 Petra Boldt: Ethikregeln als verbindlicher Verhaltensmaßstab für die Arbeitsverhältnisse in deutschen Unternehmen. 2008.

Band 56 Liv Heimbach: Das Verhältnis der außerordentlichen Kündigung des Arbeitgebers zur ordentlichen Kündigung nach dem KSchG. 2009.

Band 57 Entwicklungen im Arbeits- und Wirtschaftsrecht. Festgabe für Peter Kreutz zum 70. Geburtstag. Herausgegeben von Jakob Hoffmann und Claudia Schubert. 2009.

Band 58 Marlena Hütte: Gefahrverteilung und Schadensersatz im Rückabwicklungsschuldverhältnis nach gesetzlichem Rücktritt. Unter Berücksichtigung der Auswirkungen auf die Rückabwicklung nach Leistungskondiktion. 2010.

Band 59 Tim Ebert: Stille Gesellschaft, Genussrecht und partiarisches Darlehen als mezzanine Kapitaltitel zur Finanzierung einer GmbH. Eine Analyse der historischen Entwicklung und Abgrenzung dieser Finanzierungsinstrumente sowie der mit diesen verbundenen Kompetenz- und Eigenkapitalersatzfragen im GmbH-Recht. 2010.

Band 60 Ingo Krist: Grenzen des Tarifsozialplanes. 2010.

Band 61 Jakob Hoffmann: Zusammenlegung und Zulegung rechtsfähiger Stiftungen des bürgerlichen Rechts. 2011.

Band 62 Nils J. Herrmann: Verjährung, Verjährungsbeginn und Regress bei Bürgschaft und Gesamtschuld. 2012.

www.peterlang.de